智慧城市：市政工程建设与管理

上海城建（集团）公司　主编

中国建筑工业出版社

图书在版编目（CIP）数据

智慧城市：市政工程建设与管理/上海城建（集团）
公司主编. —北京：中国建筑工业出版社，2016.10
ISBN 978-7-112-19660-9

Ⅰ. ①智… Ⅱ. ①上… Ⅲ. ①现代化城市-基础
设施建设-研究 Ⅳ. ①F299.24

中国版本图书馆 CIP 数据核字（2016）第 185066 号

本书重点关注智慧城市建设与全生命周期管理，落实以"以人为本"和"可
持续发展"理念宗旨，依托"互联网＋"、物联网、云计算和大数据的城市基础设
施的建设与管理新理念，支撑起智慧城市建设与发展的脉络，为新型城市化描绘
新蓝图。全书分为三篇共 11 章，具体内容包括智慧城市理念与规划，智慧城市道
路、桥梁、隧道、轨道交通、给排水系统、燃气系统的设计与施工，智慧城市基
础设施运营维护与管理等内容。

本书可供从事城市管理、城市规划、市政建设、公共设施运营的管理人员、
技术人员和科研人员参考，也可供相关专业的高等院校师生学习。

责任编辑：王　梅　杨　允
责任设计：李志立
责任校对：李美娜　张　颖

智慧城市：市政工程建设与管理
上海城建（集团）公司　主编

＊

中国建筑工业出版社出版、发行（北京西郊百万庄）
各地新华书店、建筑书店经销
霸州市顺浩图文科技发展有限公司制版
廊坊市海涛印刷有限公司印刷

＊

开本：787×1092 毫米　1/16　印张：32　字数：773 千字
2016 年 11 月第一版　　2016 年 11 月第一次印刷
定价：**80.00** 元
ISBN 978-7-112-19660-9
（29161）

《智慧城市：市政工程建设与管理》编写委员会

主 编：周文波

副主编：叶国强 胡 珉

委 员：（按姓氏笔画排列）

王洪新 刘 军 汤 漩 吴惠明 陈立生 施永泉

徐桂平 黄 昊 黄 瑾 曹亚东 常 莹 傅德明

熊 诚 滕 丽

序

2010 年，IBM 正式提出了"智慧城市"概念，即获得了世界各国的广泛响应。"智慧城市"概念在实践中的不断深化和发展，为解决城市发展难题，实现城市可持续发展提供了有力的支撑，建设智慧城市已成为当今世界城市发展不可逆转的历史潮流。

随着我国既有城市的不断膨大以及城市化进程的不断加快，城市化发展对推动我国经济快速发展的益处显而易见，但同时也使得城市面临着可持续发展的更大压力。特别是随着大城市人口的不断膨胀，"城市病"成为困扰各个城市建设与管理的首要难题，资源短缺、环境污染、交通拥堵、安全隐患等问题日益突出，我国的"城镇化"建设迫切需要走一条"精细化管理"的"新型城镇化"道路，为了破解"城市病"困局，借鉴国外发达国家的城市管理经验并结合当代飞速发展的信息化技术，智慧城市建设热潮应运而生。

智慧城市作为信息技术的深度拓展和集成应用，与包括射频传感技术、物联网技术、云计算技术、下一代通信技术在内的新一代信息技术的不断发展紧密结合，这些技术的应用使得城市更易于被感知，城市资源更易于被充分整合，并可在此基础上实现对城市的精细化和智能化管理，从而减少资源消耗、降低环境污染、解决交通拥堵及消除安全隐患等，最终实现城市的可持续发展。

因此智慧城市引领的新型城市化也是对传统城市发展模式的扬弃，它是低碳、智慧及可持续发展的城市化，是以人为本、质量提升和智慧发展的城市化。建设智慧城市既是转变城市发展方式、提升城市发展质量的客观要求，也是现代社会和技术发展的必然结果。

上海城建集团和上海大学双方高层敏锐地意识到我国智慧城市建设对土木工程和信息技术复合型人才的市场需求，为此在上海大学联合开设了"城市公共设施信息化管理"专业，本书即是为此专业的学生培养而专门组织编写的第一本研究生教材，也是面向广大专业技术人员的专业参考书。相信依托上海大学良好的学术氛围和资源以及上海城建集团在工程实践和技术研发上的强大实力，本书出版后一定会对联合培养智慧城市建设和管理所需的复合型人才带来极大的益处，并可为学会，高校和企业联合办学培养社会急需人才提供成功的案例。

上海市土木工程学会理事长：

2016 年 6 月 20 日

前　言

追溯城市的起源，我们不难发现，古代城市文明的产生以城墙、道路、给排水设施等城市基础设施的建设为标志。人类通过市政工程建设来改造自然环境，更好地满足自身生存发展的根本需求。因此，掌握自然规律和了解自身需求是人类从农村走向城市的两个重要的基础前提。这一阶段的城市基础设施处于初级阶段，具有形式简单、功能明确、与周边环境影响关系清晰明了的特点。

此后，城市化像一列永不停止的列车载着人类文明一路高歌猛进。新能源的发现及产业革命加速了城市化的进程，城市人口迅速膨胀，城市范围不断扩张，市政建设项目数量和规模都与日俱增，城市生活所需的市政基础设施日趋多样化、复杂化和综合化，达到了城市基础设施的中级阶段。然而，这些市政基础设施在设计、施工及运营养护中产生了越来越多的交叉问题，它们与周边地质环境一起，形成了彼此相互影响，相互制约的复杂巨系统。城市规划和土木工程专家们会发现，借助过去的经验和经典理论模型对这些城市基础设施在建设及运行过程中的相互影响规律进行分析已经很难准确有效地解释现象和预测趋势。在缺乏有效技术手段进行科学决策的情况下，城市基础设施建设逐渐偏离了它本来前提基础，与自然规律及城市人生活的根本需求发生了偏离并越走越远。于是，各种城市基础设施规划设计失误、施工事故等引发的城市问题接踵而至。城市内涝、交通拥堵、工程事故灾害、能源浪费、空气污染等城市病开始像瘟疫一般在大型城市中蔓延。

随着人类社会由工业化时代进入"互联网＋"的时代，移动互联网、云计算、大数据、物联网等众多基于信息化技术的新模态已经给众多行业的运作方式带来了深刻的变革，建筑行业也不例外。互联网时代的新技术给受到重创的城市建设和管理带来了新契机，为解决城市病提供了有效的工具。在传统建筑业中融入互联网新技术的应用可以显著提高城市建设者对于复杂巨系统的认识能力；移动互联网和物联网技术的应用有助于全面感知已有及在建城市基础设施的建设状况、运行状况和使用状况；大数据技术又能够帮助建设者更准确地分析和预测规划中城市基础设施的需求情况及其影响因素和发展态势，使市政建设和管理过渡到高级阶段，最终达到智慧城市的水平。

时代的发展呼唤市政建设和管理向智慧城市的方向迈进。为此，培养既精通土建专业知识，又善于运用现代信息技术进行城市智慧化管理的新型人才，已经成为行业发展的一项重要的人才战略。有鉴于此，上海城建（集团）公司与上海大学通力合作，通过将传统土木工程、现代信息技术和工程管理科学三个专业的核心知识进行融合，创设了"城市公共设施信息化管理"专业。上海土木工程学会和上海城建（集团）公司组织编写了本书，作为该学科的第一本研究生教材。

本书共分三篇11章，涵盖了城市道路、桥梁、隧道、轨道交通、给排水、燃气等多个类别的市政工程领域。全书分章节阐述了各类市政工程项目规划、设计、施工的主要流程和关键控制要点，并对这些市政工程领域的运维管理新思维和主要技术手段进行了介绍，同时结合智慧城市建设的总体目标和要求，本书介绍了移动互联网、物联网、云计算、大数据等技术在城市基础设施建设和运维管理中的应用。本书有助于非土木工程专业的学生对城市基础设施的全生命周期有系统了解，也有助于土木工程专业的学生对信息技术在智慧城市建设的应用和展望有所了解。

本书编著工作汇集了上海市政行业的专家和技术管理人员共同参与。第1章由周文波、胡珉、汤漩、段创峰、常莹执笔；第2章由黄昊、何静、王洪新、张新燕执笔；第3章由曹亚东、严军、章毅、乐海淳、陆青清、蔡明、陈智蓉执笔；第4章由叶国强、徐桂平、蒋海里、闫兴非、张涛，杨光、张凯龙执笔；第5章由周文波、吴惠明、汤漩、姜弘、范杰、刘呆、张银屏、王晓波、王新执笔；第6章由周文波、滕丽、吴惠明、汤漩、徐正良、张中杰、何利英、潘伟强、王永佳、何晓、苗彩霞、梁正、黄丽君、唐贾言执笔；第7章由陈立生，赵国强、王洪新、黄瑾、张显忠、葛金科、范明星、徐伟忠、卢礼顺、常光照、彭广勇、司书鹏、王君如执笔；第8章由刘军、金芳、姚淑华、马迎秋、陶志钧、张乐珍执笔；第9章～第11章由施永泉、叶国强、熊诚、顾顺利、冯永华、彭崇梅、汪胜执笔。全书由周文波、叶国强、汤漩、常莹、胡珉负责统稿。周文波、叶国强负责审定。

鉴于本书编写人员理论和技术水平有限，且所从事或研究的领域以市政工程设计和施工为主，书中错漏之处在所难免，敬请广大读者提出批评和建议。

中国土木工程学会市政工程分会理事长　　周文波
上海土木工程学会副理事长
2016 年 8 月

目　　录

第一篇　理念规划篇

第1章 城市发展与智慧城市建设管理

城市，是人类社会步入文明时代的标志，西方文字中的"文明"一词，都源自拉丁文的"Civitas"（意为"城市"）。城市是相对于乡村对立而言的地域实体，评判一座城市是否真正形成的基础性标准，就是看其是否"具有一定的城市基础设施，如道路、给水、排水设施，以及供防卫用的城墙、壕沟等。"因此，城市基础设施是为满足城市的基本功能而逐渐发展起来的，是城市一切公共活动赖以存在和正常运行的基础，对城市的起源、发展，乃至现代化、智慧化的变革都具有极为重要的作用，对持续地保障城市可持续发展起到关键性作用。

远古社会，当人类掌握了建筑工具的使用并形成较为成熟的筑造技术后，在商品经济发展的推动下，古人开始建造城墙、壕沟、道路等城市基础设施，古代第一批城市就此形成，城市文明在城市基础设施建设的智慧中开始积淀与传承。

近代，以瓦特发明蒸汽机为标志的第一次技术革命，在城市建设领域催生了以蒸汽技术为主导的能源动力系统，以铁路、蒸汽轮船等交通运输设施为标志的"蒸汽时代"基础设施技术；以电力发明为标志的第二次技术革命，促使城市建设形成了以电力为主导的能源动力系统和通信系统等"电气时代"基础设施技术。这两次技术革命所带来的城市基础设施革命大幅度拓展了人类可居住空间范围，造就了规模化城市生活，促进了城市化的迅猛发展。

从20世纪中叶起，电子计算机技术和信息技术的发明和应用，掀起了世界第三次技术革命。计算机强大的计算处理能力和互联网方便快捷的信息传输渠道给各行各业都带来了信息化革命。虽然建筑行业信息化发展较许多其他行业晚，但正是在许多行业和领域中应用趋于成熟的计算机信息化与控制技术应用于基础设施建设，大大提升了城市建设的效率，缩短了建设周期。这使得城市基础设施向立体化、大型化、复杂化、网络化发展，城市运行效率大为加快，城市经济文化飞速发展，城市由此实质性进入到"信息化时代"。值得一提的是，在此时期，我国城市基础设施项目建设的信息化变革主要集中在施工阶段。这主要是因为施工阶段是项目从设计构想转变成现实实践的重要阶段，且在施工经验尚未得到充足积累、理论尚不完善的情况下，尤其是涉及地下工程的城市基础设施建设，其施工阶段往往是最为复杂、风险性最大的环节。单纯依靠传统理论和设计指导已经无法形成有效的控制措施。纷繁复杂的生产要素、多个专业学科的方法理论、工程项目施工过程中来自项目本身及周边环境的各类动态监测数据、各相关机构部门的管理信息等大量庞杂的信息同时汇聚、交互作用，迫切需要应用计算机、互联网及控制技术来解决复杂问题，以至于我国建筑行业的信息化几乎被等同于施工信息化。规划阶段、设计阶段的信息化技术很少被提及，规划设计人员往往将注意力集中在对建设项目单体的数值模拟和承载计算。以盾构法隧道施工领域的专家系统、施工企业的远程管理、数字化工地等为代表的施工领域"信息化时代"城市基础设施建设技术被不断研发和应用，促进了城市基础设施建设突飞猛进。

当前，正处于第四次技术革命，以物联网、云计算、大数据和互联网思维为特征的"智慧时代"正在来临。无论出于国家发展需要还是经济发展目的，智慧城市在许多国家都受到了广泛重视，成为城市化发展描绘的新目标。欧盟正致力推动智能传感器在大型城市城区中的使用，其他一些国际组织也着力推动 ICTs 技术在城市建设中的应用。IBM 提出"智慧的城市在中国突破"的战略，并相继与中国大陆的多个省市签署了"智慧城市"共建协议，使得"智慧地球""智慧城市"概念在中国也获得了广泛关注。2015 年李克强总理在政府工作报告中提出"制定'互联网＋'行动计划，推动移动互联网、云计算、大数据、物联网等与现代制造业结合，促进电子商务、工业互联网和互联网金融健康发展，引导互联网企业拓展国际市场"。"互联网＋"正迅速席卷计算机及软件服务业、通信业、金融业、制造业、运输业、餐饮业、医疗卫生业、文化娱乐业等行业，带来了数字化和智能化革命。不断丰富的智能化、网络化、人性化的产品和服务使城市人的日常生活、休闲娱乐、工作方式变得高效便捷；各种大数据应用的服务平台为人们提供前所未有的生活便利。这些变革促成了智慧城市运行的"软实力"，改变着城市人的生活理念及意识形态，尤其是促使人们对"以人为本"和"可持续发展"这两个命题有了更高智慧的理解和追求。

面对近几十年来城市快速发展而逐渐显现的发展瓶颈和环境失衡等问题，人们在"智慧时代"所形成的认知和理念追求终将集中反映在对"智慧化"城市基础设施"硬功夫"的强烈需求上，这也是城市发展的内在动力和必然规律。因此，建筑行业必须尽快落实"互联网＋"行动计划，创造基于物联网、云计算和大数据的城市基础设施的建设与管理新生态，以"以人为本"和"可持续发展"为理念宗旨，依托大数据技术探索城市基础设施的系统规划，关注城市基础设施建设的全生命周期管理，支撑起智慧城市发展的脊梁。

1.1 古代城市基础设施建设起源

古代城市基础设施建设历史可以追溯到城市起源的时期。探寻古代城市的起源与建设的兴衰，我们得以窥见古代城市基础设施建设的发展轨迹，吸取城市基础设施规划的历史经验，更可以深入了解许多历经数千年却保存完好、仍在使用的城市基础设施，从中汲取古代城市的建设智慧。

1.1.1 世界城市文明的起源

1.1.1.1 最早的城市文明

世界各地最早出现的城市由于生产力发展水平不同，进入文明时期的早晚不同，因而形成的早晚差别也很大。据目前考古学证明，最早的城市文明起源于美索布达米亚平原，距今大约 6000 多年历史，属于四大古文明之一的"美索布达米亚文明"，又称"两河流域文明"（图 1.1.1-1 和图 1.1.1-2）。在孕育古埃及文明的尼罗河流域，城市约在公元前

3000 年，印度河流域约在公元前 2600 年形成最早的一批城市。而在中国的黄河流域，大约在距今约 5500~6000 年，也产生了最早的一批城市，与世界最古老的城市相比较，前后相差不到一个世纪。

关于世界最古老的城市，传统上历史学家相信现代城市发展是从美索布达米亚平原（现今伊拉克南部），底格里斯河及幼发拉底河的汇聚点附近苏美尔地区的埃利都（Eridu）或者吾尔城（Ur）开始。然而，随着最新考古证据的不断发现，考古学家已经证实早在苏美尔人定居美索不达米亚之前，文明就已经由底格里斯河北部更

图 1.1.1-1　古埃及象形文字——城市

早期的地方开始发展了，而位于两河流域上游的哈姆卡尔（又译哈穆卡尔）就是这样一座城市，它是目前考古发现最古老的城市。

图 1.1.1-2　古代城市起源的地理位置

哈姆卡尔位于叙利亚北部，有 6000 多年历史。靠着黑曜石贸易起家，随后冶铜工业逐渐成为城市中重要的经济支柱。至少在公元前 4000 年，哈姆卡尔已经步向繁荣阶段（图 1.1.1-3）。它的面积达到了惊人的 290 万 m^2，几乎和一千年后才出现的中国长江下游的史前城市巨无霸——良渚古城面积相当。大约在公元前 3500 年哈姆卡尔在战争中被摧毁，这场战争是有历史纪录的最早期战事。在城市废墟中，考古人员发现了延绵数公里的城墙，以及城墙内部的居住区。

哈姆卡尔衰落后，旧世界西部很长时间没有出现过超大规模的巨城。而在印度以及中国，出现了哈拉巴（2500B.C.）、摩亨佐达罗（2600B.C.）、良渚（3000B.C.）、陶寺（2300B.C.）等超大规模的城市。

美索不达米亚的城市，都有一些共同的建筑特点：城内以宗教建筑为主要建筑，并建有帝王宫殿和观象台；城市由城墙包围，有明显的防御作用；城内有铺砌街道及导水管、下水道等公共设施。这使得考古学家推测哈姆卡尔很可能启发了后来的苏美尔城市文明。

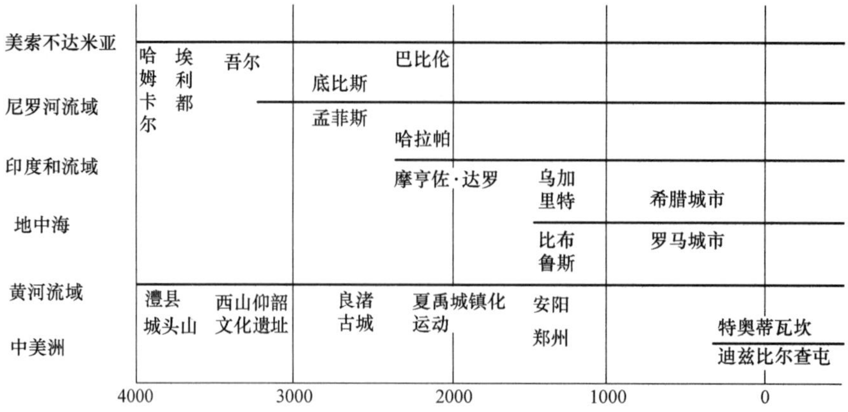

图 1.1.1-3　世界城市建设起源时间表

1.1.1.2　中国古代最早的城市建设

湖南澧县城头山城址（图 1.1.1-4）为我国目前所知最早的史前城址，距今 7000 年前就有人类在此居住和从事生产等活动。约从公元前 4000 年的大溪文化早期开始，人们在城头山掘壕沟，筑造第一期城墙，一直到公元前 2800 年左右的屈家岭文化中期经过四次筑造。

图 1.1.1-4　湖南澧县
城头山古文化遗址

城头山古城略呈圆形，城垣外圆直径 340m，内圆直径 325m，围绕城垣的护城河宽 30～50m，城垣外坡的围壕长 1000 多米，宽 10m，深 3～4m。专家们在城内发掘出大片台基式的房屋建筑基础和宽阔的城中大路。

1985 年发现的含山凌家滩原始部落遗址同样享有"中国最早的城市"称号。经考古测定该城址距今约 5300 年至 5600 年，前后经过五次发掘，现已被认定为长江下游巢湖流域迄今发现面积最大、保存最完整的新石器时代聚落遗址。遗址总面积约 160 万 m²，包括居址、墓地、祭坛、作坊以及近 3000m² 的红陶块建筑遗迹。发掘出的"石墙"是利用石块自身宽窄大小不等的形状，一块块相互契垒起来的，每块石头之间没有任何粘合剂，但人们用手却不易将砌垒在一起的石块拿开。这足以表明凌家滩的先民们早在 5000 多年前就已经掌握了几何力学，并有着高超的建筑水平。在近几年的发掘中，考古学家发现超过 40 万 m² 的居住区域、长达 2000m 的壕沟、外围一系列的村落，并且在房屋建设中，发现他们已懂得类似钢筋混凝土的"挖槽填烧土，木骨撑泥墙"的建筑工艺。

1.1.2　古代城市基础设施建设

1.1.2.1　古代名城的道路系统设施建设

城市形成后，在公元前 3000 年左右古人就开始建设城市道路，城市道路构成了古代城市的交通基础设施。古印度、中国古代以及希腊、罗马的早期城市大多采用方格形道路系统（图1.1.2-1）。这主要是由于采用方格形道路系统规划的城市，功能分区明确，结构严谨，城市交通干道与城门对齐，道路井字形布局，有利于交通流的调节，从出发地到目的地可以有多条路线可供选择。本节介绍几座历史名城以及他们的道路系统建设。

图1.1.2-1　印度河流域的摩亨佐-达罗

古代印度河流域的摩亨佐·达罗（Mohenjo Daro），位于今天巴基斯坦的信德省的拉尔卡纳县南部，是印度河古文明鼎盛期最具代表性的城市遗址。大约于公元前2600年建成，其整个城市的整体规划在土木工程史上都堪称是一项伟大的成就。该城又称"死丘"或"死亡之丘"（Mound of the Dead），因其遭受自然灾害引起的特大爆炸和大火所毁灭而得名。摩亨佐·达罗的城市规划和建筑与现代城市结构极其相似，具有相当高的水平。整个城市采用棋盘式路网规划，占地8km²，分为西面的上城和东面的下城。街道布局整齐，纵横相交，主要道路为南北向，宽约10m，次要道路为东西向。宽阔的主街均是南北和东西交叉，一条宽阔的大马路自北河南纵贯城市，每隔几米就有一条东西向的小街与之成直角相交。此外，还有小巷组成的不规则的路网与小街相连。所有建筑简单实用，不仅与现代建筑的简约概念吻合，还注重私密性。临街建筑不设门窗，进入小巷后才能看到门窗。

中国古代的都城和地方城市也都偏好方格形道路系统建设城市。这类建筑以三国时期的曹魏邺城为代表，元大都（图1.1.2-2）也是一个典型的例子。

在西方，公元前500年的古希腊城邦时期，著名的建筑师希波丹姆（Hippodamus）提出了城市建设的希波丹姆模式，这种城市布局模式以方格网的道路为骨架，以城市广场为中心，以充分体现了民主和平等的城邦精神。广场是市民集聚的空间，城市以广场为中心的核心思想反映了古希腊时期的市民民主文化。希波丹姆模式寻求几何图像与数之间的和谐以及秩序之美，被大规模应用于希波战争后城市的重建与新建以及后来古罗马大量的营寨城。这种模式在古希腊的海港城市米列都城（Miletus）得到了最为完整的体现（图1.1.2-3），而在其他城市中则局部性出现了这样的布局，比如雅典。此外，著名的庞贝古城（Pompeii）也是按照希波丹姆模式规划建造的。

庞贝（图1.1.2-4）始建于公元前6世纪，原先是一座规则的营寨城，后发展为古罗马第二大繁荣富裕的城市，被称为富人的乐园。贵族富商纷纷到此营建豪华别墅，尽情寻欢作乐。神庙、浴场、斗兽场、引水道等罗马市政建筑必备设施一应俱全，其先进的市政建设是罗马工程学和罗马生活方式的完美体现。全城略呈不规则卵形，有城墙环绕，四面设置城门，城墙高7~8m，有8个城门，西南角有市中心广场，城南有三角形广场。全城以方格网的道路系统为骨架，城内四条大街呈"井"字形纵横交错，街坊布局有如棋盘；以庞贝广场为中心，宽阔的庞贝广场，是两千年前最有人气的地方，也是最能体现庞贝社情民意、风俗人情的地方。城市中街道密布，丰收街、幸运街、执政官街都是从主要的大道呈网状辐射出去，与希腊的街道布局极其相似。街道路面上有不少凸起的石阶（图1.1.2-5），下雨天地面积水，人们可踩在凸起的石块上行走，足底就不会被打湿了。

7

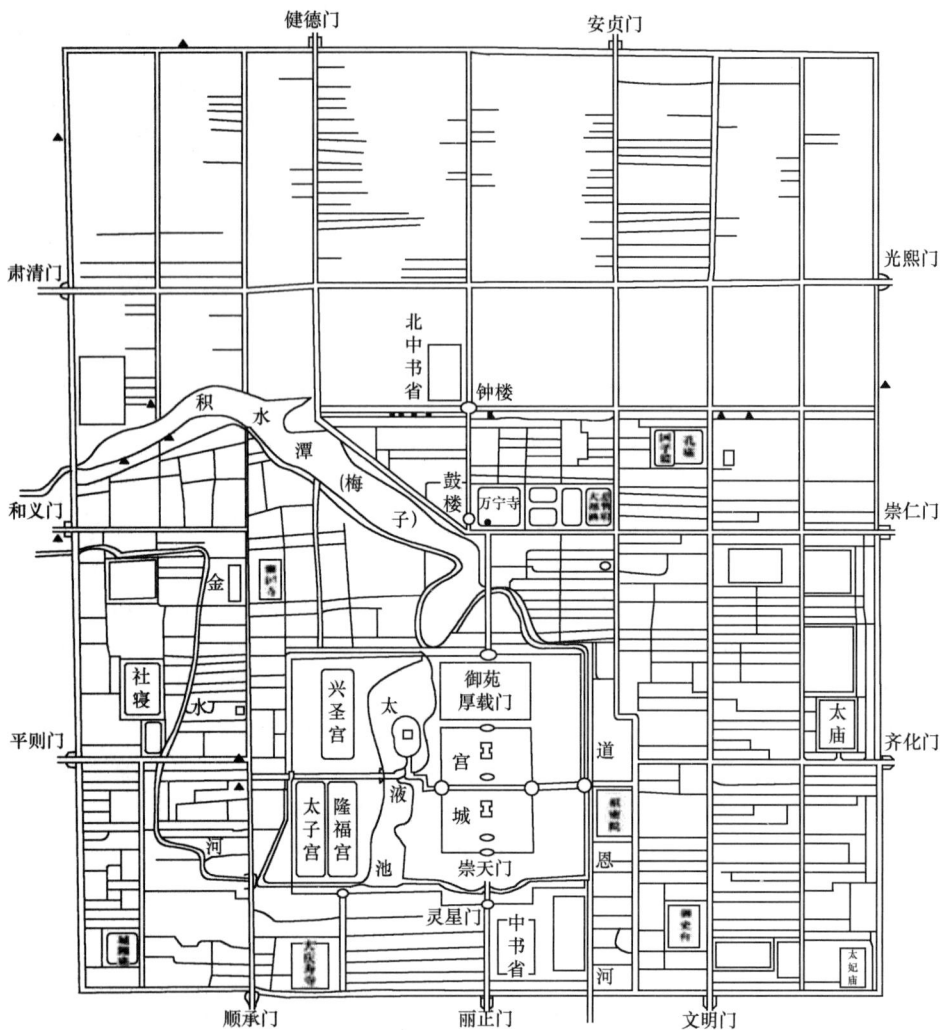

图 1.1.2-2　元大都复原图

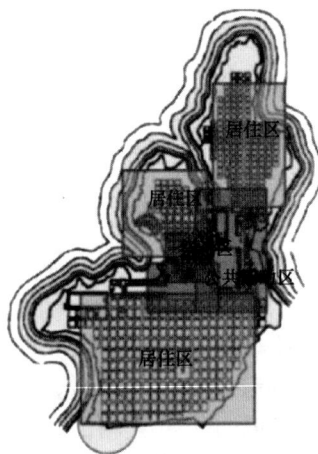

图 1.1.2-3　米列都城平面图
与城市功能分区

1.1.2.2　古老的城市管网工程

　　现代意义上的城市管网工程一般包括给排水管网、通信管网、燃气、输暖管道、电力管网等管道管线工程。而在远古时代，人类最早学会加以利用的自然资源主要是水资源。水是城市的血脉，因而古代的城市管网工程建设以城市给排水工程的面貌出现，满足城市的生活、生产、航运、灌溉、景观以及消防用水等需求，包括为城市输送用水和排泄城市内的降水和污水。

　　（1）古巴比伦城与城市水利系统

　　从世界范围来说，有文字记载的最早的给水工程，是公元前 3400 年左右美尼斯王朝修建在埃及孟菲斯城附近截引尼罗河洪水淤灌工程，主要是用于农业灌溉。而出现

图 1.1.2-4　庞贝城坐落在苏维埃火山的山脚下

图 1.1.2-5　庞贝城街道的石阶路面

在约公元前 2200 年的古巴比伦城（图 1.1.2-6）在底格里斯和幼发拉底河河谷建造了当时世界上规模最大的奈赫赖万灌溉渠道，工程不仅治理了洪水，满足了农业灌溉，同时也为城市的军事防御系统和城市人民生活提供了便利条件，堪称古文明中年代最早的城市给水工程，在市政工程建设发展史上具有重要意义。

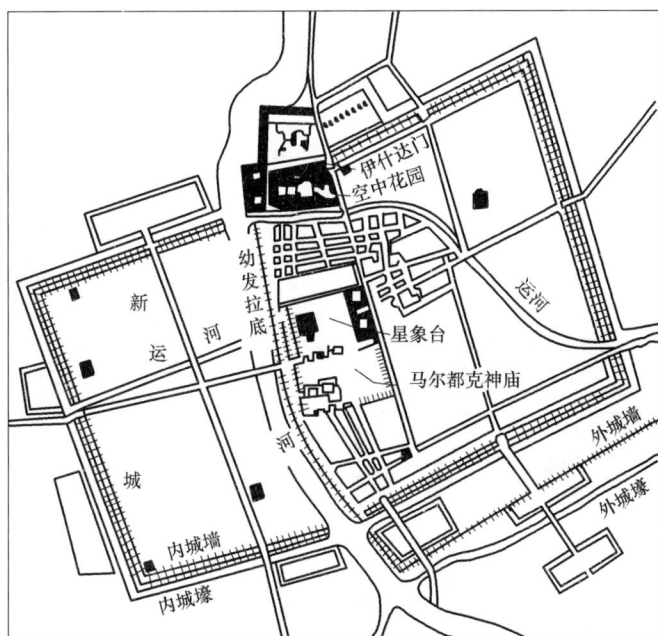

图 1.1.2-6　古巴比伦市中心平面图

　　古巴比伦城的洪水治理工程和城市给水工程大约始建于公元前三十世纪中期，阿卡德王国建立之后。阿卡德人在幼发拉底-底格里斯河的美索不达米亚平原筑堤防洪，并采用疏导的方式大规模挖沟修渠、疏导洪水的流向以分散其流量，给洪水留下出路。巴比伦城的城墙外建筑了一套水力防御系统。当敌人兵临城下之时，只要打开水闸，幼发拉底河的大水就会汹涌而出，使城外变成一片泽国。而巴比伦城内的灌溉用水，也是通过人工架空水槽从幼发拉底河引水入城的。

　　（2）中国古代的城市给排水系统

　　我国登封古阳城陶制管道供水系统（图 1.1.2-7）是近年来考古发掘中的重大发现，其规划合理，设计巧妙，是研究我国古代城市供水的重要实物资料。东周阳城位于今河南省登封市告城镇附近，建于约公元前 2070 年，禹在郑州登封阳城建立起我国历史上第一

图 1.1.2-7　登封古阳城陶制
管道供水系统

个王朝——夏朝。该城也是春秋时郑国和战国时韩国的西面军事重镇之一。

因阳城是建筑在地势较高的坡地上，为了解决城内给排水，其地下供水工程建于 2500 多年前，是从阳城东的告成北沟和城西的肖家沟引水入城的供水工程，有八条干支输水管道向城内供水，估计总长有 8000m 左右，采用多节陶质直通管、三通管或四通管在地下铺设成长长的输水管道，把水从城外引入城内。输水管道（管道槽和陶管）有配套的沉淀池、贮水设施、控制流量的四通管等，形成完整的供水系统，其结构和现代城市自来水管道的铺设方法与原理基本相同。这是我国目前已经发现的比较完整的一套东周战国时期的输水设施。

江西赣州的福寿沟（图 1.1.2-8）也是我国古代地下排水设施的杰出代表，修建于北宋时期。整个工程通过科学合理的设计，利用城市地形的高低差，全部采用自然流向的办法，使城市的雨水和污水排入江中和濠塘内（图 1.1.2-9），是中国历史上下水道建设中的一绝，至今仍在使用，造就中国不涝古城。

图 1.1.2-8　以宋代福寿沟为代表的城市排水系统

图 1.1.2-9　福寿沟内壁图

福寿沟分为三大部分：一是将原来简易的下水道改造成断面为矩形、用砖石砌垒的宽渠，主沟断面宽约 90cm，高 180cm 左右，沟顶用砖石垒盖，纵横遍布城市各个角落，将城市的污水收集、排放到贡江和章江；二是将福寿沟与城内的几十口池塘连通起来，增加暴雨时城市的雨水调节容量，减少街道被淹没的面积和时间；三是建设了 12 个防止洪水季节江水倒灌、造成城中内涝灾害的"水窗"。这种"水窗"结构精巧，运用水力学原理，在江水上涨时外闸门自动关闭，水位下降到低于"水窗"时，排出的水流又能将内闸门冲开。

虽经历了 900 多年的风雨，福寿沟至今仍是赣州居民日常排放污水的主要通道，仍在发挥排涝泄洪的功能。古人智慧地将城市建设与自然相协调，是很值得我们思考和学习的。

（3）古罗马庞大的城市供排水系统

古代罗马人在城市供水和排水工程方面的成就突出。公元前 6 世纪左右，伊达拉里亚人的下水道系统称为"渠道系统"（图 1.1.2-10），是使用岩石堆砌而成的，罗马城靠着这样的下水道将城里的暴雨排出。渠道系统中最大的一条截面为 3.3m×4m，从古罗马城广场通往台伯河。罗马下水道的部分设施，经历了 2500 多年的雨水和污水冲刷，曾经为许多民族和王朝服务。在很少得到修缮的情况下，现代罗马至今仍在使用，而且保存完好，让人不得不叹服古人的智慧无法比拟。电影《罗马假日》（图 1.1.2-11）中所谓的"真言之口"（Bocca della Verati），其实正是古罗马时代下水道出水口的一个盖板。

图 1.1.2-10 2500 年前建成的古罗马下水道　　图 1.1.2-11 "真言之口"古罗马下水道出口盖板

古罗马文明也是现存引水渠使用最为广泛的文明。从公元前 312 年～公元 226 年的 500 余年中，罗马城先后修建了 11 条引水渠，与水库和天然池塘等形成了城市供水系统。公元前 4 世纪左右，古罗马城已成为意大利中部初具规模的大型城市。随着城市人口的激增和城市中心的不断扩大，人们对水的需求就大大增加，为了解决城市的生活用水问题，公元前 312 年，罗马城兴修了第一条地下引水渠，开创了人工引水入城的先例。公元前 114 年，罗马第一条地上引水渠兴修成功，高大的引水渠将清清的山泉凌空经由山岭、河流及田野最后引入罗马城内，随着工程技术的提高，还出现了高达四五十米的双层、甚至三层高架引水渠。罗马城供水系统的水源是周围的河流、湖泊和泉水，有些水源距离较远，如公元前 144 年建成的梅西亚输水道长达 62km。水先贮存在城市周围 200 多个大大小小的水库和池塘中，然后通过输水道从不同的高度进入罗马城，以满足城市用水需要，除供给必要的生活用水外，还要为公共浴室和公共喷泉供水。输水道除常规渠道外，许多地方还采用了虹吸管、隧洞和连拱支撑的石质渡槽。

1.2　现代城市的基础设施建设发展

随着人类科学技术水平和经济水平的提升，相比古代城市的基础设施，现代城市基础设施的内容和功能正变得越来越丰富，不仅包括一般道路交通和给排水管道等基本设施，还为城市人口提供现代化的高架、大桥、地铁、轻轨、有轨电车等公共交通设施，供电、燃气、电信、防灾避险等必需的物质条件，以及生态、美化与休闲娱乐旅游等高级功能。与此同时，城市化发展在全球范围内改变了人们的生活方式，给城市基础设施的规划、建设、管理带来了变革和挑战。我们应当看到城市化是人类进步必然要经过的过程，只有经过城市化的洗礼之后，人类才能迈向更为辉煌的时代；但城市化也造成了自然资源的过度集中消耗和诸如交通拥堵、环境污染、人为灾害事故多发等社会问题，而这些问题都与城市基础设施建设有着密切的联系。因此在城市化发展进程中实现人类社会的可持续发展，城市基础设施建设是至关重要的一环。

1.2.1 现代城市基础设施建设的基本概念

1.2.1.1 现代城市基础设施的系统分类

现代城市基础设施是城市生存和发展所必须具备的工程性基础设施和社会性基础设施的总称。工程性基础设施一般由能源系统、给排水系统、交通系统、通信系统、环境系统、防灾系统等六大工程系统构成，如图 1.2.1-1 所示。

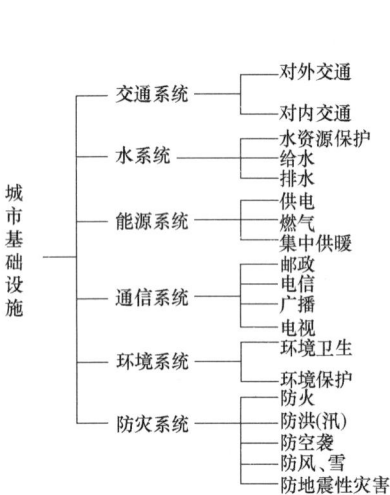

城市基础设施
- 交通系统 —— 对外交通 / 对内交通
- 水系统 —— 水资源保护 / 给水 / 排水
- 能源系统 —— 供电 / 燃气 / 集中供暖
- 通信系统 —— 邮政 / 电信 / 广播 / 电视
- 环境系统 —— 环境卫生 / 环境保护
- 防灾系统 —— 防火 / 防洪(汛) / 防空袭 / 防风、雪 / 防地震性灾害

图 1.2.1-1　城市基础设施分类

（1）能源系统：包括电的生产及输变设施；人工煤气的生产及煤气、天然气、石油液化气的供应设施；集中供热的热源生产及供应设施。

（2）供水、排水系统：包括城市水资源的开发、利用和管理设施。

（3）交通运输系统：包括城市内部交通设施和城市对外交通设施。城市内部交通设施有道路设施、电汽车、轨道交通、公共货运汽车、交通管理等设施。城市对外交通由航空、铁路、公路、管道运输等设施。

（4）邮电通信系统：包括邮政设施、电信设施等。

（5）生态环境系统：包括环境卫生、园林绿化、环境保护等设施。

（6）城市防灾系统：包括防火、防洪、防风、防雪、防地震、防地面沉降以及人防备战等设施。

上述六大系统各自发挥独立的功能，同时城市作为一个整体，六大系统及各个子系统又相互联系和彼此协调。本书所述的城市基础设施的建设和管理仅指工程性基础设施。

1.2.1.2 城市基础设施项目分类

从工程建设的角度来说，城市基础设施项目属于市政工程范畴。随着施工技术和现代计算机技术的不断进步，城市基础设施项目施工方法得到了极快发展，其种类日益完善和扩充。根据类别划分，目前涉及城市市政基础设施建设的市政工程项目可大致分为以下十一类：

第一部分道路工程

包括：路床（槽）整形，道路基层，道路面层，人行道侧缘石及其他。

第二部分桥涵工程

包括：打桩工程，钻孔灌注桩工程，砌筑工程，钢筋工程，现浇混凝土工程，预制混凝土工程，立交箱涵工程，安装工程，临时工程，装饰工程。

第三部分隧道工程

包括：隧道开挖与出渣，临时工程，隧道内衬，隧道沉井，盾构法掘进，垂直顶升，地下连续墙，地下混凝土结构，地基加固、监测，金属构件制作。

第四部分轨交工程

包括：地基加固，区间隧道土建，车站结构土建，轨道工程，通信工程，信号工程，设备安装。

第五部分给水工程

包括：管道安装，管道内防腐，管件安装，管道附属构筑物，取水工程。

第六部分排水工程

包括：定型混凝土管道基础及铺设，定型井，非定型井、渠、管道基础及砌筑，顶管工程，给排水构筑物，给排水机械设备安装，模板、钢筋、井字架工程。

第七部分燃气与集中供热工程

包括：管道安装，管件制作、安装，法兰、阀门安装，燃气用设备安装，集中供热用容器安装，管道试压、吹扫。

第八部分供电工程

包括：发电厂和变（配）电所建设、电网工程、用电设备安装。

第九部分通信工程

包括：基站建设、通信管道工程。

第十部分环境工程

包括：城市垃圾处理厂建设、城市园林绿化工程。

第十一部分防灾工程

包括：堤坝工程、排洪沟渠建设、城市消防站、消防供水、消防通信、消防车通道等消防设施建设、人防工程、地面沉降监测井、监测站等设施建设、地面沉降治理工程。

1.2.1.3 城市基础设施建设项目的阶段划分

城市基础设施项目的全寿命周期，可以分为决策阶段、建设阶段和运营阶段，见图1.2.1-2。

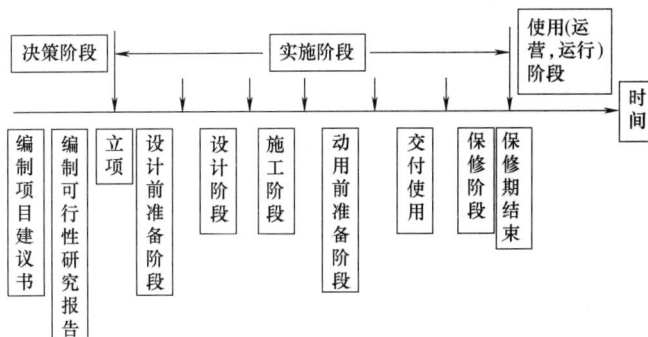

图 1.2.1-2 城市基础设施阶段分化

（1）决策阶段

又称投资前期，主要包括规划、选址、市场调研、项目的工程可行性研究等工作。该阶段的主要任务是对工程项目投资的必要性、可能性、可行性，以及何时投资、在何地建设、如何实施等重大问题，进行科学论证和多方案比选，并作出科学决策。本阶段虽然投入少，但对项目效益影响大，前期决策的失误往往会导致重大的损失。

（2）建设阶段

包括工程前期和工程实施两块工作。工程前期主要是方案设计、初步设计、施工图设计、设备采购、施工招标等工作。工程实施主要是建设施工、厂商供货、安装调试等工作。该阶段的主要任务是通过合理准备和安排项目所需建设条件，将建设投入要素进行组合，形成工程实物形态，实现项目决策目标。本阶段在工程项目建设周期中工作量最大，投入的人力、物力和财力最多，工程项目管理的难度也最大。

（3）运营与维护阶段

包括运营和维护两大任务。在项目运营期间，主要工作有工程的保修、回访、相关后续服务、项目后评价等。维护工作主要通过鉴定、保养、改造更新、修缮、加固、拆除等活动，保证工程项目的功能、性能能够满足正常使用的要求。

1.2.2 现代城市基础设施建设管理现状

1.2.2.1 城市化进程中的基础设施建设

以蒸汽机发明为标志的工业革命使城市产生了巨大变化，机械能源使生产集中于城市成为可能，从而使加工工业迅速在城市发展，并随之带动商业和贸易发展，城市人口迅速膨胀，全球范围内的城市化进程就此拉开序幕。图 1.2.2-1 反映了从 1840～1929 年伦敦空间发展的状况。

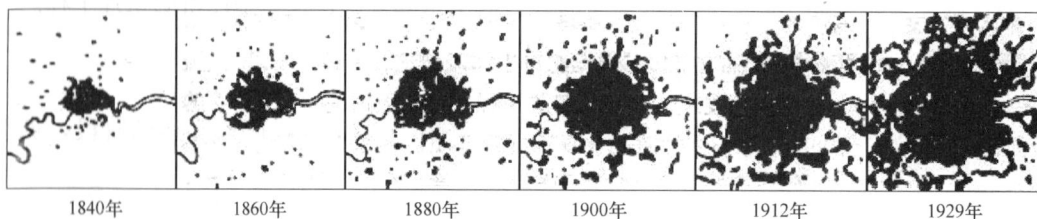

| 1840年 | 1860年 | 1880年 | 1900年 | 1912年 | 1929年 |

图 1.2.2-1　伦敦在 1840～1929 年期间的空间发展

统计数据显示，1800 年，全球仅有 2% 的人口居住在城市，到了 1950 年，这个数字迅速攀升到了 29%，而到了 2000 年，世界上大约有一半的人口迁入了城市。到 2010 年，全世界的城市人口基本上占总人口的 55%。根据联合国的预测，到 2050 年，全世界的城市人口将占总人口的 70%。中国的城市化主要开始于 20 世纪 70 年代后期，即改革开放后。根据国家统计局数据，2011 年是中国城市化发展史上具有里程碑意义的一年，城市化水平（城镇人口占总人口的比重）首次超过 50%。这是中国历史上第一次城市人口超过乡村人口，标志着中国发展进入了城市化引领经济社会发展新阶段。2014 年我国城市化水平进一步上升至 54.77%。图 1.2.2-2。

城市化使人们对基础设施的需求迅速膨胀，放眼一些发达国家城市建设历程，我们不难发现：一座城市的基础设施建设和管理水平对这座城市的经济发展水平和文明程度都有着深刻的影响。随着城市化进程的进一步加快，城市中的人口数量逐年增多，现代城市基

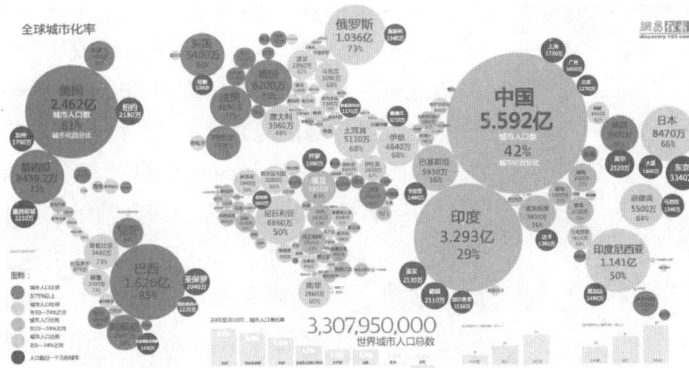

图 1.2.2-2　全球城市化率（2010 年统计数据）

础设施在综合性、交叉性和复杂度上都在不断提升，给城市基础设施建设在规划设计、工程施工、运营维护提出了许多新的课题。总体来说，快速、综合和网络化是城市化进程中现代城市基础设施的典型特征。下面具体介绍几种典型的现代城市基础设施建设。

（1）城市快速路网建设

快速路是城市道路的最高层次，是为应对迅速发展的小汽车交通而建设的现代城市交通基础设施，是城市化发展到一定阶段的典型标志。城市快速路网建设最为发达的国家是美国。世界第一条以高架和苜蓿叶式立交为特征的城市快速路就出现在洛杉矶。以洛杉矶、休斯敦等为典型代表的美国城市，在整个城市区域内都以发达的快速路加上二级道路为主要交通网络（图 1.2.2-3）。这些城市交通的主要特征就是小汽车交通，城市建筑分散，地域广大而人口相对稀少，因此修建轨道交通系统所占比例较低。为解决道路拥堵问题，这些城市在道路系统的规划建设上主要着眼于提高快速路交通走廊的乘客通过量，为高承载率的车辆提供更快、更可靠的通行条件。

(a)　　　　　　　　(b)　　　　　　　　(c)　　　　　　　　(d)

图 1.2.2-3　美国休斯敦市城市快速路网规划及其形式多样的连接匝道

从世界各发达国家走过的历程来看，发展中国家总是处于车辆发展速度远远高于道路发展速度，交通拥堵和交通事故大幅度上升的失调发展状态。这种失调状态带来了许多社会问题，但同时也促进了城市基础设施的建设，即堵车永远是修路的动力。目前国内北京、上海、广州等大城市，通过快速路网的建设，将包括快速路、主干路、次干路和支路等在内的道路资源进行整合，初步形成合理的网络结构，对于满足市民的出行需求和城市经济运行的需要具有重大意义。

以上海为例，20 世纪 70 年代以来，为缓解交通拥堵的突出问题，新建改建了大批道路。1971 年建成第一条越江隧道打浦路隧道，1991 年建成第一座越江大桥——南浦大桥

15

图 1.2.2-4　上海"三环十射"公路
快速交通网络框架

进一步改善浦江两岸交通，1994 年建成第一条城市快速路——上海内环线，1999 年又建成第一条横跨上海的城市快速路——延安路高架，2003 年第一条南北大动脉——南北高架建成通车。20 世纪 90 年代末，提出了"三环十射"（图 1.2.2-4）快速交通网络框架概念，并于 2006 年全部建成，从而形成内环、中环、外环和十条快速连接道路共 300 公里的城市快速路网。自此，上海形成以"申"字形高架道路、"半环加十字"的轨道交通、"三环十射"快速路和"三横三纵"等主干道路为骨架、次级道路为连接的城市交通网。近年来，随着上海城市布局由"单中心"向"多中心（副中心）、多轴（如沿黄浦江发展轴）"转变，原先的"申字形"快速路已经难以满足需要，上海在 CBD 核心区进一步规划"井字形通道"，将与南北高架、延安路高架等形成多轴快速路系统，对进一步完善上海快速路网起到重要作用。

图 1.2.2-5　1889 年的外滩

图 1.2.2-6　1930 年的外滩

作为上海标志性区域的外滩，沿线约 1.8km 的江边弧线在 20 世纪 60 年代、90 年代和 21 世纪初，共经历了三次大的改造，从一片滩涂到"万国建筑博览群"，从车水马龙的延安路高架"亚洲第一弯"到为解决交通严重堵塞拆除外滩下匝道，2010 年 3 月 28 日，作为上海井字形通道规划重要组成部分的上海外滩隧道正式通车，重现外滩风貌。外滩的蜕变见证了上海的城市化变迁，更成为上海城市快速路网基础设施建设与发展的一个缩影，见图 1.2.2-5～图 1.2.2-10。

图 1.2.2-7　1963 年的
外滩中山东一路

图 1.2.2-8　20 世纪 90 年代
建造的外滩"亚洲第一弯"鸟瞰

图 1.2.2-9　外滩隧道建成
后外滩重现昔日风貌

（2）城市快轨交通建设

随着世界经济的发展，城市体量也在争先恐后地与日俱增，日益恶化的城市交通状况迫使世界上大多数发达城市不得不转向重视城市公共交通的发展。解决城市交通问题应该既考虑包括完善城市快速路等道路网络的措施，同时又立足于优先发展公共交通的基本交通政策，这已经成为我国和世界各国解决交通问题的共同选择，而形成以快轨交通为骨干的公共交通模式是各国成功的经验。

图 1.2.2-10 中山东一路沿线地下上海外滩隧道

日本是世界上城市快轨交通网络最为完备的国家。图1.2.2-11 是东京的密集如蛛网一样的地下铁路线网，图中包括东京地下铁 Tokyo Metro、东京都营地下铁、东京轻轨JR、东京的私有轻轨等主要线路，形成一个几乎涵盖整个东京的轨道交通网络，线路多、覆盖面广，而且换乘便利。站内指示牌随处可见，而且交叉站点的换乘步行时间平均不会超过 5 分钟。据东京都市整备局的 2010 年的统计数据，拥有 1200 万人口的东京市，其交通出行总量中，地铁系统占据 86％，远远高于其他发达国家和城市，据世界之首；地铁之乡英国伦敦的地铁出行量城市交通出行总量的 54％。

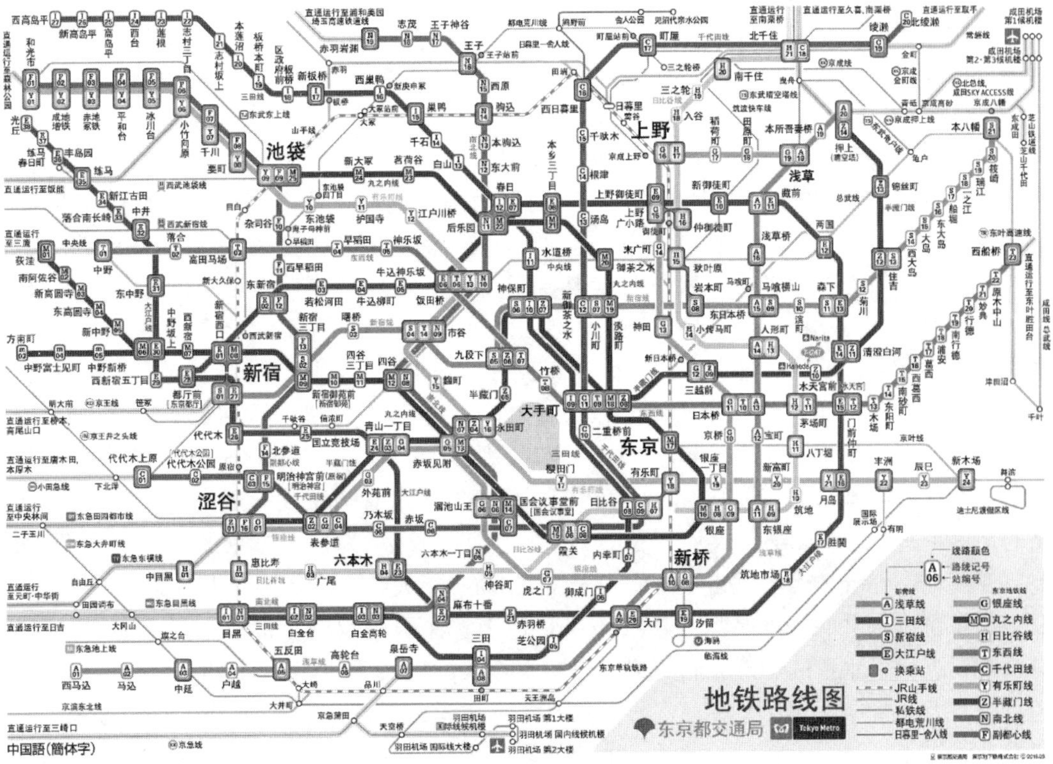

图 1.2.2-11 东京地下铁路线图

目前我国轨道交通运营里程前三位的城市分别是上海、北京和广州。上海的现代快速轨道交通建设从 1990 年开始起步，1995 年上海地铁一号线全线运营，2000 年 12 月我国第一条城市高架轨道交通线——上海轨道交通明珠线通车运营。统计数字表明，至 2014 年上海快轨交通运营里程达到 643km（图 1.2.2-12），其中地铁全网运营线路总长已达548km、车站 337 座，日均客运量达 775 万乘次，占公共交通比重增长至 43％。从全国的范围来说，2014 年我国开通城市快速轨道交通的城市已达到 22 个，运营里程突破 3173km，提前一年实现并超过 2015 年末运营线路长度 3000km 的预测目标值。

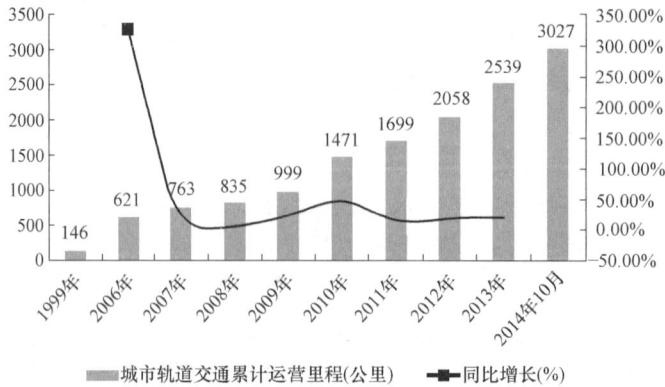

图 1.2.2-12　全国城市轨道交通累计运营里程

（3）城市综合管网建设

从城市发展史来看，完备的城市综合管网，是城市形成的重要标志，也是一个城市文明程度的标志。现代城市管网工程包括：电力、路灯、电车、交通信号、电信、联通、移动、网通、铁通、军用通信、有线电视、热力、蒸汽、给水、热水、温泉、雨水、污水、中水、雨污合流、天然气、煤气、液化气、工业、乙炔、石油、氧气、氢气、人防、安防、综合管沟、不明管线等 32 类管线及其附属设施，是保障城市运行的重要基础设施和"生命线"。

在众多城市管线中，排水管网是最基础最重要的组成部分，是城市的"地下血脉"。排水管网保护和美化城市公共环境，更体现了一座城市的文明程度。国外发达国家城市排水系统规划建设已较为成熟和完善，并取得良好的效果，如德国、法国、日本、美国等发达国家。据统计，2007 年城市排水管道长度总计达到 54 万公里，人均长度为 6.16m，城市排水管网密度平均在 10km/km² 以上，2009 年德国城市污水纳管率平均已达 98.8%；日本城市排水管道长度在 2004 年已达到 35 万 km，排水管道密度一般在 20～30km/km²，高的地区可达 50km/km²，人均管长 2.74m；图 1.2.2-13 为日本东京的汛期雨洪调蓄设施，深达地下 60m；美国城市排水管道长度在 2002 年大约为 150 万公里，人均长度为 4m 以上，城市排水管网密度平均在 15km/km² 以上。法国巴黎拥有世界上最负盛名的下水道系统，近代下水道的雏形脱胎于法国巴黎。今天的巴黎下水道总长 2400km，每天排出超过 1.5 万 m³ 的城市污水，拥有约 2.6 万个下水道盖、6000 多个地下蓄水池、1300 多名专业维护工，规模远超巴黎地铁。巴黎人甚至将城市的下水道开发成了一个博物馆，向世人介绍他们的成就，这是世界上唯一可供参观的地下排水系统，年均十多万人参观，见图 1.2.2-14。

与欧美及日本等工业发达国家相比，我国城市排水管网建设存在较大差距，但改革开放以来我国在城市排水系统取得了较大的发展。如表 1.2.2-1 所示为 1990～2010 年我国城市排水管网建设情况一览表，东部沿海经济发展较快的地区，面临经济发展对城市基础设施的需求、水环境污染造成的水质型缺水和城市居民生活质量下降等压力，对排水系统

图 1.2.2-13 日本东京的汛期雨洪调蓄设施深达 60m

图 1.2.2-14 法国巴黎下水道博物馆图

重要性的认识不断提高，新建改建了许多排水管网。2010 年，我国城市排水管网总长约 37 万 km，江苏、山东、浙江、广州等省份城市排水管网长度在全国各省名列前茅，西部地区如新疆、西藏、青海等地区城市排水管网建设严重不足。只是由于历史欠账太多，总体水平仍然非常落后。如果以美国（2002 年）的人均管长 4m 为参考，以 2014 年我国城镇人口数为基础，计算得到我国的排水管网总长应达到 300 万 km，即使以日本（2004 年）的人均管长 2.74m 为参考（日本人口密度大），我国的排水管网长度也应达到 205 万 km，而目前我们排水管网的长度说明我国排水管网增长空间巨大。

1990~2012 年我国城市排水管网建设情况　　　　　　　　　　表 1.2.2-1

年份指标	1990	1995	2000	2009	2010	2012
城市排水管道长度（万 km）	5.8	11.0	14.2	34.4	37.0	43.0
城市排水管道密度（km/km²）	4.5	5.7	6.3	9.0	9.0	9.0

城市发展的过程中，经常需要铺设新的管线，其中既有管道的移位，也有相同管道的并合，如何治理城市地下综合管网，设立共同沟（我国称为城市地下综合管廊，简称综合管廊）是世界公认的治本之举。共同沟是现代城市对各类管网进行集约化管理最佳的选择。在发达国家，共同沟已经存在了一个多世纪。早在 1833 年，法国巴黎系统规划排水网络时，就开始兴建"共同沟"。这一理念逐渐被世界主要城市采用。1861 年，英国伦敦修造了宽 12 英尺、高 7.6 英尺的共同沟；1890 年，德国开始在汉堡建造共同沟；日本因用地紧张，从 1958 年开始兴建共同沟，并为此颁布法令，到 1992 年，日本已经拥有共同沟长度约 310km；同样人口密集的美国纽约，也将全城的大型供水系统完全布置在地下岩层的共同沟中。随着城市的发展和城市化进程的加快，共同沟在系统日趋完善的同时其规模也有越来越大的趋势。

在国内，上海曾是我国综合管廊的最早建设地之一。早在 1994 年，为配合浦东的开发开放，张杨路就规划建设了总长约 11.2km 的综合管沟，被称为"中华现代城市第一沟"。20 多年来，综合管廊建设在我国仍然处于试点阶段，仅有北京、上海、深圳、苏州等少数几个城市建有综合管廊，且使用效率一直不高，这是我们的管理意识不够、法律缺失以及利益纠葛造成的。2014 年年底，国务院办公厅印发了《关于加强城市地下管线建设管理的指导意见》（国办发〔2014〕27 号），明确要求稳步推进城市地下综合管廊建设，为我国城市地下综合管廊的全面建设拉开了序幕。

1.2.2.2　我国城市基础设施建设管理中面临的问题

当前，我国不少城市在追求经济发展的过程中，因城市基础设施建设滞后而出现了各种城市病，如环境破坏、交通拥堵、城市内涝、乱开发、垃圾处理难、自来水供应及污水排放等问题，影响了市民的日常生活和工作，其城市文明秩序和经济发展必然也蒙受重大损害。近年来，我国虽然对城市基础设施的发展格外关注，但由于城市化步伐大大加快，且长期以来我国对城市基础设施投资的不足，导致很多城市的基础设施建设仍无法满足日益增长的社会需求；加大建设投资力度后又由于缺乏具有可持续性规划和建设管理经验，出现了规划设计不合理、权利义务以及责任主体不明晰等问题。需要指出的是，基础设施跟不上城市发展而导致的"城市病"是城市化的某种必然，没有哪个城市的发展能够完全摆脱城市病的烦恼。纵观发达城市发展历程，我国现今遇到的众多"城市病"，国外发达城市也都曾经历过。今天，许多发达国家的城市都在过往的经验教训中逐渐形成了经济发展与城市建设并行的理念，而我们也应该放慢脚步，用智慧洞察城市问题的本源，关注以人为本与可持续发展理念，关注资源整合与效益最大化，关注系统规划与高效运营，努力做到平衡发展。

（1）城市交通规划不合理

城市交通阻塞导致时间和能源的严重浪费，影响城市经济的效率。目前全国 667 个城市中，约有三分之二的城市交通在高峰时段出现拥堵，地铁也已趋饱和。位列我国"首堵"的北京，目前 90％的道路都处于饱和状态。在上海，随着交通拥堵逐步加剧，各种机动车辆行驶速度普遍下降，50 年代初时速为 25km，现在却降为 15km 左右，一些交通繁忙路段，高峰时车辆的平均时速只有 3～4km，预计至 2020 年，上海公共交通日均客运量将达 3000 万乘次，市民的公共交通出行需求将进一步增长。

中国城市交通现状，亟需找出一个破堵保畅的良策。传统思维破解道路交通拥堵的方法无非就是两个，一是增加道路资源的供给，并优先发展以城市快轨交通为骨干的城市公共交通；二是控制机动车上路的数量。目前来看两个方法的效果都不令人满意，并没有找到中国城市交通拥堵的根本问题。

那么，问题究竟出在哪里？目前上海和北京的运营地铁均已经超过了 500km，成为世界地铁运营里程最长的城市。然而，值得我们深思的是，世界上地铁运营里程最长的城市却属于世界上交通最为拥堵的城市行列。我国在地铁等城市基础设施建设方面的技术掌握以及建设速度无疑是赶超发达国家的，我们用 20 年的时间完成了很多国家 200 年建设的成果，但这只是停留在运营里程统计数据表面而已。现代我国大中城市存在的城市交通拥挤现象，尤其是地铁运营里程已跃居世界领先地位的特大型城市，其交通拥堵问题日益加剧的根本原因，已经不能再简单地归因于小汽车的普及导致城市道路系统和轨道交通建设不足，而是交通规划与城市规划分离，用地布局没有和公共交通系统有机结合，交通出行效率低而导致的拥堵，其解决的根本在于合理规划。

以上海 2007 年开通的地铁六号线举例，六号线沿线经过的全部是密集居民区，虽然该线在建成之前作过客流量调查，但建成通车使用的是法国阿尔斯通公司制造的 C 型轻轨列车，从世界来看，千万级特大人口城市使用轻轨列车极为罕见，而六号线和八号线都经过人口上百万的地区，使用载客量少的轻轨列车必然造成很大的营运难度，加之公交公司出于成本节约的考虑，取消了该条地铁沿线的公交线路，导致每天的客流量呈几何倍狂增，早晚高峰时段车厢内更加拥挤不堪，甚至一些乘客挤上不进车厢。根据乘客投票的结果证明，六号线世纪大道站至德平路站段成为民众选出的上海轨道交通最拥挤的路段，有关部门不得不重开原已取消的沿线公交线路。

我们应当借鉴发达国家和城市的经验教训,城市的交通路网设施和公共交通设施建设唯有通过逐渐关注"以人为本"开发思想,坚持交通建设与城市建设协调发展的城市交通规划理念与开发,利用公共交通引导开发适宜于公交运行的土地布局,引导城市交通向大众、高效、低耗、可持续发展的方向转化,才能从根本上解决城市交通拥堵问题。

(2) 城市地下管线规划落后且管理分散

城市地下管线属于隐蔽工程,在设计规划时容易受到忽视,然而其线路规划及管理对城市的长期建设发展影响深远。衡量一个城市现代化程度,不仅在于霓虹灯有多亮,楼有多高、路有多宽,更在于地下管线这样的良心工程是否通畅合理。

近年来,随着城市快速发展,地下管线建设规模不足、管理水平不高等问题凸现,一些城市相继发生大雨内涝(图1.2.2-15)、管线泄漏爆炸、路面塌陷等事件,严重影响了人民群众生命财产安全和城市运行秩序。同时,城市给水、电力、通信、煤气等地下管线各自铺设、重复开挖严重,"马路拉链"现象已经成为城市建设的痼疾。究其原因,不难发现我们从来没把一个城市的管线规划排在一个城市建设考评的前面,这暴露了我国城市的地下管网设施的规划和管理都远远跟不上地面上光鲜靓丽的城市建设步伐,面对城市建设的高速发展,地下管线的建设规划和管理分散、滞后所带来的问题日趋严重。

(3) 基础设施运营管理落后

以城市地铁运营为例,东京的地铁延误率,每年是7分钟,也就是说东京300多公里总里程的地铁,每年一共只会发生7分钟的延误,甚至可以认为,东京地铁的准时率已经可以用精确到秒来计算。相比发达城市,我国城市的地铁延误率是很高的,经常会出现各种地铁故障、线路拥堵、限流让行等告知。地铁运营只是我国对基础设施运营管里能力落后的一个缩影,从城市交通

图1.2.2-15 上海市的暴雨淹城

到市政管网,运营管理都不断暴露出各种问题,严重影响了城市的运行效率,值得我们深思。有专家曾预言:"超人速度背后掩藏着的是我们势必将用20年的时间,去消化很多国家200年内出现的各种管理运行中的问题。各种管理手段上的不成熟也相继暴露,在阵痛中学会管理,无疑是上海,乃至中国很多高速发展城市一条必经的发展道路。"

1.3 数据驱动的智慧城市基础设施建设和管理

城市建设发展的历史证明:每一次技术革命都给城市基础设施带来新的发展空间。信息化革命是20世纪80年代以来世界发展的最重要特征,极大地推动了人类经济、社会、政治、军事等各方面的发展进程,创新了发展模式,提高了发展质量。计算机、互联网、物联网的诞生,分别代表了人类三次信息技术革命的标志。无疑信息技术的三次革命也对城市基础设施建设的规划、建设、运营、服务都产生了变革性的巨大影响。当前,"互联网+"正利用信息通信技术以及互联网平台,改造和影响着几乎所有的传统行业,现代城市基础设施建设的智能化、数字化、数据化、网络化趋势也日益显现。让互联网与基础设

施建设进行深度融合，创造新的发展生态，无疑有助于推动我国在基础设施的建设，尤其是在规划和管理方面的不断完善，解决我国城市基础设施建设管理中面临的问题，促使城市基础设施的建设和管理加速迈向"智慧时代"。

1.3.1 智慧城市基础设施建设和管理的主要特征

1.3.1.1 智慧城市与智慧城市建设

智慧城市经常和另外两个术语：数字城市和智能城市在一起使用。和数字城市、智能城市类似，智慧城市是以新一代信息与通信技术 ICTs (Information and Communication Technologies) 为基础，但是更在于强调人的智慧的充分参与。推动智慧城市形成的三股力量，一是以物联网、云计算、移动互联网为代表的新一代信息技术，这是技术创新层面的技术因素；二是知识社会环境下逐步形成的开放城市创新生态，这是社会创新层面的经济因素，三是城市化进程中人与自然可持续发展意识的回归，这是意识形态层面的社会文化因素。

对智慧城市的理解，目前国际上社会各界还没有形成共识，其定义也通常有几种不同的角度。第一种角度是强调技术手段。如：Harrison 等人的研究中认为智慧城市依靠技术实现城市的感知化、互联化与智能化。感知化是通过使用传感器、电话、个人设备、数码相机、智能手机、植入式设备、网络及其他类似的数据采集系统，包括人体感应传感器来实现真实世界的数据采集和整合。互联化是指这些数据能够整合到统一的计算平台，并且此类信息能够在不同的城市服务中进行交流。智能化则包含复杂的分析、建模、优化及业务操作流程中的可视化，以便做出更好的决策。Toppeta 关于智慧城市理解是基于信息通信技术和新一代互联网的应用，实现城市可持续发展和宜居性的改善。Washburn 认为智慧城市是智慧计算技术应用于关键基础设施组件和服务的集合。智慧计算指的是新一代硬件、软件和网络技术的集成，智慧技术能够提供 IT 系统和现实世界的实时感知和先进的分析，这将优化业务流程、平衡企业资产、给人们提供实时的信息，帮助人们对选择和行动做出更聪明的决定。骆小平等人认为各种先进的技术，尤其是信息技术的运用是智慧城市概念的核心。

第二种角度强调城市系统的智能协作。智慧城市可以被认为是一个连接多个子系统和部件的大型有机系统。IBM 的《智慧的城市在中国》白皮书中对智慧城市基本特征的界定是：全面物联、充分整合、激励创新、协同运作等四方面。即智能传感设备将城市公共设施物联成网，物联网与互联网系统完全对接融合，政府、企业在智慧基础设施之上进行科技和业务的创新应用，城市的各个关键系统和参与者进行和谐高效地协作。IBM 提出以"感知化"、"互联化"和"智能化"为核心，认为"智慧城市"是有意识地、主动地驾驭城市化这一趋势，运用先进的信息和通信技术，将人、商业、运输、通信、水和能源等城市运行的各个核心系统整合起来，从而使整个城市作为一个宏大的"系统之系统"，以更智慧的方式运行，进而为城市中的人创造更美好的生活，促进城市的和谐、可持续的成长。Dirks 和 Keeling 把智慧城市看作一个有机集成系统。城市核心系统之间的相互关系使得系统变得更加智慧，系统之间协作运行。国内学者秦洪花等认为智慧城市是城市各个方面的系统整合，以此让城市中各个功能彼此协调运作，以达到为企业提供优质的发展空间，为市民提供更高品质生活的目的。维也纳大学评价欧洲大中城市智慧城市时，把智慧的经济、智慧的运输业、智慧的环境、智慧的居民、智慧的生活和智慧的管理六个指标作为其评价指标，也是智慧城市的内涵所在。

第三种角度强调人的意识形态在城市发展趋势中的主导地位。我国学者宋刚等人在《创新2.0视野下的智慧城市》一文中指出，智慧城市不仅强调物联网、云计算等新一代信息技术应用，更强调以人为本、协同、开放、用户参与的创新，将智慧城市定义为新一代信息技术支撑、知识社会下一代创新（创新2.0）环境下的城市形态。Giffinger等人认为智慧城市表现为以前瞻性的方式去考虑城市问题、提出解决城市问题的方案。其中前瞻性有诸多代表，例如自我认知、灵活性、可变性、协同作用、个性和战略性行为。Caragliu等人觉得智慧城市是人人参与的一个社会，通过对社会软件（人力资源、社会管理）和硬件（通信设施等）的投资，以实现经济的增长、居民生活质量的提高以及对自然资源实现智慧的管理。

可见，综合上述三个角度的认知，从城市基础设施建设管理的视角来理解，智慧城市建设就是通过互联网把无处不在的、依附于特定对象的智能化传感器连接起来而形成的物联网，以实现对城市的全面感知。智慧城市依托云计算的技术手段对感知信息进行智能处理和分析预测，用以提高城市基础设施在规划、建设、管理、服务等方面的智能化水平，构建出以人为本和可持续发展的城市基础设施，使城市进入运转更高效、更敏捷、更自然和谐的发展新模式。

1.3.1.2 智慧城市基础设施建设和管理的主要特征

由于新技术在智慧城市基础建设过程中的重要作用，下面从技术角度阐述智慧城市基础设施建设的四个特征：

（1）深层感知

利用任何可以随时随地感知、测量、捕获和传递信息的设备、系统或流程，对城市运作各种相关要素，基础设施本体的建设、运行以及周边环境各类相关要素进行深层感知，建立数据库并进行维护。比如城市中的监控摄像机、传感器、RFID、移动和手持设备、电脑和多媒体终端，GPS等，通过使用这些新型设备快速获取包括人在内的城市任何数据，便于立即采取应对措施或进行长期规划。

（2）广泛互联

这里所讲的广泛互联，包括两个层面的内容。其一是通过各种形式的高速的高带宽的通信网络工具，如有线网、无线网、蓝牙、红外等，发挥三网融合的优势，将传感器、个人电子设备等智能设备连接起来进行交互，实时监控。将孤立的数据关联起来、把数据变成可供决策的信息。其二是将城市中支撑社会、经济、文化等运行的交通运输、通信、水和能源等领域城市运行的各个核心系统的基础设施整合起来，实现互联互通，以更为智慧的方式运行。

（3）高度共享

建立面向服务的体系结构、充分利用云计算、大数据等技术手段，通过将资源"服务"化、集中存储、共享计算资源等方式，对整个城市信息资源进行汇集、存储、分类、整合，将政府信息系统中收集和储存的分散的信息及数据关联起来，多方共享，使得工作和任务可以通过多方协作来得以远程完成。

（4）智慧应用

城市基础设施建设中的智能应用是在"数字化"和"网络化"基础上，通过"大数据"和"智能化"的手段实现以人为本的可持续创新。主要有两个发展方向：大数据应用管理和智能化建设管理。大数据应用管理在城市基础设施建设的规划设计阶段和运维阶段有广阔的应用前景。它是采用高速分析工具和集成IT处理复杂的数据分析、汇总和计算，把信息变成知识，把知识变成智慧，从全局的角度分析形势并实时解决问题，以便政府及相关机构及时做出决策并采取适当的措施。智能化建设管理主要应用于城市基础设施建设的施工阶段，是在数字化建设的基础上，利用物联网和设备监控技术以加强信息管理和服务，清楚地掌握基础设施建设流程、提高过程的可控性，以及编制合理的建设计划与进度，它在建设施工、运营管理等过程中进行的智能活动，诸如分析、推理、判断、构思和决策等，可以部分取代人的脑力劳动，结合智能、绿色等新兴技术于一体，构建成一个高效节能的、绿色环保的、条件舒适的人性化工厂，这将是未来城市基础设施建设的发展方向之一。

根据上海市推进智慧城市建设行动计划（2014～2016），"推进建筑信息模型（BIM）技术在政府投资的公共建筑和市政基础设施工程项目中的应用，鼓励社会投资的建筑工程项目应用BIM技术实现全生命周期管理"、"聚焦水、电、油、气等城市生命线，推动城市公共基础设施管理智能化，提升管网利用效率和资源利用水平，拓展新的服务模式，保障城市运行安全、平稳、有序。

智慧城市是城市化发展的高级阶段，是建立在城市各大系统整合、物理空间和网络空间交互、普通百姓广泛参与的基础上的。在市政工程行业，利用先进的信息技术，以数据驱动城市智慧应用于基础设施建设和管理，提高城市规划、建设、管理、服务的智能化水平，使城市运转更高效、更敏捷、更低碳，是信息时代建设行业发展的新模式。现代化城市基础设施建设是智慧城市建设的重要组成部分，智慧城市的基础设施建设将更加关注城市建设与公用基础市政建设的协调发展，并在信息技术突飞猛进发展的基础上，通过将传统的市政建设技术专业领域与信息技术的应用相结合，极大地促进市政建设水平和管理效率。

1.3.2 数据驱动的智慧城市基础设施发展基础

1.3.2.1 智慧城市市政工程建设的技术基础

1. 物联网技术

物联网（Internet of Things，缩写IoT）是一个基于互联网、传统电信网等信息承载体，让所有能够被独立寻址的普通物理对象实现互联互通的网络。在物联网上，物体通过电子标签实现相互之间的上网联结，通过物联网，人们也可以查找出物体的具体位置。物联网应用范围十分广泛。利用物联网，可以实现中心计算机对机器、设备、人员进行集中管理、控制，也可以对家庭设备、汽车进行遥控，以及搜寻位置、防止物品被盗等。

物联网技术有三个核心的支撑技术：①电子标签（RFID，Radio Frequency Identity）实现物体的标识；②传感网络，借助于各种传感器，实现物体与环境温度、湿度、压力、速度和位置等的全面感知；③M2M 技术（Machine to Machine）是通过多种不同类型的通信技术结合在一起实现机器之间的通信，实现无所不在的计算和互联；

物联网将物理基础设施（如：机场、公路和建筑物等）和 IT 基础设施（如：个人电脑、宽带、数据中心等）原本分开的两个方面整合为统一的基础设施，在此意义上，基础设施更像是一块新的地球工地，世界的运转就在它上面进行，其中包括经济管理、生产运行、社会管理乃至个人生活。

智慧城市建设架构是建立在物联网基础上，将新一代信息技术，包括传感技术、RFID 技术、通信技术、数据处理技术、网络技术、控制技术、视频检测识别技术、GPS 技术等加以有效系统地运用，和参与其中人和物等要素之间成为一个协调的网络，在这个网络中，各要素能彼此进行交流，实现所有信息的综合处理，并为各要素提供所需的要素信息和服务。

图 1.3.2-1 是智慧城市管理平台总体框架。这个框架的感知层和传输层就是以物联网的全面感知和广泛互联为基础，而框架的数据层和应用层则是云计算框架为基础建立的。

2. 云计算

建筑业无论是在设计、建造，还是运维阶段，都会产生大量的信息或需要协同大量的信息。这些信息是决策的依据。如何高效共享与管理信息，是必须要面对的问题。云计算很重要的特性就是共享、协同，而这恰恰是建筑行业最缺乏的。当前建筑行业整体信息化水平、信息化应用软件的提供和使用存在严重的脱节和不对称。而云计算平台，作为一个全新的 IT 架构，能够给建筑行业带来新的改变，实现平台化、集成化、个性化。

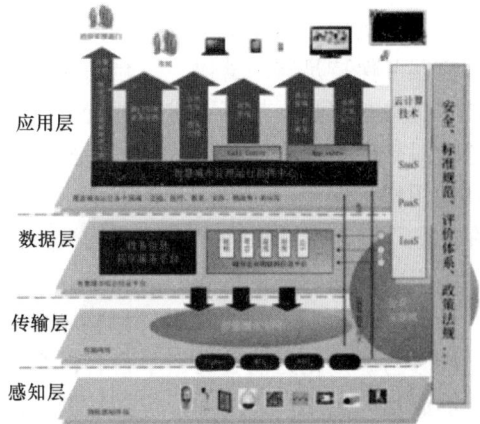

图 1.3.2-1　智慧城市管理平台总体框架

云计算（Cloud computing）是透过网络将庞大的计算处理程序自动分拆成无数个较小的子程序，再交由多部服务器所组成的庞大系统经搜寻、计算分析之后将处理结果回传给用户。透过这项技术，网络服务提供者可以在数秒之内，达成处理数以千万计甚至亿计的信息，达到和"超级计算机"同样强大效能的网络服务。

也就是说，云计算通过使计算分布在大量的分布式计算机上，而非本地计算机或远程服务器中，企业数据中心的运行将与互联网更相似。这使得企业能够将资源切换到需要的应用上，根据需求访问计算机和存储系统。这好比是从古老的单台发电机模式转向了电厂集中供电的模式。它意味着计算能力也可以作为一种商品进行流通，就像煤气、水电一样，取用方便，费用低廉。最大的不同在于，它是通过互联网进行传输的。

云计算具有以下优点：①超大规模："云"具有相当的规模，Google 云计算已经拥有100 多万台服务器，Amazon、IBM、微软、Yahoo 等的"云"均拥有几十万台服务器。

企业私有云一般拥有数百上千台服务器。"云"能赋予用户前所未有的计算能力。②虚拟化：云计算支持用户在任意位置、使用各种终端获取应用服务。所请求的资源来自"云"，而不是固定的有形的实体。应用在"云"中某处运行，但实际上用户无需了解、也不用担心应用运行的具体位置。只需要一台笔记本或者一个手机，就可以通过网络服务来实现我们需要的一切，甚至包括超级计算这样的任务。③高可靠性："云"使用了数据多副本容错、计算节点同构可互换等措施来保障服务的高可靠性，使用云计算比使用本地计算机可靠。④通用性：云计算不针对特定的应用，在"云"的支撑下可以构造出千变万化的应用，同一个"云"可以同时支撑不同的应用运行。⑤高可扩展性："云"的规模可以动态伸缩，满足应用和用户规模增长的需要。⑥按需服务："云"是一个庞大的资源池，你按需购买；云可以像自来水，电，煤气那样计费。⑦极其廉价：由于"云"的特殊容错措施可以采用极其廉价的节点来构成云，"云"的自动化集中式管理使大量企业无需负担日益高昂的数据中心管理成本，"云"的通用性使资源的利用率较之传统系统大幅提升，因此用户可以充分享受"云"的低成本优势，经常只要花费几百美元、几天时间就能完成以前需要数万美元、数月时间才能完成的任务。

当然云计算也存在潜在的风险。云计算服务除了提供计算服务外，还必然提供了存储服务。但是云计算服务当前垄断在私人机构（企业）手中，而他们仅仅能够提供商业信用。对政府机构、商业机构（特别像银行这样持有敏感数据的商业机构）而言，应对选择云计算服务保持足够的警惕。一旦商业用户大规模使用私人机构提供的云计算服务，无论其技术优势有多强，都不可避免地让这些私人机构以"数据（信息）"的重要性挟制整个社会。对于信息社会而言，"信息"是至关重要的，云计算中的数据对于数据所有者以外的其他用户是保密的，但是对于提供云计算的商业机构而言确实毫无秘密可言。所有这些潜在的危险，是商业机构和政府机构选择云计算服务、特别是国外机构提供的云计算服务时，不得不考虑的一个重要的前提。

云计算环境下，软件技术、架构将发生显著变化。一是所开发的软件必须与云相适应，能够与虚拟化为核心的云平台有机结合，适应运算能力、存储能力的动态变化；二是要能够满足大量用户的使用，包括数据存储结构、处理能力；三是要互联网化，基于互联网提供软件的应用；四是安全性要求更高，可以抗攻击，并能保护私有信息；五是可工作于移动终端、手机、网络计算机等各种环境。

云计算环境下，软件开发的环境、工作模式也将发生变化。虽然传统的软件工程理论不会发生根本性的变革，但基于云平台的开发工具、开发环境、开发平台将为敏捷开发、项目组内协同、异地开发等带来便利。软件开发项目组内可以利用云平台，实现在线开发，并通过云实现知识积累、软件复用。

云计算环境下，软件产品的最终表现形式更为丰富多样。在云平台上，软件可以是一种服务，如 SAAS，也可以是 Web Services，或者是可以在线下载的应用，如苹果的在线商店中的应用软件等。

云计算服务主要有三个层次：①基础设施即服务（IaaS，Infrastructure-as-a-Service）：消费者通过 Internet 可以从完善的计算机基础设施获得服务。②平台即服务（PaaS，Platform-as-a-Service）：将软件研发的平台作为一种服务，以 SaaS 的模式提交给用户。例如：软件的个性化定制开发。③软件即服务（SaaS，Software-as-a-Service）：通过 Internet 提供软件的模式，用户无需购买软件，而是向提供商租用基于 Web 的软件，来管理企业经营活动。

3. 大数据分析技术

随着以博客、社交网络、基于位置的服务 LBS 为代表的新型信息发布方式的不断涌现，以及云计算、物联网等技术的兴起，数据正以前所未有的速度在不断地增长和累积，大数据时代已经来到。

大数据作为云计算、物联网之后 IT 行业又一大颠覆性的技术革命。从数据库到大数据，看似只是一个简单的技术演进，但是这两者有着本质上的差别。在数据来源、数据处理方式和数据思维等方面都会对其带来革命性的变化。如果说"池塘捕鱼"代表着传统数据库时代的数据管理方式，那么"大海捕鱼"则对应着大数据时代的数据管理方式，"鱼"是待处理的数据。大数据具有特点：Volume（大量）、Velocity（高速）、Variety（多样）、Value（价值）的特色（4V）。

（1）规模性（Volume）：Volume 指的是数据巨大的数据量以及其规模的完整性。数据的存储 TB 扩大到 ZB（1ZB＝1024TB）。

（2）高速性（Velocity）：Velocity 主要表现为数据流和大数据的移动性。现实中则体现在对数据的实时性需求上。

（3）多样性（Variety）：Variety 指有多种途径来源的关系型和非关系型数据。这也意味着要在海量、种类繁多的数据间发现其内在关联。

（4）价值性（Value）：Value 体现出的是大数据运用的真实意义所在。其价值具有稀缺性、不确定性和多样性。

维克托·迈尔—舍恩伯格及肯尼斯·库克耶编写的《大数据时代》指出：大数据分析，处理数据时不用随机分析法（抽样调查）这样的捷径，而采用所有数据进行分析处理。大数据处理模式可以分为流处理和批处理两种．批处理是先存储后处理，而流处理则是直接处理。

物联网、云计算、互联网以及车联网等无一不是大数据的重要来源，当前批量数据处理可以解决前述领域的诸多决策问题并发现新的洞察．因此，批量数据处理可以适用于较多的应用场景。例如：在互联网领域中，批量数据处理的典型应用场景主要有：社交网络、电子商务和搜索引擎；在安全领域中，批量数据主要用于欺诈检测和 IT 安全在公共服务领域；批量数据处理的典型应用场景主要有能源和医疗保健等。由 Google 公司 2003 年研发的 Google 文件系统 GFS 和 2004 年研发的 MapReduce 编程模型，以其 Web 环境下批量处理大规模海量数据的能力而成为代表性的处理系统。

流式数据的特点是数据连续不断、来源众多、格式复杂、物理顺序不一、数据的价值密度低。流式计算的应用场景较多，典型的有两类：①实时监控应用：目前主要应用于智能交通、环境监控、灾难预警等；②金融银行业的应用，诸如股票期货市场。流式数据的处理工具则需具备高性能、实时、可扩展等特性，典型的有 Twitter 的 Storm，Facebook 的 Scribe，Linkedin 的 Samza，Cloudera 的 Flume，Apache 的 Nutch。

1.3.2.2　城市基础设施建设的信息化管理基础

建筑行业作为一个古老的传统行业，在信息化、互联网带来的一波变革潮流中多少显得有些不入流，以至于有人认为中国建筑业似乎一直对信息化具有免疫力。然而，建筑业恰恰是最需要互联网思维的行业之一，作为最大最不透明的行业，行业的不透明造成了巨大的资源浪费、能源消耗及碳排放，也带来了项目开发与管理水平低下，对城市建设的发展造成了阻力。这与我国建筑行业长期以来在粗放型发展方式下形成的思维惯性有关，也与行业体量大、复杂性高、难度大，导致信息化和互联网思维一旦涉及建筑行业，就明显放缓了节奏。事实上，近三十年来，我国在建筑工程领域的信息化技术探索从来没有停止过，随着互联网、云计算和物联网技术在建筑行业，尤其是施工阶段的融合应用不断深入，"智慧化"的城市基础设施建设思维理念和技术应用正在悄悄改变着建筑行业的发展方向，成为互联网思维下的智慧时代城市基础设施建设的重要基础。

1. 工程智能决策专家系统

早在20世纪80～90年代，智能控制技术开始在市政建设领域中发挥巨大的作用。例如在隧道工程领域，随着隧道工程技术的快速发展和建设经验的不断积累和理论的不断完善，从20世纪80年代起部分发达国家就开始应用沉降理论和控制规则来设计专家系统并将其引入工程建设中。1989年，日本在新奥法隧道中，针对隧道设计阶段，研制了TUX隧道专家系统，但未将专家系统有关规则引入动态施工过程。几年后，国内也开始着手将专家系统用于隧道施工控制，如铁道部于1997年研制出了隧道施工专家系统，着重于一些较为静态的设计参数专家咨询。自20世纪90年代以来，建设者们相继开发了多套平台系统，如上海隧道工程股份有限公司的"盾构法隧道施工智能化辅助决策系统"，在国内外多条隧道盾构施工成果的基础上，利用神经网络、模糊控制等数据分析理论，能够实时预测地面沉降、优化施工参数匹配，提高轴线控制精度等功能，实现盾构法隧道施工的智能化，并成功应用于上海软土地质下盾构穿越黄浦江隧道工程。大连大学和日本山口大学联合开发的"桥梁智能决策辅助系统"，以桥梁的表观检测数据及无破损检测试验结果为依据，利用神经网络、模糊评判、遗传算法及免疫遗传算法等信息处理技术，可以帮助桥梁管理者处理大量的检测数据，评价既有桥梁的老化特性，还可以根据预算和施工条件，给出最佳的桥梁维修管理方案。

2. 项目施工远程监控

21世纪初，随着网络技术飞速发展，应用于市政建设领域，极大地促进了信息资源的共享，有效消除资源孤岛。在传感与测量技术、数据可视化技术、虚拟现实技术的共同结合应用下，极大促进了建筑施工的远程实时监控管理。

例如上海隧道工程股份有限公司的专家学者，在施工辅助决策系统的基础上，对施工数据加密实时传输、可视化图形展现，并将远程监控功能与专家系统相结合，在工程远程数据智能化分析等方面展开研究，建立了"盾构法隧道施工远程信息智能管理系统"（图1.3.2-2），实现了对隧道施工的实时监控与管理、技术信息的数字化以及数据资源的共享，为盾构参数的优化和环境保护提供了可靠的依据。形成的智能管理信息系统被广泛应用在上海隧道所有在建的轨道交通工地，有效地减轻了施工管理人员的管理强度，通过信息的快速传递，加快决策的过程，实现了质量管理的事先控制，减少了人员和设备的投入，通过系统的智能管理，达到了施工参数的最优化，很大限度上减少了施工材料的投入，产生相当大的经济效益。

3. 数字化工地

最近十年来，我国在城市市政建设领域，物联网技术应用于工程施工建设的不同阶段，以及市政基础设施运营和维护的管理中，逐渐发挥出越来越重要的作用。发达国家以及一部分发展中国家已经完成了城市建设管理的数字化工程，并且在具体工作中已经取得了一定成绩。

例如，在市政建设项目施工阶段，建设单位运用 RFID 技术建立"数字化工地"管理系统（图1.3.2-3），在电子标签内特制芯片里录入信息可以实现对

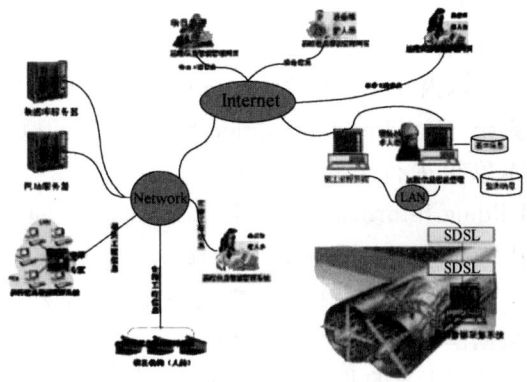

图1.3.2-2　盾构法隧道施工远程信息智能管理系统

进出施工范围的管理人员、材料、设备以及工程产品（图1.3.2-4）进行数字化跟踪管理。把施工过程的数据录入信息管理系统能对城市市政项目的数据实行静态管理，这样就能把数据集中在一起形成项目数据库，方便查询和检索。与传统的人工方式相比，极大地提高了对项目安全、进度、质量、成本进行跟踪的管理效率。

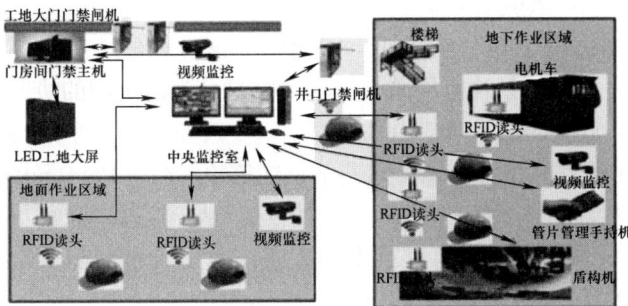

图1.3.2-3　"数字化工地"施工安全管理

图1.3.2-4　"数字化工地"
材料设备进出场管理

4. 数字化管线

在城市基础设施运维管理方面，我国各城市中管网地理信息系统（GIS）的研发，就是利用计算机软、硬件，以及 RFID、GPS 等各种管线测量、定位设备，对地下管线空间数据及描述这些空间数据特性的属性进行采集、储存、管理、运算、分析、显示和描述。管网 GIS 将地表以下的管线设施和建构物两大类信息数字化，新、老数据汇集在同一个平台，不断更新动态数据，在市、区、街道等不同的层面实现信息资源共享，将自然和人类社会活动的各种信息与地下管线空间位置、空间分布及其空间关系通过数字化而有机地结合在一起，在管网发生事故后能够快速、准确定位；同时，管网 GIS 提供了管网数据准确高效的动态更新机制，为管网规划、设计、调度、抢修和图籍资料管理提供强有力的科学决策依据。

5. BIM 技术和全生命周期管理

近年来，城市基础设施建设技术发展最大的特点是 BIM 技术和基于 BIM 技术的全生命周期管理理念。

(1) BIM 技术

建筑信息模型（Building Information Modeling，BIM）作为建筑信息化的核心技术，受到了国内外的普遍关注。自从 1975 年，"BIM 之父" Chuck Eastman 提出了"建筑描述系统（Building Description System）"的概念以来，许多学者和建筑软件企业围绕这一基本思想进行了多种实验和研究。2002 年，Autodesk 公司首次提出建筑信息模型（Building Information Modeling，BIM），同年 Jerry Laiserin 发表"Comparing Pommes and Naranjas"，Building Information Modeling（BIM），使得这一术语得到了广泛认可。BIM 建筑信息模型是以三维数字技术为基础，集成了建筑工程项目中各种相关信息的工程数据模型，是对该工程项目相关信息的详尽表达。这里的信息不仅是三维几何形状信息，还有大量的非几何状态信息，如建筑构件的材料、性能、价格、重量、位置、进度、质量和对象之间逻辑关系等。

根据美国国家 BIM 标准（NBIMS），BIM 的定义由以下三部分组成：

1）BIM 是一个设施（建设项目）物理和功能特性的数字表达；

2）BIM 是一个共享的知识库，是一个分享有关这个设施的信息，为该设施从建设到拆除的全生命周期中的所有决策提供可靠依据的过程；

3）BIM 是一个协同作业平台，在项目的不同阶段，不同利益相关方通过在 BIM 中插入、提取、更新和修改信息，以支持和反映其各自职责的协同作业。

BIM 技术的核心是将信息和模型进行了充分地集成，因此它不仅实现建筑物在不同阶段和不同专业领域之间关联信息的同步且有效地传递与分享，同时也为建筑物的协同管理提供了条件。BIM 模型的处理重心放在对象（Object）本身，每个对象都具有个别身份（Identity）与意义，并且含有关于此对象的相关信息，这些信息能够以参数（Parametric）形式描述这个对象，例如一个梁的对象具有位置、几何、数量信息。基于这些对象就可以实现精准的计算、定位和优化等工作。BIM 模型通过三维的方式进行多角度、多层次的展示，这解决了建筑物因空间和结构复杂带来的协调和决策困难。

因此 BIM 具有可视化，协调性，可优化性等特点：

1）可视化：可视化即"所见所得"的形式，让人们将以往的线条式的构件形成一种三维的立体实物图形展示在人们的面前，并且是一种能够与构件之间形成互动性和反馈性的可视，可视化的 BIM 模型不仅可以用来制作效果图及生成报表，更重要的是，项目设计、建造、运营过程中的沟通、讨论、决策都在可视化的状态下进行。

2）协调性：由于建设工程参与方众多，因此协调和配合是整个建设期最为重要的任务。例如：在设计时，往往由于各专业设计师之间的沟通不到位，而出现各种专业之间的碰撞问题。BIM 建筑信息模型可在建筑物建造前期对各专业的碰撞问题进行协调，并验证方案的可行性。在项目施工时，业主、施工单位和设计单位利用 BIM 平台组织协调会，就能有效地解决各专业管理人员之间沟通不充分的难题。

3）模拟性：在设计阶段，利用各种 BIM 性能分析软件，可以对设计上需要进行模拟的一些东西进行模拟实验，例如：节能模拟、紧急疏散模拟、日照模拟、热能传导模拟等；在施工阶段利用施工模拟相关软件，根据施工组织安排进度计划，在已经搭建好的模拟的基础上加上时间维度，分专业制作可视化进度计划，即四维施工模拟。一方面可以知道现场施工，另一方面为建筑、管理单位提供非常直观的可视化进度控制管理、工程量计划、成本控制和资源调度等功能。

4）优化性：现代建筑的复杂程度大多超过参与人员本身的能力极限，BIM及与其配套的各种优化工具提供了对复杂项目进行优化的可能。优化问题受三个条件制约：信息、复杂程度和时间。没有准确的信息做不出合理的优化结果，BIM模型提供了建筑物的实际存在的信息，包括几何信息、物理信息、规则信息，还提供了建筑物变化以后的实际存在。利用BIM及与其配套的各种优化工具，可以实现对复杂项目的方案优化、设计优化和施工优化等。

5）可出图性：除了基于BIM模型生成建筑设计图纸和一些构件加工的图纸意外，通过对建筑物进行了可视化展示、协调、模拟、优化以后，基于BIM模型还可以生成综合管线图、综合结构留洞图（预埋套管图）和碰撞检查侦错报告和建议改进方案等。

（2）全生命周期管理

全生命周期管理（Product lifecycle management，PLM）是指工程设施从需求、规划、设计、生产、经销、运行、使用、维修保养直到回收再用处置的全生命周期中的信息与过程。它既是一门技术，又是一种管理理念。工程项目的生命周期可以划分为4个阶段。

1）可行性研究阶段。以自然资源和市场预测为基础，选择建设项目，寻找有利的投资机会；判断工程项目的生命力，进行市场调查、工厂试验等专题研究；对建设规模、产品方案、建设地点、主要技术工艺、工程项目的经济效益和社会效益等进行研究和初步评价和可行性论证；深入研究市场、生产纲领、工艺、设备、建设周期、总投资额等问题。

2）设计/选型阶段。编制设计方案及工程项目总概算书，考虑项目实施的成本、费用支出，以及系统运行的安全性，进行设备选型。

3）建设实施阶段。包括施工准备、组织施工和竣工前的生产准备，对设备按照设计方案进行安装与调试。

4）运营/维护期。对工程从安装调试合格进入正常使用起，直至该工程退出生产的全过程，通过组织、管理、监督等一系列措施，使工程项目处于良好的技术状态，需要对工程进行更新改造、对设备进行维护。根据工程使用情况，及时作出报废、整改、替换的决定。

在一个建筑物的生命周期中，75%的成本发生在运营和维护阶段（使用阶段），而建设阶段（设计、施工）的成本只占项目生命周期成本的25%。Building SMART联盟指出：BIM技术对项目性能的影响能力时间越早越大、越晚越小；对项目进行变化所需要的成本时间越早越小、越晚越大（图1.3.2-5）。因此，对于一个公共设施而言，如果能够在规划、设计和建设阶段，就能够从设施全寿命的角度去思考问题，进行相应的信息管理和决策，那么将对未来漫长的运维期带来极大的益处。

建筑物全生命周期管理，其本质上是通过对贯穿其整个生命周期的设计、建设和运营的信息管理（从信息的创建和使用到信息的归档和处理），帮助使用者在信息生命周期的各个阶段获得最大的信息使用价值。BIM的精髓在于将信息贯穿于建筑的整个寿命期，实现全过程的工程信息管理乃至建筑生命期管理。BIM模型不仅仅可以用在早期的设计和分析阶段，也可以用在施工阶段以及最后的运行和维护阶段。

1.3.2.3 智慧城市的 IT 基础设施

城市数字化是应用计算机、互联网、3S、多媒体等技术将城市地理信息和城市其他

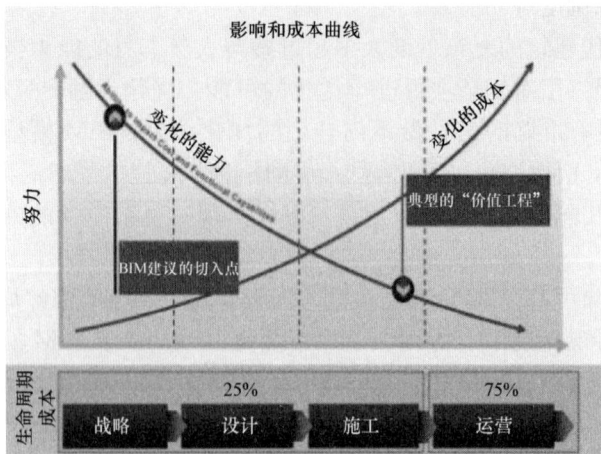

图 1.3.2-5　BIM 技术与建筑物生命周期各阶段关系

信息相结合，数字化并存储于计算机网络上所形成的城市虚拟空间。数字城市建设通过空间数据基础设施的标准化、各类城市信息的数字化整合多方资源，从技术和体制两方面为实现数据共享和互操作提供了基础，实现了城市 3S 技术的一体化集成和各行业、各领域信息化的深入应用。数字城市的发展积累了大量的基础和运行数据，而城市网络化的发展使得城市形态在数字化基础上进一步实现智能化成为现实，此基础上进一步依托局域网、广域网和物联网才能实现对城市运行状态的自动、实时、全面感知。

基础设施建设包括加快骨干光纤、无线宽带网络建设，实施三网融合等信息资源整合，以点到面推进传感器布局，实现城市基础设施向智慧化的转变。智慧城市网络包括三个层次，见图 1.3.2-6。

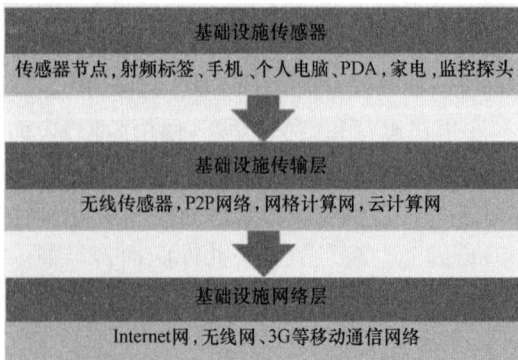

图 1.3.2-6　智慧城市网络层次

基础设施网络层是现实智慧城市宽带泛在的基础。对于城市而言，衡量其的指标主要有：①无线网络覆盖率。无线网络覆盖率是反映一个城市网络基础设施的发展水平，也是衡量城市运行效率、信息化程度以及竞争水平的重要标志。②光纤接入覆盖率。光纤接入覆盖率同样是反映了一个城市基础设施的发展水平，与"无线网络覆盖率"指标相同，该项指标也成为城市未来建设以物联网为代表的"智慧城市"的重要参考指标。③户均网络带宽。一般把户均网络带宽作为衡量一个国家或一个城市保持经济繁荣的基础。

基础网络支撑层是物联网设备能够互相通信和作用的基础，无线传感网是其最为核心的连接方式，具有以下三个特征：①面向应用和服务。与以往的计算机网络相比，它更多的是以数据为中心。无线传感器网络通常是针对某一特定的应用，是一种基于应用的无线网络，各个节点能够协作地实时监测、感知和采集网络分布区域内的各种环境或监测对象的信息，并对这些数据进行处理，从而获得详尽而准确的信息，将其传送到需要这些信息的用户。②与物理城市融为一体。在无线传感器网络当中，各节点内置有不同形式的传感器，用以测量热、红外、声呐、雷达和地震波信号等，从而探测包括温度、湿度、噪声、光强度、压力、土壤成分、移动物体的大小、速度和方向等信息。③实现自主组网、自维护。无线网络需要具有自组织和自动重新配置能力。当单个节点或者局部几个节点由于环境改变等原因而失效时，网络拓扑应能随时间动态变化。

物联网设备层是智慧城市末端感应节点。具体地说，就是把感应器嵌入和装备到电网、铁路、桥梁、隧道、公路、建筑、供水系统、大坝、油气管道等各种物体中，并且被普遍连接，形成物联网，从而实现了人与人、人与机器、机器与机器的互联互通。

1.3.2.4 智慧城市的社会网络

无论技术如何发展，智慧城市的主角还是人以及由人产生的各种社会关系和社会活动。当然随着新一代信息技术的快速发展，城市化的互动不仅重塑了城市空间，传统的社会组织及其活动边界正在消融。新一代信息技术的应用推动了创新形态的嬗变，带动了企业、政府组织形态以及社会形态由生产范式向服务范式的转变，重塑了个体在全球化中的力量，也必将推动城市形态的进一步演变。

城市信息化建设业包括以人为本的视角开展智慧城市的建设。因此，智慧城市的建设必须充分考虑社会网络的构建和应用，注重从市民需求出发，并通过微博和微信等工具和方法强化用户的参与，汇聚公众智慧，不断推动用户创新、开放创新、大众创新、协同创新，以人为本实现经济、社会、环境的可持续发展。

由微博、微信等新一代的互联网工具组成的社会网络，与传统社会网络最大的不同在于由原来的自上而下的由少数资源控制者集中控制主导的互联网体系模式转变为自下而上的由广大用户集体智慧和力量主导的互联网体系。这也被称为Web2.0。Web2.0注重于用户的交互作用，从模式上，由被动接收互联网信息向主动创造互联网信息迈进；从工具上，由互联网浏览器向各类浏览器、RSS阅读器等内容发展；为用户带来了真正的个性化、视觉化、互动性和信息自主权。这也为在智慧城市中更好地体现出人的价值，体现出为人服务的目标提供了基础。智慧城市的社会网络具有以下四个特性：①用户分享：人们可以不受时间和地域的限制分享各种信息和观点，可以得到自己需要的信息也可以发布自己的观点。②信息聚合：信息在网络上不断积累，不会丢失。③以兴趣为聚合点的社群：聚集的是对某个或者某些问题感兴趣的群体，可以说，在无形中已经产生了细分市场。④开放和互动的平台：平台对于用户来说是开放的，用户因为兴趣而保持比较高的忠诚度，他们会积极的参与其中，网络具有很高的互动性。

新型的社会网络为智慧城市的应用提供了便捷。比如：北京市城市管理部门发布了"市民城管通"手机APP应用软件，这使每一个人都成为北京城市管理的一分子，直接参与举报、咨询、建议和挑错，随时随地都可以参与到城市管理中来，实现了市民"自管理"与政府公共管理的相互对接。在这个系统上，市民可以分享城市管理知识、提交相关提案，并直接参与政府文件的发起、起草和修改过程，从而真正实现了社会"自管理"与政府公共管理的相互融合，见图1.3.2-7。

图 1.3.2-7　市民城管通 iPhone 界面

1.3.3　城市基础设施建设与管理大数据

2013 年，英国维克托・迈尔・舍恩伯格（Viktor Mayer Schonberger）所著的《大数据时代》，最早预言了"大数据"时代到来。大数据指不再用随机分析（抽样调查）法，更不用说经验、直觉，而是采用所有数据共同分析的方法对事物的发展进行预测。"数据将成为一切行业中决定胜负的根本因素，最终数据将成为人类至关重要的自然资源"。建筑行业也不例外，数据驱动是智慧城市基础设施建设和管理的重要特征。

1.3.3.1　城市基础设施建设管理大数据的作用

大数据技术是实现智慧城市的"智慧引擎"。基于大数据应用为基础的智慧城市建设将决定着未来城市发展的质量。我国近几年在智慧城市的建设上偏重硬件建设，而以大数据应用为目的的信息系统平台的建设却相对滞后，大数据技术的战略意义不在于掌握庞大的数据信息本身，而在于对这些含有意义的数据进行专业化处理。

从大数据的角度看，通过建立城市基础设施大数据平台，包括城市公共交通网络化运营信息系统、城市交通实时监控指挥系统、城市市政管网智能化管理系统等信息平台的打造，对城市基础设施的各类数据加以分析，从海量的城市基础设施建设和运营数据中提取有利于改善城市服务功能的数据，发现数据之间的相关性，以提供智慧城市基础设施建设营运管理的决策支持的需要，就能够真正掌握建设智慧城市的主动权。基于大数据，城市建设的管理者能够做出更为符合实际需要的分析和决策，城市交通拥堵、管线事故等问题也有望得到合理解决。

1.3.3.2　城市基础设施大数据管理关键技术

1. 城市数据采集技术

城市基础设施规划建设是从宏观层面进行城市分析，为了使得城市能够经济、可持续发展，首先需要将城市全貌进行信息化描述，能够在此基础上进行智慧化的规划。

　　城市信息化的描述涉及自然、社会、人文数据，并具有空间和时间的特性，下面将从空间和时间两个视角讲述城市数据采集的常用技术，并围绕地理信息系统阐述城市基础数据组织的方式。

　　（1）空间数据的采集技术

　　城市空间信息的获取、管理和更新是"数字城市"的基础工程；80％以上的城市信息资源与空间位置相关，城市空间信息是城市信息资源的主体核心；城市空间信息具有位置性、多维性和时序性，它是城市生产生活中连接各种其他信息、形成在空间和时间上连续分布的综合信息。

　　遥感技术、全球定位系统和三维激光扫描仪是城市空间信息采集的主要技术。

　　遥感技术（Remote Sensing Technique）是一种不直接接触目标体而获得其信息的技术手段，其原理是利用从远距离感知目标反射或自身辐射的电磁波、可见光、红外线，对目标进行探测和识别的技术。遥感在城市规划、施工进程监控等方面都有应用。如图1.3.3-1 为遥感卫星进行地面监测，图1.3.3-2 为玉树地震后的遥感图。

图 1.3.3-1　遥感卫星进行地面监测

图 1.3.3-2　玉树地震灾后遥感图

　　全球定位系统（Global Position System，GPS）是一个中距离圆形轨道卫星导航系统。它可以为地球表面绝大部分地区提供准确的定位、测速和高精度的时间标准。系统由美国国防部研制和维护，可满足位于全球任何地方或近地空间的军事用户连续精确地确定三维位置、三维运动和时间的需要。目前中国的北斗定位系统能够提供与 GPS 相同的功能。全球定位技术在公共设施的建设和运营中有着广泛的应用，例如：利用 GPS 的测量功能进行地下综合管网的绘制、利用 GPS 实现运维巡检的指导和跟踪，利用 GPS 的实时相位差分技术所提供了连续自动化的动态的变化曲线，还可以随时掌握建筑物的变形差异。如图 1.3.3-3 为 GPS 卫星定位示意图。

　　三维激光扫描技术（3D Laser Scanning Technology）又被称为实景复制技术，它突破了传统的单点测量方法，具有高效率、高精度的独特优势，它通过高速激光扫描测量的

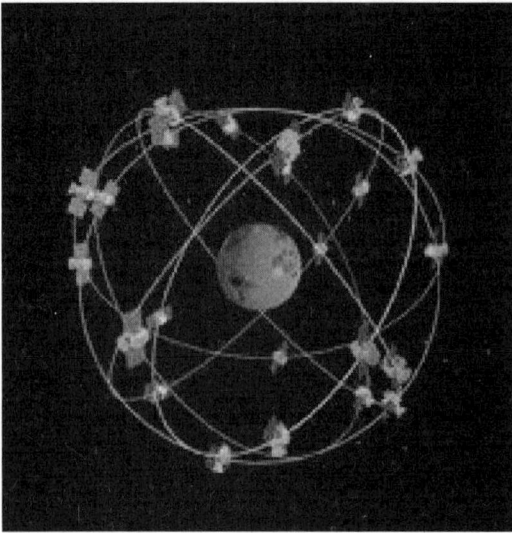

图 1.3.3-3 GPS卫星定位图示意图

方法，大面积、高分辨率地快速获取被测对象表面的三维坐标数据，为快速建立物体的三维影像模型提供了一种全新的技术手段。目前三维激光扫描仪已经成功地用在了城市建筑测量、地形测绘、变形监测、大型结构、管道设计、公路铁路建设、隧道工程和桥梁改建等市政建设领域。在实际应用中，人们尝试利用三维激光扫描采集的点云数据和BIM模型的融合或比对（图1.3.3-4），解决城市建设和管理中的各种问题。

（2）实时数据采集技术

传感器是进行实时数据采集最为常见的设备。现代城市密布着各类传感器：既有专业的传感器设备，如：温度传感器、振动传感器、智能水表和电表、交通流量传感器、停车计时器和建筑传感器等；又有廉价的传感器设备或方式，如：移动电话、GPS设备，社交网络信息。专业、高成本的嵌入式智能传感器（intelligent sensor）使分析过程简化，同时提供更好的精度，甚至具有自校准和自诊断功能，但是不可能在大片区域上大量部署。而廉价的、泛在的传感器容易实现在城市中大规模的使用，但是其所提供的噪声和低质量的信号，为分析系统增加了额外的负担。因此，需要根据实际的应用需求综合考虑。当然，随着智能手机功能的不断增加，其在城市建设和管理过程中的重要性不断加强。

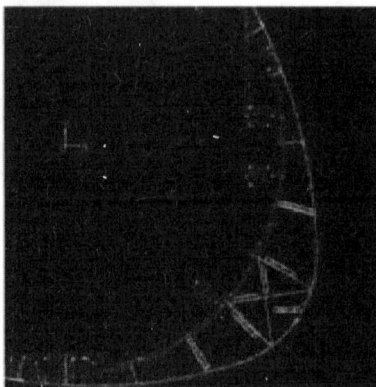

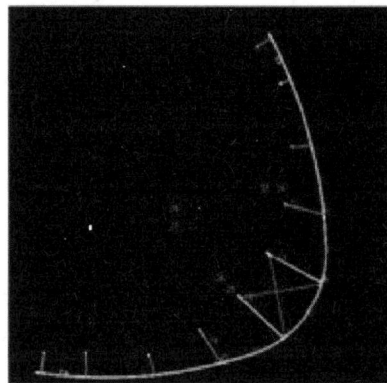

(a)   (b)

图 1.3.3-4 三维激光扫描模型对比图
(a) 与BIM模型对比；(b) 与实测数据对比

随着技术的发展，一些基于新型技术的传感设备也开始进入市政行业的建设与管理领域，目前比较常用的设备有光纤传感器和智能传感器等。

光纤传感器以光学量转换为基础，以光信号为变换和传输的载体，利用光导纤维输送光信号的传感器。随着光纤传感器技术的发展，在土木工程领域光纤传感器得到了广泛的应用，用来测量混凝土结构变形及内部应力，检测大型结构、桥梁健康状况等，其中最主要的都是将光纤传感器作为一种新型的应变传感器使用。光纤传感器可以黏贴在结构物表面用于测量，同时也可以通过预埋实现结构物内部物理量的测量。利用预先埋入的光纤传感器，可以对混凝土结构内部损伤过程中内部应变的测量，再根据荷载-应变关系曲线斜率，可确定结构内部损伤的形成和扩展方式。通过混凝土实验表明，光纤测试的载荷-应变曲线比应变片测试的线性度高。

智能传感器是具有信息处理功能的传感器。智能传感器带有微处理机，具有采集、处理、交换信息的能力，是传感器集成化与微处理机相结合的产物。一般智能机器人的感觉系统由多个传感器集合而成，采集的信息需要计算机进行处理，而使用智能传感器就可将信息分散处理，从而降低成本。与一般传感器相比，智能传感器具有以下三个优点：通过软件技术可实现高精度的信息采集，而且成本低；具有一定的编程自动化能力；功能多样化。在城市公共设施建设与管理领域，智能传感器使用也非常多，例如：在设施运维中，利用各类智能传感设备组成的控制系统，就可以实现对结构、水、电、冷热源、空调及通风等系统进行监测、控制和科学的管理，以达到舒适、安全、高效、节能的目的。

目前智能手机的发展就为泛在传感网络的建立提供了一个途径。智能手机实际上就是一种多用途的传感设备，为了增强用户交互体验和提供位置服务，智能手机内置了种类繁多的传感器；包括 GPS（Global Positioning System，全球定位系统）、加速度传感器、磁力传感器、方向传感器、陀螺仪传感器、光线感应传感器、压力传感器、温度传感器、接近传感器、重力传感器、线性加速度传感器和旋转矢量传感器等。

智能手机可以作为城市智能交通系统的终端，在路线规划、车辆调度、拥塞避免等方面为用户提供及时准确的资讯，成为个人智能出行的有效工具。在路线规划方面，东京大学 NaviComf 系统则利用环境和智能手机感知来进行行人导航，以提高步行时的舒适度；柏林自由大学的自动驾驶车项目则允许用户通过 iOS 移动设备预约无人驾驶车，并自动规划出行路径。在拥堵避免方面，Thiagarajan 等人提出的 VTrack 系统利用路网中众多的智能手机来确定车的位置，从而估算出拥堵路段和预期拥堵时间，进而帮助用户选择合适的路径；微软亚洲研究院的 T-Finder 系统则通过分析长时间的出租车轨迹数据和乘客移动规律，为出租车司机和乘客推荐合适的打车地点和路径。

（3）空间数据的组织方式

在空间数据组织方式中，最为常用的是网格化的空间数据库的组织和以矢量化等方式进行数据组织的地理信息系统。

我国于 2005 年发布了城市空间数据网格化划分的相关规范，《城市市政综合监管信息系统单元网格划分与编码规则》CJ/T 213—2005，对单元网格数据定义进行了规范，《城市市政综合监管信息系统管理部件和事件分类、编码及数据要求》CJT 214—2007 对管理部件数据进行了分类，《城市地理空间框架数据标准》CJJ 103—2004 对道路、建构筑物、行政区划数据基本要求进行了描述，而《城市市政综合监管信息系统地理编码》CJ/T 215—2005 则为事件数据描述提供了依据。

地理信息系统 GIS（Geographic Information System）以地理空间数据为基础，通过数字的形式描述现实世界的客观对象（公路、土地利用、海拔），可以被认为是一种具有信息系统空间专业形式的数据管理系统，它实现了与空间要素几何特性有关的几何数据与基于空间要素的信息的非几何属性信息的关联、存储、查询、分析和显示功能。地理信息系统在城市建设信息系统中的应用广泛，例如在城市规划中，应用地理信息系统可生成城市总体规划、详细规划、土地利用等多种专用图件，并能进行综合选价分析，同时可查询分析检索相关数据文件，形成并输出图文并茂的报告。在城市煤气、热力、供水、排水、污水、通信、电力等地上地下管线中，地理信息系统可存储和检索各类综合管线的图件和文件，并进行方便快捷的分析，是地上地下管线规划、设计管理和日常管理的有效工具，亦可避免基建中因对地下信息不清造成的误挖和由此造成的经济损失。

我国对于地理信息系统的建设和开发也非常重视。2004年开展的金土工程是在国土资源电子政务建设的总体框架下，围绕国土资源管理的中心工作，选择耕地保护、矿产资源管理、地质灾害防治等重要业务，建立的以地理信息系统为基础的政务系统。

2. 建立多种维度的海量数据的数据仓库

在现代城市基础设施建设的设计、施工阶段，由于工程范围广、工艺技术复杂多样等原因，形成了海量的数据，且数据性质繁多。如空间数据、属性数据、静态图像数据、动画数据、声音数据等。数据专业类别也很多，如造价类数据、结构类数据、施工工艺类数据、材料类数据，还有管理类数据等；收集并加工这些都需要海量数据，海量存取技术，高效的数据检索和数据仓库技术作为支撑。

首先，海量数据存取是通过计算机的并联或改善计算机的性能，采用如基于小波变换算法的高效数据压缩与解压方法来极大地提高海量数据存取效率的技术，因此数据压缩是海量数据存储技术的关键。其次，质量高、压缩比大、复杂度低的数据压缩方法是今后数据压缩领域研究的重点。为了在海量数据中迅速找到需要的数据，元数据库的建设是非常必要的，它是关于数据的数据，通过它可以了解有关数据的名称、位置、属性等信息，从而大大减少用户寻找所需数据的时间。此外，市政设施的使用年限非常长，从建设期到运营期有大量的数据产生，为了维护市政设施的结构安全、测试和改进施工的方法和工艺、保证市政设施的正常运营，需要进行长期、大量的数据采集、处理和传输。所以需要一种能支持空间数据操作和管理的新型数据库技术。数据仓库技术是基于数据库系统技术发展而来，并逐步独立的一系列新的应用技术。它是面向主题的、集成的、不可更新的、随时间不断变化的数据集合，用以支持经营管理中的决策制定过程。数据仓库中的数据面向主题，与传统数据库面向应用相对应。数据仓库还必须增加对空间数据的存储、管理和分析能力以适应智慧城市中数据具有空间和时态的特征，也就是在数据仓库的基础上引入对空间数据的管理，建设空间数据仓库。

3. 构建数据信息共享平台

对大型基础设施建设的管理工作，目前有许多相关部门和机构都在不同的时间、从不同的角度参与其中。比如发改委主要从宏观经济、微观经济的角度出发，对项目的可行性、投资的规模、设施的标准等进行管理；规划局主要从区域规划、城市规划的角度出发，对项目的选址、工程方案、设施的形态等进行管理；建委主要从国家和地方法规的角度出发，对建设单位的资质、招投标程序、工程实施的质量等进行管理；其他如土地、环保、消防、交通、园林绿化等政府的主管部门均大体如此，但他们有一个共同点，就是他们都只对项目的某一方面、某一阶段进行管理，项目从决策规划、设计施工到运营养护都缺乏有效的数据衔接与共享技术。这就使得城市基础设施建设在不同阶段所产生大量数据分布在各管理部门、业主、设计方、施工方、运维方等不同的数据库中，要实现数据共享，进行无缝互操作就必须使用计算机宽带网络技术和万维网络技术。通过计算机网络能够实现不同用户对网络资源的共享，把分布在不同城市、不同区域和不同部门的信息有机地结合在一起，形成一个规模巨大、形式统一的网络数据库。构建跨部门的信息共享系统时，通过推倒现有的系统来统一构建一个基于新的 GIS 平台的信息系统是不可能的，一个理想的方法是保持各部门现有系统基本不变，在现有系统中增加一个信息共享与互操作的插件，当各方需要时，可以使用和操作其他的信息，实现异构系统的互操作。这样既可以保护已有投资，又可以实现信息共享。

思考题

1. 古代城市与现代城市在城市基础设施建设方面有哪些异同点？
2. 简要叙述城市基础设施发展在城市起源和城市化发展中的作用？
3. 现代城市的基础设施主要包括哪些内容，其市政工程项目如何分类？
4. 城市化进程中的基础设施建设面临哪些主要问题？
5. 城市基础设施建设施工阶段的信息化和智慧化主要成果有哪些？
6. 结合自己的理解，谈谈什么是智慧城市，怎样建设智慧城市？
7. 智慧城市基础设施建设与管理的主要特征是什么？
8. 简述智慧城市基础设施建设的信息技术基础有哪些？
9. 在第四次技术革命和"互联网＋"行动计划的推动下，展望一下城市基础设施建设与管理将有哪些变革？

参考文献

[1] 董鉴泓. 中国城市建设史. 北京：中国建筑工业出版社，2004
[2] 安金槐. 中国考古（第一版）. 上海：上海古籍出版社，1992，311-312
[3] 唐建国，张悦. 德国排水管道设施近况介绍及我国排水管道建设管理应遵循的原则. 给水排水，2015. 5
[4] 周翔民. 我国城市轨道交通多元化发展的新趋势 [J]. 城市轨道交通研究，2002（3）：1
[5] 董焰，单连龙. 中国城市轨道交通未来十年发展趋势及政策导向 [J]. 城市轨道交通研究，2004（3）
[6] 胡小明. 从数字城市到智慧城市资源观念的演变 [J]. 电子政务，2011，（08）
[7] 肖莉，张作慧. 智慧城市建设 [J]. 建设科技. 2015（05）
[8] 张永民，杜忠潮. 我国智慧城市建设的现状及思考 [J]. 中国信息界，2011，（02）
[9] 杨清霞. 怎样迈向智慧城市 [J]. 决策，2009，（12）
[10] 宋刚，邬伦. 创新 2.0 视野下的智慧城市 [J]. 北京邮电大学学报（社会科学版），2012，（04）
[11] Laiserin J. Comparing Pommes and Naranjas [J]. 2002.
[12] 张洋. 基于 BIM 的建筑工程信息集成与管理研究. 北京：清华大学，2009.

[13] 清华大学 BIM 课题组. 中国建筑信息模型标准框架研究 [M]. 北京：中国建筑工业出版社，2011

[14] 维克托·迈尔-舍恩伯格. 大数据时代：生活、工作与思维的大变革 [M]. 杭州：浙江人民出版社，2013

[15] 陈龙彪，李石坚，潘纲. 智能手机：普适感知与应用 [J]. 计算机学报，2015，38 (2)：423-438.

[16] Dang C，Iwai M，Tobe Y，et al. A framework for pedestrian comfort navigation using multi-modal environmental sensors [J]. Pervasive and Mobile Computing，

[17] Autonomous taxi [EB/OL]. /2013-03-29. http：//autonomos. inf. fu-berlin. de/technology/made-germany/autonomous-taxi.

[18] Thiagarajan A，Ravindranath L，LaCurts K，et al. VTrack：accurate，energy-aware road traffic delay estimation using mobile phones [A]. Proceedings of the 7th ACM Conference on Embedded Networked Sensor Systems [C]. New York，NY，USA：ACM，2009：85-98.

[19] Yuan N，Zheng Y，Zhang L，et al. T-Finder：A Recommender System for Finding Passengers and Vacant Taxis [J]. Knowledge and Data Engineering，IEEE Transactions on，2012，PP (99)：1-1.

[20] 秦萧，甄峰，熊丽芳，等. 大数据时代城市时空间行为研究方法 [J]. 地理科学进展，2013，32 (9)：1352-1361.

[21] Hollenstein L，Purves R. 2013. Exploring place through user-generated content：Using Flickr tags to describe city cores. Journal of Spatial Information Science，(1)：21-48.

[22] http：//www. jb51. net/web/7146. html

[23] Liu Y，Wang F，Xiao Y，et al. 2012b. Urban land uses and traffic，"source-sink areas"：Evidence from GPS-enabled taxi data in Shanghai. Landscape and Urban Planning，106 (1)：73-87.

[24] 程学旗，靳小龙，王元卓，郭嘉丰，张铁赢，李国杰. 大数据系统和分析技术综述 [J]. 软件学报，2014，25 (9).

[25] Ghemawat S，Gobi off H，Leung S-T. The Google file system. ACM，2003，37 (5)：29-43. [doi：10. 1145/1165389. 945450]

[26] Dean J，Ghemawat S. Map Reduce：Simplified data processing on large clusters. Communications of the ACM，2008，51 (1)：107-113. [doi：10. 1145/ 1327452. 13]

[27] 苏绍平. BIM 导入设施维护管理实务应用之探讨 [J]. 台北科技大学土木与防灾研究所学位论文，2012：1-94.

[28] 方后春. 基于 BIM 的全过程造价管理研究 [D]. 大连：大连理工大学，2012.

[29] http：//lubanway. com/index. php? controller＝guandian&action＝guandian_front&type=3&guandian_id=284

[30] 陈兴海，丁烈云. 基于物联网和 BIM 的城市生命线运维管理研究 [J]. 中国工程科学，2014，10：014.

第 2 章　城市基础设施建设规划

城市规划是对一定时期内城市经济和社会发展、土地利用以及空间布局和各项建设作综合性部署、具体安排和实施管理，涵盖了综合交通、环境保护、绿地系统、河湖水系、地下空间、综合管线、综合防灾等各类专项规划的内容。城市基础设施建设规划是城市规划的重要组成部分，起到合理配置各项城市基础设施，实现整个城市功能的高效、顺利运转的重要作用。

在"互联网＋"的大背景下，我国智慧城市建设正呈现出一股强劲的崛起和推进风潮。建设智慧城市，基础设施首先要"智能"。这种"智能"既不是简单地在已有城市基础设施上安装信息化设备、进行数据分析、实现远程控制等纯技术解决方案的拼凑，也不是众多独立基础设施项目的简单堆叠，而是应用"互联网＋"时代的信息技术，实现对城市基础设施的全局统筹、前瞻性考虑，并建立起常态化合作机制，从而实现共同规划和集成整合。因此智慧城市建设是一个长期、动态、复杂的过程，而"智能"规划环节是重中之重。如果说世界工业的智能化已经达到 4.0 版本，那么目前我国城市基础设施建设，尤其是规划阶段还停留在 1.0 版本。将信息技术应用于智慧城市的基础设施规划，能够大大提高城市基础设施"安全"、"综合"、"高效"、"环保"、"耐用"的能力，每个城市都有很大的潜力。

2.1　城市基础设施建设规划基础

2.1.1　城市基础设施规划与城市发展

城市形成发展与城市基础设施的发展有着非常密切的关系。不同时代、不同文化的城市会有不同形式的基础设施。早期城市以防御为主，城墙是基础设施的重要组成部分，今天早已成为遗迹；然而，城市交通、排水等早期城市的基础设施在今天依然是现代城市最重要的组成部分。随着时代的发展，城市基础设施的形式不断发展变化。城市的活动范围在很大程度上取决于城市交通条件的改善，在马车时代城市的活动范围一般在 3～5km 内；有轨电车时代城市的活动范围可达到 10～15km；今天城市快轨交通和多种交通方式并存使人们的活动范围可以扩大到 50～70km 以外。另外，互联网新兴的信息基础设施在几十年前对城市来说是不可想象的，但在今天已经也成为一座大型城市基础设施的重要组成部分。随着城市化的发展，城市交通、给排水、电力、通信等基础设施已经成为支撑城市发展必不可少的保障性设施，因此城市基础设施规划必须首先匹配城市发展模式，并遵从科学的城市发展理念，才能引领城市进入健康发展的轨道，否则不但会成为阻碍城市发展的症结，更会引发众多严重的城市问题。

2.1.1.1 现代城市的发展模式

18世纪在英国兴起的工业革命给城市创造了前所未有的财富，城市化进程迅速加剧，同时工业生产方式的改进和交通技术的发展吸引农村人口向城市不断集中，城市人口急剧增长，同时也带来了各种城市问题。例如居住拥挤、各项设施严重不足、环境质量严重恶化、交通拥堵等。为解决各种城市问题，从19世纪中叶出现了一系列关于城市发展方向的讨论，为现代城市规划的发展奠定了理论基础。

从现代城市的发展来看，存在两种主要的趋势，即分散发展模式和集中发展模式。前者有相对完整的理论陈述，后者偏重于对现象的解释。

1. 城市分散发展模式

城市分散发展模式是通过建立小城市来分散向大城市的集中，主要理论是在霍华德的田园城市理论下的不断完善，包括了卫星城理论、新城理论、有机疏散理论和广亩城市理论等。

田园城市理论：霍华德在1898年出版的《明天：通往真正改革的平和之路》（Tomorrow：a Peaceful Path to Real Reform）一书中，提出了田园城市（Garden City）理论。他将田园城市的概念定义为：田园城市是为健康、生活以及产业而设计的城市，它的规模足以提供丰富的社会生活，但不应超过这一程度；四周要有永久性农业地带围绕，城市的土地归公众所有，由一个委员会委托管理。霍华德不只是提出田园城市的设想，还在1903年组织了"田园城市有限公司"建立了第一座田园城市——莱彻沃斯（letchworth）。

卫星城理论：恩温在1920年提出，用来应对大城市规模过大和不断蔓延的问题。他认为卫星城市是一个经济上、社会上、文化上具有现代城市性质的独立城市单位，但同时从属于某个大城市的派生产物。该理念在1944年的大伦敦规划中得到体现，规划在伦敦周边建立了8个卫星城，并提出大城市的人口疏散应从大城市的工业及人口分布的规划着手。从1940年代中叶开始，"新城"的名称开始使用，相对于卫星城，新城更强调城市的独立性，基本上属于一定区域内的中心城市。代表城市为20世纪60年代在英国建造的米尔顿·凯恩斯（Milton-Keynes）。规划人口25万，城镇就业机会多样化，交通便捷。

有机疏散理论：沙里宁专门针对城市过分集中问题所提出，即把大城市目前拥挤的区域分解成若干个集中单元，作为"在活动上相互关联的有功能的集中点"。他认为这种疏解可以达到三个目标：①把衰落地区中的各种活动按照预定方案，转移到适合于这些活动的地方去；②把上述腾出来的地区，按照预定方案进行整顿，改作其他的最适宜的用途；③保护一切老的和新的使用价值。

广亩城市理论：赖特在《宽阔的田地》一书中，正式提出了广亩城市的设想，即把集中的城市重新分布到一个地区性农业的方格网络上，并将分散、低密度的生活居住与就业结合在一起。美国在1960年以后普遍的郊区化现象是广亩城市在一定程度上的体现。

以美国为例，二战后美国城市的郊区化现象是典型的城市分散发展模式，在1970～1980年，美国有95%以上的新增城市人口来自于郊区。伴随着郊区化浪潮的快速推进，美国城市空间形态上呈现出一种新的格局：各种类型用地在空间上相对隔离，工作、上学和购物等社会活动的出行需要借助机动车来实现，被称为"城市蔓延"。城市蔓延主要体现在：①土地开发密度低；②单一的土地使用功能彼此分离；③蛙跳式或零散的扩展形态；④带状商业开发；⑤依赖小汽车交通的土地开发；⑥以牺牲城市中心的发展进行城市边缘地区开发；⑦就业岗位的分散化；⑧农业土地和开敞空间的消失；⑨零散、破碎的行政管理。尽管城市蔓延能够提高居民的生活品质，满足人们内在的生活愿望，但随着全球城市化进程加快和城市用地无序贪婪式的蔓延，城市蔓延已经引起一系列的环境、能源以及经济低效、社会不公、社区文化丧失等问题，甚至可能会危及城市和全球的可持续发展。

2. 城市集中发展模式

经济活动的聚集使得城市不断集中，从而产生聚集效应，规模不断发展壮大。当城市集中到一定程度，聚集经济的作用促使大城市的中心优势得以实现，从而产生了大城市和超大城市。豪尔（P·Hall）在《世界城市》一书中，认为世界城市有以下特征：①世界城市通常是政治中心；②世界城市是商业中心；③世界城市是集合各种专业人才的中心；④世界城市是巨大的人口中心；⑤世界城市是文化娱乐中心。

大城市集聚外扩和密度的提高，促使许多国家出现了空间上连绵成片的城市密集区，即城市聚集区（Urban Agglomeration）和大都市带（Megalopolis）。城市聚集区参照联合国人居中心对城市的定义：与城市的行政边界不同，是被一群密集、连续的聚居地所形成的轮廓线包围的人口居住区。大都市带的概念是由法国地理学家戈特曼（J·Gott-mann）在 1957 年提出，是指多核心的城市连绵区，人口下限是 2500 万人，人口密度是至少 250 人每平方公里。戈特曼认为当前世界存在 6 个大都市带：①从波士顿经纽约、费城、巴尔的摩到华盛顿的美国东北部大都市带；②从芝加哥向东经过底特律、克利夫兰到匹兹堡的大湖大都市带；③从东京、横滨经名古屋、大阪到神户的日本太平洋沿岸大都市带；④从伦敦经伯明翰到曼彻斯特、利物浦的英格兰大都市带；⑤从阿姆斯特丹到鲁尔和法国北部工业聚集体的西北欧大都市带；⑥以上海为中心的城市密集地区。

以日本为例，城市化是伴随工业化而发展起来的，始于"明治维新"时期。战后日本的经济腾飞和科学技术的飞速发展使其工业化进程加速，其间城市化进程的特点是先集中后分散而后又集中的模式，这与日本工业化初期财团势力主要集中于大城市以及日本国土狭小有关。日本作为太平洋西端的一个岛国，全境崎岖多山，河谷交错，地形破碎，平原面积狭小且海岸曲折多港湾。由于自然地理条件的限制，促使日本在发展过程中不得不实行人口和经济的高度聚集，主要集中在东京附近的关东平原、名古屋附近的浓尾平原和京都、大阪附近的畿内平原。此外，重工业化、外向型经济的发展造就的临港工业地带，人口的高速增长、人口城市化进程的加速等，形成了日本独特的大城市化和都市圈化的城市化模式。

"二战"战败初期，日本经济在空间分布上呈现二元分布，城乡之间收入的巨大差距加速了乡村资源向城市的快速流动，1955～1970 年间，东京、大阪、名古屋的城市人口增加了 1000 万，到 20 世纪 70 年代末，日本人口的 75％ 已经城市化，即使偏僻的山村也都在都市文明的笼罩下，这时城乡统一的单一都市结构已经形成。尽管从 20 世纪 70 年代末期开始工业企业从东京大量迁出，但现在很大一部分又大都集中在东京圈内。特别是依靠交通基础设施的发达，东京圈的范围在逐渐扩展，围绕东京半径 300 公里的地区都被算成是东京圈，更多的企业将总部、营业、研究开发的部分留在绕东京半径 40～50 公里的地区内。图 2.1.1-1 是半径 100 公里的东京大都市圈空间结构示意图。

实践证明，集中型城市发展模式是适合日本国情和发展要求的。日本重工业化时期的制造业高度集中在东京、大阪、名古屋、福冈这四大城市圈，尤其是集中在四大城市圈临海部的所谓四大临海工业带。1960 年仅占日本国土面积 2％的四大临海工业带占据了当时日本工业生产总值的 30％以上，占国土面积 12％的四大城市圈更是占了工业生产总值的 70％。虽然有一部分工业生产功能分散到了地方，但实际上，如今日本 GDP 的近八成仍然集中在这四大城市圈。日本都市圈结构的特点是每个都市圈都集中了 3000 万左右的人口，都有一套相对完整的产业体系，都市圈内部的人口需求基本上可以吸纳掉都市圈内制造业的全部产出。由于四大城市化和都市圈化这两个因素，使日本在工业化与城市的发展中可以大大提高土地等资源的集约化程度，有利于资源的合理利用和环境保护。

在四大城市圈中，东京以其发达的轨道交通系统著称于世，轨道的高新技术成为展示东京的国际窗口之一。其中心城区（区部）轨道交通机动化分担率高达 77％，处世界之最。轨道交通促进了城市中心功能的集中，居住与工作的分离和分区。轨道交通系统促进了各分区间交通的快速化，自然也就强化了东京集中的格局。都市圈新城与城际轨道交通建设是同步的，城际轨道交通是连接中心城区和新城的主要公共交通方式，具体如图 2.1.1-2 所示。

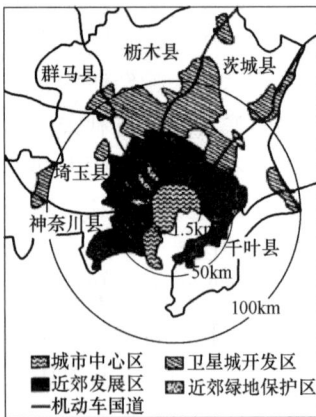

图 2.1.1-1　东京大都市圈空间
结构示意图

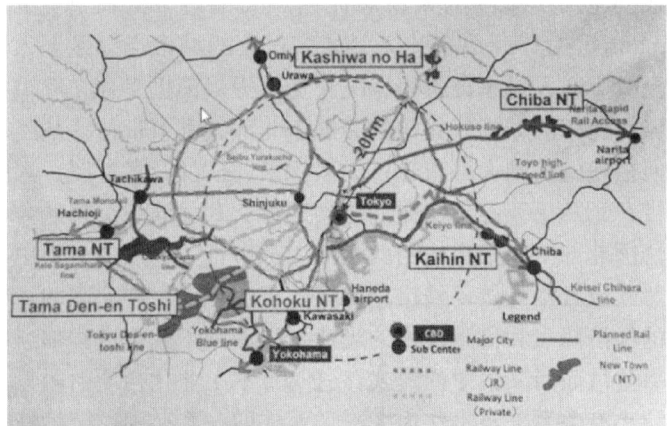

图 2.1.1-2　都市圈新城与轨道交通一体化建设

3. 城市发展模式趋势

就宏观整体来看，城市的分散发展和集中发展模式只是城市在发展过程中的不同方面，任何城市都是两个方面作用的综合。同时，广大区域范围内存在向城市集中的趋势，每个城市尤其是大城市又存在向外扩散的趋势，城市的集中和分散模式是相互对抗而形成的暂时平衡状态。近代以前的城市由于以步行为主要交通工具，因此城市都是集中的。近代从工业革命开始，城市化速度加剧，市区外延，城市出现分散发展的趋势。而 20 世纪中期开始，小汽车的普及导致城市的低密度、市区向郊区进一步扩展、人口进一步向城市集中，郊区开始建设新城（主要为住宅），同时市区柯布西耶式高层成为城市的新形象。但在 20 世纪后半期，人们认识到不同要素交织才是城市的繁华所在，并开始从地球环境的角度出发，思考城市的理想状态，并据此提出了紧凑城市的理念。

紧凑型城市的发展实际上是城市的集中和分散模式互相融合的产物。为了解决现代城市无序蔓延以及所带来的经济、社会、环境等方面的问题，1990 年欧洲委员会（EC）发表了《城市环境绿皮书》，明确提出需谋求可持续和紧凑的城市形象：高密度、复合功能在传统欧洲城市的重要性。日本的海岛清信在《紧凑型城市的规划与设计》将紧凑城市归纳出了五个特点：①高密度；②根据城市的各个层级，进行合理的资源配置；③抑制市中心的无序蔓延，尽量使市区面积不对外扩展；④减少小汽车出行；⑤发达的公共交通网络。随着"紧凑城市"理念的发展，世界各个国家应用"紧凑城市"的理念作为可持续发展的空间策略来解决各种城市问题。例如欧洲针对城市的无序扩张所带来生存环境的恶化，通过步行优先、复合功能营造有活力的城市空间，高密度社区、市民公众参与等措施，营造可持续发展的社会空间。美国开展了新城市主义运动，通过精明增长的政策来抑制无序蔓延的都市圈，并采用了 TOD（公共交通指向性开发）和 TND（传统的邻里开发）作为地方层面的开发手法。日本针对中心城市的再生和城市的无序扩张，改善服务设施、提高公共空间魅力，创造符合人性尺度的空间。下面以欧洲、美国为例做详细说明。

　　"二战"后，欧洲政府通过严格控制城市交通方式、在大城市外围规划绿带和保护外围农业用地等政策，在一定程度上抑制了城市人口向郊区城镇迁移，郊区的分散或蔓延受到有力地遏制，在很大程度上仍保持了对城市中心的依附关系，分散化、多中心化的程度远不如美国，总体上保持了紧凑型的城市空间形态。"紧凑城市"相对于"城市蔓延"的美国与"超高密度"日本，其城市特点是较高密度的城区，街道狭窄，功能混合，宜人的步行尺度，但城市规模都不大；建筑高度主要为 3～6 层。或者更为广义的紧凑型城市，拥有紧凑、功能混合和网络形街道，有良好的公共交通设施、高质量的环境控制和城市管理，是一种实现城市可持续发展的策略。其手段包括：促进城市的重新发展、再生或复兴；保护农业用地，限制农村地区的大量开发；更高的城市密度；功能混合的用地布局；优先发展公共交通，并在其节点处集中城市开发等。

　　战后欧洲城市紧凑型的发展模式，使各国城市核心地区保持了繁荣，但其郊区及农村地区的发展受到一定抑制。城市与外围地区分工仍然明显，郊区工业园区发展迅速，但整个外围地区农业附庸地位依然保存。城市与郊区、城市乡村仍存在着相当明显的界线。欧洲国家的紧凑型城市化模式有效地节约了土地等资源。在长期耕地不足的前提下，战后欧洲国家实现了粮食基本自给的目标，在农业方面获得了巨大的成功；合理的交通政策及交通工具的选择，减少了居民对小汽车的依赖，极大地节约了石油等资源，人均石油消耗仅为美国的 1/4。

　　一些美国学者和城市管理者提出要借鉴欧洲发展紧凑型城市的经验，通过"精明增长"的政策来抑制无序蔓延的都市圈。这实际是分散发展模式中存在相对集中倾向的一种体现。美国的"精明增长"组织认为由所谓的"城市蔓延"所主宰的模式，已不再适合城市的长远利益，而"精明增长"是使美国摆脱现有发展模式的有效途径，城市管理当局应采取多种努力去抑制和纠正"城市蔓延"的发展趋势。例如，鼓励在原有基础上的内聚式发展，利用城市绿带保护开放空间，确定城市增长的边界，限制城市蔓延等。该组织列举了"精明增长"的十项原则，即：土地混合利用，采用紧凑的建筑设计，创造更多的住房机会与选择，创建可步行的邻里，形成有强烈场所概念的、独特的、有吸引力的社区，保护开敞空间、农田、自然美景和环境敏感区，强化与引导指向已有社区的开发，提供更多的交通选择，做出可预测的、公平的、经济合理的开发决定，鼓励社区与股东共同决定开发项目。

目前，美国三分之二的州选择了"精明增长"。其中，俄勒冈州的波特兰市是其中的典范。1997年，波特兰市发布《地区规划2040》，为波特兰市中心的紧凑发展和辐射性的交通网络建设做出了完整的规划，意在通过实践"精明增长"理念，摆脱美国传统的城市和社区发展模式。在精明增长理念的指导下，波特兰市不仅把公共交通作为主要交通工具，引导了城市的增长、促进了空气的清洁，也将此作为与大规模高速公路建设相抗衡的手段。步行和自行车交通设施条件的改善，使得波特兰在城市开发中减少了土地消耗和机动车交通，同时也减少了空气污染。至今，波特兰市人口增长了约50%，土地面积仅增长了2%，是美国最具吸引力的城市之一。波特兰取得今日的成绩，得益于自1903年Olmsted规划以来的一系列伟大的规划，正因为如此，波特兰有"规划之都"的美誉。其中，1988年的中心城区规划是波特兰历史上最重要的规划之一，也是最近的、最完善的针对中心城区的规划（见图2.1.1-3~图2.1.1-6），其中许多概念对中心城区的规划建设产生了深远的影响。

图 2.1.1-3　1988年规划在
今天已经实施的内容

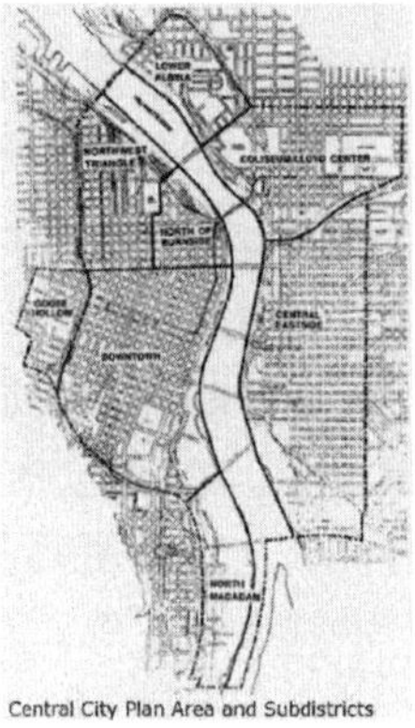

图 2.1.1-4　中心城区及
下一层次分区划分

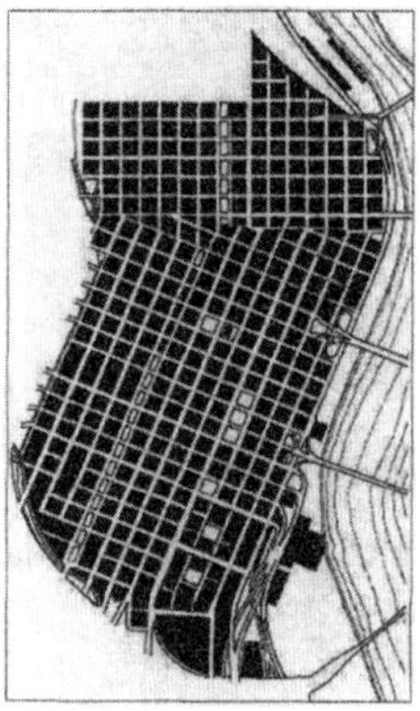

图 2.1.1-5　波特兰市中心区
高密度、小尺寸路网

图 2.1.1-6　2012年波特兰市
有轨电车线路及交通吸引点

城市分散和集中的发展模式是相互对抗而形成的相对平衡状态，不论是哪种发展模式，都是在特定时期为解决特定城市问题应运而生的。随着全球气候异常、自然环境恶化和传统能源过度消耗等问题的日益突出，我国正面临着转变经济增长方式、产业结构调整和建设"资源节约型、环境友好型"社会的要求，借鉴国外先进城市规划理念和实践经验，因地制宜地选择适合中国国情的紧凑型城市发展道路，是实现我国城市可持续发展的重要途径。

2.1.1.2　基础设施规划不当所引发的城市问题

城市的快速发展是从工业革命开始的，但随着技术的进步和城市的快速发展，带来诸多城市病，如人口众多、能源不足、环境污染、交通拥堵等，这些困惑已经对城市的发展提出了挑战性的要求，而且这不是一个国家、一个民族的问题，而是全人类共同面临的巨大困惑。在我国的城市中，交通拥堵、给排水和环境污染尤其突出。

1. 交通拥堵问题

随着我国经济的快速发展，城市规模不断扩张，城市集聚的人口也快速膨胀，一些特大城市的常规公共交通方式难以满足客运需求，而且我国目前现有的港口、机场、公路、铁路配套设施差，承载能力低，市内交通日趋紧张，加之对私家车增加没有任何限制，城区车流不畅、交通堵塞的问题越来越突出。

交通拥堵是典型的"大城市病"，交通拥堵的病因源于以下几点原因：第一，城市公共交通的规划上，交通发展主动引领城市发展的能力不足，交通仍处于适应型的被动发展阶段；城际铁路、郊区铁路和轨道交通的统筹规划和整合有待加强。第二，城市结构的不合理和城市功能紊乱。城市功能紊乱引发城市管理混乱，反映在城市规划决策上，主要表现在城市规划注重短期利益。比如城市商务、购物、餐饮、娱乐等功能过于集中在少数几个大型商业中心，而且与周边公共交通设施匹配度低，导致不同地区的人流都流向同一个目的地，造成局部拥挤和交通瘫痪。第三，城市交通规划决策缺乏全面有效的城市数据，无法得出准确出行需求预测，从而使城市公共交通设施规划跟不上城市总体开发建设的节奏和城区居民出行需求的变化，图 2.1.1-7 是我国大城市常见的交通拥堵场面。

2. 城市供、排水问题

我国各地城市供水能力普遍不足，与城市高峰需水量相差甚远，供需矛盾尖锐，导致了一些水资源丰富的城市，也在夏秋季高峰期间出现明显的缺水。加上设施落后、不足，水压低，不少地区有水也无法供应给住在地势较高地段的居民使用。据统计，在我国的 660 个城市中，供水紧张的有 340 个，其中有 120 个城市严重缺水，甚至有的日缺水达 160 万 m^2。其中相当一部分是由供水设施不足造成的。

图 2.1.1-7 北京市的交通拥堵

我国城市排水设施方面问题更为严重。一方面，由于城市建设维护资金严重不足，使得下水道普及率低，城市建成区有一半以上的地区没有修建下水管网；即使是北京、上海等特大型城市，其排水系统的规划、管网的设计尺度也无法与城市总体规划和发展规模相匹配，与国外发达城市存在差距。图 2.1.1-8 是上海市在 2015 年 6 月某日暴雨后全城看海的场面。另一方面，污水处理能力低，城市排放的污水 97% 未经处理就直接排入江、河、湖，污染了地表和地下水源；再有是现有设施失修失养，损坏严重。由此带来城市生活、生产、投资环境等恶化，使得污水漫溢，雨后积水成灾，夏季蚊蝇滋生，冬季积水成冰，造成城市环境的严重污染。据统计，我国城市生活污水排放量每年以 5% 的速度递增，城市生活垃圾产生量也以每年 5%～8% 的速度增加，但全国城市生活污水集中处理率不足 60%，全国虽有近 80% 的城市对生活垃圾进行无害化处理，但许多城市处理能力不足，垃圾处理处置设施运行

图 2.1.1-8 上海市的暴雨淹城

效率低下。

3. 环境污染

因为中国城市在开发建设发展过程中，主要是依靠工业化来推动城市化，再加上治污设施建设滞后，大多数城市工业、人口高度集中，狭小的区域内产生的大量废弃物远远超过了城市环境的自净化能力，使得固体废弃物污染、水污染、空气污染等问题加剧，导致城市污染日益严重，城市环境问题日益恶化。

城市水污染主要来自工业废水和生活污水，而且城市生活污水不断增加逐渐成为城市水污染的主要原因，全国近一半的城市饮用水源地水质不符合标准。城市水污染的突出问题，主要是水资源短缺，地表水严重污染，地下水环境污染等。有调查显示，在受监测的176条城市河段中，绝大多数河段受到不同程度污染，52%的河段污染严重。造成水资源受到严重污染的根本原因是城市污水处理设施不够，从而导致大量生产、生活废水未经处理，或虽经处理而未达标。我国大型城市的大气污染非常严重，污染源主要来自工业废气和汽车尾气，对居民生活影响巨大。所有的大型城市的PM2.5在全年中都有多个时期持续超标，严重影响居民的生活质量，甚至导致一些城市肺癌发病率不断升高。目前，雾霾已经成为中国城市的公害（图2.1.1-9和图2.1.1-10）。

图2.1.1-9　市民和宠物狗在雾霾天戴口罩出行

图2.1.1-10　雾霾已经成为中国城市的公害

2.1.2　城市规划与基础设施规划的关系

随着城市发展，城市基础设施的内容不是一成不变的，而是动态的，不断变化的。这种变化总趋势是由简单到复杂、由低级到高级、由粗糙到精细的变化过程，随着社会生产力的发展和科学技术的进步，为国家、地区和城市社会经济发展服务的基础设施将会越来越多，越来越复杂，越来越高级化。城市交通、给水、排水、供电、燃气、供热、通信、环境卫生、防灾等成为城市建设的主体。基础设施的建设与管理的分工也越来越细，并出现了许多相应新的职能部门。

城市基础设施的完备程度不仅直接影响城市居民的生活，而且直接影响城市的建设与经济发展。滞后或配置不合理的城市基础设施将严重阻碍城市建设的发展和城市经济发展。适度超前、配置合理的城市基础设施不仅能满足城市居民生活和工业生产的要求，而且有利于带动城市建设和城市经济发展，保障城市健康持续发展。因此，建设系统完备、功能齐全的城市基础设施工程系统是城市建设最重要的任务之一。

城市基础设施的规划依据城市总体规划，反映城市总体规划的思想和理念，也是城市总体规划的一种落实。城市基础设施的规划是城市各专业工程的发展规划，将在一定时期内指导基础设施的建设。因此，各项基础设施规划必须围绕着城市经济、政治和社会发展总目标展开。城市基础设施的规划与城市规划关系如图2.1.2-1所示。

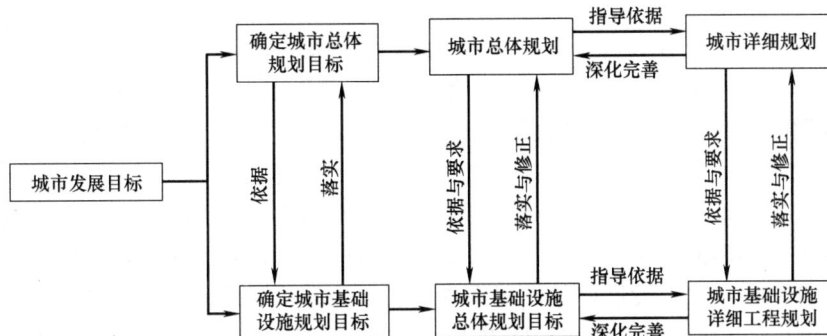

图2.1.2-1　城市基础设施规划与城市规划的关系

城市基础设施工程规划是围绕着城市经济、社会全面发展的总目标展开的，城市规划、区域基础设施工程发展规划有着密切关系。城市各基础设施工程之间也有着相互配合、相互制约、彼此反馈的关系。因此，城市基础设施工程规划必须按照一定工作程序进行。城市基础设施工程规划总工作程序分为四个阶段：拟定城市基础设施工程规划建设目标；城市基础设施工程总体规划；城市基础设施工程分区规划；城市基础设施工程详细规划。

显然，城市基础设施规划与城市的发展目标和总体规划密不可分，城市总体规划的确定，决定了与之相配套基础设施。对于前文所述的波特兰市，因为总体目标是减少小汽车出行，鼓励步行和自行车出行，因此规划了高密度、小网格路网和醒目的步行与自行车设施、交叉口自行车待行区、由小汽车路边停车泊位改建的自行车停车设施。而东京都市圈因其特殊职住分离形态造成工作日早高峰时段向心通勤、通学的客流巨大，因此，具有自身运量大、准时、快捷等显著优点的轨道交通在城市交通系统中处于主导地位，所以，才规划形成了密集的地铁网络，相比之下高速道路系统却建设缓慢。可见，城市的基础设施规划要依据城市的总体发展目标，城市基础设施的规划是城市总体规划目标的落实。

另外，城市规划设计及其实施也是一个动态的过程，在此过程中必须不断得到回顾、反馈和调整城市规划，弹性与刚性结合，以使其符合时代和城市的发展要求。前文提到的波特兰市就在1903年、1912年、1921年、1932年、1943年、1966年、1972年、1988年分别对城市规划进行了系统、深入的调整。其中，每一次规划均建立在对以前的规划评价和研究的基础上，这样使得每一次规划均很好地继承了之前规划的精髓，同时又能针对现实问题进一步拓展思路。其成功的关键也在于对各版规划中所提出的一些城市设计关键要素的持续实施。我国城市在快速发展中暴露出的问题大多都与城市规划不系统、不科学、不合理有关。在不合理的城市规划下进行的基础设施建设也必然存在一些问题。

城市基础规划设计建设涉及的内容很多，一般包括给水、排水、供电、燃气、供热、通信、环境卫生、防灾工程系统规划以及城市工程管线综合规划等专业。由于涉及专业领域十分广泛。限于篇幅以及本书下文的研究重点，本章主要对以下规划进行介绍：城市综合交通规划、城市给水工程系统规划、城市排水工程系统规划、城市燃气工程系统规划、城市管线综合规划，以及城市地下空间规划和海绵城市规划。

2.1.3　智慧城市规划与城市基础设施规划

进入现代社会，随着人口数量的不断增长，城市变得越来越大，也越来越拥挤。现代城市所面临的问题，正是城市发展过程中给人类带来的新课题。为解决这些问题，在做好城市总体规划的同时，智慧城市建设是一个面向未来的解决之道。智慧城市认为城市是一个集交通、能源、商业、安全、医疗、食品等系统于一体的综合体，在现有城市信息化、互联网和大数据的基础上追求更安全、更高效、随时响应。智慧城市的核心是城市发展模式的转型。正如著名的城市规划专家帕特里克·格迪斯曾说："城市必须停止像墨迹和油渍那样的蔓延。一旦真要发展，他们要像花儿那样呈星状开放，绿叶在金色的光芒之间交替。"这是现代城市基础建设和智慧城市规划共同的发展愿景。以下从智慧城市规划和信息技术手段来简要说明智慧城市如何实现"智慧的"城市基础设施规划。

2.1.3.1　智慧城市规划的核心理念

建设智慧城市需要用智慧的理念规划城市、智慧的方式建设城市，以及智慧的手段管理城市。其中，用智慧的理念规划城市是建设智慧城市的第一步也是起决定性作用的一步。仔细分析国内近年来频频发生的"城市病"现象背后的深层原因，归根结底还是在于规划中缺乏智慧的理念。具体来说，在城市基础设施规划中智慧的理念包括以下内容：

1. 资源整合与共享

对各项城市资源的"整合"和"共享"，可以提升城市的集聚辐射能力。为此，智慧城市需要拥有一个"智慧大脑"，即构建于各子系统之上的"顶层综合管理平台"。顶层综合服务平台以一个或者几个超大型的数据中心为基础，它能连接城市管理中的各类专项子平台，能够打破各部门、行业的孤岛式运作，高度整合、高效共享城市资源，实现城市进行综合规划和管理。

2. 以人为本

相较于城市信息化的初级阶段，在智慧城市的规划应更加关注"人"、"技术"与"城市社会"三者间的相互融合。智慧城市的建设与发展，落脚在民生，所以各类项目部署和建设安排上，均要遵循民生优先原则，体现"以人为本"的理念。大力部署和推进一批"便民、利民、惠民、为民"的基建工程（如便捷的公共交通线网完善、排水系统和设施改善、水环境治理等），让市民百姓能够感受到城市基础设施建设管理智慧化发展带来的变化，要做"看得到、感受得到、还要用得起"，这样的智慧城市规划和建设才会是市民拥护的，也才会有持续发展能力。

3. 与环境共生

城市化和社会经济的发展，在带来人们生产效率和生活水平不断提高的同时，也带来了环境压力的持续增加。环境的不断恶化，会使得饮用水、可耕地、能源等自然资源越来越紧缺，不光威胁到人类的生存，还会引发各种社会和经济矛盾。因此，在全球范围内，环境保护都在日益受到人们的重视，被摆上更加突出的战略位置。在智慧城市建设中，应当关注可以使城市发展更绿色、环保、低碳的规划方案。例如海绵城市规划，以及在城市公共交通规划中通过提升公共交通线网密度、换乘便利性以及舒适度等服务，将更多的出行人流吸引到城市公共交通中去。

4. 可持续发展

可持续发展的理念，从城市（镇）规模化发展的角度、不应简单地理解为单纯的"造城"运动，而是要更好地盘活城市已有产业优势资源、发挥区域综合优势，在做大城市规模体量、做好城市发展质量的平衡中找到合适的突破口，将产业发展与城市创新管理和民生保障相融合，这对于城市发展是有益的、也是市民百姓欢迎的。

2.1.3.2 智慧城市的信息基础设施

智慧城市通过综合应用互联网、移动互联网、物联网、云计算和大数据分析等现代信息通信技术（ICT），致力于推动并改善城市综合管理、经济建设、民生改善和政务管理等方面，实现城市"感知、互联和智慧"的发展目标；它是一项涉及诸多信息系统建设、科学运用综合集成技术的大型信息化工程，将带动城市基础设施、软环境建设和 ICT 产业升级，促进城市转型和产业升级、改善民生、城市环境和综合管理能力，使城市生活更加美好。

如果对城市进行高度简化，整个城市系统可以分为五层（图 2.1.3-1）：

（1）环境描述层，包括地形地貌、动植物、自然资源和地质等。

（2）基础设施描述层，主要是指建筑环境，包括道路、桥梁、隧道、建筑物、管道、电气和通信线路等。

（3）资源应用层，表示水、电、石油等资源的生产和消费情况。

（4）服务层，包括运输服务组，能源、商业、医疗各类服务。

（5）系统层，包括地点和人的行动，如商业和文化、法律、法规和管理等。

在这五层结构中，智慧城市与其他城市不同的地方，最为明显的是体现在公共基础层和服务层，而信息基础设施的应用在这两层城市系统的运作中都起着核心推动作用。因此，IT 基础设施建设的重要性不断提高，IT 基础设施既包括硬件，也包括软件，是智慧城市的基础，智慧城市规划与建设不可缺少的是信息基础设施的建设。

基础设施层以自然环境为依托，为人类生活提供各类资源的应用和

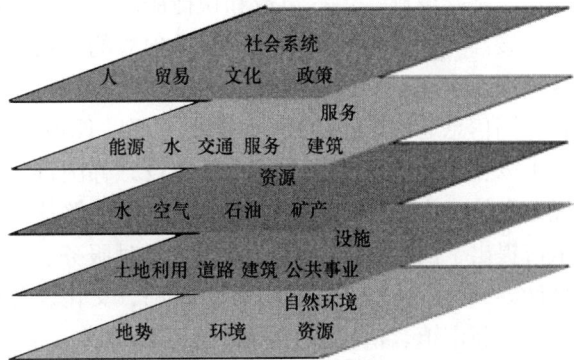

图 2.1.3-1 城市五层模型

服务。因此，城市公共设施的描述与自然环境密切关联。智慧城市信息体系可以看作建立在地理信息系统上的一个实例，它以地理信息系统（GIS）为依托，以建筑信息模型（BIM）为载体，将空间模型与各类信息相连，实现公共设施的全寿命信息描述和互动操作。而各类能源应用、社会服务和社会关系的信息又与公共设施紧密相连，形成了一个建立在空间位置基础上的信息获取、管理与服务技术体系，它在丰富且准确的城市各类信息基础上，实现基于信息的多功能服务。

美国在智慧城市建设中强调了信息基础设施建设的重要性。2010年3月美国联邦通信委员会（FCC）正式对外公布了未来10年美国的高速宽带发展计划，将目前的宽带网速度提高25倍，到2020年以前，让1亿户美国家庭互联网传输的平均速度从现在的每秒4兆提高到每秒100兆。此外，国际上多数智慧城市利用"高速光纤网络＋无线网络"打造IT基础。日本冈山县为了满足交通信息管理的要求建立了基于高速光纤网络的广域网（WAN）"冈山信息高速公路"，是日本首个地方政府建立的光纤网络，之后不断完善了政务、研发、教育等功能。Arabianranta建立了基于高速光纤网络和无线宽带的虚拟社区"Helsinki Virtual Village"，使居民们能随时随地通过其交流，并且还将引入LBS的应用。德国电信在德国Friedrichshafen的T-city布设了高速的光纤网络（V-DSL），电信、电视、能源、生活等各类信息都通过该网络传输。马来西亚的Cyberjaya和Putrajaya也大量利用了光纤网络，光纤网络不仅服务于单个城市本身，还将相邻的大城市、机场等串联起来。

我国在IT基础设施规划方面，主要涉及宽带网络建设和数字化规划平台的建设。北京、上海、南京等多个城市的数字规划平台已基本建成并运转良好，具有业务覆盖可扩展、系统集成可并联、资源整合可共享和阳光运行可监控等典型特征，较好地支撑了日常规划管理工作，并应对了新时期规划领域不断出现的各项变革。武汉市提出了"智慧之城"和"光城计划"，其目标是建成无线城市，基本实现"三网融合"。

服务层是由城市基础设施和资源为基础的，人类工作、学习、生活和娱乐的各种事情组成，是城市运转的发动机。因此，围绕城市服务开展的智慧城市规划受到了各地区的普遍重视。

纽约市在世纪之交就提出了"智能化城市"计划，以市政府转型、政府信息安全访问、信息基础设施、流程再造和快捷服务为总体目标，实现普通民众、政府和企业之间的紧密连接。具体包括：整顿全市散乱独立的数据中心、实现电邮系统升级改造、建立"纽约城市商业快递"网站、向低收入群体普及宽带服务和建立智能停车系统等。

韩国信息通信部于2004年提出了"U-Korea"，并在2006年3月确定总体政策规划、启动了以首尔为代表的智慧城市的建设。韩国首尔市智慧城市建设加强信息技术在城市公共规划和管理中的应用，目标是建立一个能够让公众享受高质量生活并富吸引力的都市。首尔市提出了四项推动策略，分别为实时服务、个性化服务、智能型服务和整合型服务。整个计划分为六大服务领域（社会福利、文化、环境、交通、产业、公共行政）及四大优先项目（新市镇、清溪川、图书馆、TOPIS）等。首尔的智慧城市计划取得了一系列成效：在城市设施管理方面，利用无线传感器网络，管理人员可随时随地掌握道路、停车场、地下管网等设施的运行状态；在城市安全方面，利用红外摄像机和无线传感器网络，提高了灾难监测自动化水平；在城市环境方面，智慧环境系统可自动将气象和交通信息发送到市民的移动终端；在城市交通方面，智慧交通系统可实现对公交信息和公共停车信息的管理，并智能地实现支持残障人士出行和控制交通信号。

我国许多城市都围绕智慧城市服务开始各种试点，如：江西省南昌市提出把打造"数字南昌"作为智慧城市建设的突破重点，通过实施数字南昌综合指挥调度平台、智能交通系统、市政府应急系统、"数字城运"、"数字城管"等重大工程，提升城市运行监测和城市公共信息服务水平，从而率先在中部地区建成具有区域竞争力"数字城市"的战略目标。

随着城市变革的深入，城市基础建设的完备，全球物联网、新一代移动宽带网络、下一代互联网、云计算等新一轮信息技术的迅速发展和深入应用，向更高阶段的智慧化发展已成为必然趋势。计算机智能技术为城市管理决策提供了科学基础。借助电子信息技术、管理手段和方式，可以方便地协调各种主体的利益，实现对不同思想理念、科学方法的高度综合，完善对城市交通、供排水、电力等智能管理与控制，提高对城市资源的监测与可持续利用水平，加强城市应急反应和对灾难的预防治理，减少管理成本。丰富的传感设备与技术将组成物联网，实现对城市运行的核心系统进行测量、监控和分析，随时随地进行全面感测；物联网与互联网系统完全连接和融合，数据整合为城市核心系统的运行提供智慧的基础设施。基于智慧的基础设施，城市里的各个关键系统和参与者进行和谐高效的协作，达到城市运行的最佳状态。在未来，我们将生活在一座座智慧而又便利的城市里，在这里网络是最基本的基础设施，它无处不在，就像城市的神经系统，而一个强大的数据处理中心将成为城市的"大脑"，它能够按照规定的程序自动帮助我们思考怎样让我们的生活更加便捷高效。

图2.1.3-2是日立公司所构想的智能城市简要模型，其核心是通过各类基础设施之间的联合协作来实现"保护地球环境"和"安心，便利的生活"的目标的。通过多种基础设施共同打造的智能城市，由为保障城市消费者"生活、居住"的两大基础设施阶层和利用IT技术连接的"城市管理基础设施"组合而成。

模型的基础层是国家基础设施阶层，它的对象范围比城市更为广阔。由"能源"、"交通"、"水利"、"通信"等要素构成的国家基础设施是最基本的阶层，在以国家或地方政府为单位向城市消费者提供与生活居住相关的基础设施功能的同时，还担负着城际之间联系协调。以公共交通为例，作为城际交通工具新干线属于"国家基础设施"，而连接新干线各站点的市内交通工具（地铁、公交车等）则是之后的"城市基础设施"。此外，各地区的废弃物处理和通信服务等也包含在"城市基础设施"的范畴之内。

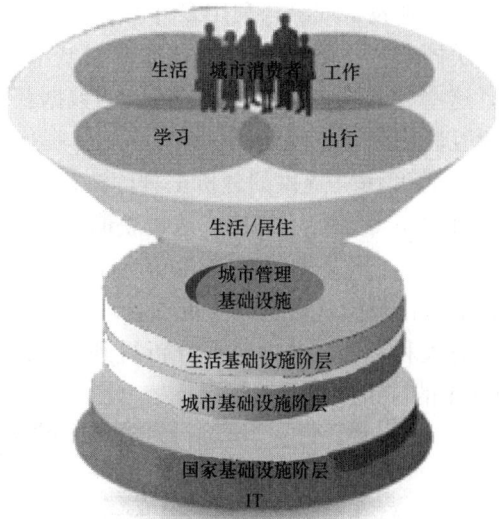

图2.1.3-2 智慧城市的简化模型

城市基础设施和生活基础设施根据每个城市的地理位置和物理特性组合而成的最小功能单位。它与国家基础设施联系密切，是某一国家或地区"能源"、"交通"、"水利"、"通信"等基础设施功能在一个城市中的集中体现，能够就近为居民提供基础设施服务。"城市基础设施"通过建立能够独立发挥作用的基本范围来实现各功能的平均化和自动关联。

城市管理基础设施是利用IT技术将国家基础设施、城市基础设施和生活基础设施进行相互关联的基础，在城市中发挥着信息管理、经营管理和设备运营的重要作用。能源领域的智能电网、交通领域用于 EV（电动汽车）的绿色移动和导航系统、水资源领域的智能水系统等需要联合多种基础设施进行跨范围信息控制的众多系统都是通过城市管理基础设施实现协同运作的。

在各类基础设施联合协作的基础上，智能城市将从生活、工作、学习、行动四个方面为"城市消费者的生活"提供保障。智慧城市模型最显著的特点是在 IT 基础设施成为整个城市基础设施中最为重要的一部分。

2.1.3.3 智慧城市规划

智慧城市规划可以分为城市总体规划和详细规划的两大类。

1. 总体规划

城市总体规划的首要任务是确定城市性质、发展规模和用地空间结构。它需要按照城市自身建设条件和现状特点，确定城市发展性质、规模和建设标准，安排城市用地，进行各项建设总体布局，最终使城市的工作、居住、交通和游憩四大功能相互协调发展。

基于新一代信息技术，人们可以从多个方面开展时代城市规划的创新工作。例如：利用城市居民行为研究方法，结合现有居住区规划方法，进行社区规划；利用城市特征、城市空间等研究方法，结合现有城市功能区划、土地利用规划以及交通规划等方法，进行城市总体规划；利用城市等级体系研究方法，结合现有城镇人口与用地规模预测以及区域职能判断等方法，进行城镇体系规划理念与方法的创新；结合城市时空间行为研究方法体系，开发新技术或综合利用多种已有技术来进行城市智能管理信息系统的开发与建设。

美国波特兰市采纳了 IBM 的智慧城市运营中心系统。其整合了波特兰市详尽历史数据，这些数据的获取方式是在传统的数据获取方式上进一步结合了新兴的数据获取方式，包括互联网和智慧设施，得到更多主体提供的各类开放数据和城市运行设施的数据。利用这些数据和 IBM 提供的分析工具，波特兰市进行了城市未来的长期规划。

Hollenstein 等（2013）通过获取 800 万个为期 1 个月的 Flikr（社交网站）位置和图像信息来确定伦敦和芝加哥都市区的中心区边界。Liuetal（2012）研究大样本量的上海城市居民出行模式，进行了更加合理的交通规划和土地利用调整。

意大利米兰通过大数据分析得到 2013 年城市用地使用"足迹"，将这些"足迹"与 2009 年的城市用地使用情况比较（图 2.1.3-3）；分析 2009～2013 年的土地用途偏差，有

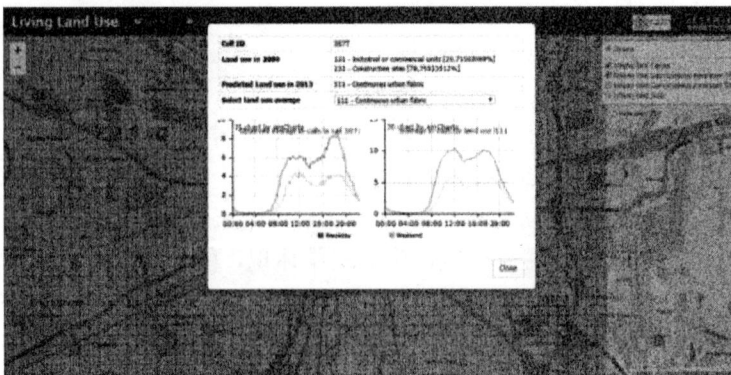

图 2.1.3-3　米兰土地使用分析平台

效地预测"生活"土地使用情况，为城市规划提供了支持。

可见，智慧城市总体规划不同于传统规划的最主要的地方在于它是建立在海量的城市信息的基础上，利用城市地理环境、自然资源、城市建设和人口分布等历史和现实数据，采用可视化和数据分析的手段进行城市变迁的展示、城市问题和症结的发现，采用模拟城市发展情景等方法，实现对于不同城市规划方案的比选和验证。例如在初期确定路网时，可以根据城市不同区域划分信息、城市人口分布信息和车辆拥有率，结合其他城市历史发展数据，模拟不同情形下，路网的承载能力和不同时段的拥堵情况，从而实现合理的规划。

可见，智慧城市总体规划不同于传统规划的最主要的地方在于它是建立在海量的城市信息的基础上，利用城市地理环境、自然资源、城市建设和人口分布等历史和现实数据，采用可视化和数据分析的手段进行城市变迁的展示、城市问题和症结的发现，采用模拟城市发展情景等方法，实现对于不同城市规划方案的比选和验证。例如在初期确定路网时，可以根据城市不同区域划分信息、城市人口分布信息和车辆拥有率，结合其他城市历史发展数据，模拟不同情形下，路网的承载能力和不同时段的拥堵情况，从而实现合理的规划。

2. 详细规划

详细规划是对城市总体规划的延续，包括控制性详细规划和修建性详细规划，强调对目标地块建设内容及强度的弹性导引。如：进行地块控制性指标优化的研究，包括地块总建设规模、分片区建设强度、建设风格、配套服务设施及开发现状更新等核心要素。下面就通过两个案例来讲述如何利用智慧信息的手段来进行城市详细规划。

要规划路网或公共交通网络延伸或改造，评估新投资的可行性，评估现有交通系统为某地人口和企业服务的绩效，就要了解行程起始点及出行者如何选择出行线路、方式和目的地。这一过程的核心是起始点调查，实际上就是绘制某地不同区域之间行程的矩阵图（即起始点矩阵图）。一般而言，难度较大，在传统的规划中获取这类信息的方式是入户调查，其成本较高，耗时较长，针对数以千计家庭开展的出行调查，加上对社会经济数据的延展分析，动辄耗资数百万美元。此外，我们往往也依靠主导道路和交通线路沿线的战略要点的数据来校验调查和分析结果。如今，一个新的、可能的"大数据"来源有可能挽救上述情况，那就是"呼叫数据记录"（CDR）。这些记录源自普通人日常交易过程中形成的越来越多的"被动式数据"信息。手机每呼叫一次，手机基站——通常是最近的基站就会加以记录，作为收费依据。记录内容包括呼叫地点、时间和时长等大量数据。根据这些数据，就有可能以占传统方法所需成本的很小部分成本绘制出一张起始点矩阵图。在巴西里约热内卢中心城区规划中，使用了这一新的技术，调查时间跨度五个月，涉及 300 万人，其中约 25% 来自里约热内卢中心区，远远超过了传统调查的样本数。其分析结果显示了通过 CDR 数据的分析，可以获得人群出行的规律，从而帮助规划人员进行轨道交通线路设计。

在上海迪士尼国际旅游度假区规划项目中，上海市利用规划用地、人口、就业、交通设施和居民出行调查等数据，同时结合 GPS 数据、手机信令等大数据分析人口时空分布特征，进行了交通流量的测算，该区域的航城路、周祝公路、唐黄路、六奉公路在原规划基础上提升为主干路，车道规模由双向四车道调整为双向六车道，在区域内形成"六横"、

"五纵"骨干道路系统。

旧金山市政府为城市规划与重塑建立了一个名为 ImproveSF 的网络平台（图 2.1.3-4），其运作模式是由组织或机构在网站上创建一个基于具体城市规划或社区规划的项目，对项目执行有发言权的社区领袖会在项目页下阐释问题、主持并促进社区成员们对于问题的讨论，征集问题解决方案，最后选出最优方案并实施。ImproveSF 一经推出便受到了各方、特别是通过其解决了城市和社区问题，受到了公众的好评。越来越多的城市或社区问题被放在 ImproveSF 上寻求解决方案。

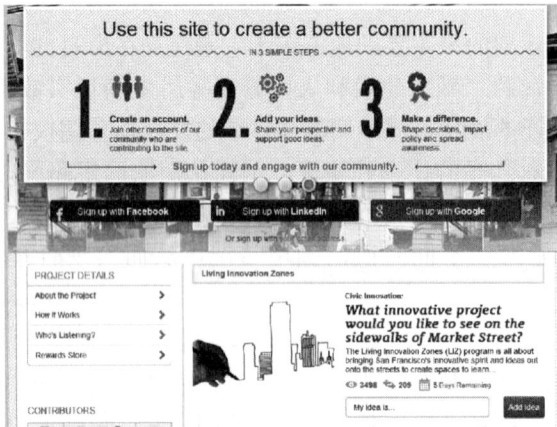

图 2.1.3-4　旧金山 ImproveSF 社区问题解决平台

除了在城市规划过程中使用智慧的技术手段以外，从智慧城市的高度进行城市规划，是当前智慧城市建设中的一个热点。智慧城市规划应以改善城市生态环境为根本出发点，在全面感知的城市基础设施上，建立一个感知更透彻、互通更全面、智能化更深入、高效、绿色、健康的城市。

IBM 在多个国家均推出"智慧城市"解决方案，其特点是智慧城市功能规划基于低碳环保理念，在传统城市规划外注重利用信息化手段设计城市的高效、便捷、宜居功能，如智慧的建筑，智慧的交通，智慧的水管理，智慧的医疗等。例如，美国迪比克市被 IBM 选择为美国第一个智慧城市。IBM 采用一系列新技术武装迪比克市，将其完全数字化并将城市的所有资源都连接起来，可以侦测、分析和整合各种数据，并智能化地响应市民的需求，降低城市的能耗和成本，更适合居住和商业的发展。

迪比克市安装数控水电计量器到户、到店，智能水电计量器中使用了低流量传感器技术，防止公共设施和民宅水电泄漏，减少浪费。同时搭建实时可持续发展综合监督平台，及时对数据进行分析、整合和展示，为市民提供一种通过识别日常水使用模式，来检测水泄漏的方法，智能地管理他们的水资源。经过 15 周的试验，居民认识到，这些易用的工具，通过改变水使用模式，可以大幅节省水资源，在一般的家庭中，用水量下降了6.6%，漏水检测率也显著增加。

通过密切协调与当地的电力企业 Alliant 能源的合作，迪比克市提供更加智能化的基础设施，深入了解用户使用模式，实现电力消费决策。能源试点项目（部署于 1000 个迪比克家庭）通过智能电表收集的信息，并把它用于云计算，通过互动门户网站，市民可以查看，以尽量减少在高峰使用时段的用电。该城家庭采用该方案之后，已经减少了他们11%的用电量。

2.1.3.4　智慧城市的城市基础设施规划

在传统的城市基础设施规划设计中，采用调查统计和遥感测绘等传统的方式，得到关于城市经济、社会、人口和空间等有限的、分散的数据信息；设计呈现方式是空洞的平面图纸，且仅仅局限在少数专业人员的圈子里，"以人为本"的设计理念无形中变成了一句空洞的口号。而在智慧城市的规划理念引领下，在信息化规划手段的辅助下，采用城市规划空间数据库可以整合三维建筑模型数据、地上建筑、地表地物、地名标注、道路路网、数字正射影像图（DOM）、数字高程模型（DEM）、城市地下管线二三维数据等海量空间数据，通过这些数据的整合与应用进行规划成果的表现不仅能完全真实地反映规划设计的全貌，而且通过声音、图像等多媒体处理技术，能非常直观地将规划方案进行呈现，从而为城市规划提供了直观而生动的成果表现手段。这对提高规划效率，以及增强"公众参与"完善规划方案都大有裨益。

在"智慧城市"建设的浪潮中，随着规划设计人员对大数据驾驭能力的提升，采集、管理、运用好规划大数据资源，将分散、独立、异构的数据资源，通过科学的数据方法，融合为关联、合一的集约化信息资源，从大量的数据资源中提炼、洞察城市基础设施规划所需的有价值的数据支持，推动我国规划编制、管理与服务部门向更加智能、高效、有效解决社会问题转变，进一步体现其"龙头引领"的地位和作用，驶入"智慧规划"的快车道。

2.2　城市基础设施建设规划的主要内容

2.2.1　城市交通规划

城市交通系统是城市大系统中的一个重要子系统，由城市运输系统（交通行为的运作）、城市道路系统（交通行为的通道）和城市交通管理系统（交通行为的控制）组成。城市道路系统和城市运输系统合称为城市交通系统。

城市交通规划一般分为三个层次，不同层次的交通规划有不同的年限及规划范围要求：

（1）城市交通发展战略规划。城市交通发展战略规划是城市交通的远景指导性规划，规划年限长，一般在 20～50 年，规划用地范围也宜适当大些，以满足城市未来发展需要。

（2）城市交通综合网络规划。城市交通综合网络规划是城市交通的中长期建设规划，规划年限一般为 5～20 年，规划范围与城市总体规划用地范围一致。城市交通综合网络规划又包含了城市道路交通网络规划、城市公共交通系统规划等专项规划内容。

（3）城市交通近期建设规划。城市交通近期建设规划是城市交通的近期建设计划，规划年限一般为 1～5 年，规划用地范围一般为适当扩大后的建成区。通常情况下，城市交通近期建设规划不单独进行，而是在城市发展战略规划或城市交通综合网络规划的基础上进行。限于篇幅和研究重点，本节着重介绍与城市基础设施建设直接相关的城市道路交通网络规划和城市公共交通客运系统规划。

2.2.1.1　城市道路交通网络规划

城市路网是由若干条道路（路段和交叉口）组成的网络体系，其规划布局应根据土地使用、客货交通源和集散点的分布、交通流量流向，并结合地形、地物、河流走向、铁路布局和原有道路系统，因地制宜，使土地开发的容积率与道路网的通行能力相协调。城市路网一旦形成，就大体上确定了城市的发展轮廓，并且其影响会一直延续下去。因此，城市路网规划也就显得尤其重要。从交通工程的观点来看，城市道路系统规划是城市交通规划的继续，只有在城市交通规划的基础之上，才有可能提出功能良好的城市道路系统规划。按已形成的城市道路网格局，可以分方格式、放射式、环形放射式、方格—环形—放射混合式、自由式等。

1. 道路交通网络规划

满足城市交通运输要求是道路交通网络规划的首要目标，为了达到此目标，城市道路交通网络规划主要考虑以下几个方面的原则：

（1）综合考虑道路使用者的不同要求，协调城市道路的各项功能；

（2）加强道路网络的整体系统性，促进道路的交通集散能力；

（3）适应城市用地布局的特点，合理引导城市空间的拓展；

（4）结合地形、地质等自然条件，减少灾害，节约用地；

（5）满足城市环境与景观的要求，改善城市环境质量；

（6）满足各项工程管线布置的要求。

道路交通网络规划的一般程序为：现状调查，资料准备；城市道路系统初步规划方案设计；交通规划初步方案；修改道路系统规划方案；绘制道路系统规划图；编写规划文字说明。

2. 城市道路交通规划主要技术指标

我国《城市道路交通规划设计规范》GB 50220—95 对各类不同规模的城市确定了应满足的道路网规划指标要求。对规划人口在 200 万以上的大城市，城市道路是中各类道路的规划指标应符合表 2.2.1-1。

大、中城市道路网规划指标   表 2.2.1-1

项　　目	快速路	主干路	次干路	支路
机动车设计速度（km/h）	80	60	40	30
	60～80	40～60	40	30
		40	40	30
道路网密度（km/km²）	0.4～0.5	0.8～1.2	1.2～1.4	3～4
	0.3～0.4	0.8～1.2	1.2～1.4	3～4
		1.0～1.2	3～4	3～4
道路中机动车车道条数（条）	6～8	6～8	40～50	3～4
	4～6	4～6	4～6	2
		4	2～4	2
道路宽度（m）	40～45	45～55	40～50	15～20
	35～40	40～50	30～45	15～20
	35～45	30～40	15～20	

（1）非直线系数

分区之间的交通干道应短捷（接近于直线），但实际情况不可能完全做到。衡量道路便捷程度的指标称为非直线系数（或称曲度系数、路线增长系数），是道路起、终点间的实际长度与其空间直线距离之比值。交通干道的非直线系数应尽量控制在 1.4 之内，最好在 1.1～1.2 之间。应该指出，用非直线系数指标衡量城市交通便捷与否，并不是对所有城市均适用，特别是对山城或丘陵地区的城市，可不必强求。

（2）道路网密度

为使城市各分区用地之间交通方便，应有足够的道路数量。作为城市总平面骨架的道路数量及其分布，既要满足交通发展的要求，也应该结合城市的现状、规模、自然地形条件，尽可能有利于建筑布置、环境保护等规划要求。城市道路的数量、长度、间距等能否与城市交通相适应，可用城市道路网密度来衡量。道路网密度是城市各类道路总长度与城市用地面积之比值。

从理论上讲，扩大道路网密度，有利于城市交通。但实际上若密度过大，则造成城市用地不经济，增加城市建设投资，并且会导致交叉口过多而影响车辆行驶速度和道路通行能力。因此，道路网密度必须与城市客、货运输交通量的大小、工业和居住生活用地划分的经济合理性等因素综合考虑。一般说来，道路网密度与城市的规模是密切相关的，山区城市道路网密度宜大于平原城市，应采用表 2.2.1-1 表中给出的上限值。

（3）道路面积密度

道路网密度未考虑各类道路不同宽度对交通的影响，也未考虑其他道路交通设施如广场、停车场对交通的影响，所以它还不足以衡量城市道路系统是否适应交通需要。

道路面积密度又称道路面积率或道路用地率。道路面积密度是各类道路总用地面积与城市用地总面积（平方公里）的商。城市道路用地包括广场、停车场及其他交通设施，所以由道路面积密度可以看出一个城市对道路交通的重视程度及该城市道路交通设施的建设情况。世界上主要发达国家的大城市道路面积率一般多在 20％以上，而我国主要大城市道路面积率多在 10％以下。我国《城市道路交通规划设计规范》GB 50220—95 规定，城市道路用地面积应占城市建设用地面积的 8％～15％，对规划人口在 200 万以上的大城市，宜为 15％～20％。

（4）居民拥有道路面积密度

居民拥有道路面积密度又称人均拥有道路面积率，等于道路服务地区的城市人口（人）各类道路总用地面积的比值，它是反映每个城市居民拥有道路面积的技术指标。

对于此项指标，我国城市与世界发达国家城市相比也存在一定差距。《城市道路交通规划设计规范》规定，规划城市人口人均占有道路用地面积宜为 7～15m。其中：道路用地面积宜为 6.0～13.5m²/人，广场面积宜为 0.2～0.5m²/人，公共停车场面积宜为 0.8～1.0m²/人。

（5）城市道路红线宽度

所谓道路红线是指道路用地与城市其他用地的分界线。城市道路的红线规划包括红线宽度、红线平面位置、交叉口型式和道路控制点规划等四个方面的内容。红线宽度是城市规划中路网规划的主要内容之一，也是整个城市建设用地矛盾和近、远期设计矛盾的焦点之一。

道路红线宽度即为道路的规划路幅宽，它是道路横断面中机动车道、非机动车道、人行道、设施带、绿化带等各种用地宽度的总和，包括远期发展用地。红线宽度为道路及市政管线设施用地提供法定依据。全国各城市干道红线宽度标准不尽相同，如北京为 60～90m；天津为 35～50m；武汉为 40～60m；上海为 32～40m；广州为 38～47m；石家庄为

45～60m。道路红线宽度没有统一标准。红线宽度规划得太窄，不能满足日益发展的城市交通和其他各方面的要求，给以后道路改建带来困难；反之，红线定得太宽，近期沿线各种建筑物就要从现在的路边后退很大的距离，给近期建设也带来矛盾，同时还会造成用地的不必要浪费。所以，红线宽度的确定要充分考虑"近远结合，以近为主"的原则。

3. 道路交通网络规划典型案例及分析

（1）上海市骨干路网深化规划

《上海市骨干路网深化规划》是2009年由上海市规划国土资源局和建设交通委共同组织编制的，主要通过对城市交通现状特征、存在问题、既有规划路网的适应性分析，在上海既有的规划路网布局基础之上，结合城市用地发展特点和趋势，运用系统的城市路网布局理论与方法，优化和完善骨干道路系统规划，以利于城市道路的建设和系统的形成，更好地服务于城市建设，适应城市发展。规划年限与总体规划一致，为2020年，并兼顾远景发展需要。规划研究范围为上海市域，并兼顾到长三角通勤范围。

该规划研究对象为上海骨干道路网。按照上海市上一轮总体规划的表述，市域"骨干道路网"系统也就是"市域主要道路网"系统，是城市干道网和市郊干线公路网的合成。以上海市外环线（S20）为界，外环线以内中心城的范围内，骨干路网即城市干道网，包括快速路、主干路和次干路；外环线以外市郊区域，骨干路网可限定为国省干线公路网，包括高速干线公路（包括高速公路和中心城外快速路）和其他国省干线公路（包括主要干线公路和次要干线公路）。

规划中对于市郊国省干线公路网布局重点考虑的因素主要包括：干线公路网的连通性、网络覆盖的均匀度；适应城市空间规划调整；满足新城到中心城多层次多通道的交通需求；满足9个新城和61个新市镇相互之间的连通便捷性；适应日益增加的越江交通需求；近郊区路网结构的整合以及通行条件的改善；适度超前规划重要枢纽及节点的对外集散通道；与江浙干线公路网的无缝对接；满足世博会期间的交通需求。基于以上考虑，高速干线公路形成"一环"、"十二射"以及"一纵"、"一横"、"多联"的布局形态，其他国省干线公路呈相对均匀的网络化布局形态，新城至中心城形成除高速公路外的多通道布局，重要高速公路边侧都有平行的其他国省干线分布。上海市域骨干公路网规划方案如图2.2.1-1所示。

规划提出中心城道路布局应考虑道路所处区域的差别、道路主要服务对象的差异、道路服务水准要求的差异，因此中心城道路规划布局重点考虑因素主要包括：道路网络的级配比例、网密度及均衡性；骨干路网的连通性、网络覆盖的均匀度；满足分区与城市中心、城市副中心、重要枢纽及节点间的可达性要求；适应日益增加的越江交通需求；与城市用地布局相协调，节约土地资源，满足风貌保护、环境要求，以及与市郊公路网的合理衔接。基于以上考虑，中心城快速路系统将形成"一横三环＋十字九射"布局形态，见图2.2.1-2；中心城主干路则形成"环＋射线＋方格网"的格局，内环以内为方格网（浦西）和变形方格网（浦东），内外环之间以环＋射线为主，和一部分环线平行线，见图2.2.1-3；中心城次干路的形态基本平行于相邻的环线或射线主干路，在局部区域形成方格状路网，起到从主干路系统到支路系统的过渡作用。

该规划不仅构建了层次清晰、服务高效的骨干道路交通网络体系，还在以下几个方面作出了成功探索：①通过完善市域范围并衔接江、浙的客、货分流（主导）公路通道系统，处理好空港、海港物流集疏运交通与市域其他交通的关系，以及为航运中心的可持续发展预留必要的条件，强化了对建设"四个中心"，特别是国际航运中心的支撑；②相对刚性的骨干路网规划对产生重大影响大型规划建设项目（大事件）的适应弹性有所加强，体现了一定的前瞻性和灵活性；③在应对快速增长的交通机动化和多样化的需求同时，大力推进交通节能，发展集约化交通，提倡发展生态环保型交通。

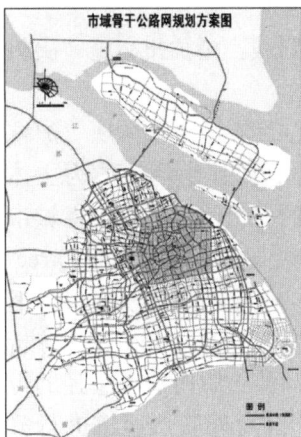
图 2.2.1-1　上海市域骨干
公路网规划方案

图 2.2.1-2　上海市中心城
快速路系统规划布局图

图 2.2.1-3　上海市中心城
主干路系统规划布局图

（2）上海市虹桥综合交通枢纽路网规划

该项目规划范围为虹桥枢纽及周边地区，面积约 26 平方公里，快速路总里程约 50 公里。在枢纽内外衔接规划方面，提出了枢纽对外接口采用"多主多辅"和"南进南出、北进北出"的交通组织形式，以提高枢纽的交通集散效率。其中，"主"为一纵三横的快速集散系统（高架）；"辅"为 9 纵 13 横的地面道路系统，对外疏解交通压力。上海市虹桥综合交通枢纽的路网规划图 2.2.1-4 所示。该规划基于虹桥综合交通枢纽的交通需求特点，提出合理的外部路网和内外衔接交通组织设计方案，充分体现了以高效合理的交通流组织指导工程方案设计的思想。

(a)

(b)

图 2.2.1-4　上海市虹桥综合交通枢纽路网规划

（3）基于 API 数据的杭州"城东新城"路网改善性规划

随着国内智慧城市理念的发展，大数据分析技术也越来越多地被应用于交通规划领域。杭州"城东新城"路网改善性规划就是利用 API 数据来对现有的路网进行评估，之后进行规划改善的一个案例。

杭州"城东新城"范围西至石桥—秋涛路，东至沪杭高速，南至艮山西路，北至德胜路，用地面积约为 9.3 平方公里。根据杭州市城市总体规划，"城东新城"位于"一主三副六组团"总体布局结构的几何中心，南接钱江新城，东联下沙副城，是杭州实施"决战东部"战略的核心平台。

根据总体规划，"城东新城"将是以现代化综合交通枢纽中心为依托，以体现"沪杭同城"产业关联为特色，以高端商务办公、商业休闲、旅游服务、居住生活功能为主体的，体现高品质、国际化、城际化、通勤化并融合多彩生活内容的城市门户和综合性城市新中心。利用百度地图的 API 进行数据采集，主要使用了可实现线路规划功能的 Direction API。Direction API 是一套以 http 形式提供的公交、驾车、步行查询检索接口，返回 xml 或 json 格式的检索数据，可用于实现开发线路规划功能。利用 Direction API 分析杭州东站前往杭州市主要节点以及各街道乡镇的驾车路径，从返回值中解析每条路径的行程时间、行经路径等信息，对杭州城东新城的片区内部道路、片区对外联系通道进行分析，得到以下结论：铁路和杭州东站将杭州城东新城片区分隔为东、西两部分，因此，分别分析城东新城东、西片区向外联系时，所使用的主要通道以及各通道在网络拓扑结构中的重要性。从图 2.2.1-5～2.2.1-8 中，可以得出城东新城各片区对外联系时主要使用的片区内部道路、对外联络通道以及主要的内外衔接节点。

图 2.2.1-5　从各街道乡镇前往西片区

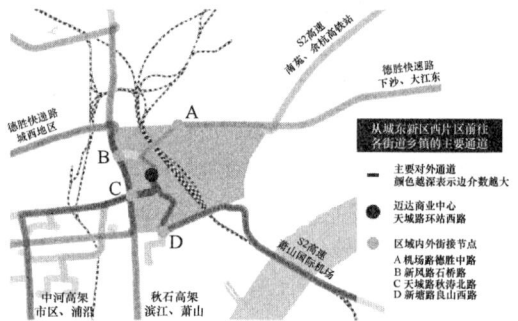

图 2.2.1-6　从西片区前往各街道乡镇

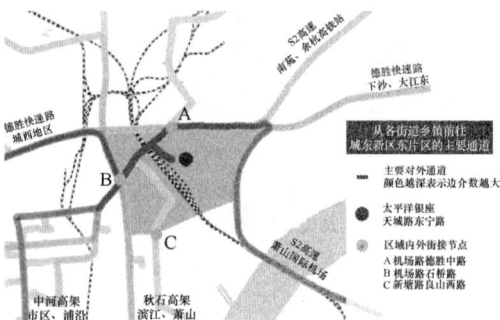

图 2.2.1-7　从各街道乡镇前往东片区

图 2.2.1-8　从东片区前往各街道乡镇

根据以上分析，得到城东新城对外联络的关键道路，重点分析这些道路的交通运行情况。利用百度地图的 Direction API 对城东新城的道路交通运行情况进行分析，如图2.2.1-9～图2.2.1-12分析结果表明，对于片区内部道路而言，天城路、新风路是主要的拥堵瓶颈；而对于片区外部联络通道而言，城东新区与城西、城北片区仅部分快速路路段存在拥堵，建议另辟与核心区、西湖旅游区快速联系的通道。在下一阶段的路网改善性规划中，将把这些问题纳入规划方案中。

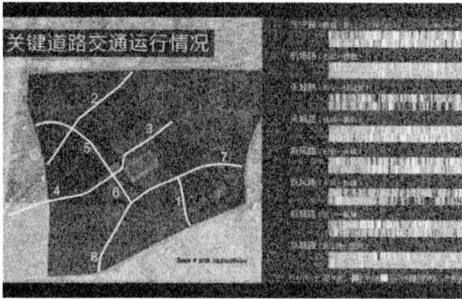

图 2.2.1-9　城东内部关键道路的交通情况

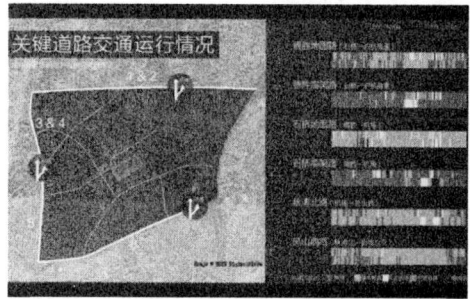

图 2.2.1-10　城东衔接关键道路的交通情况

图 2.2.1-11　城东联系西北关键道路情况

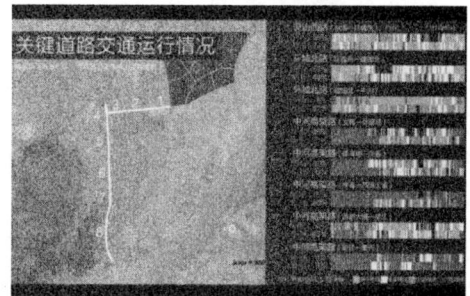

图 2.2.1-12　城东联系西湖区关键道路情况

运用现有的大数据资源，尚不能很好地体现完整的交通规划流程。但是通过对已有路网的分析，为以后的路网改善规划提出依据与建议，是当前大数据的主要辅助决策功能。

2.2.1.2　城市公共交通系统规划

城市公共交通体系包括定时定线行驶的公共汽车、无轨电车、有轨电车、轻轨交通、地下铁道、轨道缆车、索道缆车，以及定线和不定线行驶的出租汽车、客运轮渡等。各种交通工具之间相互配合，以不同的速度、运载能力、舒适程度和价格为乘客服务，对大城市的市区，大、中城市的郊区，以及城乡之间的联系起着重要的作用。城市公共交通与城市经济发展和社会稳定紧密相关，因而在城市规划建设中必须先行一步，协调发展。

城市公共交通系统规划应当全面评价城市公共交通发展现状，分析发展需求，明确指导思想和基本原则，制定发展目标，对城市公共交通线网和枢纽场站、运营组织、支持系统等进行规划，确定实施安排，评估规划实施预期效果，并提出保障措施等内容。

1. 城市公共交通规划理念

（1）城市公共交通优先

"公交优先"源于 20 世纪 60 年代初的法国巴黎，之后为欧美等发达国家大城市所仿效，现已被证实这是一项很有成效的城市交通基本原则。为应对高速城市化和城市机动化带来的挑战，我国政府也明确提出实施优先发展城市公共交通战略。《国务院关于城市优先发展公共交通的指导意见》国发（2012）64 号文指出"城市公共交通具有集约高效、节能环保等优点，优先发展公共交通是缓解交通拥堵、转变城市交通发展方式、提升人民群众生活品质、提高政府基本公共服务水平的必然要求，是构建资源节约型、环境友好型社会的战略选择。"

（2）发展绿色低碳公共交通

在对气候变化及其对人类生存严重影响的认识不断加深的背景下，以节约资源和减少排放、实现社会经济的可持续发展和保护人类生存环境为根本出发点，积极发展绿色低碳的公共交通系统的理念已逐渐被人们接受。发展绿色低碳公共交通实质上是公共交通运输发展方式的低碳转型，即根据各种公共运输方式的现代技术经济特征，采用系统调节和创新应用绿色技术等手段，实现单种公共运输方式效率提升、交通运输结构优化、交通需求有效调控、交通运输组织管理创新等目标，最终实现公共交通领域的全周期全产业链的低碳发展。

2. 常规公共交通线网规划

（1）公共交通线网分类

在理论上，公共交通线路网可按不同的战略结构分为如下三类：（1）设有中央终点设施的放射形网络：常用于小城市中，乘客只需作不多于一次的换乘就能完成出行，同时管理和调度也方便，但切线方向的出行距离和出行时间都较长。（2）主干线和驳运线相结合的网络：能提高客位利用率，一般适用于有地铁和轻轨的大城市。（3）带有环线或切线状线路的放射形网络：直达出行率高，出行时间短。经市中心的出行量可降到最低，能适应出行需求很大的城市。

从线网的几何形状进行分类，公共交通线路网还可分为棋盘型、放射型、环线型、混合型、主辅线型等几种，如图 2.2.1-13 所示。

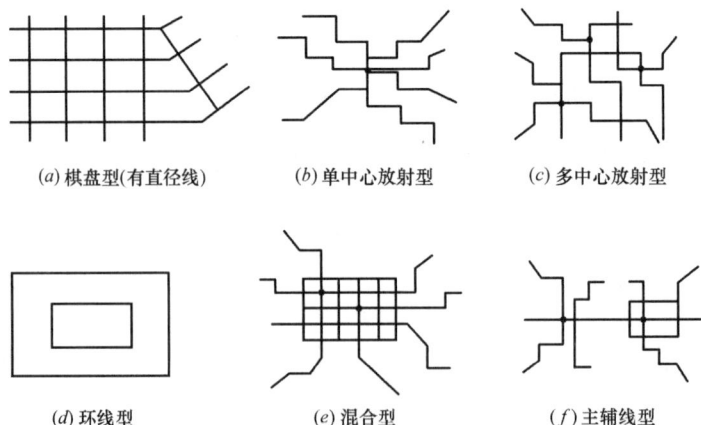

(a) 棋盘型(有直径线)　　(b) 单中心放射型　　(c) 多中心放射型

(d) 环线型　　(e) 混合型　　(f) 主辅线型

图 2.2.1-13　城市公共交通线网类型

（2）公共交通线路网规划布局原则

公共交通线路网的布局应遵循以下基本原则：①尽可能高的人口覆盖率；②公共交通

线路网的功能等级结构合理化与平均换乘次数最小化；③通勤出行者优先的原则；④社会效益并重与经济补偿的原则。

（3）公共交通线路布设基本原则

公共交通线路布设应遵循以下基本原则：①使乘客上、下和换车方便，节约乘客出行时间；②所有干道应布置公共交通线路；③市区的公共交通线路应组成闭合的公共交通线路网，便于乘客换乘车辆；④主要人流集散地点（如市中心区），从各个地区应设置直达或路过公共交通线路；⑤公共交通线路应按主要人流方向设置，使人流能沿最短捷的路线到达目的地；⑥同一条公共交通线路上的客运量宜均衡，以充分发挥公共交通车辆的客运效率；⑦在高峰人流量特别大的路段上，除行驶正常的线路外，宜增设区间的公共交通线路（专线）；⑧不同线路之间要很好衔接，便于乘客就近迅速换乘车辆。

（4）公共交通线路网规划的基本步骤

公共交通线路网规划的基本步骤包括：①确定公共交通线路网的结构类型；②分析城市主要活动中心的空间分布及相互之间的关系；③分析城市主要客流吸引中心的客流吸引量；④初步确定在主要客流流向上满足客流量要求、并把各主要居民出行发生点和吸引点联系起来的公交线路网方案；⑤进行公交线路网的优化设计，确定满足各项规划指标的线路网规划方案；⑥随着城市的发展和逐步建成，逐条开辟公共交通线路，并不断根据客流的变化和需求进行调整。

（5）大数据在公共交通线路网规划中的应用

利用大数据技术进行公共交通线路网规划的相关研究已经取得一定进展，比如在了解城市主要活动中心的空间分布及相互关系这一规划阶段中，需要去了解出行者们的起讫点。传统的数据来源是依靠居民问卷调查和调查员随车观测调查，但是这种数据获取方式往往存在着不客观性，同时也耗费着大量的人力物力。随着大数据技术的应用，通过手机信令数据、公交 IC 卡数据等方式进行相同的分析，与传统方式相比更加地省时省力。目前，大数据技术在深圳、常州等城市公交系统规划和管理领域已有一定的探索性应用，但总的说来尚处于理论探讨阶段。

3. 城市轨道交通线网规划

城市轨道交通线网是城市公共交通线网的骨干部分，根据基本技术特征的不同，主要有市郊铁路、地下铁道、轻轨交通、独轨铁路和有轨电车等类型。城市轨道交通是一项技术密集、投资巨大的综合性系统工程，并将对城市未来发展方向产生重大影响，因此规划一个科学合理、具有前瞻性的轨道交通线网极为重要。

《城市轨道交通线网规划编制标准》GB/T 50546—2009 规定城市轨道交通线网规划应包括下列主要内容：①城市和交通现状；②交通需求分析；③城市轨道交通建设的必要性；④城市轨道交通功能定位与发展目标；⑤线网方案与评价；⑥车辆基地规划；⑦用地控制规划。

城市轨道交通线网规划的一般原则有：①与城市发展规划紧密结合，符合城市总体规划要求；②满足城市主干道客流的交通需求；③线路应尽量沿城市干道布置，符合城市客流集中的交通走廊的走向；④线网密度适当，乘客换乘方便，换乘次数少；⑤应与常规公共交通网衔接，应与区域及对外交通系统相衔接，发挥整体优势；⑥各条线路上的客运负荷量要尽量均匀；⑦选线应充分考虑地形地貌地质条件，注意保护国家重点历史文化。

4. 轨道交通线网规划典型案例及分析

(1) 湖北省武汉市轨道交通线网规划

根据武汉市空间布局和客流需求，在 2014 年进行的《武汉市轨道交通线网规划修编 (2014~2049)》中，武汉市提出了 2020 年在既有 7 条线的基础上新增 10 条线（段）、173.5km，建成约 400km 的轨道网；2049 年根据城市发展战略要求，构建"环＋放射"、四网合一（即高铁网、城铁网、主城地铁网、新城轨道网）、衔接高效的轨道交通结构形态，形成由 25 条线路构成，总长 1045km 的轨道交通线网，日客流达到 2358 万人次，公共交通出行占全方式出行比例达到 60.5％，轨道客流占公共交通客流比例达到 63％。

该规划成果具有以下方面的特点：轨道引领城市发展新格局，支撑国家中心城市建设，落实武汉 2049 发展战略；建设"公交都市"示范城市，体现以人为本、公交优先理念，构建"30/60"一体化公共交通体系；锚固国家级综合交通枢纽城市，加强无缝换乘衔接，构建"四网合一"快速客运体系；采取"政府组织、部门联动，专家指导、公众参与、国际合作、科学整合"的工作方针，体现了社会的广泛参与性和规划的公开透明；近远结合，充分考虑快线的运营管理模式和规划线路的可实施性，落实轨道交通走廊建设用地，纳入规划"一张图"管理；注重轨道交通资源共享研究，强化功能整合和资源节约；低碳生态导向，锁定城市增长边界。

该线网规划方案实施后可以实现轨道交通出行 30 分钟到达中心城，60 分钟穿城，2 小时直达中部城市群的目标，线网密度与北上广等一线城市基本持平。

(2) 江苏省苏州市高新区有轨电车线网规划

高质量的现代有轨电车因其对城市的适应性强，是中运量交通系统中的首选交通方式，已越来越受到各级城市的青睐，有轨电车线网规划也逐渐成为轨道交通线网规划的重要组成部分。以江苏省苏州市高新区有轨电车线网规划为例，规划范围为苏州市高新区，面积约 223km²，规划人口约 120 万人。本线网规划共规划 6 条有轨电车线路，全长 80km，该项目是国内首个完善线网规划。其中，有轨电车 1 号线（图 2.2.1-14）长 18km，投资约 32 亿元，现已建成通车。

图 2.2.1-14 江苏省苏州市高新区有轨电车

(3) 发达国家和地区的城市轨道交通规划案例

这里再介绍一些发达国家和地区的城市轨道交通规划的案例。这些城市的轨道交通不仅是将它作为城市交通的大门，通过车站与线路的有效衔接，形成规模大、功能强的客运网络，线路之间和车站之间实现互联、互通、互动、资源共享，满足城市公共交通和乘客出行的需求，更是通过设计创新、使用方便、功能齐全的空间再创满足了人们除出行之外的生活需求，赋予了城市轨道交通功能新的生命。这里介绍一下日本的站城一体化开发理念，这种理念重视轨道交通建设同时的商业开发，成为日本及中国香港城市地铁建设的经典模式。站城一体开发是轨道交通和城市相辅相成，实现共同发展的开发模式。在工业革命后期，在英国出现的轨道交通将大量的物资和人口运向城市，从而带来了城市产业结构的变革，重新形成了新的坚实的城市构造。城市突破了"城墙"的限制，向郊外扩张，从而产生了所谓"市中心和郊外"的新城市形态。轨道交通的出现，对这种通过市区和郊区之间日常的交通联系而形成的近代城市生活方式的产生起了重大的作用。正是由于轨道交通这种大众运输方式的产生，才促成了城市和轨道交通车站共同发展模式的形成。轨道交通所带来的运输能力增长，促进了城市的发展。同时，城市的发展又进一步促进了轨道交通的发展。通过轨道交通和城市两者之间的相互作用，促进了城市综合实力的螺旋上升。

日本的站城一体化开发有两种模式。一种是以枢纽站为中心的高度复合、集聚型开发（见图 2.2.1-15 所示的概念图），另一种是轨道交通建设和同步沿线型开发（见图 2.2.1-16所示的概念图）。日本的站城一体化开发模式最早源于小林一三在阪急电铁所采用的轨道交通开发模式。现在的阪急电铁沿线是高级住宅街区，文教也保持了较高水准（见图 2.2.1-17）。但在阪急电铁早期开发时这里还是一无所有的郊区。小林一三在建设轨道交通同时，进行商品房开发。为了增加轨道交通的客流量，在梅田站开发了世界上第

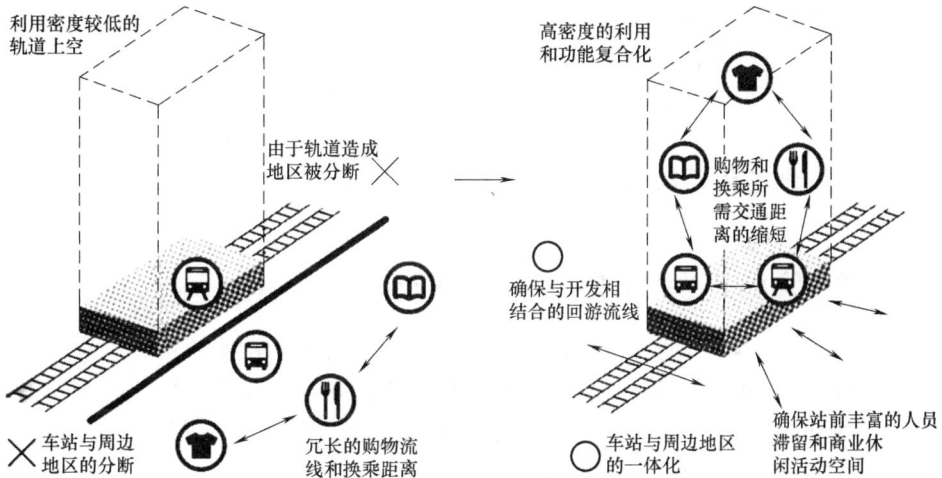

图 2.2.1-15　以枢纽站为中心的高度复合、集聚型开发

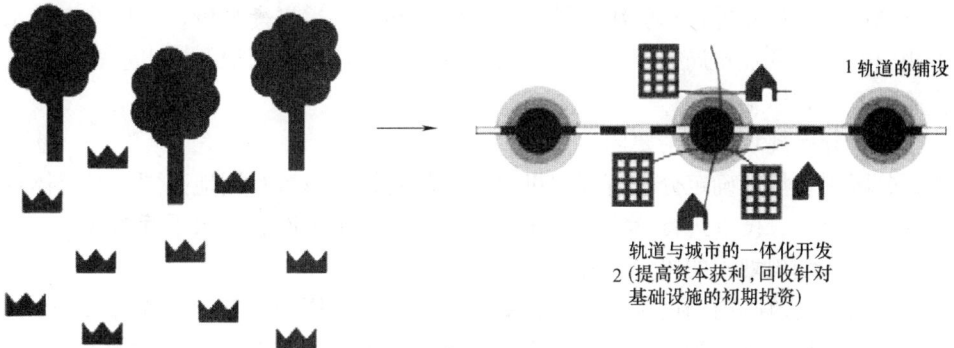

图 2.2.1-16　轨道交通建设与同步沿型开发

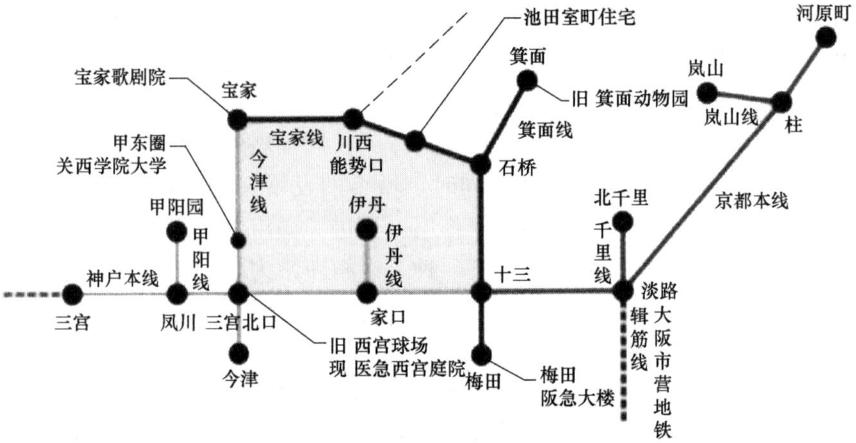

图 2.2.1-17　现在的阪急电铁路线图

一家轨道交通枢纽百货公司，还在沿线各站和终端站开设了宝塚少女歌剧团、棒球场等娱乐设施，并引入了关西学院大学等教育设施，成为日本轨道交通和沿线开发相结合的第一个案例，对现代城市的轨道交通规划建设有重大的参考意义。

2.2.2　城市给水工程系统规划

2.2.2.1　城市给水工程系统规划的主要任务

根据城市和区域水资源的状况，最大限度地保护和合理利用水资源，合理选择水源，确定供水标准，预测供水负荷，进行城市水源规划和水资源利用平衡工作；确定城市自来水厂的给水设施的规模、容量；科学布局给水设施和各级给水管网系统，满足用户对水质、水量、水压等要求；制定水源和水资源的保护措施。

2.2.2.2　城市给水工程系统规划的主要内容

（1）城市总体规划中的主要内容

《城市给水工程规划规范》中规定城市总体规划中城市给水工程规划的主要内容应包括：预测城市用水量并进行水资源与城市用水量之间的供需平衡分析；选择城市给水水源并提出相应的给水系统布局框架；确定给水枢纽工程的位置和用地；提出水资源保护以及开源节流的要求和措施。

（2）城市分区规划中的主要内容

估算分区用水量；确定分区范围内供水设施的规模、位置和用地范围；对总体规划中输配水管渠的走向、位置进行落实或修正补充，估算输配水管网、配水干管的管径。

（3）城市详细规划中的主要内容

计算详细规划范围内的用水量，提出对用水水质、水压的要求；布置给水设施和输配水管网；计算输配水管渠管径，校核配水管网水量及水压；选择管材，估算控制点标高，进行给水工程技术经济分析。

2.2.2.3　城市水源选择与保护

城市给水水源的选择将会影响到城市整体布局和给水排水工程的布置，应切实调查研究，结合城市自然条件、水资源勘察或分析研究报告、区域流域水资源规划、城市供水水源开发利用规划、水污染控制规划等进行分析、研究。城市水源的选择一般应符合以下原则：水源具有充沛的水量，满足城市近远期发展要求；水源具有较好的水质；水源选择要密切结合城市发展布局，并充分必须考虑到取水、输水设施的设置方便及其施工、运维的安全经济。

为了保护城市水源环境，在城市总体规划或市域规划中应划定水源保护区，具体包括一级、二级保护区及准保护区。各级保护区的卫生防护规定如下：

（1）地表水源取水点周围半径 100m 的水域内，严禁捕捞、停靠船口、游泳和从事可能污染水源的任何活动，并应设有明显的范围标志。地表水源取水点上游 1000m 至下游 100m 的水域，不得排入工业废水和生活污水，其沿岸防护范围不得堆放废渣，不得设立有害化学物品仓库、堆站或装卸垃圾、粪便和有毒物品的码头，沿岸农田不得使用工业废水或生活污水灌溉及使用持久性或剧毒的农药，不得从事放牧等有可能污染该段水域水质的活动。

（2）饮用水地下水源一级保护区位于开采井的周围，其作用是保护集水有一定的滞后时间，以防止一般病原菌的污染。二级保护区位于一级保护区外，以保证集水有足够的滞后时间，以防止病原菌以外的其他污染。准保护区位于二级保护区外的主要补给区，以保护水源地的补给水源水量和水质。

2.2.2.4　给水设施选址

给水设施一般包括取水设施和净水工程设施。

1. 取水设施选址

取水设施包括地表水取水设施和地下水取水设施等。地表水取水设施选址应考虑以下基本要求：设在水量充沛、水质较好的地点，宜位于城镇和工业的上游清洁河段；具有稳定的河床和河岸，靠近主流，有足够的水源，水深一般不小于 $2.5\sim3.0$m；具有良好的地质、地形及施工条件；应考虑天然障碍物和桥梁、码头、丁坝、拦河坝等人工障碍物对河流条件引起变化的影响。地下水取水设施则要求选址在水量充沛、水质良好的地下水丰水区，设于补给条件好、渗透性强、卫生环境良好的地段。

2. 净水工程设施选址

净水工程设施（给水处理厂）选址要点主要包括：水厂应选择在工程地质条件较好的地方；水厂应尽可能选择在不受洪水威胁的地方；水厂周围应具有较好的环境卫生条件和安全防护条件，并考虑沉淀池、料泥及滤池冲洗水的排除方便；水厂应尽量设置在交通方便、靠近电源的地方；水厂选址要考虑近、远期发展的需要，为新增附加工艺和未来规模扩大发展留有余地；当取水地点距离用水区较近时，水厂通常与取水设施设在一起。

2.2.2.5　给水管网规划原则

城市用水经过净化之后，还需铺设大口径的输水干管和各种配水管网，将净水输配到各用水地区。管网的布置一般有两种形式：树枝状和环状。树枝状管网总长度较短，一旦管道某一处发生故障，供水区容易断水；环状管网恰恰相反，配水管网一般敷设成环状，在允许间断供水的地方，可敷设树枝状管网。供水管网布置的基本要求如下：管网布置应根据城市地形、城市规划或发展方向、道路系统、大用水量用户分布、水压要求、水源位置以及与其他管线综合布置等因素进行规划设计；规划管网时应依据用地功能的不同而考虑不同的水压要求；为满足地势较高地区的水压要求，同时避免较低地区的水压过大，地形高差大的城市应考虑结合地形，分设不同水压的管网系统；或按低地要求的压力送水，在高地地区加压；坚持节约用水的原则，管网规划须做多方案比选，选用比较经济合理的管网布置方案。

2.2.2.6　城市给水工程规划案例

以上海市青草沙水源地原水工程为例。该工程由水库及取水泵闸、长江原水过江管、陆域输水管线及增压泵站三大主体工程组成，总投资约170亿元，于2006年开工建设，2011年6月8日正式建成投运。青草沙水源地工程取水点在长江口南支北港江心。通过建设标高8.5m、总长43km的大堤，圈围67.2km²的水面，形成我国目前最大的江心水库（图2.2.2-1）。水库最大有效库容达5.53亿m³，设计有效库容为4.35亿立方米。设计供水规模719万m³/d，供水范围覆盖杨浦、虹口、闸北、黄浦、静安、长宁、普陀、徐汇等8个区，受益人口达1150万人。

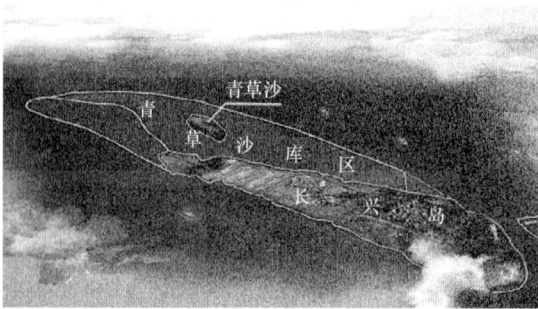

图2.2.2-1　青草沙库区平面图

青草沙水源地原水工程由三大主体九大子项组成：

（1）青草沙水库及取输水泵闸工程：由青草沙库区、中央沙库区、蓄泥区、上下游引排水泵闸、输水泵闸、水质试验区和生产管理区等工程组成。库区堤线总长约48km，水面积约66km²，设计有效库容4.38亿m³，最高运行水位7.0m，最低运行水位－1.50m（吴淞高程）。饮用水水源一级保护区总面积约79km²，二级保护区总面积约70km²。

（2）长江原水输水隧道工程：起自水库输水闸井，穿越长兴岛、长江南港，止于浦东新区五号沟泵站。隧道长度13.8km，最大内径5.84m，采用双管并行敷设，单层衬砌结构，盾构法施工、重力流输水工艺。长江过江管建于上海长江隧道下游约80m处，平行于长江隧道，穿越长江南港，至上海陆域五号沟登陆点。浦东侧越江点在五号沟，长兴岛越江点在新开河附近。

（3）陆域输水管线及增压泵站工程：由四条输水支线、三座大型泵站以及黄浦江上游引水系统改造工程组成。金海支线、严桥支线、凌桥支线、南汇支线总长179km，最大管径3.6m，采用双管并行敷设，钢顶管施工、压力流输水工艺。五号沟泵站、金海泵站、南汇北泵站的输水规模分别为708万m³/d、128万m³/d、88万m³/d。利用黄浦江上游引水管渠长度45km，严桥泵站、临江泵站的输水规模分别为440万m³/d、220万m³/d。

青草沙原水符合国家《地表水环境质量标准》Ⅱ类水质要求，供水规模逾 719 万 m³／d，占全市原水供应总规模的 50％以上，受水水厂 16 座。工程的建成和投入运行，改写了上海饮用水主要依靠黄浦江水源的历史，从根本上改变了上海城市原水的供应格局，长江原水将源源不断地为上海城市发展提供更为安全可靠的清洁水源。

2.2.3 城市排水工程系统规划

2.2.3.1 城市排水工程系统规划的主要任务

根据城市自然环境和用水状况，合理确定规划期内污水处理量、污水处理设施的规模与容量、降水排放设施的规模与容量，科学布局污水处理厂（站）等各种污水处理与收集设施、排涝泵站等雨水排放设施以及各级污水管网，制定水环境保护、污水治理与利用等对策和措施。

2.2.3.2 城市排水工程系统规划的主要内容

1. 城市总体规划中的主要内容

《城市排水工程规划规范》GB 50318—2000 中规定城市总体规划中城市排水工程规划的主要内容应包括：划定城市排水范围、预测城市排水量、确定排水体制、进行排水系统布局；原则确定处理后污水污泥出路和处理程度；确定排水枢纽工程的位置、建设规模和用地。

2. 城市分区规划中的主要内容

确定分区的排水体制；确定分区不同用地的污水排放标准和不同地块的排水面积、比流量，估算分区的雨、污水排放量；进行分区内排水系统布局；明确分区内主要排水设施的位置、规模、用地规模；调整和确定分区内排水灌渠的位置、走向、服务范围，确定干管渠的管径。

3. 城市详细规划中的主要内容

确定详细规划范围内的雨、污水设计标准、规划原则；计算详细规划范围内的雨水量和污水量；进行雨、污水管网布局，确定管径及主要控制点标高，选择管材；确定排水设施的位置、规模、用地范围；进行排水工程技术经济分析。

2.2.3.3 城市排水体制的选择

城市排水按照来源和性质分为三类：生活污水、工业废水和降水，对这三类水采用不同的排除方式所形成的排水系统，称为排水体制，又称排水制度。可分为合流制和分流制两类。

1. 合流制排水系统

合流制排水系统是将生活污水、工业废水和降水混合在一个管渠内排除的系统，分为直排式合流制、截流式合流制和完全合流制。

（1）直排式合流制：将生活污水、工业废水和降水混合在一个管渠内，管渠系统的布置就近坡向水体，分若干个排水口，混合的污水经处理和利用直接就近排入水体。这种体制投资较省，但对水体污染严重，目前一般不宜使用。

（2）截流式合流制：在早期直排式合流制排水系统的基础上，临河岸边建造一条截流干管，同时在截流干管处设溢流井，并设污水处理厂。晴天和初雨时，所有污水都排送至污水厂，经处理后排入水体。随着雨量增加，当混合污水流量超过截流干管的输水能力后，将有部分混合污水经溢流井溢出直接排入水体。这种排水体制比直排式有较大改进，但在雨天仍有部分混合污水不经处理直接排入水体，造成一定污染。

（3）完全合流制：将生活污水、工业废水和降水混合在一个管渠内排除，并全部送往污水厂处理。这种排水体制在环境保护方面非常有利，但工程投资较大，目前国内很少采用。

2. 分流制排水系统

分流制排水系统是将生活污水、工业废水和雨水分别在两个或两个以上各自独立的管渠内排除的系统。分为完全分流制和不完全分流制。完全分流制分设污水和雨水两个管渠系统，前者汇集生活污水、工业废水，送至处理厂，经处理后排放和利用；后者汇集雨水和部分工业废水（较洁净），就近送入水体。该体制卫生条件较好，但仍有初期雨水污染问题。不完全分流制只有污水管道系统而没有完整的雨水管渠排水系统。污水经由污水管道系统流至污水厂，经过处理利用后，排入水体；雨水通过地表漫流进入不成系统的明流或小河，然后进入较大的水体。该种排水体制需要有合适的地形和比较健全的明渠水系，以便于顺利排泄雨水。

了解各种排水体制的优缺点，有利于结合各城市的地方特征，合理选择城市排水体制。一般应根据城市总体规划、环境保护的要求、污水利用处理情况、原有排水设施、水环境容量、地形、气候等条件，从全局出发，通过技术经济比较，综合考虑确定。

以上海市合流污水治理一期工程为例。上海市合流污水治理工程是为了解决上海市中心区的水污染而进行的污水治理工程，一期工程自1983年开始研究设计，是中国规模最大的污水治理工程，具体见图2.2.3-1。工程服务范围主要是苏州河两岸的市中心区，服务面积70.57km²，服务人口255万，服务范围内包括44个排水系统，设计平均旱流污水量140万 m^3/d，雨天设计流量 $44.9m^3/s$，在工程实施过程中，又接纳浦东外高桥地区 30 万 m^3/d 污水。工程总投资16亿元，其中世界银行贷款1.45亿美元。工程于1993年竣工投入试运行。

上海市区的排水体制为合流制，合流管道除输送旱流污水外，雨天还要输送雨水径流量，且雨水径流量大大超过旱流污水量。雨天时，每个截流点要把与雨水混合的污水截流到总管中去，其余超过截流管容量部分的水量就近排入受纳水体。根据合流污水雨天溢流所带来的水环境影响以及国家经济条件，确定截流倍数采用1.5，苏州河地区的泵站至总管的连接管，

图2.2.3-1 上海市合流污水治理一期工程示意图

考虑到将来扩建困难，截流倍数采用 2.0 或 3.0。

一期工程共完成管道长度 53.74km，其中截流总管长度 33.42km；彭越浦泵站上游的重力流总管长度 9.11km，管径为 1200～5000mm；彭越浦泵站下游的压力箱涵长度 23.23km，采用双孔结构，现浇钢筋混凝土制作，每孔宽 4.25m，高 3.5m；过黄浦江倒虹管为 2 根直径 4000mm 管道，长 1.08km；污水连接管长 20.32km，管径 600～2000mm；大型污水泵站 2 座（彭越浦泵站和出口泵站，设计流量分别为 40m³/s 和 45m³/s）；于长江口南岸竹园处设预处理厂 1 座（设计平均旱流污水量 140 万 m³/d）；2 条直径 4200mm 排放管（各长 1420m 和 1258m）。相应改建和新建一批污水截流设施，并建立了中央监控系统。

2.2.3.4　排水管网规划原则

排水管网规划原则主要包括：①排水管网布置应顺坡就势利用地形，尽可能在管线较短和埋深较小的情况下，让雨污水自流排出；②管线布置应简捷顺直，尽量减少与河道、山谷、铁路及各种地下构筑物的交叉，并充分考虑地质条件的影响；③管线布置应考虑城市的远、近期规划及分期建设的安排；④城市排水管网应充分利用和保护现有水系，并注重排水系统的景观和防灾功能。

以黄浦江南延伸段 ES4 单元排水规划为例，前滩地区用地范围东起济阳路，西至黄浦江，北起川杨河，南至中环线（华夏西路），规划用地面积约 2.83km²。

（1）雨水排水系统规划

由于前滩地区内只有规划小黄浦一条河道，地面高程控制在 4.2～5.0m 左右，不具备自排条件，前滩地区雨水采用强排模式，雨水排水由三路主干管收集输送至规划拟建的雨水泵站，经泵站提升后排入黄浦江，雨水泵站规划规模 19.8m³/s，雨水管网管径 DN600～DN3000。

（2）污水排水系统规划

地区内污水经管网收集后分成三路分别至耀龙路和杨思西路汇合后，排入中环线下已建的 DN1000 污水管道内，通过规划拟建的污水泵站提升后，接入济阳路下已建的污水二期工程 2－2400×2400mm 南线总管，最终至白龙港污水处理厂，经处理后外排长江。污水泵站规划规模 4.0 万 m³/d，其中包括 ES6 单元污水量 1.32 万 m³/d（含初期雨水截流量 0.22 万 m³/d）；污水管网管径 DN300～DN800。

在排水系统规划上，西方发达国家有很多经验值得借鉴，下面介绍德国慕尼黑的排水系统。慕尼黑的市政排水系统的历史可以追溯到 1811 年，当时的执政官 Karl Probst 修了一条 20km 的阴沟渠，将污水引向了 Isar 河。到了二战前，慕尼黑建成了第一个污水处理厂，而到了 1989 年，慕尼黑市的第二个污水处理厂落成。在慕尼黑 2434km 的排水管网中，布置着 13 个地下储存水库。这些地下储存水库，就好像是 13 个缓冲用的阀门，充当暴雨进入地下管道的中转站。当暴雨不期而至，地下的储水库用他们 706000m³ 的容量，暂时存贮暴雨的雨水，然后将雨水慢慢的释放入地下排水管道，以确保进入地下设施的水量不会超过最大负荷量。图 2.2.3-2 是慕尼黑 Hirschgarten Park 地下储水设施，为德国最大。图 2.2.3-3 是市政工作人员清洗地下管网内的油污。

图 2.2.3-2 HirschgartenPark 地下储水设施

图 2.2.3-3 市政工作人员清洗地下管网内的油污

图 2.2.3-4 没有河堤的 Isar 河两岸

为避免在暴雨不期而至时，Isar 河因城市排水而泛滥成灾，慕尼黑一直在不断的扩大滩涂——河两边的湿地和绿地。这样在河水高涨的时候，利用大面积湿地和植被对水的涵养能力，减少河水对两岸的压力。而在平时，大面积临水的绿地也为市民提供了很好的休闲的去处。一举两得。有相当一部分来自于慕尼黑城每天所排进去的生活污水、工业废水和包括落在地面的雨水的 Isar 河依然非常纯净。每逢夏天，河边是市民最爱的去处之一（见图2.2.3-4）。这归功于慕尼黑出色的市政排水系统和它背后的市政管理机构。

2.2.4 城镇燃气工程系统规划

2.2.4.1 城镇燃气工程系统规划的主要任务和内容

1. 城镇燃气工程系统规划的主要任务

（1）城镇燃气工程系统规划应遵循国家和行业的节能政策、节能规划及环保政策、环保规划，合理利用能源，促进节能减排。

（2）根据国家和行业的有关方针、政策以及能源的平衡情况，确定城市燃气的种类和供气方式。

（3）根据城市各类用户的用气需要和用气特点，合理确定城市燃气供气规模，主要供气对象和供气范围。计算各类用户的用气量及总用气量，选择经济合理的燃气管网输配系统和调峰方式。

（4）提出分期实现城市燃气规划的步骤和实施方案。

（5）提出采用新技术、新工艺的研究项目和新设备、新材料的试制任务。

（6）对规划中存在的主要问题提出解决意见。

2. 城镇燃气工程系统规划的主要内容

城镇燃气规划应积极开拓气源，结合当地资源状况及市场需求，统筹考虑其他气源的开发利用，做到满足市场需求、供需平衡。规划主要内容如下：

（1）近期、远期燃气气源种类、供气能力和规模论证。

（2）近期、远期燃气供气对象、各类用户用气比例关系，居民用户气化率及用气量标准。

（3）燃气输配系统，远期与近期各类方案的技术经济比较。

（4）调节用气不平衡的燃气储气调峰方案的技术经济比较。

（5）输气管线穿、跨越各种工程建设，如道路、桥梁、河流、铁路以及其他障碍物位置的确定。

（6）输配系统规划实施的分期及年限，各阶段的建设投资、主要设备及主要管材数量、劳动定员以及征用土地面积等。

（7）规划的主要技术经济指标，经济效益与社会效益的分析。

2.2.4.2　城镇燃气需求量规划要点

1. 城镇燃气供气对象

按照用户的特点，城镇燃气供气对象一般分为下列几个方面：居民用户、商业用户、工业用户、采暖和制冷用户、燃气汽车用户等。另外当电站采用城镇燃气发电或供热时，也应包括电站用气。

2. 城镇燃气需求量计算

在进行城镇燃气年用气量计算时，应分别计算各类用户的年用气量，各类用户年用气量之和即为该城镇的年用气量。包括：①居民生活年用气量；②商业用户年用气量；③工业企业年用气量；④建筑物采暖年用气量；⑤燃气汽车年用气量；⑥未预见量。

城镇年用气量中还应计入未预见量，它包括管网的燃气漏损量和发展过程中未预见的供气量。一般未预见量按总用量的5％计算。

2.2.4.3　燃气气源规划要点

1. 燃气气源种类

气源选择应符合现行国家标准《城镇燃气分类及基本特性》GB/T 13611 要求的气体燃料均可作为城镇燃气气源。主要包括天然气、液化石油气和人工煤气。多气源系统在气源选择时应考虑不同种类气源间的互换性。

2. 燃气气源规划

城镇燃气气源选择应遵循国家能源政策，坚持降低能耗、高效利用能源的原则。气源方案选择应与本地区的能源、资源条件相适应，满足资源节约、环境友好、安全可靠供气要求。城镇气源选择应以因地制宜、合理利用资源、保障安全供气、保护环境为原则，优先发展天然气，大力发展液化石油气和其他清洁燃料，人工煤气气源应根据资源和环境评估的结论，慎重选用。

城镇气源选择液化石油气时，其供气规模应根据资源条件、运输方式、用气负荷等因素，经技术经济比较后确定。

城镇气源选择人工煤气时，应综合考虑原料运输、水资源及环境保护、节能减排等因素。

2.2.4.4 燃气输配管网规划要点

（1）燃气输配管网规划原则：城镇燃气输配系统的主要部分是燃气管网，在确定城镇燃气管网中各压力级制的设计压力时，应考虑充分利用上游供气的压能，并结合城镇用户用气压力的需求、负荷量大小和小时调峰需求量等综合确定。并应通过技术经济比较优化选择城镇燃气输配系统的压力级制。

（2）城镇燃气管网布置要求：

1）城镇燃气输配管网布局应依据城市、镇总体规划和相关专业规划，坚持远近结合、近期为主的原则；

2）管网布局应考虑供气管网的可靠性、技术经济合理性和运行管理方便的要求；

3）城镇燃气主干网应沿城镇规划道路敷设，并应减少穿跨越河流、水域、铁路及其他市政设施等；

4）城镇燃气各级管网的布置应减少管道建成后对城镇用地的分割和限制，同时满足对管道巡视、抢修和管理的需要；

5）高压管网宜布置在城市的边缘，且不应通过军事设施、易燃易爆仓库、国家重点文物保护区、飞机场、火车站、海（河）港口码头等地点。当受条件限制，管道必须通过上述地区，需经当地规划及消防部门共同协商确定合理的规划方案；

6）对于用气压力较高、用气量大的大型燃气用户，应充分利用压能，并降低对其他用户的影响，规划专用管线；

7）长输管道应尽量布置在城镇的外围区域。必须布置在城镇中时，除执行《输气管道工程设计规范》GB 50251 的规定外，当条件许可时，在地区等级划分、安全间距等方面应参考执行《城镇燃气设计规范》GB 50028 的相关规定。

2.2.4.5 储气调峰方案比选要点

城镇燃气的需用工况是不均匀的，随月、日、时而变化，但一般燃气气源的供应量是均匀的，不可能完全随需用工况而变化。为了解决均匀供气与不均匀耗气之间的矛盾，不间断地向用户供应燃气，保证各类燃气用户有足够流量和正常压力的燃气，必须采取合适的储气调峰方法使燃气输配系统实现供需平衡。

在调节燃气供需平衡时，应根据我国政策、实际实施的可能性及经济性考虑，通常是由上游供气方解决季节性储气调峰，下游用气城镇解决日、小时储气调峰，现分别叙述如下：

1. 季节性调峰方法

（1）地下储气地下储气库储气量大，造价和运行费用省，可用来平衡季节不均匀用气。但不应该用来平衡日不均匀用气及小时不均匀用气，因为急剧增加采气强度，会使储气库的投资和运行费用增加，经济可行性差。

（2）液态储存天然气的主要成分甲烷在常压下、−162℃时即可液化。将液化天然气储存在绝热良好的低温储罐或冻穴储气库中，在用气高峰时气化后供出。液化天然气气化方便，负荷调节范围广，适于调节各种不均匀用气。采用低温液态储存，通常储存量都很大，否则经济性差。

目前国内外建设的液化天然气供应站主要有 LNG 气化站和 LNG 调峰站，站内设有储存和再气化装置。LNG 气化站可作为天然气管道尚未到达的小城镇的燃气气源。LNG 调峰站可作为中小城镇调峰用气的手段，也可作为设备大修或事故处理过程中保证安全供气的措施。

2. 日、小时储气调峰方法

（1）管道储气高压燃气管束储气及长输干管末端储气，是平衡日不均匀用气和小时不均匀用气的有效办法。高压管束储气是将一组或几组钢管埋在地下，对管内燃气加压，利用燃气的可压缩性进行储气。利用长输干管储气或城镇外环高压管道储气是最经济的一种方法，也是国内外最常用的一种方法。

（2）储气罐储气储气罐只能用来平衡日不均匀用气及小时不均匀用气。储气罐储气与其他储气方式相比，金属耗量和投资都较大。

当城市用气规模较小时，可采用高压管道储气、高压球罐储气等解决小时调峰；用气规模较大时，可采用利用现有储气调峰设施和 LNG 调峰站联合解决小时调峰。

此外，一些大型工业企业、锅炉房等都可作为城镇燃气供应的缓冲用户。夏季用气低峰时，缓冲用户以燃气为燃料，而冬季用气高峰时，这些缓冲用户改用固体或液体燃料，用此方法平衡季节不均匀用气。用调整大型工业企业用户厂休日和作息时间的方法，平衡部分日不均匀用气。

当以压缩天然气、液化天然气作为城镇主气源时，可不必另外考虑调峰手段，而通过改变开启气化装置数量的方式实现供需平衡。

2.2.5　城市管线综合规划

2.2.5.1　城市地下管线综合规划的主要任务和内容

城市管线工程种类很多，各有一定的技术要求。如何使这些管线工程在空间安排上、在建设时间安排上很好地配合而不发生矛盾，是城市管线综合规划的目标任务，需要城市规划部门全面地综合解决。

1. 城市管线综合规划的主要任务

根据城市规划布局和城市各专业工程系统规划，检验各专业工程管线分布的合理程度，提出对专业工程管线规划的修正意见，调整并确定各种工程管线在城市道路上的水平排列位置和竖向标高；确认或调整城市道路横断面；提出各种工程管线的基本埋深和覆土要求。

2. 城市管线综合规划的主要内容

1）城市管线综合总体规划的主要内容：①确定各种管线的干管走向，在道路路段上的大致水平排列位置。②分析各种工程管线分布的合理性，避免各种管道过于集中在某一城市干道上。③确定必须而有条件的关键点的工程管线具体位置。④提出对各工程管线规划的修改建议。

2）城市管线综合详细规划的主要内容：①检查规划范围内各主要工程详细规划的矛盾。②确定各种工程管线的平面分布位置。③确定规划范围内的道路横断面和管线排列位置。④初定道路交叉口等控制点工程管线的标高。⑤提出工程管线基本深埋和覆土要求。⑥提出对各专业工程详细规划的修正意见。

2.2.5.2 城市管线规划的原则与规定

1. 管线综合布置的一般原则

城市工程管线综合布置应遵循下列原则：

（1）规划中各种管线的定位应采用统一的城市坐标系统及标高系统。工厂企业、单位内的管线可以采用自定的坐标系统，但其区界、管线进出口则应与城市主干管线的坐标一致。如存在几个坐标系统，必须加以换算，取得统一。

（2）管线综合布置应与道路规划、竖向规划协调进行。道路是城市工程管线的载体，道路走向是多数工程管线走向的依据和坡向的依据。竖向规划和设计是城市工程管线专业规划的前提，也是进行管线综合规划的前提，在进行管线综合之前，必须进行竖向规划。

（3）管线敷设方式应根据管线内介质的性质、地形、生产安全、交通运输、施工检修等因素，经技术经济比较后择优确定。

（4）管线带的布置应与道路或建筑红线平行。

（5）必须在满足生产、安全、检修等条件的同时节约城市地上与地下空间。当技术经济比较合理时，管线应共架、共沟布置。

（6）应减少管线与铁路、道路及其他干管的交叉。当管线与铁路或道路交叉时应为正交。在困难情况下，其交叉角不宜小于45°。

（7）当规划区需分期建设时，管线布置应全面规划，近期集中，近远期结合。近期管线穿越远期用地时，不得影响远期用地的使用。

（8）管线综合布置时，干管应布置在用户较多的一侧或管线分类布置在道路两侧。

（9）工程管线与建筑物、构筑物之间以及工程管线之间的水平距离应符合规范规定。当受道路宽度、断面以及现状工程管线位置等因素限制难以满足要求时，可重新调整规划道路断面或宽度。而在一些有历史价值的街区进行管线敷设和改造时，如果管线间距不能满足规范规定，又不能进行街道拓宽和建筑拆除，可以在采取一些安全措施后，适当减小管线间距。

（10）在同一条城市干道上敷设同一类别管线较多时，宜采用专项管沟敷设。

（11）在交通运输十分繁忙和管线设施繁多的快车道、主干道以及配合兴建地下铁道、立体交叉等工程地段、不允许随时挖掘路面的地段、广场或交叉口处，道路下需同时敷设两种以上管道以及多回路电力电缆的情况下，道路与铁路或河流的交叉处，开挖后难以修复的路面下以及某些特殊建筑物下，应将工程管线采用综合管沟集中敷设。

（12）敷设主管道干线的综合管沟应在车行道下，其覆土深度必须根据道路施工和行车荷载的要求，综合管沟的结构强度以及当地的冰冻深度等确定。敷设支管酌综合管沟，应在人行道下，其埋设深度可较浅。

（13）电信线路与供电线路通常不合杆架设。在特殊情况下，征得有关部门同意，采取相应措施后（如电信线路采用电缆或皮线等），可合杆建设。同一性质的线路应尽可能合杆，如高低压供电线等。高压输电线路与电信线路平行架设时，要考虑干扰的影响。

2. 管线交叉避让原则

道路下工程管线在路口交叉时或综合布置管线产生矛盾时，应按下列避让原则处理：①压力管让自流管；②可弯曲管让不易弯曲管；③管径小的让管径大的；④分支管线让主干管线。

以上避让原则中，前两条主要针对不同种类的管线产生矛盾的情况，后两条主要针对同一种管线产生矛盾的情况。

3. 管线共沟敷设规定：

管线共沟敷设应符合下列规定：①排水管道应布置在沟底。当沟内有腐蚀性介质管道时，排水管道应位于其上面。②腐蚀性介质管道的标高应低于沟内其他管线。③火灾危险性属于甲、乙、丙类的液体，液化石油气，可燃气体、毒性气体和液体以及腐蚀性介质管道，不应共沟敷设，并严禁与消防水管共沟敷设。④凡有可能产生互相影响的管线，不应共沟敷设。

4. 管线排列顺序

（1）管线水平排列顺序。在进行管线平面综合时，管线的布置顺序是：①在城市道路上，由道路红线至中心线管线排列的顺序宜为：电力电缆、通信电缆（或光缆）、燃气配气管、给水配水管、热力管、燃气输气管、雨水排水管、污水排水管；②在建筑庭院中，由建筑边线向外，管线排列的顺序宜为：电力管线、通信管线、污水管、燃气管、给水管、供热管；③在道路红线宽度大于等于30m时，宜双侧布置给水配水管和燃气配气管；道路红线宽度大于等于50m时，宜双侧设置排水管。

（2）管线竖向排列顺序。在进行管线竖向综合时，管线竖向排序自上而下宜为：电力和通信管线、热力管、燃气管、给水管、雨水管和污水管。交叉点各类管线的高程应根据排水管的高程确定。

2.2.5.3 城市地下综合管廊及其规划

1. 规划建设现状

在城市工程管线综合规划时常涉及一种重要的城市基础设施——城市地下综合管廊（我国名称，在国外又称为共同沟、共同管沟），是在城市地下建造一个隧道空间，将设置在地面、地下或架空的各类公用类管线（如市政、电力、通信、燃气、给排水等）集于一体，设有专门的检修口、吊装口和监测系统，实施统一规划、设计、建设和管理。

综合管廊有希望彻底改变以往各个管道各自建设、各自管理的零乱局面，其优势是多方面的。首先，综合管廊消除了通信、电力等系统在城市上空布下的道道蛛网及地面上竖立的电线杆、高压塔等，避免了路面的反复开挖，降低了路面的维护保养费用、确保了道路交通功能的充分发挥；其次，道路的附属设施集中设置于综合管廊内，使得道路的地下空间得到综合利用，腾出了大量宝贵的城市地面空间，增强道路空间的有效利用。再次，综合管廊提高了规划区的综合防灾、减灾能力，保障城市生命线的安全运行。即使受到强烈的台风、地震等灾害，设置于综合管廊内的各种城市管线设施也可以避免过去由于电线杆折断、倾倒、电线折断而造成的二次灾害。同时，综合管廊也为各种管线综合管理并能利用先进的监视系统进行综合管理提供了可能，能及时发现隐患，及时维护管理，提高管线的安全性和稳定性，提高城市的安全度。

在发达国家，共同沟已经存在了一个多世纪，在系统日趋完善的同时其规模也有越来越大的趋势，目前国外大城市已普遍采用共同沟。共同沟最早起源于法国巴黎。早在1833年，巴黎为了解决地下管道的敷设问题和提高环境质量，开始兴建共同沟。在雨果的《悲惨世界》里面，就描述过巴黎地下那四通八达，如同迷宫一般的共同沟。此后许多欧洲城市以及日本、美国也相继建设。目前，巴黎已经建成总长度约100km、系统较为完善的共同沟网络。

世界上共同沟推广最好的国家是日本，已达到成熟阶段。在规划、设计、施工、管理、营运等方面自上而下和自下而上已形成了一整套完整的法律、法规、规定、办法。日本东京的共同沟长度在世界各大城市中排名榜首。根据媒体2010年披露的数据，日本已有80多个城市建成共同沟，总长达1000多公里。在东京、大阪还有为了建构城市地下"生命线"的骨干系统，以共同沟为城市信息流、能源流供给的主干。1995年7.3级的阪神大地震，还让人们认识到了共同沟的防震作用，即使遭到大地震侵袭，仍能保证城市运转。图2.2.5-1是日本城市道路下的共同沟示意图。

图 2.2.5-1 日本城市道路下的共同沟示意图

在国内，一些城市也已经开始共同沟的规划和建设。1994年，上海市政府规划建设了大陆第一条规模最大、距离最长的共同沟——浦东新区张杨路共同沟（见图2.2.5-2）。该共同沟全长11.125km，共有一条干线共同沟、两条支线共同沟，其中支线共同沟原计划收容给水、电力、信息与煤气等四种城市管线，实际上，由于种种原因，只有部分路段的电力线路达到饱和，整个上水管道和燃气管道却并未启用。为避免类似的遭遇，国内很多地方都选择在开发区、新区等新建城区修建共同沟，由一个强有力的新区管委会来统筹管线单位入沟。目前，上海还建成了松江新城示范性地下共同沟工程和"一环加一线"总长约6km的嘉定区安亭新镇共同沟（图2.2.5-3）等系统。

图 2.2.5-2 上海浦东新区张杨路共同沟

图 2.2.5-3 上海安亭新镇的民用共同沟

2015年5月，住房和城乡建设部发出《城市地下综合管廊工程规划编制指引》（后文中简称《指引》）。《指引》明确指出，管廊工程规划由城市人民政府组织相关部门编制，用于指导和实施管廊工程建设。

2. 管线入廊分析

市政管线有给水、雨水、污水、中水、电力、路灯、通信、煤气、天然气、热力管线等，管径从 $\phi50mm$ 到近 $\phi2000mm$，根据管线的性质不同，选择纳入综合管廊中的管线时，应综合考虑。对于常见的市政管线进入综合管廊应考虑以下几方面：

（1）电力管线：目前在国内许多大中城市都建有不同规模的电力隧道和电缆沟。电力管线从技术和维护角度而言纳入综合管廊已经没有障碍。适宜纳入综合管廊。

（2）通信管线：通信管线一般包括电信管线、有线电视管线、信息网络管线以及交通信号管线等。通信管线纳入综合管廊需要解决信号干扰、防火防灾等技术问题。随着通信光纤的发展，通信光缆直径小、容量大，进入综合管廊已不存在任何技术问题。适宜纳入综合管廊。

（3）给水管线：中水管线由于是压力管，对综合管廊影响小，可设在综合管廊内。

（4）燃气管：燃气管是压力管线，燃气一旦泄漏，将对人体和管沟造成危害，在条件容许时，尽量不敷设在综合管廊内。在局部地段燃气管也可以单仓设置形式纳入管廊。

（5）热力管线：热力管线自身散热较大，如果设在综合管廊内，将引起综合管廊温度升高，对电缆敷设不利，需作隔热处理。根据实际情况，若热力管线温度不高（如地热等），增加隔热保护板后可设在综合管廊内。

（6）雨污水管线：雨污水管线由于是重力管线，若敷设在综合管廊内，会增加管沟埋深，大大增加管沟造价，尽量不设在综合管廊内。

3. 综合管廊规划要点

国内外综合管廊建设常用有三种形式：干线综合管廊、支线综合管廊、缆线综合管廊。

《指引》明确指出，高强度开发和管线密集地区应划为管廊建设区域。主要是：城市中心区、商业中心、城市地下空间高强度成片集中开发区、重要广场，高铁、机场、港口等重大基础设施所在区域；交通流量大、地下管线密集的城市主要道路以及景观道路；配合轨道交通、地下道路、城市地下综合体等建设工程地段和其他不宜开挖路面的路段等。

（1）断面尺寸的确定

在确定综合管廊断面尺寸时，首先应确定设置在此段管沟内管线的种类、数量，然后根据管线种类、管径大小、管线坡度要求、管理便利等因素来布置。原则上应尽可能地把同性质的管线布置在同一侧；当管线种类较多时应把电缆、控制、通信线路设在上侧；横穿管廊的管线应尽量走高处，以不妨碍管沟内通行为准；管线之间的上下间距及左右间距应满足规范要求；当断面受限制不可能加大而管线又太多布置不开时，可将小口径管线并列布置，中间留出一定的人行通道宽度。确定管沟高度时，能满足管线安排及行人通行即可，高度不宜太大。管沟在地下所占纵向高度太大将影响管廊外其他管线的通行。确定综合管廊宽度时，需考虑维修管理时便于通行，局部地段受条件限制可适当压缩，但应满足人能通行。一般干线综合管廊的内部净高不宜小于 2.1m。支线综合管廊的内部净高不宜小于 1.9m；与其他地下构筑物交叉的局部区段的净高，不应小于 1.4m。当不能满足最小净空要求时，可改为排管连接。干线综合管廊、支线综合管廊内两侧设置支架或管道时，人行通道最小净宽不宜小于 1.0m；当单侧设置支架或管道时，人行通道最小净宽不宜小于 0.9m。

（2）综合管廊系统布置考虑的因素

1）城市功能因素。综合管廊建设目的是为了集约用地、减少二次开挖，那么他就必然应该建设在城市的中心区或交通运输非常繁忙、地段重要不宜开挖的地段，所以在综合管廊的系统布置上也必然应该考虑在城市的中心区或重要的产业区进行布置，以便充分发挥综合管廊的优势。

2）道路的因素。综合管廊建设的主要目的是为了避免道路的重复开挖，避免资源的浪费，所以在综合管廊的布置上尽量考虑在新建或需改扩建道路下布置综合管廊，以便做到在道路的建设或改扩建的过程中，一次性的建设综合管廊。同时综合管廊的布置也应与路网建设相匹配，应选择在区域的辐射性最优道路下布置综合管廊。

3）规划管线的因素。综合管廊的布置上很大一部分因素取决于规划纳入的各类市政管线，通常综合管廊内考虑容纳的管线主要有电力线路、通信线路、供水管线以及中水管线等。由于各种管线的特性是不一样的，不同的特性决定了在综合管廊的布置时考虑的重点的不同。①供水管线、中水管线：一般为压力管，主管口径较大，会使得综合管廊的断面过大化，经济效益差，所以纳入综合管廊的较多的是支管，口径往往在 1m 以下；②电力管线：高压电力线路有架空线和电缆沟（或电力隧道）两种形式，往往在城市的外围会选用架空线路的形式，而 10kV 的电力线路，在城市中现在大部分都采用的是电缆沟的形式，在综合管廊的规划中就必须考虑到尽量能容纳初选区域内高等级的电力线路及 10kV 的电力线路，故在综合管廊的规划中，将把电力线路的纳入作为基础和重点考虑；③通信线路：通信管线目前大部分采用光纤，占用的空间很少，纳入综合管廊对通信管线的管理和远期的维护都带来很多益处。

4）综合管廊系统布局原则。应以城市土地规划结构布局为核心，围绕城市市政公用管线布局，对主城区综合管廊进行合理布局和优化配置，逐步形成和城市规划相协调，城市道路下部空间得到合理、有效利用，具有超前性、综合性、合理性、实用性的综合管廊系统。综合管廊规划需结合相关规划，并考虑一定的远期预留。本着"高效、经济、适度、实用"的布置原则，综合管廊的重点研究区域为：①高密度开发区，管线接入接出较频繁，扩容可能性大的区域；②管线集中的道路（尤其是结合高压电力管线）。

（3）综合管廊平面布置要求

① 综合管廊原则上设置在道路下，平面中心线宜与道路中心线平行，不宜从道路一侧转到另一侧。

② 综合管廊应尽量布设在道路一侧的人行道和绿化带下，这样便于综合管廊投料口、通风口等附属设施的设置。

③ 为了减少与排水管的交叉，综合管廊应尽可能的远离居住区用地红线。在不得已靠近道路边时也要确保有 1m 的距离。

④ 综合管廊与铁路、公路交叉时宜采用垂直交叉方式布置；与相邻地下构筑物的最小间距应根据地质条件和相邻构筑物性质确定。

（4）综合管廊附属系统

综合管廊的附属系统包括电气系统、信息检测和控制系统、通风系统、消防及排水系统、标识系统。除此之外，还有部分附属设施位于综合管廊外的地面上，包括人员出入口、通风口、材料投入口等。这些附属构筑物作为综合管廊的重要组成部分，承担着综合管廊内外的联络作用，综合管廊内的管道及附属配件运输、安装，人员进出、应急逃生等均需通过附属构筑物来完成。

2.2.6 城市地下空间规划

地下空间是城市发展的战略性空间，是一种新型的国土资源。城市建设的内涵发展，就要积极开发利用地下空间。但另一方面，城市的地下空间资源又是有限的，地下工程建设具有不可逆性和难以更改的特点，因此，合理规划是有序开发利用地下空间的保障和重要途径。

2.2.6.1 城市地下空间规划的基本原则和编制体系

1. 城市地下空间规划的基本原则

城市地下空间规划的基本原则通常包括：①坚持统筹发展原则，实现城市地上、地下空间统筹规划，推动经济、社会、环境协调发展。②坚持平战和平灾结合原则，加强平战功能转换及防灾减灾设计。③坚持以人为本原则，创造人性化的地下空间环境。④坚持集约节约原则，合理有序利用城市地下空间资源。⑤坚持可持续发展原则，保护生态环境，落实节能减排，推广应用绿色、环保、生态、节能、低碳新技术。

2. 城市地下空间规划的编制体系

城市地下空间规划分为总体规划和详细规划两个阶段进行编制。其中，地下空间总体规划可以参照城市总体规划分为"总体规划纲要"和"总体规划"两个层次进行编制。地下空间详细规划可以结合地上控制性详细规划和修建性详细规划分两个层次同步编制，也可以依据地上控制性详细规划和修建性详细规划单独编制相应的地下空间控制性详细规划和地下空间修建性详细规划。

2.2.6.2 城市地下空间规划的任务和主要内容

1. 地下空间总体规划的任务和主要内容

地下空间总体规划的任务是提出城市地下空间资源开发利用的基本原则和建设方针，研究确定地下空间资源开发利用的功能、规模、总体布局与分层规划，统筹安排近期建设项目，提出远景发展规划，并制定各阶段地下空间资源开发利用的发展目标和保障措施。

城市地下空间总体规划的主要内容包括：地下空间开发利用的现状分析与评价、地下空间资源评估、指导思想和发展战略、需求预测、总体布局、竖向分层规划、各专项设施规划与整合、近期建设规划以及规划实施保障措施等。

2. 城市地下空间控制性详细规划的任务和主要内容

城市地下空间控制性详细规划的任务是以对城市重要规划建设地区地下空间资源开发利用的控制作为规划编制的重点，规定规划区内地下空间开发利用的各项控制指标，为地区地下空间开发建设项目的设计以及地下空间资源开发利用的规划管理提供科学依据。

城市地下空间控制性详细规划的内容是根据城市地下空间总体规划的要求，确定规划范围内各专项地下空间设施的总体规模、平面布局和竖向分层等关系；对地块之间的地下空间连接做出指导性控制。

3. 城市地下空间修建性详细规划的任务和主要内容

城市地下空间修建性详细规划的任务是以落实地下空间总体规划的意图为目的，依据地下空间控制性详细规划所确定的各项控制要求，对规划区内的地下空间平面布局、空间布置、公共通道、交通系统与主要出入（连通）口、景观环境、安全防灾等进行深入研究，协调公共地下空间以及地下交通、市政、民防等设施之间的关系，提出地下空间资源综合开发利用的各项控制指标和其他规划管理要求。

城市地下空间修建性详细规划的内容是根据城市地下空间总体规划和所在地区地下空间控制性详细规划的要求，进一步确定规划区地下空间资源综合开发利用的功能定位、开发规模以及地下空间各层的平面和竖向布局；结合地区公共活动特点，合理组织规划区的公共性活动空间，进一步明确地下空间体系中的公共活动系统；根据地区自然环境、历史文化和功能特征，进行地下空间的形态设计，优化地下空间的景观环境品质，提高地下空间的安全防灾性能；根据地区地下空间控制性详细规划确定的控制指标和规划管理要求，进一步明确公共性地下空间的各层功能、与城市公共空间和周边地块的连通方式；明确地下各项设施的设置位置和出入交通组织；明确开发地块内必须开放或鼓励开放的公共性地下空间范围、功能和连通方式等控制要求。

2.2.6.3 我国地下空间规划现状及案例

进入 21 世纪，我国城市地下空间开发快速增长，体系不断完善，特大城市地下空间开发总体规模和速度已居世界同类城市前列，对提高城市空间容量、缓解交通、保护地面环境做出了重要贡献。我国地铁建设运营里程居世界前列。我国跨江河湖海隧道和城市地下快速路的建设也举世瞩目，交通地下化有效拓展了城市交通资源，改善了拥堵，同时节约了地面用地，减少了尾气直接排放和景观破坏。特大城市结合地铁建设和旧城改造、新区开发进行地下空间开发，建设了北京中关村西区、上海世博轴、广州珠江新城、杭州钱江新城波浪文化城等融交通、商业、文化、娱乐、市政于一体的地下综合体，单体规模在数十万至数百万 m² 之间，占建筑总规模的三分之一以上。北京南站、上海虹桥枢纽等实现了地铁与高速铁路立体换乘。大型地下综合体有效提高了城市中心的土地利用和市政运行效率，改善了步行条件，提高了环境的人性化水平，同时也扩大了绿地面积，塑造了城市新形象。地下空间总量增长迅速，节约了城市建设用地，扩大了城市空间容量，截至 2013 年底，北京、上海的地下空间总面积均接近 6000 万 m²。北京、上海、广州、深圳等近百个城市已编制完成地下空间总体规划或概念规划，提出了地下空间开发的指导思想、重点地区和开发规模、布局、功能、时序要求。

以泉州市地下空间开发利用规划为例。泉州市地下空间规划面积 980km²，地下空间规划结合泉州特色，构建系统齐全、功能完善、布局合理、环境舒适、充满活力的智慧化、人文化、地面地下一体化的地下空间系统，地下化率达到 8%。

该规划结合泉州中心城区的总体规划，近期建设规划以及综合交通相关规划，将城市重点发展公共中心作为地下空间的重点发展区域（见图 2.2.6-1）。地下空间规划结构呈组团式发展结构，形成"一带双核多点"的开发空间形态，包括 2 个地下城和 12 个地下综合体。一带指沿泉州湾城市核心功能区的地下空间发展带，双核指东海片区中心、仙石片区中心，多点指公共服务设施集中、开发强度大的各组团中心。双核形成 2 个地下城，多点形成 12 个地下综合体。其中 2 个地下城包括：东海行政中心与滨海总部区域地下城、仙石企业决策中心地下城；12 个地下综合体包括：东海片区会展中心区域、西滨生产服务中心、蚶江商贸会展中心、洛秀科技创新中心、市级商业中心（丰泽广场及周边区域）、高铁枢纽站及南部片区、江南组团中心、池店组团中心、仙石组团中心、城东组团中心、百崎组团中心、秀涂组团中心。

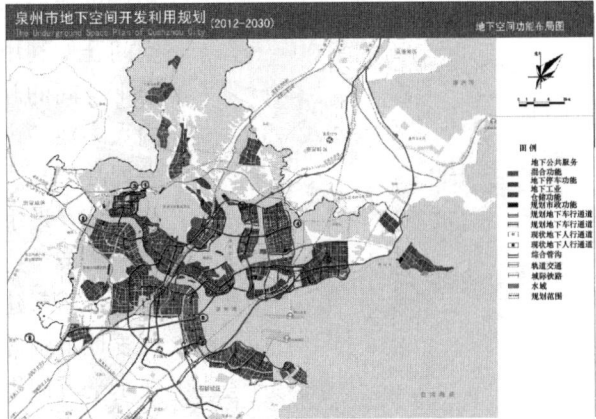

图 2.2.6-1　泉州市地下空间开发利用规划

泉州市是组团式城市，地下空间空间结构亦以组团式形式，组团之间以地下轨道交通联系。以轨道交通线路为依托串联各片区中心地下空间，并依托重要地铁车站串联周边地下公共服务设施。各片区中心地下以人行和车行地下通道或地下商业街形成立体交通网络。组团内部形成开发重点与一般开发区域。沿泉州湾是泉州市重要的发展轴，区域中心均围绕泉州湾展开，地下空间的开发利用重点也在沿湾区域，并形成 2 个地下城规模。

再以世博会 B 片区地下空间规划为例，世博会 B 片区（企业总部集聚区）规划范围东临世博馆路，西至长青北路，南临国展路，北至世博大道，规划用地面积约 18.72 公顷，规划建设地上建筑面积 59.7 万 m²，地下建筑面积 44 万 m²。世博会 B 片区是世博的后续开发项目，其地下空间规划特色在于多元模式下的地下空间统一开发；复杂工况下的超大基坑群协同设计；多产权、全连通的超大型地下空间运营管理模式。

世博会 B 片区地下空间规划内容主要包括功能布局、公共空间、交通组织、市政基础设施和竖向高程等五个方面的优化和提升。其中，功能布局和公共空间方面主要是深化地下商业和公共空间布局，确保地下空间整体连通。在交通组织方面，确立"人车分流"的交通组织理念，深化设计地下人行系统和车行系统，优化地下停车和车库出入口组织。在市政基础设施方面，设置统一的能源中心，沿地下公共通道设置综合管廊，向园区内各建筑统一供能。在竖向高程方面，设定统一的地下各层空间标高，确保各地块间连通。其规划难点是在分地块出让条件下，如何保证公共空间的整体品质和地下空间的整体开发是本次规划的难题。

规划打破传统商务区产权地块红线内独立建设的方式，提出了"地上地下统一规划、建筑验证方案统一设计、地下空间统一开发和公共空间统一管理"的"四统一"整体开发原则，实现了多元投资、多属产权、超大规模的商务街区的集约化开发。B 片区地下空间规划图 2.2.6-2 所示。

2.2.6.4　地下空间规划面临问题与发达国家经验

我国大规模的地下空间开发起步于 20 世纪 70 年代，主要以人防设施为主；80 年代末期，多个城市开始建设平战结合的人防地下商业建筑；到了 90 年代，随着地铁、城市综合体、综合管廊的建设，各个地区尤其是北京、上海、广州一线城市的地下空间的开发

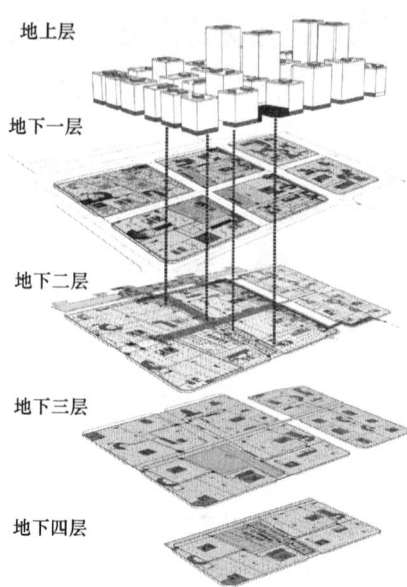

地上层

地下一层

地下二层

地下三层

地下四层

图 2.2.6-2 世博 B 片区地下
空间规划示意图

规模迅速增长。目前，我国已经成为世界城市地下空间开发利用的大国。随着市场开发行为的增加，地下空间的开发建设出现了各种问题。总体上，国内大多数城市缺乏整体的城市地下空间开发利用的发展战略和全面规划，综合性较差、质量不高；具体而言，地下空间开发孤立分散，与城市总体规划建设脱节，造成布局不合理，利用水平低等问题，影响了城市建设与地下空间的综合利用与发展，造成了地下资源的极大浪费。主要表现在：地下空间在水平方向上相互连通少、地上地下空间关联差，未形成交通和空间的动态立体关系，地下空间开发利用的整体效率和综合效益亟待提高；在旧城中心更新改造、历史保护地段的地下空间合理开发滞后和缺少条件预留，尤其是地铁与沿线地下空间的整合全面滞后，不利于实现交通引导城市健康优化发展等等。与此同时，缺少规划指引带来了一系列的社会、经济和产权问题，使得地下空间规划导向的必要性逐渐受到关注。

地下空间规划，实质上是地面城市规划的延伸。我国多功能、综合性的城市地下空间规划尚处在起步阶段，缺乏经验。特别是如何协调处理地上、地下两个空间的关系，还需要在实践中摸索。这方面的经验，国外发达城市的经验值得借鉴。

加拿大蒙特利尔以世界上最长、维护得最好的城市中心区的地下城而闻名于世。如图 2.2.6-3 所示，从北面的罗伊尔山脉到南面的圣·劳仑斯河，中间 12km² 的矩形地带便是蒙特利尔的市中心。其地下空间总共链接了 60 多个建筑群，总建筑面积达到了 360 万 m²，近 2000 家店铺和娱乐场所通过地下空间连为一体，形成一座地下城。在地下城内部，步行为主导交通，市中心主要基础设施均与公共交通相连接。而在该市面积 2km² 的 CBD 地下，聚集了最为密集的商业、文化设施，从而成为市中心的极核空间，强化了市中心的地位，特点如下：①以地铁建设为契机，通过地铁车站、周边公共建筑物地下室、大型购物中心等公共建筑的相互连接，形成地下交通商业网络；②建设了四通八达的地下

(a)

(b)

图 2.2.6-3 加拿大蒙特利尔地下城现状图

步行道系统，解决人、车分流问题，减轻主要交叉路段汽车与行人的交通冲突。其地下空间所带来的对城市土地的集约利用，城市功能的多样化以及发达的公共交通网络具有较高的借鉴意义。

日本福冈天神地下街是福冈的商业中心，是九州最繁华的商业街。如图 2.2.6-4 所示，商业街主通道位于城市主干道下方，呈南北向布置，南北两端分别接地下铁空港线天神站和地下铁 7 号线天神南站。两条南北向通道和 12 条东西向道路将地下街划分为 11 个街区。地下街总占地面积约 2.2hm²，地下街总长约 550m，平均客流量约 40 万人，平均每隔 35m 就有一个出入口。福冈地下街的以下特点具有较高的借鉴价值：①充分利用地铁站点人流集聚效应以及地铁换乘区间的导向作用；②在城市商业中心区域积极开拓道路下方空间，作为对周边商业服务设施的补充；③地下直通近 20 多栋大楼（百货公司），与周边地块联系便捷、停车资源共享；④功能定位明确，以世界流行服饰专卖为主，内装饰独特，采用高雅宽敞的设计风格，由宽广的石叠走廊及弧形顶棚构成，以 19 世纪欧洲都市风格取胜。

(a)   (b)

图 2.2.6-4　福冈天神地下街

近十年来，国内积极借鉴国外优秀地下空间规划成果以及实践经验，同时对地下空间开发建设不断进行探索和实践，促使地下空间规划逐步走上规范化道路。目前国家在 2014 年已经发布了《城市地下空间利用基本术语标准》，见表 2.2.6-1，各地方层面例如上海、深圳、天津、厦门、广州等很多城市都在积极推行地下空间开发利用的地方性法规，虽然，地方性法规在实施操作中效力有限，但是，借助地方性法规的出台，一定程度上推进了城市地下空间建设。

地下空间各地方相关规范　　　　　　　　　　　　　　　表 2.2.6-1

城市	法规名称	发布时间
上海	《上海市城市地下空间建设用地审批和房地产登记试行规定》	2006 年
	《地下空间规划编制规范》	2014 年
深圳	《深圳市地下空间开发利用管理办法》	2008 年
	《深圳市城市规划标准与准则》	2004 年，2010 年修订
沈阳	《关于规范全市地下空间开发利用管理意见的通知》	2008 年
天津	《天津市地下空间规划管理条例》	2008 年
成都	《成都市中心城区地下空间规划管理暂行规定(试行)》	2009 年
江苏	《关于加强城市地下空间规划和管理工作的通知》	2010 年
厦门	《厦门市地下空间开发利用管理办法》	2011 年
广州	《广州市城市地下空间开发利用管理办法》	2011 年

以上海为例，上海市城乡建设与管理委员会于 2014 年发布了《地下空间规划编制规范》，规范将"合理利用土地资源、地上地下统筹发展、以保护生态环境、坚持可持续发展"作为总体布局的重要原则，同时建议地下空间的开发浅表层（0～-15m）和中层（-15m～-40m）为主，见表 2.2.6-2。

地下空间竖向分层 表 2.2.6-2

位置	分层	深度范围（相对标高 H）	主要功能设施
道路下	浅表层	0m>H≥-15m	道路结构层、市政管线及综合管廊、轨道交通、地下人行通道、地下街、地下道路等
	中层	-15m>H≥-40m	轨道交通、地下道路、地下市政干线及综合管廊、地下物流管道、地下雨水调蓄池等
	深层	H<-40m	特种工程、预期保护与远期开发
非道路下	浅表层	0m>H≥-15m	各类建筑物地下室、平战结合民防工程、应急避难场所、地下车库、地下商业、文化设施、地下综合体、地下仓储、地下变电站、地下能源供给设施、地下垃圾收集转运设施、轨道交通车站等
	中层	-15m>H≥-40m	各类建筑物基础、地下车库、地下仓储设施、地下能源生产设施、地下交通枢纽
	深层	H<-40m	特种工程、预留保护与远期开发

在今后的城市地下空间的规划建设中，应当与城市发展战略目标、布局结构相协调，继续完善体制机制，建议形成市政府牵头，法定管理部门与专家咨询组协同工作的模式。同时，进一步健全地方层次的法规，完善地下空间编制法规。具体而言，在规划体系、内容和原则上，要体现地上地下空间一体化、公共空间连通及网络化、基础设施集约和廊道化、平战一体化，建立一个基于地下空间的城市空间形态优化模式。在规划编制上，需立足于整体地上地下空间的功能、区域、形态等布局，实现地上地下空间一体化，为地上地下空间的同步实施或兼顾、预留等提供整体指导和控制依据。其中，对各层面的规划结果，都应从可持续发展性能、可实施性、经济可行性方面进行综合评估。

2.2.7 海绵城市的理念与规划

2.2.7.1 海绵城市理念

过去三十多年是中国城市化快速发展的时期，快速城镇化在推动经济高速发展的同时，也带来了严重的生态环境问题。我国许多城市内涝频发，面临着径流污染、雨水资源大量流失、生态环境破坏等诸多问题。在城镇化大背景下，新建成的建筑相当于世界建筑总量的一半。如果不引进新的城市建设模式，城市地表径流量将会大幅增加，城市洪涝和水环境问题也将进一步加剧。为了应对快速城镇化进程带来的雨洪及污染问题，《国家新型城镇化规划（2014～2020 年）》明确提出，必须坚持新型城镇化的发展道路，协调城镇化与环境资源保护之间的矛盾。党的"十八大"报告指出"面对资源约束趋紧、环境污染严重、生态系统退化的严峻形势，必须树立尊重自然、顺应自然、保护自然的生态文明理念，把生态文明建设放在突出地位"。

国家 2014 年出台的"水污染防治行动计划"，明确提出："城镇新区建设均实行雨污分流，有条件的地区要推进初期雨水收集、处理和资源化利用"、"提高用水效率，将再生水、雨水和微咸水等非常规水源纳入水资源统一配置"、"积极推行低影响开发建设模式，建设滞、渗、蓄、用、排相结合的雨水收集利用设施"、"加快技术成果推广应用，重点推广饮用水净化、节水、水污染治理及循环利用、城市雨水收集利用、再生水安全回用、水生态修复、畜禽养殖污染防治等适用技术"等。2014年住房和城乡建设部出台了"海绵城市建设技术指南-低影响开发雨水系统构建"，提出建设具有自然积存、自然渗透、自然净化功能的海绵城市，这不仅是生态文明建设的重要内容和实现城镇化和环境资源协调发展的重要体现，也是今后我国城市建设的重大任务。

海绵城市是指通过加强城市规划建设管理，充分发挥建筑、道路和绿地、水系等生态系统对雨水的吸纳、蓄渗和缓释作用，有效控制雨水径流，实现自然积存、自然渗透、自然净化的城市发展方式。《国务院关于加强城市基础设施建设的意见》（国发〔2013〕36号）和《国务院办公厅关于做好城市排水防涝设施建设工作的通知》（国办发〔2013〕23号）印发以来，各有关方面积极贯彻新型城镇化和水安全战略有关要求，有序推进海绵城市建设试点，在有效防治城市内涝、保障城市生态安全等方面取得了积极成效。为加快推进海绵城市建设，修复城市水生态、涵养水资源，增强城市防涝能力，扩大公共产品有效投资，提高新型城镇化质量，促进人与自然和谐发展。

海绵城市是遵循"渗、滞、蓄、净、用、排"的六字方针（图2.2.7-1），把雨水的渗透、滞留、集蓄、净化、循环使用和排水密切结合，统筹考虑内涝防治、径流污染控制、雨水资源化利用和水生态修复等多个目标，遵循的是顺应自然、与自然和谐共处的低影响发展模式，保护原有的水生态，对周边水生态环境则是低影响的，实现人与自然、土地利用、水环境、水循环的和谐共处。

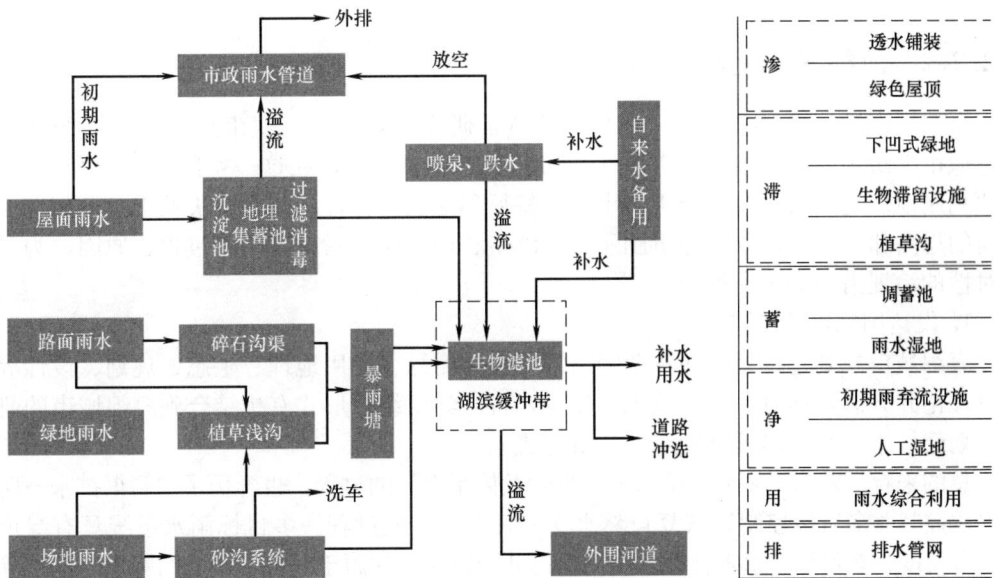

图2.2.7-1 六大工程——渗、滞、蓄、净、用、排

淡水，是人类赖以生存的基本条件。自古以来，人类逐水而居，城市依水而建。然而随着城市规模的扩大和人口的增加，城市的供水、排水都面临的严峻的挑战。一方面是城

市水资源缺乏、水污染严重、污水处理成本高昂；另一方面本应是宝贵淡水资源的雨水却造成了城市洪涝灾害，各大城市的暴雨淹城给城市安全运行带来了严峻的考验。传统的城市给排水基础设施建设运行方式正面临越来越大的挑战，不断扩大给排水设施的建设，并耗费大量的资源来运行维护，并不是最好的解决方案。"快排式"（雨水排得越多、越快、越通畅越好）的传统模式，不仅没有考虑水的循环利用，更需要大量的投入以满足建设和运行维护的需要。因此，海绵城市这一全新的城市基础设施建设运行理念越来越得到社会各界的认同。海绵城市的目的是水文恢复，在恢复水文的过程中，同步实现水资源保障、水安全提升、水污染治理、水生态修复。图 2.2.7-2 为海绵城市转变排水防涝思路示意图。

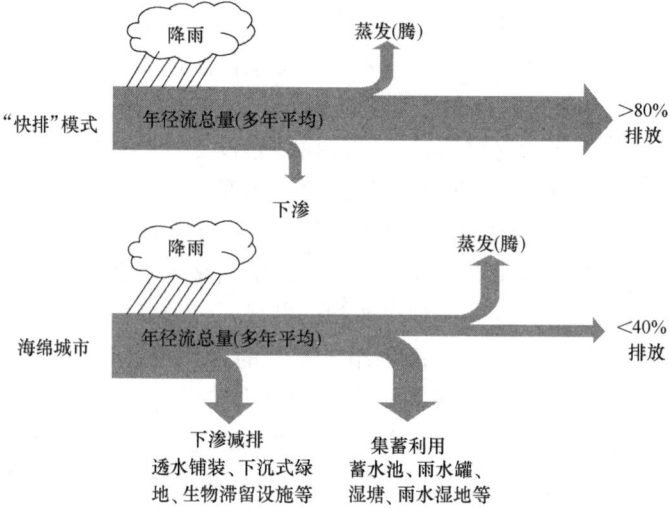

图 2.2.7-2　海绵城市转变排水防涝思路

2.2.7.2　海绵城市规划

海绵城市规划建设必须建立在扎实的科学研究的基础上。城市是一个多维的空间实体，城市洪涝和径流污染是城市内外不同驱动力的驱动下，在这一空间中孕育和产生的。因此利用地理空间信息技术分析城市空间特征和地表过程，不仅为解决城市复杂问题提供了新的思路和手段，也可以分析阐明城市洪涝、地表径流污染产生的过程、原因，为采取针对性的治理措施提供了可能。

1. 发达国家经验借鉴

海绵城市规划建设是一项复杂的系统工程，需综合运用地理、生态、规划、设计等多学科理论和方法，同时利用示范工程建设，将产学研组织形式有机结合到海绵城市的研究和规划建设中，开发出具有针对性的研究成果。

总的来看，发达国家城市雨水管理理念及体系发展的过程，也经历了"管渠排水→防涝→水质控制→多目标控制以恢复自然水文循环"的转变过程。多目标雨水系统具有绿色生态、多尺度、多目标、追求良性水文循环的共同特征，这源于对城市雨水问题根源的准确把握，即传统单一排放模式对"降水—渗透—径流—蒸（腾）发"自然水文循环过程的破坏。

此外，发达国家的经验还表明，水质与水量统筹管理、法律法规先行、涉水部门协同管理对城市雨水管理的作用至关重要。城市雨水系统涉及水环境、排水防涝、防洪等各个方面，应明确职责划分，建立相关职能部门协同管理机制，有条件的，可采取集中统筹管理的模式，提高城市雨水管理的效率和效果。

2. 我国建设现状

目前，我国的雨洪管理研究和实践还处于起步阶段，尚未形成系统的雨洪生态管理的理论、方法与规划体系，存在以下问题：

（1）景观生态与雨洪管理相结合的理念和技术尚未被广泛接纳和运用，城市市政、水务及环境等相关领域的规划、设计、建设与管理体系仍局限于防洪排涝控制和雨水安全排放的传统理念，城市绿地建设仍侧重其景观观赏、休闲功能，未充分发挥绿地的生态系统综合服务价值；

（2）大多针对某一单个调控目标，缺乏基于径流削减、洪涝控制、水质保护、雨水资源化利用等的多目标生态雨洪综合管理的系统研究；或偏重于区域/流域宏观尺度的对策研究，所提出的调控建议的可操作性、落地性不强；或限于小尺度的工程设施的技术探讨，缺乏多尺度的理论、方法与技术体系的系统研究；

（3）不够注重与现行城市规划编制体系的对接，尚未形成系统的雨洪生态管理的理论、方法与规划体系；

（4）亟待制定有关雨水排放、径流控制、水质保护等方面的国家和地方层面的法律、法规与行业标准。

综合以上，海绵城市建设首先需要科学的规划，而科学的规划不能泛泛而论，必须建立在对城市多维地理空间结构和地表自然（水、污染）和人文过程的科学认知，这需要借助于空间信息技术、现场调研分析和模拟预测手段综合运用，在此基础上进行科学的空间分区；其次是在空间分区的基础上，根据每个分区的特点和目标要求，通过示范工程，优化筛选适宜的海绵技术或组合。

3. 海绵城市低影响开发雨水系统构建

（1）基本原则

基于海绵城市建设的基本原则是规划引领、生态优先、安全为重、因地制宜、统筹建设。

① 规划引领：城市各层级、各相关专业规划以及后续的建设程序中，应落实海绵城市建设、低影响开发雨水系统构建的内容，先规划后建设，体现规划的科学性和权威性，发挥规划的控制和引领作用。

② 生态优先：城市规划中应科学划定蓝线和绿线。城市开发建设应保护河流、湖泊、湿地、坑塘、沟渠等水生态敏感区，优先利用自然排水系统与低影响开发设施，实现雨水的自然积存、自然渗透、自然净化和可持续水循环，提高水生态系统的自然修复能力，维护城市良好的生态功能。

③ 安全为重：以保护人民生命财产安全和社会经济安全为出发点，综合采用工程和非工程措施提高低影响开发设施的建设质量和管理水平，消除安全隐患，增强防灾减灾能力，保障城市水安全。

④ 因地制宜：各地应根据本地自然地理条件、水文地质特点、水资源禀赋状况、降雨规律、水环境保护与内涝防治要求等，合理确定低影响开发控制目标与指标，科学规划布局和选用下沉式绿地、植草沟、雨水湿地、透水铺装、多功能调蓄等低影响开发设施及其组合系统。

⑤ 统筹建设：地方政府应结合城市总体规划和建设，在各类建设项目中严格落实各

层级相关规划中确定的低影响开发控制目标、指标和技术要求，统筹建设。低影响开发设施应与建设项目的主体工程同时规划设计、同时施工、同时投入使用。

（2）技术指南

"海绵城市建设技术指南"立足于全局，从规划、设计、建设和管理全过程系统地提出了海绵城市建设的指导意见，如图 2.2.7-3，为全国海绵城市建设指明了方向和路径。

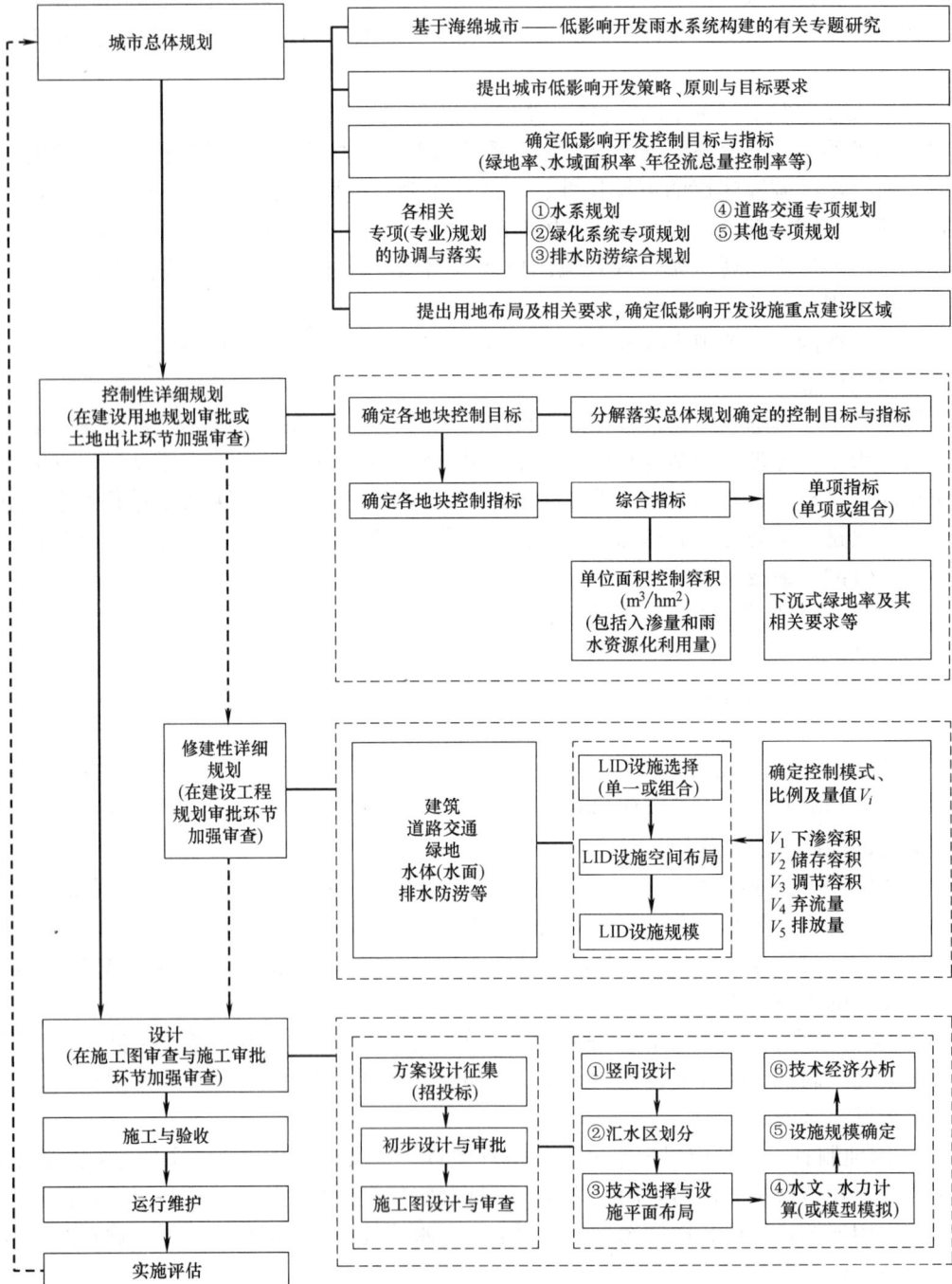

图 2.2.7-3　海绵城市建设技术指南思路

然而，正如"指南"所说，由于我国地域辽阔，气候特征、土壤地质等天然条件和经济条件差异较大，各个城市雨洪和径流污染的性质、产生原因不同，海绵城市建设的内容、方式，以及管理水平不可能等同划一，必需根据当地条件因地制宜地开展适合自身城市的建设和管理模式。

① 科学编制规划。编制城市总体规划、控制性详细规划以及道路、绿地、水等相关专项规划时，要将雨水年径流总量控制率作为其刚性控制指标。划定城市蓝线时，要充分考虑自然生态空间格局。建立区域雨水排放管理制度，明确区域排放总量，不得违规超排。

② 严格实施规划。将建筑与小区雨水收集利用、可渗透面积、蓝线划定与保护等海绵城市建设要求作为城市规划许可和项目建设的前置条件，保持雨水径流特征在城市开发建设前后大体一致。在建设工程施工图审查、施工许可等环节，要将海绵城市相关工程措施作为重点审查内容；工程竣工验收报告中，应当写明海绵城市相关工程措施的落实情况，提交备案机关。

③ 完善标准规范。抓紧修订完善与海绵城市建设相关的标准规范，突出海绵城市建设的关键性内容和技术性要求。要结合海绵城市建设的目标和要求编制相关工程建设标准图集和技术导则，指导海绵城市建设。

思考题

1. 结合城市基础设施的变迁，谈一谈你对城市基础设施规划与城市规划关系的理解。

2. 在城市道路网的规划布局中，应着重考虑哪些方面的要求？

3. 城市轨道交通线网规划的主要内容包括哪些？

4. 城市地下空间规划的主要内容包括哪些？

5. 城市给水工程和排水工程系统规划各有哪些内容？

6. 城镇燃气工程系统规划的主要内容包括哪些？

7. 海绵城市的排水防涝过程包括哪六大工程，谈谈你对我国建设海绵城市的认识和看法？

参考文献

[1] 戴慎志. 城市工程系统规划 [M]（第二版）. 北京：中国建筑工业出版社，2008.

[2] 刘兴昌. 市政工程规划 [M]. 北京：中国建筑工业出版社，2006.

[3] 李亚峰，马学文，王培. 城市基础设施规划 [M]. 北京：机械工业出版社，2014.

[4] 范嗣斌. 波特兰市中心区规划设计历程与启示 [J]. 中国城市规划年会论文集，2011.

[5] 叶建红，陈小鸿，张华. 减少小汽车出行的波特兰多方式交通体系建设 [J]. 城市交通，2013，11（1）.

[6] 周江评，王江燕. 有轨电车若干问题初探——以美国波特兰市最新有轨电车线路为例 [J]. 城市交通，2013，11（4）.

[7] 百度百科，http://baike. baidu. com/

[8] 中国电信智慧城市研究组. 智慧城市之路：科学治理与城市个性. 北京：电子工业出版社，2013

[9] 李贤毅主编. 智慧城市开启未来生活——科学规划与建设 [M]. 北京：人民邮电出版社，2012.

[10] 秦萧，甄峰，熊丽芳，等. 大数据时代城市时空间行为研究方法 [J]. 地理科学进展，2013，32（9）：1352-1361.

[11] Hollenstein L, Purves R. 2013. Exploringplace through user-generated content：Using Flickr tags to describe city cores. Journalof Spatial Information Science，(1)：21-48.

[12] Liu Y, Wang F, Xiao Y, et al. 2012b. Urban land uses and traffic，"source-sink areas"：Evidence from GPS-enabled taxi data in Shanghai. Landscape and Urban Planning，106（1）：73-87.

[13] ItalyMilan，(http：//livinglanduse. cefriel. com/)

[14] Harrison C, Donnelly I A. A theory of smart cities [C] //Proceedings of the 55th Annual Meeting of the ISSS-2011, Hull, UK. 2011，55（1）.

[15] 文国玮. 城市交通与道路系统规划 [M]. 北京：清华大学出版社，2001.

[16] 徐循初主编. 城市道路与交通规划（下册）[M]. 北京：中国建筑工业出版社，2007.

[17] 日建设计设站城一体开发研究会. 站城一体化开发 [M]. 北京：中国建筑工业出版社，2014

[18] 王炳坤主编. 城市规划中的工程规划 [M]. 天津：天津大学出版社，2011.

[19] 任伯帜主编. 城市给水排水规划 [M]. 北京：高等教育出版社，2011

[20] 全国城市规划执业制度管理委员会. 城市规划原理 [M]. 北京：中国计划版社，2011.

[21] 王航，鲍玉龙. 城市桥梁规划设计 [J]. 科协论坛（下半月），2011，6.

[22] 吴志强，李德华主编. 城市规划原理（第四版）[M]. 北京：中国建筑工业出版社，2010.

[23] 黄昊. 天津文化中心地下空间规划与设计 [J]. 建筑学报，2010，4.

[24] 马德华. 城市规划原理 [M]（第三版）. 北京：中国建筑工业出版社，2001.

[25] 全国城市规划执业制度管理委员会，城市规划原理 [M]. 北京：中国计划出版社，2011.

[26] 海道清信. 紧凑型城市的规划与设计. 北京：中国建筑工业出版社，2011.

[27] 徐永健，阎小培. 城市地下空间利用的成功实例——加拿大蒙特利尔市地下城的规划与建设 [J]. 城市问题，2000，6.

[28] 王炜，徐吉谦，杨涛，李旭宏等著. 城市交通规划 [M]. 南京：东南大学出版社，1999.

[29] 武汉市国土资源和规划局，http：//www. wpl. gov. cn/

[30] 上海市城乡建设和交通委员会和上海市规划和国土资源管理局组织编制，上海市市政规划设计研究院等单位编制，上海市骨干道路网深化规划，2009

[31] 全贺，王建龙，车伍，等. 基于海绵城市理念的城市规划方法探讨 [J]. 南方建筑，2015，9.

[32] 武汉交通规划网. 武汉市轨道交通线网规划修编（2014-2049 年）http：//www. whtpi. com/Plan/5/934. html

[33] 邹国伟，成建波. 大数据技术在智慧城市中的应用. 电信网技术. 2013. 4

[34] 仇保兴. 海绵城市（LID）的内涵、途径与展望. 给水排水 [J]. 2015. 3

第二篇 设计施工专业篇

第3章　城市道路建设

随着我国城市化进程的加快和机动车辆的快速增长，交通问题已成为影响城市可持续发展的障碍。城市道路建设在一定程度上代表着城市的总体发展水平，对改善交通状况，提高城市运输效率，节省运输时间，促进城市经济发展，以及改善生态环境都有重要影响，同时，城市道路的建设也影响着城市的人文环境、社会环境和传统价值。本章主要内容涵盖了城市道路建设的发展现状，城市道路设计的主要原则方法和流程以及基本的道路施工方法、材料、设备，并对现代城市道路基于可持续发展和创新的设计施工新理念、新趋势和新工艺进行了介绍，为城市道路今后的建设提供借鉴。

3.1　城市道路建设现状

古往今来，城市道路建设在整个城市建设中占据着举足轻重的地位。中国古代的城市道路建设以城市功能分区和便利居民交通为主要目的。现代城市道路则被赋予了更多功能，是城市组织生产、安排活动、发展经济、物质流通所必须的车辆、行人交通往来的通道，是连结城市各个功能分区和对外交通的纽带，也为城市通风、采光以及保持城市生活环境提供所需要的空间，并为城市防火、绿化提供通道和场地。

3.1.1　城市道路的基本概念

3.1.1.1　城市道路的定义和分类

城市道路系在城镇范围内，建筑红线之间供车辆和行人通行的具备一定技术条件和相关设施的道路总称。根据其在道路网中的地位、交通功能、对沿线建筑和人群的服务功能等，分为四类，即快速路、主干路、次干路和支路。

3.1.1.2　城市道路系统

城市道路应将城市范围内各区域和设施场所联系起来，形成一个完整的城市道路系统，以方便城市的生产和生活活动，发挥城市的经济、社会和环境的综合效益。城市道路系统是由各种类型和等级的道路、交通广场、路边停车场、车辆停靠站台和其他相关设施等组成。随着城市的发展，城市道路的组成不断扩展，现代交通发达的城市道路还包括高架道路、地下隧道、人行过街天桥（地下通道）和大型互通式立体交叉工程等设施。

3.1.1.3　现代城市道路的特点

现代城市道路的特点包括：①功能多样，组成复杂；②交通特征复杂；③人流、车流的流量和流向变化大；④城市道路上的交通运输工具类型多，速度差异大；⑤车流的交织点和冲突点多；⑥城市道路交通需要大量的附属设施和交通管理设施；⑦景观艺术要求高；⑧城市道路规划、设计影响因素多。

3.1.2 国内外城市道路建设状况

随着历史的进步，世界各大城市的道路都有不同程度的发展，尤其汽车诞生后，为保证汽车快速安全行驶，城市道路建设也随之变化。不仅道路布置有了多种形式，而且路面也由土路改变为石板、块石、碎石以至沥青和水泥混凝土路面（见图3.1.2-1），以承担繁重的交通荷载，并设置了各种控制交通的设施。自新中国成立以来，城市道路建设也取得了重大成就。许多大城市改建、新建了大量道路，铺筑了多种类型的沥青路面和水泥混凝土路面，新兴的中小工业城镇也新建了大批整洁的干道。尽管如此，我国城市道路面积与城市面积之比远远低于发达国家水平的15%～30%。

图3.1.2-1 城市路面分类示图
（a）土路面；（b）石板路面；（c）水泥路面；（d）沥青路面

目前，我国正处于经济快速增长时期，随着城镇化步伐的加快、城市人口规模的扩大以及汽车保有量的快速增长，对城市道路的数量和质量有了更高的要求。伦敦、巴黎、柏林、莫斯科、纽约、东京等世界大都市，为适应汽车交通的需要在数量上有大幅度增长，在质量上有大幅度提高，并建有完善的道路网为汽车交通运输服务。而我国目前状况，道路建设速度跟不上交通量的增长速度，道路布局尚未系统化，道路密度偏低，主干路负荷较重，可见城市道路建设无疑是一项艰巨的任务。

据有关资料介绍，国外许多国家在经历城市交通汽车化的转型中，对城市道路的车道宽度进行了深入研究。在20世纪70年代初美国海华市，把内侧车道由3.6m改为3.0m，几年后经调查绝大多数司机认为没问题。现在美国建议的机动车道宽度为：外侧3.3～3.6m，内侧3.0～3.6m。日本地少人多，日本机动车道的突出特点是车道窄，城市主干道的车道宽度有3.5、3.25和3.0m三种规格。国内学者普遍认为：规范规定的机车车道已经不适应当前的实际情况，同时，由于汽车科技的发展，汽车行驶中的横向安全距离可适当减小。新加坡除快速路和主干道为双向车道，其他道路几乎都是单行道，方便行人过街。我国香港新建了很多人行天桥，不仅成为城市一道亮丽的风景线，更为行人提供了便利。

3.1.3 国内外城市道路建设实践

国外发达国家近百年来城市道路的发展历程一般可以分为三个阶段：第一阶段，发展初期，以改善雨季泥泞路面，保证车辆正常行驶，为车辆行驶提供足够的强度、平整度为原则，当时的需求技术主要表现为尽快提高道路铺砖技术水平方面。第二阶段的特点是，随着汽车保有量的快速增长，道路拥挤、事故增加。为解决这一难题，各国在线形的平、纵、横几何设计，道路网规划设计，以及提高道路通行能力方面做了不懈的努力，较为完善地解决了以上难题。第三阶段，机动车辆已经超饱和，给社会、环境带来了巨大的负面影响，因此保护环境、提高道路在城市景观中的美学功能和行车安全，成为当今社会对道路发展的必然要求。

西方国家自古以来就有步行空间的历史，它丰富了城市空间形式和历史文化面貌。18世纪工业革命以后，尤其是20世纪后，原始的道路、广场不能适应汽车洪流，原始道路对于人行、车行与商业活动的兼容性受到冲击，柯布西耶设想了交通立体分流，解决人、车矛盾，恢复步行空间。二战后，为了发展和恢复城市经济，改善城市街道面貌，在旧城改建中步行空间的建设得到了广泛重视。很多国家在重建过程中建设步行商业街，例如荷兰的林巴恩商业步行街、斯德哥尔摩的谢尔格尔加特步行商业街等。法国香榭丽舍大道（图3.1.3-1）、美国宾夕法尼亚大街等都是国外著名的改造工程，这些改造工程都经历了相当长的时间，而且与城市经济、历史的发展同步。

美国、日本和欧洲等发达国家为解决日益严峻的交通问题，竞相投入大量资金和人力，大规模地进行交通运输智能化的试验研究。智能交通系统（Intelligent Transportation System，简称ITS）是将先进的信息技术、电子传感技术、数据通信传输技术、电子控制技术及计算机处理技术等有效地集成运用于整个地面交通管理系统而建立的一种在大范围内、全方位发挥作用的，实时、准确、高效的综合交通运输管理系统。此外，发展中国家也开始对ITS进行全面的研究和开发，韩国由建设交通部牵头制定了全面的ITS框架结构和发展计划，新加坡已经在全国开始推行不停车电子收费。我国ITS的研究应用起步较晚，但发展处于蓬勃上升趋势，初步开展了ITS规划的研究并在部分城市试点建设。

我国城市规划以及城市建设在改革开放大背景下得到快速发展。为适应新时期的城市发展，全国各地开始了大规模的基础设施的建设，作为城市基础设施重要组成之一的城市道路建设更是如火如荼。20世纪90年代，可持续发展成为了城市发展的主题，旧城改造的更新模式进入了综合处理城市问题、进行城市职能转换的更高层面。北京百万庄大街、青岛香港路（图3.1.3-2）和南京长江路这些都是我国比较优秀的城市道路改造工程。

图3.1.3-1　法国香榭丽舍大道

图3.1.3-2　青岛香港路

随着世界经济的不断发展，能源和环境问题日益突出，保护环境和减少能源消耗已经在全球范围得到巨大的关注。走与自然和谐相处的可持续发展之路，成为全球城市规划和研究的焦点以及城市建设的热点。面对严峻的环境问题，近些年国内外道路科研学者开展了众多研究，研发出一些新型的路面材料和施工技术，例如温拌技术、排水路面、沥青路面再生技术等。新技术、新材料的使用在一定程度上缓解了人类对环境和能源的压力。

3.1.4 国内外城市道路建设的经验与启示

现代的城市道路是城市总体规划的重要组成部分，它关系到整个城市的布局和城市的组织运行。为了适应城市的大交通和安全运营，城市道路应具备坚固耐久、平整抗滑的路面利于车辆安全、舒适的行驶；适当的路幅以容纳繁重的交通；便利的排水设施以便将雨水及时排除；少扬尘、少噪声以利于环保；充分的照明设施利于居民晚间活动和车辆运行，以及道路两侧合适宽度的人行道、绿化带以及地上杆线、地下管线合理布置等。这些都是道路作为重要的基础设施所必备的功能。因此城市道路的规划和建设也应充分结合道路的上述功能特性进行通盘考虑。

1. 注重道路网的总体规划设计

道路形成了一座城市完整的架构，这对于城市的总体布局和交通组织运营来说是至关重要的。从这一角度看，城市道路网的总体规划设计应具有一定的全局性、前瞻性和科学性。

城市道路作为城市交通枢纽，不但要考虑其承担的交通重任，还要考虑到整个城市的科学、合理的规划。设计时要结合城市定位和长期规划，综合考虑与轨道交通、热力、给排水、电力等的布局进行合理统筹的规划和设计。

2. 严格施工管理和质量控制

城市道路呈带状分布，线路一般较长，施工期间社会影响较大。因此城市道路施工要求合理划分施工段组织施工；其次要做好施工进度计划，科学地安排施工顺序；选择合适的施工方法，这对工程的实施将起决定性作用。在施工过程中，要做到原材料、施工程序和工艺的严格控制，确保道路工程质量。

3. 加大城市道路绿化建设

在环境问题越来越严重的背景下，绿化建设尤为重要。城市道路的绿化设计是城市道路设计的重要组成部分，在城市绿化覆盖率中占较大比例，也是城市景观风貌的重要体现。

4. 加强新材料、新工艺的推广应用

城市道路建设发展的过程其实也是新材料、新工艺研究运用的过程。尤其现代城市对于交通的需求、服务质量的需求、城市人文及环境等方面的需求，道路建设已不能再停留于过去的以劳动密集型为主的，陈旧落后的工艺为主导的建设模式。现代城市的道路建设要求在保证工程质量的前提下加强新材料、新技术、新工艺在道路工程中的研发应用，充分发挥其节能、环保的作用，实现人与自然和谐发展的核心理念，大力发展循环经济，实现可持续发展战略的目标。

5. 建设与管理养护并重

城市道路在运营阶段的科学的养护管理对于道路的服务水平尤为重要。过去以来，我国的道路建设大多重建设轻养护管理，而道路的运营质量和服务水平很大程度上取决于使用过程中的养护和管理。从项目全生命周期的角度来看，加强道路的交通组织和管理，建立健全城市道路综合的管理养护体系和方法，做到建设与管理养护并重，这将有助于提升城市道路建设和运营管理的总体水平。

3.2 城市道路设计

3.2.1 城市道路设计概述

3.2.1.1 城市道路设计的目标及基本要求

1. 城市道路设计的目标

城市道路设计的目标是在城市规划范围内，应用各类专业技术经济合理地实现城市道路的各项功能要求。

城市规划范围主要是城市道路线形规划范围，包含根据道路路网规划确定的道路走向和道路之间的方位关系；根据行车技术要求确定的道路用地范围内的平面线形，以及组成这些线形的直线、曲线及相互衔接关系。

城市道路主要有四种功能：①交通设施功能：即交通功能，是指由于城市各种活动产生的交通需求中，对应于交通需求的交通供给功能。包含交通运输功能、交通集散功能。交通功能是城市道路的最基本功能。②公用空间功能：城市道路空间除具有采光、日照、通风及景观作用以外，还为城市其他基础设施，如自来水、排水、电力、电信、热力等管线提供布设空间。地面轨道交通、轻型轨道交通、地下铁道交通等也往往敷设在城市道路用地范围以内。③防灾救灾功能：道路的防灾救灾功能包括起避难场所功能、防火带功能、消防和救援通道功能等。④城市结构功能：城市道路网的形式将直接决定城市平面结构和城市发展趋势。通常干线道路形成城市骨架，支路则形成街区和邻里街坊，城市的发展是以干道为骨架，然后以骨架为中心向四周延伸。

2. 城市道路设计的基本要求

城市道路的服务对象是"人"，在道路规划设计中应始终贯穿"以人为本"的设计理念，也是最基本的设计要求，城市道路设计应保证多种交通方式的安全性，创造安全、通畅、舒适、宜人的交通环境，实现城市的可持续发展。

城市道路设计的基本要求包括：①用地要求：良好的道路设计应紧密结合城市用地的功能区，根据用地性质和功能区的要求提供合适的交通服务模式。②空间要求：依据空间功能，将道路空间划分为步行、自行车及公共设施空间、公共交通空间、机动车空间、道路其他空间，实现空间划分与系统功能的紧密结合。③路权分配要求：城市道路设计应从以机动交通为中心转变为综合考虑行人、公共交通、自行车、机动车等多种交通方式，应根据道路等级及服务对象优先权的不同，合理分配各种交通设施的路权资源。④交通设计要求：交通设计通过量化分析各交通系统设施的供应能力，提出合理的交通组织设计方案，为后续道路工程方案设计提供依据。⑤风貌控制要求：城市道路设计中应加强景观设计与城市设计的衔接，充分结合城市自身特点，根据规划提出的远期控制目标和近期实施指导性要求，针对空间组合、景观风貌、建筑特色、道路宽度甚至断面布局等进行综合设计。⑥精细化和人性化要求：城市道路设计应充分考虑城市公共空间的主体——人，设施设计要体现对人的关怀，如无障碍设施、行人二次过街、交通稳静化设计等要求，集功能与环境景观于一体。

3.2.1.2　城市道路设计的基本要点

1. 城市道路横断面构成要素

与公路不同，城市道路一般设计得较宽阔，为了适应复杂的交通工具，多划分为机动车道、公共汽车优先车道、非机动车道等。道路两侧有高出路面的人行道和房屋建筑，人行道下多埋设公共管线。公路则在车行道外设路肩，两侧种行道树，边沟排水。

具体来说，城市道路有以下组成要素（图3.2.1-1）：①车行道：即供各种车辆行驶的道路部分。其中，供汽车、无轨电车等机动车辆行驶的称为机动车道；供自行车、三轮车等非机动车行驶的称为非机动车道；供轻型轨道车辆或有轨电车行驶的称为轻轨线路或有轨电车道。②路侧带：即车行道外侧缘石至道路红线之间的部分，包括人行道、设施带、路侧绿化带三部分。③分隔带：即在多幅道路的横断面上，沿道路纵向设置的带状分隔部分，其作用是分隔交通流、安设交通标志和设立公用设施等。④道路交叉口和交通广场。⑤停车场（带）和公交停靠站台。⑥道路雨水排水系统，如街沟、雨水口（集水井）、检查井（窨井）、排水管等。⑦地下管线，如污水、雨水、自来水、燃气、电力管、通信缆和热力管等。⑧其他设施，如渠化交通岛、安全护栏（墩、柱）、照明设施、交通信号（标志、标线）等。

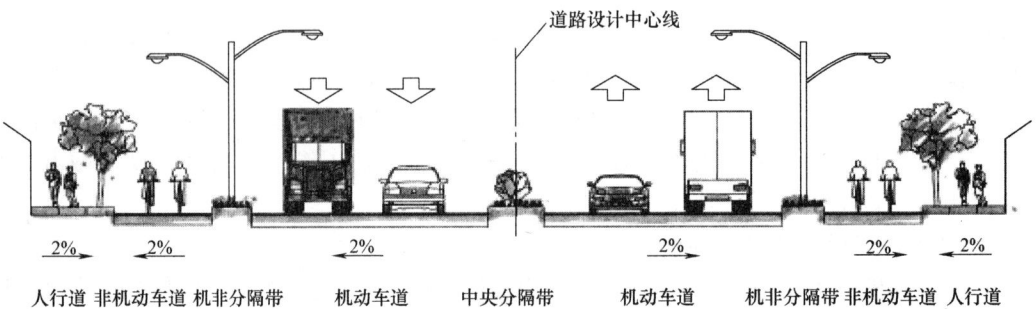

图 3.2.1-1　城市道路横断面组成要素

2. 不同类别道路的设计要点

（1）快速路

要有平顺的线型，与一般道路分开，使汽车交通安全、通畅和舒适。与交通量大的干路相交时应采用立体交叉，与交通量小的支路相交时可采用平面交叉，但要有控制交通的措施。两侧有非机动车时，必须设完整的分隔带。横过车行道时，需经由控制的交叉路口或地道、天桥。

（2）主干路

主干路上的交通要保证一定的行车速度，故应根据交通量的大小设置相应宽度的车行道，以供车辆通畅地行驶。线形应顺捷，交叉口宜尽可能少，以减少相交道路上车辆进出的干扰，平面交叉要有控制交通的措施，交通量超过平面交叉口的通行能力时，可根据规划采用立体交叉。机动车道与非机动车道应用隔离带分开。交通量大的主干路上快速机动车如小客车等也应与速度较慢的卡车、公共汽车等分道行驶。主干路两侧应有适当宽度的人行道。应严格控制行人横穿主干路。主干路两侧不宜建筑吸引大量人流、车流的公共建筑物如剧院、体育馆、大商场等。

（3）次干路

一般情况下快慢车混合行驶。条件许可时也可另设非机动车道。道路两侧应设人行道，并可设置吸引人流的公共建筑物。

（4）支路

次干路与居住区的联络线，为地区交通服务，也起集散交通的作用，两旁可有人行道，也可有商业性建筑。

3.2.1.3 城市道路设计主要依据及设计流程

1. 主要设计依据

（1）交通量：指通过道路某断面车辆数，交通量是交通规划和管理、道路设计的重要依据。设计交通量为设计年末预期的交通量，是作为道路设计依据的交通量。设计交通量是用以确定道路等级、道路结构（车道数等）基础数据。

（2）设计速度：确定道路设计几何线形的基本要素，它是在气象条件良好，车辆行驶只受道路本身条件影响时，具备中等驾驶技术的人员能够安全、舒适行驶的最大速度。《城市道路工程设计规范》CJJ 37—2012 中有关各级道路设计速度的规定见表 3.2.1-1。

各等级道路设计速度 表 3.2.1-1

道路分类	快速路			主干路			次干路			支路		
设计速度 （km/h）	100	80	60	60	50	40	50	40	30	40	30	20

（3）设计车辆及尺寸：设计车辆是指作为道路几何设计依据的车型。其外轮廓尺寸直接关系车行道宽度、弯道加宽、道路净空、行车视距等道路几何设计问题。

（4）设计年限：道路设计年限是指道路交通量设计年限，道路的正常工作年限，即在年限内不发生交通拥挤或堵塞。《城市道路工程设计规范》CJJ 37—2012 规定：快速路、主干路为 20 年；次干路为 15 年；支路为 10～15 年。

2. 城市道路设计的主要流程及设计成果

（1）城市道路设计的基本流程

城市道路设计按设计程序共分为前期工作和工程设计两部分。前期工作主要包括项目立项、预可行性研究和工程可行性研究。工程设计主要包括初步设计和施工图设计。基本流程如图 3.2.1-2 所示。

（2）城市道路设计成果

城市道路工程初步设计文件应包含：设计说明书、工程概算、主要材料及设备表、主

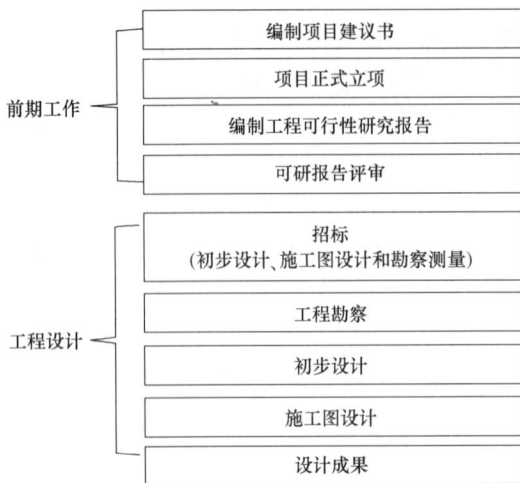

图 3.2.1-2 城市道路设计的基本流程

要技术经济指标、附件（工程可行性研究报告批复文件、勘测及设计合同、有关部门的批复以及协议、纪要等）、设计图纸。

3.2.1.4 城市道路结构设计的基本要求

根据道路弹性层状理论以及分析结果，道路结构受车辆荷载和自然因素的影响，随深度的增加而逐渐减弱。因此道路结构各层对应的铺筑材料的强度、抗变形能力和稳定性等要求也随深度的增加而逐渐降低。根据这一特点，绝大部分道路结构是多层次的，按使用要求、受力状况、土基支承条件和自然因素影响程度的不同。在路基顶面采用不同规格和要求的材料分别铺设垫层、基层和面层等结构层，见图 3.2.1-3。

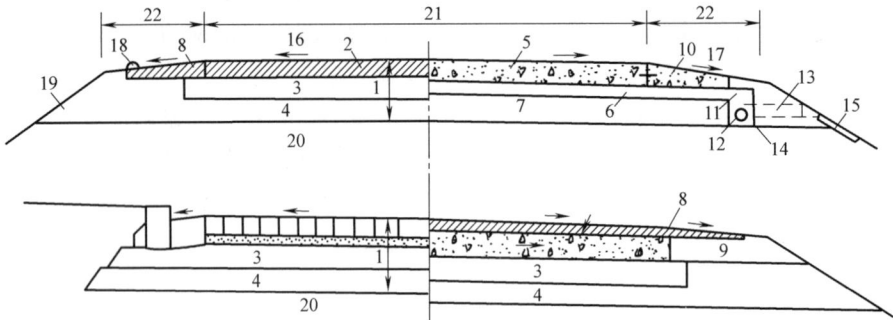

图 3.2.1-3 铺装结构组成横断面

1. 路基路面性能要求

（1）路基既为车辆在道路上行驶提供基本条件，也是道路的支撑结构物，对路面的使用性能有重要影响。对路基性能要求的主要指标包括：

1）整体稳定性

在地表上开挖或填筑路基，必然会改变原地层（土层或岩层）的受力状态。原先处于稳定状态的地层，有可能由于填筑或开挖而引起不平衡．导致路基失稳。软土地层上填筑高路堤产生的填土附加荷载如超出了软土地基的承载力，就会造成路堤沉陷；在山坡上开挖深路堑使上侧坡体失去支承，有可能造成坡体坍塌破坏，在不稳定的地层上填筑或开挖路基会加剧滑坡或坍塌。必须保证路基在不利的环境（地质、水文或气候）条件下具有足够的整体稳定性，以发挥路基在道路结构中的强力承载作用。

2）变形量

路基及其下承的地基，在自重和车辆荷载作用下会产生变形，如地基软弱填土过分疏松或潮湿时，所产生的沉陷或固结、不均匀变形，会导致路面出现过量的变形和应力增大，促使路面过早破坏并影响汽车行驶舒适性。由此，必须尽量控制路基、地基的变形量，才能给路面以坚实的支撑。

（2）路面直接承受行车的作用。设置路面结构可以改善汽车的行驶条件，提高道路服务水平（包括舒适性和经济性），以满足汽车运输的要求。路面的使用要求指标包括：

1）平整度：平整的路表面可减小车轮对路面的冲击力，行车产生附加的振动小不会造成车辆颠簸，能提高行车速度和舒适性，不增加运行费用。依靠优质的施工机具、精细的施工工艺、严格的施工质量控制及经常、及时的维修养护，可实现路面的高平整度。为减缓路面平整度的衰变速率，应重视路面结构及面层材料的强度和抗变形能力。路面平整度测试方法有三米直尺、连续平整度仪及车载式颠簸累积仪法等。

2）承载能力：当车辆荷载作用在路面上，使路面结构内产生应力和应变，如果路面结构整体或某一结构层的强度或抗变形能力不足以抵抗这些应力和应变时，路面便出现开裂或变形（沉陷、车辙等），降低其服务水平。路面结构暴露在大气中，受到温度和湿度的周期性影响，也会使其承载能力下降。路面在长期使用中会出现疲劳损坏和塑性累积变形，需要维修养护，但频繁维修养护势必会干扰正常的交通运营。为此，路面必须有足够的承载能力。国内外普遍采用回弹弯沉来表征路面的承载能力，回弹弯沉值越大，承载能力就越小。通常采用贝克曼梁弯沉仪、自动弯沉仪和落锤式弯沉仪测定路面弯沉值。

3）稳定性：路面材料特别是表面层材料，长期受到水文、温度、大气因素的作用，材料强度会下降，材料性状会变化，如沥青面层老化，弹性-黏性-塑性逐渐丧失，最终路况恶化，导致车辆运行质量下降。为此，路面必须保持较高的稳定性，即具有较低的温度、湿度敏感度。

4）抗滑能力：光滑的路表面使车轮缺乏足够的附着力，汽车在雨雪天行驶或紧急制动或转弯时，车轮易产生空转或溜滑危险，极有可能造成交通事故。因此，路表面应平整、密实、粗糙、耐磨，具有较大的摩擦系数和较强的抗滑能力。路面抗滑能力强，可缩短汽车的制动距离，降低发生交通安全事故的频率。路面抗滑性能一般用轮胎与路面间的摩擦系数和表面宏观构造深度来表征。目前常用的抗滑性能测试方法有铺砂法、激光构造深度仪法、摆式仪法等。

5）透水性：路面应具有不透水性，以防止水渗到道路结构层和土基，致使路面的使用功能丧失。路面渗水性能不仅可以间接反映沥青混合料的级配组成，也可评价沥青路面的水稳定性。所以路面渗水系数也是评价路面使用性能的重要指标之一。

6）噪声量：城市道路使用过程中产生的交通噪声，使人们出行感到不舒适，居民生活质量下降。城市区域应尽量使用低噪声路面，为营造谧静的社会环境创造条件。

2. 道路路面结构

道路根据路面结构与材料本身的特性可以分为刚性和柔性路面，其中刚性路面指的是刚度较大、抗弯拉强度较高的路面，一般为水泥混凝土路面；柔性路面在荷载作用下产生的弯沉变形较大、抗弯强度小，在反复荷载作用下产生累积变形，它的破坏取决于极限垂直变形和弯拉应变，一般指沥青混凝土路面，见图3.2.1-4。

（1）沥青混凝土路面

沥青混凝土路面是指在矿质材料中掺入路用沥青材料铺筑的各种类型的路面。沥青结

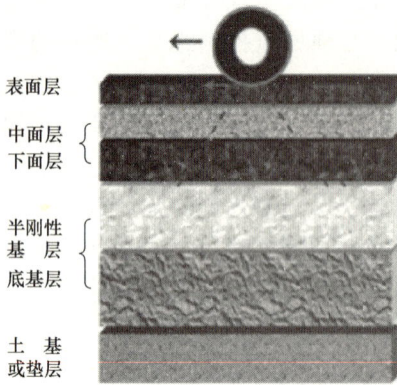

表面层

中面层 {
下面层

半刚性
基 层
底基层

土 基
或垫层

图 3.2.1-4　一般沥青路面结构组成

合料提高了铺路用粒料抵抗行车和自然因素对路面损害的能力，使路面平整少尘、不透水、经久耐用。因此，沥青混凝土路面是道路建设中一种被最广泛采用的高级路面。沥青混凝土路面的沥青类结构层本身，属于柔性路面范畴，但其基层除柔性材料外，也可采用刚性的水泥混凝土，或半刚性的水硬性材料。

1）路面面层

面层是直接承受行车荷载作用及大气降水和温度变化影响的铺面结构层次，并为车辆提供行驶表面，它直接影响行车的舒适性、安全性和经济性，为环境带来不同程度的负面影响。因此，面层应具有足够的结构强度和稳定性、良好的表面特性。

2）路面基层

路面基层分为无机结合料稳定基层和碎、砾石基层。起稳定路面的作用。路面基层，是在路基（或垫层）表面上用单一材料按照一定的技术措施分层铺筑而成的层状结构，其材料与质量的好坏直接影响路面的质量和使用性能。

铺装一般为侧向支持铺面结构，在其外侧设有路肩，它使铺面结构过渡到无铺面的地表。路肩结构也是多层次的复合结构。为排除降落到铺面上的地表水，采用铺面表面排水措施；而为排除渗入铺面结构内的自由水，可设置铺面结构内部排水系统。

铺面是铺筑在地表的工程结构物，用以满足载运工具的地面行驶要求和堆载的地面堆放或停放要求。

（2）水泥混凝土路面

水泥混凝土路面（cememt concrete pavement）是指以水泥混凝土为主要材料做面层的路面，简称混凝土路面（图3.2.1-5）。亦称刚性路面，俗称白色路面，它是一种高级路面。水泥混凝土路面有素混凝土、钢筋混凝土、连续配筋混凝土、预应力混凝土、钢纤维混凝土和装配式混凝土等各种路面。

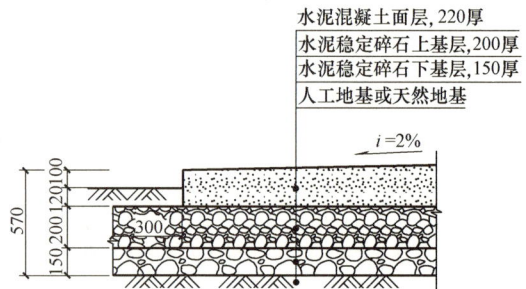

水泥混凝土面层, 220厚
水泥稳定碎石上基层, 200厚
水泥稳定碎石下基层, 150厚
人工地基或天然地基

$i=2\%$

图 3.2.1-5　水泥混凝土路面结构

3.2.2　城市道路设计的基本内容

3.2.2.1　城市主、次干路设计的基本内容

城市道路网中，城市主、次干路及支路占比超过90%，是城市道路的主要组成，相比城市快速路，这些道路的共同点是，除承担机动车交通以外，还需为非机动车和行人提供交通环境。

城市主、次干路及支路设计的主要内容包括横断面设计、平面设计和纵断面设计，通常简称为道路平、纵、横设计。

1. 横断面设计

城市道路横断面设计包括机动车道、非机动车道、分隔带、路侧带（人行道、绿化带、设施带）等部分，断面形式按路幅可分为：单幅路、双幅路、三幅路和四幅路，以及特殊情况下的不对称路幅，图3.2.2-1～图3.2.2-4所示。

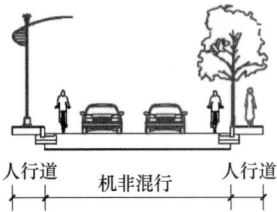

图3.2.2-1　机非混行单幅路横断面形式

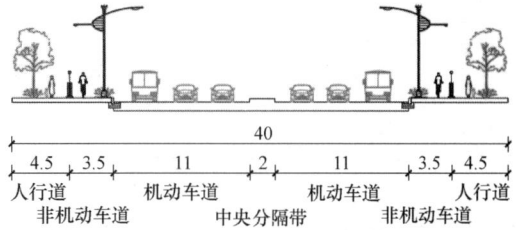

图3.2.2-2　人非共板双幅路横断面形式

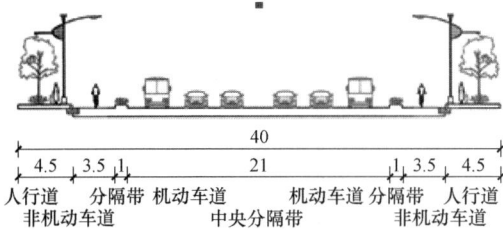

图3.2.2-3　三幅路横断面形式

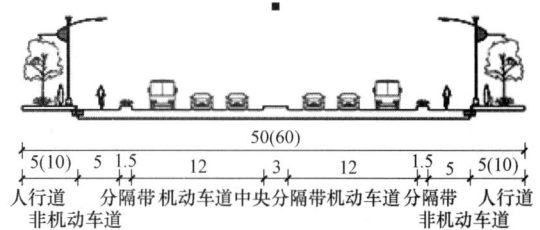

图3.2.2-4　四幅路横断面形式

2. 平面设计

城市道路中线在水平面上的投影形状称为道路平面。城市道路的平面定线要受到路网布局、规划红线宽度和已有建筑物等因素的约束。城市道路平面线形只能局限在一定范围内，定线的自由度要比公路小得多。图3.2.2-5为道路设计平面图示例。

3. 纵断面设计

通过道路中线的竖向剖面，称为纵断面。道路纵断面主要反映路线起伏、纵坡与原地面的高差情况等。纵断面设计主要根据道路等级、交通量大小、当地气候、海拔高度、沿线地形、地质、土壤、水文及排水情况，具体确定路线纵坡的大小、变坡点位置的高程和竖曲线半径等。纵断面设计实例见图3.2.2-6。

3.2.2.2　城市快速路设计的基本内容

城市快速路设计同样围绕着道路平、纵、横进行设计。其中横断面设计变化较多，出入口设计则有其特殊性。

1. 基本要求

城市快速路横断面设计应符合城市道路规划。横断面布置应按地面快速路、高架快速路、路堑快速路和隧道快速路分别布设。城市快速路横断面可分为整体式和分离式。整体式横断面采用中央分隔带将上、下行车流分隔开来，车辆分方向单向行驶；分离式横断面上、下行路幅则应因地制宜分幅设计，上、下行车辆可在不同高程位置分方向单向行驶。

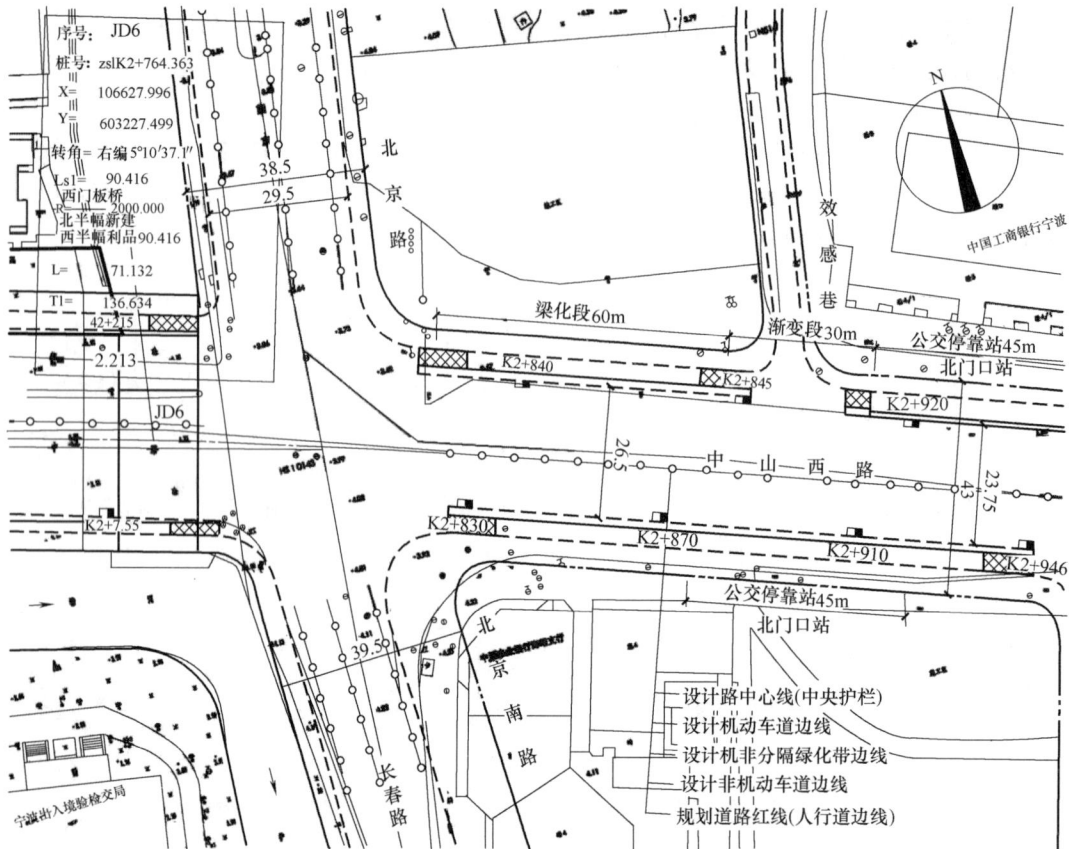

图 3.2.2-5　道路平面设计图示例

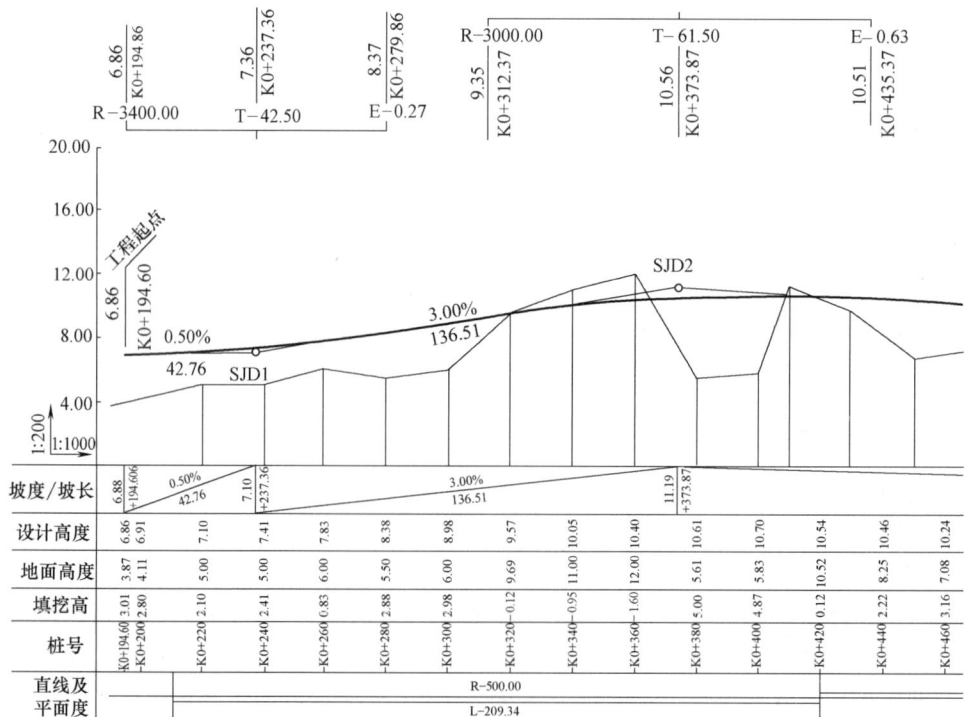

图 3.2.2-6　纵断面设计图示例

2. 车行道

（1）车行道宽度：包括主路和辅路两部分，一条机动车车道宽度在 3.25～3.75m 之间。

（2）集散车道：当快速路出入（上、下匝道）间距无法满足车辆交织以及加减速要求的规定时，应增设集散车道。

（3）变速车道：变速车道包括加速车道和减速车道，设在快速车道出、入口的衔接路段，与辅路或匝道相接。变速车道的长度应满足设计车辆加、减速行程要求。图 3.2.2-7。

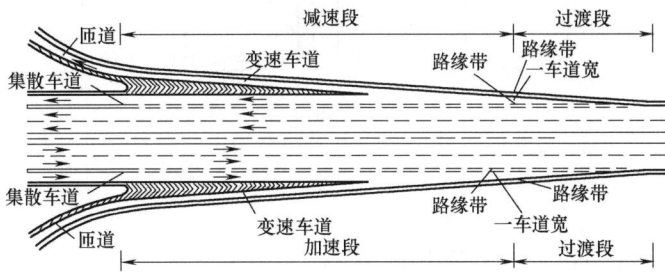

图 3.2.2-7　变速车道平面

（4）紧急停车带：为保证快速路通行能力及行车安全，四车道的快速路应在行车方向右侧设宽度不小于 2.5m、连续或不连续的紧急停车带。

（5）辅路：为解决快速路沿路两侧单位及街区机动车与快速路主路交通出入联系而设置的道路，同时承担沿线非机动车与行人交通。

3. 断面布置

城市快速路的路段横断布置形式分为地面整体式（图 3.2.2-8）、高架（隧道、路堑）

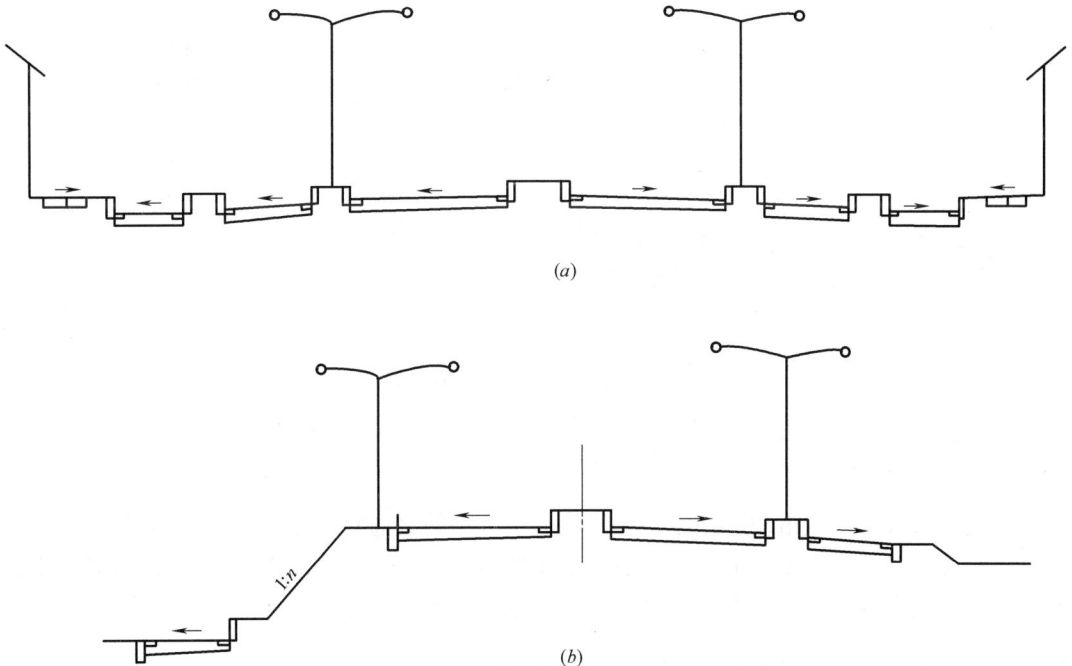

(a)

(b)

图 3.2.2-8　地面整体式横断面

(a) 城市型；(b) 市郊型

整体式（图3.2.2-9）、高架分离式（图3.2.2-10）三种以及由这三种派生出来的组合形式。

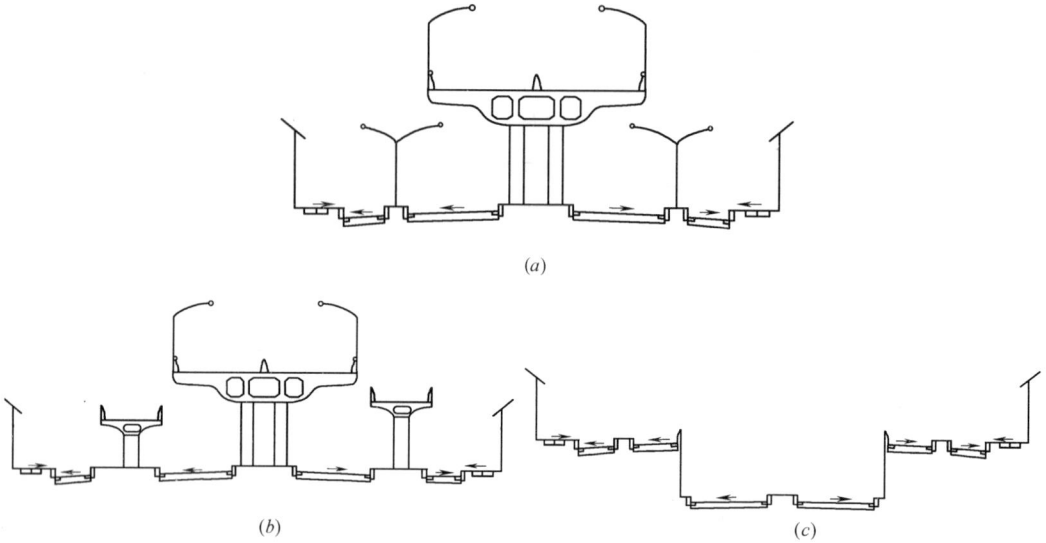

图 3.2.2-9 高架（隧道、路堑）整体式横断面
(a) 高架整体式（无匝道）；(b) 高架整体式（有匝道）；(c) 路堑整体式

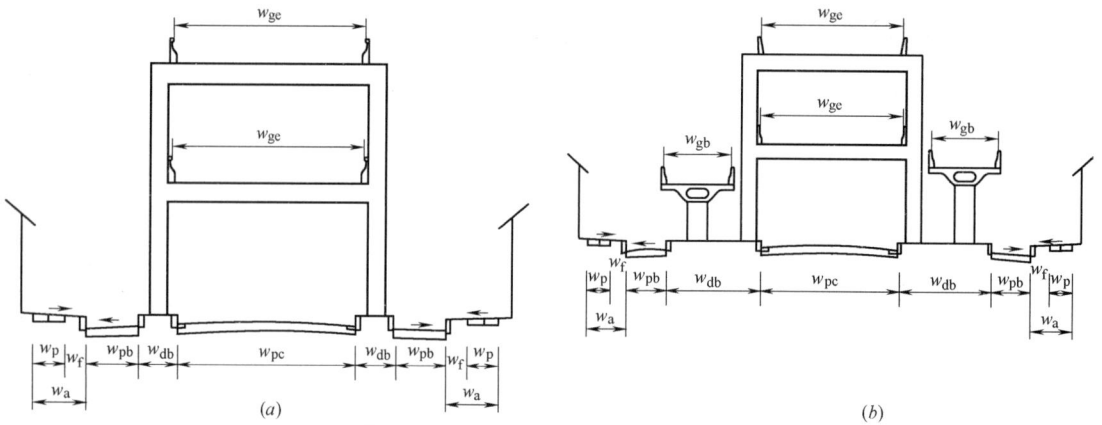

图 3.2.2-10 高架分离式横断面
(a) 高架分离式（无匝道）；(b) 高架分离式（有匝道）

4. 出入口设计

快速路出入口是城市快速路区别于其他类型道路的交通特征之一。快速路出入口在位置、间距及端部的几何设计上，应保证不让主线的直行交通受到过大的干扰，并能稳定、安全、迅速地实现分、合流交通。出入口类型及间距如图3.2.2-11所示。

3.2.2.3 城市道路交叉口设计的基本内容

1. 平面交叉设计原则

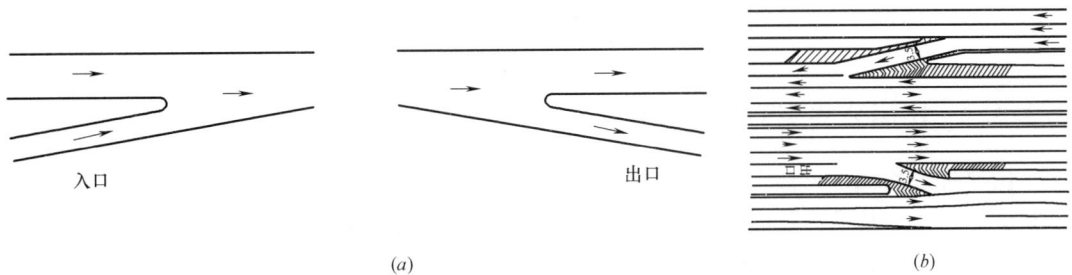

图 3.2.2-11 出入口类型

(a) A 型出入口；(b) B 型出入口

平面交叉设计原则包括以下几点：①平面交叉口类型有十字形、X 形、T 形、多路交叉及畸形交叉等。路口的选型应根据城市道路的布置、相交道路等级、性质、设计小时交通量、交通性质及组成和交通措施等确定。②在规划设计交叉路口时，应尽量减少相交道路的条数，目的在于减少路口的汇合点和冲突点，平面交叉路口应避免 5 条以上道路相交，同时应避免设置错位交叉。③平面交叉口间距应根据道路网规划、道路等级、性质、计算行车速度、设计交通量及高峰期间最大车辆等待长度确定，不宜太短。

2. 立体交叉简介

随着经济的快速发展，城市化进程逐年加快，车辆数量大幅度增加，机动车与非机动车，车辆与行人的相互干扰日趋严重，常规的平交路口交通方式已经不适应。为解决交通拥堵等问题，各大城市相继修建高架桥和快速路，对所有的交叉路口采用立体交叉，使原平交路口上的车流在不同高程上跨越，从空间上分开，各行其道，互不干扰，从而提高车速和路口通行能力。

（1）城市道路立交分类

城市立体交叉通常按功能不同分为分离式立交和互通式立交两大类。

① 分离式立交为相交道路在空间上彼此分离、上下道路间不相互连接、各自交通无法转换的交叉形式。一般根据跨越交叉口的方式不同，分为上跨式和下穿式分离式立交。

② 互通式立交为相交道路在空间上的分离，上下道路通过匝道实现全部或部分的连接，以实现交通的互相转换。互通式立交根据交通功能可分为全互通式立交和部分互通式立交两类；根据相交道路的等级和类别可分为枢纽式互通立交和一般互通立交。此外，互通式立交还可以根据其几何形状、交汇道路的条数、立体交叉层数等进行分类。目前城市道路立体交叉常见的样式包括菱形、苜蓿叶形、环形等形式的立体交叉。

（2）立交主线的平、纵线形

① 主线平面线形：立交主线为相交道路的一部分。其平面线形技术要求与路段相同。在进、出立交的主线段落，为了保证驾驶员对交通标志识别的要求，其行车视距宜大于或等于 1.25 倍的停车视距。

② 主线纵坡与坡长：立交机动车道最大、最小纵坡应符合相关规范要求。最大坡长由设计车速和纵坡坡度控制，最小坡长由设计时速控制，且应大于相邻两个竖曲线切线长度之和。

3.2.3　现代城市道路设计理念

3.2.3.1　快速公共交通（BRT）

快速公交系统，简称 BRT（Bus Rapid Transit）是目前世界上成功推广的一种新型公共交通措施。其投资及运营成本比轨道交通低，而运营效果接近于轨道交通。目前我国许多城市纷纷开展快速公交的规划研究和建设工作。北京、杭州等城市已开通了部分线路的运营。

1. BRT 的交通理念及组成

图 3.2.3-1　现代城市快速公交

BRT 是一种介于快速轨道交通（Rapid Rail Transit）与常规公交（Normal Bus Transit，简称 NBT）之间的新型公共客运系统（图 3.2.3-1）。BRT 利用现代化公交技术结合智能交通和运营管理，采用公交专用路和新式公交车站，实现轨道交通式运营服务。

BRT 组成包括专用车道、车站、车辆和 ITS 等，这些元素构成了能够提高顾客出行的方便程度和系统性能的整体快速交通系统。

（1）专用车道

专用车道是确保 BRT 快速、畅通运行的基本保证。从实际应用形式、使用范围以及 BRT 车道的专用程度和服务档次的划分来看，BRT 在道路上的运行模式可以分为三类：使用公交专用路、使用公交专用道及使用与合乘车（HOV）共用车道，见图 3.2.3-2。

（2）专用车辆：BRT 专用车辆，一般具有大容量、多车门、两边开门、乘坐舒适、智能型和使用清洁能源等特点。BRT 车辆一般应采用色彩鲜艳并统一的公交车辆，与普通公交车辆相区别。

（3）专用车站：具有检售票、等候车、上下客、行车信息发布等功能，见图3.2.3-3。开放式车站站台能配合公交专用道或公交专用路的设站地点，提供乘客所需要候车的空间，不采取进出管制。因此，可以保持原有公交线路的班次、收费等管理模式。

图 3.2.3-2　实施隔离带的 BRT 公交专用路

图 3.2.3-3　BRT 公交专用站

（4）智能化运营保障体系

BRT 运营保障体系包括运营组织机构和运营保障设施。运营组织机构包括项目规划及实施的管理机构、运营期的管理以及运营机构。运营保障设施一般包括智能化的交通管

112

理手段。如道路交叉口采用公共交通信号优先系统、公交车辆采用全球定位系统、公交运营车站采用信息管理系统等。

2. BRT 通道设计

（1）车道设置方式

BRT 公交专用道在道路横断面中的布置，应根据不同道路等级、功能、空间条件等综合分析确定，一般在道路中央布置方式划分为整体式和分离式断面两种，如图 3.2.3-4、图 3.2.3-5 所示。在道路路侧布置的 BRT 公交专用道一般适用于道路等级较高、相交道路及出入口较少的道路，见图 3.2.3-6。

图 3.2.3-4　整体式 BRT 专用路断面示意图

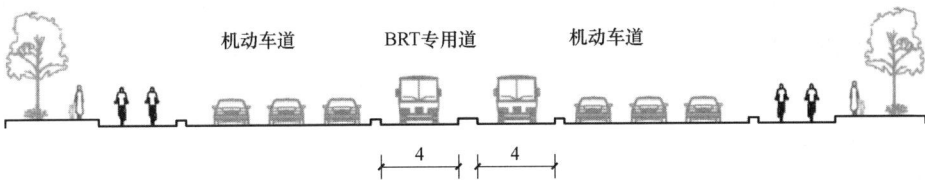

图 3.2.3-5　分离式 BRT 专用路断面示意图

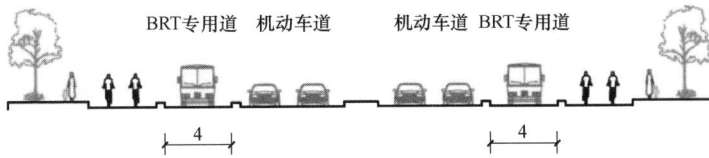

图 3.2.3-6　路侧式 BRT 专用路

（2）BRT 站台设置

快速公交（BRT）车站间距一般在 600～1000m 之间。BRT 车站包括售票区、检票区和候车区三部分。车站布置形式一般为岛式站台（图 3.2.3-7）和侧式站台（图 3.2.3-8），在设计过程中应综合道路空间条件确定。

图 3.2.3-7　BRT 岛式站台

图 3.2.3-8　BRT 侧式站台

（3）BRT 沿线交通渠化及信号控制

BRT 线路通过的平交路口，除 BRT 专用路外，其他车道均应根据交叉路口交通流量情况进行渠化设计，交叉口进口段车道数应适当增加，在片区路网分析的前提下，条件许可的路口应限制左转，保障交叉口通行能力。BRT 沿线信号控制，采用信号优先的原则，保证 BRT 车辆相对优先通过交叉口的同时，尽量减少其他车流影响，保障行人过街通行需求。

3.2.3.2 无障碍步道体系规划与设计

为了使城市建设对于残疾人和老年人等人群的便利，城市规划建设过程中需要考虑无障碍步行道系统的规划和实施。目前主要的无障碍步行道系统主要是设置可供盲人判别走向的盲道系统和方便轮椅过街，上、下人行道的斜坡道等。无障碍步行道系统体现了一个城市的文明程度和城市建设以人为本的现代社会人文关怀。

1. 规划实施原则

（1）分区域、分阶段规划实施：盲道和残疾人坡道的建设应依据城市的具体情况和需求进行规划设计，分区域、分阶段实施，以保证设施的实用性和适用性。

（2）区域内贯通、区域外连续外延：规划一经确定，首先应保证实施区域内的无障碍步道体系的贯通，并具有向区域外延的连续性，外延过程中应注意盲道与人行天桥、坡道与人行横道的衔接问题，如图 3.2.3-9 和图 3.2.3-10 所示。

图 3.2.3-9　盲道与人行天桥衔接

图 3.2.3-10　盲道与人行道衔接

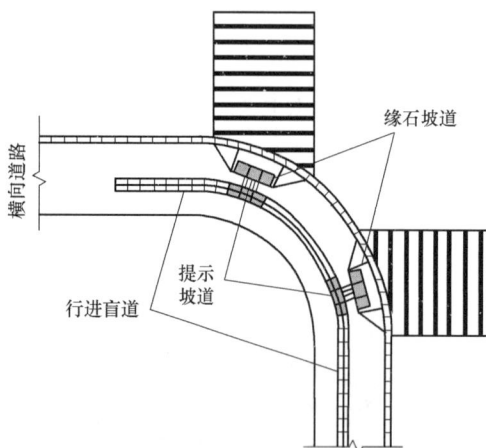

图 3.2.3-11　缘石坡道与盲道布置图

2. 工程设计要点

以盲道为主的无障碍步道体系，是在人行道系统中设置一条具有适当宽度的带状范围，铺砌便于盲人辨别的步道砖，并在台阶处替代以适当的坡道，从而形成一个特殊的人行道体系。盲道一般设置在人行道中央，在路侧带较宽并设有绿化带的情况下，盲道可靠近绿化带设置，在所有人行道和台阶的衔接处设置坡道，有关坡道和盲道的布置见图 3.2.3-11。

盲道砖分为行进盲道砖和提示盲道砖，行进盲道砖又分为直行和转向停步两种。盲道砖的强度和材料同人行道步砖。如遇地下设施井盖或地面障碍物时，应绕开布置；在转弯或方向发生变化时，应设置提示盲道砖区，其范围应大于行进盲道的宽度。

3.2.3.3　城市道路景观与绿化设计

1. 道路景观设计

道路不仅具有交通功能，而且在自然环境和社会环境中有其文化价值，这种价值很大程度上依赖于良好的道路景观设计。城市道路景观规划设计应与城市景观系统规划、城市历史文化环境保护规划、城市道路的功能性规划相结合，与城市道路的性质和功能相协调，充分考虑道路绿化在城市绿化中的作用，把道路绿化作为景观设计的一个重要组成部分，见图 3.2.3-12。

图 3.2.3-12　道路绿化的效果
(a) 绿化加强了道路的连续性；(b) 分隔带的绿化

2. 城市道路景观设计方法

（1）城市道路景观要素

城市道路景观要素可分为主景要素和配景要素两类。主景要素是在城市道路景观中起中心作用、主体作用的视觉对象，包括有：山景，水景，古树名木，主体建筑。配景要素是在城市道路景观中对主景要素起烘托、背景作用，创造环境气氛的视觉对象，通常采用借景、呼应的手法表现，主要包括：山峦地形，水面，绿地花卉，雕塑，建筑群。

（2）城市道路景观系统规划思路：①确定道路景观要素，确定哪些景观（包括自然景点和人文景点）可以或应该成为城市道路的景观要素。②根据景观系统规划和历史文化环境保护规划的要求，对城市道路的环境气氛要求进行分析，确定景观环境气氛。景观系统的组合避免单调呆板的景观。

3. 道路绿化

道路绿化是指路侧带、中央及两侧分隔带、立体交叉、广场、停车场以及道路用地范围内的边角空地等处的绿化。道路绿化规划设计应注意：①利用绿化加强道路特性；②绿化应结合地方特色；③绿化应注意多品种的协调和多种栽植方式的配合；④绿化要与其他街景元素相协调；⑤重视绿化对道路空间的分隔作用；⑥应用绿地作为街道与建筑连接的缓冲带；⑦重视绿化对行车视线的诱导作用；⑧绿化要保证道路有足够的净空；⑨注意功能与美观的结合。

3.2.3.4　城市道路设计的生态理念与技术

城市道路的生态化设计，其要点是将环境要素纳入设计考虑之中，在道路全生命周期过程中减少对环境的负面影响，最终引导并实现绿色环保、功能高效、社会、经济、自然关系和谐统一的生态化城市道路。

1. 生态化城市道路设计的目标和原则

（1）城市道路设计的生态目标

城市道路设计的生态目标，就是在实现城市道路所需求的基本功能特性的同时，尽量减少城市道路对自然生态环境和城市生态环境平衡的负面影响，实现行车舒适安全、运输高效便利、景观和谐统一、生态环境可持续、经济合理、具有一定耐久性，将人、车、道路与社会、环境有机统一起来，协调发展的城市道路。

（2）城市道路生态设计的原则

① 资源节约原则：节约自然资源，降低能源和原材料的消耗，就是减少对生态系统的索取与破坏，保存自然环境的原生态，是最有利和最有效的环保方式。

② 低污染环保化原则：道路设计的生态化应充分考虑城市道路生命周期内的废弃污染物排放，减少城市道路在生产、施工和运营过程中对土壤、水和大气环境的污染与破坏，提高低污染、可回收再生材料的利用。

③ 以人为本的先行原则：城市道路的生态化设计必须遵从以人为本的原则，不仅应考虑道路使用者安全舒适性，道路路线线形、道路景观与周边环境的协调性，还应注重缓解和减少城市道路对周边居民生活活动的影响，保证居民的生活品质。

2. 城市道路设计中的生态理念

（1）基础环保理念

设计中应充分重视对当地特有的自然与人文景观的保护，尊重城市的发展历史，减少对城市生态环境系统的破坏；在设计中不仅要考虑工程建筑物和构造物的实现，还应考虑在工程完工后，运用各种科技手段对工程施工中遭破坏环境的恢复性设计或补偿性设计；城市道路只是当地自然环境的一部分，它本身并非一个完整的自我稳定的生态系统，应该将道路放在整个城市生态系统中综合考虑，考虑生态的连贯性和整体性；不同地域城市间的生态差异构成了城市间不同的地域特征，城市道路的生态设计中应当根据城市当地的生态状况，选择有利于本地可持续发展的并与自然相融合的设计。

（2）可持续发展理念：城市道路的可持续性发展要以保护自然为基础，与资源和环境的承载能力相协调，发展的同时保护环境、控制环境污染、减少污染物的排放、改善环境质量等，保证能以持续的方式使用可再生资源，从而使人类的发展保持在地球承载能力之内。

（3）安全性理念：安全理念就是将"安全预防"贯穿于城市道路设计的全过程阶段，提供一个有安全保障的道路给使用者。安全设计是道路生态设计的根本保证，缺乏安全保障的道路设计就不能称之为生态设计。

（4）以人为本理念：城市道路设计不仅要保证道路使用人员的安全性，同时要尽量提高道路使用人员的舒适性。道路使用者以一定的速度利用道路设施，是一个动态的过程，在线形设计中应采用运行速度进行设计以适应驾乘人员交通心理需求上的动态特征。通过相关路线要素与设计速度的合理搭配，获得连续、一致的均衡设计。

（5）功能性与经济性理念：功能决定形式，城市道路的功能决定了设计的方向和目标，城市道路的功能性应包括：行车舒适便捷、景观协调统一、具有一定的耐久性。传统的道路设计理念中，道路的功能主要在于交通运输、行车安全舒适和耐久，而在新的生态设计理念中应新增节能减排、低能耗低污染、资源节约、有效利用自然资源等作为生态城市道路的基本功能，同时还应考虑功能实现的经济性合理性，考虑投入费用与环保效益的综合关系，力争实现功能性、环保性与经济性相适应的最优化组合设计。

（6）绿化环保理念：城市道路绿化是城市绿地、空间、人化自然的物质表现。主要包括城市道路绿地范围内的乔木、灌木、草花等绿色植物。城市道路的绿化具有恢复自然环境的功能，合理地利用城市道路绿化设计，有利于减缓道路建设和运营带来的地貌破坏、水土流失，以及噪声和废气污染对城市生态环境的影响。

3. 城市道路生态环保技术

（1）环保路面技术：主要包括排水降噪沥青路面技术、温拌沥青混合料技术、彩色沥青路面技术等。

（2）路面再生技术

路面再生就是将旧路面经过路面再生专用设备的翻挖、回收、加热、破碎、筛分后，与再生剂、新沥青或乳化沥青、新集料等按一定比例重新拌和成混合料，满足一定的路用性能并重新铺筑于路面的一整套工艺。包括沥青路面再生和水泥混凝土路面再生技术。目前在国内主要有厂拌、路拌冷再生和热再生沥青路面技术。

（3）废弃材料利用：指将其他行业中废弃材料利用于道路建设中，如废橡胶或废橡塑沥青混合料，废玻璃沥青混合料，脱硫石膏水泥稳定碎石等。

（4）环保设施的配套：城市道路的生态环保体系的建立离不开相关设施设置及其防治技术的运用。这些设施和技术包括：防噪声设施（降噪屏、声屏障），道路雨水、污水处理、回渗循环利用设施等。

4. 城市道路生态设计中存在的问题

（1）材料工艺的可靠性：某种材料工艺在实践应用中能否解决或缓解其对应处治的目标，达到设计的目标效果，不形成额外的附加污染，以及这种材料或工艺能否满足性能要求，是否经济合理，是材料工艺选用的重要评价依据。相比于原有技术，新技术应该在道路的全寿命周期过程中拥有更好的使用性能和环保效果，不应通过牺牲使用性能或过量增加成本来获取短暂的环保效益。

（2）现有认识的局限性：技术的应用不能超越现有的科技发展水平，对材料、技术、工艺和方法的理解也不能跳出现有的认识水平。某种技术工艺是否会对环境形成影响，形成何种影响都将随着技术的进步在认识上发生不断的变化。城市道路的生态设计方法和理念应该随科技发展而不断进步，与时俱进。

（3）综合评价体系的缺失：不同的环保材料技术工艺针对的环境影响类型也不同。在减少某一环境影响的同时可能带来另一方面的影响，这就需要通过相应的综合评价体系予以明确。然而，目前国内还缺少这样一套行之有效的环境影响评价体系。

3.3 城市道路施工

3.3.1 城市道路施工总体目标

随着城市道路交通的快速发展，以及对城区环境保护意识的不断增强，对城市道路施工提出了更高的要求。基于道路的长寿命设计理念及绿色环保概念，并结合道路安全文明施工要求，城市道路施工总体要求主要体现在"快速、安全、环保、长寿"四个方面，在保证经济效益的同时，需保证良好的社会效益和环境效益。

快速强调的是施工周期短，快速开放交通，尽可能减少对周边交通及居民的干扰和影响。

安全突出的是道路施工不仅要保证对不中断交通的安全行驶，也要保证行人的出行安全，不破坏地下及周边公共设施，并且在施工过程中减少有害气体、粉尘的排放，降低对工人及周边居民身体健康的影响程度。

环保是要求采用绿色环保的施工技术，有效利用旧路面材料，采用节能、减排、降噪等路面新材料，实现碳排放的大幅降低。

长寿即要求在现有道路施工技术的基础上，针对不同道路的路面结构、交通荷载特点，采用具有良好耐久性的路用材料，通过合理的施工工艺，保证道路在一定年限内具有良好的路用性能，从而延长维修周期，减少维护费用。

由于城市道路基础一般都预埋了大量地下管线，受管线改造影响，城市道路往往面临"开膛破肚"的考验，对城市容貌也带来了很大的影响。因此，城市道路施工需与不同基础设施施工保持很好的协调性，否则很难实现"快速、安全、环保、长寿"的施工总体目标。

3.3.2 城市道路施工概要

3.3.2.1 城市道路施工主要内容

城市道路是一种由多层次结构层组成的复合结构物，施工时采用由下往上逐层铺装。对于地面道路，在路基顶面通常分别铺设垫层、基层和面层等结构层。城市道路施工前，首先要针对道路设计的要求，对道路各结构层所采用的材料进行选择，并形成最优的组合方案。依据不同的施工材料选择合适的施工方法和施工作业程序。

城市道路施工总体包括施工准备、路基施工、路面施工、道路附属设施等施工内容。

1. 施工准备

城市道路施工的前期准备包括施工测量放样、场地清理、临时设施及必要的交通便道的设置，落实配备施工材料和机具设备，落实现场接水接电等施工组织安排。

2. 路基施工

路基施工主要围绕土方作业进行，包括土石方开挖或路基填筑、压实并整修路基表面。根据场地原状地基状况，路基施工同时包括必要的地基加固。城市公用管线一般结合城市道路范围布置，因此城市道路路基施工中一项很重要的工作便是前期公用管线的施工及其协调配合工作。

3. 路面施工

路面施工包括垫层、基层和面层结构的分层铺筑。路面结构的铺筑应结合各结构层材料性质和施工条件等进行，主要包括摊铺、整形、压实和养生等各道工序。

3.3.2.2 城市道路建筑材料

道路建筑材料是城市道路工程结构的物质基础，一般占整个工程造价的 $60\% \sim 70\%$。城市道路建筑材料分类见图 3.3.2-1，按道路结构层分布可将道路材料分为：路基与填料、基层材料、面层材料以及层间黏结与防水材料。按材料性状，常用的道路建筑材料包括：土、砂石材料、无机结合料及其混合料、有机结合料及其混合料、高分子聚合物材料及钢材和木材等。目前，道路建筑材料主要聚焦于高性能材料研制、复合功能型材料的应用、建筑废弃物和工业废渣循环利用以及节能环保材料的研发。

1. 土、砂石材料

土是道路建设工程中用量最大，亦是最廉价的筑路材料。不同国家、不同行业对土的分类方法虽然不尽相同，但是分类依据则大致相近，一般都是根据土颗粒的粒度成分，土颗粒的矿物成分或其余物质的含量，土的塑性指标进行区划。

图 3.3.2-1 城市道路建筑材料分类图

城市道路用土，依据土的颗粒组成特征，土的塑性指标及土中有机质含量的情况，分为巨粒土、粗粒土、细粒土和特殊土四类，并进一步细分为 11 种土。

从土的工程性质的角度看，砂性土是修筑路基的最好的材料，黏性土次之，粉性土是不良材料，最容易引起路基病害。重黏土（特别是含有蒙脱石的重黏土）也是不良的路基填料。高液限黏土、高液限粉土及含有机质细粒土，不适于做路基填料。因条件限制而必须采用上述土做填料时，应掺加石灰或水泥等结合料进行改善。

坚硬的大体积砂石材料可加工成块石。用块状石料或混凝土制块铺筑的路面称之为块石路面。按材料形状、尺寸及修琢程度的不同：块石路面分为高级、次高级、中级三种。块石路面的主要优点：坚固耐久，清洁少尘，养护修理方便，且能适应重型汽车及履带车辆交通。缺点：用手工铺砌，难以实现机械化施工，进度慢，费用高。块料下面必须设置整平层，石块间用填缝料嵌填。

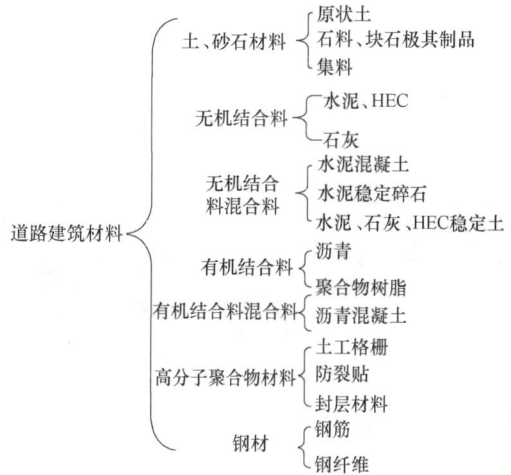

| (a) | (b) | (c) |

图 3.3.2-2 砂石烊作道路建筑材料

(a)、(b) 砂石料嵌填；(c) 砂石垫层

破碎的砂石材料是一种优良的路基填料，具有承载力高、刚度大、变形小等特点。一般用于软弱路基的换填加固或用作道路结构垫层（图3.3.2-2）。

2. 无机结合料及其混合料

道路中最常见的无机结合料有：水泥、石灰、粉煤灰、矿渣及高强度土体固结剂（HEC）等。

水泥，粉状水硬性无机胶凝材料。加水搅拌后成浆体，能在空气中硬化或者在水中硬化固结。土木工程中将水泥分为以下六大类：硅酸盐水泥、普通硅酸盐水泥、矿渣硅酸盐水泥、火山灰质硅酸盐水泥、粉煤灰硅酸盐水泥和复合硅酸盐水泥。水泥与土、碎石加水拌合后可显著提升材料的性能。水泥混凝土可用作高等级道路的面层；水泥稳定碎石一般用作高等级沥青路面的基层材料；将一定量水泥（3.5%～6%）掺入土中，可显著提升土路基的回弹弯沉和抗水损害性能。见图3.3.2-3。

（a） （b）

图3.3.2-3 水泥作道路建筑材料
（a）水泥路面；（b）水泥稳定碎石基层

石灰，一种以氧化钙为主要成分的气硬性无机胶凝材料。一般掺入土路基改善土路基的性能，是处理不良土质路基的优选材料。当土路基出现弹簧、含水量过大情况但又无翻拌晾晒条件时，可考虑采用石灰掺拌压实。

粉煤灰，是从煤燃烧后的烟气中收捕下来的细灰，粉煤灰是燃煤电厂排出的主要固体废物。我国火电厂粉煤灰的主要氧化物组成为：SiO_2、Al_2O_3、FeO、Fe_2O_3、CaO、TiO_2等。粉煤灰与石灰、碎石按一定比例拌合制成三渣混合料，是一种性能优良的道路基层材料。

矿渣是冶炼生铁时从高炉中排出的一种废渣，是一种易熔混合物，可采用多种工艺加工成具有多种用途的宝贵材料。一般将矿渣粉掺入水泥制成矿渣水泥用于道路材料的建设。

高强耐水土体固结剂（High Strength and Water Stability Earth ConSolidator，简称HEC），具有固结强度高、水稳性好、变形小、耐久性高、适用范围广等特点。HEC有吸取水泥土和化学加固的优点，可使土体在基本结构单元分散、相界面紧密接触的同时，发挥土体铝硅酸盐矿物潜在的活性，使相界面形成牢固的多晶体聚集体，改善了土体颗粒相界面接触的本质。

3. 有机结合料及其混合料

沥青（图3.3.2-4）主要是指由高分子的烃类和非烃类组成的黑色到暗褐色的固态或半固态黏稠状物质，它全部以固态或半固态存在于自然界或由石油炼制过程制得。

表征沥青性能的基本指标为：针入度、软化点、延度；除此之外蜡含量、针入度指数、闪点、溶解度、黏度以及老化后残留针入度比、残留延度等也是沥青质量的控制指标。

沥青混合料是一种混合材料，主要由沥青、粗集料、细集料及填料在高温条件下（普

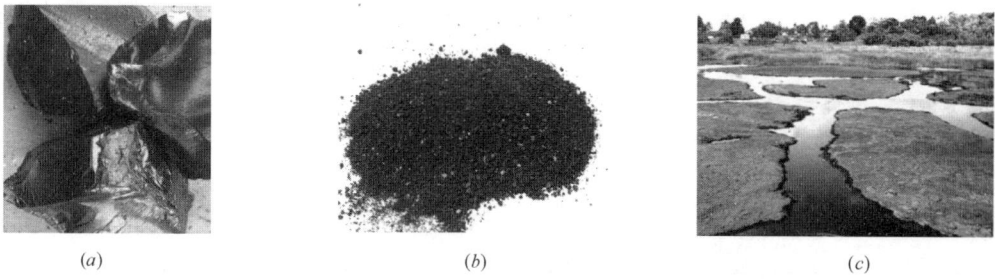

图 3.3.2-4 沥青作道路建筑材料
(a) 石油沥青；(b) 天然岩沥青；(c) 湖沥青

通沥青混合料为 155～175℃）拌合而成，一些特殊级配的沥青混合料还需掺入各类纤维，如矿物纤维、木质素纤维等。见图3.3.2-5。

4. 高分子聚合物材料

土工格栅是一种主要的土工合成材料，与其他土工合成材料相比，它具有独特的性能与功效。土工格栅常用作加筋土结构

图 3.3.2-5 SMA 路面效果图

加劲材料或用作水泥混凝土路面改造成沥青路面的防反射裂缝材料。

防裂贴（又称抗裂贴）是由沥青基的高分子聚合物、高强抗拉胎基、耐高温并与沥青相容的高强织物复合而成。防裂贴具有自粘性，施工方便等特点，可直接粘贴裂缝处。将防裂贴粘贴到路面接缝处能起到隔离作用、加筋作用、隔水防渗、消能缓冲作用，能极大延缓"白给黑"路面出现反射裂缝病害的可能。

道路结构中一般设置封层作为结构防水层，是为了防止路表水经路面面层空隙渗入到下部结构层，从而影响道路的整个结构寿命。由于道路下部结构层一般采用相对低廉的材料，其水稳定性相对不足，雨水的渗入会引起下部结构层的破坏。道路中常用的封层材料一般有普通乳化沥青、改性乳化沥青等。

图 3.3.2-6 乳化沥青及其施工

乳化沥青是沥青和乳化剂在一定工艺作用下，生成水包油或油包水的液态沥青。乳化沥青是将通常高温使用的道路沥青，经过机械搅拌和化学稳定的方法（乳化），扩散到水中而液化成常温下黏度很低、流动性很好的一种道路建筑材料。可以常温使用，也可以和冷、潮湿的石料一起使用。图 3.3.2-6 是乳化沥青和施工作业图。

5. 钢材和木材

钢材一般用于重载水泥混凝土路面，可有效提升水泥混凝土路面的抗弯拉强度以及使用耐久性，图 3.3.2-7。但由于造价较高、维修不便，因此极少采用。钢筋混凝土路面配筋率为 0.1～0.2%，一般采用钢筋直径 8～12mm，纵筋间距 15～35cm，横筋间距 30～

图 3.3.2-7 连续配筋水
泥混凝土路面

75cm。对于连续配筋水泥混凝土路面，其配筋率更高达
0.6～1.0%，能承受更庞大的交通荷载，但用钢多，造价
高，施工较复杂。

钢纤维水泥混凝土路面，是在普通水泥或沥青混凝土
中掺入 1.5%～2.0%（体积比）的长 25～60mm、直径
0.25～1mm 的钢纤维，可有效提升混凝土材料的极限抗压
强度、极限抗弯拉强度、抗疲劳和抗裂能力。

3.3.3 城市道路路基路面施工技术

路基路面是道路的基本组成部分，路基路面共同承担着车辆荷载和自然环境的作用。
路基路面的结构稳定性、耐久性，路面表面的平整抗滑等性能，直接关系到城市道路的使
用性能和服务质量。

3.3.3.1 城市道路路基施工

道路的路基是道路工程的重要组成部分，没有稳定可靠的路基就不可能有稳定的路
面。因此，保证路基的施工质量是确保城市道路工程质量的关键。

城市道路路基按照结构形式的不同分为：填方路基（路堤）、挖方路基（路堑）和半
填半挖路基；路基按照填筑材料分，可分为土方路基、石方路基和土石方路基。路基施工
采用机械作业为主，人工配合为辅的施工方法。常用施工机械有推土机、铲运机、平地
机、路拌机、挖掘机、装载机、自卸车、压路机等。

3.3.3.2 城市道路垫层施工

垫层指的是设于基层以下的结构层。其主要作用是隔水、排水、防冻以改善基层和土
基的工作条件，其水稳定性要求较好。砂垫层、致密固结土垫层可满足道路隔水、排水的
要求；增加垫层厚度可有效改善路基防冻功能。

道路垫层施工一般采用人工和机械结合施工。如图 3.3.3-1 所示，采用自卸汽车运输
垫层材料，平地机粗平，再用人工精平，振动压路机碾压密实。

(a)   (b)

图 3.3.3-1 道路垫层施工
(a) 垫层的施工；(b) 垫层施工完摊铺基层

3.3.3.3 城市道路路面基层和底基层施工

基层是路面结构的承重部分，基层主要承受车辆荷载的竖向力，并把由面层直接作用

的行车荷载传递并扩散至路基，因此基层应有足够的强度和应力扩散能力。常用的基层材料主要包括：（级配）碎石粒料类、无机结合料（石灰、水泥、粉煤灰）稳定土或稳定碎石类、沥青稳定碎石料、贫混凝土或碾压混凝土等。本节重点选取石灰土基层、水泥稳定类基层、粒料类基层施工技术等作简要介绍。

1. 石灰稳定土类基层施工

石灰稳定土类基层施工主要方法有厂拌法施工和路拌法施工。在城镇人口密集区，应使用厂拌法施工石灰稳定土类基层，不得使用路拌法施工。厂拌法施工是城市高等级道路路面基层施工最常用的方法。

厂拌法石灰稳定土类基层施工是指稳定土拌和机进行石灰稳定土拌和，用自卸车运输至施工现场，采用机械摊铺，压路机碾压成型的施工方法。

石灰稳定土类基层厂拌法施工工艺流程如图 3.3.3-2 所示。

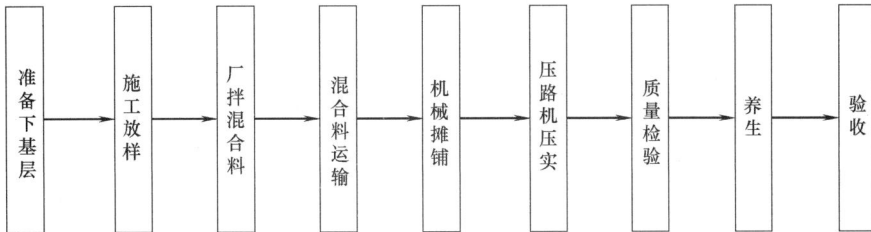

准备下基层 → 施工放样 → 厂拌混合料 → 混合料运输 → 机械摊铺 → 压路机压实 → 质量检验 → 养生 → 验收

图 3.3.3-2 石灰稳定土类基层厂拌法施工工艺流程

路拌法石灰稳定土类基层施工是指先将土方或集料用自卸车运至施工现场，用推土机或平地机配合人工按预定厚度和宽度摊铺整平，根据含水量决定是否需要洒水预湿，然后将石灰均匀撒布其上，用路拌机进行拌和，当混合料含水量处于最佳含水量±1%的范围时，用压路机碾压成型，如图 3.3.3-3 所示。

石灰稳定土需养护 7 天，养生期间应保持一定的湿度，但不应过湿。当石灰稳定土分层施工时，下层石灰稳定土碾压完后，可以立即进行上一层的石灰稳定土的铺筑，不需专门的养生期。

2. 水泥稳定土类基层施工

水泥稳定土或粒料具有较其他稳定土更高的强度和水稳性，其强度随水泥用量的增加而增长，但水泥含量的确定应充分考虑经济上的合理性，如图 3.3.3-4 所示，且过多的水泥用量会引起较大的湿度和温度收缩，因此水泥稳定土或粒料所需的水泥用量应按材料强度要求和经济性综合考虑，并通过试验确定。

图 3.3.3-3 石灰土路基路拌法施工

图 3.3.3-4 水泥稳定土施工

水泥稳定土类材料自拌和开始至摊铺碾压完成不应超过 3h。水泥稳定土类材料运输时为防止水分蒸发和扬尘，需采取覆盖措施。水泥稳定类基层碾压完成后经压实度检验合格，应立即进行湿法养生。养生期不宜少于 7 天。

水泥稳定土类基层厂拌法施工工艺流程同石灰土施工工艺流程。

3. 石灰粉煤灰碎石基层施工技术

采用石灰、粉煤灰作为结合料稳定碎石集料，简称二灰碎石。这是一种在城市道路中较为常用的一种基层材料，用它铺筑的道路基层在一定温度和湿度下，强度逐步增加，结成整体层，具有良好的力学性能、板体性和水稳性。

石灰粉煤灰碎石基层应控制在最佳含水量或略大于最佳含水量时进行碾压，直至要求的压实度。石灰粉煤灰碎石应用 12t 以上压路机碾压。石灰粉煤灰碎石基层应按"宁刮勿补"原则进行施工，严禁用贴补的方法进行找平。碾压结束后应进行保湿养生，防止表面因水分变化引起干缩开裂，养生期一般不少于 7 天。

4. 粒料类基层施工技术

粒料类基层按强度构成原理可分为嵌锁型与级配型。嵌锁型包括泥结碎石、泥灰结碎石、填隙碎石等；级配型包括级配碎（砾）石、级配天然砂砾等。较常见的是级配碎石基层，适用于各级道路的基层和底基层。

级配碎石基层施工可采用稳定土拌和机进行路拌施工，也可采用平地机进行拌和施工。

5. 城市道路下封层、透层

常见的道路下封层有乳化沥青稀浆封层、沥青碎石封层，见图 3.3.3-5～图 3.3.3-7。

乳化沥青稀浆封层是用适当级配的石屑、砂、填料与乳化沥青、外掺剂和水按照一定比例拌和而成的流动状态的沥青混合料，将其均匀地摊铺在路面上形成的沥青封层，乳化沥青稀浆封层采用稀浆封层车进行施工。

沥青碎石封层是指在路面上喷洒一层沥青材料（如热沥青、乳化沥青等），紧接着在其上撒布一定规格的碎石、石屑等集料，再用轻型压路机碾压形成的封层。沥青碎石封层常采用沥青撒布车加碎石撒布车联合施工或者采用同步碎石封层车进行施工。

透层是为了使沥青面层与非沥青材料基层结合良好，在基层上喷洒液体石油沥青、乳化沥青、煤沥青而形成的透入基层表面一定深度的薄层。透层施工一般采用沥青洒布车进行施工，透层洒布应均匀，机械喷洒不到的地方可以采用手工喷洒，透层洒布后需要进行一定时间的养生，养生的时间根据透层油的品种和气候条件由试验决定。

图 3.3.3-5　乳化沥青稀浆封层　　图 3.3.3-6　沥青同步碎石封层　　图 3.3.3-7　透层施工

3.3.3.4　城市道路面层施工

1. 水泥混凝土路面施工技术

水泥混凝土路面即用水泥混凝土作为面层结构所组成的路面，亦称为刚性路面。水泥混凝土面层的施工主要包含拌和、运输、摊铺、振捣或压实、表面修整、养护、接缝锯切填缝等主要工序。

水泥混凝土路面铺筑的技术方法主要包括：滑模机械铺筑法、三辊轴机组铺筑法、轨道摊铺机铺筑法、小型机具铺筑法和碾压混凝土法等，如图 3.3.3-8 所示。

(a)　　　　　　　　　　　(b)

图 3.3.3-8　水泥混凝土路面铺筑技术方法
(a) 滑模机械铺筑法；(b) 轨道摊铺机铺筑法

2. 沥青混凝土路面施工技术

沥青混凝土路面是指用沥青混凝土拌和机将人工选配的具有一定级配组成的矿料与沥青结合料，在一定的温度条件下拌和后，用自卸车运输至施工现场，经沥青混凝土摊铺机摊铺，压路机碾压成型而形成的各种类型的路面。沥青混凝土路面属于柔性路面结构。

热拌沥青混合料一般采用自卸汽车运输，运料车装料时，应防止粗细集料离析，沥青混合料需进行覆盖，以起到保温、防雨、防混合料遗撒等功能。热拌沥青混凝土路面施工工艺流程如图 3.3.3-9 和图 3.3.3-10 所示。

对于沥青混合料的碾压一般采用先轻后重、先外后内的原则，碾压一般按初压、复压、终压（包括成形）三个阶段进行，压路机应以慢而均匀的速度碾压。

为防止沥青结合料搓揉挤压上浮，SMA 沥青混合料一般采用振动压路机碾压，而不采用轮胎压路机碾压。OGFC 混合料宜用 12t 以上的压路机静压，而不采用振动碾压。

热拌沥青混合料路面应待摊铺层自然降温至表面温度低于 50℃ 后，方可开放交通。

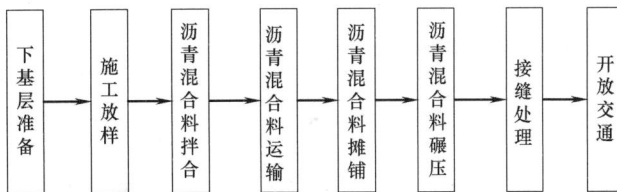

图 3.3.3-9　热拌沥青混凝土路面施工工艺流程图

(a)   (b)   (c)

(d)   (e)   (f)

图 3.3.3-10　热拌沥青混合料路面
(a) 运输；(b) 卸料；(c) 摊铺；(d) 初压；(e) 胶轮复压；(f) 终压

3.3.4　特殊铺装道路施工技术

3.3.4.1　混凝土桥面铺装

混凝土桥面板具有水泥混凝土的基本特性，水泥混凝土中水泥石占总体积的 1/4。由于水泥颗粒之间存在未消耗完的拌和水以及没有完全排除的空气，水泥混凝土存在较多的微空隙。另外，由于混凝土在强度形成过程中产生较大的水化热，引起混凝土的收缩应力使混凝土内部产生较多的微裂缝。这些空隙和裂缝将给侵蚀物质提供进入混凝土内部的通道，侵蚀混凝土并锈蚀钢筋，降低混凝土桥梁板的使用寿命。

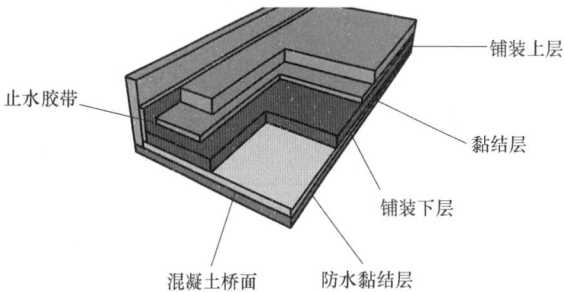

图 3.3.4-1　混凝土桥沥青铺装结构层

在水泥混凝土桥铺筑沥青铺装层时，应满足沥青面层与混凝土桥面的粘结、防止渗水、抗滑及有较高抵抗振动变形的能力等功能性要求，并设置有效的桥面排水系统。混凝土桥沥青铺装结构层示意见图 3.3.4-1。

桥面沥青混凝土铺装常采用单层沥青混合料铺装结构和双层沥青混合料铺装结构。单层沥青混合料的铺装厚度一般不宜小于 5cm，双层沥青混合料铺装的厚度宜为 7～10cm，表面层沥青混合料厚度一般不小于 3cm。桥面沥青混凝土铺装施工过程见图 3.3.4-2～图 3.3.4-4 所示。

126

3.3.4.2 钢桥面铺装

钢桥以其强度高、自重轻、跨径大、施工便捷等优点被越来越多的使用于城市桥梁中。钢桥面铺装不同于水泥混凝土桥面铺装，它直接铺设在钢桥面板上，由于钢桥面板柔度大、振动大、温差变形大、防水防锈及层间结合要求高，因此钢桥面铺装应具有良好的抗疲劳开裂性能、高温稳定性、钢板随从性、层间粘结性能、平整度和抗滑性能以及完善的防水排水体系。

图 3.3.4-2 桥面抛丸处理 　　图 3.3.4-3 防水粘结层施工 　　图 3.3.4-4 沥青混合料面层施工

合理的钢桥面铺装结构组成图 3.3.4-5 所示：

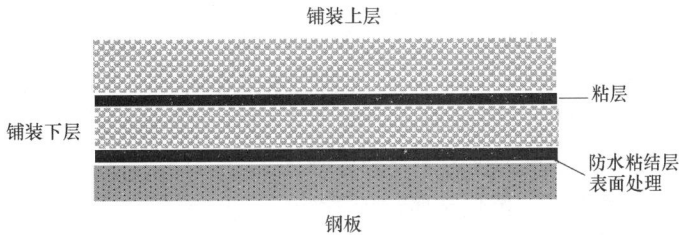

图 3.3.4-5 桥面铺装结构示意图

国内钢桥面铺装方案归纳起来大致可以分为三种类型：SMA 沥青混合料结构，浇筑式沥青混合料结构、环氧沥青混合料结构。

1. 钢桥面双层 SMA 铺装方案的典型结构及工艺

SMA 沥青混合料是骨架密实结构，因此它具有良好的耐久性和防水性能，塑流和永久变形的能力强，不易产生车辙，同时它具有粗糙的表面构造，防滑性能好。SMA 铺装施工便捷，不需要特殊的施工设备，采用常规的沥青混凝土摊铺设备施工即可，施工周期短，造价低，因此在国内钢桥面铺装中经常被采用。

双层 SMA 铺装方案通常由防水粘结层、缓冲层、SMA 铺装下层和 SMA 铺装上层组成。钢桥面 SMA 沥青混合料施工方法与传统的 SMA 沥青混合料施工工艺基本相同，需注意的是碾压时采用双钢轮压路机静压或水平振荡压路机进行碾压。

上海卢浦大桥桥面铺装体系由防水体系和主体铺装体系组成。其中防水体系由防锈层、防水层、粘结层、缓冲层和致密层组成，主体铺装体系由主体铺装上层和主体铺装下层组成。卢浦大桥具体的桥面铺装构造见图 3.3.4-6：

综合国内外钢桥面铺装防水层的研究现状和应用中存在的问题，并结合上海地区的气候条件，卢浦大桥的防水层设计的技术特点如下：

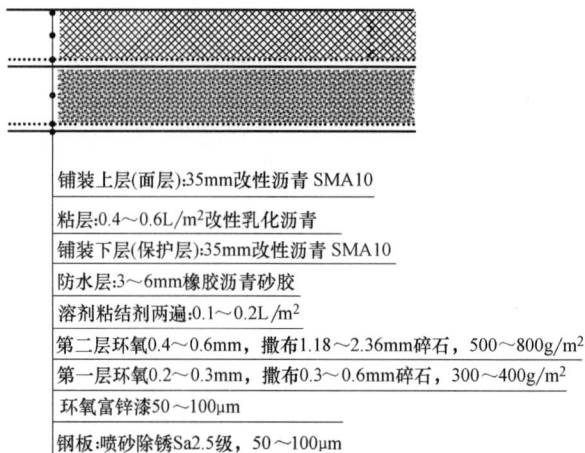

铺装上层(面层):35mm改性沥青SMA10

粘层:0.4~0.6L/m²改性乳化沥青

铺装下层(保护层):35mm改性沥青SMA10

防水层:3~6mm橡胶沥青砂胶

溶剂粘结剂两遍:0.1~0.2L/m²

第二层环氧0.4~0.6mm，撒布1.18~2.36mm碎石，500~800g/m²

第一层环氧0.2~0.3mm，撒布0.3~0.6mm碎石，300~400g/m²

环氧富锌漆50~100μm

钢板:喷砂除锈Sa2.5级，50~100μm

图 3.3.4-6　桥面铺装构造图

① 具有良好的层间粘结力和变形能力。在钢桥面板温度应力和荷载作用下，钢板和铺装层都要发生一定程度的挠曲变形，防水层能提供足够的结合力以抵抗铺装层和钢板之间产生剪切推移。

② 具有良好的高温稳定性和低温抗裂性。卢浦大桥铺装底面的温度范围为－10～55℃，防水层在高温下能提供足够的层间粘结力及抵抗荷载剪切的能力。

③ 具有良好的抗疲劳能力。防水层不仅承受来自车辆荷载引起的水平和垂直作用力的重复作用，钢桥面板的挠曲变形也使其产生复杂的应力应变，因此防水层必须具有良好的抗疲劳特性，不致出现拉伸、剪切、撕裂等破坏。

④ 具有良好的抗水损害、抗化学腐蚀能力。

⑤ 具有良好的施工和易性。

卢浦大桥钢桥面铺装采用双层式 SMA 方案。根据上下层铺装的功能不同，铺装上层和铺装下层 SMA 所采用的沥青结合料、矿料级配都不相同。下层可采用柔度较大、热稳定性好的改性沥青，矿料级配偏细，使混合料空隙率小，具有较高的强度和柔韧性，使铺装下层具有良好的变形随从性、抗裂性能、耐久性和防水性。上层采用劲度大、抗变形能力强的改性沥青，矿料级配偏粗，混合料具有良好的骨架结构，使铺装上层具有良好的抗车辙和抗水损害性能。

2. 钢桥面浇注式沥青混合料结构

浇注式沥青混凝土（guss-asphalt）指在高温状态下（200～260℃）进行拌合，混合料依靠自身的流动性摊铺成型，无需碾压，冷却后即可成型的一种高沥青含量、高矿粉含量空隙率小于1%的特殊沥青混合物。

浇注式沥青混合料铺装层具有优良的防水、抗老化及抗裂性能，对钢板的随从性较好。但是浇注式沥青混合料高温稳定性差，易形成车辙，而且施工需要专用的浇注式摊铺设备和专用的运输设备，施工组织较为复杂，施工时混合料的温度高达 240℃，因此，浇注式钢桥面铺装技术适用于夏季温度不太高的地区。

在我国钢桥面的早期应用采用的是英国的单层浇注式结构，沥青的胶结料采用硬质沥青＋天然湖沥青的形式。但是在使用中，部分桥梁出现了车辙和开裂的病害。随后，国内专家对钢桥面浇注式沥青铺装结构进行了改进，采用二层结构，即浇注式沥青混合料＋SMA沥青混合料结构，它充分利用了浇注式材料与SMA沥青混合料各自的优点，在浇注式沥青混合料中采用了性能更好的高弹沥青做结合料。

3. 环氧沥青混凝土铺装

环氧沥青混合料是将环氧树脂与沥青、固化剂及其他添加剂混合形成的一种新型的环氧沥青，用环氧沥青代替普通沥青拌制沥青混合料形成一种新型的环氧沥青混合料。环氧沥青混合料路用性能比普通沥青混合料优异得多，它具有强度高、整体性好、韧性好、高温时抗塑流和永久变形能力很强、低温抗裂性能好、优良的抗疲劳性能、耐腐蚀性能以及良好的层间结合能力等特点。

环氧沥青混合料的主要缺点是：造价高；环氧沥青混合料的配制工艺比较复杂；环氧沥青混合料施工中对时间和温度要求十分严格，对施工环境要求苛刻，施工难度大；环氧沥青铺装固化成型时间长；固化不可逆，因此损坏后修复难度大；环氧沥青铺装后表面光滑，宏观构造深度小，特别是雨天行车安全性差。

3.3.4.3 隧道铺面技术

隧道道路铺面的下卧层结构与混凝土桥面类似，都属于整体性块状混凝土板，因此采用相同铺装结构，图3.3.4-7所示。值得注意的是，隧道属于半封闭空间结构，空气流通较差，在选择铺装材料方面要采用阻燃材料，避免道路在明火作用下起燃。

沥青路面在常温下稳定，但高温下容易变形，温度继续上升则会产生冒烟现象，若温度达到沥青燃点以上，沥青路面就会燃烧。由于隧道内部空间小，视野窄，容易引发交通事故，交通事故可能导致汽柴油泄漏。假若隧道通风不良、温度过高，容易导致汽柴油燃烧。

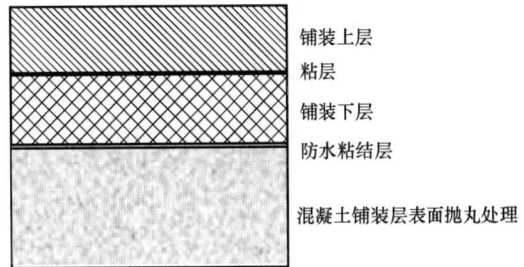

铺装上层
粘层
铺装下层
防水粘结层

混凝土铺装层表面抛丸处理

图3.3.4-7　盾构法隧道铺装结构

当燃烧温度达到沥青燃点以上，则会导致路面着火，产生严重的后果。因此采用沥青混凝土结构的隧道铺面须着重考虑阻燃性能。

1. 城市内隧道铺装的特点

城市内隧道铺装与一般道路铺装结构在使用环境上存在较大的差别。城市内长距离隧道铺装常采用沥青混凝土铺装结构，其特点如下：①隧道内处于一个相对封闭、空间狭小的管状环境中，不受外界日照雨淋气候的影响，温度变化小，相对较稳定；②隧道内潮湿，受地下水影响大，需要铺装材料有较好的水稳定性；③城市内隧道往往具有长大纵坡；④隧道内净空限制，对路面结构的厚度有一定限制；⑤隧道内交通条件恶劣，车辆刹车、制动频繁，空气较潮湿。车辆进出隧道不断加速、减速，对路面产生较大的水平应力，宜发生推移、车辙、壅包现象。

2. 隧道路面铺装的种类及优缺点

隧道路面铺装分为水泥混凝土铺装和沥青混凝土铺装。最早的城市隧道铺装多采用水泥混凝土铺装。

水泥混凝土铺装有着水稳定性好，结构强度高，承载能力强，耐久性好等优点，但是它的缺点是水泥混凝土路面在隧道内行车噪声大，路面结构接缝造成平整度相对较差，行车舒适程度不如沥青路面，使用一段时间后，路面抗滑性能显著降低，不利于行车安全，水泥路面一旦损坏，在隧道内维修困难等。

沥青路面有着行车舒适、噪声低、抗滑性好、易维修等优点，随着我国对隧道沥青路面结构和材料的研究的重视，温拌、阻燃高性能沥青混合料的出现，近年来，国内城市隧道道面以沥青混凝土铺装为主。

3. 隧道路面铺装技术

近年来，温拌技术已经越来越多的使用于长距离隧道的沥青铺装施工中，通过使用温拌剂可以降低 30℃左右的沥青混合料施工温度，从而减少隧道内沥青混合料施工时的热量和烟气的排放，大大改善了隧道内沥青混合料施工的环境。同时阻燃剂的使用使得隧道内的沥青路面具有一定的阻燃和抑烟性能，降低了隧道火灾引起的沥青路面燃烧的可能性以及沥青燃烧所产生的有毒烟雾，提高了隧道的安全性能。

3.3.4.4　路面薄层加铺技术

超薄沥青混凝土路面常见的是 UTAC 路面。UTAC（Ultra Thin Asphalt Concrete）为间断密实型超薄沥青混凝土。对于原材料需注意的是对碎石的洁净程度有一定要求，必要时需对碎石进行水洗除尘，以降低 0.075mm 以下粉尘含量，从而有利于提高碎石与沥青的粘附性。

UTAC-10 的拌和和摊铺施工工艺与其他沥青混凝土的施工工艺基本相同。UTAC-10 沥青混合料的碾压采用双钢轮振动压路机和胶轮压路机组合进行碾压，因 UTAC-10 沥青混合料厚度薄，温度容易散失，因此必须在保证初压不产生推移的情况下，尽快完成碾压。

3.3.5　绿色环保型道路施工技术

3.3.5.1　节能减排型路面

建设城市低碳道路是未来城市基础设施建设的主流方向，低碳城市道路指从城市道路的前期规划、设计，中期的施工，以及后期的运营管理的整个寿命周期中，采用低碳理念的材料、工艺和工法，以实现道路寿命周期内节能减排的目的。目前常采用的技术有温拌沥青技术、乳化沥青冷拌技术、泡沫沥青冷拌技术等。

1. 温拌沥青路面

温拌沥青混合料（Warm Mix Asphalt，简称"WMA"）是相对于热拌沥青混合料而言的。通常我们所使用的沥青混合料是一种热拌热铺筑的材料。在生产和施工过程中，不但消耗大量的能源，而且还排放出大量有毒的废气和粉尘。温拌沥青混合料是以化学或物理的方法，使得沥青混合料的生产和施工温度较热拌沥青混合料低 30～60℃，以实现节能减排，减少污染的目的。温拌沥青与热拌沥青效果对比见图 3.3.5-1。

以温拌沥青混合料为主的节能减排型沥青路面材料的研究始于 20 世纪 90 年代。温拌沥青混合料已在欧洲和美国得到了深入的研究和应用。与传统的热拌沥青技术相比较，温拌沥青在生产施工过程中可降低 30～50℃，降低拌合温度一方面能够显著降低沥青烟和有害气体的排放，改善沥青混合料拌合和施工条件，减轻对一线工人和施工道路沿线居民的不良影响；另外一方面，拓宽了沥青混合料的可施工温度范围，尤其适合于薄层加罩、长距离和低温季节施工；同时，添加的特殊化学添加剂能提高沥青与集料的粘附力，进而提高路面的抗水损能力；更重要的是，温拌沥青混合料生产过程中，较低的拌和

图 3.3.5-1　温拌沥青与热拌
沥青效果对比

温度降低了沥青的老化程度，延长道路的使用寿命。2005 年我国第一条温拌沥青混合料试验路段由交通部公路科学研究院、同济大学、北京路桥路兴物资中心以及美国 Westva-co 公司合作研发的，在北京试铺成功。目前，上海已在包括高速公路、高架快速路、城市道路、隧道道面等在内的十多个工程中应用温拌沥青技术，使用效果良好。

温拌沥青技术已经越来越成熟，温拌剂的种类也越来越多，有多达十余种的温拌沥青技术。就其作用原理而言，不外乎三大类：①有机降粘型温拌技术，使用有机降粘剂，降低热沥青拌和时的粘度，以蜡或蜡状物为主；②发泡沥青降粘温拌技术，通过水或有机发泡剂发泡沥青来降低沥青的粘度；③乳化分散沥青降粘技术，通过乳化技术降低沥青粘度。

2. 乳化沥青冷拌沥青混合料

冷拌沥青混合料是一种新型的沥青混合料，因价格昂贵，因此常用于道路修补中。冷拌沥青混合料克服了热拌沥青混合料在修补沥青路面的过程中受季节、天气、温度的限制，以及在修补现场进行沥青加热所造成的环境污染等弊端。冷拌沥青混合料具有如下主要特征：适用于任何天气和环境，它的适用温度为 -30℃～50℃（环境温度），可以在雨雪潮湿的恶劣条件下及时修补沥青路面坑槽。经碾压成型的冷拌沥青混合料路面具有与热拌沥青混合料路面一样的使用性能，采用改性冷拌沥青混合料铺筑的路面具有极强的抗老化性能，路面的寿命可长达 10 年以上。冷拌和用乳化沥青生产流程如图 3.3.5-2 所示。

3. 泡沫沥青冷拌技术

在高温的普通针入度级沥青中加入少量冷水，由于水的急速气化形成爆炸性泡沫，使沥青表面积大量增加，体积膨胀数倍至数十倍，然后在近一分钟内沥青又恢复原状，这种膨胀成泡沫的沥青称为泡沫沥青。沥青膨胀产生泡沫而使其黏度下降，从而可以很方便地与冷湿集料均匀拌合。泡沫沥青产生过程示意见图 3.3.5-3。

3.3.5.2　环境友好型路面

日渐完善的道路网为人们的出行提供了很大的方便，但另一方面也给环境带来了一些负面的影响，如噪声污染、路面积水一直是难以解决的问题。20 世纪 60 年代，欧美国家提出排水性沥青路面的概念，取得了很多成果并加以推广应用。首先研究开发出的是一种空隙率为 20％～25％、厚度为 4～5cm 的磨耗层。由于空隙率大，雨水能够渗入路面中，通过路面中的连通空隙向路面边缘排出。这样可以减薄路面水膜，避免产生"水漂"现

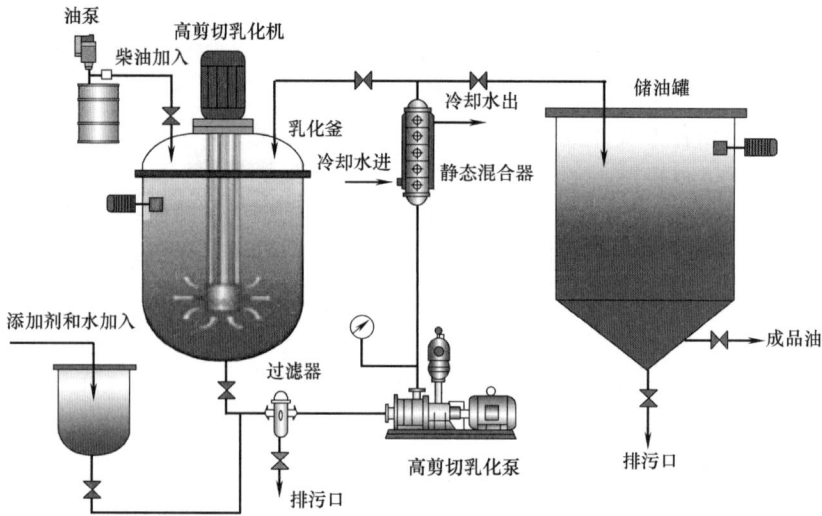

图 3.3.5-2 冷拌合用乳化沥青生产流程

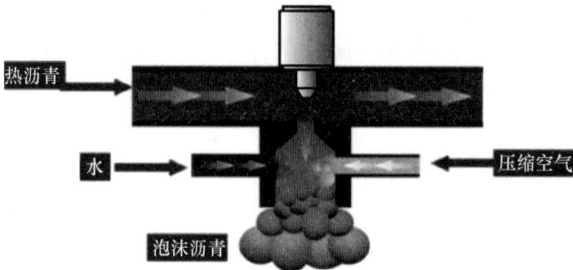

图 3.3.5-3 泡沫沥青产生示意图

象,进而有效保证行车安全,同时,大空隙的混合料能够吸收行车噪声,大幅降低行车噪声。

目前,欧洲国家研究和使用排水沥青路面已愈 30 年,取得了丰硕的成果。我国对排水沥青路面的研究虽然起步较晚,但也取得了一些成果,2001 年交通部公路科学研究院承担的交通部西部项目《山区公路沥青面层排水技术的研究》系统研究了排水沥青路面的材料性能与设计、结构设计、施工技术、路面安全特性等问题,为排水沥青路面在我国的应用奠定了基础。上海尚属研究和使用排水沥青混合料较早的城市,但大规模应用也于最近几年才开始,如在枫泾新镇、中环线、青浦淀山湖大道、世博园区等工程,排水沥青混合料都得到了较大规模地应用,路面排水、降噪效果良好。

另外,为了行车安全,并与道路周围的建筑相协调,且可以美化环境、诱导交通,20 世纪 50 年代欧美等国家开始研究彩色沥青混凝土路面。彩色沥青路面使用的材料、级配、结构和工艺都与普通沥青路面大致相同,其技术性能能够满足各种荷载与气候条件的要求。我国对彩色沥青混凝土路面的研究开始于 80 年代初,近几年才作为一种新型的铺面技术,为营造交通的时代气息,在公路、道路或广场上等场所得到越来越多地使用。彩色沥青路面可以有效美化街道空间环境,其强烈的视觉效果可以让人们产生独特的激情感受,给人们留下深刻印象,满足人们对美感的深层次心理需求。

20 世纪 60 年代以来,瑞典、法国、美国、英国、澳大利亚、日本等国家陆续展开对橡胶沥青混凝土的研究,积累一定的研究成果以后,这些国家通过有关法律以及技术推广等手段,促进了废旧胶粉在道路修筑过程中的应用。1981 年,比利时科学家在布鲁塞尔首先证明了橡胶沥青混凝土的减噪效果。随后世界各国相继开展了这方面的研究，修筑了大量试验路。研究发现，橡胶粉弹性较好，将其加入沥青混合料中以后，会增大沥青混合料的回弹变形，因此能够改善沥青混合料对应力吸收的能力及其对应力的扩散效果，所以，橡胶沥青也能够用于降噪路面中。我国温州市鼓励在城市道路设计施工中，推广应用各种成熟可靠的低噪路面新技术、新工艺、新材料。比如采用橡胶改性沥青混凝土、多空隙沥青混凝土等材料。

1. 降噪路面

城市道路交通产生的噪声主要包括：车辆自身系统产生的噪声、空气动力噪声以及轮胎与路面摩擦作用所产生的噪声。经研究表明，当车速大于 50km/h 时，车轮噪声就成为主要噪声源。路面不平整，连带车轮自身振动，产生的车轮冲击噪声，又称振动噪声；轮胎在路面上高速滚动时，胎面花纹槽中的空气被迅速压缩和释放所产生的胎面噪声，又称气泵噪声；车轮与地面摩擦所产生的摩擦噪声，又称附着噪声。

低噪声沥青路面是近年来新兴的一种路面结构，其主要降噪原理是：通过路面的构造深度和空隙吸收噪声，或者使用高弹性和大阻尼的路面材料吸收和衰减轮胎振动和冲击，或者通过表面的纹理（单位面积内表面的构造数量）反射噪声，消耗噪声的能量，以达到降低轮胎与路面摩擦产生噪声的目的，原理如图 3.3.5-4 所示。

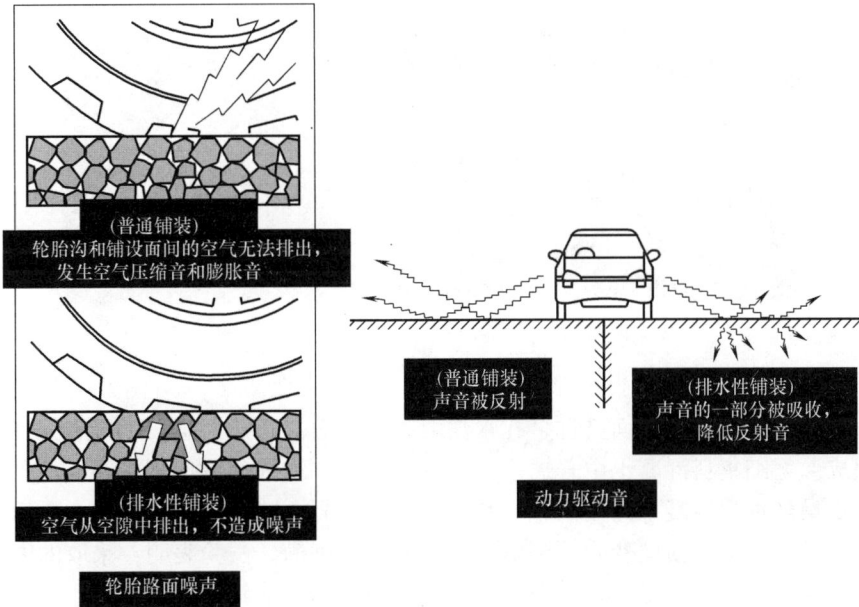

（普通铺装）
轮胎沟和铺设面间的空气无法排出，发生空气压缩音和膨胀音

（排水性铺装）
空气从空隙中排出，不造成噪声

轮胎路面噪声

（普通铺装）
声音被反射

（排水性铺装）
声音的一部分被吸收，降低反射音

动力驱动音

图 3.3.5-4 路面构造深度和空隙吸声原理

根据路面材料的不同，低噪声路面又可分为低噪声沥青路面和低噪声水泥路面。

（1）低噪声沥青路面

目前常见的低噪声沥青路面有多孔性沥青路面、橡胶沥青路面、高弹沥青路面及多孔弹性路面等。

多孔性沥青路面是利用路面中许多连通的小孔来吸收声能，使车轮的噪声传播至路面结构内部衰减，如 OGFC 路面。

橡胶沥青路面和高弹沥青路面是利用沥青材料的高弹性来减少车轮对路面的振动和冲击，从而达到减少车轮噪声的目的。

多孔弹性路面（PERS 路面）是近年日本首次引入的一种新型降噪路面，在欧洲挪威和瑞典等地也在试验应用，顾名思义，多孔弹性路面是在多孔路面的原理上再加入橡胶颗粒产生多孔弹性路面的复合效果。多孔弹性路面混合料是在沥青混合料中掺入橡胶颗粒（废旧轮胎磨制而成），并由聚氨酯树脂固结而成。多孔弹性路面（PERS 路面）具有吸声和阻尼减振降噪的效果，试验研究表明，小汽车车速为 60km/h 时其降噪效果为 13dB，卡车则可达 6dB，其降噪性能明显优于排水性沥青路面。但是多孔弹性路面（PERS 路面）的施工技术复杂，造价高，目前仍处于试验研究阶段。

（2）低噪声水泥路面

低噪声水泥混凝土路面是近年来兴起的一种新型路面，它最早产生于奥地利维也纳-萨尔兹堡的 AI 高速公路与汽运路，目前常见的低噪声水泥混凝土路面形式有洗出自然石透水路面、无细集料水泥混凝土路面（又称多孔水泥混凝土路面）和刻槽低噪声水泥混凝土路面。

洗出自然石透水混凝土路面（图 3.3.5-5）是一种通过一定手段使水泥混凝土路表薄层与水泥混凝土主体凝结时间不同，达到粗集料外露的目的，以实现表面降噪和增加抗滑效果的目的。

（a）   （b）

图 3.3.5-5　洗出自然石透水混凝土路面

无细集料水泥混凝土路面又称多孔水泥混凝土路面。它是由砾石基层和无细集料混凝土面层组成。无细集料混凝土由普通水泥、中粒碎石和加气剂按比例拌和而成。

刻槽低噪声水泥混凝土路面的施工和普通水泥混凝土路面一致，仅需在最后刻槽、拉毛阶段进行纵向刻槽、横向变间距刻槽和斜向变间距刻槽。试验表明：采取的方法是将传统的等间距横向刻槽改为变间距横向刻槽，或纵向、随机或斜向刻槽。

低噪声路面在降低车辆行驶噪声的同时还带来附加的好处，如多孔隙混凝土路面具有高透水性，路面上不积水，减少水雾和水漂现象，增加了行车安全，雨水通过路面渗入地下，一方面减少城市排水系统的压力，另一方面，还起到补充地下水的作用。

2. 排水沥青路面

排水沥青（drainage asphalt）路面，又称透水沥青（porous asphalt）路面，指压实后空隙率在 20％左右，能够在混合料内部形成排水通道的新型沥青混凝土面层，其实质为单一粒径碎石按照嵌挤原理形成骨架—空隙结构的开级配沥青混合料，以改善表面抗滑功能为主的开级配表面薄层应用又称开级配沥青磨耗层（OGFC，open-graded friction course）。

(a)   (b)

图 3.3.5-6　采用排水沥青路面改造前后效果对比

OGFC 沥青路面技术最早出现在 20 世纪 60 年代的美国，我国于 20 世纪 80 年代末引进 OGFC 路面技术。OGFC 沥青路面的主要优点有：排水性好；减少水雾和眩光；良好的降噪效果；抗滑性好；安全性高；强度和耐久性好等。采用排水沥青路面改造前后效果对比见图 3.3.5-6。

3.3.5.3　资源再生型路面

目前，资源再生型路面主要以沥青路面再生技术为主。沥青混合料中的沥青在长期自然影响及行车荷载的作用下，逐步发生老化现象，路面性能逐步降低。沥青的老化主要是软化点上升，针入度降低，延度减小，主要原因是由于低分子油分含量降低，沥青质含量增加，在老化的沥青中加入一定量的再生剂，提高低分子油分的含量，能够在一定程度上改善其路用性能。

国外对沥青路面再生利用研究，最早从 1915 年在美国开始的，但真正全面的研究是从 1973 年石油危机爆发后才引起重视，并在全国范围内进行广泛研究，到 80 年代末，美国再生沥青混合料的用量几乎为全部路用沥青混合料的一半，并且在再生剂开发、再生混合料的设计、施工设备等方面的研究也日趋深入，沥青路面的再生利用在美国已是常规实践，目前其重复利用率高达 80%。西欧国家也十分重视这项技术，德国是最早将再生材料应用于高速公路路面养护的国家；芬兰则组织各城镇收集并重复利用路面废旧材料；法国也在高速公路或者一些交通要道的养护中推广使用再生技术。20 世纪 70~80 年代，我国曾在不同程度上利用过废旧沥青混合料来修路，再生后的材料一般只用于轻交通道路、人行道或道路的垫层。近来，随着我国公路全面进入养护、大修及重建期，路面再生技术也得再次重视及广泛关注，一些科研院及高校将沥青路面再生技术加以推广和应用，取得了良好效果。

1. 沥青路面的再生技术

沥青路面的再生利用，就是将旧沥青路面经过翻挖、回收、破碎、筛分等方法处理后，与再生剂、新沥青材料、新集料等按一定比例重新拌和成混合料，能够满足一定的路用性能并重新铺筑于路面的一整套工艺。

沥青路面材料的再生利用有下列优点：①降低施工成本；②节约集料和沥青胶结料；

③保持原路面的几何特性；④保护环境；⑤节约能源；⑥减少用户的延误；⑦再生后的沥青路面具有优良的性能，与新铺沥青路面性能基本相当。

沥青路面的再生技术主要分为热再生和冷再生两大类，其中热再生又分为厂拌热再生和现场热再生，冷再生又分为厂拌冷再生和现场冷再生。热再生主要针对沥青路面，冷再生主要针对道路基层材料再生或沥青料降级使用的再生。

2. 废橡塑改性沥青混合料

随着我国交通运输事业和汽车工业的快速发展，社会汽车保有量增长速度越来越快，废轮胎数量也与日俱增。大量积存的废轮胎由于难以降解处理，已经被公认为"黑色污染"而成为社会公害，给环境治理造成了巨大的压力，同时也是对资源的极大浪费。

废橡塑改性沥青是指将废轮胎橡胶粉加入到沥青中，同时添加多种高聚合物改性剂，在高温条件下（180℃以上）搅拌均匀，经适当发育等工艺而得到的一种改性沥青结合料。

废橡塑改性沥青路面优点是：抗滑性能和耐磨损性好，有更高的安全系数，高温稳定性和低温抗裂性好，突出的抗老化性能，抗裂性和抗变形性好，水稳定性能好，降低了行车噪声，经济投入较少等，而且从环保角度来看，大力推广废橡胶粉改性沥青的应用是一种趋势，具有十分重要的意义。

3. 脱硫石膏水泥稳定碎石

脱硫石膏是燃煤电厂发电过程中湿法除硫的副产物。目前，脱硫石膏一般用于取代天然石膏制备水泥混凝剂、石膏板材、砂浆保温材料。

脱硫石膏水泥稳定碎石是指将脱硫石膏以等量替代原水泥稳定基层细集料的形式加入到普通水泥稳定碎石。其中，脱硫石膏对水泥的缓凝作用可以有效抑制水泥稳定碎石材料初期水化反应引起的干缩变形；脱硫石膏对外加活性矿物的强度激发作用，可以有效补充因水泥掺量降低而损失水泥水化强度；脱硫石膏在初期产生的膨胀会抵消水泥因水化而产生的干缩，随着龄期的增长会逐渐的愈合，通过化学反应产生的物质进一步填充了混合料空隙，从而使强度增加。

3.3.5.4 其他功能型道路

其他功能型路面主要有温拌阻燃路面、保水性路面、遮热式路面、自融雪路面等。温拌阻燃沥青路面一定程度上可减少隧道的潜在安全事故、降低事故危害程度并优化施工环境。遮热式路面通过在路面表面层涂覆太阳热反射涂层，将太阳的热辐射反射，从而降低沥青路面温度。保水性路面在大孔隙开级配沥青磨耗层的孔隙中填充保水性材料，雨天时吸收水分并保持，热天水分蒸发降低路面温度和大气温度，减少城市局部的"热岛"效应。自融雪技术主要是通过路面的特殊功能来实现除冰融雪，包括自应力弹性路面铺装技术、导电铺面融冰雪技术、能量转化型融冰雪技术等。

思考题

1. 结合国内外城市道路建设发展历史和发展现状，叙述未来城市道路设计和施工的一些要求和发展趋势。

2. 城市道路设计的目标和基本要求是什么？

3. 结合上海的实际情况，谈一谈城市道路交叉口设计和雨水排水系统设计的基本要求。

    4. 城市道路生态建设可以体现在哪些方面？

    5. 城市道路施工有哪些比较先进的理念，其主要目的是什么？

    6. 城市道路按照其所在的空间位置，可以分为哪几类，并分别叙述它们的道路结构组成。

    7. 水泥混凝土路面和沥青混凝土路面施工有何不同？

    8. 绿色环保的道路施工技术有哪些？它们具有哪些相应的特点？

    9. 选取一条城市道路，论述其在设计或施工中的特点。根据自己的想法，对其设计或施工进行优化。

参考文献

[1]　王娟. 试析城市道路规划设计的要点探讨 [J]. 城市建设理论研究，2014

[2]　于春杰等. 浅谈城市道路绿化设计 [J]. 城市建设理论研究，2012

[3]　陈丙秋. 彩色沥青路面的应用与发展前景 [C]. 中国交通土建工程学术暨建设成果交流会，2003

[4]　郭晓峰. 智能交通通信平台的设计与应用—构建大连市智能公交调度系统 [D]. 大连：大连海事大学，2005

[5]　严军. 浅谈绿色沥青路面材料在上海的应用 [J]. 世界科学，2010

[6]　齐晓梅. 浅谈公路沥青混凝土路面排水设计 [J]. 城市建设理论研究，2013

[7]　顾洪江. 乳化沥青冷再生混合料应用技术的研究 [D]. 大连：大连理工大学，2008

[8]　徐梦莹. 城市道路绿化景观创意设计初步研究—以苏州工业园区道路绿化景观设计为例 [D]. 苏州大学，2012

[9]　中华人民共和国行业标准. 城市道路设计规范 CJJ 37—2012. 北京：中华人民共和国住房和城乡建设部发布.

[10]　中华人民共和国国家标准. 城市道路交通规划设计规范 GB 50688—2011. 北京：中国建筑工业出版社，2011.

[11]　中华人民共和国行业标准. 公路排水设计规范. JTG/TD 33—2012. 北京：人民交通出版社，2012.

[12]　中华人民共和国行业标准. 城市道路交叉口设计规程 CJJ 152—2010. 北京：中国建筑工业出版社，2011.

[13]　中华人民共和国行业标准. 城市快速路设计规程 CJJ 129—2009. 北京：中国建筑工业出版社，2009.

[14]　中华人民共和国行业标准. 城市道路和建筑物无障碍设计规范. JGJ 50—2001. 北京：中国建筑工业出版社，2001.

[15]　中华人民共和国行业标准. 城市道路绿化规划与设计规范. CJJ 75—97. 北京：中国建筑工业出版社，1997

[16]　中华人民共和国国家标准. 室外排水设计规范 GB 50014—2006. 北京：中国计划出版社，2006

[17]　吴瑞麟，沈建武. 城市道路设计（第二版）[M]. 北京：人民交通出版社，2013.

[18] 孙家驷等. 道路勘测设计（第三版）[M]. 北京：人民交通出版社，2012.

[19] 周荣沾. 城市道路设计 [M]. 北京：人民交通出版社，2011.

[20] 李祝龙. 公路环境与景观设计咨询要点 [M]. 北京：人民交通出版社，2011.

[21] 宋瑞. 快速公交系统规划理论与方法 [M]. 北京：科学出版社. 2009

[22] 郭继孚等. 国内外快速公交系统发展实践 [M]. 北京：中国建筑工业出版社. 2008

[23] 徐家钰. 城市道路设计 [M]. 北京：中国水利水电出版社. 2005.

[24] 江海涛. 道路和建筑无障碍设计图说 [M]. 山东：山东科学技术出版社，2004

[25] 杨少伟. 道路勘测设计 [M]. 北京：人民交通出版社，2004

[26] 刘培文. 道路几何设计 [M]. 北京：人民交通出版社，2003

[27] 刘伯莹，等. 公路设计工程师手册 [M]. 北京：人民交通出版社，2002

[28] 任福田，等. 城市道路规划与设计 [M]. 北京：中国建筑工业出版社，1998

[29] 赵联芳等. 论道路建筑材料的环境协调性 [J]. 公路交通科技，2003

[30] 于颖. 水泥混凝土桥桥面铺装受力机理分析 [D]. 重庆：重庆交通大学，2008

[31] 王雷等. 浅谈路基施工的质量控制技术 [J]. 科技创新与应用，2013

[32] 王莹. 浅谈城镇沥青路面结构组成特点 [J]. 城市建设理论研究，2014

[33] 徐松南，韩大明. 城市道路施工机械简述 [J]. 林业机械与木工设备，2003

[34] 王艳兵. 沥青路面就地冷再生技术研究 [D]. 重庆：重庆交通大学，2013

[35] 马会良. 环保型温拌沥青新技术 [J]. 交通世界，2014

[36] 何昌轩，郑晓光. 生态环保道路关机技术研究与工程应用 [C]. 第十一次全国城市道路交通学术会议，2011

[37] 梁亮，邱建林等. 彩色沥青路面技术发展研究 [J]. 交通建设与管理，2008

[38] 张东平. 我国第一条音乐路面问世 [J]. 市政技术，2013

[39] 陆青清等. 脱硫石膏在水泥稳定碎石基层的应用研究 [J]. 上海建设科技，2014

[40] 陈辉强. 新型阻燃沥青的设备及其阻燃机理研究 [D]. 西安：长安大学，2009

[41] 吴少鹏等. 自诊断沥青混凝土及其应用前景 [J]. 华中科技大学学报，2005

[42] 许德录. 高速公路沥青路面薄层罩面养护技术与施工方法 [J]. 交通世界，2008

[43] 黄星，乐海淳. 东海大桥前面铺装技术 [J]. 上海建设科技，2006

第4章 桥梁建设

4.1 桥梁技术发展历史

4.1.1 国内外城市桥梁发展综述

桥梁是跨越障碍物的结构，桥梁是最能体现人类挑战自然、实现理想的人造构筑物。一部桥梁发展的历史，就是桥梁跨径不断增大，桥型不断丰富，结构不断轻型化的历史。

早期，人类由于不掌握结构受力的特性，出现了许多因结构受力不合理而导致的跨桥事故，19世纪以来，则是由于单纯考虑结构受力，忽视了自然的威力，许多桥梁在风的动力作用下或者地震动力作用下而垮塌。

人类能够定量估算风荷载的历史始于1759年，到了1879年，当时世界最长的84孔铁路桥梁--英国泰湾大桥（Firth of Tay）被强风吹毁的事实，将风荷载的计算推进到了必须考虑脉动风荷载或阵风荷载的时代（仍为风荷载的静力作用）；1940年秋，美国华盛顿州建成才四个月的世界第二大跨度悬索桥--塔科马大桥在仅仅8级大风作用下就发生强烈的振动而坍塌，才彻底结束了工程界单纯考虑风荷载静力作用的时代。

世界桥梁发展成就是与桥梁设计理论发展、桥用材料性能提高、桥梁装备技术进步密不可分的，并主要体现在：①斜拉桥、悬索桥、组合结构桥等桥梁结构形式的不断创新和建设规模的不断突破；②轻质高强高性能混凝土、1860MPa级高强钢丝、耐候钢、纤维混凝土等新材料的应用和发展；③预应力技术的应用和发展；④计算技术和信息化技术的发展。

纵观我国城市桥梁发展史，自20世纪中叶开始我国城市桥梁发展大致可以分为以下四个阶段：①新中国成立～70年代中期，以通达为主要目的所修建的跨河桥梁，以及与主要国道相连的道路桥梁。桥梁结构主要以中小跨径简支梁、实体（或空心）板桥、拱桥为主，施工工法以现浇、预制吊装为主。②70年代～80年代中期，随着城市发展和交通状况的改变，出现了以城市立交桥为代表的城市桥梁，其中以中等跨度连续梁、简支连续桥面梁为主，同时预应力技术开始应用，施工技术方面则出现了架桥机、顶推、顶拉法等机械作业工法。③80年代～21世纪初，为疏通城市与高速公路的衔接、缓解城市中心区道路的交通压力，城市快速路、城市环路大量出现，引进吸收国外先进造桥技术后建成了一大批斜拉桥、拱桥、连续刚构桥等大跨径桥梁，移动模架、节块拼装等施工工法得到进一步发展。④进入21世纪后，随着人们生活水平的提高，城市交通呈现爆发性增长，城市路网远不能满足交通需求，城市桥梁建设成为进一步完善城市路网结构改善城市环境的重要环节。创新结构体系、组合结构大量出现，设计手段从平面杆系向空间结构分析转换；各种施工工法得到熟练运用和发展；以人为本、服务城市的设计理念逐渐建立；注重城市景观、将桥梁作为城市标志或城市景观的思想得到发展。

4.1.2 桥梁建造技术发展

4.1.2.1 古代石拱桥

赵州桥（图 4.1.2-1）又称安济桥，位于河北省赵县境内，建于隋开皇年间（公元595～605 年），由隋匠李春建造，距今已有近1400 年历史。赵州桥全长 64.4m，拱顶宽 9m，拱脚宽 9.6m，跨径 37.02m，拱矢 7.23m。它是世界上现存最早，保存最完整的石拱桥之一，特别是拱上加拱的"敞肩拱"的运用，更为世界桥梁史上的首创。1991 年 9 月，赵州桥被美国土木工程师学会推举为第 12 个"国际土木工程里程碑"。

图 4.1.2-1　赵州桥

赵州桥采用了以拼装式结构为特征的纵向并列砌筑法（古代砌筑拱洞有两种砌筑法：横向联式砌筑法、纵向并列式砌筑法），如图 4.1.2-2 所示，建造中充分考虑了洨河水文情况和当时施工能力，用双银锭形的腰铁卡住单一主拱圈中毗邻的拱石，然后采用钩石勾住主拱圈，利用拱脚比拱顶宽 0.6m 的少量"收分"来防止拱圈倾斜，最后用两端带帽头的铁梁将 28 道单一主拱圈横贯锁成整体。

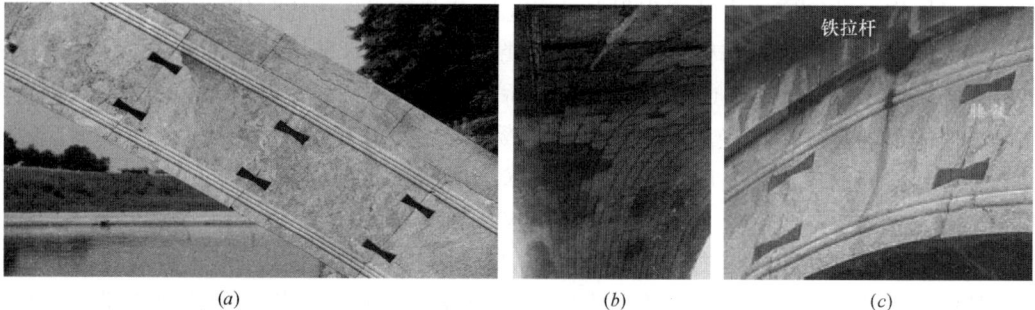

铁拉杆

(a)　　　　　　　*(b)*　　　　　　　*(c)*

图 4.1.2-2　赵州桥砌筑细节

赵州桥自建成起经历了 10 次水灾、8 次战乱和多次地震，尤其是 1966 年在河北邢台发生的 7.6 级地震，震中距桥址仅 40 多公里，桥体在强震中没有被破坏，证明了桥的设计有很好的抗震性能。桥梁专家茅以升曾经说过："先不管桥的内部结构如何，仅就它能够存在 1300 多年就说明了一切！"。

国外保留至今的古代桥梁大多为石拱桥。最为著名的一座是建于古罗马时代（公元前63～13 年）的加尔德（Pont du Gard）输水桥，该桥位于法国南部尼姆（Nimes）附近，全桥由三层圆弧拱组成，底层和二层各有 6 孔和 11 孔大拱，顶层为 36 孔小拱，拱上支承带有盖板的输水槽，图 4.1.2-3。

4.1.2.2 近代拱桥

近代大跨径桥梁中，普遍采用了桁架式钢拱桥的结构形式。这种设计充分利用了钢材良好的抗压、抗拉及抗变形能力大的特性，同时充分发挥了拱桥与同跨径梁桥相比弯矩、剪力、变形均小得多的结构优势；鉴于当时计算技术发展局限，桁架结构以其受力明确、计算简单的特点而成为主流结构。

建成于 1874 年的钢拱桥 Eads Bridge，是最早把钢作为主要建筑材料全面使用，而且是至今尚存的三跨钢拱桥。该桥是下承式拱桥，跨径为 153m＋

图 4.1.2-3　法国南部的加尔德
（Pont du Gard）输水桥

158m＋153m，水下基础施工首次采用了气压沉箱，有公路、铁路双层桥面，见图 4.1.2-4。该桥的建成，开启了人类建设大跨径桥梁的新时代，人类将天堑变通途的愿望才得以实现。

(a)

(b)

图 4.1.2-4　Eads Bridge

1916 年美国纽约地狱门大桥（图 4.1.2-5）是钢拱桥的里程碑。该桥为下承式钢拱桥，跨径 298m，桥宽 30.5m，铺设四条铁轨。Hell Gate Bridge 为现代钢拱桥的发展奠定了技术基础，为其后建设的悉尼海湾大桥提供了技术保障。

1932 年建成的悉尼大桥（Sydney Harbour Bridge）为钢桁架组合式拱桥，主跨 503m，单层公铁两用。拱顶到海平面 134m，桥面宽 49m，铆接。代表当时最高建桥技术，成为国际土木工程里程碑（图 4.1.2-6）。

19 世纪最大跨径的混凝土拱桥为法国 Francois Hennebique 设计的夏特罗大桥（Cha-tellerault）Bridge（图 4.1.2-7）。它也是早期混凝土拱桥的代表，其跨径超过了 100m。

图 4.1.2-5　地狱门大桥　　　　图 4.1.2-6　悉尼大桥　　　　图 4.1.2-7　夏特罗大桥

4.1.2.3　现代梁桥

梁桥是一种最古老、最常见的桥型。自工业革命之后，随着钢材、混凝土等材料制备技术的成熟以及结构体系研究的深入，19世纪以来，现代连续梁桥在大跨径梁桥领域逐步取得了统治地位。

1953年联邦德国在沃尔姆斯（WORMS）建成了主跨114.2m的尼伯龙根桥（Nibelungen Brücke）。该桥最大特色是悬臂拼装法（钢桥中传统的施工方法）在预应力混凝土桥梁上的成功应用，为桥梁工程界发展出 T 型刚构桥型奠定了基础。作为现代连续梁桥的一种重要桥型，连续刚构桥则是由 T 型刚构桥演变而来，其结构特点是梁体连续、梁墩固结，有很大的顺桥向抗弯刚度和横向抗扭刚度，能满足现代大跨度桥梁的受力要求。

20世纪梁桥的主要发展方向是预应力混凝土连续梁桥。20世纪50年代，林同炎提出了"荷载平衡法"来简化预应力结构的计算。"荷载平衡法"基于以下原理：预应力可以认为是对混凝土构件事先施加的与使用荷载相反方向的荷载，这种荷载可以部分或全部抵消使用荷载。"荷载平衡法"以等效荷载为切入点，将预应力混凝土结构简化为普通钢筋混凝土结构加等效荷载的联合形式，能够帮助设计人员在面对复杂结构的设计配筋时，高效选择预应力筋的线形和预加力的大小，以优化预应力结构在使用状态下的结构挠度，对预应力混凝土结构的设计和计算起到了革命性的促进作用。

大跨径预应力混凝土梁式桥的基本特点是：纵向采用三跨或多跨对称布置的变高度梁，横向采用箱形截面，纵横向预应力采用钢绞线大吨位预应力体系（包括相应锚具和张拉设备），竖向预应力采用高强度精轧螺纹钢筋，形成三向预应力。施工方法常采用悬臂拼装法或灌筑法。

1964年联邦德国建成了主跨达到208m的 Bendorf Bridge，在显示悬臂施工工艺优势的同时，又实现了结构体系创新（即带铰连续刚构体系），薄壁主墩与上部连续梁固结，形成桥跨布置为43m+44.35m+71m+208m+71m+44.35m+43m、中间跨（208m）带铰的连续刚构体系。

1998年11月，挪威建成特大跨径混凝土连续刚构桥 Stolma 桥（主跨301m），该桥跨径布置为94m+301m+72m（图4.1.2-8），其特点是：主跨中部采用轻质高强混凝土；截面为单室箱，底板、腹板厚度较小；边跨配重设计。Stolma 桥的边/主跨之比仅为0.239，为解决边主跨重力的不平衡，在72m边跨中的53m范围内，箱梁填以砾卵石。

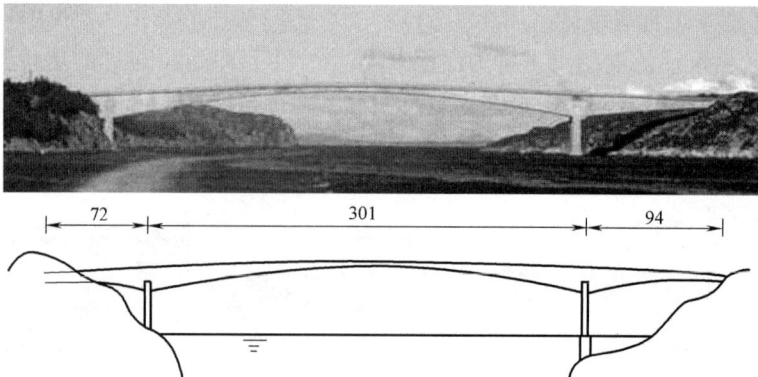

图4.1.2-8　Stolma 桥

通过计算得知，墩柱处剪力的 90% 是由悬臂梁的自重产生的，为此在主跨中段 182m 范围采用重度仅为 19.5kN/m³ 的轻质高强混凝土（CL60），见图 4.1.2-9，而桥梁的其他部分采用 C65 混凝土，从而达到了优化结构受力的目的。

图 4.1.2-9　Stolma 桥的悬臂施工

我国于 20 世纪 50 年代，开始对预应力混凝土梁式桥进行研究和试验，60 年代末开始采用悬臂施工工艺建造预应力混凝土 T 形刚构桥，90 年代以来大跨度预应力混凝土连续梁桥以及连续－刚构桥的应用得到了较大的发展。

2006 年 8 月建成的重庆石板坡大桥复线桥（图 4.1.2-10），采用混凝土连续刚构＋钢梁的混合梁形式，其主跨跨径达到 330m。这座世界跨径记录的箱梁桥结合了混凝土的施工优点和钢结构自重较轻的优势，主跨中间段采用 108m 钢箱梁节段，其余部分使用全轻质 C60 混凝土（自重约为常规混凝土的 60%）的混合结构桥型，实现了满足经济指标要求下的技术进步，见图 4.1.2-11。经计算，330m 主跨跨中 1/3 部分采用钢箱梁，其自重约为常规混凝土箱梁的 30%，可以使墩顶负弯矩减小约 1/3，仅相当于按常规设计的 270m 跨径全混凝土梁桥的墩顶弯矩。

| 跨度(m) | 86.5 | 138.0 | 138.0 | 138.0 | 138.0 | 330.0 | 104.5 |
| 水深(m) | 3.0　8.0 | 5.0　8.0 | 5.0　8.0 | 5.0 | 5.0　16.0 | 5.0 | 16.0　4.5 |

图 4.1.2-10　重庆石板坡大桥复线桥混合梁的构成

图 4.1.2-11　重庆石板坡大桥复线桥过渡段和钢箱梁的吊装

4.1.2.4　现代拱桥

瑞士萨尔基那山谷桥（图 4.1.2-12）于 1930 年设计建造，跨径 90m，跨越阿尔卑斯山萨尔基那峡谷，结构型式采用混凝土镰刀形上承式三铰拱，是国际上三铰空箱截面组合拱桥的代表（称为梅拉尔特型式）。该桥因其白色的桥身镶嵌在阿尔卑斯山的山谷间，在蓝天和青山的背景映衬下显得格外轻盈和突出，充分体现了桥梁的美学价值而成为世界名桥。

(a)   (b)

图 4.1.2-12 瑞士萨尔基那山谷桥

图 4.1.2-13 美国新河谷桥

1977 年建成的美国新河谷桥（图4.1.2-13），为组合式焊接结构钢拱桥，主要构件为钢桁架式主拱圈＋钢桁架式主梁，跨度为 518.2m，水面以上高达 268m 的门架墩为箱形截面并带锥度以减少风荷载的影响。该桥考虑到地处人烟罕至的山谷，桥梁结构采用了无需养护的耐候钢。

1997 年建成的重庆万县长江大桥（图 4.1.2-14）为上承式混凝土拱桥，主跨 420m，矢高 67m，桥宽 23m，单孔跨江，无水下基础。主拱圈采用钢管劲性骨架与钢筋混凝土组合的钢筋混凝土箱形截面拱，主拱采用缆索吊装和悬臂扣挂的方法施工，该桥的建成，使我国的拱桥建筑水平处于当时世界领先地位。

(a)   (b)

图 4.1.2-14 万县长江大桥（左）和钢管劲性骨架（右）

2000 年建成的广州丫髻沙大桥（图 4.1.2-15），是主跨为 360m 的中承式拱桥。该桥首次选用 6 管式拱肋截面，每肋由 6φ750 钢管组成（管内填充混凝土），由横向平联板、腹杆连接成为钢管混凝土桁架。内、中、外 3 根钢管通过平联板形成能共同受力的类肋板式的结构,上下排钢管间通过腹杆组成稳定的空间结构,沿拱轴采用变高等宽截面。该桥采用了竖转加平转的施工技术。

<table>
<tr><td>(a)</td><td>(b)</td></tr>
</table>

图 4.1.2-15　丫髻沙大桥及其竖转和平转施工

　　上海卢浦大桥为黄浦江上一跨过江的桥梁,采用了倾斜的箱形拱以获得"提篮拱"的美学造型和足够的稳定安全系数。上海卢浦大桥(图 4.1.2-17)采用中承式系杆拱桥形式(图 4.1.2-16),主桥两边跨端横梁之间布置 16 根水平拉索,以平衡中跨拱肋近 2×10^5 kN 的水平推力,在施工中安全实现了多次体系转换,将临时扣索的拉力转移到水平的系杆拉索中去(图 4.1.2-18)。

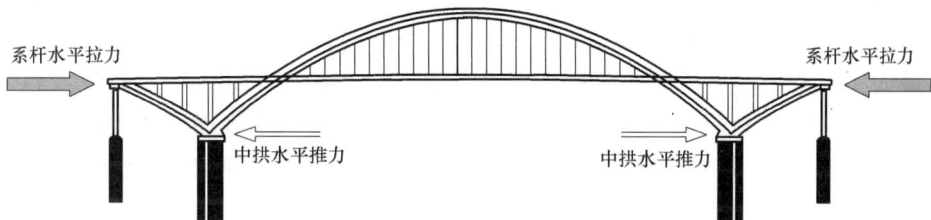

系杆水平拉力　　　　　　　　　　　　　　　　　　　系杆水平拉力

中拱水平推力　　　　中拱水平推力

图 4.1.2-16　卢浦大桥结构体系

图 4.1.2-17　卢浦大桥全景图

图 4.1.2-18　卢浦大桥施工图

4.1.2.5　现代斜拉桥

　　斜拉桥型始于 20 世纪 50 年代,其后得到了快速发展,其发展趋势是密索取代稀索、预应力混凝土斜拉桥的兴起以及斜拉桥种类的多样化。当前大跨度斜拉桥建设的技术难关已经由过去的注重结构强度和受力的合理性发展到注重抗风设计、抗震设计以及斜拉索的使用寿命等领域。

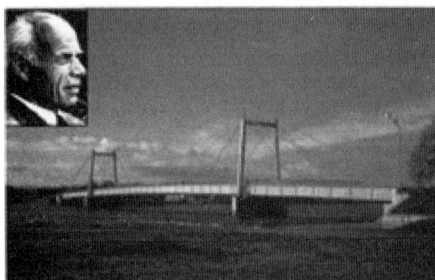

图 4.1.2-19　Strömsund 桥

1956 年，瑞典建成了世界上第一座真正意义上的斜拉桥——Strömsund 桥（图 4.1.2-19 所示）。该桥主跨 183m，两边跨均为 74.7m，由于当时计算手段的局限，为简化计算该桥拉索采用稀索布置，加劲梁由两片板梁组成。

随着计算机技术的不断进步，设计更合理、更新颖的斜拉桥形式不断涌现。1966 年德国建成了世界上第一座密索斜拉桥——莱茵河上的 Friedrich Ebert Bridge。自此以后斜拉桥均采用这种受力更合理的密索体系。

1972 年，德国工程师设计了世界上第一座全混凝土并以钢绞线作为斜拉索的斜拉桥——New Hoechst Bridge，主跨长 148m，使用混凝土索塔，预应力混凝土加劲梁。此后建成的斜拉桥逐步采用并推广了混凝土加劲梁，并且由于采用了预应力混凝土的工艺，斜拉桥的施工建造技术也得到了发展。

1994 年建成的法国诺曼底大桥（图 4.1.2-20）是一座双塔双索面大跨度混合梁斜拉桥，主跨 856m，采用混合梁设计方案（中段 624m 为钢梁）。主梁断面采用单箱三室及流线形设计以增加抗扭刚度，混凝土梁分 33 个节段采用悬臂法施工。混凝土主塔高 215m 呈人字形造型，对抵抗横向风荷载非常有效。斜拉索采用新型平行钢绞线，考虑到斜拉索的减振，在每个索面内布置了 4 对直线连接索，拉索表面经防雨振的螺旋线处理，在缆索下端安装了阻尼器。该桥的建成进一步发展了风致振颤的理论研究成果和工程实践。

(a)

(b)

图 4.1.2-20　法国诺曼底大桥

我国苏通长江公路大桥（图 4.1.2-21）主航道桥跨径 1088m，全钢箱梁，塔梁间首次采用阻尼加限位的连接体系，阻尼器对地震和其他振动响应起到减震作用，限位装置则针对极限纵风作用以限制塔梁间的纵向位移，同时可有效控制索塔内力。

继单塔斜拉桥之后，许多学者还对多塔斜拉桥进行了研究，并基本上形成了二种体

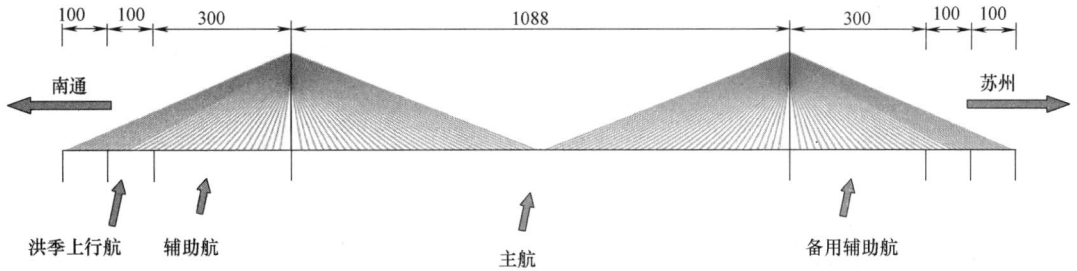

图 4.1.2-21　苏通大桥桥跨布置

系：加劲索体系和刚性塔体系。具有代表性的加劲索体系有香港的汀九大桥（图 4.1.2-22）。刚性塔体系则有希腊的 Rion-antirion Bridge（图 4.1.2-23）。

图 4.1.2-22　香港汀九大桥图

图 4.1.2-23　希腊 Rion-antirion Bridge

　　近年来，斜拉桥还发展了一种特殊的形式——矮塔斜拉桥。1980 年由 Christian Menn 设计的著名的甘特（Ganter）大桥，堪称是矮塔斜拉桥（板拉）的先驱，该桥的混凝土箱形梁由预应力混凝土斜拉板"悬挂"在非常矮的塔上。该桥得到广泛的赞誉除了该桥的特殊板拉形式外，还在于其结构的优美且与瑞士群山完美的结合、相互映衬。该桥成为了由英国《桥梁设计与工程杂志》组织全球 30 位著名的桥梁工程师、建筑师和学者评选出的 15 座"20 世纪世界最佳桥梁"中的一员。

4.1.2.6　现代悬索桥

　　真正意义上的现代悬索桥是 1883 年通车的美国 Brooklyn Bridge（图 4.1.2-24），其跨径组合是 286m＋486m＋286m，是工业革命时代全世界 7 个划时代的建筑工程奇迹之一。在建造 Brooklyn Bridge 的时候，受限于当时计算技术的水平，工程师 John A. Roebling 无法对悬索桥这种高次超静定体系进行精确计算，而是通过规定构件间作用力的合理分配，

图 4.1.2-24　美国 Brooklyn Bridge

并始终保证整体的平衡，同时通过加大加劲梁的刚度和拉索等措施来弥补单纯悬索系统的不足，从而保证整桥的安全度。

1937 年竣工的 Golden Gate Bridge（图 4.1.2-25）主跨为 1280m，高跨比只有 1∶168，体现了悬索桥向长细化方面发展的方向。形成主梁的空间桁架仅由 3 片平面桁架所组成，由于当时桥梁界并没有充分认识抗扭刚度对空气动力稳定的重要性，主梁断面下部开口而未形成闭合截面，Tacoma 桥（Tacoma Narrows Bridge）风毁事故发生之后，工程界才意识到抗风振设计的缺失对于此桥潜在的风险。此后 Golden Gate Bridge 在竖向桁架的下弦之间加设下横支撑，空间桁架由包含 3 片桁架的开口截面改变成包含 4 片桁架的闭口截面，而在加劲梁外形的设计上也采用了具有良好空气动力性能的几何外形。

图 4.1.2-25 Golden Gate Bridge

1940 年 11 月，Tacoma 桥（图 4.1.2-26）在建成仅 4 个月就在风速为 19m/s（8 级）风动力作用下发生垮坍。当时的挠度理论在解析柔性体系时认为：大跨度悬索桥的主缆很大的话，车辆等活载就像是在钢丝绳上停着的一只苍蝇可忽略不计，因此主梁桁架可以不要而节省工程投资。Tacoma 桥设计时过分依赖挠度理论，使梁的刚度急剧减小，忽视了风的动力作用而致桥梁垮塌。Tacoma 桥的风致垮塌开启了桥梁工程抗风设计和风洞试验的新时代。

(a)　　　　　　　　　　　　　　　　(b)

图 4.1.2-26 美国塔科玛桥（Tacoma Bridge）的风毁
(a) 风致扭转振动；(b) 桥面折断坠毁

1966 年建成的塞文桥（Severn Bridge）首次采用扁平钢箱梁（箱高 3m），使得高跨比达到 1∶324，与被风振摧毁的 Tacoma 桥接近，但由于采用了由风洞试验确定的流线形状以及闭口截面的钢箱梁，使得其抗扭刚度和风振稳定性能都很理想，见图 4.1.2-27。

建成于 1998 年的日本明石海峡大桥（图 4.1.2-28）位于本州四国联络线的神户——鸣门线上，桥梁主跨长度为 1991m，全长为 960m＋1991m＋960m，是目前世界最大跨径悬索桥，桥址海水最深处达 110m，最大流速为 4.5m/s。明石海峡大桥全桥共计用钢量达到 30 万吨，下部结构混凝土用量达到了约为 125 万方。

(a)   (b)

图 4.1.2-27   Severn Bridge

(a)   (b)

图 4.1.2-28   日本明石海峡大桥

新开发的悬索桥缆索抗拉强度由常规的 1600MPa 级提升到 1800MPa 级，由于缆索、索塔钢材强度的提高，使明石海峡大桥索塔高度降低了 30m。由于索塔高出海面以上约 300m，考虑到塔在施工期间及运营期间的风振影响，最终索塔断面形状通过风洞模型试验优化确定，同时在塔顶设置衰减振动的阻尼装置，以确保塔的抗风稳定性。在选择主桥结构时，通过风洞试验分别对现代英国流派的箱形流线型断面和古典流派的桁梁断面进行了分析比较，最终采用了抗扭刚度更大的加劲桁梁。为适应海洋气候条件下的施工及防止潮流冲击与冲刷，大桥基础施工采用了直径为 80m、高 65m 的钢制圆形沉箱，钢沉箱基础由工厂制作，并拖运至施工现场定位沉放，最后在沉箱内浇筑混凝土而形成承台，据测算从索塔传到基础的最大垂直力达到了 1.25×10^6 kN。

20 世纪 90 年代起，中国亦进入了发展悬索桥的队伍之列，1998 年的香港青马大桥（主跨 1377m）、1999 年的江阴长江大桥（主跨 1385m）、2009 年的舟山西堠门桥（主跨 1650m）等悬索桥的建成，不仅填补了我国现代化悬索桥的空白，也使我国跨入了掌握现代大跨径悬索桥设计、分析、建造技术的先进行列。

4.2   桥梁设计

4.2.1   常见城市桥梁设计类型及结构受力特点

4.2.1.1   梁桥

梁桥是一种在竖向荷载作用下无水平反力的结构，图 4.2.1-1 （a）、（b）所示，由于外力（恒载和活载）的作用方向与桥梁结构的轴线接近垂直，因而与同样跨径的其他结构体系相比，梁桥内产生的弯矩最大，即梁式桥以受弯为主，因此通常需用抗弯、抗拉能力强的材料（如钢、钢筋混凝土等）来建造，梁桥的特点是结构简单、施工方便，且对地基承载力的要求也不高。对于钢筋混凝土简支梁桥，其跨径一般小于 25m，当跨径较大时，应采用预应力混凝土结构，但跨径一般也不宜超过 50m。为了改善受力条件和使用性能，地质条件较好时，中小跨径梁桥均可修建连续梁桥，如图 4.2.1-1（c）所示。对于大跨径和特大跨径的梁桥，可采用预应力混凝土、钢、钢筋混凝土组合梁及桁梁桥等，如图 4.2.1-1（d）、（e）所示。

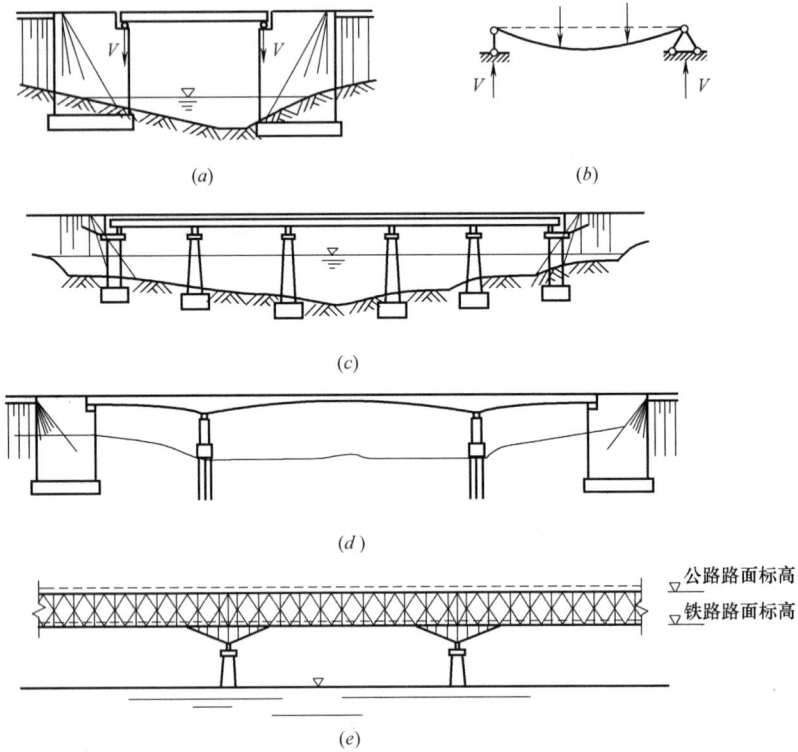

图 4.2.1-1 梁桥

梁桥中的连续梁桥属于超静定结构，在竖向荷载作用下支点截面产生负弯矩，连续梁与同等跨径的简支梁相比，其跨中正弯矩显著减小（图 4.2.1-2），因而跨越能力较大。除此之外，连续梁还具有结构刚度大、变形小、主梁变形挠曲线平缓、动力性能好及有利于高速行车等优点。连续梁是超静定结构，基础不均匀沉降将在结构中产生附加内力，因此对桥梁基础的要求相对较高，适合在地基条件较好的场合采用，其合理跨径一般在 120m 以内。

钢筋混凝土梁桥是最为常见的一种类型，已有近百年的历史，具有钢筋混凝土结构的所有特点，即：就地取材而成本低、耐久性好而维修费用少、材料可塑性强、整体性好而提高结构刚度、变形小、噪声小等，但也有一些明显的不足之处，如混凝土材料抗拉强度不高、重度大等。随着服役时间的增加，在自然环境以及使用环境的作用下，钢筋混凝土梁桥的结构性能会逐步下降而出现各类病害，如上下部结构出现裂缝、腐蚀破坏、主梁挠

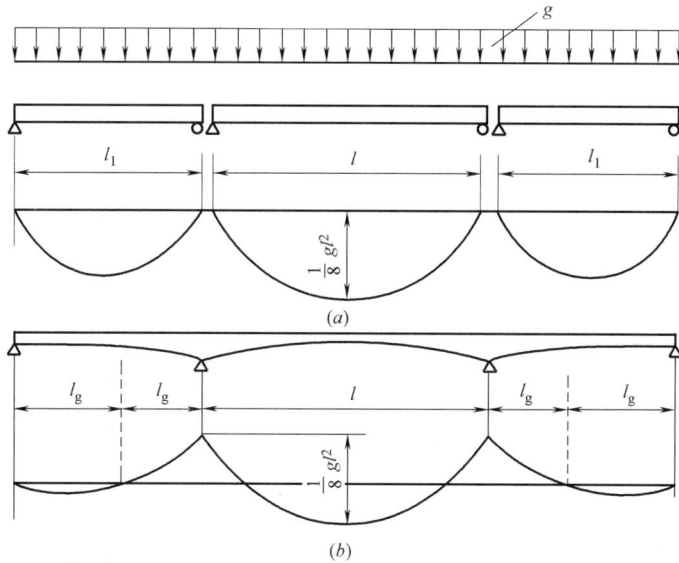

图 4.2.1-2 连续梁桥

(a) 简支梁弯矩；(b) 连续梁弯矩

度过大、用于斜交桥时易发生梁体横向错位以及单板受力等。

主梁和墩柱整体相连的桥梁称为刚构桥。由于梁和柱之间是刚性连接，在竖向荷载作用下，将在主梁端部产生负弯矩，在柱脚处产生水平反力。就门式刚构桥而言，梁部分主要受弯，但其弯矩较同跨径的简支梁小，同时梁内还有轴力的作用，因此刚构桥的受力状态介于梁桥与拱桥之间，如图 4.2.1-3 (a)、(b) 所示。刚构桥的跨中建筑高度可做得较低，通常适用于需要较大的桥下净空和建筑高度受到限制的情况，如跨线桥、立交桥和高架桥等。除了门式刚构桥外，通常还有 T 形刚构桥、连续刚构桥、斜腿刚构桥等，如图 4.2.1-3 (c)、(d) 所示。

刚构桥在竖向荷载的作用下，一般都会产生水平推力，因此必须要有良好的地质条件或采用较深的基础（或特殊的构造措施）来抵抗水平推力的作用。刚构桥大多数为超静定结构，故在混凝土收缩、徐变、温度变化、墩台不均匀沉陷和预应力等因素的作用下，均会产生较大的附加内力，故须在设计和施工中引起注意。除此之外，对于大跨径的刚构桥，一般均要承受正负弯矩的交替作用，主

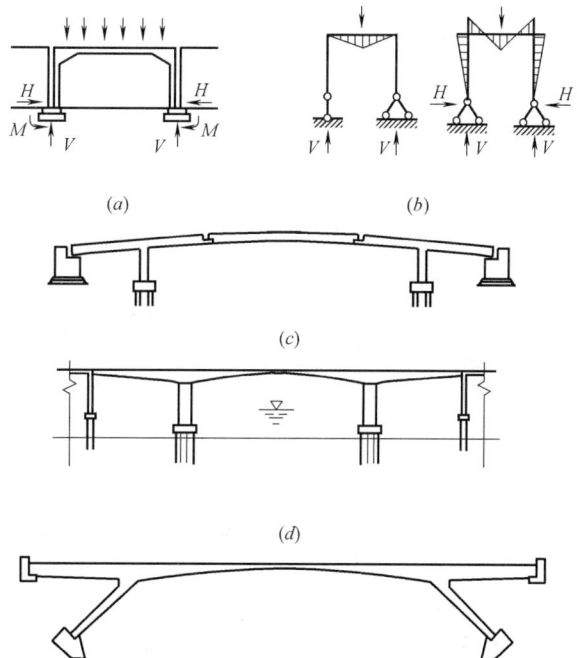

图 4.2.1-3 刚构桥

梁横截面宜采用箱形截面。

4.2.1.2 拱桥

拱桥的主要承重结构是主拱圈或拱肋，如图 4.2.1-4 (a) 所示。在竖向荷载作用下，桥墩和桥台将承受水平推力，同时墩台向拱圈或拱肋提供水平反力，这将大大抵消在拱圈或拱肋中由荷载引起的弯矩，因此与同跨径的梁式桥相比，拱桥的弯矩、剪力和变形都要小得多。拱桥不仅跨越能力大，而且外形也较美观，在条件允许的情况下，修建拱桥往往是经济合理的。

拱桥的主要受力特点是：拱圈或拱肋等承重构件以受压为主，拱桥对墩台产生水平推力，因此拱桥建造时通常采用抗压能力强的圬工材料（如砖、石、混凝土等）和钢筋混凝土。由于拱桥往往有较大的水平推力，为了确保拱桥的安全，下部结构（特别是桥台）和地基必须具备承受很大水平推力的能力，一般应选择地质条件较好的地域修建拱桥。

在地质条件不适合于修建具有很大水平推力拱桥的情况下，也可采用无水平推力的系杆拱桥，如图 4.2.1-4 (c) 所示，其水平推力由系杆承受，系杆可由预应力混凝土、钢等制作。也可采用近年来得到应用发展的具有较小水平推力的飞雁式、三跨自锚式系杆拱桥，如图 4.2.1-4 (d) 所示，即在边跨的两端施加强大的水平预加力，通过边跨拱传至主跨拱脚，以抵消主跨拱脚处的水平推力。

按照行车道处于主拱圈的不同位置，拱桥可分为三种：上承式，见图 4.2.1-4 (a)；下承式，见图 4.2.1-4 (c)；中承式，见图 4.2.1-4 (d)。

此外，按照结构组成和支承方式分类，拱还可以分为无铰拱、两铰拱和三铰拱，三种主拱圈的静力图式如图 4.2.1-5 所示。

三铰拱属于外部静定结构。由温度变化、支座沉陷等原因引起的变形不会在拱内产生附加内力。当地质条件不良，又需要采用拱式结构时，可以考虑采用三铰拱。其缺点是铰的构造复杂、施工困难、维护费用高；另外桥面在铰处需设置伸缩缝，桥面纵坡在伸缩缝处会出现折角而不利于行车与养护。

两铰拱属外部一次超静定结构。由于取消了拱顶铰，使结构整体刚度

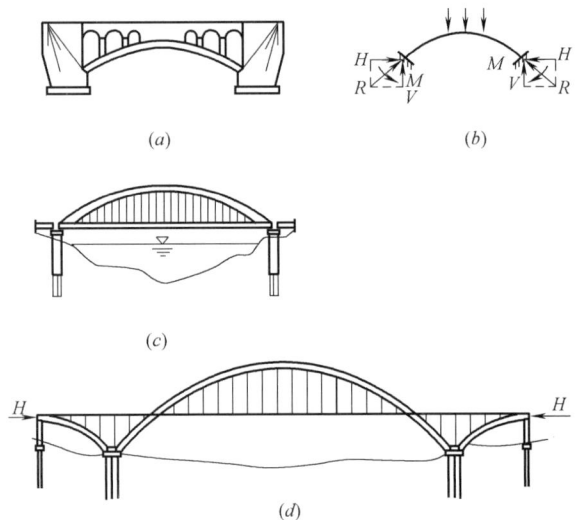

图 4.2.1-4 拱桥

较三铰拱大，常在墩台基础可能发生位移的情况下或坦拱中采用。与无铰拱相比，可以减小基础位移、温度变化、混凝土收缩和徐变等引起的附加内力。由于钢拱桥中设铰较方便，钢拱桥采用二铰拱的较多（如澳大利亚悉尼海港大桥和美国新河谷桥）。

无铰拱属外部多次超静定结构。在自重及外荷载作用下，拱内的弯矩分布比两铰拱均匀，材料用量省，由于不设铰，结构的整体刚度大，构造简单，施工方便，维护费用少。

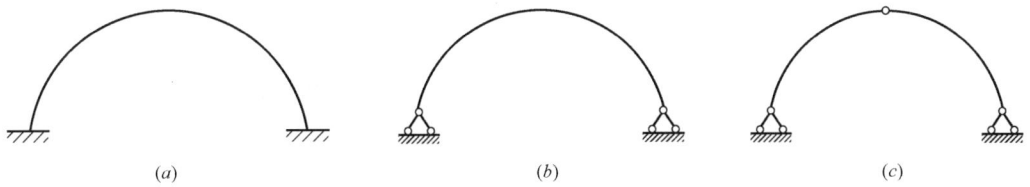

图 4.2.1-5　三种主拱圈的静力图式
(a) 无铰拱；(b) 两铰拱；(c) 三铰拱

但缺点是拱脚变位、温度变化、混凝土收缩等产生的附加内力较三铰拱和二铰拱大。随着跨径的增大，附加内力在结构总内力中的比重会相对减小，因此无铰拱广泛用于石拱桥和钢筋混凝土拱桥之中。

4.2.1.3　斜拉桥

斜拉桥的上部结构由塔柱、主梁和斜拉索组成，如图 4.2.1-6 所示，斜拉桥实际上是梁式桥与吊桥的组合形式。它的主要受力特点是：斜拉索受拉力，它将主梁多点吊起（类似吊桥），将主梁的恒载和车辆等其他荷载传至塔柱，再通过塔柱传至基础和地基，因此塔柱为受压构件，主梁由于同时受斜拉索水平力的作用，因此为压弯构件。主梁由于被斜拉索吊起，它如同一个多点弹性支承的连续梁，从而使主梁内的弯矩较一般梁式桥大大减小，这也是斜拉桥具有较大跨越能力的主要原因。

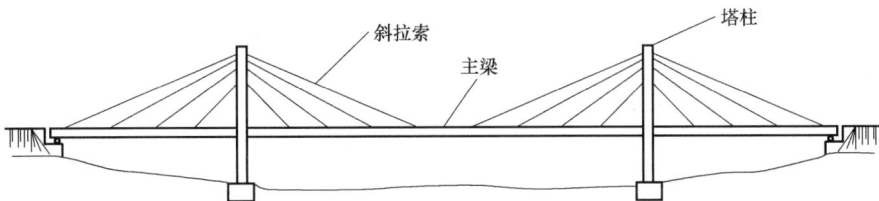

图 4.2.1-6　斜拉桥

斜拉桥的塔柱、拉索和主梁在纵向面内形成了稳定的三角形，因此，斜拉桥的结构刚度较悬索桥大，其抗风稳定性较悬索桥好。在目前所有的桥型中，斜拉桥的跨越能力仅次于悬索桥。

随着斜拉桥跨径的增大，塔高及外侧斜拉索长度增加较快，悬臂施工的斜拉桥因主梁悬臂过长，承受斜拉索传来的水平压力过大，因而风险较大，这也是斜拉桥跨越能力不能与悬索桥相比的主要原因。

斜拉桥的斜拉索，塔柱和主梁三者可按其相互的结合方式组成 4 种不同的结构体系，如图 4.2.1-7 所示。即漂浮体系、半漂浮（支承）体系、塔梁固结体系以及塔梁墩固结的刚构体系。它们各具特点，在设计中应根据具体情况进行合理选择。

(1) 漂浮体系是将主梁除两端外全部用缆索吊起，在纵向可稍作浮动的一种具有弹性支承的单跨梁，由于主塔的柔性和主梁悬浮状态，该体系对结构的抗震十分有利，因而在大跨度（400m 以上）斜拉桥中采用较多。

(2) 半漂浮体系的主梁在塔墩处设有支座，接近于跨度内具有弹性支承的三跨连续梁，这种体系的主梁内力在塔墩支点处产生急剧变化，出现负弯矩尖峰，通常需加强支承

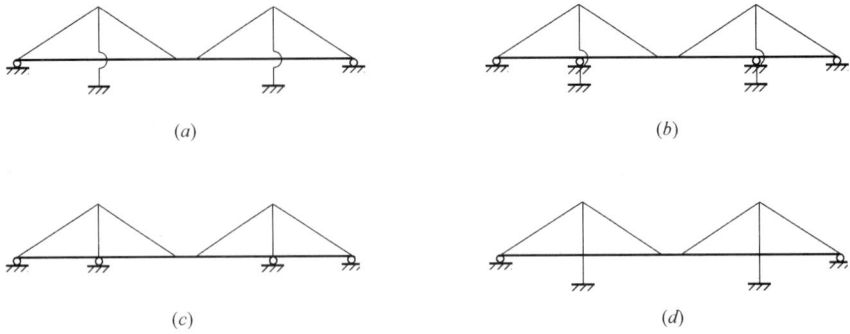

图 4.2.1-7　斜拉桥的结构体系
(a) 漂浮体系；(b) 半漂浮（支承）体系；(c) 塔梁固结体系；(d) 刚构体系

区段的主梁截面。

（3）塔梁固结体系的主梁与桥塔固结，主梁与塔柱内的内力以及梁的挠度直接同主梁与塔柱的弯曲刚度比值有关。该体系存在塔顶水平位移较大等不足，且全部上部结构的重量（包括塔柱的）和活载都经由支座传递给桥墩，这样就需设置很大承载能力的支座，因此特大跨径的斜拉桥不宜采用这种体系。

（4）刚构体系的塔柱、主梁和桥墩相互固结，形成了在跨度内具有弹性支承的刚构。其优点是体系的刚度大，使主梁和塔柱在外荷载作用下挠度较小。但这种体系在固结处附近区段内主梁的截面必须加大。刚构体系在塔柱处不需要任何支座，但是在刚结点和墩脚处将出现很大的温度附加弯矩。该种体系在单索面斜拉桥和独塔斜拉桥中采用较多。

近年来国际上还兴起了斜拉桥的另外一种特殊形式-矮塔斜拉桥。矮塔斜拉桥的受力是以梁为主而索为辅，所以梁体高度介于梁式桥与斜拉桥之间，大约是同跨径梁式桥的1/2 倍或斜拉桥的 2 倍，截面一般采用变截面形式，特殊情况采用等截面，因此它的受力特点也是与这两种桥型既有联系又有区别。

就梁桥和斜拉桥的受力特点而言，连续梁是以梁的直接受弯、受剪来承受竖向荷载，斜拉桥是以梁的受压和索的受拉来承受竖向荷载，而矮塔斜拉桥则兼具这两种受力特点，但矮塔斜拉桥梁体的弯矩没有连续梁桥大，受压也没有斜拉桥主梁那么显著，可以说是处于两种桥型之间的中间状态。梁桥、斜拉桥以及矮塔斜拉桥的结构特点可以通过图 4.2.1-8 来理解。

其中图 4.2.1-8 (b) 和 (c) 反映出采用矮塔斜拉桥这样的结构形式，一方面可以有效减小主梁的弯矩和剪力，另一方面也可以避免斜拉桥主梁轴力过大的问题。从以上图例中可看出：从连续梁、矮塔斜拉桥到斜拉桥，主梁承受的弯矩逐渐减小，而轴力却逐渐增加。

矮塔斜拉桥因为桥梁的刚度相对较大，就没有斜拉索的主要特征构件——尾索。从桥梁的角度来看。矮塔斜拉桥的拉索相当于连续梁负弯矩区混凝土开裂后钢筋的作用，承担拉力，主梁这时就是截面受压区，但同梁桥相比，其自重小、跨径大；同斜拉桥相比，拉索较少、水平分力较小，从而使得主梁的轴向力也相应减少。因此矮塔斜拉桥具备景观效果突出，施工方便，跨径布置灵活，经济性好（每延米造价与连续梁桥基本持平，低于一般

154

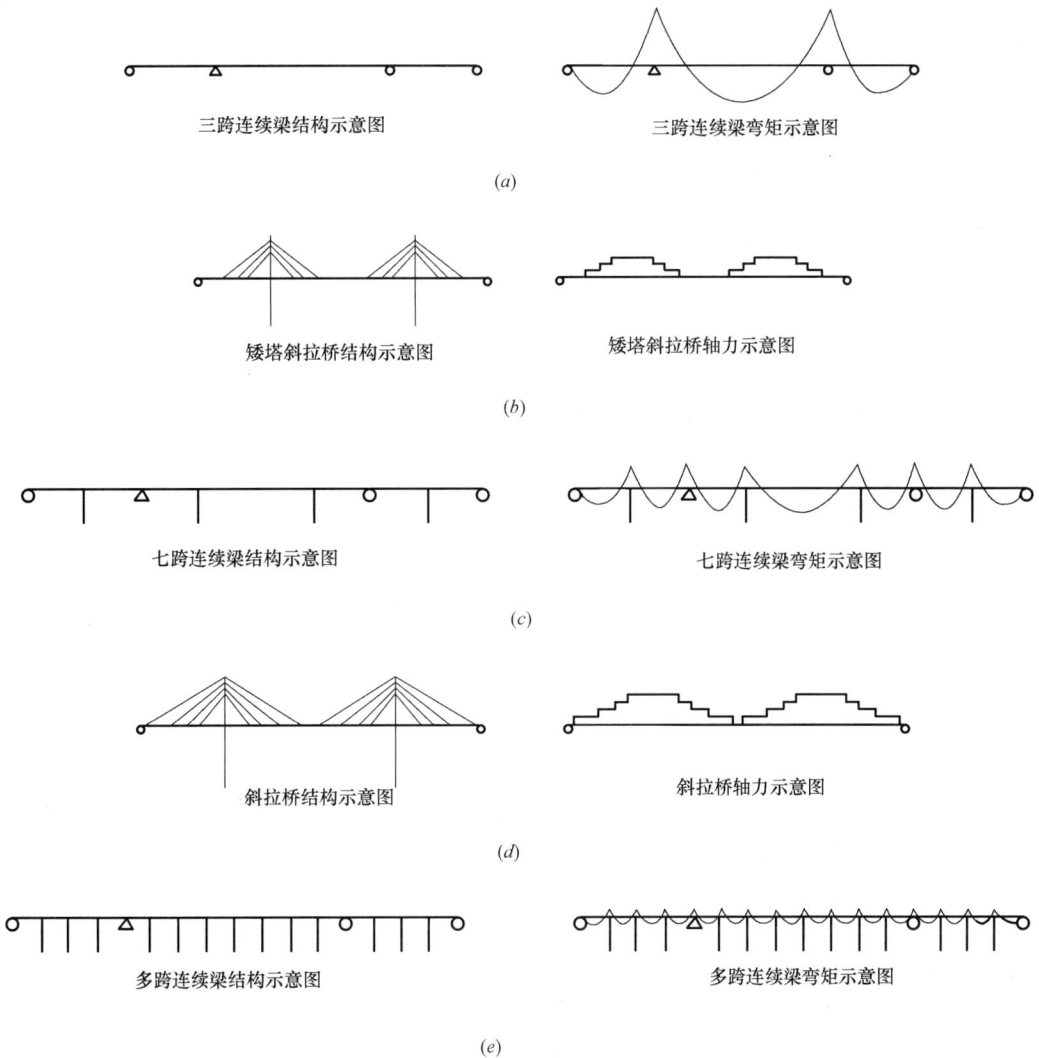

三跨连续梁结构示意图   三跨连续梁弯矩示意图

(a)

矮塔斜拉桥结构示意图   矮塔斜拉桥轴力示意图

(b)

七跨连续梁结构示意图   七跨连续梁弯矩示意图

(c)

斜拉桥结构示意图   斜拉桥轴力示意图

(d)

多跨连续梁结构示意图   多跨连续梁弯矩示意图

(e)

图 4.2.1-8 梁桥、斜拉桥和矮塔斜拉桥的结构特点
(a) 三跨连续梁；(b) 矮塔斜拉桥；(c) 矮塔斜拉桥等代七跨连续梁；
(d) 斜拉桥结构；(e) 斜拉桥等代多跨连续梁

斜拉桥造价）等特征。

4.2.1.4 悬索桥

悬索桥（图 4.2.1-9）的承重结构，主要部件包括主缆、塔柱、加劲梁、锚碇及吊杆。主梁恒载及活载等竖向荷载，通过吊杆使主缆承受巨大的拉力，主缆悬跨在两边塔柱上，锚固于两端的锚碇结构中，锚碇承受主缆传来的巨大拉力，该拉力可分解为垂直和水平分力，因此，悬索桥也是具有水平反力（拉力）的结构。现代悬索桥的主缆用高强度的钢丝成股编制而成，以充分发挥其优良的抗拉性能。

悬索桥结构自重轻，是目前为止跨越能力最大的桥型，悬索桥受力简单明确，在将主缆架设完成之后，便形成了强大稳定的结构支承系统，使得加劲梁的施工安全方便，施工过程中的风险相对较小。

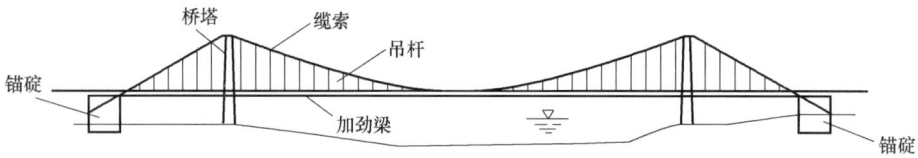

图 4.2.1-9　悬索桥

相对于其他体系的桥梁而言，悬索桥的刚度最小，属于柔性结构，在车辆荷载作用下，悬索桥将产生较大的变形。由于悬索桥的刚度小，其静力、动力（如抗风、抗震等）稳定性应在设计和施工过程中予以高度重视。

悬索桥还有一种特殊的形式——自锚式悬索桥。自锚式悬索桥的设计构思早在 19 世纪后半叶已经提出，而后在 1915 年，德国设计师在科隆的莱茵河上建造了第一座大型自锚式悬索桥——科隆迪兹桥（主跨 185m）。自锚式悬索桥的加劲梁大多采用钢结构，如 2007 年建成的美国旧金山-奥克兰海湾新桥等（奥克兰海湾新桥主跨 385m，边跨 180m）。

和斜拉桥相比，自锚式悬索桥虽然同样不需要锚碇，但必须在主缆安装之前先在支架上安装好桥面主梁，而不能像斜拉桥那样进行悬臂拼装。一般认为，在 400m 以下级跨度的中小河流上，当便于搭建支架而通航要求又不高时可考虑这种桥型。值得注意的是，由于自锚式悬索桥的结构冗余度小，一旦主梁失效将会带来整体破坏的灾难性后果，所以自锚式悬索桥不是一种性能优良、经济和便于施工的体系。

4.2.1.5　组合体系桥梁结构

杭州九堡大桥（图 4.2.1-10）就是组合体系桥梁结构。对于各种组合体系桥梁，其受力特点自然继承了基本体系的受力特点（例如斜拉-悬吊协作体系在结构的不同部位分别具有斜拉桥和悬索桥的受力特点，见图 4.2.1-11），但组合体系中需要重点处理的是如何实现不同体系的"无缝连接"，即针对不同体系的交界区其受力特性有较大变化的特点，进行专题研究并通过结构措施解决相关受力问题。例如斜拉-悬吊协作体系中的边吊索疲劳问题一直引起学者的关注，梁拱组合体系中拱脚的复杂应力状况须在设计中采取专门对策等。

图 4.2.1-10　杭州九堡大桥

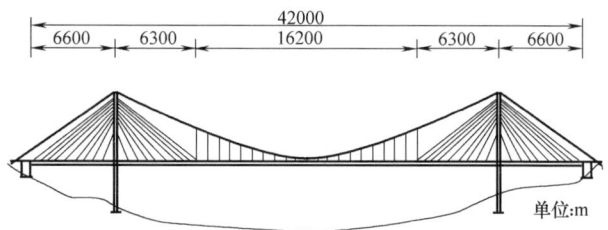

图 4.2.1-11　斜拉-悬吊协作体系

4.2.1.6　新颖桥梁结构形式

（1）无背索斜拉桥、拱形桥塔斜拉桥、帆船桥塔斜拉桥、曲线型和折线型桥塔斜拉桥、桥塔布置在一侧的曲线斜拉桥、斜拉索曲面布置的斜拉桥和斜拉拱桥等，见图4.2.1-12。

（2）单肋斜拱桥、靠背拱桥、无腹杆的格构式拱桥、鱼形拱、蝴蝶拱、格构型拱加花瓣形联接系、异型拱桥、平面错位拱桥、旋转开启拱桥、空间壳体拱桥和鱼形桁梁桥等。

（3）曲线型桥塔悬索桥、平面布置的曲线悬索桥、悬带桥（图4.2.1-13）、悬带桥和拱桥的组合体系桥梁。

图 4.2.1-12　西班牙阿拉米约大桥（Alamillo）

图 4.2.1-13　悬带桥

（4）各种仿生桥梁：鱼形桥、天鹅桥、恐龙桥、贝壳桥、蝴蝶桥（图4.2.1-14）和日月拱等。

4.2.2　桥梁设计流程及原则

4.2.2.1　设计流程

一座桥梁的规划设计所涉及的因素很多，特别是对于工程比较复杂的大、中桥梁更是一个综合性的系统工程。设计合理与否，将

图 4.2.1-14　蝴蝶桥

直接影响到区域的政治、经济、文化以及人民的生活。目前我国桥梁设计的基本程序分为前期工作和正式设计两个大步骤，见图4.2.2-1。

1."预可"阶段

预可行性研究简称"预可"，"预可"阶段着重研究建桥的必要性以及宏观经济上的合理性。"预可"阶段的主要工作目标是解决建设项目的上报立项问题，因而在"预可报告"中，应提出多个比较方案，并对工程造价、资金来源、投资回报等问题提出意见。

2."工可"阶段

工程可行性研究简称"工可"，在"预可报告"被审批确认后，才可着手"工可"阶段的工作，"工可"阶段着重研究和制定桥梁的技术标准，在与河道、航运、规划等部门共同研究的基础上提出包括：设计荷载标准、桥面宽度、通航标准、设计车速、桥面纵坡、桥面平、纵曲线半径等技术标准。同时也应提出多个桥型方案进行造价估算和投资回报方面的阐述。

3.初步设计

初步设计的目的是确定设计方案，应根据批复的可行性研究报告、测设合同、初测成果、详勘资料来进行。在编制各个桥型方案时，应提供平、纵、横布置图，标明主要尺

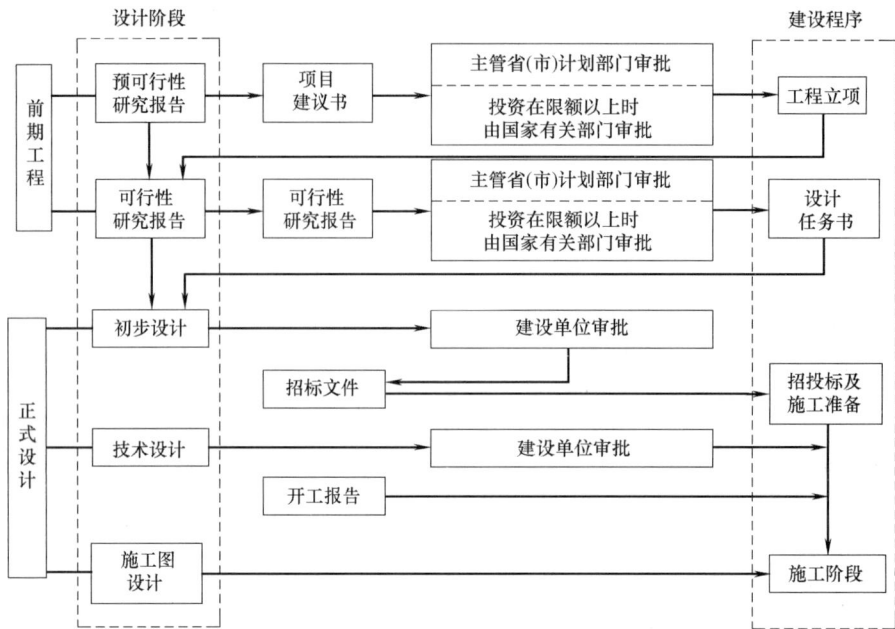

图 4.2.2-1　桥梁设计流程图

寸，并估算工程数量和主要材料数量，提出施工方案的意见，同时编制设计概算，提供文字说明和图表资料。初步设计经批复后，将成为施工准备、编制施工图设计文件和控制建设项目投资等的依据。

4. 技术设计

对于技术上复杂的特大桥、互通式立交或新型桥梁结构，需进行技术设计。技术设计应根据初步设计批复意见、测设合同的要求，对重大、复杂的技术问题通过科学试验、专题研究、加深勘探调查及分析比较，进一步完善批复的桥型方案的总体和细部各种技术问题以及施工方案，并修正工程概算。

5. 施工图设计

施工图设计应根据初步设计（或技术设计）的批复意见、测设合同，进一步对所审定的修建原则、设计方案、技术决定加以具体和深化。在此阶段中，必须对桥梁各种构件进行详细的结构计算，并且确保强度、稳定、刚度、裂缝、构造等各种技术指标满足规范要求，绘制出施工详图，提出文字说明及施工组织计划，并编制施工图预算。

国内常规桥梁一般采用两阶段设计，即初步设计和施工图设计。对技术上复杂的特大桥、互通式立交或新型桥梁结构，则采用三阶段设计，即初步设计、技术设计、施工图设计。

4.2.2.2　前期设计要点

1. 桥梁设计基本资料

在着手设计之前首先要选择合理的桥位，这一步工作是影响桥梁设计、施工和使用的全局性问题。一般桥梁设计中需要进行的资料调查工作包括：①调查研究桥梁的使用性质。②测量桥位附近的地形，并绘制地形图，供设计和施工用。③探测桥位的地质情况，作为基础设计的重要依据，对于所遇到的地质不良现象，如滑坡、断层、溶洞、裂隙等，应详加注明。④调查和测量河流的水文情况，与航运部门协商确定通航水位和通航净空，了解河流上有关水利设施对新建桥梁的影响。⑤调查和收集桥位处的地震资料，确定桥梁的抗震设防烈度。⑥调查和收集有关气象资料，包括气温、雨量及风速（或台风影响）等情况。⑦调查当地建筑材料（砂、石料等）的来源，水泥钢材的供应情况以及水陆交通的运输情况。⑧调查新建桥位上、下游有无老桥，其桥型布置和使用情况等。

2. 桥梁平、纵、横断面设计

高速公路、一般公路上的各类桥梁（特殊大桥除外），其线形布设应满足路线总体布设的要求。而特殊大桥应尽量顺直，以方便桥梁结构的设计。桥梁纵断面设计包括确定桥梁的总跨径、桥梁的分孔、桥道的标高、桥上和桥头引道的纵坡以及基础的埋置深度等关键技术指标。

4.2.2.3　设计方案的选择

为了获得经济、适用和美观的桥梁设计方案，设计者必须根据各种自然、技术上的条件，因地制宜，在综合应用专业知识，了解掌握国内外新技术、新材料、新工艺的基础上，进行深入细致的分析研究对比工作，才能科学地得出完美的设计方案。桥梁设计方案的比选和确定可按下列步骤进行：

（1）明确各种标高的要求：在桥位纵断面图上，先行按比例绘出设计水位、通航水位、堤顶标高、桥面标高、通航净空和堤顶行车净空位置图。

（2）桥梁分孔和初拟桥型方案草图：在上述确定了各种标高的纵断面图上，根据泄洪总跨径的要求，作桥梁分孔和桥型方案草图，作草图时思路要宽广，只要基本可行，尽可能多绘一些草图，以免遗漏可能的桥型方案。

（3）方案初筛：对草图方案作技术和经济上的初步分析和判断，筛去弱势方案，从中选出 2～4 个构思好、各具特点、但一时还难以判定孰优孰劣的方案，以作进一步详细研究和比较。

（4）详绘桥型方案：根据不同桥型、不同跨度、宽度和施工方法，拟定主要尺寸并尽可能细致地绘制各个桥型方案的尺寸详图。对于新结构，应作初步的力学分析，以准确拟定各方案的主要尺寸。

（5）编制估算或概算：依据编制方案的详图，可以计算出上、下部结构的主要工程数量，然后依据各省、市或行业的"估算定额"或"概算定额"，编制出各方案的主要材料（钢、木、混凝土等）用量、劳动力数量、全桥总造价（分上、下部结构列出）等。

（6）方案选定和文件汇总：全面考虑建设造价、养护费用、建设工期、营运适用性、美观等因素综合分析，阐述每一个方案的优缺点，最后选定一个最佳的推荐方案。在深入比较过程中，应当及时发现并调整方案中的不尽合理之处，确保最后选定的方案是优中选优的方案。

上述工作全部完成之后，应着手编写方案说明，说明书中应阐明方案编制的依据和标准、各方案的主要特色、施工方法、设计概算以及方案比较的综合性评述。对于推荐方案应作较详细的说明，各种测量资料、地质勘察和地震烈度复核资料、水文调查与计算资料等应按附件载入。

1. 基础设计桥梁工程常用基础形式

桥梁基础的发展伴随着桥梁结构的演变、施工技术和施工设备的提升以及桥梁建设者设计理念的进步而发展。一般而言，桥梁基础的主要类型有刚性扩大基础、桩与管柱基础、沉井与钟形基础、沉箱基础、组合基础（由桩、管柱、沉井、钟形等不同基础组合而成），其中桩基础、沉井基础、沉箱基础是现代常用的基础形式。当前随着施工技术的进步，预制拼装或整体设置基础也展现出良好的发展前景。

（1）桩基础

与沉井、沉箱基础相比，在大多数情况下桩基有下列优点：桩基所需沉入的深度要比沉井、沉箱所需下沉的深度小；当沉井、沉箱与桩的深度相等时，桩基的用料约比沉井、沉箱基础的用料少40%～60%，因此桩基的造价一般要比沉井、沉箱基础低一些；但桩基础也有劣势：桩基的刚度比沉井、沉箱基础小；在流速大、冲刷深的情况下，桩径将会随着冲刷深度的增大而增大，从而使它的优点也随之逐渐减少。桩基的分类如表4.2.2-1所示。

桩基的分类　　　　　　　　　　　　　表4.2.2-1

分类方式	桩的类型
材料	木桩、钢桩、钢筋混凝土桩、预应力混凝土桩、复合桩
桩的设置状态	直桩、斜桩
施工方法	沉入桩、灌注桩、地基土就地搅拌
桩受力情况	摩擦桩（纯摩擦桩、端承摩擦桩） 端承桩（纯端承桩、摩擦端承桩）
承台的位置	高桩承台桩基、低桩承台桩基
桩与基岩的关系	非嵌岩桩、嵌岩桩

（2）沉井基础

沉井基础（图4.2.2-2）的特点是埋置深度可以很大，整体性强且稳定性好，能承受较大的垂直荷载和水平荷载；沉井既是基础，又是施工时的挡土和挡水围堰结构物，施工工艺也不复杂。沉井基础的缺点是施工期较长，对细砂及粉砂类土在井内抽水易发生流砂现象，造成沉井倾斜；在下沉过程中如遇到较大障碍物也易造成沉井倾斜过大。表4.2.2-2列出了沉井的部分分类形式。

沉井分类　　　　　　　　　　　　　表4.2.2-2

分类方式	沉井的类型
材料	钢沉井
	混凝土、钢筋混凝土沉井
	钢丝网水泥薄壁沉井
下沉辅助措施	空气幕沉井
	泥浆润滑套沉井
制作方式	就地浇筑下沉沉井
	浮式沉井

（3）气压沉箱基础

气压沉箱与沉井基础的区别就在于其底节为一个有顶盖并在顶盖板上装设井管及气闸

(a)   (b)

图 4.2.2-2　沉井基础

的施工作业室。在 19 世纪初前后约有百年，气压沉箱是桥梁主要的基础类型。

　　气压沉箱的最大优点是能排除基底的积水，工作人员可进入底部箱室内实施除障、基底检查处理等各种施工作业，能适用各种复杂的地质和水文条件，基础质量较为可靠；主要缺点是施工设备复杂，施工成本高，工人进入气压箱室作业时的安全问题突出，施工效率低。

　　目前日本应用了自控式气压沉箱基础施工技术。即采用遥控机械化挖掘系统，尽量减少人工进入沉箱以提高施工安全程度；采取信息化管理系统来控制和检测沉箱的下沉以保证施工质量。

　　2. 20 世纪 50 年代起出现的现代基础形式

　　（1）管柱基础

　　管柱基础（图 4.2.2-3）是我国于 1953 年修建武汉长江大桥时所首创的一种新的基础形式。武汉长江大桥中运用管柱基础的原因主要受水文和地质的影响：桥位水深最大可达 40m，最大水位涨落高差达 19m，而且高水位持续时间较长；江底覆盖层土质为细砂，基岩表面起伏不平，桥墩基础范围岩面高差达 5～6m，受冲刷影响覆盖层可能全被冲走；部分墩位处的岩石中存在有毒气体。施工安全性和基岩起伏不利沉箱或沉井落床稳定性等限制了沉井和沉箱的使用。再则，严重的冲刷效应不利桩基的锚固和稳定。经多方面分析比较，最终采用了由 35 根、直径 1.55m、嵌岩深度 2～7m的管柱组成。

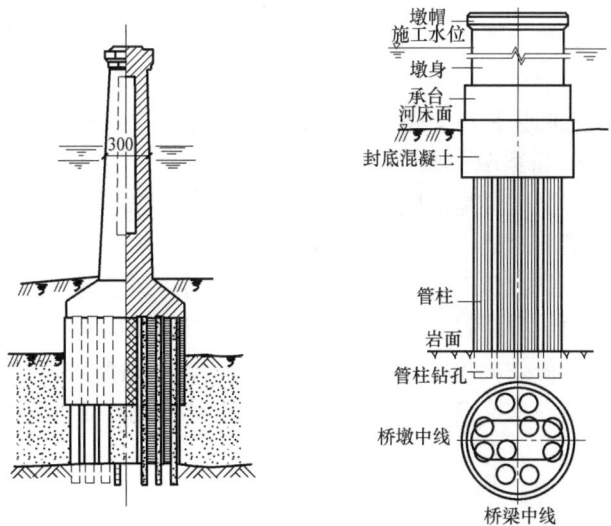

图 4.2.2-3　管柱基础示意图

（2）组合基础

在水深很深且有非常厚的覆盖层或地质条件很复杂的情况下，因施工能力有限，无法将单一形式基础下沉达到预期的深度时，可以采用两种不同形式的基础，以接力的方法来修筑桥梁深水基础，通常称这种形式的基础为组合基础。典型的组合基础是沉井、钟形基础与钻孔桩、管柱之间两两组合形成的基础。而考虑施工的临时设施，另有双壁钢围堰与桩、管柱形成的组合基础。

（3）预制装配和预制安装基础（设置基础）

预制装配和预制安装基础（也称为设置基础）按基础形式分为两种，一是预制沉箱基础，在日本、英国、丹麦等国家有应用；另一种是钟形基础，在美国、日本、加拿大等国家也有应用。

日本早在1988年建成的北、南备赞濑户大桥的6个海上基础，就采用浮运手段将预制沉箱基础直接安置在已整好的地基上。之后预制沉箱基础逐步得到了推广应用，如1991年建成的英国泰晤士河上的达特福钢斜拉桥，1998年完工的丹麦海峡大桥（东、西桥）及同年完工的日本明石海峡大桥等都采用了这一基础形式。图4.2.2-4及图4.2.2-5所示为希腊 Rion-Antirion 桥基础及施工。

图4.2.2-4　希腊 Rion-Antirion 桥基础施工　　　图4.2.2-5　希腊 Rion-Antirion 桥钟形基础

（4）地下连续墙基础

地下连续墙有桩排式、槽段式、预制拼装式和组合式等多种结构形式，而应用于桥梁基础的结构形式主要是槽段式。日本在桥梁深水基础施工中广泛使用了地下连续墙施工技术，我国在修建广东虎门大桥时也开始进行地下连续墙施工技术的应用研究，其后该技术在施工润扬长江公路大桥的锚碇结构时也得到采用。

3. 桥梁墩台设计

桥梁墩台是桥墩和桥台的合称，是支撑桥梁上部结构的构筑物。桥梁墩台与基础统称为桥梁下部结构。

桥梁墩台不仅承受上部结构的作用，还承受桥位条件下可能产生的各种附加力（如流水压力、风荷载、冰压力、船舶或漂流物的撞击作用、桥下车辆的撞击）以及施工时的临时施工荷载，并要将它们传给地基基础。因此，桥梁墩台不仅自身结构应具有足够的强度、刚度和稳定性，而且为确保上部结构的稳定，对地基的承载力、沉降量、地基与基础之间的摩擦力等也都提出了一定的要求，以避免在上述作用力的影响下产生过大的沉降、水平位移或者转动。

当前，世界各国的桥梁建设在结构受力与结构造型相协调的方向上迅速发展，提出了实现使用功能与增强人文景观并重的设计理念。这不仅反映在上部结构上，而且也反映在下部结构与上部结构的造型相互协调方面。在桥梁的总体规划设计中,应致力于上下部结构在受力上相协调而实现桥梁的使用功能、致力于桥型与桥位环境以及上部结构形式与下部结构形式的相协调来增强桥梁的人文景观,因此合理选择桥梁的墩台造型变得尤为重要。

近年来,国内外的城市立交桥、高架桥中,涌现出了许多结构匀称、形式优美的桥梁墩柱,见图4.2.2-6,主要有:①单柱式墩,其截面可以是圆形、矩形、多边形等,这种桥墩的外形轻盈、视野开阔。②多柱式墩,其柱顶各自直接支撑在上部结构的箱梁底部,柱间不设横系梁,显得挺拔有力。③矩形薄壁墩,常将其表面构成竖向或横向纹理,线条明快美观。④构造墩,它有多种形式,如,T形、V形和X形墩等。以上这些墩台除满足结构受力的要求外,都体现出了造型美观的目的。

图 4.2.2-6 不同的桥墩形式

4. 上部结构

桥梁上部结构主要包括各类桥梁的主梁,拱桥的拱圈、吊杆,斜拉桥、悬索桥的主塔和缆索等。

(1) 梁桥横截面形式

混凝土梁桥的承重结构,主要采用实心板、空心板、肋梁式及箱形截面这四种截面形式,如图4.2.2-7所示。采用实心板和空心板截面的梁桥一般称为板桥,见图4.2.2-7 (a),是最简单的构造形式,一般用于钢筋混凝土简支板桥和连续板桥。空心板截面,见图4.2.2-7 (b),则是在实心板基础上,对截面进行挖空,减轻结构自重,增大跨越能力,大多用于预应力混凝土或钢筋混凝土板桥。肋梁式截面,见图4.2.2-7 (c),是在板式截面的基础上,将下缘受拉区混凝土进一步挖空,从而显著减轻结构自重,增加梁高与截面抗弯惯性矩,跨越能力进一步得到提高;肋梁式截面有 T 形和 I 字形两种形式,T 形截面一般用于简支梁桥,I 字形截面可用于连续梁、悬臂梁或者简支。箱形截面的挖空率最高,如图4.2.2-7 (d),截面上缘的顶板与下缘底板混凝土能够承受连续梁跨中截面正弯矩和支点截面负弯矩产生的压应力,抗弯能力强,又箱梁为闭口截面,抗扭惯性矩大、抗扭性能好,因而是大跨连续梁桥和曲线梁桥最适合的截面形式。

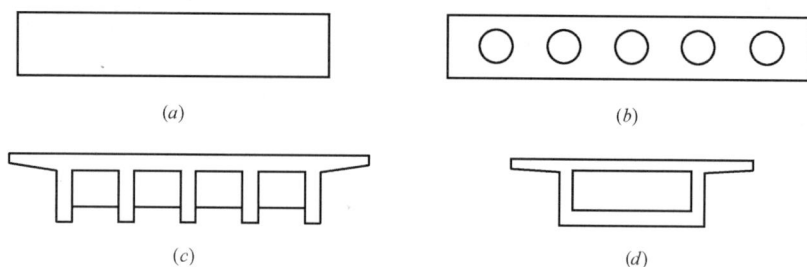

图 4.2.2-7　梁桥横截面形式

（2）拱桥设计要点

首先需要根据道路纵曲线以及现场条件确定采用上承式、中承式或下承式拱桥。常用拱肋材料是混凝土拱肋、钢拱肋及钢管混凝土拱肋，见图 4.2.2-8。

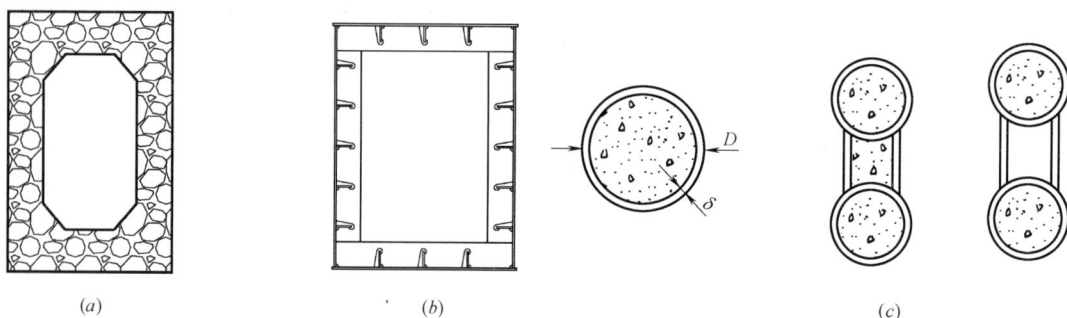

图 4.2.2-8　不同形式的拱肋
（a）混凝土拱肋断面；（b）钢拱肋断面；（c）钢管混凝土拱肋断面

拱是以受压为主的结构，无论是在施工过程中，还是成桥运营阶段，除要求其强度满足要求外，还必须对其稳定性进行验算。拱的稳定性问题主要包括以下两个方面：①若拱肋比较柔细，则当拱承受的荷载达到某一临界值时，拱的平衡状态就不能保持；②在竖向平面内，拱轴线离开原来的受压对称变形状态，向反对称的平面挠曲（受压兼受弯）状态转化，即平面内屈曲（纵向失稳），或者拱轴线倾出竖平面之外，转向空间弯扭变形状态，即侧倾（面外屈曲或横向失稳）。

一般拱桥设计的横向稳定、纵向稳定安全系数取值为 4～5。除了无风撑拱和单肋拱，拱肋间宜设置适当数量的横撑，以保证拱的横向稳定性。下承式拱的端横梁除要满足横梁受弯的需要外，还应对拱肋提供足够大的抗扭刚度。中承式拱的桥面与拱肋交界处风撑，可采用该处的横梁，也可以单独设立。

（3）索塔设计要点

在斜拉桥和悬索桥中，索塔均是承受结构荷载并传递温度、风、水、冰、地震等自然界外力的核心构件。为了确保结构安全性，索塔计算应包括下列内容：①顺桥向按平面杆系有限元方法计算桥梁结构的总体内力和变形，按各种荷载状况组合内力进行应力验算；②横桥向按平面框架用杆系有限元计算内力，再按各种荷载状况组合内力进行验算；③角点方向按顺桥向与横桥向可能同时出现的荷载组合，进行角点最大或最小应力叠加；④扭矩计算：除了计算由于索力偏心引起的扭矩外，对于中塔柱、下塔柱由于柱身倾斜，还应计算在顺桥向各种荷载作用下，顺桥向力矩矢量的分量所引起的扭矩；⑤对于一般跨径的斜拉桥和悬索桥，可按照规范进行偏心受压构件的稳定计算。对于大跨径或特大跨径斜拉桥和悬索桥，需考虑挠曲对轴向力的影响，按空间稳定理论进行整体稳定计算；⑥按照施工实际情况，分阶段对顺桥向、横桥向位移和内力进行计算。

索塔结构对于全桥结构的整体美学效果具有至关重要的影响，通过选择不同的索塔形状、尺寸、色彩与装饰可以创造出不同的艺术效果，如图4.2.2-9所示。

(a) (b) (c) (d)

图4.2.2-9　不同的桥梁索塔形式

（4）缆索设计要点

缆索系统是为斜拉桥和悬索桥提供桥面直接支撑的结构。悬索桥的吊索和索夹负责将加劲梁的荷载传递到主缆，如图4.2.2-10，故设计时首先应确保其安全可靠，由于在使用过程中，个别吊索可能疲劳破坏，故设计时应考虑日后吊索的可更换性，在选择吊索的形式时应结合加劲梁的尺寸和局部构造来确定其锚固方式。

悬索桥主缆在使用过程中不能更换，设计寿命需要与全桥寿命一致。主缆作为悬索桥的最重要受力构件，主缆成桥的矢跨比是影响全桥刚度和各部构件结构受力的关键因素，矢跨比越大则结构刚度越小，而锚锭所要承受的水平力会减少，相应的缆用钢丝数量和锚锭工程也会减少，因此总体方案设计中应综合考虑以确定合理的矢跨比，主缆的安全系数一般不小于2.5。

斜拉桥主梁重力及桥上荷载通过斜拉索传递到塔柱，拉索的布置是斜拉桥设计中的重要步骤，不仅影响桥梁的结构性能，而且影响施工方法和经济性。

5. 桥面布置与构造

桥面构造包括行车道铺装、排水防水系统、人行道（或安全带）、缘石、栏杆、照明灯和伸缩缝等，见图4.2.2-11。

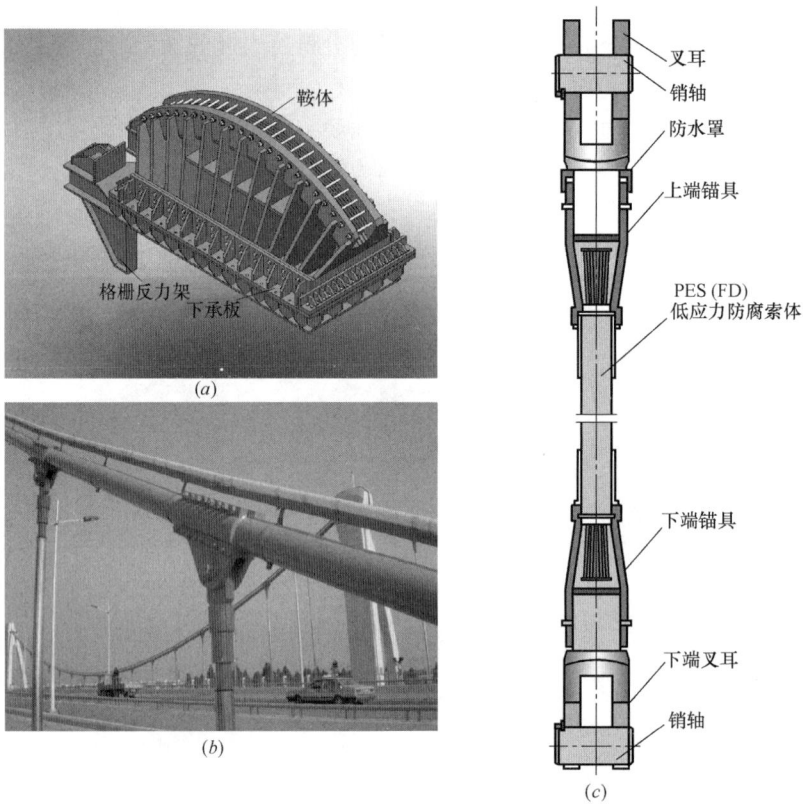

图 4.2.2-10 索夹及索鞍
(a) 索鞍;(b) 索夹

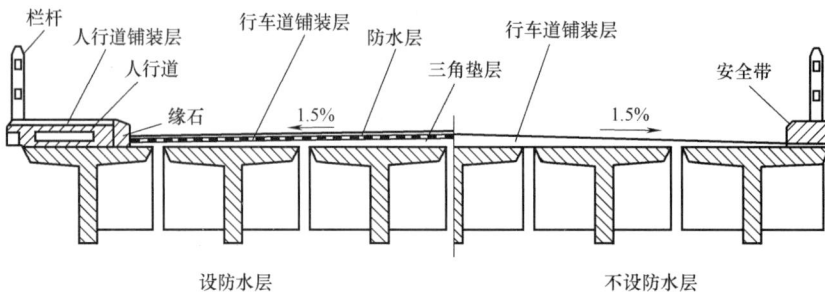

图 4.2.2-11 桥面的一般构造

（1）桥面铺装

桥面铺装应具有抗车辙、行车舒适、抗滑、不透水、刚度好以及与桥面板结合良好等特点。

桥面铺装可采用水泥混凝土、沥青表面处治和沥青混凝土等各种类型。水泥混凝土的耐磨性能好，适合重载交通。但在大型桥梁桥面铺装中，因结构体系的原因，桥面板常受拉、压应力的交替作用，为防止桥面铺装参与受力而导致开裂，现行《桥规》推荐在大型桥梁中采用沥青混凝土桥面铺装。

（2）桥面防水排水

对于防水程度要求高，或桥面板位于结构受拉区可能出现裂纹的混凝土梁式桥上，应在铺装内设置防水层。桥面防水层设置在行车道铺装层的下层，它将透过铺装层渗下的雨水汇集到排水设备（泄水管）排出，如图 4.2.2-12 所示。

（3）桥面伸缩缝

桥面伸缩装置的主要作用，是适应桥梁上部结构在气温变化、活载作用、混凝土收缩徐变等因素影响下的变形需要，并保证车辆通过桥面时的平稳。

桥梁伸缩装置的类型，有镀锌铁皮伸缩装置、钢板式伸缩装置和橡胶伸缩装置等，如图 4.2.2-13 所示。

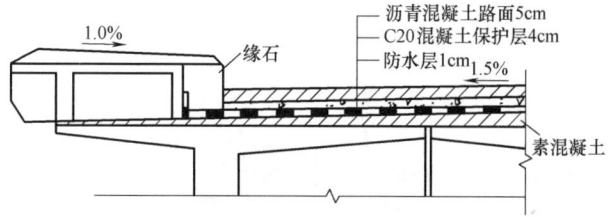

图 4.2.2-12　防水层布置

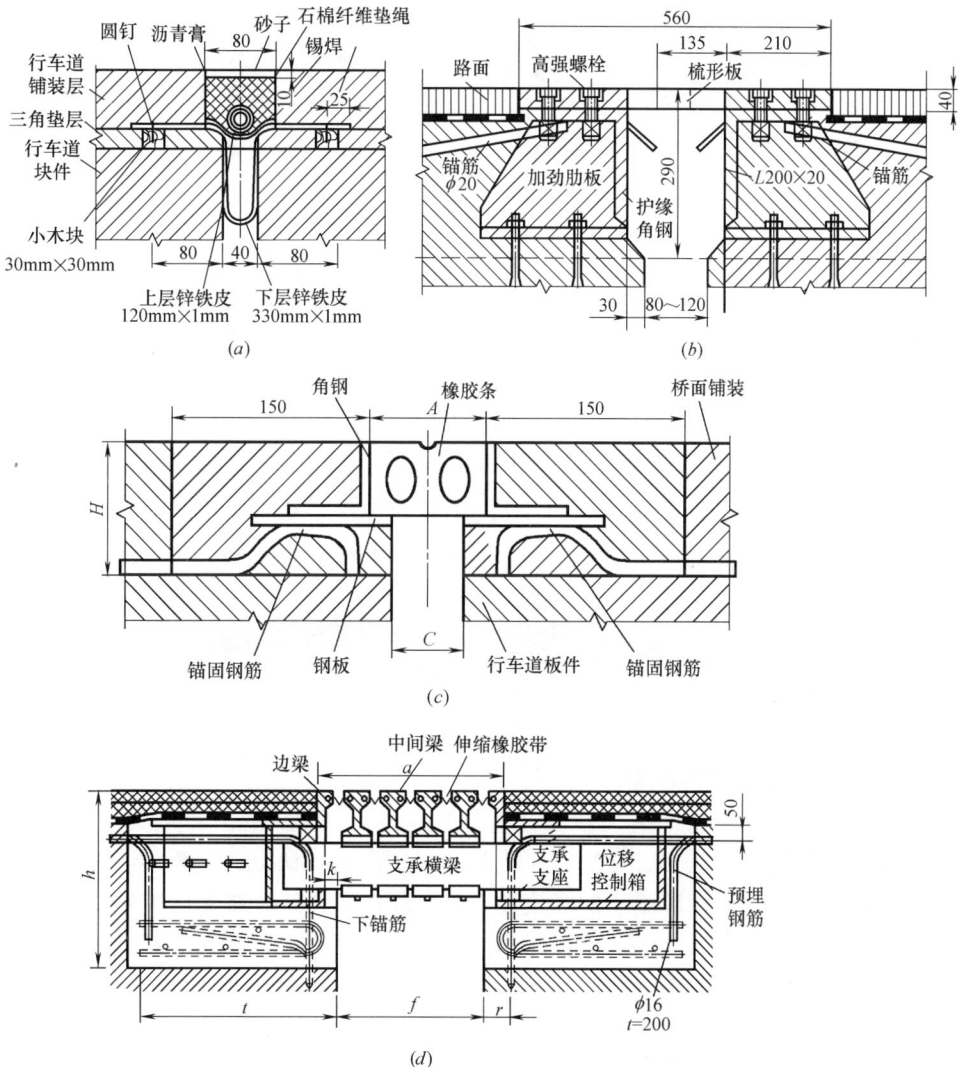

图 4.2.2-13　桥梁伸缩缝

（4）人行道、栏杆与灯柱

栏杆既是桥上的安全措施和照明灯杆的基础也是桥梁的表面建筑，除了要求根部设置
牢固并诱导失控车辆回归正常行驶状态外，还应予考虑艺术造型。栏杆的高度一般约
0.8~1.2m，如图 4.2.2-14 所示。

图 4.2.2-14　栏杆的景观设计

（5）声屏障与风屏障

桥梁噪声主要来自车辆本身的机械噪声、车辆与路面的摩擦噪声、桥梁结构振动噪声。声屏障（图 4.2.2-15）可以干扰噪声的传播途径，有效降低道路两侧的环境噪声。

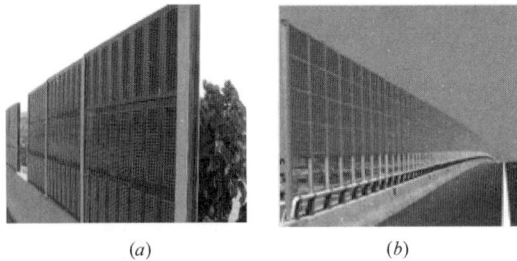

(a)　　　　　　　　　(b)

图 4.2.2-15　桥梁声屏障

在跨海大桥上安装桥梁风障（如图 4.2.2-16）有考虑桥梁结构的抗风能力，也有考虑改善桥梁结构上的行车风环境，合理设计风障可以将通航孔桥梁段的风环境提高到和非通航孔桥梁段一致的水平，增加桥梁开放时间。

(a)　　　　　　　　　(b)

图 4.2.2-16　桥梁风障布设

6. 桥梁防灾和结构耐久性设计

桥梁结构防灾设计和结构耐久性设计所要解决的问题就是经济、合理的使用年限问题，即结构寿命期问题。从 20 世纪 70 年代开始，国内外在认真总结桥梁经验教训的基础上，除了继续强调结构设计和施工的安全性之外，还逐步讨论了结构防灾性能、结构耐久性、整体可靠性、构件可换性等，通过对不同桥梁结构灾害等级和风险水平的分析，提出了防灾设计和耐久性设计的新概念。

（1）桥梁抗风设计

现代风工程历史是从对塔科马大桥风毁事故的调查开始的，70 多年来已经取得了巨大的进展，形成了桥梁与结构的抗风设计原则和规范。

当风受到结构物阻碍时，它的部分动能将转化为作用在结构物上的外力功，这种外力就是所谓的风荷载。当桥梁结构的跨度较小（200m以下）、刚度较大时，结构基本保持静止不动，这种空气力的作用只相当于静力作用，即静风荷载（其中包括平均风荷载和脉动风荷载）。而当桥梁结构跨度较大时（200m以上），较小的刚度使得结构振动很容易被激发，这种风的作用不仅具有静力特性，而且具有动力特性，即动风荷载。

风的动力作用激发了桥梁风致振动，而振动起来的桥梁又反过来影响空气的流动，改变空气作用力，形成风与结构的相互作用机制。当空气力受结构振动的影响较小时，空气作用力作为一种强迫力，导致桥梁结构的有限振幅强迫振动，主要包括桥梁抖振和桥梁涡振；当空气力受结构振动的影响较大时，受振动结构反馈制约的空气作用力，主要表现为一种自激力，导致桥梁结构的发散性自激振动，主要包括桥梁颤振和涡激共振。此外，斜拉桥的拉索还会在风或者风雨共同作用下发生不同形式的振动，例如拉索涡振、参数振动、尾流驰振和风雨振动等等。

（2）桥梁抗震设计

国内外由于地震造成的桥梁结构破坏的数量，远远多于因风灾、船撞等其他原因而导致的破坏。根据桥梁地震灾害的灾后调查，桥梁结构的震害主要反映在结构的各个部位，并可以按照结构从上到下分成上部结构震害、支座及附属设施震害和下部结构震害。如图4.2.2-17所示，汶川地震中庙子坪岷江大桥整跨落梁。

桥梁支座的震害是极为普遍的（图4.2.2-18），历来被认为是桥梁整体抗震性能上的一个薄弱环节。破坏形式主要表现为盆式支座锚固螺栓被拔出、剪断或支座本身剪切破坏，板式支座被挤出、剪坏或剪切-挤出破坏。此外桥梁附属设施中的挡块会发生剪切破坏或剪-拉-弯破坏，伸缩缝会发生水平剪切破坏、竖向剪切破坏或水平拉压破坏，栏杆也会发生侧向变形破坏、竖向变形破坏或水平拉伸破坏等。

图 4.2.2-17　汶川地震中庙子坪岷江大桥整跨落梁

图 4.2.2-18　汶川地震中橡胶支座剪切挤出破坏

下部结构或桥梁墩台的严重破坏主要是由于砂土液化、地基下沉、岸坡滑移或开裂引起的，主要震害包括墩柱开裂、桥台开裂、节点开裂等，严重的会导致墩台垮塌，见图4.2.2-19。

（3）桥梁防撞设计

由于航行船舶撞击桥梁的事故经常发生，对桥梁结构和生命财产造成很大危害，因此，从桥梁概念设计阶段开始重视防船撞设计已经逐步得到大家的共识，也使得桥梁工程师在跨径布局阶段对通航要求和跨径选择的经济比较问题有了新的认识。

结合桥梁船撞设防水准和性能目标，根据航道通航等级和船舶吨级，必须遵循下列三

(a)   (b)

图 4.2.2-19　地震作用下桥梁下部结构破坏

个防船撞设计理念：

（1）避让或隔离理念。对于特别重要大桥或有条件增大跨径的桥梁（增加跨径经济性优于不增加跨径而设置防撞设施），或船舶吨级大于50000DWT的航道，采用避让或隔离桥墩与船舶的理念。

（2）防撞理念。对于不宜增大跨径的桥梁（增加跨径经济性劣于不增加跨径而设置防撞设施），或船舶吨级大于3000DWT，小于50000DWT的航道，采用防撞耗能措施和桥墩抗撞相结合的理念。

（3）抗撞理念。对于一般跨径大桥，或船舶吨级小于3000DWT的航道，采用以桥墩抗撞为主、防撞措施为辅的理念。

7. 构造措施

桥梁在设计的过程中，为了保证结构的安全性和耐久性，除需要满足承载能力验算、极限状态验算以及应力计算外，还需要满足相关构件的构造规定，在构造措施中规定了最小混凝土保护层厚度，钢筋的最小锚固尺寸，受拉钢筋连接要求，配筋百分率，钢筋间距以及钢筋构造形式的要求等。

4.2.3　桥梁方案设计

4.2.3.1　桥型适用范围

一般来说，每一种桥型都有其最经济适用的一段跨度范围，低于或超过这一经济适用范围，虽然也可以做成，但往往是不经济的，或者在技术上将会遇到困难而影响其他指标，因此原则上应当在经济适用范围内选择可以相互竞争的比较方案。表4.2.3-1所示为现代桥梁各种桥型的适用范围和极限跨度。

现代桥梁各种桥型的适用范围和极限跨度　　　　　　　　表 4.2.3-1

桥型	经济适用范围(m)	极限跨度(m)
R.C. 板桥	10～20	50
P.C. 简支梁桥(石拱桥)	20～50	100
P.C. 连续梁桥(R.C. 拱桥)	50～150	200
P.C. 连续刚构桥(钢管混凝土拱桥)	150～300	400
钢连续梁桥(结合梁桥)	200～300	400～500

170

桥型	经济适用范围(m)	极限跨度(m)
P.C. 斜拉桥(钢箱拱桥)	200~500	600~800
结合梁斜拉桥(钢桁架拱桥)	500~700	800~1000
钢斜拉桥、混合桥面斜拉桥	700~1200	1500~2800
悬索桥、协作体系	1000~5000	6000~7000
索网桥	>3000	—

如主跨200m左右的桥型有P.C.连续梁桥、P.C.连续刚构桥、钢管混凝土拱桥、钢连续梁桥、钢箱拱桥以至P.C.斜拉桥(独塔)等可供选择和比较。又如主跨500m左右的桥型有钢箱拱桥、钢桁拱桥、P.C.斜拉桥、结合梁斜拉桥等;主跨1000m左右的桥型则有钢斜拉桥、混合桥面斜拉桥和悬索桥等可资比较。

4.2.3.2 各种基础形式的适用范围

在桥梁基础设计时,应综合考虑桥梁结构体系、施工可行性以及如水深、地质、水文、环境等众多桥位自然条件,通过分析比较做出基础类型的选择,其中桥位的自然条件是基础类型选择的决定因素。

对于水深小于5m并且有基岩裸露,则刚性扩大基础是首选类型;对水深5~50m范围的桥位,桩、管柱和沉井都是可适用的基础类型,其中对5~20m水深,国内的施工技术可谓相当成熟;对于处于水深50~70m的基础,施工难度很大,采用预制安装法施工的沉井基础和钟形基础较为适用,对此国外已有许多成功案例;对于水深大于70m的基础,无论是基础形式的选择还是相应的施工技术,国内外都缺乏成熟的经验,也是对工程界面临的一大挑战。

4.3 桥梁施工

4.3.1 城市桥梁施工特点

城市桥梁施工受制于城市范围内地面交通、河道航运等综合环境因素的影响。施工中诸如废浆、弃土、扬尘、噪声以及管线损坏事故等,均会给城市正常运作和居民生活带来不良影响。随着城市居民环境意识的提高,这些影响越来越变得难以接受。这就要求城市桥梁的建设必须在结构形式、施工方法、施工组织、环境影响防护等多方面入手,以降低城市桥梁施工对于环境的影响。

1. 施工关注度较高

一方面是城市居民期盼这些改善民生的工程能够尽早完成,从而对其进展情况比较关心;另一方面敞开施工的区域被住宅、办公楼所包围,一旦发生任何安全、质量事故,将对周边居民及环境造成较大影响。特别是在互联网自媒体高度发达的时代,一个局部出现的问题都会被放大，产生较大的社会影响。

2. 施工期间交通组织复杂

城市桥梁的建设通常是为了改善所在区域的交通条件，然而在建设过程中又难免会对本区域的交通带来不利的影响。为了保证施工的顺利进行，需对施工路段进行"翻交"、改道直至局部封闭，从而会造成一定程度上区域交通的拥堵。

3. 施工受周边制约条件较多

在城市这个立体空间中修建新的构筑物，会遇到各种各样的障碍物。最常见的包括：地下的各种公用管线、地下原有的构筑物、地面的各种架空线、信号灯、路灯、无法搬迁的树木等，还有已经存在的房屋建筑、桥梁、地下隧道等，建设者们必须在狭窄的空间中寻找适合的施工手段。

4.3.2 城市桥梁常用施工方法

4.3.2.1 桥梁桩基础施工

在环境不敏感区域施工，可以采用振动沉桩或击打沉桩工艺，而在环境敏感区域施工则必须采用钻孔沉桩、旋挖沉桩或静压沉桩工艺，如图 4.3.2-1 和图 4.3.2-2 所示。

当采用打入桩桩基施工时，沉桩过程会使周边土体受到挤压而变得更加紧密，并会产生一定量的水平位移，因此需要合理制定群桩的沉桩顺序，并充分调查周边管线的情况，以免因土体位移而破坏管线。

图 4.3.2-1 静力压桩机 　　　　　　　　图 4.3.2-2 旋挖钻机

桥梁桩基施工完成后须进行质量检测。预制桩通常会检查桩身的壁厚、长度、混凝土表面质量、轴线倾斜、沉桩的垂直度、接头与桩身的垂直度、接缝焊接质量、桩尖高程等重要参数。

而现场成孔并浇筑的桩基，通常需要在成孔期间对成孔深度、孔径、沉渣、垂直度等要素进行检测，成桩后通常采用超声波技术对桩身的质量进行检测。因此在钢筋笼制作时，通常会在钢筋笼上绑扎预留若干根钢管用于检测。此外根据设计的要求及施工现场的实际情况，有时还应进行桩基承载力的检测。

4.3.2.2 桥梁墩台施工

承台是群桩基础传递荷载的重要结构，承台施工应根据土层的情况，选择合理的基坑围护结构。城市桥梁陆上承台的开挖通常存在与地下管线冲突的风险，因此有必要在承台开挖前，探明地下管线的情况，以避免潜在的风险。大型桥梁主墩基础的承台基坑通常较大较深，其围护结构施工方案需通过设计验算。

水中承台施工围护结构则比较多样化，根据承台的底标高与河床（基底）的关系，可将水中围护结构总体上分为围堰与吊箱。承台落底则可采用围堰法施工，较为常见的围堰结构有钢板桩围堰（图4.3.2-3）、单壁钢围堰、双壁钢围堰。承台不落底则较多地采用吊箱的形式（图4.3.2-4），吊箱也有单壁与双壁之分，其通过吊架、吊杆或者牛腿结构吊挂在已经施工完成的桩基结构上。

图4.3.2-3　钢板桩围堰

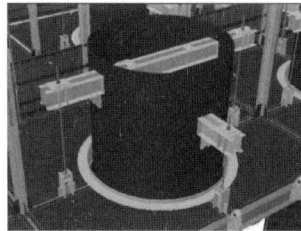

(a)　　　　　　　　　　　(b)

图4.3.2-4　钢吊箱示意图

大尺寸承台的施工往往涉及大体积混凝土内外温差的控制及施工连续性问题。由于混凝土水化过程会释放出大量热量，当混凝土内外温度梯度达到一定阈值后易产生过大内应力而导致结构的开裂，因此大体积混凝土养生阶段须采取事先埋设冷凝管为混凝土内部降温（一般阈值控制在25℃以内）的措施；另外为减少不必要的施工冷缝，单次浇筑的大体积混凝土须结合构造措施，采取分层、分块浇筑的施工方法。

城市桥梁的桥墩和盖梁可以采用现场浇筑或预制拼装的施工工艺，现浇盖梁通常采用落地的钢管支架作为承重结构。但近年来受限于城市交通的苛刻条件，也有越来越多的项目采用了无落地支架的模板结构。目前在上海等地，已经在尝试着使用预制的桥墩和盖梁并进行现场安装的施工方法。

4.3.2.3　桥梁上部结构施工

1. 预制拼装法施工

桥梁结构自诞生以来，上部结构的预制拼装法便是最早使用的结构形式。现代桥梁工程建设中基于城市环境的特点，预制拼装式桥梁在城市桥梁中的比例也在不断的提高。

随着我国预制化桥梁的飞速发展，目前简支梁桥以及先简支后连续的连续梁桥占据了预制拼装桥梁的绝大部分。从拼装式桥梁结构的分段方式来看，横向分段的桥梁相对纵向分段的桥梁占据了绝对的优势；从预应力的形式上看，后张法的结构断面形式要多于先张法的结构断面形式。如图4.3.2-5～4.3.2-8所示为预制梁的不同形态。

为有效地解决诸如城市高架道路、交叉口立交等市区桥梁工程对于现有道路交通的影响，桥梁结构及其施工工艺正逐步向着更加快速高效、绿色环保的全预制化技术方向发展，例如节段预制拼装工艺的运用、桥梁上部结构与下部结构的盖梁和立柱等预制化的推行，均为加快施工进度、减少支架、降低对现有道路的占用等方面发挥了环境和社会综合效应。

图 4.3.2-5　预制小箱梁　　　图 4.3.2-6　预制空心板梁　　　图 4.3.2-7　预制 U 形梁

（1）梁的预制

桥梁构件可以在现场预制也可以在专门的预制工厂内预制生产，当需要预制的构件数量较多时，工厂预制生产具有成本优势。

先张法生产预制梁，就是在一个台座上先将预应力筋张拉完成，而后再浇筑混凝土，使带有预加力的预应力筋与梁体混凝土直接粘结在一起。如图 4.3.2-9 所示。

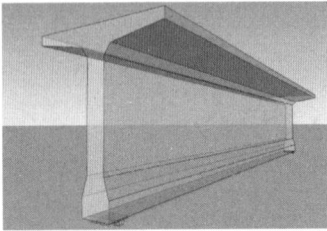

图 4.3.2-8　预制 T 形梁　　　　　　图 4.3.2-9　先张法台座端部

先张法的钢绞线是整体共同张拉，因此张拉力相对较大，需要特别注意对台座液压系统的检查以及张拉作业时的安全防护。

后张法预制桥梁结构相对于先张法来说，其对场地要求更简单。后张法预制台座的基础只要能保证预制期间有足够的刚度以满足沉降变形的相关要求即可。此外在张拉预应力后，桥梁构件会略微起拱，从而使得台座的两端承受整根构件的重量，这个工况也是台座设计需要考虑的因素。

后张法预应力施工的控制关键点在于预应力系统的施工质量。预应力孔道位置的准确性、锚下混凝土的密实度、孔道压浆的密实度、锚垫板材料的可靠性等都是影响施工质量的关键，对于薄壁易开裂的构件，则应严格控制预应力管道的线形。

后张法桥梁的预制构件中有一类特殊的桥型，即预制节段梁。常规的桥梁是将桥梁在横向上分成若干段，每段在架设期间都能独立支撑在两个立柱之间，而预制节段梁则是将桥梁上部结构在纵向上分成若干个节段。

节段的预制可分为长线法与短线法。长线法需在适应整跨梁长度的台座上制作节段，采用长线法预制节段可以简化对桥梁的线形控制，但对场地的占用较大，如图 4.3.2-10 所示。短线法台座的长度通常仅为三个节段的长度，台座上同时只有两个节段，即作为端模板的已成型节段以及待浇筑节段。

短线法工艺的优点是模板周转率较高，且在预制场中占地面积较小，缺点是预制节段拼装时，需要逐个节段控制整体结构的线形，就必须有一套复杂的多向可调的模板系统，对施工工艺要求较高。

钢梁通常是在钢结构专业单位的厂房里制作，故而钢结构桥梁也可以看作是预制桥梁的一种。通常会在制作场地内根据桥梁线形搭设胎架，并在胎架上完成桥梁大节段的制作，这些大节段的分段是根据安装现场的吊装条件以及道路运输条件而确定。

图 4.3.2-10　长线预制台座

（2）梁的运输

在城市桥梁的工程实践中，往往是由陆地运输的限制条件而决定预制节段尺寸和重量的。在城市中运输桥梁构件，既要考虑所经过的桥梁的承载能力，也要考虑所经过的区域净空，并检查所途经的道路状况是否会产生较大颠簸从而损坏桥梁构件。为了防止运输过程中构件发生滑移，或者因为振动和颠簸受损，应在运输过程中采取有效的构件固定措施，并在构件的合理受力点设置具备减振效果的支承结构。

常见的运输车辆以及运输形式有以下几种：①采用分离式挂车（俗称"炮车"）运输空心板梁、T梁等结构。通常其重量不超过80～100t。②采用分离式挂车运输T梁、小箱梁、U形梁等结构。通常其重量在100～200t之间。③采用半挂低平板车或牵引多轴液压平板车运输预制节段梁。半挂平板车可运输100吨以内的构件，而多轴液压平板车可运输100t以上的构件。如图4.3.2-11～图4.3.2-14所示。

图 4.3.2-11　空心板梁运输

图 4.3.2-12　小箱梁运输

图 4.3.2-13　节段梁运输

图 4.3.2-14　桥面运输 T 梁

相比于陆上运输，水面运输具有运量大、运价低、构件尺寸限制小等特点，但是需要修建专用的码头用于构件的装卸。

桥面运输桥梁预制构件通常是为了配合架桥机架设预制梁而采用的运输方法，但应该注意的是构件运输的行进线路带来的荷载不能对已完成架设的桥梁带来损害，应根据构件的尺寸特点，选择带有铁轨的轨道小车或者是多轴轮胎式车辆进行桥面运输。

（3）预制桥梁的安装

城市桥梁安装作业中，通常会因地制宜地采用地面吊机、桥面吊机或架桥机工艺，这些吊装作业的起吊重量大、起重高度高、安装条件复杂，都具有一定风险性。

1）采用地面吊机安装：地面吊机安装预制桥梁结构是最常见、最易实施的施工方法。城市桥梁中通常采用的地面吊机包括以下几种：移动式起重机（俗称"汽车吊"）、履带式吊机、龙门吊机。

2）采用桥面吊机安装：一般针对具体工程采用订制或改制的专用桥面吊机用于节段吊装作业。通用型比较强的是一种称为桅杆式吊机（图 4.3.2-15），这种吊机可以停在桥面上吊装分段的桥梁构件，也可以用于拱桥分段主拱肋的吊装。

节段式桥梁的悬拼吊机（或称节段提升架）可用于梁式桥、斜拉桥的悬臂对称拼装节段的施工，其底梁通常锚固在桥面，利用液压或电动卷扬机将节段对称提升到桥面并进行拼接，图 4.3.2-16 所示。

图 4.3.2-15　桅杆吊

图 4.3.2-16　悬臂拼装提升架

3）采用架桥机安装

架桥机是现在使用较广泛的一种专用设备，架桥机可以不依赖地面，直接在已经施工完成的桥梁墩柱上行走并架设。如果配合预制构件的桥面运输，则整个上部结构的安装可完全不依赖于地面，在跨越河道、交通繁忙区域、多障碍物的环境下施工非常具有优势。

用于桥梁施工的常见的架桥机有以下几种：

① 用于吊装单跨多片预制梁的小吨位整梁架桥机。这些架桥机的起重能力通常在 100～250t 左右，通用性较强（图 4.3.2-17）。

② 用于吊装单跨单梁的预制整梁运架一体的架桥机。目前比较具有代表性的是用在我国高速铁路施工中的 900t 级运架一体机，这种架桥机完成一跨梁的架设并过孔到下一跨梁时最快只需要约两个小时（图 4.3.2-18）。

图 4.3.2-17　小箱梁架桥机架设

图 4.3.2-18　高铁架桥

③ 用于节段拼装桥梁施工的架桥机。节段式桥梁通常可分为逐跨拼装桥（图 4.3.2-19）与悬臂拼装桥，相对应的也有不同形式的架桥机。

④ 逐跨拼装架桥机按照架桥机主梁相对于桥面的位置不同，还可以分为上行式架桥机和下行式架桥机（图 4.3.2-20）。

图 4.3.2-19　逐跨架桥机

图 4.3.2-20　下行式架桥机

⑤ 悬臂拼装式架桥机（图 4.3.2-21）因为需要至少跨越两跨桥的长度，因此其长度较逐跨拼装架桥机更长。其主梁的刚度通常要小于逐跨拼装架桥机，拼接每组节段时，需要将节段用临时预应力与永久预应力共同拼接到已经完成的相邻节段上。

2. 现场浇筑法施工

（1）落地支架现浇法

作为最传统的桥梁施工方法，从地面上搭设支架并现场浇筑混凝土目前仍然在很多地方应用。目前使用较普遍的有钢管扣件式、碗扣式、扣盘式、门式等不同的支架系统。

图 4.3.2-21　悬臂拼装架桥机

图 4.3.2-22　满堂支架施工图

将桥梁投影面积内全部布满竖向承载的竖杆，这种支架称为满堂支架，除了满堂支架（图 4.3.2-22）以外，近年来还有很多桥梁工程采用了膺架法用于桥梁上部结构的浇筑。膺架作为特殊的支架，通常可以用在跨越河道、有交通的路口等工况的现浇施工。

（2）挂篮法悬臂浇筑施工

挂篮法悬臂浇筑工艺是跨越水系的连续梁桥、刚构桥最主要的施工方法。虽然是现场浇筑式的施工方法，但其整个工作面都是在空中已完成的桥面上，对周边的环境影响也较小。

挂篮法悬臂浇筑工艺除了在梁式桥中得到普遍应用外，还在斜拉桥的混凝土主梁施工中得到应用。为了保证挂篮的承载能力，往往会用斜拉索牵引挂篮，这种挂篮也被称为牵索式挂篮（前支点挂篮）（图 4.3.2-23）。

（3）移动模架（或称造桥机）

移动模架是近年来发展起来的新的桥梁施工技术，也是介于架桥机架设与现场支架浇筑之间的一种施工方法（图 4.3.2-24）。按照造桥机主梁相对于桥面的位置关系，移动模架造桥机也可以分为上行式和下行式。

图 4.3.2-23 牵索挂篮

图 4.3.2-24 造桥机施工

3. 转体法施工

桥梁转体施工是指在偏离运营状态永久桥位的位置进行浇筑或拼装形成部分或整体桥梁的上部结构，其后借助于转动机构将主体结构就位于永久桥位。桥梁的转体施工分为竖转法、平转法以及竖转和平转相结合的方法，目前在城市桥梁建设中，以平转法为主要施工方法，竖转施工则多用于拱桥结构。

转体法施工最大的优势在于对环境的影响较小。桥梁结构在跨越区域的两侧进行浇筑或拼装施工，之后进行转体的旋转动作往往只需要数个小时，而最后的合拢段可以采用悬吊模板，从而进一步降低了对环境的影响。

转体施工法一般包括以下几个关键技术：①转动机构与转动能力；②施工过程中的结构稳定和强度保证；③结构的合拢与体系的转换。

随着转体施工工艺的进步（特别是转动构造中摩擦系数的降低和牵引能力的提高），平转方法在诸如斜拉桥和刚构桥中也得到应用，目前我国工程实践中最大转体重量已经达到了 19000 多吨。目前在上海地区跨越高速公路的跨线桥施工方法也已经用转体法施工代替挂篮法施工，取得了不错的效果。

4. 顶推法施工

桥梁顶推法是一种适应性较强的施工方法，适用于施工区域不具备吊装条件且顶推区后方能够进行梁端组拼的环境。在工程实践中，钢结构桥梁采用顶推法施工要比混凝土桥梁多。

顶推采用的液压千斤顶既有可连续拖拉的钢绞线千斤顶，也有通过特殊滑块构造而形成的多点连续工作的顶推千斤顶。多点顶推时须将所有千斤顶串联或采用计算机液压电控技术使之同步工作，由于顶推的各工作面的摩擦力不同以及实施对顶推过程中的桥梁纠偏，因此还需要设置能够纠偏的导向装置。

4.3.3 不同桥型的主要施工工艺流程及其控制技术

4.3.3.1 预制混凝土梁桥施工工艺

预制混凝土梁桥的施工工艺包括构件预制和现场安装（图 4.3.3-1）两大环节。构件的预制分为工厂化预制和现场预制两种，但对于大多数的城市桥梁而言，预制构件多采用工厂化预制，城市范围内预制混凝土梁桥的预制施工工厂化，除了场地条件的因素，构件工厂生产的质量相对能够得到较好的保证。

现场安装是预制装配式桥梁的重要环节，预制混凝土梁桥的现场安装主要以吊装为主，现场吊装的核心就是根据实际工况进行吊装设备的选择、就位和吊装作业，吊装作业需要特别关注安全问题。一般在制定吊装方案需要注意以下几个方面：

图 4.3.3-1　预制梁现场吊装

（1）最不利起重参数的计算复核。应在图纸上详细规划所吊荷载的主要参数，包括起重高度、吊装最大作业半径、回转角度、变幅角度、是否有障碍物需要规避等，并根据吊装条件选取合理的安全系数。

（2）吊索具以及吊点的计算。应对包括钢丝绳、卸扣、吊点结构等装置构造按照要求进行验算。

（3）地基承载能力的复核。吊装期间所有的吊物荷载以及吊机自重都将由停放吊机的地基来承担，地基的沉降会导致吊机倾覆等事故，因此需特别注意起吊地区的起重条件。

（4）吊装期间结构安全性计算。通常构件在起吊作业中的状态与其最终的工作状态并不相同，需要确认在吊装工况下，构件本身的安全性，比如是否会开裂、是否会倾覆等。

预制梁的安装过程中，有时会需要将预制梁放置在临时支座上，这些支座可以采用机械或液压千斤顶，也可以是可下降的砂箱，或者是钢板焊接而成的简单的箱形结构。需要注意临时支座的支承位置要满足结构受力的要求，有时还会采用千斤顶对已经就位的预制梁进行空间位置的精确调整。

4.3.3.2　现场浇筑混凝土梁桥主要施工工艺

1. 落地支架现浇法

支架法现浇梁施工主要的工艺程序包括地基处理、支架搭设、支架预压、模板搭设、钢筋绑扎、混凝土浇筑、（根据设计规定）预应力张拉，以及最后的支架拆除等工序。

支架法现浇施工虽然具有工期长、安全风险高、施工对环境影响较大等不利特点，但目前仍然是城市桥梁施工中一种主要方法，也是在一些特殊条件不得不选择的施工方法。在工程实践中，支架的稳定性是最为重要的控制因素。在城市桥梁施工中，为了确保支架施工的安全，应重点关注以下几个方面：

（1）支架的地基是比较常见的事故风险源。应对地基进行有效的加固处理，使其能够满足荷载的要求。一方面需要探查是否有承载力薄弱的区域，以免造成差异沉降，另一方面还需要了解地基下的管线情况，以免桥梁荷载对这些管线造成破坏。

（2）支架材料的健康状况。由于钢管、扣件等材料是循环往复使用的，在经过很多次的拆装后，往往存在钢管锈蚀、弯折、扣件无法完全紧固等问题。这些材料性能的退化将使支架系统无法达到设计的工作状态。

（3）支架搭设方案应注意布置提高横向稳定性的杆件。通常在支架系统中，除了直接承担竖向荷载的杆件外，还应设计一些如剪刀撑、水平撑等杆件将竖向杆件联接起来，以防在不均匀荷载条件下的支架失稳。

（4）支架系统的预压。根据施工有关规范的要求，应对支架系统进行预压，一方面是为了检验支架系统的实际承载能力，另一方面也是为了消除支架系统内的塑性变形，并消除构件之间的连接间隙。同时支架预压后，还可以根据支架沉降与回弹的数据，计算出支架模板系统需要预抛高的数值。

2. 挂篮法悬臂浇筑施工

挂篮施工法是将桥梁的上部结构进行逐块浇筑的施工方法，因此，为了完成最终整个结构的线形，需要在施工过程中根据结构的受力和变形情况、浇筑的线形等因素进行动态控制。挂篮法施工流程如图 4.3.3-2 所示。

挂篮法施工过程中需要注意以下一些问题：

（1）0 号块的长度应有足够的空间安装挂篮。必要时可将相邻的两个 1 号节段一并浇筑，以确保两套挂篮可以同时安装使用。

（2）应对施工期间可能出现的不平衡力矩进行计算，并选择合适的抗拉抗压构造以抵抗不平衡弯矩。有些临时锚固构造甚至需要在承台或墩柱顶部预留一些埋件，因此挂篮的临时支撑构造应尽早考虑。

（3）挂篮本身的总重应控制在设计规定的限重之内，挂篮结构本身在满足浇筑混凝土所需强度和变形的要求下，自重应力争减轻，工程实践中通常以挂篮与悬浇梁段的混凝土的重量比作为控制指标，这个数值一般宜控制在 0.5 以内。在完成挂篮结构安装后并在工作前，

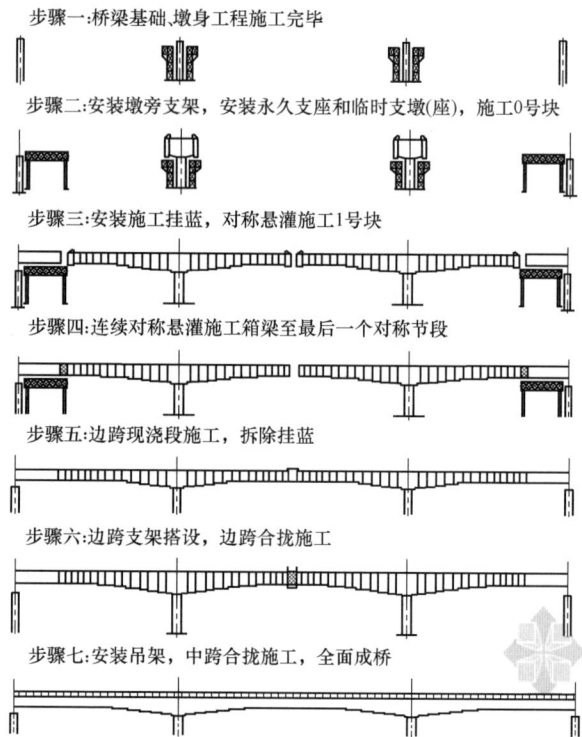

步骤一：桥梁基础、墩身工程施工完毕

步骤二：安装墩旁支架，安装永久支座和临时支墩（座），施工 0 号块

步骤三：安装施工挂篮，对称悬灌施工 1 号块

步骤四：连续对称悬灌施工箱梁至最后一个对称节段

步骤五：边跨现浇段施工，拆除挂篮

步骤六：边跨支架搭设，边跨合拢施工

步骤七：安装吊架，中跨合拢施工，全面成桥

图 4.3.3-2　挂篮法流程图

应进行挂篮的预压与荷载试验，挂篮系统的最大变形（包括悬吊体系）应不大于 20mm。

（4）挂篮法施工期间，应严格控制对称的一组挂篮之间的不平衡力。每浇筑一个节段前，应根据上一节段的成桥线形对模板的预抛高值进行调整。

（5）在最终合拢段施工时，应对全桥线形进行复核，并应在气温最低且气温稳定的条件下进行合拢施工。

（6）挂篮空载前移时处在一个不稳定的状态，应对该工况的操作进行重点管控，随时做好挂篮的固结，防止倾覆。

（7）挂篮法施工期间，每个桥梁节段都需要张拉预应力后方可进行下一节段的施工。

为防止混凝土强度不足的情况下开始张拉作业而引起的质量和安全隐患，以及控制混凝土的收缩徐变以保持桥梁的线形，应对节段预应力张拉龄期进行严格控制。

3. 移动模架法施工

移动模架施工工艺又称造桥机施工法，其作业兼具了现浇施工与架桥机施工的多种特点，因此其施工中也需要特别注意以下几点：

（1）考虑到现场浇筑混凝土时对方量的控制误差相对大一些，因此造桥机的承载能力应有足够的安全系数。造桥机主梁的刚度决定了成桥后的结构线形，应选择主梁刚度较大的设备。

（2）下行式造桥机模板系统打开状态应设计有足够的空间通过立柱。应考虑在城市施工中，打开的模板系统以及桥墩托架对下方净空的影响。

（3）在造桥机安装完成后，需要进行预压以及荷载试验，以取得模板预抛高的参数并消除系统塑性变形。

（4）造桥机往往需要在墩柱上预留较多的预埋件，应在下部结构施工期间考虑该问题。

4.3.3.3　拱桥主要施工工艺及其控制

现代城市拱桥大多为钢管混凝土拱桥或钢管组合梁拱桥，城市桥梁中较为常见的下承式系杆拱桥通常设计为"内部多次超静定、外部静定"的结构形式。

在中承、下承式拱桥及系杆拱桥中，常需要进行吊杆张拉，而设计图中一般只给出了成桥后的吊杆内力。在施工过程中，拱、梁、吊杆之间存在多次超静定受力体系中的内力变化，因此在张拉吊杆前需要根据张拉顺序及最终的吊杆内力，通过施工过程计算以明确每根吊杆的张拉内力，以确保张拉完成全部吊杆后吊杆的内力符合设计恒载吊杆内力要求。

1. 先梁后拱

先梁后拱的施工工艺是主梁施工在先、主拱施工在后，通常搭设支架后进行梁段及梁端混凝土的浇筑，拱脚结构也需要一并施工完成，随后再进行主拱和风撑等结构的浇捣及安装。

系杆拱桥先梁后拱施工工艺流程（图4.3.3-3）。

2. 先拱后梁

首先在支架上浇筑拱脚结构，随后吊装并安装主拱圈，并将其与拱脚临时固结；当拱圈成型后，需要采用一些临时措施以平衡拱脚处的水平推力，通常可以采用拉临时预应力索来解决，从而形成一个"弓"的结构；最后吊装桥面梁结构并安装吊杆，成桥后再解除临时水平预应力。系杆拱桥先拱后梁施工工艺流程（图4.3.3-4）。

3. 拱桥施工的新工艺

除了上述两种基本方法外，拱桥施工的新工艺还有：

（1）采用竖转结合平转的转体法施工

将拱肋在靠近岸边的区域拼接完成后，搭设塔架将拱肋用扣索拉住，形成一个斜拉体系。将半片拱肋旋转到位后，再进行竖转合拢。之后可以在拱肋上安放一台拱上吊机，吊装桥面板。

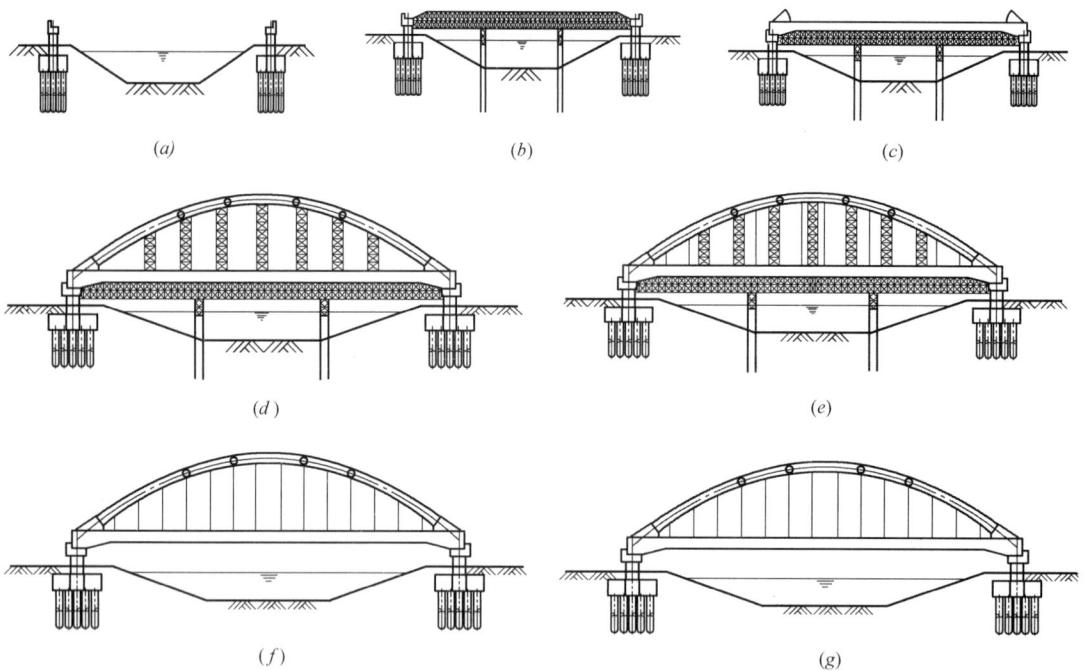

图 4.3.3-3　系杆拱桥先梁后拱施工工艺流程

(a) 主墩基础与下部结构施工；(b) 在河中搭设临时支墩预应力束与支架；(c) 在支架上浇筑端横梁、拱脚和系梁，再张拉部分纵向；(d) 在系梁上搭设拱肋支架，吊装钢拱肋及支撑，待拱肋精确定位后现场焊接拱肋；(e) 安装吊杆，调直成品索吊杆，张拉吊杆；根据设计要求泵送微膨胀混凝土填充拱圈；(f) 浇筑桥面板，拆除系梁支架及临时支墩，张拉系梁全部预应力钢束；(g) 施工桥面铺装，安装人行道板，护栏等，成桥

（2）采用拱上吊机拼装拱肋节段

该工艺首先需要在拱脚位置搭设一个临时塔架，作为斜拉桥结构的主塔，采用拱上吊机起吊拱肋节段，每安装一个节段时，将其与塔架用钢索相连并拉紧，最后在拱的跨中合拢，当形成拱圈后再在其上吊装桥面结构，并逐步拆除斜拉索。该工艺在国内比较具有代表性的工程是万县长江大桥及上海卢浦大桥。

（3）缆索吊机安装拱圈

在拱桥处搭设塔架，并在两个塔架之间架设钢缆，从而形成了一个临时的悬索桥体系。在钢缆上安装一台可沿钢缆行走的缆索吊机，用于起吊安装主拱肋节段，并将其与塔架临时拉接固定直至合拢。

（4）整体架设法

将主拱结构与桥面结构在岸边完成拼装后，将这个结构浮运至桥位处进行整体安装或采用顶推的方法将拱梁结构整体顶推就位，这种施工方法往往需要一些大型设备的辅助。

4.3.3.4　斜拉桥主要施工工艺及其控制

斜拉桥是我国大跨径桥梁最常见的桥型，其上部结构的施工步序基本是：①进行主塔

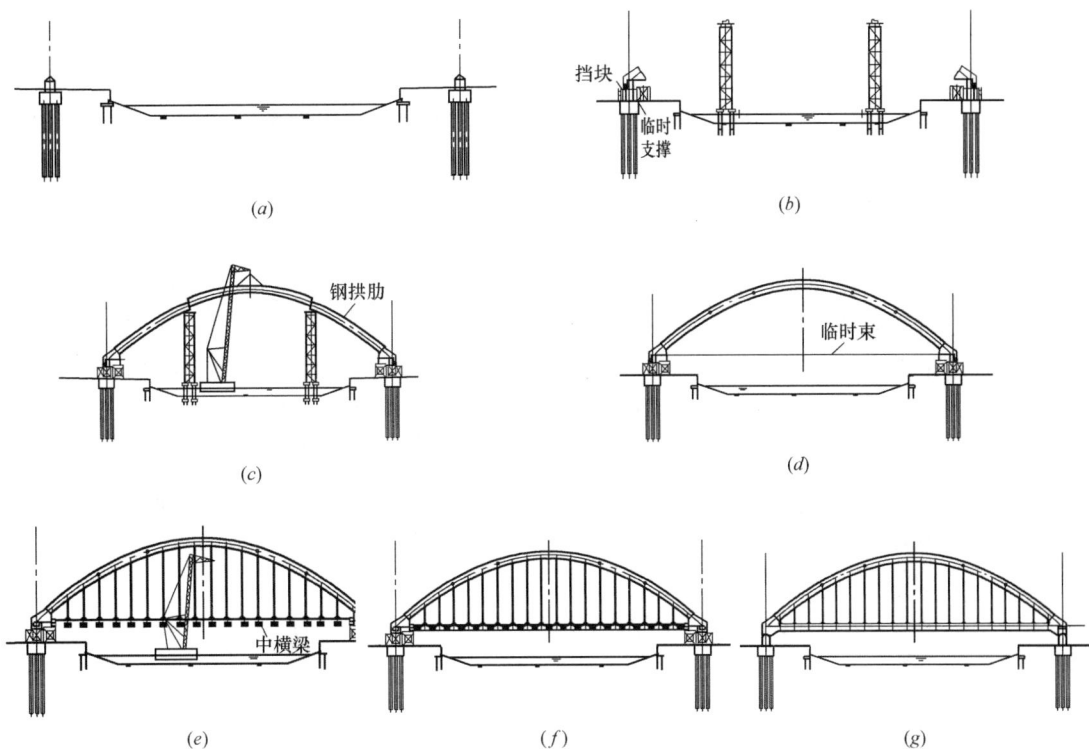

图 4.3.3-4　系杆拱桥先拱后梁施工工艺流程图

（a）桥墩基础施工；（b）搭设支架，现浇端横梁及拱脚；在河道中搭设临时支墩；（c）钢拱肋在预制厂加工；
在拱肋上安装脚手架，用浮吊分段吊装；（d）将分段拱肋焊接成整体，吊装风撑。安装纵向临时索并按要求张拉，
拆除临时支墩；（e）安装中横梁（系梁），按要求张拉纵向临时束；（f）浇筑纵梁及桥面板湿接头，形成桥面系，
按要求张拉纵向钢束；（g）拆除支架、临时支撑及拱脚脚手架。施工桥面附属工程，成桥

的施工，并在主塔内安装斜拉索的锚固构造（锚箱等）。②在支架上浇筑或安装斜拉桥的
0 号块以及 1 号块。③在已完成的桥面上对称安装一组悬臂浇筑或悬臂拼装设备。如果是
混凝土主梁，则安装的是牵索式挂篮。如果是钢主梁或叠合梁，则安装的是悬臂拼装的桥
面吊机。④与挂篮法施工类似，每个桥塔处的两组悬臂施工设备背向开始浇筑节段或拼装
节段，施工期间桥的主梁是对称悬臂状态。⑤每完成一个节段，需要进行斜拉索的挂索施
工，并张拉斜拉索。⑥进行两个悬臂 T 形构造的合拢，如有必要还应再次调整斜拉索的
索力。

　　悬臂浇筑混凝土斜拉桥是我国最常见的斜拉桥形式。施工中的控制索力采用倒拆正装
交替迭代法或考虑施工过程的优化法得到，每一主梁节段的立模标高在索力确定后通过状
态模拟计算获得挠度值后反相加在成桥设计线型上来求得。

　　1. 悬浇混凝土斜拉桥施工的主要特点

　　（1）结构参数的准确性较差，而且要等到节段施工完成后才能确定；

　　（2）主梁的刚度较大，节段的局部变形很小；

　　（3）索力调整对局部线形的调整作用很小，调整范围受到混凝土应力的限制；

（4）挂篮刚度对局部变形有较大影响；

（5）未施工节段的立模标高可以任意确定，与已浇筑梁段无关。

自适应控制法是悬浇混凝土斜拉桥控制的理想方法。根据上述特点应采取下列对策：

（1）对于已建成梁段的线形误差在一定程度上可以通过斜拉索索力的调整来纠正，但是，由于主梁刚度较大，不可能通过索力调整纠正所有误差。残余的误差可以通过下一节段的立模标高来调整。

（2）及时识别误差产生的原因，估计计算程序参数的实际值，主要是混凝土的弹性模量、材料的比重、徐变系数等，重新计算未浇筑梁段的预拱度，修改施工阶段索力及相应的标高目标值，避免出现新的误差。

（3）由于立模标高可以随时调整，索力值应该作为控制的依据，某节段标高只要控制在允许范围之内即可认为满足要求。如果索力到达设计值时标高同时达到预计值，说明计算模型与实际结构是吻合的，否则，说明两者之间存在差异，必须对参数进行重新估计。

（4）挂篮刚度只影响正在浇筑的梁段标高，但由此引起的误差将永远存在于主梁线形中，因此必须充分估计准确。

2. 悬臂拼装斜拉桥的施工特点

（1）主梁的线形在钢梁预拼装阶段已经完全确定，现场拼装时节段之间相对位置几乎没有调整的余地；

（2）全部节段的重量在拼装前可预先获得；

（3）拼装阶段钢梁刚度很小，索力及荷载对标高的影响非常明显；

（4）钢梁的抗拉、抗压能力均较强。

钢梁及混凝土板的预制长度通过无应力状态法确定，安装标高控制值由正装模拟计算确定。其控制的对策为：

（1）在确定施工控制目标时，应充分利用钢梁的抗弯能力使混凝土桥面板承担较大压应力。

（2）由于梁段间相对位置不能调整，某一梁段的误差除影响本节段外，误差的趋势还将影响以后的梁段，因此，拼装阶段的线形是控制的主要目标，必须在下一节段拼装前通过斜拉索索力的调整来纠正已建成梁段的线形误差，而将索力控制在一定误差范围内。

（3）参数估计的对象主要是主梁的刚度，特别是已安装好桥面板但尚未形成结合梁的梁段，此时的刚度实际上是处于裸钢梁与结合梁之间，需要通过参数估计算法来估计。

（4）在参数估计后应重新确定每阶段的张拉索力，如果不进行修正，则在以后每个阶段施工完成时索力与标高均不能同时达到控制目标，从而每次均需要标高调整，这将大大增加施工调索工作量。

（5）由于线形的主要靠索力调整来保证，但是索力调整必须在梁体强度允许的范围之内，因此必须分析索力误差对主梁应力的影响，确保施工应力控制在允许范围之内。

4.4 桥梁工程建设中 BIM 技术应用案例

南昌市朝阳大桥工程（图 4.4.1-1）是南昌市"十纵十横"干线路网规划中南环快速

路跨越赣江的重要节点工程。工程总投资 27 亿元，全长 3.6km，位于南昌大桥与生米大桥之间，西接前湖大道，东连九州大道。

朝阳大桥结合了"多塔连跨斜拉桥"和"波形钢腹板组合梁桥"，是目前国内第一座真正意义上的波形钢腹板 PC 组合梁斜拉桥，也是世界上首例采用单箱五室六腹板钢结构整体吊装施工技术的桥梁。

图 4.4.1-1 南昌朝阳大桥效果图

4.4.1 朝阳大桥工程特点

1. 跨江主桥通航孔桥采用六塔斜拉桥布置（图 4.4.1-2）

通航孔桥跨径布置（79m＋5×150m＋79m），总体结构形式为梁墩分离、塔梁固结的六塔单索面斜拉桥，主梁为单箱五室波形钢腹板 PC 组合梁，主梁顶宽 37m，底宽 44m，采用挂篮悬臂法施工。

(a)   (b)   (c)

图 4.4.1-2 南昌朝阳大桥工程特点

2. 波形钢腹板 PC 组合梁的广泛应用

朝阳大桥工程跨江区段桥梁主梁均采用波形钢腹板 PC 组合梁，应用面积居国内同类桥梁前列；通航孔桥单箱五室波形钢腹板 PC 组合梁结构新颖，各项技术指标居国内同类型桥梁前列；非通航孔桥 Pm21～Pm25 为国内第一座采用变宽设计的波形钢腹板 PC 组合结构桥梁。

3. 充分考虑人性化需求采用独立人非系统设计

朝阳大桥采用独立的人非通行系统设计，提供尽可能舒适便捷的通行条件。总体上人非通道布置在主线机动车道下部，采用双层布置，实现了人非系统与机动车道的物理隔离，宽敞通透。

4. 充分考虑城市桥梁景观需求，全方位注重桥梁景观设计

朝阳大桥工程位于南昌市中心城区，是典型城市桥梁工程，在设计过程中，充分注重了城市桥梁的景观需求，力图达到桥梁功能、安全、经济和美学的协调与和谐。

4.4.2　应用 BIM 技术的原因

（1）在设计方面，应用 BIM 技术解决桥梁结构中众多构造的错、漏、碰、缺等设计缺陷，提升设计质量。

（2）在施工方面，应用 BIM 技术模拟施工组织方案，检查临时构造物的错、漏、碰、缺等缺陷保障施工安全，模拟施工安装过程以校核操作可行性及合理性。

（3）在运维方面，应用 BIM 技术结合 GIS 系统实现运维平台三维可视化，提高运维管理平台的友好度。

4.4.3　BIM 技术应用的成果介绍

4.4.3.1　BIM 应用的亮点及特点

通过 BIM 应用建立了基于 Revit 平台的桥梁信息模型建模方法（图 4.4.3-1～图 4.4.3-5），并达成了以下应用亮点：①提出桥梁设计信息分类要求；②通过"零件"、"构件"、"整体"三个层次，并基于 Revit 特有的"族"文件来完成信息架构设计；③建立了可行的钢结构桥梁结构参数化建模方法，包含：总体信息模型实施方法、构件信息模型实施方法、零件信息模型实施方法等；④提出了总体虚拟拼装实施方法及设计阶段碰撞分析内容；⑤给出了桥梁信息模型实施流程。该方法所得成果可为桥梁信息模型的建立及应用提供参考。

BIM 应用的特点：实现 BIM 模型在建设行业产业链的协同应用，做到设计、施工及运维产品的无缝对接。

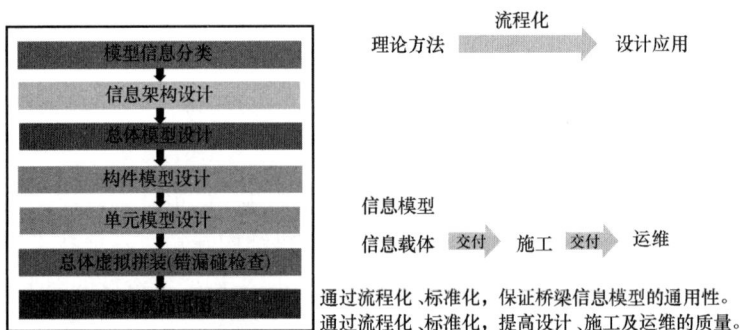

图 4.4.3-1　桥梁建模方法

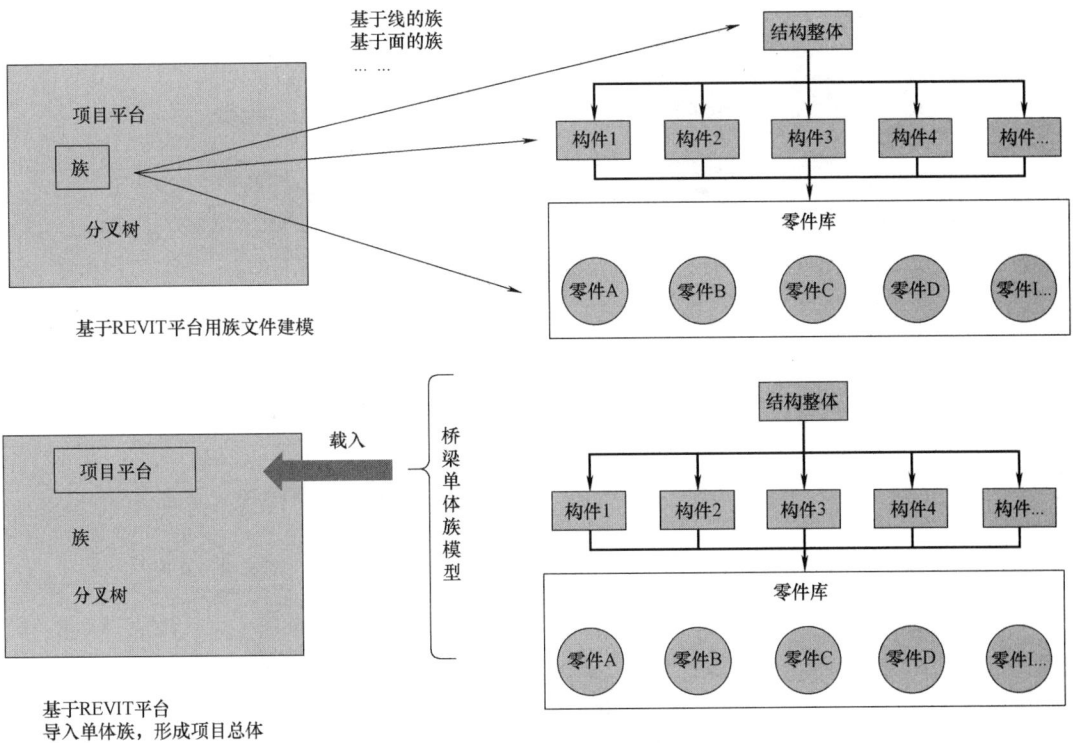

图 4.4.3-2 信息架构设计

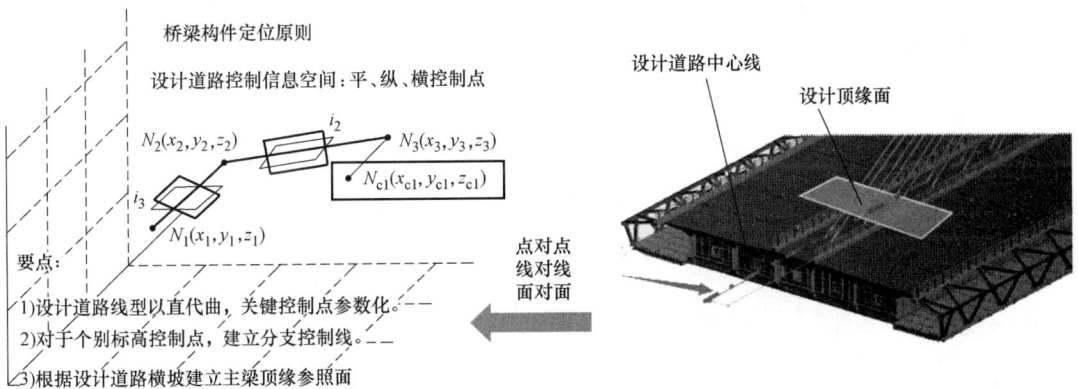

图 4.4.3-3 总体设计以明确主梁构件在桥梁单体参数空间中的定位方法

4.4.3.2 BIM 应用的落实点

（1）设计方面：方案比选、构造设计、碰撞检验、设计成品出图、结构辅助计算。

1）方案比选：比较工可阶段提出的 12 种总体方案，结合地形、通航、技术难度及工程造价等方面得出最佳设计方案。通过 BIM 平台直观地展示方案总体效果，提高方案策划阶段的设计效率。

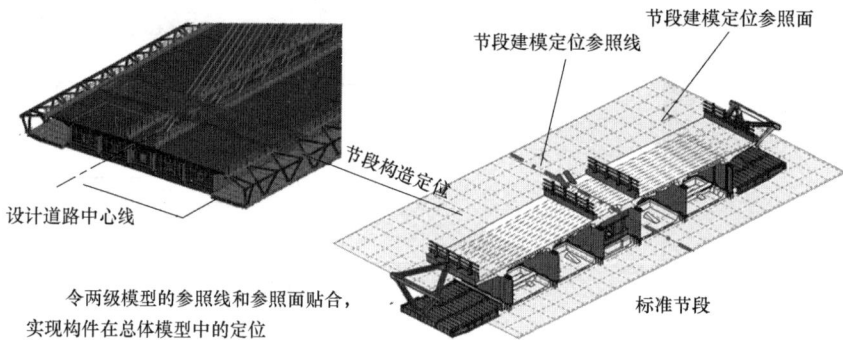

节段建模定位参照线
节段建模定位参照面
节段构造定位
设计道路中心线
令两级模型的参照线和参照面贴合，
实现构件在总体模型中的定位
标准节段

图 4.4.3-4　主梁节段构件定位展示

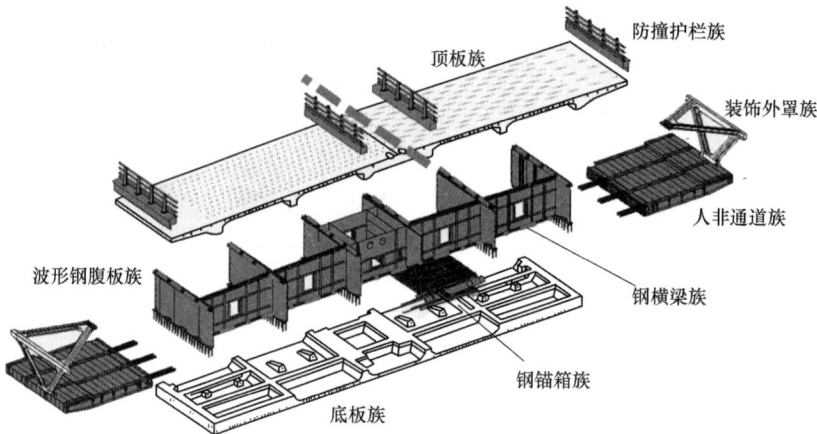

防撞护栏族
顶板族
装饰外罩族
波形钢腹板族
人非通道族
钢横梁族
钢锚箱族
底板族

图 4.4.3-5　主梁节段构件中主要板件（零件）定位拼装展示

2）结构及构造设计：利用三维信息化设计方法建立了波形钢腹板参数化设计（图 4.4.3-6），斜拉索梁上锚固装置（钢锚箱）的参数化模型，斜拉索塔上分丝管鞍座的结构设计（图 4.4.3-7）；检查了锚管构造设计对悬臂施工阶段钢结构安装偏差的容忍度；建

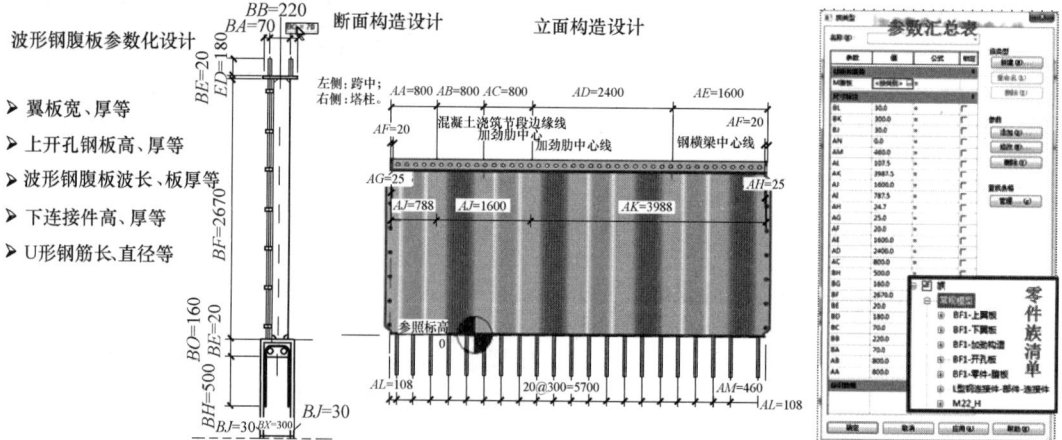

波形钢腹板参数化设计

➤ 翼板宽、厚等
➤ 上开孔钢板高、厚等
➤ 波形钢腹板波长、板厚等
➤ 下连接件高、厚等
➤ U形钢筋长、直径等

断面构造设计　　立面构造设计

图 4.4.3-6　波形钢腹板参数化设计

188

立波形钢腹板组合梁下层人非通道钢结构挑臂模型，分析底板角隅区域内各类型构造物的空间设计位置，优化设计方案等。通过 BIM 提高施工图阶段的结构设计质量。

3）碰撞检验：检验通航孔桥、非通航孔桥及人非通道桥的结构设计。利用 BIM 方法解决设计阶段结构错、漏、碰、缺问题（图 4.4.3-8）。

4）结构辅助计算：展示通航孔桥顶板、下塔柱实体模型转化为有限元网格，给出空间效应下的应力分布结果、水化热计算结果。利用 BIM 方法为结构空间效应计算提供几何模型（图 4.4.3-9）。

（2）施工方面：大桥施工过程模拟、临时结构辅助计算。

1）大桥施工过程模拟

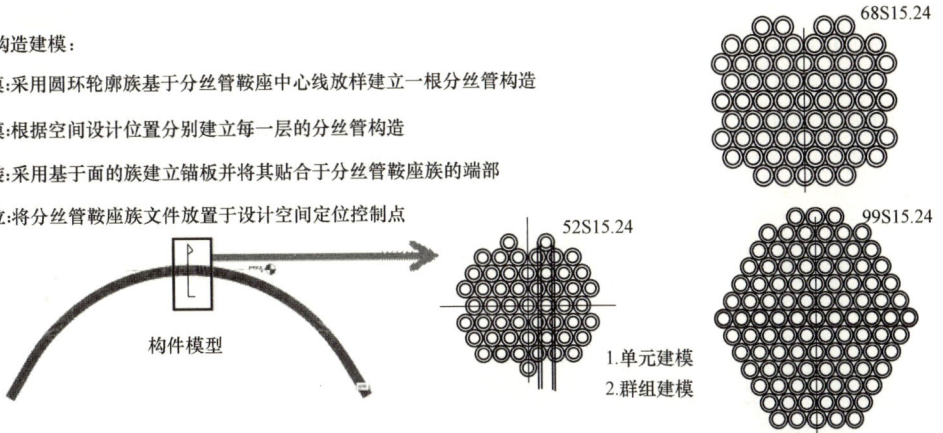

分丝管鞍座构造建模：

➢ 1.单元建模：采用圆环轮廓族基于分丝管鞍座中心线放样建立一根分丝管构造

➢ 2.群组建模：根据空间设计位置分别建立每一层的分丝管构造

➢ 3.单元拼装：采用基于面的族建立锚板并将其贴合于分丝管鞍座族的端部

➢ 4.构件定位：将分丝管鞍座族文件放置于设计空间定位控制点

构件模型

68S15.24

52S15.24

99S15.24

1.单元建模
2.群组建模

图 4.4.3-7　结构设计—斜拉索塔上分丝管鞍座

复杂钢结构族模型集成进行碰撞检查

边塔范围模型总拼装

观景平台构件总拼装

图 4.4.3-8　结构碰撞检验

内容：模拟通航孔桥主墩零号节段支架安装、通航孔桥悬臂挂篮施工、人非通道桥节段吊装施工。

价值：为关键施工步骤模拟提供可视化解决方案，解决施工中存在的错、漏、碰。

2）临时结构辅助计算（图 4.4.3-10）

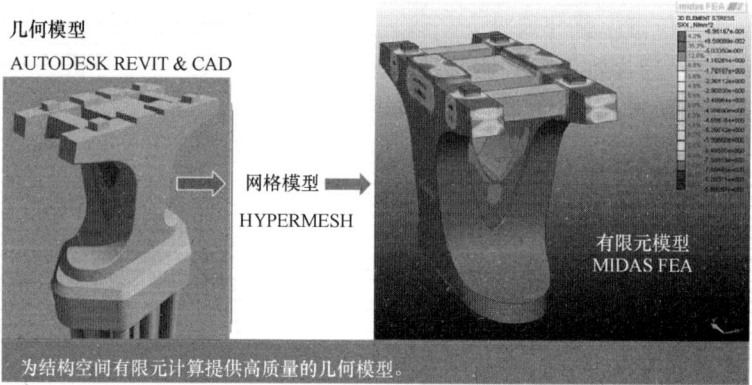

图 4.4.3-9　结构辅助计算

内容：分析通航孔桥主墩零号节段支架受力、通航孔桥主梁及挂篮受力。

价值：为关键施工步骤模拟提供空间有限元计算几何模型，保证施工安全性。

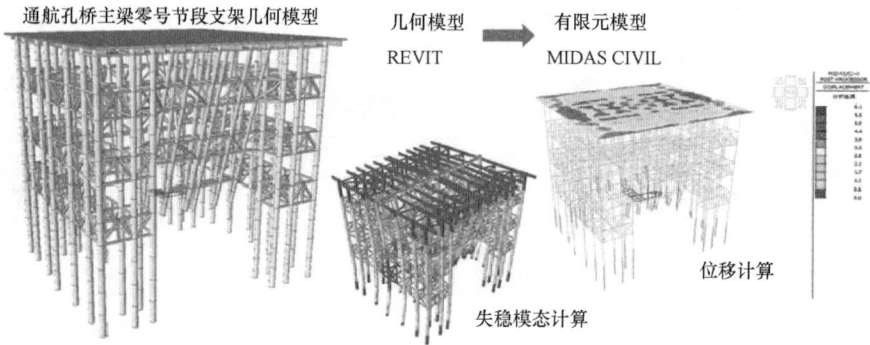

图 4.4.3-10　主梁零号段施工模拟及临时结构辅助计算

（3）运维平台设计：三维浏览、构建服务中心平台、设施设备管理、安全管理、工程资料管理。

1）内容：三维浏览，实现全桥虚拟漫游；

2）构建服务中心平台：维修服务请求、任务分配、工作进度查看、工单编制、满意度调查、工作计划排布、工作量统计分析；

3）设施设备管理：养护维修任务、定期养护计划、分时段成本统计；安全管理：实时监测（交通流量、应力应变、风速、温湿度）、定期监测（索力、沉降）、应急预案；

4）工程资料管理：工程准备阶段、监理文件、施工文件、竣工图、运营；

5）平台管理：平台使用说明手册。

4.4.3.3　BIM 技术应用在现阶段中存在的问题及展望

1. 存在问题

现有 BIM 设计手段还存在一定不足，例如：建模手段单一、智能化不足、专业性不强等。桥梁专业在实际项目中经常遇到异型构造，现有 BIM 设计软件建模难度较大，有待继续改进以满足设计需求。

2. 技术展望

（1）逐步深化桥梁信息模型的建模理论，拓宽桥梁信息模型的设计应用范围及方法。

（2）目前来看急需深化的建模理论：基于设计、生产、运维过程的钢结构桥梁错、漏、碰检查方法；基于混凝土构件表面及体量的参数化配筋设计方法。

（3）基于需求，建立面向桥梁专业技术人员的操作平台界面，优化专业出图功能，实现软件友好化升级。

思考题

1. 请简述中国古代赵州桥的结构特点及该桥主要施工工艺。

2. 近代桥梁史上最早把钢作为主要建筑材料全面使用并开启了大跨径桥梁时代的是哪一座桥梁？

3. 为什么近代大跨度桥梁常采用桁架结构作为主要受力构件？

4. 自18世纪以来，人类由于不掌握大自然的规律，在桥梁发展史上遭受到了许多次自然的惩罚，试举几例说明人类是如何在惨痛中汲取教训并取得技术进步的。

5. 通过案例说明为什么桥梁工程是人类"挑战自然、实现理想、体现美学观念"智慧的结晶。

6. 简要归纳城市桥梁的基本类型及其结构受力的主要特点。

7. 桥梁工程规划设计主要分几个阶段，每个阶段的重点内容是什么？

8. 现代桥梁工程基础有哪几种代表形式？各种基础形式的主要适用范围是什么？

9. 桥梁上部结构满堂支架现浇施工法作为最常用工法，也是工程建设过程中风险较高的施工工艺，应从哪几个主要方面加强管理？

10. 请简述桥梁信息模型建模方法及应用的主要流程。

参考文献

[1] 项海帆等. 桥梁概念设计 [M]. 北京：人民交通出版社，2011.

[2] 范立础主编. 桥梁工程. 上册 [M]. 北京：人民交通出版社，2001.

[3] 顾安邦主编. 桥梁工程. 下册 [M]. 北京：人民交通出版社，1998.

[4] 周先雁，王解军主编. 桥梁工程 [M]. 北京：北京大学出版社，2008.

[5] 项海帆等. 高等桥梁结构理论 [M]. 北京：人民交通出版社，2001.

[6] 伊藤学，川田忠树等著，刘健新等译. 长大桥梁建设的序幕. 北京：人民交通出版社，2002.

[7] 刘士林，王似舜等. 斜拉桥设计 [M]. 北京：人民交通出版社，2006. 1

[8] 孟凡超. 悬索桥设计 [M]. 北京：人民交通出版社，2011. 6

[9] 叶爱君，管仲国. 桥梁抗震 [M]. 北京：人民交通出版社，2011. 9

[10] 阮欣，陈艾荣，王达磊等. 杭州湾跨海大桥风障设置风险评估 [J]，桥梁建设，2007. 7

[11] 金玉泉. 桥梁的病害及灾害 [D]. 上海：同济大学，2006

[12] 赵君黎，冯苠等. 中国大跨径混凝土梁桥典型病害剖析及防治技术简介 [J]，预应力技术，2011

[13] 上海市第二届BIM技术应用大赛作品——南昌朝阳大桥 BIM 应用. 上海城建院，2015. 11

第5章 交通隧道建设

5.1 城市交通隧道建设现状

交通是城市功能中最活跃的因素，是城市可持续发展的最关键问题。现代化城市的正常运作必须有足够的交通空间作保证。受城市用地容量的制约，向地下要交通空间是未来城市交通发展的主要模式之一，因此地下交通是城市地下空间开发的核心功能之一，而隧道建设则是地下交通功能开发的基本手段。以地下交通功能层次和地下环境功能层次为主的地下空间的开发利用，将是21世纪城市地下空间建设的核心。

5.1.1 城市交通隧道的概念

1. 城市交通隧道的定义和作用

城市交通隧道（Urban Traffic Tunnel）是城市公共交通路网的重要组成部分，主要包括地铁隧道和城市地下快速路。城市隧道不仅可以完善路网结构、缩短城区之间的距离，有效实现城市交通分流并改善城市交通与环境，而且还是城市（特别是一些重要的政治、经济、文化中心城市）平战结合、民用与防空结合的重要设施。

2. 城市交通隧道的特点

城市隧道尽管与铁路隧道、公路隧道有许多共同点，但由于其所处的地理位置的特殊性和使用功能的多样性，其与铁路隧道、公路隧道相比又表现出显著的特点。这些特点对城市隧道的设计和施工都产生重要影响。

（1）浅埋。受城市总体规划和既有建筑设施限制较大，城市隧道，特别在与地面道路、轨道交通衔接过渡段都是浅埋，为保证既有道路的畅通和其他既有建筑设施的正常使用，隧道又无法采用明挖施工，在浅埋段隧道施工期间的地表沉降控制和开挖面稳定控制是设计和施工方案的重点和难点。

（2）防水要求高。由于城市隧道所处的特殊地理环境和使用功能要求，需配置给排水管及通风、照明、交通监控、有线广播和无线通信系统的各种电缆、电线和设备、仪器、仪表，因此，隧道内须保持干燥，确保各种设备、仪器、仪表正常使用，这是城市隧道防水标准高于公路、铁路隧道的防水标准的关键因素。《公路隧道设计规范》规定：隧道拱部只"渗"不"滴"，边墙不"淌水"。而城市隧道防水标准至少达到"不淌"、"不滴"、"不渗"，确保隧道内干燥。

（3）运营管理设施复杂。为适应城市隧道的使用功能，其运营管理设施除满足一般公路隧道所要求的通风、照明、供电等管理设施外，还有中央监控系统、火灾报警系统、一氧化碳检测及射流风机控制系统、紧急电话系统、闭路电视系统、有线广播和无线通信系统等配套设施，整个控制系统完全由计算机控制。根据其功能不同可将整个管理系统分为强电系统、给排水及其他市政管网设施系统和控制系统三大部分。

5.1.2 城市地铁隧道建设现状

自第一条城市地铁在英国伦敦问世以来，迄今全世界有 44 个国家的 100 多座城市修建了 340 多条地铁，其运营线路总长度超过了 6000 公里。发达国家的主要大城市，包括"地铁之乡伦敦"，以及纽约、芝加哥、巴黎、柏林、东京、莫斯科等已经完成了地铁网络的建设。

我国是世界上地铁建设规模最大、速度最快的国家。从 1965 年在北京开始修建地铁发展到现在已经有 50 年历史。我国地铁的发展规模和修建技术水平大致可分为三个阶段：20 世纪 60~80 年代，仅北京、天津修建地铁，上海尚处于研究试验时期，此阶段的地铁车站和区间均采用明挖修筑的方法。20 世纪 80~90 年代，在北京开始采用浅埋暗挖法修建区间隧道，用盖挖法、洞柱（梁）法修建车站，在上海、广州地铁区间隧道施工已使用盾构机。进入 21 世纪以来，地铁建设步入快速发展时期，地铁项目在南京、深圳等许多城市相继开工，而此时在北京、上海、广州、天津等地铁建设先驱城市，地铁建设规模急速扩大，许多城市也开展了城市轨道交通或地铁的前期工作。

目前，除北京、天津、上海、广州等外，南京、沈阳、成都、武汉、西安、重庆、深圳、苏州、杭州、昆明等城市均已开通地铁，地铁运营线路总长接近 3000km，居世界首位。

5.1.3 城市地下快速路建设现状

城市地下快速路最早出现于城市快速路网建设遇到江河湖海以及山体阻碍时，为打通自然条件限制，作为城市整体路网的一个必要的补充而建设的。位于城市中的山岭隧道、越江隧道和跨海隧道均属于这类情况。随着隧道施工技术的不断突破以及现代城市对交通空间需求量的不断增长，从 20 世纪末开始，地下空间开发利用得到了较广泛的重视，而"地下快速路"成为既保证速度、又不占据城市空间的最好选择。同时，在隧道内设置的换气站，可将汽车尾气的颗粒物及其他有害物质进行过滤和分解，排出经过高科技处理、几乎无污染的气体。而地面上的高架路拆掉后可以做林荫大道，增加绿化面积。由此，地下快速路建设进入大发展时期。

1. 国外发达城市地下快速路建设现状

国外已经成功修建大量城市地下快速路。国际上现代城市地下快速路的修建，始于 1927 年美国纽约哈德逊河底的荷兰盾隧道。该隧道双洞单向交通，长度分别为 2680m 和 2551m，采用盾构法施工并首次应用机械全横向通风技术。此后，总投资额高达 4 亿 5 千万美元并于 1990 年建成的美国西雅图市中心商业区的地下公交专用道（全长 3.4km），成为世界上第一条投入运营的全封闭地下快速公交系统，该线路共设有 5 个车站。

因高架道路横贯波士顿市区，对城市环境造成了较大的影响，波士顿市政府从 1995 年开始拆除 20 世纪 50 年代建造的城市高架路，转而发展"地下快速路"。具体做法是在中央大道下面修建一条 8～10 车道的地下快速路，拆除地上高架桥后，地面代之以绿地和可适度开发的城市用地，以促进城市的生态化和可持续发展。这条"大隧道"最终于2007 年底竣工通车。由于建设过程中遭遇隧道漏水、交通堵塞等问题，工程造价从 26 亿美元飙升到 148 亿美元，因此该工程在建设过程中招致了美国国内舆论的巨大争议，被称为美国历史上最复杂、花费最多的地下交通工程。尽管如此，该工程还是大大改善了当地交通环境和市容环境，其中由于高架桥的拆除，腾出近 30 英亩土地，3/4 用于城市绿地和开敞空间的建设，在波士顿中心区建设 40 英亩的公园；用该工程挖出的土方可以用来增加 100 英亩以上的城市用地。在中心区种植了 2400 株乔木和 6000 多株灌木，用以改善城市环境。隧道建成前、后的城市环境对比见图 5.1.3-1 和图 5.1.3-2。

图 5.1.3-1　隧道建成前的城市环境

图 5.1.3-2　隧道建成后的城市环境

在日本，东京都城铁环线"山手线"地下约 40m 处，修建了一条双向 4 车道的高速公路，这是日本首条地下高速路，它从东京的板桥区熊野町到目黑区青叶台，经过池袋、新宿和涩谷三个重要商业中心。采用大深度"地下高速公路"，可使沿线居民免受高速行驶的车流产生的噪声和废气；据悉"山手线"地下工程每公里建设费用大约为 800 亿日元，还比地面高架道路节约 20% 至 30%。

莫斯科为解决市内环形路上车流拥堵的问题，建造了长约 45km 的地下公路，它由两条分开的 4 车道隧道组成，从莫斯科的西北角通往东南角，并且每隔 3～4km 设有可以通往汽车停车场（多层建筑）的出口。

2. 国内地下快速路建设现状

进入 21 世纪以来，我国城市水底隧道和地下通道蓬勃发展，而盾构法施工技术在水底道路隧道中的应用也越来越多。除上海的十余条越江隧道建成通车以外，在全国其他地方，如南京、武汉、杭州、长沙、扬州也相继采用盾构法建设了一大批水底道路隧道。在此背景下，针对国内一些城市交通堵塞现象日趋严重、道路供给能力不足，借鉴发达国家的经验，中国工程院钱七虎院士于 2003 年 11 月在上海的一个会议上建议，在中国的特大城市建设"地下高速公路"，在 2004 年北京举行的关于城市地下空间开发的有关论坛上，他又提出解决北京城市交通拥挤时修建"地下快速公路"。目前南京内环地下道路已经投入使用，上海的外滩道路也大部分转为地下道路，而北京的地下空间规划中已有"四纵两横"的地下道路网建设规划。

以上海为例，目前上海在地下交通空间的开发方面处于国内领先的地位。从 1965 年第一条越江隧道（打浦路隧道）穿越黄浦江底开始施工以来，50 年间先后建成通车了 13条越江隧道（来回双线计为一条隧道）。随着越江交通需求持续增长，根据越江隧道建设规划，至 2020 年上海还将新增 10 条越江隧道。届时，上海将有四桥二十三隧共计 140 条车道，穿梭于黄浦江底。在城市核心区地下快速路网建设方面，位于上海城市中心黄浦江、苏州河的交汇处的城市核心区，提出"井"字形通道构想，构建一体化交通。已经建成通车的外滩通道工程和正在建设的东西通道、南北通道、北横通道等全封闭或半封闭的专用通道及越江隧道，将分离过境交通，便捷到发交通，改善区域交通。

实践表明，城市地下交通隧道建设是提高土地利用效率与节省土地资源、缓解中心城区高密度、人车立体分流、疏导交通、扩充基础设施容量、增加城市绿地、保持城市历史文化景观、减少环境污染、改善城市生态的最有效途径。在未来的数十年里，除上海、北京、南京外，广州、深圳、武汉、长沙、天津、杭州、南昌等大中城市也将投入巨资修建大量的城市地下快速路和地下通道。

5.2 城市交通隧道设计

5.2.1 设计规范选用

对于城市隧道，现阶段国内城市地下道路线形设计主要按照《城市道路设计规范》CJJ 37—90，也可部分参考《公路隧道设计规范》JTGD 70—2004 执行。上海在 2008 年就修订了地方标准：上海市工程建设规范《道路隧道设计规范》DG/TJ 08—2033—2008。近年，住建部又出台了《城市快速路设计规程》CJJ 129—2009，若地下道路采用快速路标准，还应满足此规范的相关要求。2015 年住建部批准《城市地下道路工程设计规范》CJJ 221—2015 为行业标准，自 2015 年 11 月 1 日起施行。

5.2.2 工程建设条件

隧道的规划、设计、施工、运营，必须收集与隧道工程相关的各类资料，加以调查研究。对于隧道工程的建设条件需要全面掌握，隧道调查主要包含地形调查、地质调查、环境调查、气象调查、施工条件调查等。

工程建设条件调查应根据隧道不同设计阶段的任务、目的和要求，针对道路等级、隧道结构类型、特点和规模，确定搜集、调查资料的内容、范围和深度，并认真进行调查、测绘、勘探和试验。各阶段调查的资料应齐全、准确，满足设计要求。

工程建设条件调查还应根据隧道所通过地区的地形、地质条件，并综合考虑调查的阶段、方法、范围等，编制相应的调查计划。在调查过程中，应随时根据实际情况，及时调整或修改调查计划，做到对主要工程地质、水文地质问题有准确评价，提供齐全的设计、施工所需资料，不漏项。

5.2.3 隧道总体设计

隧道总体设计应符合交通规划、城市总体规划、路网规划及土地使用计划的要求，其建筑限界、断面净空、隧道主体结构以及运营通风、照明、监控等设施，应按规定的预测交通量设计，并协调好与地面和地下建（构）筑物及公共管线的关系，减少动拆迁。

隧道既是道路构造物又是地下工程，除了岩土、结构、地下水等问题外，它还涉及空气动力学、光学、消防、交通工程、自动控制和工程机械等多种学科，其技术属复合技术，因此，在隧道总体设计时，应综合考虑断面形状、大小和通风方式、照明、监控等设施的设置规模等。

近年来，国家要求建设与环保并重。隧道方案本身具有很好的环保意义和价值，它利用地下空间构筑交通线，不造成人工边坡，保护了植被，避免了水土流失。但是，隧道建设中的弃渣和污水排放容易造成环境污染，需要采取措施防止。同时，隧道洞口应与周围环境协调一致，尽量做到绿化美化。

因此，隧道总体设计非常重要，它是隧道建设成功与否的关键。

1. 总体设计主要内容

城市隧道工程总平面布置、附属用房安排、隧道安全运营管理设施的设置，应满足隧道正常运营、管理维护、防灾救援等综合要求。

隧道平面、纵断面设计，应尽量避免穿越工程地质、水文地质特别复杂以及严重不良地质段。水底隧道应尽量避开水域中深槽以及河（江）势变化较大的不稳定河（江）段。当必须穿越时应有针对性的、切实可行的工程技术措施。

隧道横断面设计应根据建设规模、道路等级、设计车速、结构形式、设备布置、防灾和施工工法特点等要求确定。并应与隧道的平面、纵断面设计相协调，满足行车安全舒适，维修管理方便的要求。

2. 隧道分类与分级

（1）隧道分类标准

《公路隧道设计规范》中将公路隧道按其长度可分为四类，如表5.2.3-1所示。

公路隧道长度分类　　表 5.2.3-1

分类	特长隧道	长隧道	中隧道	短隧道
长度(m)	$L>3000$	$3000 \geqslant L>1000$	$1000 \geqslant L>500$	$L \leqslant 500$

上海地方规范《道路隧道设计规范》对于隧道分类亦按其封闭段长度划分，基本与公路隧道一致，只是增加了长度大于5000m的超长隧道，共分为五类，见表5.2.3-2。城市道路隧道原则上不允许通行危险品车辆。

隧道分类　　表 5.2.3-2

隧道封闭段长度 L(m)				
超长隧道	特长隧道	长隧道	中隧道	短隧道
$L>5000$	$5000 \geqslant L>3000$	$3000 \geqslant L>1000$	$1000 \geqslant L>500$	$L \leqslant 500$

仅通行行人或非机动车辆的交通隧道，按照封闭段长度分为三类（＞1500m）、四类（≤1500m）隧道。

可通行危险品车辆的隧道分为一类（＞1500m）、二类（1500≥L＞500m）、三类（≤500m）。

隧道类别和公路等级决定了隧道设计水位的洪水频率标准的取值，也对隧道的辅助设施提出一定的要求，如长、特长的双洞隧道，宜在洞口外合适位置设置联络通道，以利车辆调头，并在行车方向的右侧设置紧急停车带。

（2）隧道分级标准

隧道按长度分类主要是为了对隧道首先有个宏观定性的概念，对工程规模有个初步认识。然后根据隧道长度和交通量，再将隧道进行分级，一般分为一、二、三、四、五共5个等级，体现隧道的安全与重要性。随着隧道长度的增加和交通量的增长，潜在的发生火灾或其他事故的危险性也增加，需根据隧道等级设置隧道内运营安全设施规模。

隧道宜根据其封闭段长度 L 和预测最大单洞平均日交通量 q，按图5.2.3-1分为一、二、三、四、五共5个等级。

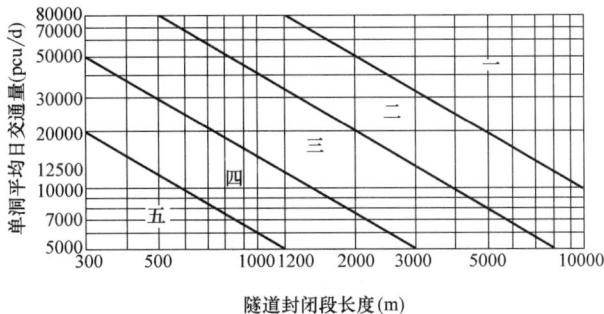

图 5.2.3-1 隧道等级划分

3. 建筑限界

隧道建筑限界宜与两端接线道路的建筑限界保持一致，当隧道建筑限界宽度较小时，两端连接线应设过渡段与隧道洞口衔接。隧道建筑限界高度、宽度应根据隧道功能、连接道路的等级确定。当需设置小汽车专用通道时，建筑限界应通过专项论证，并结合路网，完善交通管理和行车安全措施，如5.2.3-2所示。

图 5.2.3-2 隧道主要建筑限界组成

4. 线形设计

隧道路线设计应符合城市总体规划要求。优选与土体使用矛盾小，满足工程沿线主要控制条件，与两端路网连接顺畅、高效、便捷的方案。

越江隧道越江点的选择应有利于隧道施工和环境保护，避免对驳岸、码头等既有构筑物的不良影响，尽量避免穿越河床中冲淤幅度较大、河床极不对称、河床不稳定的区域。沉管隧道越江点的选择尚应充分考虑水文条件和航运条件，并应尽量避开岸线陡变、急弯河道、河床不稳定、局部深槽等施工困难水域。

隧道内外平、纵线形应相互协调。隧道平面线形应根据施工工法、地形、路线走向和沿线障碍物等因素确定。对长、特长、超长道路隧道洞口外的中央分隔带应在合适位置设置开口。

隧道路线纵剖面线形，可根据地形、地貌等工程建设条件，按"U"、"V"、"W"形考虑。隧道与障碍物最小净距应视障碍物对变形的敏感程度而定。隧道纵坡设计应根据通行车辆状况予以确定，隧道最小纵坡一般不小于0.3%、最大纵坡一般不大于6.0%。隧道内纵坡的变换不宜过频，凸形和凹形竖曲线的最小半径和最小长度均应满足相应设计标准的规定，并应与施工工法相协调。

5. 主要技术标准

隧道总体设计要明确隧道各相关专业的主要技术标准，主要包含：（1）道路等级；（2）设计车速；（3）车道宽度；（4）净空高度；（5）隧道分类与分级；（6）结构设计使用年限与安全等级；（7）结构防水与耐久性；（8）隧道通风与防排烟；（9）防火等级；（10）排水标准；（11）抗震等级；（12）人防标准。

5.2.4 隧道土建工程

1. 明挖法隧道

明挖法施工是一种从地表开挖基坑，修筑衬砌后用土石进行回填的浅埋隧道施工方法。

（1）设计荷载

明挖隧道结构设计荷载可按表5.2.4-1采用。

其中①设计中要求考虑的其他荷载，可根据其性质分别列入下述三类荷载中；②静水压力按设计常水位计算；③水力变化：分别对应设计常水位与设计最高水位差、设计常水位与设计最低水位差；④施工荷载包括：设备运输及吊装荷载、施工机具、施工堆载、相邻隧道施工的影响。

地面超载一般可按20kPa考虑，对于大型施工机械作业区域、覆土厚度特别小或规划用途已定的情况，地面超载应根据实际情况分析后取用。

明挖隧道结构荷载分类 表5.2.4-1

荷载类型		荷载名称
永久荷载		结构自重
		地层压力
		结构上部和破坏棱体范围内的设施及建筑物压力
		静水压力
		混凝土收缩及徐变作用
		设备重量
		地基下沉影响力
可变荷载	基本可变荷载	地面汽车荷载及其动力作用
		地面汽车荷载引起的侧向土压力
		隧道内部汽车荷载及其动力作用
		水压力变化1
		水压力变化2
	其他可变荷载	人群荷载
		温度变化影响
		施工荷载
偶然荷载		地震载荷
		人防荷载
		沉船、爆炸、锚击等灾害性荷载

（2）基坑工程设计

基坑工程设计包括的内容：①支护体系的方案比较和选型；②基坑的稳定性验算；③支护结构的承载力和变形计算；④环境影响分析和保护技术要求；⑤降水技术要求；⑥土方开挖技术要求；⑦基坑监测要求。

（3）总体方案设计

总体方案设计要在调查研究的基础上，确定设计依据、设计标准，提出基坑开挖方式、围护结构形式、支撑结构形式、地基加固形式、开挖支撑施工工序、施工监控指标等各项方案设计。设计人员根据周边环境、地下管线、道路交通影响、施工场地布置条件、综合造价、工期等因素，确定基坑工程总体采用顺作法、逆作法或者顺逆结合等方案。基坑支护结构方案设计应节约资源，符合可持续发展的要求，实现综合经济和社会效益。

（4）环境影响分析与保护措施

①应从支护结构施工、降水及开挖三个方面分别采取相关措施减小对周围环境的影响，必要时可对被影响的建（构）筑物及管线采取土体加固、结构托换、架空管线等防范措施。②基坑工程实施前进行风险分析（图 5.2.4-1），施工过程中对周围环境进行全过程监测，并根据监测实时提供的数据对设计和施工进行动态调整。

（5）主体结构设计基本规定

①空间尺寸及内部梁柱的布置除满足建筑布置要求外，尚应符合施工要求。②采用地下连续墙作为围护结构时，地下连续墙一般与内衬墙组成叠合式或复合式结构，成为永久性结构的一部分。③结构设计应根据施工和使用过程中在结构上可能出现的荷载，按承载能力极限状态和正常使用极限状态分别进行荷载效应组合，并应取最不利的荷载组合进行设计。④对不满足抗浮要求的结构段，宜采用桩基抗浮，也可采用加大结构自重、结构底板外挑、

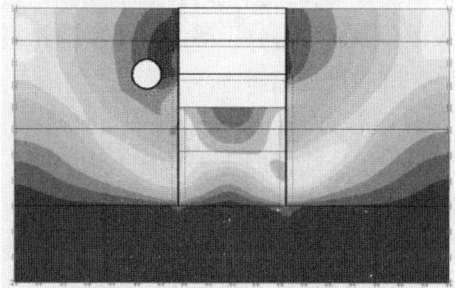

图 5.2.4-1 基坑开挖对周边管线影响的有限元分析模型

倒滤层等抗浮措施。⑤结构基底的承载桩宜布置于侧墙、中隔墙附近，抗拔桩宜均匀布置。

2. 矿山法隧道

矿山法多数情况下都需要采用钻眼爆破进行开挖，故又称为钻爆法。矿山法的核心是充分利用围岩的自承与自稳能力，开挖后及时锚喷（网）支护，封闭围岩，控制围岩变形。同时在施工中连续监测围岩变化，根据监测到的信息，随时调整设计、施工参数。

（1）设计荷载：计算中主要考虑的荷载见表 5.2.4-2。

隧道荷载分类 表 5.2.4-2

荷载分类	荷载名称
永久荷载	围岩压力
	土压力
	结构自重
	结构附加恒载
	混凝土收缩和徐变的影响力
	水压力

荷载分类		荷载名称
可变荷载	基本可变荷载	公路车辆荷载,人群荷载
		立交公路车辆荷载及其所产生的冲击力、土压力
		立交铁路列车活载及其所产生的冲击力、土压力
		立交渡槽流水压力
	其他可变荷载	温度变化的影响力
		冻胀力
		施工荷载
偶然荷载		落石冲击力
		地震力

荷载应根据隧道所处的地形、地质条件、埋置深度、结构特征、作业条件、施工方法及相邻隧道间距等因素确定。对于地质复杂的隧道,必要时应通过实地量测确定。

（2）衬砌结构设计

隧道根据围岩地质条件、施工条件和使用要求一般采用不同形式的衬砌结构。隧道支护衬砌有:喷锚衬砌、整体式衬砌、复合式衬砌。

不同等级、不同交通流量的隧道,技术标准要求不一样,其衬砌的可靠性和防水要求也不同。复合式衬砌具有较高的结构承载能力、耐久性和防水性能;二次衬砌采用模筑混凝土,外观成型较好。隧道由于交通量较小、使用频率较低,当围岩条件较好时,为控制投资,可采用喷锚衬砌。

① 喷锚衬砌:喷锚衬砌是喷混凝土支护、喷混凝土＋锚杆支护、喷混凝土＋锚杆＋钢筋网支护、喷混凝土＋锚杆＋钢筋网＋钢架支护的统称,是一种加固围岩、控制围岩变形、能充分利用和发挥围岩自承能力的支护衬砌形式,具有支护及时、柔性、紧贴围岩、与围岩共同变形等特点,在受力条件上比整体式衬砌优越,对加快施工进度、节约劳动力和原材料、降低施工成本等方面效果显著,能保证围岩的长期稳定。但是,由于喷锚衬砌刚度较小,在围岩自稳能力较差的Ⅳ～Ⅵ级围岩中,不宜单独采用喷锚支护作永久衬砌。

② 整体式衬砌:整体式衬砌是被广泛采用的衬砌形式,有长期的工程实践经验,技术成熟,适应多种围岩条件。因此,在隧道洞口段、浅埋段及围岩条件很差的软弱围岩中采用整体式衬砌较为稳妥可靠。

③ 复合式衬砌:复合式衬砌是由内外两层衬砌组合而成,第一层称为初期支护,第二层为二次衬砌,初期支护与二次衬砌之间夹防水层,我国高等级公路隧道已普遍采用复合式衬砌。复合式衬砌的初期支护采用喷锚支护,二次衬砌采用模筑混凝土衬砌。

3. 盾构法隧道

采用盾构作为施工机具的施工方法。盾构种类很多,目前主要分为土压平衡盾构和泥水平衡盾构。盾构的外壳一般是圆筒形的金属结构,前部为装置开挖设备的切口环,中部为装置推进设备（千斤顶）的支承环,尾部为掩护拼装衬砌工作的盾尾。盾构法施工时在前部开挖地层,同时在尾部拼装衬砌,然后用千斤顶顶住已拼装好的衬砌将盾构推进,如此循环交替逐步前进。

（1）设计荷载:计算中主要考虑的荷载同表 5.2.4-1。

（2）结构衬砌设计

① 隧道内径的确定:主要取决于建筑限界、设备限界,同时还要考虑施工误差、测

量误差、曲线段衬砌结构轴线拟合误差、不均匀沉降等因素。

② 衬砌形式的确定：在满足工程使用、结构受力、防水和耐久性等要求的前提下，衬砌结构宜优先选用单层装配式钢筋混凝土衬砌。

③ 衬砌环类型的确定：衬砌环根据使用要求，一般分为进洞环、出洞环、标准环、变形缝环等类型，其形式有直线环、楔形环两种，当采用通用衬砌时均为楔形环。楔形环面楔形量由隧道的直径、衬砌环宽度和隧道的曲线半径确定，可以选用双面楔或单面楔。为增大衬砌结构的整体刚度，减少衬砌环的变形，提高防水能力，一般采用错缝拼装方式进行设计。

④ 衬砌环宽度的确定：宜大于等于 1500mm。

⑤ 衬砌环分块的确定：应根据管片制作、运输、盾构设备、施工方法和受力要求等因素进行分块，宜分为 8～12 块。

⑥ 衬砌环厚度的确定：应根据隧道直径、埋深、工程地质及水文地质条件、施工阶段及运营阶段的荷载情况等确定，宜取 $0.040D\sim0.055D$。

⑦ 连接方式：衬砌环、纵向均需设置螺栓接头。隧道工程常用的螺栓连接有弯螺栓、直螺栓和斜螺栓。

（3）隧道横断面设计计算

圆形隧道衬砌按结构横断面进行计算（图 5.2.4-2），设计成具有一定刚度的柔性结构，严格限制荷载作用下的结构计算变形≤3‰D（D 为隧道直径）、接头最大张开限值为 2～4mm。接头设计以满足受力、防水和耐久的要求为前提。软土地层中常用的计算模型可分为四种：弹性匀质圆环法、弹性铰圆环法、梁-弹簧模型计算法和有限元法。

（4）工作井设计

工作井规模取决于隧道在工作井处的线间距、盾构机的设备尺寸、盾构的安装空间以及施工工序等。工作井是三边封闭，一边和暗埋段连接的空间结构。地墙与内衬墙为双层叠合墙。设计中应采用考虑地墙接头和墙体各向异性的三维空间模型进行模拟计算（图 5.2.4-3）。

4. 沉管法隧道

沉管法施工时，首先在船坞或干坞中预制大型混凝土构件或混凝土与钢的组合构件，并在两端用临时隔墙封闭，舾装好拖运、定位、沉放等设备，然后将这些构件浮运沉放到江中预先浚挖好的沟槽中，并连接起来，最后回填砂石将构件埋入河床中。

（1）设计荷载

计算中主要考虑的荷载同表 5.2.4-1。根据管节在干坞内预制、浮态系泊、浮运、沉放、对接、基础处理以及最后投入运营等不同阶

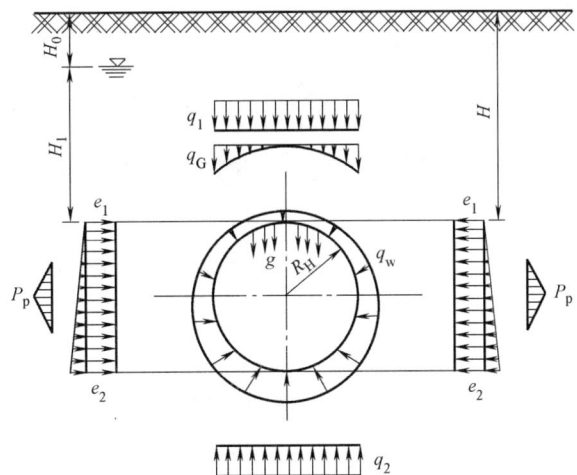

图 5.2.4-2 通缝拼装匀质圆环计算简图

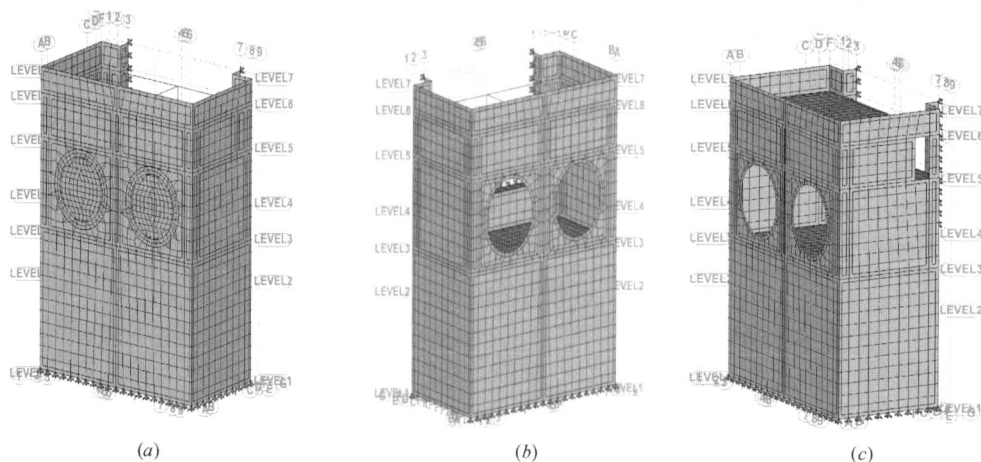

(a)   (b)   (c)

图 5.2.4-3　工作井主体结构模型

段的受力状态，管节应按横向和纵向进行荷载组合，并按规范选用不同的安全系数，施工期间还应考虑动水压力、风压力及施工中的特殊荷载。图 5.2.4-4 是浮运中的管节示图。

图 5.2.4-4　浮运中的管节

（2）横断面设计

沉管隧道（图 5.2.4-5）多为多孔箱形钢筋混凝土框架结构，为了改善结构受力性能，减少裂缝出现，在沉管隧道结构中也有采用变截面或拱形结构形式。

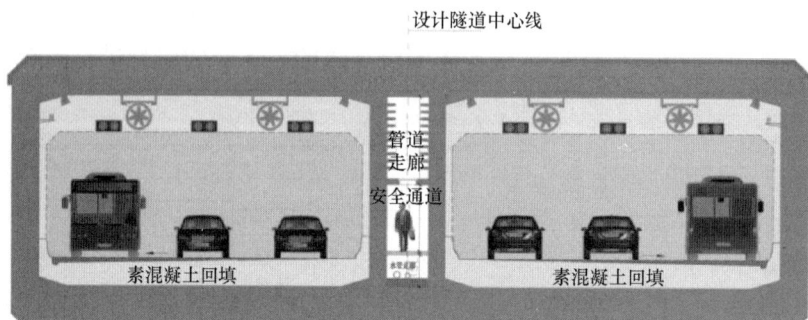

图 5.2.4-5　沉管隧道断面示意图

（3）纵向设计

沉管段纵向设计内容包括纵向静力计算和管节之间的接头设计（包括强度和变形计算）。根据接头刚度与管节刚度比的不同，管节间的接头有刚性接头和柔性接头两种主要形式。对于有抗震要求的柔性接头，根据其采用的纵向弹簧构件的不同主要有两种形式：一种是在管节之间采用 Ω 形或 W 形钢板作为纵向弹簧构件的柔性接头；另一种是在管节之间采用预应力钢索及连接装置作为纵向弹簧构件的柔性接头。

（4）干坞设计

干坞是预制管节的场地，且必须具备一次或多次浮运管节出坞的能力，干坞周边一般设有混凝土拌和站以及骨料、水泥、钢材等各种原材料的堆放和储藏的仓库、各种机械加工车间以及完善的交通、供电、防火、防洪等设施。干坞的规模应根据施工组织、经济性、管节长度及管节数量等情况而定。此外，干坞位置选择一般遵循以下原则：①距隧址较近，且干坞附近的航道具备浮运条件，以便管节浮运并缩短运距。②干坞附近应具备浮存系泊若干节成品管节的水域。③具备适合建造干坞的地质条件，即场地土应具有一定的承载力，不会产生过大或不均匀沉降，同时亦要有利于干坞挡土围闭（或放坡）及防渗工程实施，尽量缩短工期和降低造价。④交通运输方便，具有良好的外部施工条件。⑤征地拆迁费用较低，具有可重复利用的开发价值。

（5）沉管基础及回填设计

沉管隧道水中的沉管段由于多设置于河（海）之下，所受的浮力较大，对基础的承载力要求并不高。然而，在施工时并不能忽视对基础的处理。目前，无论使用何种挖泥船，竣挖后的基槽底表面总留有 15~50cm 的不平整度，这使基槽表面与管节底面之间存在着众多不规律的空隙，导致地基土和管节结构受力不均而局部破坏，进而引起不均匀沉降。沉管隧道的基础处理就是填充这些有害空隙。

基础处理完成后，应对已就位处理好的管节在基础两侧及顶部进行回填处理。其目的在于对沉管段加以保护，使其具有较好的防冲刷、防锚、防沉船等能力，同时也为了防止基础边缘外侧可能形成的抗地震液化薄弱区，如图 5.2.4-6 所示。

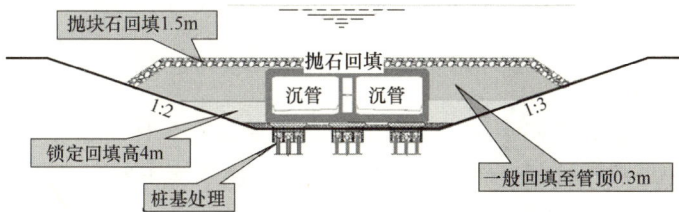

图 5.2.4-6　沉管隧道基础处理及回填

5.2.5　隧道机电设备及控制系统

"隧道机电设备及控制系统"是指在隧道这一特殊路段上，依据交通学的原理，为使车辆安全、便捷、舒适通过而设置的照明、通风、消防、监控、供电及安全管理等的设备和系统。

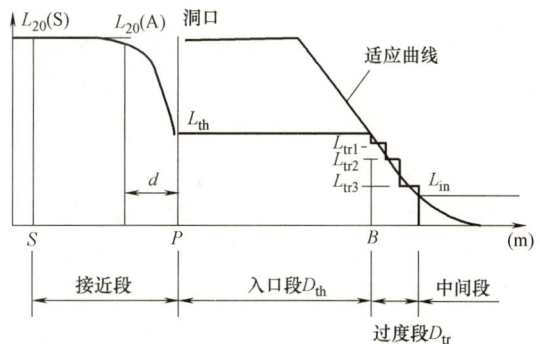

图 5.2.5-1　照明区段划分

1. 照明系统

按照视觉适应的要求，隧道照明主要由白天照明和夜晚照明两种工况组成，分为洞内照明和洞外照明，洞内照明包括入口段、中间段、过渡段、出口段、应急照明；洞外照明包括引道照明、接近段减光照明等。各照明区段的长度如图 5.2.5-1 所示。

由于隧道建筑物自身的特殊性，其白天照明问题比夜晚照明更加复杂。设计中应充分考虑行车速度和通行交通量等因素，针对各种可能工况分段进行照度和亮度计算。

对于洞外复杂的天气亮度变化，则通过洞口外照度仪和洞内照度仪的数据采集，由照明控制计算机自动进行控制和调节，以达到在满足照明要求的情况下实现节能的目的。

2. 通风系统

城市交通隧道对运营通风的要求较高，可供选择的通风方式也较多，主要按其长度和交通量的不同采用不同的通风方式。此外，还应适当考虑当地气象、环境、地形等条件，在充分考虑了各种条件之后，才可能定出既有效又经济的通风方式。

隧道的通风方式分为自然通风和机械通风两种。自然通风主要是利用自然风和汽车运动时产生的活塞效应进行空气对流来达到通风的目的。在选择通风方式时，按行车道空间的空气流动方式，首先应确定隧道内所需的通风量，然后论证自然通风能否满足要求，如果不能，则应当采用机械通风。

3. 给排水系统

隧道给排水系统主要分为三个部分：生产生活给水系统、消防给水系统、废水和雨水排除系统。

隧道消防水源和生活生产水源均利用市政给水管网供水。消防水源采用两侧双水源供水，当其中一条进水管发生事故时，其余的进水管应仍能供应全部消防用水量。生产水源可采用单水源供水，每处接管点设置隔断阀门和水表计量。

隧道排水系统应根据高水高排、低水低排互不连通的原则进行设计。

隧道内雨水和废水系统采用分流制，雨水和各类废水应分段集中，通过泵房提升后，分别纳入市政雨水、污水系统。

4. 交通控制系统

为了实现城市交通隧道在不同运营状态下的控制策略，保持安全、舒适和高效的特性，在中长隧道中一般配备有交通监视与控制系统。该系统主要有交通诱导与控制功能、车辆检测功能和CCTV监视功能。

交通诱导与控制用于隧道在正常交通、火灾、事故、检修等各种工况下的交通管制，通过切换交通信号来关闭、开放或改变隧道运行方式。主要包括车辆检测器、交通信号灯、车道指示器、可变限速标志、可变情报板等设备。通常根据车辆检测系统检测到的车流密度，通过可变限速标志、交通信号灯等设施实行交通控制；根据交通流量和隧道运行工况模式，通过车道指示器、可变情报板实行交通诱导控制。所有的信号检测与诱导控制都由交通区域控制器来完成。

闭路电视（CCTV）监视系统一般包括洞口监视和洞内监视，分别采用全天候云台摄像机和定点定焦摄像机进行全方位、实时的监视。

5. 火灾检测报警及消防系统

火灾自动报警及消防系统核心技术由以下几部分组成：①火灾参数检测与识别技术；②火灾探测信息数据处理与自动报警技术；③消防设备联动控制技术；④自动消防系统计算机管理与监控数据网络通信技术；⑤火灾监控系统工程设计、施工和管理使用维护技术等。

报警系统中包括自动报警和手动报警，其中手动报警是通过安装在隧道内的一定间距的报警按钮将报警信号传输至消防控制值班室。自动报警则是通过火灾探测器来感知附近区域火灾产生时的物理或化学现象，并将发生初期所产生的烟、热、光转换为电信号，输入自动报警计算机系统，经过控制系统（PLC）自动处理后，发出警报或联动打开灭火装置。

消防系统一般是以水消防为主，辅以化学消防，通常采用两端高位水池保持一定管压供水和消防水泵后期补水的方式进行配置。随着微电子、监测、自动控制和计算机通信等技术的发展，目前国内已逐步形成以火灾探测与自动报警为基本内容，计算机协调控制和管理各类消防灭火与消防设备，具有一定自动化和智能化水平的隧道火灾自动报警系统。

6. 通信与广播系统

隧道内通信与广播系统包括有线和无线两部分。有线通信是为了解决洞内人员与外界的联络和出现事故时的及时报警，通过在隧道中每隔一定距离设置一处报警电话，实现与控制中心的联络；无线通信则是通过洞内定向无线系统为进入洞内的无线通信设备提供服务。

7. 紧急疏散控制系统

为了应对隧道内可能发生的重大交通事故和火灾等情况，在隧道内设置有效的紧急疏散系统是十分必要的。一般是在双洞长隧道中设置车行横通道和人行横通道，其中一个洞一旦发生紧急事故，经中央控制室确认后，进入紧急疏散控制状态，发出控制指令，紧急广播、横通道卷帘门均开启，指挥滞留车辆、人员经横通道进入另一洞室疏散，组织人员进行抢救，防止事态扩大。

8. 供配电系统

供配电系统是隧道机电工程的关键系统，直接关系到整座隧道的正常运营。通常采用高压双回路（来自不同的供电回路）供电、高压计量、低压无功补偿的供电方式（或增设自动化发电机组）。

对于特长隧道或隧道群，考虑到由于供电线路距离太长可能带来较大的线路损耗，一般采用高压集中配电，设置多个变配电所的方式进行供电，以减少线路损耗。对于中短隧道，为节省投资、减少人员运行费用，可考虑采用箱式变电站。

为保证隧道内设备用电的可靠性，通常采用 UPS 供电。当供电系统发生停电时，UPS 供电电源将在发电机没有完全启动之前，继续向用电设备供电，以确保特别重要负荷电源不间断。

9. 中央控制系统

中央控制系统是整个机电设备的中枢，汇集了隧道内所有现场检测信号和控制信号，以多层网络的形式由中央控制计算机实现对各系统的控制与管理，协调各子系统的联动与互锁控制，并采用人机对话的方式实现人工干预控制和系统自动控制的有机结合。

5.2.6　隧道防灾救援

隧道作为交通运输上的重要组成部分，一旦发生灾害和事故，将对人和社会造成巨大的影响和经济损失。由于隧道结构自身的一些特点，如对外出口少、封闭、自然排烟困难等，使得其内部一旦发生火灾将对隧道结构以及其内乘行人员的生命安全造成极大的威胁，并且给疏散逃生救援工作带来极大的困难。

频繁发生的火灾事故也使得人们越来越关注隧道的火灾安全性，并对隧道心存恐惧，阻碍了对隧道的积极使用。目前，随着隧道长度、交通密度的增加，隧道发生火灾的潜在威胁在增大。因此，如何保证交通隧道的高可靠性和安全性至关重要，这也是目前管理、设计、施工、运营等部门面临的最重要的问题之一。

1. 隧道火灾产生原因及特点

引起隧道火灾的原因是多种多样的，主要集中在以下几个方面：隧道电气线路或电气设备短路起火、汽车化油器燃烧起火、紧急刹车时制动器起火、汽车交通事故起火和车上装载的易燃物品爆炸起火等几个方面。总的来说，隧道内火灾事故的危险性与隧道长度和交通量成正比。

影响火灾量级的最终造成危害的主要参数是"时间"，即发现火灾的时间、发出警报的时间、确定火源的时间、实现应急反应过程的时间，见图 5.2.6-1。

隧道火灾的特点主要表现在：失火爆发成灾的时间快，一般为 2～10 分钟；火灾的持续时间较长，一般在 30 分钟至几个小时之间；隧道火灾产生烟雾浓度大，传播迅速，毒性强；火灾温度高；隧道火灾将极大的影响隧道内空气压力的分布，隧道空气压力的变化导致通风气流流动状态紊乱，阻碍救援工作的顺利开展。

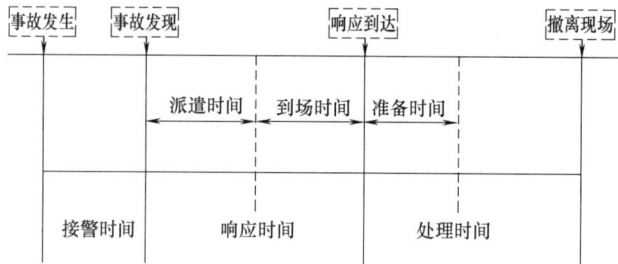

图 5.2.6-1　事故持续时间

2. 隧道防灾

隧道防灾应遵循"防患于未然"的原则，按照国内外隧道火灾和消防的经验教训，首先根据隧道火灾的起因，确定采用的防火措施，最大程度减少火灾发生和蔓延的可能性。同时，设置完善的监测、报警、通信体系，尽可能早地发现火灾并通报火灾情况。

防火措施主要包括：①设置监控中心，配备必要的监控管理设备，加强隧道消防管理和交通管理；隧道内，发生火灾或其他事故时，尽快向隧道中心控制室报警。②加强隧道内交通管理，禁止超车、随意停车，限制载有易燃易爆物及其他危险物品的车辆进入隧道或由专业车辆引入。③隧道内衬结构选用耐火材料。内衬选用耐火极限为 1.5～2.0 小时的防火材料，风机具有耐高温性能并具有可逆向运转功能，防灾风机按一类负荷供电。④隧道内照明灯具、电话箱和灭火器箱体等采用阻燃材料制成，如电缆采用阻燃电缆，各类电气线路均穿管保护。

3. 隧道救援消防

在发生火灾等事故时，首先通过报警设施发出紧急信号、迅速通知隧道中心控制室、请求救援；然后通过隧道内外的一系列紧急警报设施，迅速反映隧道内状况，使车辆停止进入，防止事故扩大，同时，隧道内的消防、疏散及排烟系统启动，一方面引导司乘人员迅速展开逃生，另一方面将火势控制在一定的状态。

隧道火灾初期阶段，以疏散为主，按照应急疏散和灭火救援协调统一的原则设定安全疏散路线和灭火救援路线。灭火救援在应急疏散基本完成后展开，当隧道内发生严重交通堵塞时，应先清障再疏散。

隧道火灾救援处理一般包括人员车辆疏散、火灾处理与维护和恢复正常通车三个阶段，具体流程如图 5.2.6-2 所示。

4. 逃生通道

在长隧道中，隧道之间按一定间距设有逃生通道，使隧道在发生火灾等事故情况时，乘行人员可以通过逃生通道疏散到安全地方，救援人员亦可通过逃生通道迅速进入事故现场。逃生通道的种类如下：

（1）横向联络通道逃生

双管隧道沿隧道纵向，每隔一定间距设置横向联络通道将两隧道联通，实现火灾逃生及救援，见图 5.2.6-3。

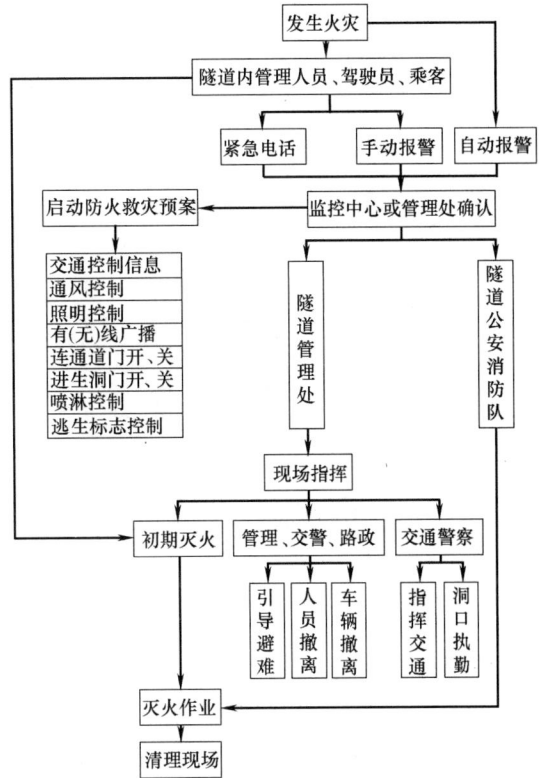

图 5.2.6-2　隧道火灾救援疏散流程

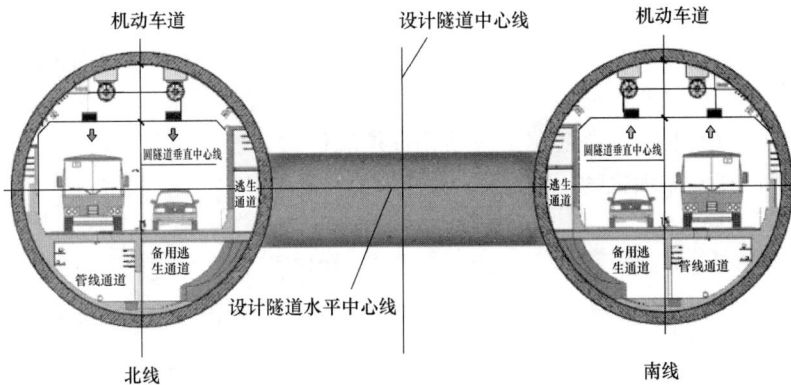

图 5.2.6-3　横向逃生通道

（2）纵向通道逃生

利用平行于隧道方向的独立隧道或在隧道内行车路面以下的空间建成纵向逃生通道，

每隔一定间距设置紧急出口或滑行坡道与路面之下的逃生通道联通，以逃离火灾危险。如上海在建的虹梅南路隧道（内径3.3m）为国内首次采用单一纵向疏散的道路隧道。另外，当在隧道内设置上下双层车道时，隧道内每隔一定间距设置联通口及通行梯，实现上下层之间的互连，见图5.2.6-4。

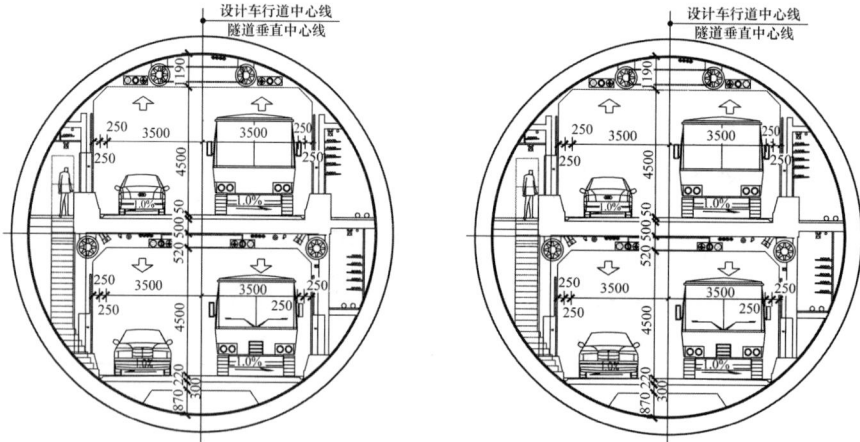

图 5.2.6-4　上下层隧道的疏散通道

（3）纵-横通道结合逃生

沿隧道纵向每隔一定间距设置紧急出口或滑行坡道与路面之下的逃生通道联通，形成人员疏散通道；同时，每隔一定间距设置横向联络通道将两隧道联通，进行车辆疏散及消防救援。

5.2.7　隧道附属工程

为保证隧道的安全正常运营，除隧道主体结构外，尚需设置设备洞室、电力通讯及防排水管线走廊、管理中心等附属建筑。

1. 设备室

对于长大隧道，尤其是高速公路隧道、一级公路隧道及城市快速路隧道均应设置消防、给排水、供电、照明、通讯、监控及检测设备等，这些设施都需要一定的空间安装，因此需要设计相应的洞室。上述洞室应结合隧道的运营管理综合考虑，统一规划，达到分布合理、美观，充分体现集约化理念。

2. 管线廊

隧道的电缆槽安放动力电缆（又称"强电"）和通信电缆（又称"弱电"），此外隧道还需留有设置消防水管的位置。在主城区内的交通隧道，还需留有通过其他市政管道（如自来水管、排污管等）的位置。

3. 管理中心

隧道管理中心的职责是日常的运营维护、事故工况的应急救援。地下道路因防火、防灾的要求高于地面道路工程，且配备的设施多、设施系统复杂，因此管养要求不同。随着土地资源的紧缺，管理中心向多条隧道或相关市政工程集中设置的趋势发展。

4. 交通安全设施

主要包括交通标志、标线设施等。交通标志是用图形、符号、文字向交通参与者传递特定的信息，是道路使用者获取方向、地点和距离等信息的主要依靠。交通标线是画在路面上的各种线条、箭头、标记等用来管制和引导交通的线条。目前也有采用光电隧道诱导标，该诱导标是一种清晰、醒目可调的主动闪烁发光视线诱导标志，连续布设形成发光车道轮廓线，起到明显的导向警示作用。

5.3 城市交通隧道施工

按照所处地质条件的不同，隧道大致可分为两大类型，一类是建于土质地层中，为土质隧道或软土隧道；另一类是建于岩质地层中，为岩质隧道或山岭隧道。本书聚焦于城市交通隧道，包括建设在这两大类地质条件下的隧道工程，对其主要施工方法和工程装备进行介绍，并重点结合软土基层中采用盾构法技术的城市地下快速公路隧道施工，阐述现代城市交通隧道的信息化施工管理技术。

5.3.1 城市交通隧道主要施工方法

目前，常用的公路隧道施工方法及其适用范围见表 5.3.1-1。

城市交通隧道施工方法及适应性　　　　　　　　　　　表 5.3.1-1

施工方法		优点	缺点	适用范围
明挖法 （含盖挖法）		工作面大，进度快，便于机械和大量劳动力投入	破坏生态环境，影响交通，带来尘土和噪声污染	适用于多种类别的地质条件，覆盖层薄、建筑物稀少、地面交通稀疏、地下各种管线少、周围环境保护要求不高的地区
暗挖法	矿山法	地面干扰小，隧道断面形式灵活	进度慢，劳动强度高，风险大	适用于岩石和坚硬土体的地区
	盾构法	地面影响小，机械化程度高，安全，工人劳动强度低，进度快	机械设备复杂，施工工艺先进，需专业队伍施工	适用于城市地区，地面交通不允许中断，地面建筑物众多或管线错综复杂的情况
沉管法		埋深浅，速度快，隧道断面大	封锁江河水面，专门的驳运、下沉、对接的机具，水下作业，风险大	适用于软土地基，隧道跨越江河湖海的地区

1. 明挖法施工

城市中的市政隧道、具有围堰施工条件的河流的水底隧道或它的河岸段等，只要地形、地质条件适宜和地面建筑物条件许可，均可采用明挖法施工。明挖法具有施工简单、快捷、经济、安全的优点，城市发展初期都把它作为首选的开挖技术。图 5.3.1-1 是采用明挖法施工的杭州西湖隧道。明挖法隧道施工中最重要的环节是基坑施工，基坑施工应根据地质条件、

图 5.3.1-1　明挖法杭州西湖隧道

环境条件等因素选取最合适的方式。

明挖法隧道施工流程见图5.3.1-2。

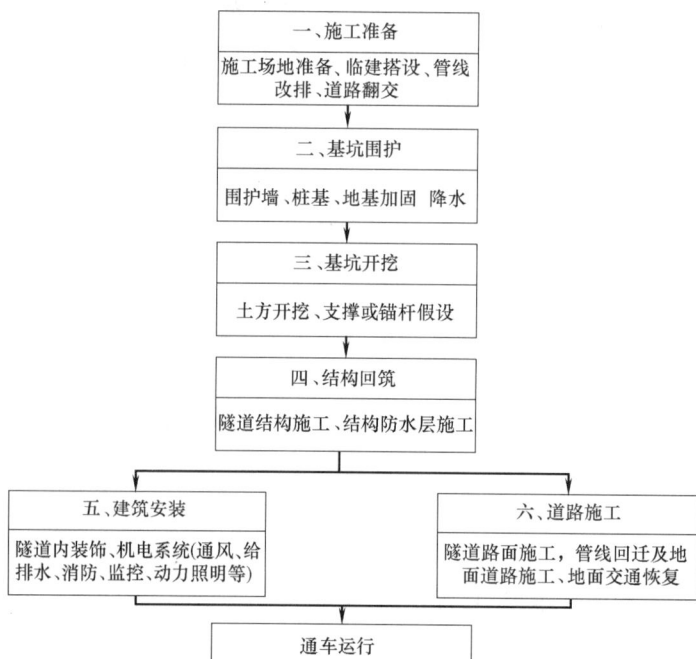

图5.3.1-2 明挖法隧道施工流程图

明挖法施工对周围环境的影响较大，往往会带来干扰地面交通、拆迁地面建筑物、改排管线等工作。为了使得明挖法施工能更适应时代发展的要求，在工程施工中要重点注意以下各点。

（1）明挖法隧道施工时基坑开挖受地质条件、周边道路、地下管线、环境保护要求的影响很大，在实施前必须选择适合的基坑支护及开挖方式。

① 基坑支护方式：放坡开挖、型钢支护、地下连续墙支护、混凝土灌注桩支护、土钉墙支护、锚杆（索）支护、混凝土和钢结构支撑支护等，如图5.3.1-3～图5.3.1-9所示。

② 土方开挖方式：竖向分层高度按主体结构尺寸、支护深度及钢支撑排距以及挖掘机最大开挖能力确定，纵向根据结构施工划分的区域分段开挖。

（2）施工开始前，应合理设计地面交通组织、管线迁改方案，通过分阶段实施翻交、管线的临时或永久性改排，将基坑施工对环境的影响减至最小。对于跨越基坑的管线应采取加固、悬吊、支托跨越等方法进行保护，如图5.3.1-10所示。

图5.3.1-3 放坡开挖图　　　图5.3.1-4 型钢支护图　　　图5.3.1-5 地下连续墙支护图

图 5.3.1-6　混凝土灌注桩支护图　　图 5.3.1-7　土钉墙支护图　　图 5.3.1-8　锚杆支护图

（3）基坑围护施工阶段，要确保围护结构施工质量，避免给基坑开挖带来渗漏水等隐患。当基坑开挖深度超过 10m、基坑平面超过 1000m² 时，采用地下连续墙作为围护结构是最适宜的（图 5.3.1-11），因为它具有施工振动小、噪声低、对周边环境扰动小、墙体刚度大、阻水性能好、能适应多种地基条件、施工安全等众多优点。

图 5.3.1-9　混凝土和钢结构支撑支护图

（4）基坑开挖前需做好降低地下水位的工作（图 5.3.1-12），通过围护墙深度的合理设置以及地下水回灌等措施，将降水对周边环境的影响减到最低。

(a)　　　　　　　　　　　　(b)
图 5.3.1-10　管线保护图

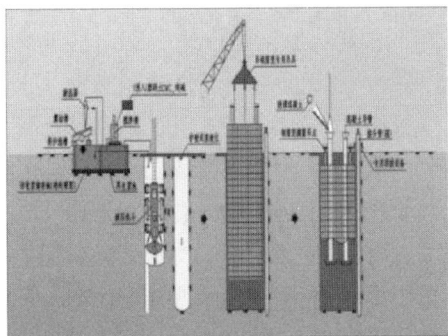

图 5.3.1-11　地下连续墙施工图

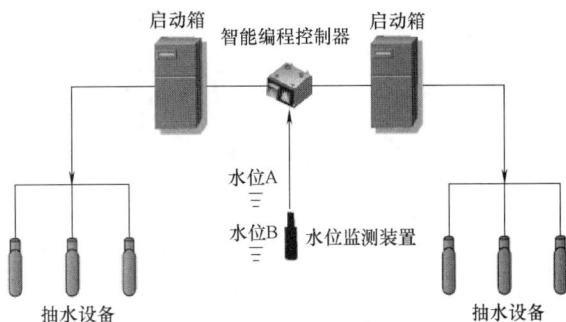

图 5.3.1-12　降水井智能控制系统

（5）基坑开挖阶段，支撑或锚杆需及时施加预应力，并定期监测支撑轴力或锚杆预应力水平，控制基坑围护变形，减少基坑周边沉降影响。

随着环境保护要求的提高，在城市中心区进行明挖隧道施工，往往需要采取盖挖法、逆作法（图 5.3.1-13）等施工工法来满足繁忙的地面交通组织和高标准的基坑变形控制的需要。

2. 矿山法施工

矿山法（图 5.3.1-14）因最早应用于采矿坑道而得名，人们习惯上将采用钻爆开挖加钢木构件支撑的施工方法称为"传统矿山法"，而将采用钻爆开挖加锚喷支护的施工方法称之为"新奥法"。

"新奥法"的概念是奥地利学者腊布希维兹（L. V. Rabcewicz）教授于 20 世纪 50 年代首先提出，已在欧洲、美国、日本等国家的隧道和地下工程中获得了快速发展。中国在 20 世纪 70 年代末开始了解和接受新奥法的概念，从 20 世纪 80 年代开始在一些隧道的设计中贯彻了新奥法基本原理，采用了信息化设计方法。

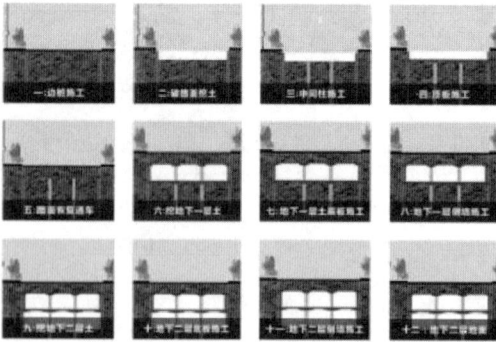

图 5.3.1-13　基坑盖挖逆作法施工图

图 5.3.1-14　矿山法隧道施工

我国采用钻爆法施工的公路隧道主要以福建鼓山隧道（图 5.3.1-15）、秦岭终南山隧道、厦门翔安海底隧道为代表。福建鼓山隧道，洞内设有照明、吸声、防潮、通信、防火等装置和闭路电视监控及雷达测速系统，这是我国第一座现代化的公路隧道。

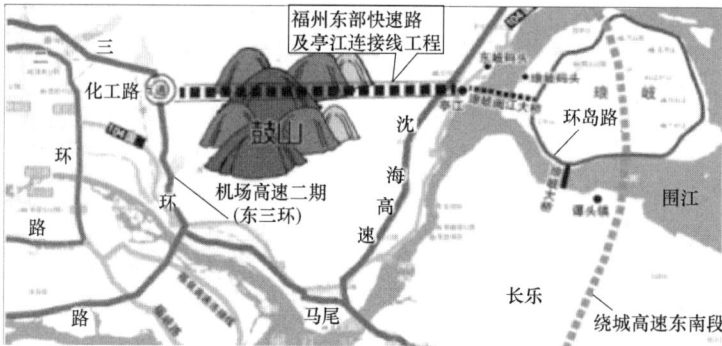

图 5.3.1-15　福建鼓山隧道

新奥法隧道施工工艺流程图 5.3.1-16。施工要点如下：

（1）开挖方式

围岩稳定与否，虽然主要取决于围岩本身的工程地质条件，但开挖对围岩稳定状态有直接而重要的影响。隧道主要开挖方式见表 5.3.1-2：

1）全断面开挖法：隧道长度或施工区段长度不宜太短，根据经验一般不应小于 1 公里，否则采用大型机械化施工时的经济性较差。

2）台阶法：根据台阶长度不同，划分为长台阶法、短台阶法和微台阶法三种。

① 长台阶法开挖断面小，有利于维持开挖面的稳定，适用范围较全断面法广。该方

212

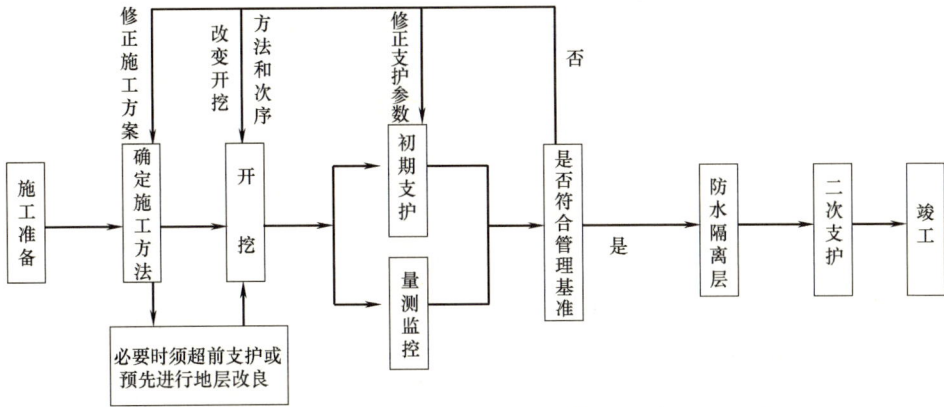

图 5.3.1-16　新奥法隧道施工流程图

法在上、下两个台阶上需要分别进行开挖、支护、运输、通风、排水等作业，台阶长度一般以 50~80 米为宜。考虑到长台阶施工，支护不能及早封闭成环，不利于施工安全，软弱围岩隧道杜绝采用长台阶法施工。

② 短台阶法适用于地质条件差的Ⅳ、Ⅴ级围岩，台阶长度一般为 10~15m，减少干扰。上台阶一般采用少药量的松动爆破，出渣采用人工或小型机械转运至下台阶，台阶长度如果超过 15m，则出渣所需的时间过长。短台阶法可缩短支护闭合时间，改善初期支护的受力条件，有利于控制围岩变形。缺点是上部出渣对下部施工干扰大，不能全部平行作业。

③ 微台阶法是全断面开挖的一种变异形式，一般台阶长度 3~5m，台阶长度小于 3m 时无法正常进行钻眼和拱部喷锚支护作业，大于 5m 时则利用爆破将石渣翻至下台阶的难度较大。微台阶法上下断面相距较近，机械设备集中，作业时相互干扰大，生产效率低，施工速度慢。

3）分部开挖法：分部开挖法包括环形开挖预留核心土法、双侧壁导坑法、中洞法、中隔壁法、交叉中隔壁法等。

隧道主要施工（开挖）方法　　　　　　　　　　表 5.3.1-2

序号	名称	横断面示意	纵断面示意
1	全断面开挖法		
2	台阶法		
3	环形开挖预留核心土法		
4	单侧壁导坑法		

213

序号	名称	横断面示意	纵断面示意
5	双侧壁导坑法		
6	中洞法		
7	中隔壁法（CD）		
8	交叉中隔壁法（CRD）		

（2）开挖方法

常用的开挖方法有钻眼爆破开挖、单臂掘进机开挖、人工开挖三种方式。一般山岭隧道最常用的是钻眼爆破开挖。

1）断面按参数布孔，严格控制孔径、孔深、孔距、角度，特别是周边孔和掏槽孔要精确控制，确保开挖成型时的超欠挖量控制在允许范围内。

2）按爆破参数装药、装管、连线起爆，严格控制掏槽孔、辅助孔、周边孔、底孔的起爆顺序、单孔装药量，确保光面爆破后的周边成型，如图 5.3.1-17 所示。

3）采用光面爆破时，根据不耦合系数采用小直径药卷，控制周边孔距 E 和周边孔的最小抵抗线 V，并根据岩石的软硬级别，确定适应的相对距 E/V 系数。各类岩层爆破参数如表 5.3.1-3 所示。

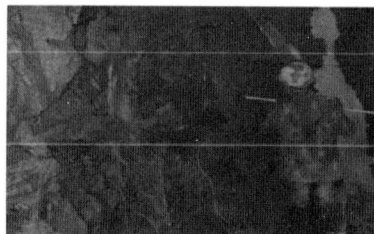

图 5.3.1-17　爆破布孔图

各类岩层爆破参数表　　　　　表 5.3.1-3

参数 岩石种类	岩石抗压强度 R_b(MPa)	装药不耦合 系数 D	周边孔间距 E(cm)	周边孔最小抵 抗线 V(cm)	相对距 E/V	周边眼装线集 中度 Q(kg/m)
硬岩	>60	1.25~1.50	55~70	70~85	0.8~1.0	0.30~0.35
中硬岩	30~60	1.50~2.00	45~60	60~75	0.8~1.0	0.20~0.30
软岩	≤30	2.00~2.50	30~50	40~60	0.5~0.8	0.07~0.15

（3）初期支护

1）超前小导管施工：一般为 $\phi42$mm 钢花管，小导管单根长 3.5~4.0m，根据围岩不同布置在开挖轮廓线以上拱顶 120° 或 150° 拱部范围，环向间距按 0.30~0.35m 布置，见图 5.3.1-18。

2）初喷：为了封闭工作面，防止因风化、渗水等使掌子面产生坍塌现象，在开挖之后立即进行。

3）锚杆施工：锚杆类型分为砂浆锚杆和树脂锚杆。钻孔时确保孔口岩面整平，使岩面与钻孔方向垂直，锚杆采用梅花形布置。

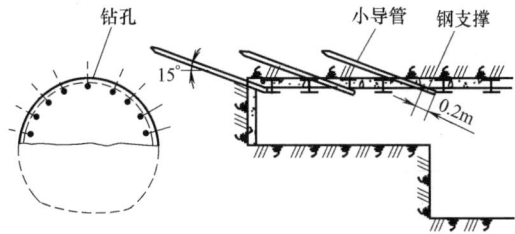

图 5.3.1-18　超前小导管布置图

4）格栅钢架制作安装及挂网：隧道洞室开挖成型后，为防止开挖面暴露时间过长，引起坍塌，应立即进行格栅挂网。

5）喷射混凝土：须分层进行，一次喷射厚度根据喷射部位和设计厚度而定，后喷一层应在先喷一层凝固后进行。受喷面应用高压风、水清洗干净。严格控制喷嘴与岩面的距离和角度，有钢筋时角度适当放偏，喷嘴与岩面距离控制在 0.6～1.2m 范围以内，见图 5.3.1-19。

6）初期支护背后注浆：初期支护施工时，在拱部会留下部分空隙，须及时对初期支护混凝土实施拱背回填注浆。

（4）二次支护：钢拱架或定型钢模板采取二次衬砌施工，先施工仰拱，而拱、墙则一次衬砌成型，见图 5.3.1-20。

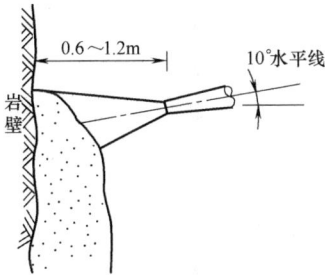

图 5.3.1-19　喷射混凝土示意图

图 5.3.1-20　二次支护图

1）防水层铺设：仰拱部位采用混凝土自防水，拱墙防水采用 PVC 柔性防水板，土工布缓冲层。铺设做到平顺，无吊空、起鼓及皱褶。防水铺设完毕，作充气试验进行质量检查。

2）钢筋绑扎：按施工图的配筋要求及技术规范进行钢筋制作、绑扎。钢筋定点加工，钢筋的绑扎、安装在施工现场进行。

3）钢拱架安装：隧道仰拱浇筑后 24 小时，即可安装钢拱架。在测量校正加固稳定后安装定型组合模板，预留振捣灌注窗。

4）混凝土浇筑：拱架及模板就位验收后，进行混凝土浇筑施工，隧道边墙混凝土坍落度控制在 14～16cm，拱顶坍落度控制在 18～20cm，拱墙浇筑循环一般为 10m。

5）养护：混凝土灌注完毕 24 小时后，拆模并立即接长喷淋水管进行淋水养护，通常每喷淋 10 分钟停喷 2 分钟，持续养护时间不得少于 14 天。

6）拱背注浆：在拱部预埋小导管，通过预埋小导管压注 1∶1 水泥砂浆，填充初期支护与二次衬砌之间的空隙。

（5）量测监控：通过对现场量测来监测围岩和支护的稳定性，并应用现场量测结果修正设计和指导施工，隧道施工现场应测项目如表 5.3.1-4 所示。

隧道现场应测项目及量测方法　　　　　　　　　表 5.3.1-4

序号	项目名称	监测仪器	布置	量测间隔时间			
				1～15 天	16～30 天	1～3 个月	大于 3 个月
1	地质和支护状况观察	地质罗盘等	开挖后及初期支护后进行	每次爆破后进行			
2	周边位移	收敛计	每 10～50m 一个断面，每个断面 2～3 对测点	1～2 次/天	1～2 次/天	1～2 次/周	1～3 次/月
3	拱顶下沉	水准仪、水准尺、钢尺或测杆	每 10～50m 一个断面	1～2 次/天	1～2 次/天	1～2 次/周	1～3 次/月
4	锚杆或锚索内力及抗拔力	电测锚杆、锚杆测力计及拉拔器	每 10m 一个断面，每个断面至少三根锚杆	—	—	—	—

特定工况下，还需监测地表下沉、围岩体内位移、围岩压力、钢支撑内力及外力、围岩弹性波等项目。

3. 盾构法施工

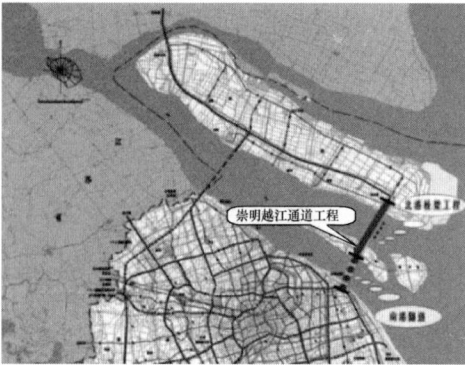

图 5.3.1-21　上海长江隧道

自从 1843 年第一条盾构法隧道在伦敦泰晤士河底建成以来，盾构法隧道的设计和施工技术得到了很大发展，国外用盾构法施工的著名隧道有：英吉利海峡隧道、日本东京湾水底隧道、丹麦大海峡隧道、荷兰"绿心"隧道等。我国在 20 世纪 50 年代就开始研究盾构法施工，自 1970 年第一条盾构法公路隧道-上海打浦路隧道问世以来，盾构工法在城市交通隧道中的应用也越来越多，上海黄浦江底在建和规划的十多条隧道除外环隧道采用沉管法施工外，均采用盾构法施工。上海长江隧道（图 5.3.1-21）更是以 15m 直径和 7.47km 长度的规模开创了当时盾构法隧道的世界之最。隧道内上部为公路通道，下部为轨道交通通道。国内其他城市应用盾构法建设城市越江隧道的情况也很多，例如：武汉长江隧道、南京长江隧道等。

从城市交通隧道施工技术的角度看，盾构法施工技术与其他施工技术相比具有高效、环保、自动化程度高、控制精度高等显著优势，因此在我国城市越江隧道的建设中，盾构法施工（图 5.3.1-22）占据了绝大多数。从一定程度上来看，我国在盾构施工技术的快速发展和盾构设备自主研发及制造水平的提升，也促进了城市交通隧道建设的大发展。

根据控制开挖面稳定性时不同的工作机理，盾构可以分为网格挤压盾构、土压平衡盾构和泥水平衡盾构等，其中土压平衡盾构和泥水平衡盾构是目前城市交通隧道建设中常用的两类盾构。

（1）土压平衡盾构

土压平衡盾构掘进机利用安装在盾构最前面的全断面切削刀盘，将正面土体切削下来进入刀盘后面的贮留密封舱内，并使舱内具有适当压力与开挖面水土压力平衡，以减少盾构推进对地层土体的扰动，从而控制地表沉降，在出土时由安装在密封仓下部的螺旋运输机向排土口连续的将土碴排出。土压平衡盾构掘进面稳定原理和主机构造如图 5.3.1-23 所示。

图 5.3.1-22　盾构法隧道施工

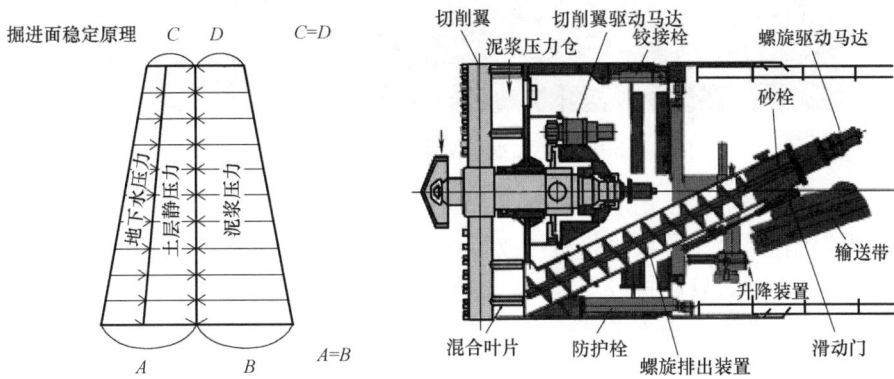

图 5.3.1-23　土压平衡盾构掘进面稳定原理和主机构造图

土压平衡盾构的特点：一是对环境无污染，根据土压变化调整出土和盾构推进速度，以达到工作面稳定，减少地表变形；二是对掘进土量能形成自动控制管理，机械自动化程度高、施工速度快。

（2）泥水平衡盾构

泥水平衡盾构通过在支承环前面装置隔板的密封舱中，注入适当压力的泥浆使其在开挖面形成泥膜，支承正面土体，并由安装在正面的大刀盘切削土体表层泥膜，与泥水混合后，形成高密度泥浆，由排浆泵及管道输送至地面处理，整个过程通过建立在地面中央控制室内的泥水平衡自动控制系统统一管理。泥水平衡盾构切削面稳定原理和主机构造见图 5.3.1-24。

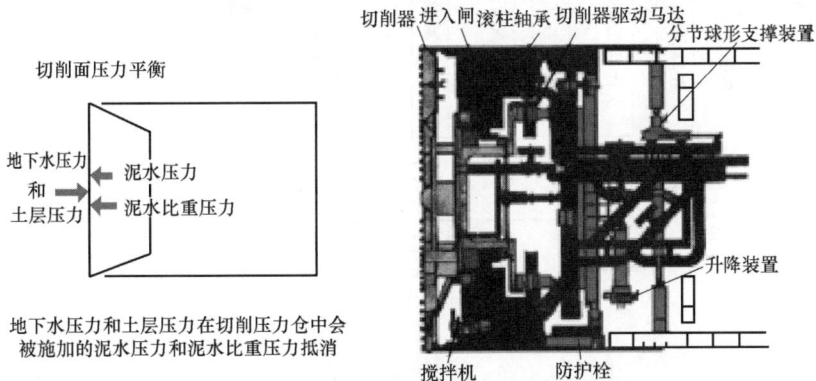

图 5.3.1-24　泥水平衡盾构切削面稳定原理和主机构造图

泥水平衡盾构的特点是泥水压力传递速度快而均匀，开挖面平衡土压力的控制精度高，对开挖面周边土体的干扰少，地面沉降量的控制精度高；盾构出土由泥水管道连续输送，减少了电机车的运输量，施工进度快；刀具、刀盘磨损小，易于长距离盾构施工；刀盘所受扭矩小，更适合大直径隧道的施工。在易发生流砂的地层中能稳定开挖面，常用于砂性地层的掘进。但相较土压平衡盾构，其施工工艺较为复杂且需要较大规模的泥水处理设备及设置泥水处理设备的场地，见图 5.3.1-25。

图 5.3.1-25　泥水平衡盾构及泥水处理系统

土压平衡盾构与泥水平衡盾构施工工艺的差异主要体现在出土的方式上，土压平衡盾构出土以螺旋机输送至土箱或皮带机排放至地面，再以渣土车外运的方式进行，泥水平衡盾构出土以泥浆泵通过管路排放至地面，经地面泥水处理系统处理后，废浆以干弃或湿弃的方式进行外运。图 5.3.1-26 列举了泥水平衡盾构施工的工艺流程。

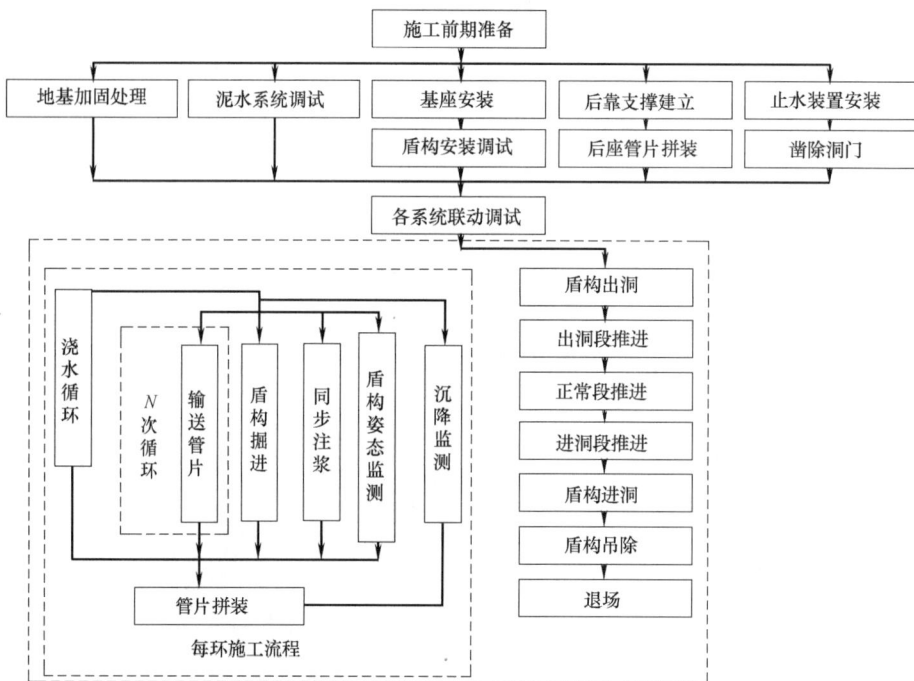

图 5.3.1-26　泥水平衡盾构施工流程图

盾构法隧道施工要点如下：

（1）盾构选型

在选择盾构时，不仅要考虑到隧道沿线地质情况、隧道的外径、隧道的长度、工程造价等，而且还要综合研究工程施工环境、施工场地面积、施工对环境的影响程度等。图5.3.1-27 和图 5.3.1-28 分别是土压平衡盾构和泥水平衡盾构示意图。

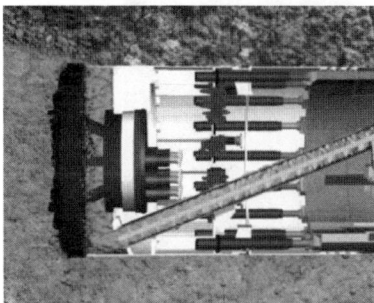

图 5.3.1-27　土压平衡盾构示意图

图 5.3.1-28　泥水平衡盾构示意图

（2）盾构始发与接收

盾构始发与接收阶段，应重点控制好洞口地基加固及洞口密封两方面。图 5.3.1-29 是盾构机始发照片，图 5.3.1-30 是盾构机接收照片。

图 5.3.1-29　盾构始发

图 5.3.1-30　盾构接收

① 洞门外土体加固

土体加固的方法较多，包括搅拌桩加固、旋喷桩加固和冻结法加固（图 5.3.1-31）等，盾构始发与接收前，必须检验土体加固效果。

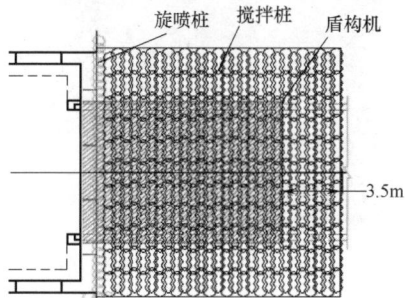

(a)

(b)

图 5.3.1-31　洞门外土体加固

(a) 三轴搅拌桩结合旋喷桩加固；(b) 冻结加固

② 洞圈间隙密封

隧道洞口与盾构之间存在建筑间隙，易造成土体流失，从而引起地面沉降及周围建筑物、管线位移。始发洞门止水装置主要由两道帘布橡胶板组成，接收洞门止水一般采用安装环形气囊的形式，如图 5.3.1-32 所示。

(a)　　　　　　　　　　　　　　(b)

图 5.3.1-32　洞门间隙密封装置

(a) 盾构始发用止水装置；(b) 盾构接收用气囊

图 5.3.1-33　水中进洞图

若盾构接收所处地层复杂，容易发生渗漏水，可采用水中进洞的方式（图 5.3.1-33），利用井内水土平衡接收井外的水土压力。

（3）管片拼装

管片类型主要有球墨铸铁管片、钢管片、复合管片和钢筋混凝土管片，其中钢筋混凝土管片是最常用的管片类型。每环衬砌由数块管片组合而成，管片拼装是建造隧道重要工序之一，管片拼装后形成隧道，所以拼装质量直接影响工程质量。

① 管片拼装形式

按管片整体组合方式，可分为通缝管片拼装（图 5.3.1-34）、错缝管片拼装（图 5.3.1-35）和通用楔形管片拼装。

图 5.3.1-34　通缝拼装隧道

图 5.3.1-35　错缝拼装隧道

通缝拼装是各环管片的纵缝对齐的拼装方法，这种拼装方法在拼装时定位容易，纵向螺栓容易穿进，拼装施工应力小，但容易产生环面不平，并有较大累计误差，导致环向螺栓难穿，环缝压密量不够。

错缝拼装即前后环管片的纵缝错开拼装，一般错开 1/2～1/3 块管片弧长，错缝拼装可提高管片接头刚度，加强结构的整体性。虽然结构计算分析表明，错缝拼装管片较通缝拼装内力要大一些，但由于管片配筋通常由最小配筋率控制，因此整个结构的配筋量并未增大。从施工角度看，错缝拼装相对复杂，但随着施工工艺的成熟，错缝拼装已是主流趋势，上海已建成的越江隧道中，从大连路隧道开始采用了错缝拼装形式。

通用楔形管片拼装是利用左右环宽不等的特点，管片任意旋转角度进行拼装，这种拼装方法工艺要求高，在管片拼装前需要对隧道轴线进行计算预测，及时调整管片旋转角度。

楔形管片有最大宽度和最小宽度，用于隧道转弯和纠偏，其楔形量、楔形角由标准管片的宽度与外径以及隧道的曲线半径而定，图 5.3.1-36 为楔形环示意图。

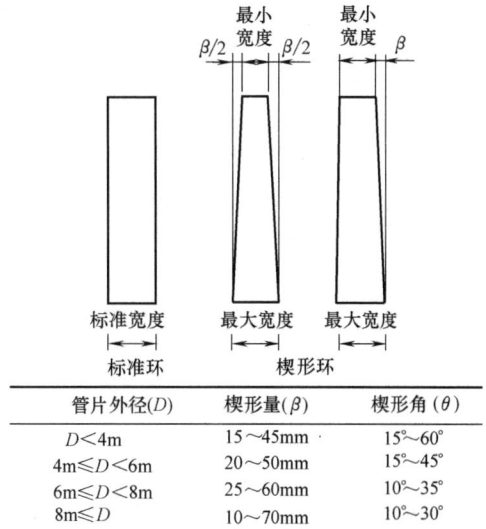

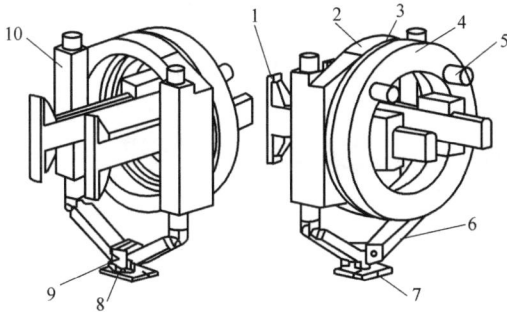

管片外径(D)	楔形量(β)	楔形角(θ)
D<4m	15～45mm	15°～60°
4m≤D<6m	20～50mm	15°～45°
6m≤D<8m	25～60mm	10°～35°
8m≤D	10～70mm	10°～30°

图 5.3.1-36　楔形环示意图

图 5.3.1-37　管片拼装机机械结构图

1—拖梁；2—回转架；3—回转支承；4—移动架；
5—液压电机+减速机；6—扼架；7—拼装头（夹持机构）；
8—偏转调节油缸；9—俯仰调节油缸；10—管片举升油缸

② 管片拼装设备

管片拼装机通常具备 6 个自由度，包括：旋转、平移、整体提升、单侧伸缩、内外翻调节和扭转。通过 6 个自由度的调节可实现管片高精度的拼装，如图 5.3.1-37 所示。目前所采用的管片拼装工艺可归纳为先下后上、左右交叉、纵向插入、封顶成环，见图 5.3.1-38。

（4）施工参数设定及地面沉降控制

盾构施工环节多，应采取信息化动态施工管理，保证各系统施工参数的及时调整、优化匹配（图 5.3.1-39），从而控制好地面沉降。

(a)

(b)

图 5.3.1-38　管片拼装

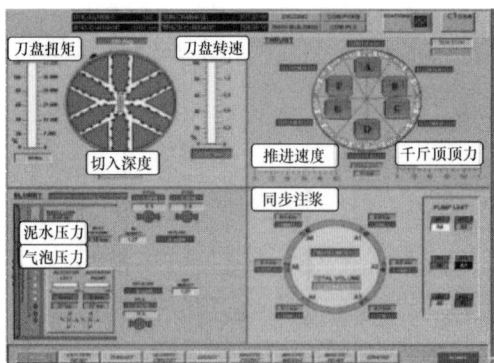

图 5.3.1-39　盾构施工参数设定界面

盾构掘进是一个均衡、连续的施工过程。每环掘进前要发出正确无误的指令，掘进中密切注意各个施工参数的变化情况，掘进结束后根据采集到的各种数据进行分析，作出适当的调整，准备下一环的指令。

（5）泥水管理

将盾构掘削下来的土砂形成的泥水，通过管道和泥水泵输送至地面泥水处理系统，通过泥水处理系统的处理和分离后，盾构工作面排出的泥浆分成土砂和泥水，排弃掉大颗粒和比较干的土砂，回收小颗粒的泥水，将这些小颗粒的泥水导入调整槽后输送至盾构工作面，实现泥水循环。

如果泥水处理循环后的浆液不能满足盾构推进要求，则由新浆制造系统提供新鲜浆液送入调整槽进行调整，新浆制造的材料包括膨润土、聚合物、工业烧碱等，经高速搅拌后快速送往新浆槽贮存备用，流程如图 5.3.1-40 所示。

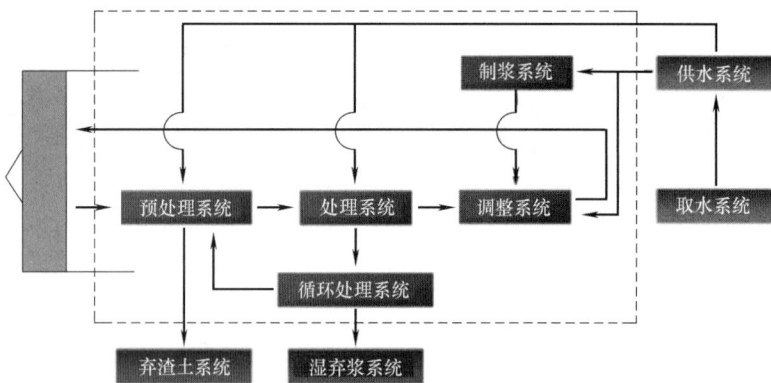

图 5.3.1-40　泥水处理流程图

现场须配备泥水土工试验室，每一环推进前要测试调整槽内工作泥浆的指标（比重、黏度等），及时调整至满足施工要求为止，如图 5.3.1-41 所示。

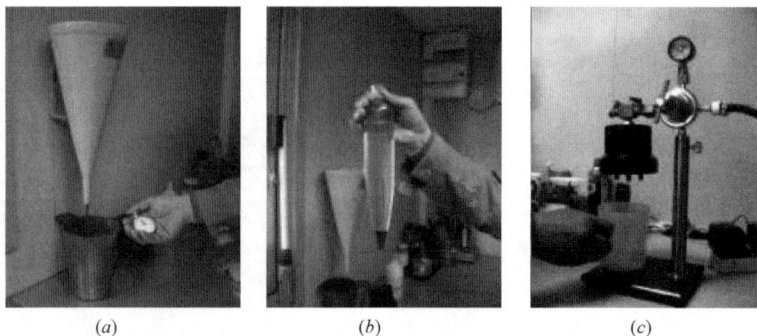

(a)　　　　　　　　　(b)　　　　　　　　　(c)

图 5.3.1-41　泥水指标检测图

（6）同步注浆

由于盾构的外径大于管片成环后的外径，随着盾构的推进，在管片与土体之间将产生建筑空隙。同步注浆应兼顾两方面的作用，即地面沉降及隧道稳定性。施工中对注浆点进行压力、注浆量双参数控制，保证填充效果。

（7）隧道轴线控制

在正面压力正确设定的前提下，严格控制各区域油压和千斤顶行程，合理纠偏，做到勤纠，减小单次纠偏量，实现盾构沿设计轴线方向推进，如图 5.3.1-42 所示。

根据管片超前量和盾构姿态，结合管片选型软件，合理选择管片型式，实现对隧道轴线的拟合，并为盾构推进创造良好导向，如图 5.3.1-43 所示是管片选型软件界面。

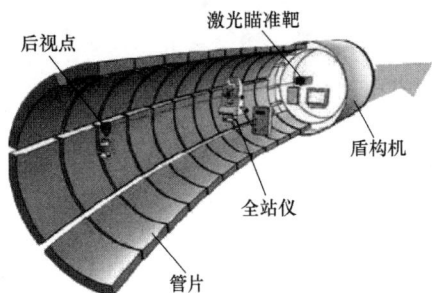

图 5.3.1-42　盾构姿态测量示意图

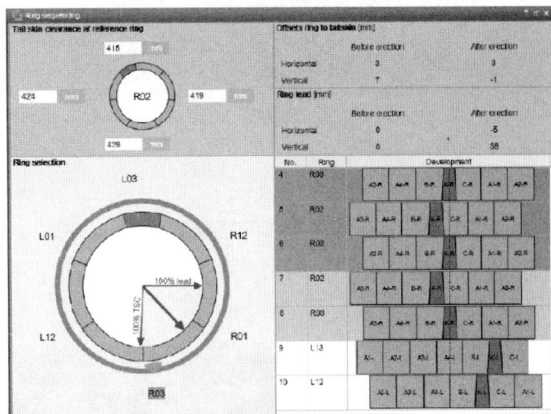

图 5.3.1-43　管片选型软件界面图

4. 沉管法施工

通过多年来的建设经验，沉管法（图 5.3.1-44）与盾构法已成为我国水底隧道建设首选的两种施工方法。盾构法隧道以其受干扰小、机械化程度高的优势独领风骚，沉管法隧道以接线短、断面大的优势而一枝独秀。

1910 年，美国在底特律河下用沉管法修建了第一条水底隧道，至今该工法应用已有超过 100 年的历史。我国采用沉管法施工隧道较晚，20 世纪 70 年代才在上海金山地区建成了第一条小型沉管隧道，台湾地区曾于 1984 年建成了高雄海底沉管隧道，香港地区则在维多利亚港建成了三条海底沉管隧道。

图 5.3.1-44　沉管法隧道施工

1994 年广州珠海公路、地铁合用的沉管隧道建成通车。珠江隧道（图 5.3.1-45）的五节管段（每节宽 33m，高 8m，长 90～110m，三孔，全长 457m）的浮运、沉放和安装，仅用了不到四个月时间。

1995年又建成了宁波甬江沉管公路隧道（图5.3.1-46）。甬江沉管隧道攻克了沉降不均的软土地基，有严重回淤、流急、漩涡和越过过江输油管等十分困难的环境条件，使我国沉管技术上了一个新的台阶，标志着我国掌握了用沉管法修建水底公路隧道的技术，缩短了我国隧道工程技术同世界水平的差距。而上海外环沉管隧道（图5.3.1-47）以双向八车道的大断面规模，印证了我国沉管隧道建造技术的先进水平。

图5.3.1-45 珠江沉管隧道

图5.3.1-46 宁波甬江沉管隧道

图5.3.1-47 上海外环沉管隧道

目前在建的港珠澳桥隧工程中的隧道工程采用沉管法施工，隧道长达6.7km，为世界级隧道工程，如图5.3.1-48所示。

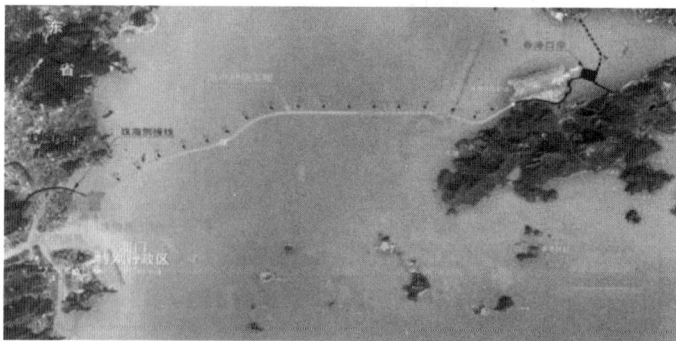

图5.3.1-48 港珠澳桥隧工程线位图

沉管法隧道施工工艺流程见图5.3.1-49。施工要点如下：

（1）管段制作

沉管段结构主要有钢壳管段和混凝土管段。随着社会的发展，交通流量日趋增大，隧道规模一般在四车道或更大，因此混凝土管段型式已成为主流，以下阐述混凝土管段的制作。

1）干坞

钢筋混凝土预制管段一般在干坞中制作。干坞是一临时性工程，坞址一般选择在设计轴线外，干坞规模一般以一次完成管段制作来设计。

干坞内布置的机具设备，包括混凝土搅拌站设备、水平运输车辆、起重设备和钢筋成型设备等，拖运设备则一般采用普通的绞车。

2）管段质量控制

① 对称性控制：对称性控制是为了确保管段在浮运时有足够的干舷。管段在浮运时，为了保证稳定，必须使管顶面露出水面，其露出高度称为干舷。具有一定干舷的管段，遇风浪发生倾侧后，会自动产生一个反倾力矩，使管段恢复平衡。管段在浮运时的干舷仅占管段全高1.2%～2%左右。如果管段容重变化幅度稍大（超过1%以上），管段常会浮不起来，须严格控制混凝土混合物的密度及其均匀性。

② 水密性控制：水密性控制的目的是确保管段的防水性能，可采取的措施有：外防水、柔性防水、管段的自身防水。外防水一般仅在管段底板下采用钢板防水，厚度为4～6mm。柔性防水包括卷材防水和涂料防水。卷材防水施工工艺较繁，操作过程中稍有不慎就会造成"起壳"而返工。涂料防水的操作工艺比卷材防水简单得多，可直接在平整度较差的混凝土面施工，但涂料的延伸率较小。管段自身防水主要提高混凝土的抗渗性，在水密性控制方面占主导地位。

3）端封墙：为了便于水中浮运，在离管段的两端面50～100cm处设置封墙。封墙上须设排水阀、进气阀和出入人孔。排水阀设在下面，进气阀设在上面，人员出入孔应设置防水密闭门。

4）检漏与干舷调整：干坞灌水之前，先往压载水箱里加水压载，必要时需抽吸管段内的空气。灌水24～48小时后，工作人员进入管段内部对管段进行水底检漏。经检验合格后浮起的管段，还要在坞中检查四边的干舷是否符合规定。

（2）基槽浚挖

1）基槽断面：沉管基槽的断面主要由三个基本尺寸确定，即底宽、深度和边坡坡度，如图5.3.1-50所示。

沉管基槽的底宽，一般比管段底宽大4～10m。沉管基槽的深度，为管顶覆盖层厚度、管段高度和基础处理所需超挖深度三者之和。沉管基槽边坡坡度，与土层的物理力学性质相关。

2）浚挖设备：水底浚挖选用挖泥船施工，目前主要有链斗式挖泥船、绞吸式挖泥船、自航耙吸式挖泥船、抓斗挖泥船、铲扬式挖泥船，适用范围见表5.3.1-5。

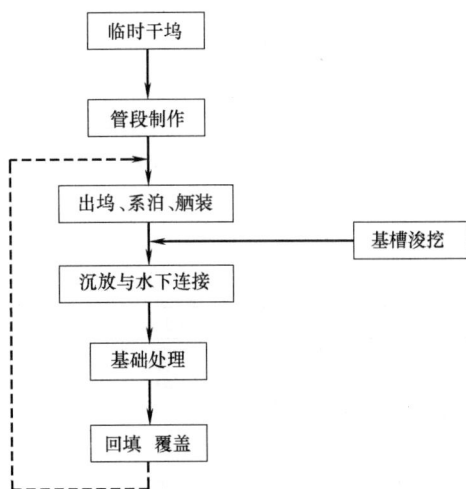

图5.3.1-49　工艺流程图

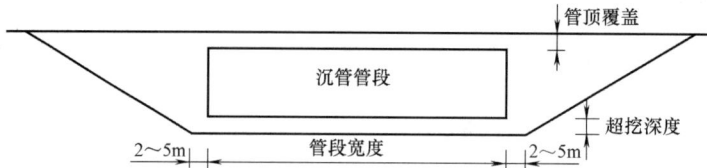

图 5.3.1-50　沉管基槽断面

挖泥船的适用范围　　　　　　　　　　　表 5.3.1-5

	硬土	砂砾	粉砂	砂	软土
链斗式挖泥船	●	●	●	●	●
绞吸式挖泥船	●	●	●	●	●
自航耙吸式挖泥船			●	●	●
抓斗挖泥船	●	●	●	●	●
铲扬式挖泥船	●	●		●	

注：1. 土壤的硬度划分：黏性土、软土 $N=4\sim8$，硬土 $N=20\sim40$；砂性土、软土 $N<10$，硬土 $N=30\sim50$。
　　2. 当浚挖作业遇到岩层时需采用碎岩船、凿岩船。

3）浚挖方式：浚挖作业一般分层、分段进行。在基槽断面上，分几层逐层开挖；在平面沿隧道轴线方向，划分成若干段，分段分批进行浚挖。

管段基槽浚挖分粗挖和精挖两次进行，避免因最后挖成的管段基槽暴露过久，产生沉积过多的回淤，影响沉放施工。

（3）管段沉放

1）沉放方式：各种沉放方法的主要特点、适用范围如表 5.3.1-6 所示。

沉放方式比较　　　　　　　　　　　表 5.3.1-6

沉放方式		主要设备及特点	适用范围
起重船吊沉法		起重船	小型管段
浮箱吊沉法	四浮箱吊沉法	四只 $100\sim150t$ 的浮箱（自备发电机组）；设备简单，且浮箱无需定位锚缆，水上作业简化	小型管段
	双浮箱吊沉法	以两只大型钢浮箱或改装驳船取代四只小浮箱，使操作进一步简化	大宽度管段
扛吊法	四驳扛吊法	四艘小型方驳（自备发电机组）；设备费用小	小型管段
	双驳扛吊法	两艘大型方驳（自备发电机组）；船组稳定性好，设备费用大	一般只有具备下列条件之一时，才予采用：①工程规模大，沉设管段较多②计划准备建设多条沉管隧道③沉设完毕后，大型方驳可改为他用
	骑吊法（SEP 吊沉法）	水上作业平台；稳定性好，能经受风浪袭击；设备费用大	在港湾或流速较大的内河沉设管段
	拉沉法	以预先设置在基槽中的水下桩墩作为地垄；无需方驳，也不用浮箱，但设置水底桩墩的费用较大	目前基本不用

2）沉放施工：以浮箱吊沉法为例，管节沉放步骤见图 5.3.1-51。

① 初步下沉：调节好管段位置后，与已沉管段保持 10m 左右的距离，先往管内压重水箱灌水提供足够的负浮力，然后通过钢浮箱上的卷扬机控制沉放速度，直到管底离设计

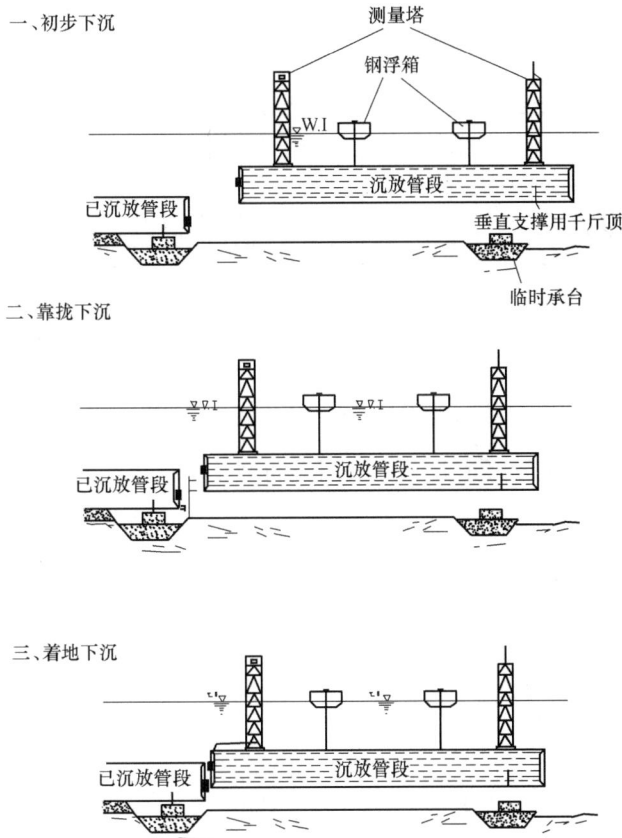

一、初步下沉

二、靠拢下沉

三、着地下沉

图 5.3.1-51 管节沉放步骤示意图

标高 4m 左右为止，下沉时要随时校正管段的位置。

② 靠拢下沉：先将管段向前平移，至距已沉管段 2m 左右处。然后再将管段下沉到管底离设计标高 1 米左右，并调整好管段的纵向坡度。

③ 着地下沉：先将管段平移至距已沉管段约 0.50m 处，校正管段位置后，即开始着地下沉。最后 1m 的下沉，通过钢浮箱上的卷扬机控制下沉速度，尽量减少管段的横向摆动，使其前端自然对中。

（4）水下连接

1）水力压接法

由于水力压接法施工工艺简单，且基本上不用水下作业，又能适应较大的沉陷变形，并保持接头间的不漏水，在沉管隧道施工中得到普遍运用。

水力压接法利用作用在管段上的巨大水压力使安装在管段前端面（靠近既设管段或连接井的端面）周边上的一圈胶垫发生压缩变形，形成一个水密性相当可靠的管段接头。其具体方法是在管段下沉就位后，先将新沉管段拉向既设管段并紧密靠上，这时胶垫产生了第一次压缩变形，并具有初步止水作用。然后将既设管段侧封端墙与新沉管段侧封端墙之间的水（此时与河水隔离）排走。排水之后，作用在结合端封端墙上的水压力变成一个大气压的空气压力，于是作用在自由端封端墙上的巨大水压力就将管段推向前方，使胶垫产生第二次压缩变形，图 5.3.1-52。

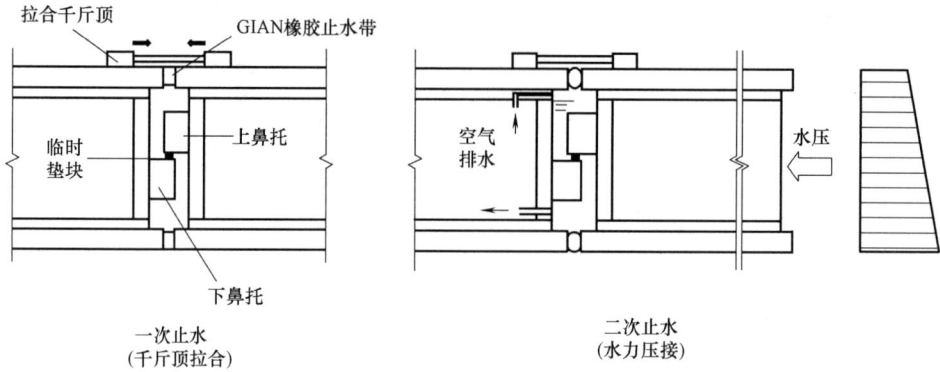

一次止水
（千斤顶拉合）

二次止水
（水力压接）

图 5.3.1-52　水力压接施工步骤图

从 70 年代起，各国沉管隧道几乎都采用尖肋型胶垫接头，图 5.3.1-53。

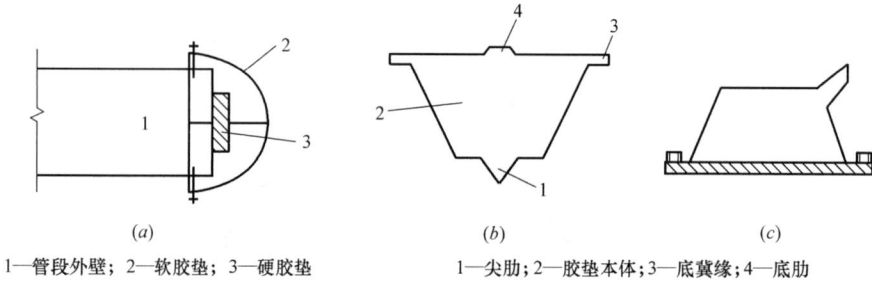

1—管段外壁；2—软胶垫；3—硬胶垫　　　1—尖肋；2—胶垫本体；3—底冀缘；4—底肋

图 5.3.1-53　胶垫类型图

（a）台司隧道的胶垫；（b）尖肋型胶垫（GINA）；（c）尖舌型胶垫

2）最终接头

沉管隧道最终接头的施工方法有：干地施工方式、水下混凝土施工方式、防水板施工方式和 V 形（楔形）箱体施工方式，见图 5.3.1-54。

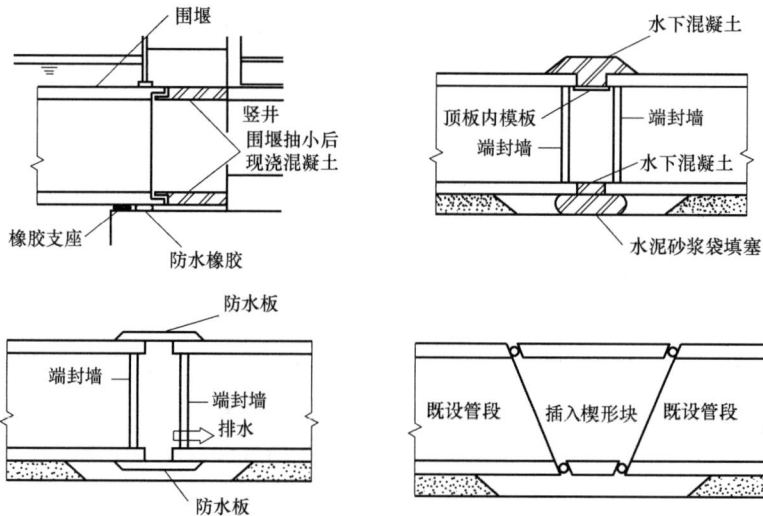

图 5.3.1-54　最终接头施工方式图

（5）沉管基础施工

沉管隧道的基础处理方法，以填充不规则空隙为目的，可为两类。一类是先铺法，即在管段沉放之前，先铺好砂石垫层，如刮铺法；另一类是后填法，先将管段沉放在预置沟槽底的临时支座上，随后再补填垫实，如喷砂法、砂流法、压浆法等。当地基土需特别处理时，还可采用水下混凝土传力法、砂浆囊袋传力法、可调桩顶法等。

管段沉放完毕后，在管段的两侧和顶部回填覆盖，以确保隧道的永久稳定。回填覆盖采用"沉放一段，覆盖一段"的施工方法。

5.3.2 城市交通隧道信息化施工管理

在地下空间不断开发的当今世界，地下施工技术日益呈现出多样化、复杂化的局面，盾构法隧道施工技术作为一种综合性的先进施工方法，越来越广泛地被运用在城市交通隧道工程建设中，盾构的自动化程度得到了极大的提高。因而，在众多的隧道施工技术中，采用盾构法施工的城市交通隧道，其施工信息化程度是最高的。本节重点介绍盾构法城市交通隧道的信息化施工管理。

1. 盾构法隧道信息管理技术的发展

盾构监控技术作为保障施工的一项重要技术，在盾构技术迅速发展的同时也在不断地发展、完善，从 20 世纪初期，借助于光学仪器、机械仪表的盾构监控技术，发展到 50 年代以电容、电阻为传感基质的晶体管电测数据采集技术。70 年代末，随着集成电路（IC）技术的应用产生的可编程控制技术（PLC），标志着盾构监控 IC 时代的到来。20 世纪 80 年代末，一些发达国家如日本、德国、美国、法国、英国等已开始将传感器、仪表、PLC、计算机等集成到数据采集系统中，实现了隧道施工的信息化。其次，盾构控制技术也随着计算机应用技术的完善而向自动化方向发展。在硬件环境方面，计算机工控系统、数模转换技术（D/A）等得到应用。在软件环境方面，开发环境、开发工具日趋丰富完善。随着双绞线、同轴电缆、光纤等构成的网络信号传输系统被普遍应用，为盾构施工的远程控制与管理奠定了基础。此外，信息技术、数字仿真技术、三维动画技术、多媒体技术等相继发展成熟，并集成应用到隧道施工中，使得整个施工过程的控制变得更加形象直观。目前，盾构的控制与管理正向采集与控制自动化、参数信息数字化、决策方法智能化方向发展。

2. 施工数据采集、存储与传输

（1）盾构掘进实时数据采集

目前，盾构法施工已从机械化、电气化监测设备逐渐发展为电子化、微电子化设备，盾构机信息管理更加严密，更加精确。施工的信息贯穿整个盾构法施工过程，并能随时反馈给现场或远程管理人员，从而对现场施工进行指导。

一般盾构掘进数据采集系统主要由传感器系统、PLC 网络数据采集传输系统、盾构计算机管理系统组成，见图 5.3.2-1。

盾构掘进数据采集系统地面管理计算机，通过与井下盾构数据采集计算机的网络连接取得盾构实时信息，并实时管理数据库。

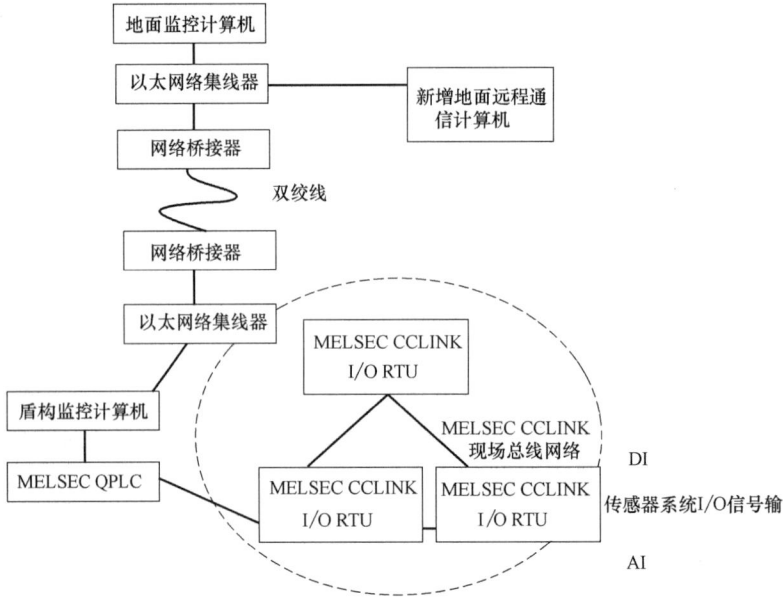

图 5.3.2-1 盾构掘进数据采集系统构成

围绕着工程安全和质量控制的目标，盾构掘进数据采集包括两个方面：盾构掘进的信息；盾构及管片姿态的信息。

盾构掘进信息主要有土舱内压力、千斤顶推力、刀盘转速、刀盘扭矩、掘进速度、注浆压力、注浆量、千斤顶的行程、铰接千斤顶的使用状态等，见图 5.3.2-2。盾构及管片姿态信息主要有盾构机切口和盾尾的里程、平面偏差、高程偏差、盾构机的滚转角、盾构机俯仰角、管片与盾尾的间隙、管片的平面偏差、高程偏差等，施工中的盾构姿态可采用自动测量系统进行监测，见图 5.3.2-3。

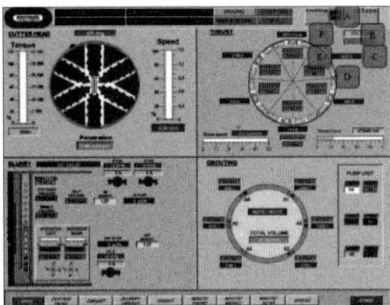

图 5.3.2-2 盾构掘进数据采集界面

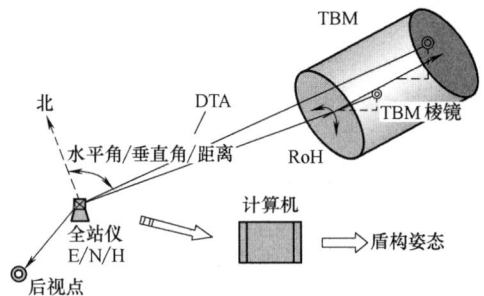

图 5.3.2-3 盾构姿态自动测量系统

（2）隧道施工非实时数据采集

除了盾构机内的信息采集，隧道掘进过程中还要采集其他非实时数据，包括隧道沿线地质性能参数、隧道及周边环境监测信息。

盾构施工变形监测必测项目见表 5.3.2-1。

230

盾构施工变形监测必测项目 表 5.3.2-1

量测项目	主要仪器	测点布置	监测目的	监测频率
隧道沿线地表建(构)筑物和管线沉降变形测量	水准仪、全站仪	每 30m 一个断面,必要时加密	监测地表沉降及沿线建筑物和管线的沉降,确保施工安全	(1)开挖面距监测断面 <20m 时,1～2 次/天 (2)开挖面距监测断面 20～50m 时,1 次/2 天 (3)开挖面距监测断面 >50m 时,1 次/周
隧道结构变形测量(包括拱顶下沉、隧道收敛)	水准仪、收敛计	每 5～10m 一个断面	确保隧道的线形	

对于穿越区的各类建构筑物和地下管线应重点监测。地下管线测点原则上利用现有管道设备点(阀门与窨井等),必要时布设直接监测点,见图 5.3.2-4。

针对施工风险极高的盾构穿越段,采用自动化监测方式。自动化监测系统一般由传感器、数据采集单元、计算机、信息管理软件及通信网络构成。目前一般采用静力水准仪系统(图 5.3.2-5)监测地面建筑物沉降,采用电子水平尺系统(图 5.3.2-6)监测运营隧道沉降。

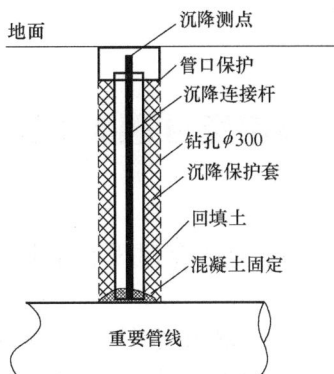

图 5.3.2-4 管线监测布置图

盾构施工环境监测的选测项目见表 5.3.2-2。

盾构施工环境监测的选测项目 表 5.3.2-2

量测项目	主要仪器	测点布置	监测目的	监测频率
土体内部位移(包括垂直和水平)	水准仪、分层沉降仪、测斜仪	选择代表地段设置监测断面	监测施工引起的地层位移,并反馈施工,调整参数,确保安全	(1)开挖面距监测断面前后 <20m 时,1～2 次/天 (2)开挖面距监测断面 20～50m 时,1 次/2 天 (3)开挖面距监测断面前后>50m 时,1 次/周
管片内力和变形	压力计	选择代表地段设置监测断面	了解施工过程中的结构内力情况	
土层压应力	压力计	选择代表地段设置监测断面	了解施工过程中的地层载荷情况	
孔隙水压力	孔隙水压计	选择代表地段设置监测断面		

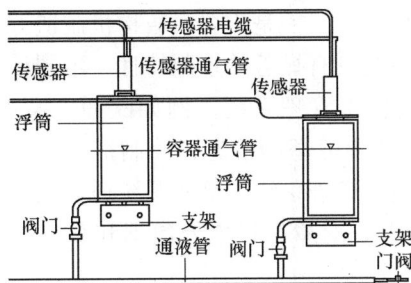

图 5.3.2-5 静力水准仪自动化监测

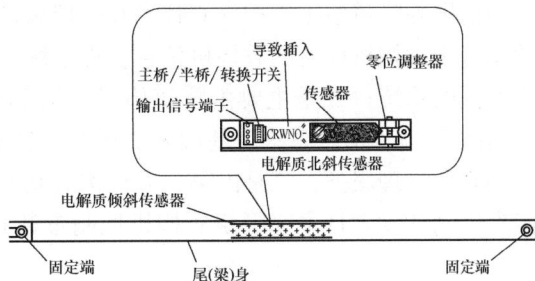

图 5.3.2-6 电子水平尺系统示意图

(3) 数据存储

为了便于数据存储、引用,根据隧道工程的特点,对不同数据结构形式进行规范处理：①根据不同型号盾构建立数据域名对照表，实现标准化数据自动采集。②对于工程施工组织设计报告，进行用户视图的处理，提取反映盾构法隧道基本信息，包括工程概况、盾构机设计参数和隧道结构参数等。③对于以图形表示的信息，将其数字化并获取图形中的特征值，包括隧道平面图、纵断面图等。

（4）施工动态信息的远程传输与发布

施工数据的采集主要是在工地现场，采用双向 FTP 不间断进行片段数据加密传输方式，利用数据远程传输程序，保持现场与服务器数据库的同步，实现施工信息监视、处理和决策。

5.4 城市交通隧道建设的发展趋势

5.4.1 盾构隧道建设智能控制技术发展现状

近年来，城市交通隧道建设的发展趋势呈现隧道断面越来越大、隧道施工智能化监控水平越来越高的特征。城市交通隧道断面越来越大的主要原因包括两方面。首先，城市交通量大，隧道两端的接线道路一般为两车道、三车道甚至更宽的道路，因此，当隧道直径较小时，隧道往往成为交通的瓶颈；此外，隧道工程造价高、改造难度大，因此一些特大型城市的交通隧道都采取大断面形式，如日本第二东（京）名（古屋）公路三车道隧道的断面积为 $113\sim170m^2$，比一般双车道的 $85m^2$ 大 $1.5\sim2.0$ 倍。而我国上海，近年来在越江隧道和地下通道工程建设中都采用超大直径的盾构机，建设四车道甚至双层六车道的隧道，从而使得城市隧道从两车道的标准断面向大断面甚至特大断面方向发展。

作为城市交通隧道施工中自动化水平最高的施工技术，盾构法隧道施工获得了广泛的应用，但是由于工程项目日益增多，施工企业水平不一，随着交通隧道工程断面的增大、施工地域扩大和地下空间开发复杂度提高，导致隧道施工风险隐患和质量隐患日益增多，对城市安全造成了威胁。因此，为了保证施工高效、高质和安全完成，盾构隧道施工的智能监控技术也在不断得到应用和发展。

当前国外隧道施工管控核心技术及管理系统有三种形式：一是主要由盾构机制造方研制的偏重于盾构机设备的盾构机信息管理系统。这类系统具有显著的定制特性，不同设备对应不同的系统；二是主要由隧道施工方研制的隧道施工管理系统。例如欧洲 KNRO-NOS 系统以地理信息系统为基础，实现施工期和运营期隧道基础信息、控制信息、监测信息的高效管理服务；三是由第三方机构研制的隧道施工管理系统。这些系统通常结合单一工程定制开发，且主要围绕盾构机控制参数独立展开，对盾构机以外数据和系统不作考虑。

国内隧道施工智能管控平台分为三类：

1. 盾构机掘进监控系统

与国外这类系统由制造商提供不同，结合我国隧道施工具体情况，我国的部分监控系统开发具有一定的普适性，并不完全受制于具体某一盾构。如：上海隧道工程有限公司的专利技术"盾构掘进姿态实时测量系统"。

2. 盾构隧道施工综合管控与决策系统平台

此类技术的开发是从整体上解决隧道施工问题。20 世纪 90 年代上海隧道工程有限公司在分析总结国内外多条隧道盾构施工成果的基础上，开发了"盾构法隧道施工智能化辅助决策系统"，该系统利用神经网络、模糊控制等数据分析工具，能够实时预测地面沉降、优化施工参数匹配、提高轴线控制精度等功能，实现盾构法隧道施工的智能化，并成功应用于上海软土地质下盾构穿越黄浦江隧道工程。21 世纪初，随着网络技术飞速发展，并应用于市政建设领域，极大地促进了信息资源的共享，上海隧道工程有限公司在施工辅助决策系统的基础上，对施工数据加密实时传输、可视化图形展现，并将远程监控功能与专家系统相结合，在工程远程数据智能化分析等方面展开研究，建立了"盾构法隧道施工远程信息智能管理系统"，实现了对隧道施工的实时监控与管理、技术信息的数字化以及数据资源的共享，被应用在国内多个在建隧道工程，有效地减轻了施工管理人员的管理强度，提高了管理效率。系统以盾构施工信息采集和远程风险控制为突破口，围绕地面沉降和轴线控制两大核心，把自动化技术、现代信息技术、土力学理论和现代控制理论有机结合起来创新，分析盾构法隧道施工信息潜在规律，起到远程监控和辅助决策的作用。通过信息的快速传递，该系统实现了质量管理的事先控制。在隧道施工中对盾构掘进机的施工参数进行实时采集，同时采集地质资料、盾构及管片姿态、地面沉降数据等，系统可以通过可视化技术使施工人员形象直观地了解施工状况，并依据系统对于隧道施工关键控制目标——地面沉降与隧道轴线的趋势进行预测，开展掘进控制。通过系统的智能管理，达到了施工参数的最优化，加快了工程的施工进度，规避了风险，保证城市交通隧道施工安全。

3. 盾构隧道施工的专项控制系统

此类技术是根据隧道施工的需求，从某一角度开展隧道施工的监控研究。如：上海申通地铁集团有限公司研发的"风险管控平台"和上海交通大学的"盾构隧道通用管片虚拟拼装系统"等。

5.4.2 城市交通隧道施工智能管控发展方向

与其他行业有很大的不同，工程建设行业虽然会被互联网变革，但很难被单纯的互联网变革，它需要通过 BIM、大数据、物联网、移动技术和云计算等新一代信息技术的综合运用，并依托于互联网的平台，打破原来的传统发展模式，改变工程建设行业传统产业模式，实现工程建设行业能级的提升。就盾构法建造的城市交通隧道工程而言，当前，综合运用新一代信息技术，打造一个能够全面进行隧道施工信息采集、远程监视、控制、决策和整合管理的智能化平台，并围绕该平台形成一整套管理体系，为不同工程提供技术服务和监督，是当前"互联网＋"的时代背景下城市交通隧道施工管理智能管控的发展方向，也是一个具有挑战性的课题。本节主要介绍城市交通隧道施工智能管控发展在管理技术和管理模式上的几个主要内容。

1. 隧道建设管理技术的发展

随着地理信息系统（GIS）、建筑信息模型（BIM）和大数据分析技术发展，隧道施工管理技术开始出现了一些新的趋势。近年来，出现了以设计、建设和运维的信息分析为基础的隧道建设管理的新趋势，隧道建设管理与运营管理正被结合在一起，并从以经验、事故总结和小规模数据统计转向以大规模数据为基础的预防性和主动性的风险管理模式转变。

总体来看，隧道建设管理技术发展主要体现在基于空间信息化的隧道建设管理和基于大数据挖掘分析的隧道建设控制两个方面。结合可视化技术和大数据技术的隧道工程信息融合是当前隧道建设监控技术研究的主要趋势。本节以上海虹梅南路越江隧道为背景，介绍这两方面技术发展在隧道管片管理中的实际探索和应用。

上海虹梅南路越江隧道（图 5.4.2-1）是均衡上海中心城环线快速路交通流量的重要越江工程，途经闵行区和奉贤区，全长 5.26km，设计为双洞单层双向 6 车道公路隧道，是黄浦江底最长最深的公路隧道，工程投资额近 30 亿元。其中，圆隧道段长 3.39km，采用直径 14.93m 的超大直径盾构施工掘进，如图 5.4.2-2 所示为管片环组成图。

图 5.4.2-1　虹梅南路越江隧道内部

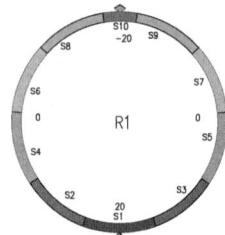

图 5.4.2-2　管片环组成图

图 5.4.2-3　系统界面图

隧道管片为通用楔形管片，每环管片包括 S1～S10 共 10 块管片，管片由封顶块 F 块（1 块：S10）、邻接块 L 块（2 块：S8、S9）、标准块 B 块（7 块：S1、S2、S3、S4、S5、S6、S7）共 10 块管片组成，管片楔形量为 40mm。管片纵向和环向均采用螺栓连接。管片环与环之间采用 38 根 M27 的纵向螺栓连接；管片块与块之间采用 20 根 M36 的环向螺栓连接。施工中，管理人员开发了智能化管理系统（图 5.4.2-3）对管片的生产、运输、拼装及后期等全过程进行管理，该系统应用空间信息化隧道管理技术，实现了隧道施工的可视化管理和隧道管片全生命周期管理，并采用了大数据分析技术对隧道管片的风险实现了预警和优化控制。

（1）基于空间信息化的隧道管理技术

1）隧道施工可视化管理技术

BIM 在可视化施工方面具有重要的作用，运用 BIM 相关软件的可视化技术（图 5.4.2-4）对生成的隧道模型进行动态漫游，有助于优化隧道工程的施工方案。在信息可视化展示方面，将管片、测点、周边环境等基础数据整合到模型中去（图 5.4.2-5），形成具有集成信息的 BIM 模型，利用虚拟 3D 技术进行管片、盾构机、周边建筑的准确定位；用不同的颜色和方案直接显示隧道工程进度、管片状态、周边环境及施工进度，辅助工程人员进行及时有效的工程项目管理和决策（图 5.4.2-6）。

图 5.4.2-4　基于 BIM 平台可视化技术的动态漫游

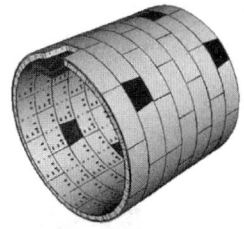

图 5.4.2-5　管片拼装效果图

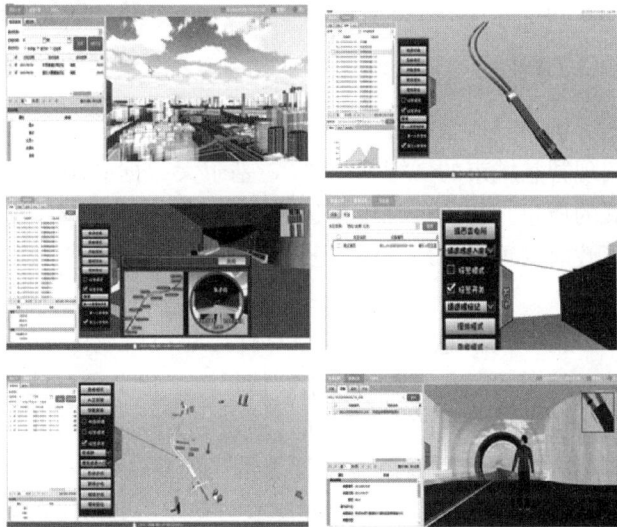

图 5.4.2-6　基于 BIM 模型的可视化巡检

2）基于数字化平台的全生命周期管理技术

传统的管片管理方法，一般是针对生产或者隧道施工的某一阶段进行监测和数据采集，而数字化管片智能管理系统将管片管理扩展到全生命周期（图 5.4.2-7），将管片从设计到生产施工以及后期的管理维护过程的信息进行集成，通过对管片历史档案的全面信息化储存，可以随时全面地掌握每一块管片的信息，有利于管片的病害分析和预测。

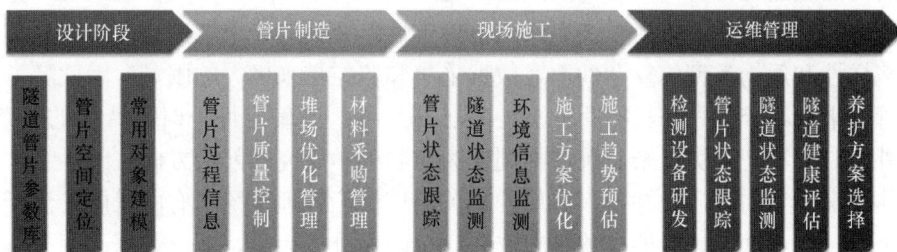

图 5.4.2-7　盾构隧道管片的全生命周期管理

数字化管片信息系统在管片生产过程中，采用 RFID 技术，通过平板电脑进行信息全方位记录，形成每块管片的独立档案，利用手持机读取生产流水线上的管片芯片（图5.4.2-8），对管片在流水线上的情况进行跟踪，特别是在隧道巡检时，通过 RFID 技术获

235

取病害管片的生产信息，形成对病害管片的跟踪及追溯。通过建立与盾构机实时采集系统的转换接口、与地面监测点的数据交换接口，隧道内日常推进和巡检系统的人工信息采集系统（图5.4.2-9），实现对管片从制造、运输、拼装和运维全过程的时空数据的可视化呈现、存储和管理，实现管片质量的追溯。

图5.4.2-8　采用RFID技术进行管片管理

图5.4.2-9　施工巡检中读取RFID电子标签

（2）基于大数据分析的隧道管控技术

大数据技术是实现智慧城市的"智慧引擎"，基于大数据应用为基础的智慧城市建设将决定未来城市发展的质量。我国近几年在智慧城市建设投入明显上升，建立城市基础设施大数据平台受到了政府的重视，地理信息公共服务平台等基础平台的出现为隧道工程建设管理提供了技术支撑。

通过"互联网＋"新一代信息技术重构原有隧道建设行业的生态模式，既是国家导向，也是行业发展的必然需求。在不远的将来，依托数字化平台对城市交通隧道建设进行智能化管控将渗透到传统管理内容的方方面面，通过综合各个隧道的信息以可视化的方式呈现，并从全生命周期的视角进行隧道建设管理是当前隧道工程管理方式转变的重要特征，而这一方式转变不仅要有信息化隧道管理技术的支撑，更需要在空间信息化和大数据技术的基础上构建专业管理服务平台，并将在项目管理模式上颠覆传统。

2. 隧道建设管控平台和管控模式的发展

隧道工程建设面临体量大、分散且场地开放等诸多风险和质量安全管理困难，而如果监管不力，地下工程一旦发生质量或安全事故，则后果将十分严重。因此，"互联网＋"时代下基于新一代信息技术的市政设施建设智能化管理服务平台受到重视，隧道建设管理正向以数据为中心的新管理方式转变。

以盾构法隧道工程为例，盾构法隧道工程系统不同于一般的生产控制系统，整个推进过程中随着周围环境的变化使系统表现出不确定性以及响应滞后性等特性，而且隧道工程形式的多样性和盾构类型的复杂性也对数据采集和监控带来极大的困难。因此隧道工程的智能化管控平台系统是一个具有明显多变量、非线性、不确定性、时滞特征的复杂系统，而国内外控制界都把这类复杂系统的控制作为控制科学研究的前沿方向。

总体而言，当前已研发并投入应用的相关隧道施工管理系统，有的只能专注于隧道管理的某个单一专业领域，有的以数据获取和简单图表分析为主，缺乏数据深度分析和方案决策能力，因此盾构法隧道施工中诸多实际问题尚无法有效解决；同时施工企业在应用此类系统进行隧道施工管理时，还只是停留在项目管理的辅助技术手段层面上，并未真正构建形成与该项技术手段相匹配的管理体系，包括管理架构、管理标准和实施流程等。

盾构法隧道施工智能化管控平台是一个基于大数据、集成盾构施工技术和管理于一体的综合性、开放式的系统平台，通过各个子系统的传感器采集数据信息，运用物联网的传输技术将数据信息传输到监控中心，在监控中心再通过大数据技术进行集中处理和共享。

平台采用计算机技术、网络技术、信息技术、视频技术，将隧道施工风险和工程管理的语音、图像、数据三种类型的信息，集成为一个可以实现远程监测、数据分析、调度指挥的隧道施工和安全智能的管控平台，依靠语音、图像、数据分析，在隧道建设中进行全方位监控，全天候预警，上下联动，管控一体，实现施工和安全管理的科学化、智能化、信息化目标。

通过该平台能使复杂的地下工程透明化，真正实现对庞杂的工程数据及各种工程资料的综合管理和动态管理；通过提高数据可视化程度，充分体现出工程信息的价值，提高工程效率；基于大数据的分析技术，实现动态在线智能分析，为工程决策提供基础；依托智能化管理平台及采用分级管理的模式，可对多系统实现统一有序的协调、管理，从而达到集中与分散相结合的多级管理模式。

思考题

1. 简述隧道分类与分级标准。
2. 简述城市交通隧道主要的施工方法及其适用范围。
3. 盾构法隧道施工要点有哪些。
4. 简述沉管法隧道施工时水力压接法的原理。
5. 简述隧道施工智能管理的新方法。

参考文献

[1] 俞明健. 城市地下道路设计理论与设计 [M]. 北京：中国建筑工业出版社，2014，1-183

[2] 吴惠明. 盾构法隧道施工应用技术论文集 [M]. 上海：同济大学出版社，2007，1-48

[3] 刘建航，候学渊. 盾构法隧道 [M]. 北京：科学出版社，1991

[4] 加须佐渡. 日本盾构掘进技术的现状和展望 [J]. 城市地下建筑物，2006（9）：53-54

[5] 周文波. 盾构法隧道施工技术及应用 [M]. 北京：中国建筑工业出版社，2004.11：1-21

[6] 董哲仁. 日本盾构施工技术新进展 [J]. 水利水电技术，2003，Vol. 32（2）：29～32

[7] 孙钧. 城市工程活动引起土体沉降对环境公害的预测与控制 // 中国土木工程学会第八届年会论文集[C]. 1998

[8] 黄黔. 盾构法隧道施工中的力学和控制论 [M]. 北京：科学出版社，2014

[9] 程晓，潘国庆. 盾构法施工技术 [M]. 上海：科学技术文献出版社，1990

第6章 轨道交通建设

6.1 轨道交通建设现状

6.1.1 城市轨道交通的基本概念

6.1.1.1 城市轨道交通系统

城市轨道交通系统（Urban Mass Transit System）是指在城市中使用车辆在固定导轨上运行的城市客运交通系统，包括地铁系统、轻轨系统、单轨系统、有轨电车、自动导向轨道系统、磁浮系统、市域快速轨道系统。城市轨道交通是城市公共交通系统的重要组成部分。其中，地铁、轻轨和有轨电车构成了现代城市快速轨道交通的骨干线路。

现代城市轨道交通系统，由于高密度运转、不受其他交通工具干扰，列车行车时间间隔短，行车速度高，列车编组辆数多，运输能力远远超过公共汽车，而且具有绿色环保等各种优越性，在城市的社会活动、经济活动中发挥着不可替代的重要作用。因此，城市轨道交通系统被成为"城市交通的主动脉"，直接关系到城市居民的出行、工作、购物和生活，对城市的全局和发展模式产生深远的影响。

在城市化进程中，随着城市交通拥堵不断加剧，世界各国普遍认识到解决城市交通问题的根本出路在于优先发展以轨道交通为骨干的城市公共交通系统，各大城市轨道交通建设快速发展，逐步形成了立体化的轨道交通网络。

6.1.1.2 城市地铁和轻轨

1. 地铁

地铁是指在城市中修建的快速、大运量，用电力牵引的轨道交通。线路通常设在地下隧道内，也有的在城市中心以外地区从地下转到地面或高架桥上。狭义的地铁专指以地下运行为主的城市轨道交通系统，即"地下铁道"或"地下铁"（subway, tube, underground railway）的简称。广义的地铁涵盖了各种地下与地上的路权专有、高密度、高运量的城市轨道交通系统（Metro），也包括高架铁路（Elevatedrailway）或路面上铺设的铁路。随着城市轨道交通网络的大规模建设，地铁的概念已经逐渐从过去的狭义概念向广义概念演化。地铁已经不局限于运行线在地下隧道中的这种形式，而是泛指采用高规格电客列车同时高峰小时单向运输能力在 3 万～7 万人的大容量城市轨道交通系统，运行线路多样化，地下、地面、高架三者有机结合。国内外众多城市已用"轨道交通"代替"地铁"

这一传统称呼，例如上海就将城市轨道交通系统统一命名为"轨道交通XX号线"。

2. 轻轨

城市轨道交通中的轻轨（Light Rail Transit，简称LRT）指的是在轨距为1435mm国际标准双轨上运行的列车，列车运行利用自动化信号系统。轻轨铁路像地铁一样有它的专用轨道，同时又像公共汽车一样可以行使在地面上，所以它是介于地铁和公共汽车之间的一种交通方式。它的轨道，既可铺设在地面上，也可铺设在高架路上。

轻轨和地铁的区别并非是一般理解上的地上和地下，实际上地铁和轻轨都可以建在地下、地面或高架上。从专业的角度讲，根据中国大陆地区使用的区分标准，两者的区别在于其轨重和最大断面客流：轨重60kg/m以下、每小时客流量1.5万～3万人次的叫轻轨；轨重60kg/m以上，每小时客流量3万～6万人次的叫地铁。

6.1.1.3 现代有轨电车

现代有轨电车（图6.1.1-1）是融合轨道交通和市政道路两种特质的，以承担公共交通为主要职能的一种中低运量轨道交通系统。其系统特点：采用电力牵引、使用低地板车辆、依靠司机瞭望并行驶在敷设于路面的轻型轨道上、专用路权或混合路权、按公交化模式组织运营。

现代有轨电车具有安全、可靠、环保、舒适、快捷、成本低等优点，相对地铁、轻轨等其他城市轨道交通系统而言其运量小，基础设施建设工程量小，能大大节省投资，还可节省大量的运营、维护成本。

图6.1.1-1　运行中的现代有轨电车（法国波尔多，7模块，阿尔斯通车辆）

现代有轨电车的线路适应性强、布设灵活。线路平面一般最小曲线半径为50m（约为地铁的1/6），最大坡度为50‰～80‰（约为地铁的2倍），可适应城市道路技术标准。线路可灵活布置于城市道路及绿化带，且容易延伸，车站增减灵活，改造升级成本低。低地板人性化设计，平稳性、舒适性好。车辆地板至轨顶高350mm，略高于地面高度，乘客上下车非常方便。由于车辆行驶在轨道上，其运行条件优于公交汽车。车辆制造工艺要求高，车厢的外观和内部环境较好。由于采用了交流传动和微机控制制动技术，并且在平顺的轨道上行驶，车辆在运行时的加速度和制动产生的减速度受到了严格的控制，其平稳性和舒适性明显优于公交汽车。现代有轨电车与其他公共交通的技术经济特性比较详见表6.1.1-1。

现代有轨电车在大城市中可以承担地铁等骨干公共交通网络"补充、延伸、联络、过渡"等辅助功能。

现代有轨电车与其他公共交通的技术经济特性比较   表 6.1.1-1

指标	常规公交	快速公交	现代有轨电车	轻轨	地铁
运营速度(km/h)	12~15	20~30	18~25	25~40	25~40
运能(万人/h)	<0.5	0.8~1.2	0.8~1.5	1~3	3~6
造价(亿元/km)	<0.5	0.5~1	0.8~1/3.5	3~5	5~8
相对建设周期	短	较短	较短	较长	长
车辆折旧率	高	较高	低	低	低
能耗	高	较高	较低	低	低
环境污染	高	较高	低	低	低
路权	共享	部分或专有路权	部分或专有路权	专有路权	专有路权

作为一种常用的中运量公共交通系统制式,现代有轨电车在我国公共交通系统中的功能定位主要包括:

(1)作为大城市轨道交通的延伸和补充。目前,国内各大城市已基本形成以轨道交通网络为骨干交通、常规公交为补充的公共交通系统。已有的发展经验表明,在以轨道交通为对外交通的区域,仅依靠常规公交难以解决区域的内部交通。因此,需要在轨道交通与常规公交之间建立中间层次的公共交通系统,满足城市内部交通的较大容量的快速客运交通需求。

(2)作为中小城市的骨干公交系统。该模式适用于人口在 50 万~100 万的中等规模城市,或者是作为相对独立的新城地区与重点发展区域。现代有轨电车系统作为城市公共交通的骨架,与常规公交形成公共交通体系。

(3)作为特色旅游公交线路。在一些旅游特色地区,发挥现代有轨电车节能环保、城市景观形象突出的特征,串联旅游景点,在承担交通功能的同时承担特色旅游功能。

6.1.1.4 城市各类轨道交通系统的主要特性

地铁是一种大运量的轨道运输系统,单向运能最高可达 7 万人次/小时,速度最高可达 120km/h,具有客运量大、速度快、能避免城市地面拥挤和充分利用空间的特点,但造价较昂贵,建设周期较长,在大中城市土地价值高昂、人流量密集、运能要求高的中心区域应用较广泛。

轻轨交通一般采用地面和高架相结合的方法建设,单向运能 2 万~4 万人次/小时,最高速度可达 60km/h。能通过小半径曲线和大坡度地段,适应能力强,且投资较少,建设周期短,通常用于从市区通往郊区的线路。

单轨道交通单向运能为 1 万~2.5 万人次/小时,车辆速度可达 80km/h。单轨交通的优点是占地少,结构简单,投资费用低,噪声低,能在大坡度(60‰)和小曲线半径(50m)安全运行,因而便于穿行在高楼大厦之间,适应于重庆这样地势起伏大的特殊地形。但也存在能耗大,道岔结构复杂,车辆走行装置复杂,出现事故救援困难等缺点。

城市轨道交通系统层级划分,如图 6.1.1-2 所示。

地铁、高架轻轨和单轨道交通都属于完全隔离的专用线路,与其他交通方式互不影响,因此这种系统的车辆具有较高的运行速度,可以保持较高的准时性和安全性,逐渐成为城市轨道交通的主要形式。

市域快速轨道系统的运行速度最大可达 100~120km/h,运量最高可达 6 万~8 万人

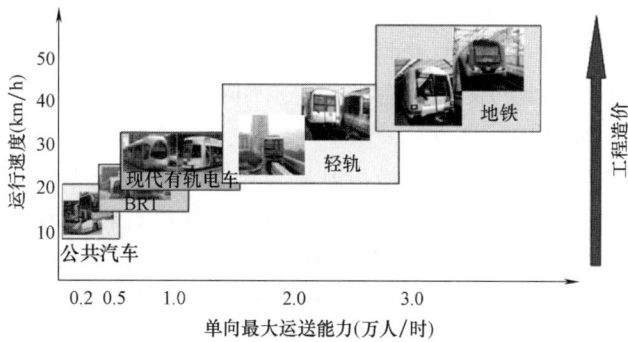

图 6.1.1-2 城市轨道交通系统层级划分示意图

次/小时。市郊铁路的投资大概是地铁的 $1/10\sim1/5$。每千 m 的能源消耗是汽车的 $1/7$，是一种十分经济可行的交通方式。因此通常用于连接城市市区与郊区以及连接城市周围几十千 m 甚至更大范围的卫星城镇或城市圈，服务于上下班乘客，一般站距较长。

现代有轨电车普遍采用模块化、动力性能优良的车辆技术，并辅以信号优先的专用路权，使得现代有轨电车运营速度通常高于常规公交，一般为 $20\sim30$km/h。其容量为 $180\sim190$ 人/节，是普通单节公交车的两倍，高峰小时单向流量一般为 0.6 万～1.5 万人/小时，属于中等运量公共交通系统。

现代有轨电车系统因工程投资较省，建设速度快，运营费用低，维修方便等特点，通常在 100 万人口规模的中小城市发挥主体地位，在人口大于 100 万的城市、在已经有轨道交通网络规划并逐步实施的城市中以及轨道交通未能覆盖的城市客流走廊，新型有轨电车也可以作为城市轨道交通系统的补充、延伸、联络和过渡。

市域快速轨道系统和现代有轨电车采用部分隔离的专用线，这类系统存在部分平面交叉路口，在郊区交通并不繁忙的区段，少数平交道口可设置信号装置，保证轨道车辆优先通过。

除此之外，还有自动化导轨交通系统和磁悬浮交通系统。自动化导轨交通和磁悬浮交通属于新一代的轨道交通运输系统，近年来在技术上正在不断地得到改进和提高。

自动化导轨交通系统设有导向轨，车辆在线路上可无人驾驶自动运行，车站无人管理，完全由中央控制室的计算机集中控制，具有自动化水平高、运行灵活可靠等优势。除可作为城市中等运量的干线交通外，其在机场专用线和景区观光等接驳运输中也具有良好的发展前景。

磁悬浮交通则是利用电磁力将车辆悬浮在轨道之上，并采用直线电机牵引的轨道交通系统。磁悬浮交通一般分为：高速超导型（最高速度 550km/h）、中速常导型（最高速度 250km/h）和低速常导型（最高速度 $100\sim120$km/h）。城市磁悬浮交通多采用低速常导型。

6.1.2 国内外城市轨道交通的建设与发展现状

6.1.2.1 国外城市轨道交通系统建设现状

自世界上第一条城市地下铁路（1863 年，英国"伦敦大都会铁路"-Metropolitan

241

Railway）和第一条有轨电车系统（1888年，美国弗吉尼亚州里士满市）投入运行以来，城市轨道交通至今已经过一百五十多年的发展。世界主要大城市逐渐形成了比较成熟完整的轨道交通系统，不同类型的交通系统，适应于不同运量等级的路线。

1. 城市地铁与轻轨建的发展现状

城市地铁与轻轨都是巨额投入的城市基础设施项目，是城市公共交通的重要组成部分。目前在世界各地的大型城市公共客运交通网络中都占有骨干地位。英国伦敦于1863年1月建成的世界上第一条地下铁道（Underground Railway）现已延伸运至88.5km，61个车站，成为当今世界上最长的一条地下铁道。此后，世界各地已有52个国家建成运营地铁及轻轨线，总里程超过11000km。伦敦、巴黎、莫斯科、纽约、东京、北京、上海等城市的地铁线路均超过300km，日客流量超过300万人次，成为市民出行的主要交通工具。表6.1.2-1所示为截止2014年，世界地铁长度排名前十的国家和城市。

世界地铁长度排名前十的城市（截至2014年）　　　　　表6.1.2-1

排名	国家	地铁系统	长度（km）
1	中国	上海	548
2	中国	北京	527
3	英国	伦敦	402
4	澳大利亚	墨尔本	372
5	美国	纽约	369
6	日本	东京	326
7	韩国	首尔	314
8	俄罗斯	莫斯科	312.9
9	西班牙	马德里	284
10	中国	广州	239

2. 城市有轨电车的建设与发展现状

从全球有轨电车的发展历程分析，经历了起步、发展、衰退、复兴四个阶段。

在汽车尚未普及的马车交通时代，德国工程师冯·西门子于1881年制造出世界上第一辆有轨电车（图6.1.2-1）。因其优于马车的运行速度，于20世纪初很快在世界范围内迅速发展起来，全球几乎每一个大都市都建有有轨电车。二战之前德国的有轨电车线路总长近5000km，英国到1927年共有173条有轨电车线路，法国有轨电车1930年达到高峰期，共有70个城市、3400km的运营线路；美国到1923年有轨电车发展达到鼎盛时期，线路总长达7.56万km。

图6.1.2-1 1881年西门子制造的第一台有轨电车

20世纪初期，汽车工业得到了长足的发展，汽车车辆技术得到很大提高。汽车以其方便、灵活、舒适的特点征服了消费者，又加上当时世界上石油供应充足、价格低廉，汽车逐渐成为了人们出行的主要交通方式。同时，越来越多的汽车造成了道路日益拥挤，阻碍了有轨电车的正常运行。而且，老式的有轨电车车辆由于加速、制动性能差，难以适应拥挤的道路环境。在这样的背景下，有轨电车开始衰落，许多国家开始拆除有轨电车线路。

20世纪70年代以来，世界上的经济发展很快，城市人口增长迅速，城市区域不断扩大，城市内部交通需求急剧上升。此外，1971年中东战争以后，石油价格大幅度上涨，开始出现能源危机。伴随着城市能源危机、交通拥堵、环境污染问题的日益严重，公共交通的重要性又被人们重新认识，发达国家被迫重新将大容量的轨道交通作为发展城市公共交通的重点。与此同时，有轨电车技术（尤其是车辆技术）有了很大的改进。在全世界大规模拆除有轨电车的浪潮中，西欧和东欧的一些城市将其保留了下来，并使其得到了发展，20世纪70年代，出现了现代化大容量铰接的有轨电车，80年代中期又出现了更具现代化气息的低地板车型，现代有轨电车系统又重新登上了公共交通的舞台。

由于中小城市无法负担地铁的巨额投资，现代有轨电车线路在欧洲许多中小城市受到青睐，并作为城市轨道交通的骨干网络，为有轨电车迎来了复兴和新的发展机遇。2005年全球有125个城市开通运营现代有轨电车，到2010年已有137个城市开通有轨电车。欧洲的现代有轨电车无处不在，大到数百万人口的国际大都市，小到十几万人口的小城市，都可以见到有轨电车的身影。这些有轨电车线路通常在不同规模的城市扮演着不同的角色。在大城市，有轨电车线路主要分布于城市周边或卫星城市，作为快轨交通的补充和延伸，与中心城区的快轨交通和公交实现方便的换乘，例如法国巴黎（图6.1.2-2）；对于

图6.1.2-2 消失70年的有轨电车于2006年底再现法国巴黎

中小城市，现代有轨电车往往成为城市的骨干交通模式，线路则几乎全部穿过市中心，例如瑞典哥德堡、墨尔本和法国斯特拉斯堡等城市，有轨电车网络都承担了公共交通网络中的骨干作用。

据统计，截止2013年底，世界上有近50个国家400多个城市在运营现代有轨电车系统，主要分布在欧洲、北美等地区，在澳大利亚、日本等地也得到广泛运用，如图6.1.2-3所示。

法国巴黎　　　　　　　　法国里昂　　　　　　　法国斯特拉斯堡

西班牙马德里　　　　　　德国罗斯托克　　　　　瑞士哥德堡

图6.1.2-3　现代有轨电车在国外的应用

6.1.2.2 国内城市轨道交通建设现状

1. 我国城市轨交建设总体现状

我国在大城市修建地铁最初是出于备战的考虑。20世纪50年代末期，中国开始规划在北京、沈阳、上海三座重要城市修建地铁，北京地铁于1965年7月1日首先开工。1969年9月20日第一期工程在建国20年大庆前建成并正式通车。由于属于战备工程，北京地铁在通车后很长时间内不对公众开放，需凭介绍信参观及乘坐。直至20世纪70~80年代，我国各大城市借鉴国外发达城市的公共交通规划经验，轨道交通逐渐才成为我国城市公共交通的骨干网络。如图6.1.2-4所示为我国轨道交通发展珍贵历史图片。1981年9月，北京地铁作为中国首条地铁正式对外运营。截止2014年末，我国累计有22个城市建成投运城轨线路101条，运营线路长度3155km，其中地铁2438km，占线路总长的77.3%；轻轨239km，占线路总长的7.6%；单轨87km，占线路总长的2.8%；现代有轨电车134km，占线路总长的4.2%；磁浮交通30km，占线路总长的1%；市域快轨227km，占线路总长的7.2%，详见表6.1.2-2。城市轨道交通已成为国家重点发展的产业之一，具有巨大的市场潜力。虽然从总量看，我国的轨道交通建设已经跃居世界首位，但是从轨道交通占客运量的比例以及人均轨道交通运营里程等指标来看，我国的城市与国外发达城市相比，还存在较大差距。大多数城市尚未形成有效的轨道交通运行网络，总体规模不大。目前伦敦、东京、纽约等国际大都市，其高峰时段轨道交通占公共交通出行的比重高达60%以上，而我国北京、上海等轨道交通最发达的城市，该项比例仅为40%左右（2013年数据）。

(a)   *(b)*   *(c)*

图6.1.2-4 我国轨道交通发展历史图

(a) 朱德、邓小平、彭真等领导人为地铁一期工程奠基；*(b)* 北京火车站至西郊苹果园地铁是我国首条地铁；
(c) 上海轨交三号线是我国第一条城市高架轨道交通线

2014年全国已开通城轨交通线路长度统计表（2015年1月）   表6.1.2-2

序号	城市	运营线路总长度(km)	运营线路(条)	运营线路制式及长度(km)						备注
				地铁	轻轨	单轨	现代有轨电车	磁浮交通	市域快轨	
1	北京	604	19	527					77	含市域快轨S2线77km
2	上海	643	17	548			9	30	56	含市域快轨22号线56km 不含11号线苏州段6km
3	天津	147	5	87	52		8			
4	重庆	202	4	115		87				
5	广州	239	9	239						不含广佛线21km
6	深圳	179	5	179						

244

序号	城市	运营线路总长度(km)	运营线路(条)	运营线路制式及长度(km)						备注
				地铁	轻轨	单轨	现代有轨电车	磁浮交通	市域快轨	
7	武汉	96	3	61	35					
8	南京	176	6	168			8			
9	沈阳	114	6	54			60			
10	长春	56	3		48		8			含54路有轨电车8km
11	大连	127	4		104		23			含旅顺南线40km
12	成都	155	3	61					94	含市域快轨成灌线73km、成彭线21km
13	西安	52	2	52						
14	哈尔滨	17	1	17						
15	苏州	76	4	58			18			含上海11号线苏州段6km
16	郑州	26	1	26						
17	昆明	60	2	60						
18	杭州	66	2	66						
19	佛山	21	1	21						为广佛线21km
20	长沙	22	1	22						新开通城市轨道交通城市
21	宁波	21	1	21						新开通城市轨道交通城市
22	无锡	56	2	56						新开通城市轨道交通城市
合计		3155	101	2438	239	87	134	30	227	

注：来源于中国城市轨道交通行业协会行业新闻。

2. 国内现代有轨电车建设现状

有轨电车在国内同样也经历了发展到拆除的历程。中国大陆最早的有轨电车出现于1899年清朝时期的北京，由德国西门子公司修建，连接郊区的马家堡火车站与永定门，但未及运营就在1900年的义和团运动中遭到毁坏。1904年香港开通有轨电车，此后设有租界或成为通商口岸的各个中国城市相继开通有轨电车，天津、上海先后于1906年、1908年开通，图6.1.2-5是1908年上海建成第一条有轨电车。日本和俄国相继在大连（1909年）、沈阳（1924年）、哈尔滨（1927年）、长春（1935年）等城市开通有轨电车线路。北京的市内有轨电车在1924年开通。1950年代，鞍山开通有轨电车。随着城市公共交通的发展和车辆增多，这种被老北京称为"铛铛车"的带铃铛的有轨电车才渐渐

图6.1.2-5 1908年上海建成第一条有轨电车线路

消失了。从1950年代末开始，中国的大城市陆续拆除有轨电车线路。直到目前，我国有轨电车的运营里程也十分有限。截止2006年，我国运营有轨电车的城市仅包括大连、长春以及香港（双层有轨电车、屯门轻铁）。其中，屯门轻铁属中运量现代有轨电车系统范畴。如图6.1.2-6所示为国内现代有轨电车建设发展历程。

借鉴发达国家的建设经验，现代有轨电车的发展在我国也受到了重视。2006年，天津泰达开通国内第一条胶轮导轨现代有轨电车线路。2009年年底，上海张江开通了国内第二条胶轮导轨现代有轨电车线路。2009年至今全国已经有包括40多个城市已经建成或规划有轨电车。

图 6.1.2-6　国内现代有轨电车建设现状

(*a*) 2009 年建成的上海张江有轨电车；(*b*) 香港屯门轻铁；(*c*) 香港双层有轨电车

　　在上海，2009 年建成的张江有轨电车是上海市首条现代化有轨电车线路，全长 9.8km，起点与地铁 2 号线张江高科站"零换乘"，作为城市骨干交通线网的辅助延伸线路，沿线覆盖了张江工业园区内主要产业基地、科研院所、医院和生活区域。运营方式采用有轨电车和社会车辆混行模式，最高时速可达 70km/h，运行速度为 30km/h 左右，速度介于地铁和公交之间。

　　2010 年下半年，苏州高新区内规划 6 条总长 80km 的有轨电车网络（图 6.1.2-7），与轨道交通 1 号线、3 号线形成换乘，作为新区内部的骨干公共交通系统，并于 2011 年初启动 1 号线的建设工作。现代有轨电车又一次进入了国内公共交通体系的考虑范畴。高新区经过大量的调研与分析，1 号线最终形成了"专用路权、钢轮钢轨制式、接触网供电、地面线路敷设"的现代有轨电车技术标准，成为现代有轨电车系统制式的通用技术标准。

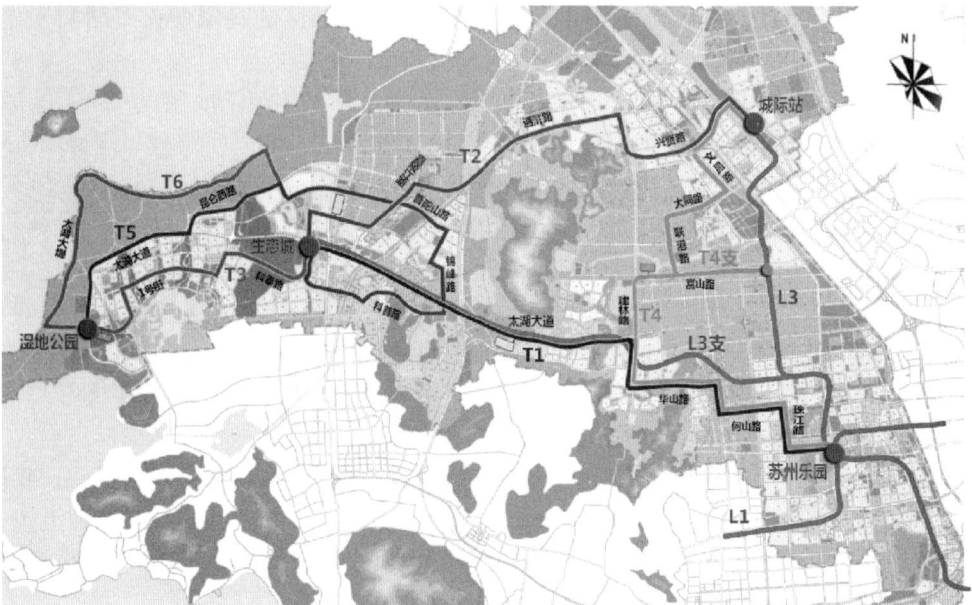

图 6.1.2-7　现代有轨电车在我国的应用（苏州高新区，2014）

　　从 2011～2014 年期间，我国钢轮钢轨制式的现代有轨电车系统应用从苏州高新区开始遍布全国主要区域，现代有轨电车掀起了一股发展热潮，尤其是钢轮钢轨制式开始在国内蓬勃发展。2013 年，沈阳建成浑南新区现代有轨电车网，作为区域骨干公共交通的现代有轨电车网，整个路网由 4 条线路组成，线路总长约 60km。它的建成与顺利运营同样成为我国有轨电车复兴进程中的里程碑。截至 2014 年上半年，我国已有 6 个城市运营现代有轨电车线路，10 个城市正在开工建设现代有轨电车线路，近 50 个城市正处在规划或设计阶段。

与传统的双轨电车"铛铛车"相比较，现代有轨电车采用地面轨道导向技术，车辆为低地板、轨道导向、胶轮承重和驱动，还配备了先进的综合监控系统，保证行驶的安全。目前，现代有轨电车发展已经不存在技术方面的问题，但在线网规划和运营管理上还有许多需要进一步思考的问题。现代有轨电车线网规划与城市发展相结合方面的研究还较为欠缺，由于有轨电车会占用道路资源，因此相比地铁规划，有轨电车的线路规划显得异常重要，必须最大程度的发挥有轨电车网络化运营特征；其次是要考虑在智能交通规划的基础上来进行有条件信号优先的设计。

6.1.3 我国城市轨道交通系统建设程序

目前，我国城市轨道交通线路的建设一般分为两个阶段：项目前期研究阶段和项目建设设计阶段，主要程序如下：线网规划—建设规划—工程预可行性研究—工程可行性研究—总体设计—初步设计—施工图设计—施工—运营。

（1）城市轨道交通线网规划

城市轨道交通线网规划是城市总体规划和城市交通规划的重要组成部分，属于长远性、控制性、宏观性、指导性的规划，是总体规划滚动发展的专项规划。其主要是协调总体规划和综合交通规划对城市轨道交通的总体要求，对城市轨道交通线网起到宏观控制作用。

（2）城市轨道交通建设规划和工程预可行性研究

城市轨道交通建设规划是近年来依据国务院办公厅《关于加强城市快速轨道交通建设管理的通知》的精神陆续开展的重要的前期工作，主要研究轨道交通近期建设的必要性、发展目标、建设方案和资金筹措等问题，是指导城市近期轨道交通建设的纲领性规划。根据国内各城市的经验，建设规划一般研究城市今后 10 年内的建设项目。

根据城市轨道交通建设规划所确定的建设线路顺序，选择需要进行工程预可行性研究的线路。工程预可行性研究重点是阐明项目建设的必要性，提出工程建设范围和规模、系统运能和水平，进行投资估算、资金筹措和经济分析，为项目建议书的编制、报批、项目立项提供依据和技术支持。

城市轨道交通建设规划中的研究要点需要提供《工程预可行性研究》的研究成果予以支持，两者是相互支持的。一般城市轨道交通建设项目的立项都是一期工程的立项，工程预可行性研究的重点在《城市轨道交通建设规划》审批后确定的一期工程。目前的通常做法是，城市轨道交通建设规划和工程预可行性研究同时进行。对建设规划确定的近期建设项目均做预可行性研究。

（3）工程可行性研究

工程可行性研究是研究项目实施的必要性和可行性，是确定工程规模和主要技术方案的重要依据，是国家审批工程投资概算、进行项目决策的重要依据，其报告的编制内容和深度可依据国家相应的管理文件。

（4）设计阶段

设计阶段主要包括总体设计、初步设计和施工图设计。总体设计阶段在"工程可行性研究报告"及国家评审意见的基础上，结合外部条件，对工程的各专业系统进行深化、研究和技术方案的比较。确定工程的规模、设计原则、标准和技术要求，经业主组织审查批准后，作为下一步编制初步设计的依据。初步设计阶段基本沿袭总体阶段的工作模式，但与总体设计相比，设计更为细致、方案更严格并经过层层审核。施工图设计阶段主要通过图纸，把设计者的意图和全部设计结果表达出来，作为施工制作的依据，是设计和施工工作的桥梁。

（5）施工阶段

根据工程设计图纸和相关文件的要求进行施工。

（6）运营

工程竣工后按运营计划实现通车运营。

6.2 轨道交通设计要点

6.2.1 城市地铁和轻轨系统的设计要点

6.2.1.1 地铁和轻轨系统的构成

地铁系统和轻轨系统的构成基本相同，主要包括：车辆、车辆段、限界、土建工程和机电工程等，其中土建工程包括线路、轨道与路基、建筑、结构，机电工程包括供电系统、通信系统、信号系统、通风空调与采暖系统、给排水与消防系统、火灾自动报警系统、环境与设备监控系统、自动售检票系统、自动扶梯、电梯和站台屏蔽门等。如图6.2.1-1 和图 6.2.1-2 分别为城市轨道交通专业划分示意图和城市轨道交通的专业接口。

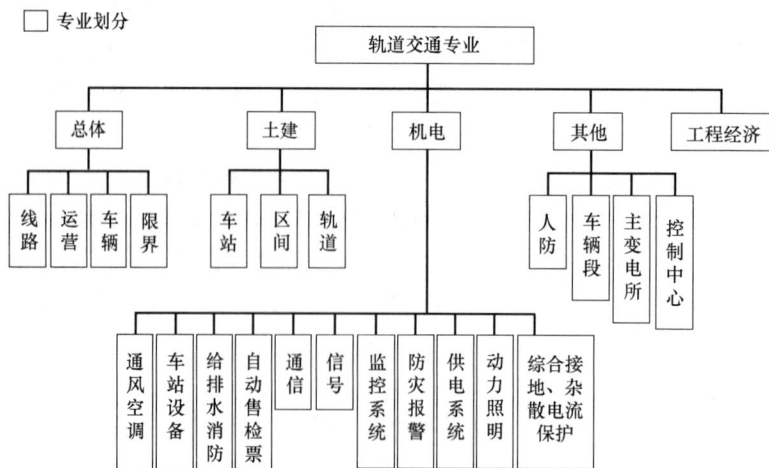

图 6.2.1-1　城市轨道交通专业划分

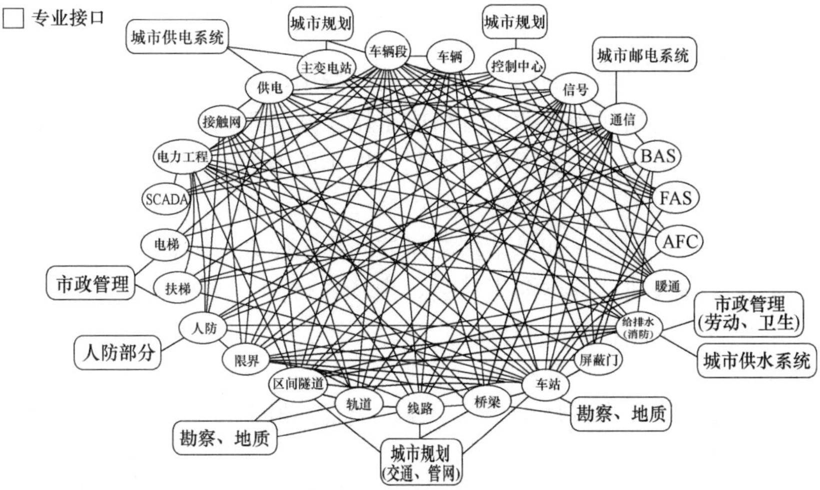

图 6.2.1-2 城市轨道交通的专业接口

6.2.1.2 城市地铁和轻轨选线和线路设计

1. 选线及车站分布

（1）一般规定

城市轨道交通线网布局的合理性，对城市轨道交通的效率、建设费用，对沿线建筑文物的保护、噪声防治及城市景观等都会产生巨大影响，对城市发展起着重要的推动作用。城市轨道交通线网的布局，除考虑地区的繁华程度、人口稠密程度外，还须考虑到轨道交通线网具有调整优化城市布局和用地功能的潜在优势，即所谓"廊道效应"。做好轨道交通线网规划，可减少拆迁和避免发生错误的布局。

城市轨道交通线网实施规划对线路敷设方式（地下、高架、地面）、换乘节点、修建顺序、运行规划、联络线分布以及与地面交通的衔接等提出规划要求，并适应城市经济发展与城市主客流方向、客流量密切配合的需要，不允许施工后产生方案性的变更。

（2）车站分布

1）影响车站分布的因素

城市轨道交通的车站分布应考虑影响因素有：大型客流集散点、城市规模大小、城区人口密度、线路长度、城市地貌及建筑物布局、轨道交通路网及城市道路网状况、乘客对站间距离的要求等。

2）车站分布对居民出行时间的影响

车站数目的多少，直接影响居民乘轨道交通的出行时间：车站多，居民步行到车站距离短，节省步行时间，可以增加短程乘客的吸引量；车站少，则提高了交通速度，减少乘客在车内的时间，可以增加线路两端乘客的吸引量。

3）站间距对工程、运营及城市发展的影响

车站分布应根据上述内容经科学地综合分析，进行详细的方案比选后确定。单从土建工程造价比较，车站每延米的造价约是区间每延米造价的 2.4 倍。站间距越小，车站数量越多，轨道交通的造价就越高。站间距增大，车站数量可以减少，车站造价可以节省，但是乘客步行距离及时间加长，轨道交通在综合交通中的客流吸引能力会降低，同时单个车站的负荷有所增加，车站设计长度相应加长。

在站距缩短、车站数量增加的同时，列车运营费用也会上升。根据苏联地铁运营统计资料，地铁运营速度约与站间距离的平方根成正比。站间距离缩短会降低运营速度，进而增加线路上运营的列车对数，还会因频繁地起、停车而增加电能消耗、轮轨磨耗等，从而增加运营费用。

从车站在城市中的作用看，如果车站之间的间距足够大，则各车站会发展成为综合性的公共活动中心及交通枢纽，并逐渐集社会、生产、行政、商业及文化生活职能于一体，发展成为吸引居民居住和工作的核心。

2. 线路平面

线路平面设计的主要要素有最小曲线半径、夹直线最小长度、最小圆曲线长度，以及缓和曲线线形和长度。

轨道交通线路一般由直线、圆曲线以及连接直线与圆曲线的缓和曲线构成。小半径的线路有许多缺点，如需要较大的建筑接近限界去容纳与车辆端部和中部的偏移距离，加速轮缘和轨道的磨耗，增加噪声和振动公害，还必须限制行车速度。最小曲线半径选定是否合理对地下铁道线路的工程造价、运行速度和养护维修都将产生很大的影响。

3. 线路纵断面

轨道交通线路按地面标高差异分为地面线、高架桥线、地下线。地面线形的坡度应与城市道路相当，以减少工程量。地下线的埋深受到所在地区工程地质、水文地质条件限制，还与隧道施工方法、地面建筑物和地下构筑物的情况等因素有关。高架线应充分注意城市景观，考虑机车牵引能力，坡度尽量延长。

地下铁道车站设在线路纵剖面的最高处，车站两端为下坡，称为节能纵坡。列车从车站启动后，借助下坡势能增加列车的加速度，缩短列车牵引时间，从而达到节能目的。在列车进站时，可借助上坡阻力，降低列车的速度，缩短制动时间，减少制动发热，节约环境控制能量的消耗。

4. 车辆与限界

（1）车辆选型基本原则

车辆是城市快速轨道交通系统安全、快捷和有效地运送乘客，实现工程总目标的重要工具和设备。车辆选型是选择线路技术标准的基础，是确定相关土建工程和设备规模的主要依据，是合理采用系统运营模式和管理方式的基本条件。合理选用车辆及其技术条件是控制工程投资、降低运营成本和提高企业效益的有效途径之一。

（2）限界

限界是保障轨道交通安全运行、限制车辆断面尺寸、限制沿线设备安装尺寸、确定邻近建筑结构有效净空尺寸的图形，是各种设备及管线安装位置的依据，应力求安全可靠、经济合理且能满足各种设备及管线安装的需要。限界应根据车辆断面尺寸和技术参数、受电方式、轨道特性、设备及管线安装状况、施工方法等因素，综合分析计算确定。

轨道交通的限界主要包括车辆限界、设备限界和建筑限界，其中设备、管线和邻近建筑结构等部分的空间尺寸主要由设备限界和建筑限界控制。典型建筑限界断面图如图6.2.1-3所示。

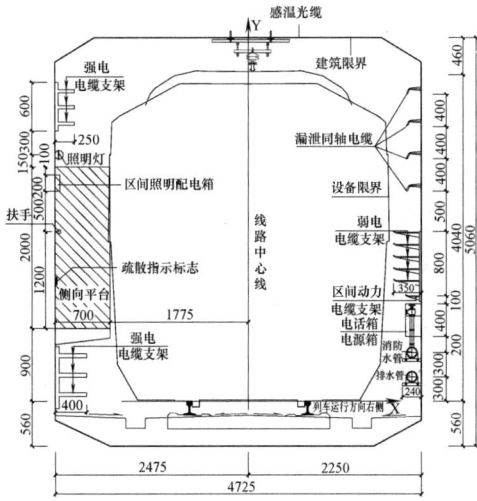

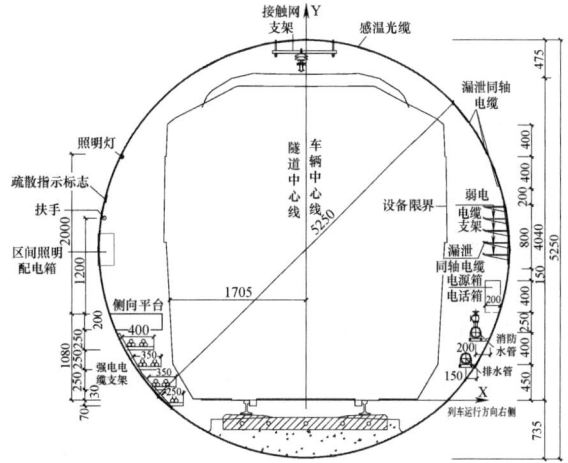

(a)

(b)

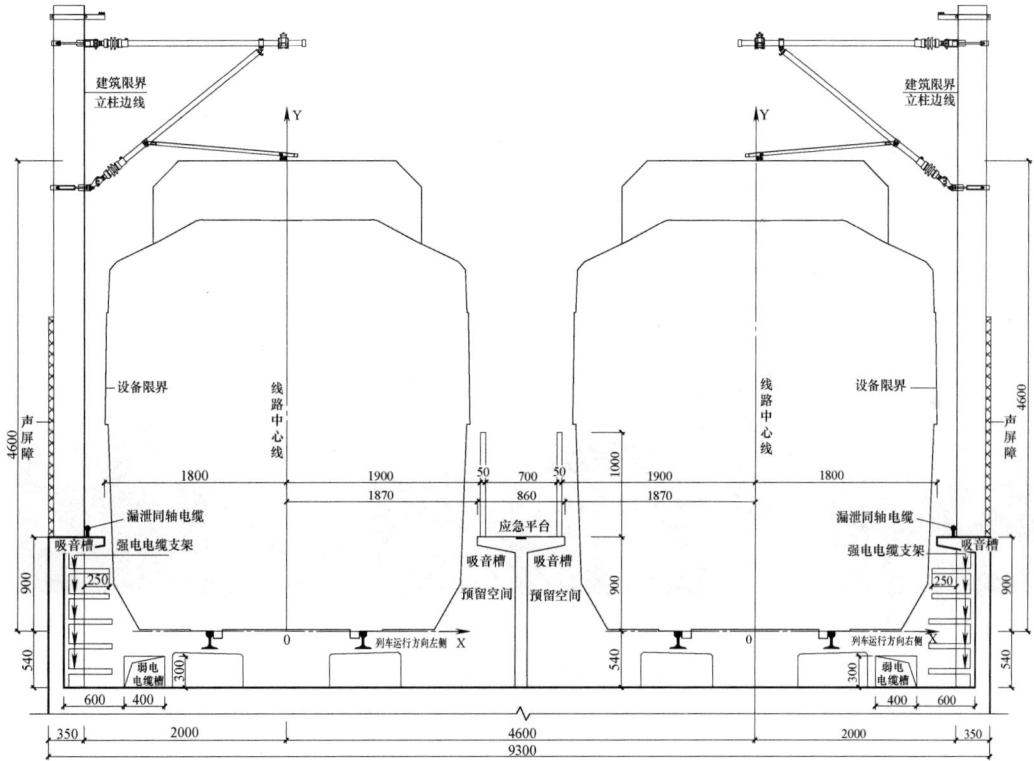

(c)

图 6.2.1-3　典型建筑限界断面图

(a) A型车直线段单线矩形隧道区间建筑限界；(b) A型车直线段单线圆形隧道区间建筑限界；

(c) A型车直线段高架区间建筑限界

6.2.1.3 城市地铁与轻轨土建工程

1. 车站建筑与换乘

（1）车站建筑

车站是城市轨道交通系统中重要的组成部分之一（另两个组成分别是"区间"和"车辆段"），它与乘客的关系最为密切，且集中设置了轨道交通运营中很大一部分技术设备和运营管理系统，对保证轨道交通安全运行起着至关重要的作用。因此车站的站位选择、建筑设计的合理与否，直接影响地铁的社会效益、环境效益和经济效益，影响到城市规划和城市景观。

1）车站建筑的分类

轨道交通车站分为换乘站和一般站两大类。一般车站建筑根据位置、埋深、运营性质、结构断面形式、站台形式等有不同的分类方法。

① 按车站与地面的相对位置分类为地下车站、地面车站和高架车站，如图 6.2.1-4 所示。

地下车站是位于地面以下。地下车站节约城市用地，有良好的防护功能，但是车站施工复杂，需要人工采光和通风，发生火灾扑救也比较困难。按地下车站埋深又分为浅埋车站和深埋车站。

地面车站位于地面。该类车站工程量小，且可以根据周边建筑灵活布置，可以采用自然通风和采光，造价也较低。但这种方式占地较大，线路敷设与城市交通影响较大，一般用于郊外或中小运量的轨道交通。

高架车站是位于高架桥上。高架车站除了出入口、站厅及部分设备用房外，大部分建筑体量均在高架桥上，高架桥下还可以通行车辆和行人。高架线路和城市道路形成立交形式，因此不会造成地面车站带来的对城市交通的干扰和影响。高架车站较地下车站造价较少、施工容易，但对城市景观和环境（行车噪声）影响较大，有永久性阴影区。

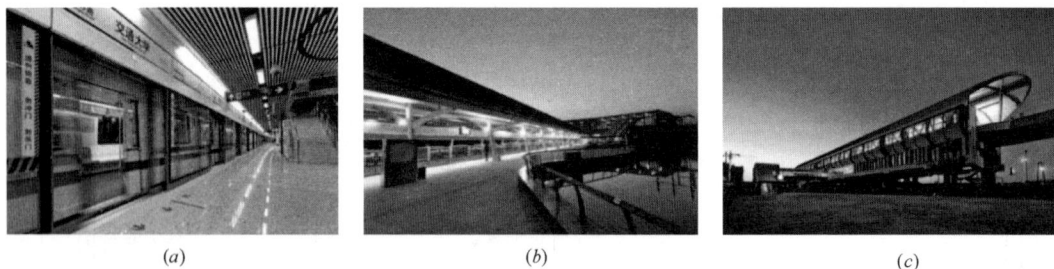

(a)	(b)	(c)

图 6.2.1-4　车站与地面的相对位置分类
(a) 地下车站；(b) 地面车站；(c) 高架车站

② 按车站运营性质分类为中间站、区域站、换乘站、终点站、联运站和枢纽站。

③ 按车站结构横断面形式分类为矩形断面、拱形断面（图 6.2.1-5）、圆形断面和其他类型断面（如马蹄形、椭圆形等）。

④ 按车站站台形式分类有岛式车站、侧式车站和岛侧混合式车站，见图 6.2.1-6。

岛式车站的站台位于上、下行线路之间。这种形式具有站台面积利用率高、客流能灵

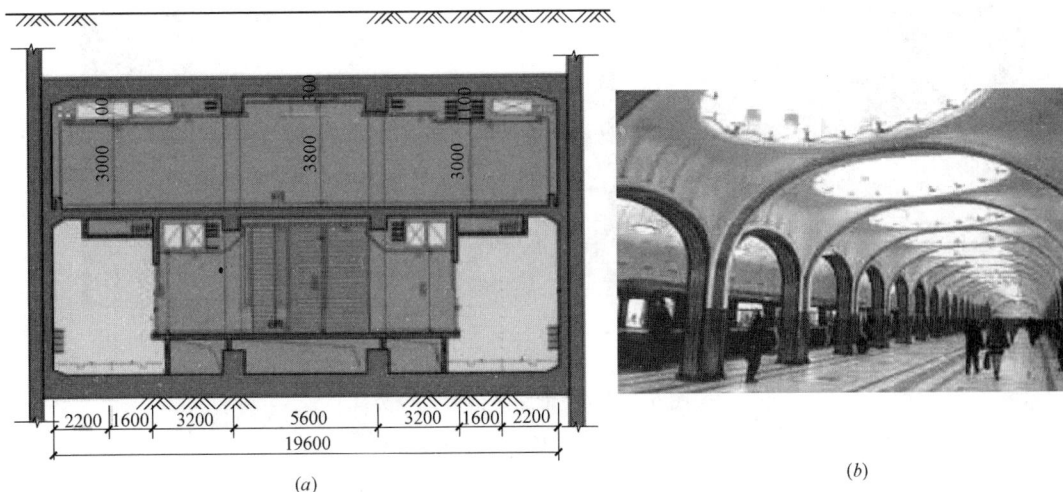

图 6.2.1-5　车站结构横断面形式分类

(a) 矩形断面车站；(b) 莫斯科地铁拱形断面

活调剂、乘客使用方便、管理人员相对较少等优点，因此是一种常用的站台形式，常用于客流量较大、潮汐客流明显的车站。侧式车站的站台位于上、下行线路的两侧，这种形式应用也非常广泛，特别多用于换乘车站和客流不大的高架车站。岛、侧混合式车站是将岛式车站和侧式车站同设在一个车站内，可同时在两侧站台上、下车，也可适应列车中途折返的要求。这种形式规模较大，随着城市轨道交通网络的形成，应用也越来越多。

图 6.2.1-6　车站站台形式分类

(a) 岛式车站；(b) 侧式车站

⑤ 按车站布局与城市道路的关系分类为路中车站和路侧车站，见图 6.2.1-7。

路中车站的本体设置在城市干道上，不进入道路两侧的城市用地，是目前城市轨道交通车站中最为常见的形式。路侧车站设置在路侧的绿化带中或地块之内。

2）车站建筑组成

地铁车站是乘客集散和乘降的场所，也是城市空间的重要组成部分。车站建筑一般由车站主体（站厅、站台、运营设备用房）（图 6.2.1-8）、车站附属建筑（出入口、通道、风亭等）两部分组成。车站主体是列车在线路上的停车点，其作用是供乘客集散、候车、

253

图 6.2.1-7　车站站台形式分类
(a) 路中高架车站；(b) 路侧高架车站

换乘及乘降。它又是轨道交通设备设置和集中进行运营、管理的地方。车站附属设施中，出入口及人行通道是提供乘客进出站，通风道及地面风亭等是为了保证舒适的地下环境，也是保证火灾排烟的必须设施。

车站建筑功能复杂、专业性强，一般由乘客使用空间、运营管理用房、技术设备用房、辅助用房几个部分组成。

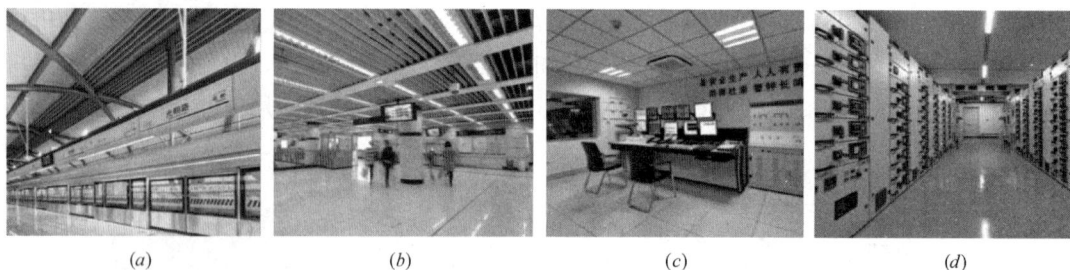

图 6.2.1-8　车站主体
(a) 高架车站站台空间；(b) 地下车站站厅空间；(c) 车站车控室；(d) 车站弱电机房

（2）换乘

换乘点是线网架构中的各条线的交织点，是提供乘客转线换乘的重要地点。换乘点一般设置在大量客流集散中心和各类交通枢纽点上，同时与城市综合交通网络协调，成为交通换乘中心。

各种两线换乘车站的基本分类，可按客流组织方式分为站台～站台直接换乘、站厅换乘和通道换乘。按站位关系可分为"十"字形换乘、"T"形换乘、"L"形换乘、上下换乘。按车站站型可分为岛岛换乘、侧岛换乘（侧式在上）、侧岛换乘（岛式在上）、侧侧换乘。实例示意图，如图 6.2.1-9 所示。

2. 地下结构

（1）地下车站

1）设计原则和技术标准

① 结构设计应根据各车站不同的结构类型、工程水文地质、荷载特性、环境影响、施工工艺、建设周期等条件作深入细致的比较和研究。本着安全、经济、合理的要求，综

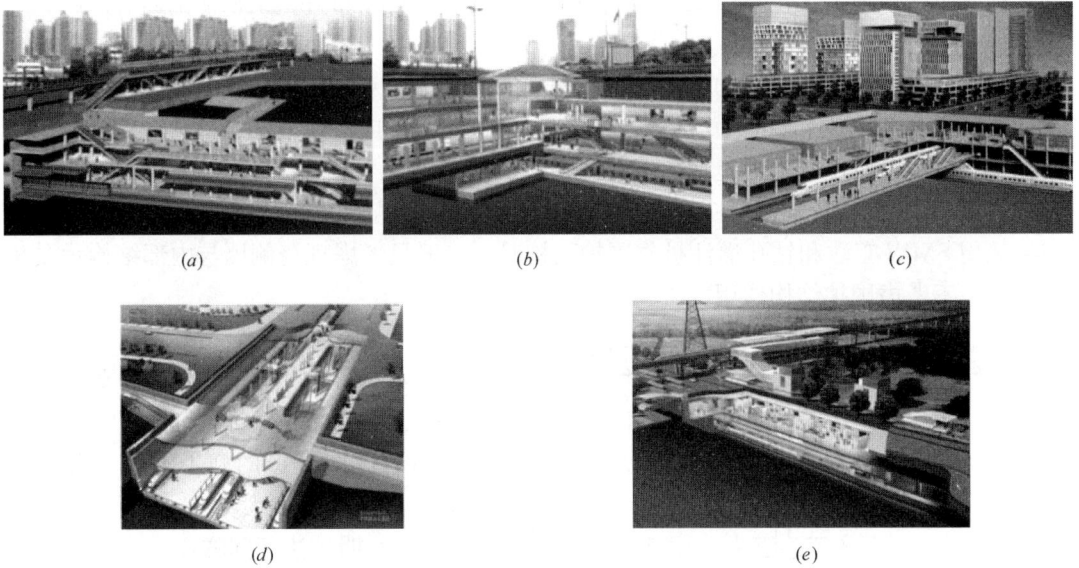

图 6.2.1-9　换乘车站站型分类

(a)"L"形换乘；(b)"十"字形换乘；(c)"T"字形换乘；

(d)同层平行换乘；(e)高架车站与地下车站采用通道换乘

合确定车站的结构形式，满足车站的使用要求。

② 结构应满足建筑、限界、机电设备、人防等专业的技术要求，并适当考虑施工误差、测量误差、结构变形和后期沉降的影响。

③ 结构设计应分别按施工阶段和使用阶段，根据承载能力极限状态及正常使用极限状态的要求，进行承载力、稳定、变形、抗浮、裂缝宽度等方面的计算和验算。

④ 结构设计应满足施工、运营、城市规划、防火、抗震、人防、防水、防杂散电流的要求。结构设计应具有足够的耐久性，轨道交通工程设计使用年限为 100 年，安全等级为一级。

⑤ 结构按平战结合进行设计，要具有战时防护功能，在设防部位按 6 级人防荷载进行验算，并能设置相应的防护设施。

⑥ 结构设计应根据车站周边不同的环境条件（相邻轨道交通、重要地下管线、建筑物等），确定基坑变形的保护等级。

⑦ 对处于交通繁忙干道下、施工期间地面交通组织有特殊要求的车站，在结构实施方案中应充分考虑交通疏解的便捷性、可行性。

⑧ 对与规划中其他线路远期相交或换乘的近期车站设计，根据两工程的相互关系，采取结构预留等措施，以便远期车站施工。

2）车站主体结构方案

地下车站结构方案的选择，受到诸如沿线车站工程范围内工程水文地质、所处的环境、周边地面建筑、地下构筑物、河道及道路交通等多种控制因素的制约。因此，地下车站方案应因地制宜，在确保工程安全满足使用功能的前提下，综合考虑技术、经济、工期、环境影响等因素，合理选择地下车站结构的形式和施工方法。

地下车站以地下二、三层二种形式为主，根据建筑平面布置，结构横剖面有双跨、三跨等框架结构形式。

采用地下墙作为围护结构的地下车站侧墙一般有单、双层两种形式。其中单层利用地下墙做永久侧墙，地下墙内预埋钢筋连接器与梁板相接形成整体框架结构共同承担使用阶段的各类荷载；双层结构则是在地下墙内侧浇筑钢筋混凝土内衬，地下墙与内衬墙形成叠合墙或复合墙并与梁、板、柱组成现浇钢筋混凝土框架结构共同承担使用阶段的各类荷载。采用SMW工法和钻孔灌注桩作围护结构时，一般只考虑现浇侧墙与内部结构承受使用荷载，不考虑围护结构作用。

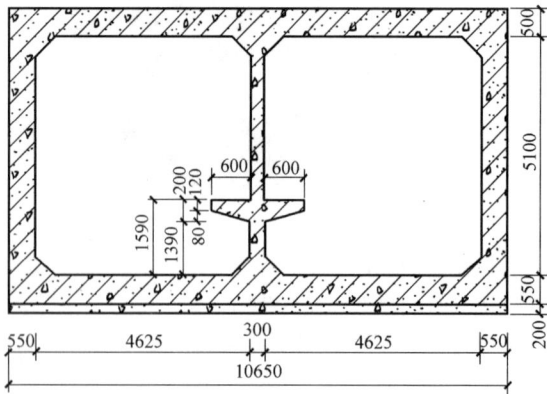

图 6.2.1-10　暗埋段结构断面图

（2）地下区间

根据沿线工程地质及水文地质条件、线路埋深、线路经过地区的环境条件，区间隧道的施工方法可分为明挖法和盾构法两大类。

1）明挖法区间隧道

明挖法暗埋段区间可采用单箱双室矩形结构、敞开段区间可采用槽形结构形式，如图 6.2.1-10 和图 6.2.1-11所示。

2）盾构法区间隧道

结构选型要根据建筑限界要求，综合考虑工程地质、水文地质条件、结构受荷特点、构造要求、施工工艺、隧道的施工误差、不均匀沉降等因素，并参照地铁区间隧道设计、施工的经验，从技术、经济方面综合考虑，确定本线区间隧道采用盾构法装配式单层衬砌结构。

隧道内径的确定主要取决于限界（包括车辆限界、设备限界、受电弓限界、建筑限界等）要求，同时还要考虑施工误差、测量误差、设计拟合误差、不均匀沉降等因素。

3）地铁联络通道

联络通道是设置在两条地铁隧道之间的一条横向通道，起到乘客的安全疏散、隧道排水及防火、消防等作用，如图 6.2.1-12 所示。我国《地铁设计规范》

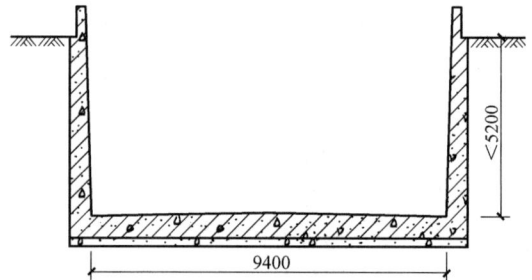

图 6.2.1-11　敞开段结构断面图

GB 50157—2003 第 19.1.2 条对地铁隧道的防火与疏散作出了强制性规定："两条单线区间隧道之间，当隧道连贯长度大于 600m 时，应设联络通道，并在通道两端设双向开启的甲级防火门。"根据线路纵断面设计及区间隧道防、排水要求，在区间线路最低点处设置废水泵房，一般情况下，废水泵房与该处联络通道合建，即联络通道内设置废水泵房以及废水抽排和人员检修的管道、管道井。联络通道长度一般在为 5～9m 之间，通道的出入口高程近似，仅在通道中部设置高点，满足排水要求。

3. 高架结构

（1）高架车站结构

城市地铁与轻轨工程中的"高架结构"
包括车站之间的区间桥梁及高架车站。桥梁
承受列车荷载，高架车站从功能而言是房屋
建筑，但从受力而言，当行驶列车的轨道梁
与车站其他建筑构件有联系时，车站结构的
构件分成两大类，一类是受列车荷载影响较
大的构件如轨道梁及其支承结构，包括支承

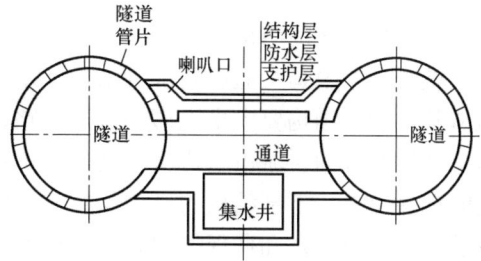

图 6.2.1-12 联络通道结构图

轨道梁的横梁、支承横梁的柱以及柱下基础等；另一类是受列车荷载影响小以致不受影响
的一般建筑结构构件如站台梁、一般纵梁等。

高架车站结构的设计思想是以满足建筑布置及使用要求为前提，力求结构体量小，柱
网间距大。使整个车站的外观显得较为通透、轻巧，并与周边环境取得较好地协调。

1）车站与桥梁结构形式关系

根据高架车站的建筑布置和受力特点，结构形式可分为"建桥合一"与"建桥分离"
两种。

"建桥合一"是指轨道梁支承于车站结构或站台梁等车站结构支承于轨道梁桥上，从
而形成的组合结构体系，见图 6.2.1-13。这种形式的特点是：减少了车站内立柱、梁的
数量，使得建筑布置灵活，能较好满足车站建筑功能的要求，改善乘车环境；车站结构断
面尺寸合理，整体刚度好；可以有效降低车站总高度，节省投资。

"建桥分离"是指区间高架桥在车站范围内连续贯通，并与站台和站厅的梁、板、柱
及基础完全脱开，各自形成独立受力的结构体系，见图 6.2.1-14 这种形式的特点：车站
内立柱、梁的数量较多，建筑布置受到限制；结构体系清晰合理，受力明确。

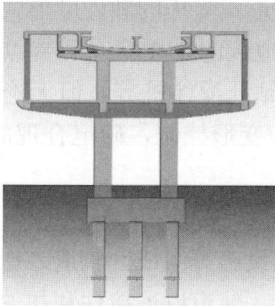

图 6.2.1-13 "建桥合一"
的结构形式

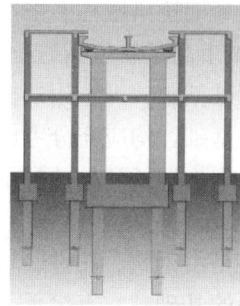

图 6.2.1-14 "建桥分离"
的结构形式

2）轨道梁形式

轨道梁的架设一般有简支和连续两种方式。在软土地基内，如采用连续梁易产生不均
匀沉降，风险较大，同时基础的工程量必须增大。而简支梁结构简单，施工工艺成熟，对
环境影响小，虽然上部结构较贵，但总体上简支梁更经济。

轨道梁采用"U"形梁，桥梁结构高度低，便于城市道路间立体交叉，压低线路标
高，节约总投资，两侧主梁可兼起防噪屏及栏板作用，平滑的外轮廓减少了由主梁过渡到

拦板的突兀感，精观效果比较新颖，主梁上缘可兼做疏散通道，截面空间利用率高。

（2）高架区间结构

城市高架轨道交通区间桥梁结构从结构形式上看与一般城市高架道路桥梁颇为相似，而从其功能和结构要求来说却类似于铁路桥梁，但总体而言城市高架轨道交通桥梁结构有其特殊性的方面。城市轨道交通高架桥梁桥面铺设无缝线路无碴轨道结构，因而对结构型式的选择及上、下部结构的设计均有一定的特殊要求；其次，高架轨道桥梁一般位于城区或近郊区，对景观和环保等均有较高的要求。

1）由于城市轨道高架桥采用无渣无枕轨道结构，高架轨道交通桥梁设计时必须考虑变形控制。主要包括主梁的徐变变形和基础的后期沉降控制。

2）从景观、经济和施工技术等各方面综合考虑，区间标准梁的合理跨度以 25～30m 为宜。

3）城市轨道交通高架桥主梁结构，一般可选用简支梁或连续梁结构体系。简支梁结构简单，受力明确，易于形成工厂化和标准化施工；连续梁桥为超静定体系，其结构刚度大，变形小，有利于改善行车条件。高架轨道交通区间标准梁的结构形式重点可考虑采用预应力混凝土箱梁、预应力混凝土槽形梁等。箱梁结构外观简洁、适应性强，是国内广泛采用的高架结构形式之一，在区间直线段、曲线段、折返线等处均可采用；槽形梁为下承式梁，与上承式梁相比，其结构高度相对较低，且两侧的主梁（腹板）亦可起到良好的隔音效果。

4）城市高架轨道交通标准区间桥梁施工主要有支架法现场浇筑、整跨预制安装、节段拼装等工艺方式。随着桥梁结构和架设工艺技术的发展，整跨预制架设、节段预制拼装等施工工艺正逐步成为城市高架轨道交通桥梁建设的主流。

5）墩柱造型是营造城市轨道交通高架桥梁景观最为重要的手段。为了使墩和梁的造型与周围景观相协调，墩梁的外观和线型设计可通过造型、流线、色彩等加以实现。城市轨道交通高架桥梁墩柱多采用柱式、板式、T 形、Y 形等形式多样的独柱墩形式。

6）城市高架轨道交通桥梁基础设计应充分结合相应地区的土质状况和特点，基础应尽量采用桩基础，可选用的桩基础形式包括 PHC 管桩、钻孔灌注桩等，但无论采用何种形式的桩基础，均应充分考虑到高架轨道交通桥梁基础的变形控制，确定合理的持力层，必要时可增加桩长和桩的数量。

4. 轨道工程

轨道是由钢轨、扣件、轨枕、道床、道岔及其他附属设施等组成。轨道是地铁和轻轨运营设备的基础，它直接承受列车荷载，并引导列车运行。轨道以连接件和扣件固定在轨枕上，轨枕埋设在道床内，道床直接铺设在路基上。轨道承受列车传递的复杂多变的静、动力荷载，通过力学分析及试验研究，可以计算出轨道各组成部分产生的应力及变形，从而确定其承载能力及稳定性。城市轨道交通由于行车密度大，因而要求运营安全平稳，舒适度好，并能减少维修和养护。

6.2.1.4 机电工程

机电工程包括供电系统、通信系统、信号系统、通风空调与采暖系统、给排水与消防系统、火灾自动报警系统、环境与设备监控系统、自动售检票系统、自动扶梯、电梯和站台屏蔽门等。

1. 供电和照明系统

作为保证城市轨道交通正常运行的供电系统，包括外部电源、主变电所、中压网络、牵引供电系统、牵引网、变配电系统、电力监控系统和杂散电流防护等，见图6.2.1-15。供电系统应可靠的为整个轨道交通系统的牵引及动力照明负荷提供电能。

变电所按用途分类，可分为给牵引负荷提供直流电的牵引变电所和为车站及区间动力照明负荷提供交流电源的降压变电所。供电系统由电力公司引入外电源，通过中压环网配电保证各变电所均由两回互为备用的独立电源供电。

车站动力照明设计，包括车站的低压电缆敷设（自车站降压变电所400V出线）；车站动力设备的配电及控制设计；车站照明设计；动力与照明设备选型；低压电缆选型与敷设；车站防雷接地等内容。车站照明由站厅、站台公共区照明、设备管理房照明、导向照明、应急照明（包括备用照明和疏散照明）、出入口照明、安全电压照明（包括变电所电缆夹层照明和站台板下照明）、广告照明和区间照明组成。

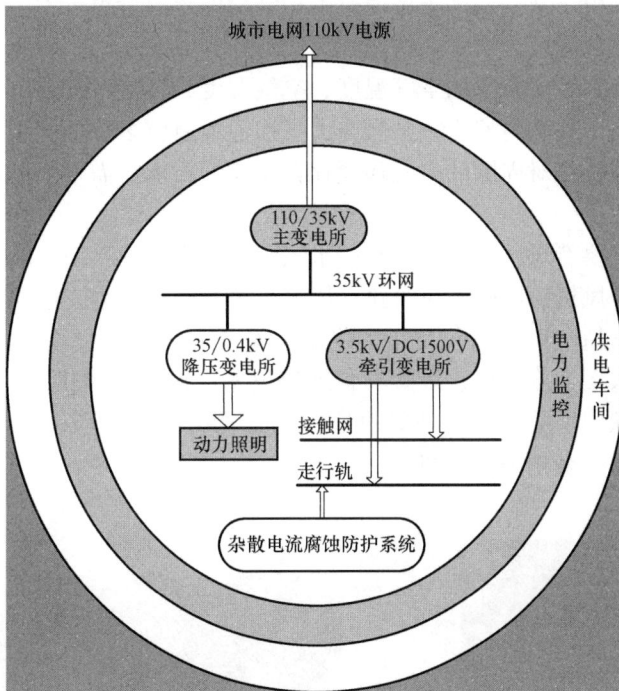

图6.2.1-15 供电系统示意图

2. 通信系统

通信系统应安全可靠。在正常情况下应为运营管理、行车指挥、设备监控、防灾报警等进行语音、数据、图像等信息的传送，在非正常或紧急情况下，应能作为抢险救灾的通信手段。地铁通信系统由传输系统、公务电话系统、专用电话系统、无线通信系统、广播系统、时钟系统、闭路电视监视系统、电源及接地系统等。不同城市的地铁建设应结合不同时期的通信技术发展、企业运营需要和当地的经济条件，选择设置不同水平的通信系统[4]。

3. 信号系统

城市轨道交通信号系统是保证列车运行安全，实现行车指挥和列车运行现代化，提高运输效率的关键系统。城市轨道交通信号系统通常包括轨道交通信号设备、联锁设备和闭塞设备三部分，时有各类信号显示、轨道电路、道岔转辙装置等主题设备及其他有关附属设施构成的一个完整的体系。信号设备是列车运行的指挥命令；联锁设备保障轨道交通车站（包括车辆基地）列车运行的安全；闭塞设备则是保证区间内列车运行安全的专门装置。轨道交通信号是现代信息技术的重要领域，列车运行控制与行车调度指挥自动化是轨道交通信号发展的关键性技术。

4. 通风空调系统

通风空调系统[5]是采用人工的方法，创造和维持满足一定要求的空气环境，包括空气的温度、湿度、流动速度和空气质量。位于地下的地铁地下线路是一座狭长的地下建筑，除各站出入口和通风道口与大气沟通以外，可以认为地铁基本上是与大气隔绝的。由于列车运行、设备运转和乘客等会散发出大量的热量，若不及时排除，地铁内部的空气温度就会升高，同时，由于地铁周围土壤通过围护结构的渗湿量也较大，若不加以排除，地铁地下线路内部的空气湿度会增大，这些都会使得乘客无法忍受。因此，必须设置通风或空调系统，对地铁地下线路内部的空气温度、空气湿度、气流速度和空气质量等空气环境因素进行控制。地面车站和高架车站虽然与大气连通渠道较多，但由于车站设备及管理用房内的人员和设备运转都对周围的空气环境存在相应的要求，需要采用通风、空调或供暖系统来予以满足。

通风空调系统主要有风系统、车站空调水系统和集中供冷系统。风系统指空调、通风系统，包括空调机、风机、风阀与风管路（风道）设备，可分为隧道通风系统、空调大系统和空调小系统。车站空调水系统是指为供给车站大、小系统空调用水所设置的制冷系统，由冷水机组、水泵、冷却塔、水阀与管理等设备组成。集中供冷系统是指相邻 3~5 个车站的空调用冷冻水汇集到某一处集中处理。如图 6.2.1-16 所示是组合空调柜，如图 6.2.1-17 所示是地铁、隧道射流风机。

图 6.2.1-16 组合式空调柜（AHU）

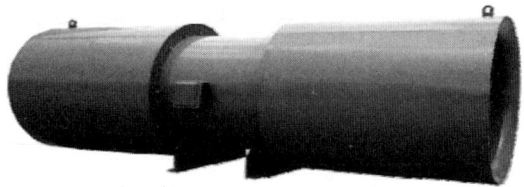

图 6.2.1-17 地铁、隧道射流风机（TVF）

5. 给排水与消防系统

给排水系统主要包括全线车站的生产、生活给水系统、排水系统、消防系统（包括水消防系统、气体灭火系统和灭火器设置）；全线区间的排水系统、消防系统。

城市轨道交通消防系统一般均包括消防报警系统、水消防系统、自动喷水灭火系统、化学灭火系统等，采用以水灭火为主，化学灭火为辅的原则。化学灭火系统如气体灭火系统一般用于地下变电所的重要设备间、车站通信及信号机房、车站控制室、控制中心的重要设备间和发电机房等。

6. 火灾报警系统

火灾报警系统（Fire Alarm System）工程范围包括全线各车站、主变电所（包括连接邻近车站的电缆通道）、区间风井、停车场等。火灾报警系统由火灾报警控制器、火灾探测设备、联动控制设备以及专设的通信网络设备组成。

车站的非敞开公共区、走廊、设备机房、控制中心、办公室、控制室、检修用房等处设置火灾报警探测器和手动报警按钮，地面和高架车站的敞开公共区设置手动报警按钮，地下区间隧道设置手动报警按钮，停车库、检修库设置对射式红外探测器或空气采样系统。电缆夹层设置感温电缆。火灾报警探测器主要选用智能型产品。

7. 环境与设备监控系统

环境与设备监控系统[4]（以下简称 BAS 系统，Building Automatic System）的定义为：是对地铁建筑物内的环境与空气条件、通风、给排水、照明、乘客导向、自动扶梯及电梯、屏蔽门、防淹门等建筑设备和系统进行集中监视、控制和管理的系统。

BAS 系统采用控制中心、车站 2 级管理和控制中心、车站、现场 3 级控制的模式，按功能分散、信息集中的原则，采用分层分布式结构，以车站控制为基本单位。

8. 自动售检票系统

轨道交通自动售检票系统（以下简称 AFC 系统）是利用计算机技术、网络通信技术、电子付费技术等高新技术，进行计时、计程的自动售票和检票，从而替代传统的纸票售检票方式，并实现轨道交通运营的信息化。

9. 门禁系统

门禁系统指的是管制非特定人员进出某通道所使用的软硬件系统。地铁门禁系统是以车站为单位，由车站控制室的车站级门禁系统工作站对车站内设备房门禁设备进行统一管理。各车站的车站门禁系统管理工作站通过光纤通信网络将各站点的数据信息上传至中央级门禁系统。中央级门禁系统统一管理全线门禁系统。

10. 垂直电梯与自动扶梯

对于地铁车站，在地面出入口和站厅层、站厅层和站台层之间设置自动扶梯和垂直电梯，可以尽可能地方便乘客利用现代化的地铁系统，同时也提高了车站的运营效率和增加了乘客的舒适度。垂直电梯的主要功能是解决残疾人、老年人和车站工作人员升降以及物件运输的需要。

11. 屏蔽门与安全门

站台屏蔽门/安全门系统是一个集建筑、机械、电子、信号、控制、装饰等学科于一体的综合性门系统，设置于城市轨道交通车站站台的边缘。该门系统在整个站台长度上将站台区域与轨道区域分隔开来。列车进出站，门系统随着列车车门的开闭而自动同步开闭。站台门系统的型式主要有：屏蔽门、安全门两种。

6.2.1.5 车辆基地

车辆基地的一般要求为：①为满足地铁工程的运营和车辆及设备的维修保养和检修，设车辆段与综合基地；②车辆段与综合基地的功能应根据城市地铁线路的规划和线网中车辆与综合基地的分布及既有设施综合分析确定，避免重复建设。车辆段与综合基地包括车辆段、综合维修中心、物资总库和职工技术教育培训中心及必要的办公生活设施。如图6.2.1-18所示为上海轨道交通2号线东延伸川沙车辆基地示意图。

图 6.2.1-18　上海市轨道交通 2 号线
东延伸段川沙基地

1. 车辆段

（1）车辆段的设计应以车辆技术参数和材料为依据。

（2）车辆段的规模应根据配属列车数量、车辆年走行千里、车辆修程、检修周期和停修时间等主要资料计算设定。

（3）车辆检修修程、检修周期和停修时间应根据车辆的技术标准和质量情况，并结合车辆运用环境、线路条件、人员管理水平、技术水平等因素综合分析确定。有条件时由车辆供货商提出，作为设计依据。

（4）车辆段的功能和任务应根据工程的具体情况，充分考虑路网规划中车辆检修运用设施的分布和既有线路车辆检修运用设备功能和规模确定。

（5）车辆的检修宜采用部件互换工艺，以缩短车辆检修库停时间。

（6）车辆检修的方式宜采用定位作业，部分部件可根据需要采用流水作业方式。

（7）车辆段规模的计量单位宜按照列位或单元计算。

（8）车辆段应根据作业需要设出入段线、洗车线、试车线和各种库线，以及牵出线、调头线、存车线、走行线等。

（9）为满足车辆的日常维修、保养、试验和定期检修的要求，车辆段应设相应的生产房屋，包括运用生产房屋、检修生产房屋及其他生产房屋，此外还应有段综合办公楼、行车公寓、食堂、浴室、门卫等办公及公共生活设施。如图6.2.1-19所示是上海轨道交通1号线梅陇基地。

2. 综合维修中心

综合维修中心为地铁供电、通信、信号、自动化设施、机电、工务和建筑等的维修和管理单位，应满足下列功能要求：

（1）承担全线的轨道、路基和地面线路防护等工务设施的维修和养护任务。

（2）承担全线地下隧道建筑、桥梁、涵洞和各种房屋建筑及室内附属设施、道路、车站装修，各种旅客引导设施的修缮和维护等任务。

图 6.2.1-19　上海市轨道交通 1 号线梅陇基地

（3）承担全线通信、信号设备和车上广播设备等的维修任务。

（4）承担全线变电所、高中低压电气线路及接触网（接触轨）的维护和检修任务。

（5）承担全线通风空调设备、屏蔽门、防淹门、水泵、电机、自动扶梯、电梯等各种机电设备和各种小型运输车辆的维修保养和检修任务。

（6）承担全线 EMCS、FAS、AFC 等各种自动化设备的维修和保养任务。

262

3. 物资总库

为满足地铁工程各单位所需机电设备、机具、材料、劳保用品等的采购。储存和发放的管理，应设物资总库。物资总库宜根据总布置的情况设于车辆段用地范围内的适当位置。

4. 房屋建筑

车辆段与综合基地的房屋应满足生产的使用要求，充分考虑所在地区的建筑特点及规划的有关要求；并考虑地区的气候特点，采取适当的防雨、防风、防沙措施。房屋布置应力求分区明确、布局紧凑、联系简洁，做到节约用地，并宜注意朝向。

5. 给排水及消防

车辆段与综合基地给水及消防应包括生产、生活和消防给水系统及气体灭火系统。排水系统由生产废水和生活污水系统组成。给水工程设施要安全可靠，保证各用水点对水量、水质和水压的不同要求。排水系统工程应能及时达标排出段内各车间和办公生活房屋所产生的废（污）水，各类排水管道应便于清通。车辆段与综合基地应有完善的水消防系统，并根据设备的要求设置必要的气体灭火设备，以便迅速有效地扑灭各类火灾。

6. 通风空调

车辆段与综合基地内的生产、生活、办公房屋应根据当地的气候条件和生产、生活的需要设置通风、空调、采暖及防、排烟系统。

7. 电力工程

车辆段与综合基地电力工程包括变配电所、动力供电、室内外照明和地区低压线路，设计应满足所有动力照明设备用电要求。

6.2.2　城市现代有轨电车设计要点

6.2.2.1　现代有轨电车工程的构成

现代有轨电车工程是以车辆及供电方式为主的系统工程，一般由土建工程、机电工程与车辆基地组成。如图 6.2.2-1 所示。

土建工程包括轨道、路基、桥梁、车站、道路交通及附属、绿化、铺装等。机电工程包括供电、牵引网、运营控制管理系统、通信、调度中心、智能交通、给排水及消防等。

图 6.2.2-1　典型现代有轨电车工程正线示意图

车辆基地是为有轨电车的运营和车辆及设备提供维修保养和检修，分为车辆段、定修段和停车场。车辆基地工程包括站场、工艺设备、轨道、路基、房屋建筑、建筑弱电、暖通、给排水及消防、电气等。如图 6.2.2-2所示。

6.2.2.2　车辆选型及供电方式

1. 车辆型式

图 6.2.2-2 典型现代有轨电车工程车辆基地示意图

现代有轨电车车辆型式按走行部形式可分为钢轮钢轨有轨电车（图 6.2.2-3）和胶轮导轨有轨电车（图 6.2.2-4）。钢轮钢轨有轨电车的走行部即转向架，主要由车轮、构架、轴箱、悬挂、牵引部件等组成；车体重量通过转向架上的轮对传递到轨道上，转向架起到承重、驱动和导向的作用。胶轮导轨有轨电车的走行部主要由橡胶轮、构架、悬挂、导向轮等组成，橡胶轮走行于普通路面上，起承重和驱动作用，导向轮与道路上敷设的导向轨配合，起导向作用。

图 6.2.2-3 钢轮钢轨现代有轨电车车辆

图 6.2.2-4 胶轮导轨现代有轨电车车辆

车辆的主要参数见表 6.2.2-1。

现代有轨电车车辆基本参数 表 6.2.2-1

名　称	参　数	名　称	参　数
最高运行速度（km/h）	70~80	车辆高度（m）	≤3.7
车辆基本长度（m）	32~45	车门入口处高度（mm）	≤350
车辆宽度（m）	2.65/2.40/2.20	轴重（t）	≤12.5

2. 供电方式

现代有轨电车车辆的供电方式分为接触网供电系统（图 6.2.2-5）、地面供电系统（图 6.2.2-6 和图 6.2.2-7）和车载储能式供电系统（图 6.2.2-8）。其中，接触网系统最为

264

成熟，是现代有轨电车通常的供电方式。

地面供电系统是指通过车底的集电靴与地面轨接触供电。目前，国际上仅有两家车辆厂商拥有这项技术，即阿尔斯通的 APS 和安萨尔多的 Tramwave。其中，APS 在法国波尔多有近 10 年的运营经验。Tramwave 在意大利的那不勒斯和中国的珠海有应用项目。

图 6.2.2-5　接触网系统

车载储能式供电系统是指车辆通过车载的超级电容、电池等介质直接对牵引系统供电，在车站通过充电设备进行间断充电。

(a)

(b)

图 6.2.2-6　地面供电系统——APS（阿尔斯通专利技术）

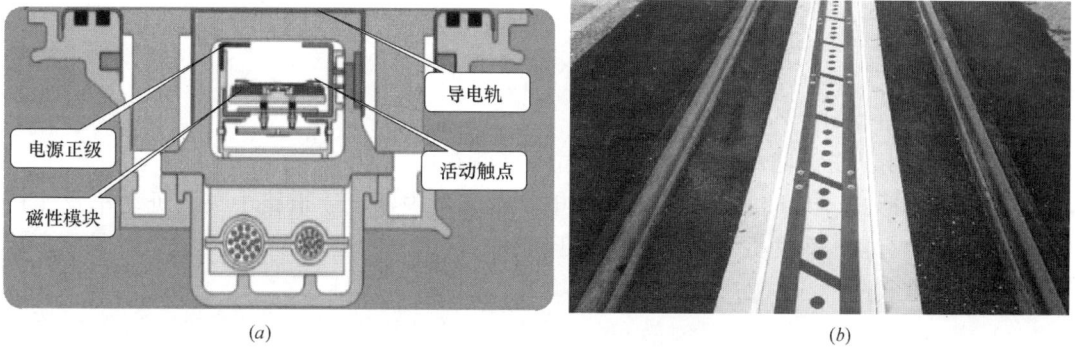

(a)

(b)

图 6.2.2-7　地面供电系统——Tramwave（意大利安萨尔多专利技术）

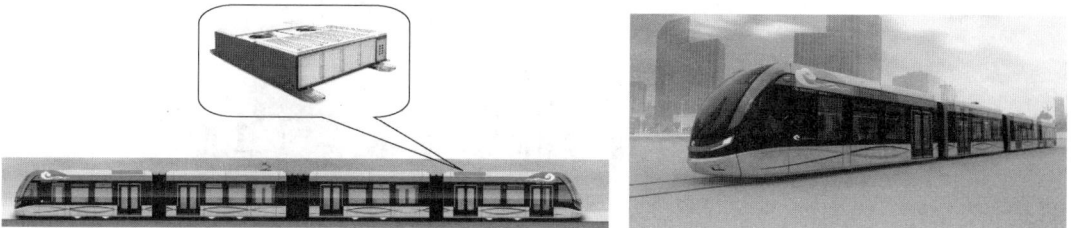

图 6.2.2-8　车载储能式供电系统

6.2.2.3 线路

1. 横断面设计

现代有轨电车的横断面设计需要考虑因素有：路权、线路所敷设的道路横断面与交叉口型式、站位及站型、限界、用于有轨电车的强弱电管廊、接触网立杆以及其他固定设施和市政管线等。横断面设计是线路设计的重要内容，其布置方案直接影响现代有轨电车的运营效益，社会效益以及城市景观。

（1）路权形式

按照与其他交通方式的相交程度，路权形式分为：①独立路权：不与任何其他交通工具或行人共享交叉口。独立路权能够保证有轨电车在路段上高速、安全地运行。②专用路权：路段上以实体隔离方式（路缘石、栅栏、高低差等）与其他交通方式隔离，在交叉口与道路交通平交，通过交叉口管理控制实现安全运行。③混合路权：与其他交通方式或行人混行。按照混行交通方式不同分为与社会车混行、与公交车混行和与行人混行。

现代有轨电车通常采用专用路权和混合路权，如图 6.2.2-9 所示。

(a)   *(b)*

图 6.2.2-9　路权形式

(a) 专用路权；*(b)* 混合路权

（2）断面布置形式

断面布置形式分为路中布局、路侧布局和两侧布局。

路中布局形式（图 6.2.2-10）是有轨电车双线集中敷设于道路中央，机动车及非机动车道布设于有轨电车两侧。路中布置对于现代有轨电车的运行效率最为适合，是大多数线路的布置方式。

图 6.2.2-10　路中断面布置示意图

路侧布局形式（图 6.2.2-11）是有轨电车双线集中布设于道路一侧的非机动车道上，

站台设置于人行道上和机非分隔带上，非机动车道设在道路最外侧。路侧布置对沿线出入口和交叉口影响较大，需根据线路情况因地制宜。

图 6.2.2-11　路侧断面布置示意图

两侧布局形式（图 6.2.2-12）是有轨电车双线分设于道路两侧的非机动车道上，站台设置于人行道上，非机动车道设在道路最外侧，或者根据线路走向，仅一侧布置一个方向的线路。

图 6.2.2-12　两侧布置断面方案示意图

2. 平面与纵断面设计

现代有轨电车的线路平面与纵断面设计应考虑以下因素：①车辆的技术参数及限界；②线路所敷设的横断面与交叉口渠化方案；③站位及站型；④接触网立杆以及其他固定设施。⑤架设或者地下埋设的管线位置与型式；⑥行人过街通道；⑦道岔位置及型式；⑧车辆基地的位置及接轨型式等。

6.2.2.4　车站

车站是乘客集散和乘降的场所。有轨电车的车站主要特征有：以无站厅地面站为主；与城市景观结合更紧密；车站规模与车辆与客流规模有关；更加注重城市无障碍功能。

1. 车站分类

有轨电车的车站类型既包括地铁车站常用的标准岛式站台、标准侧式站台和混合式车站，还有分离岛式站台、分离侧式站台。

（1）标准岛式站台

标准岛式站台（图 6.2.2-13）广泛用于路段中和交叉口处。一般来说，这类站台两侧轨道列车行驶方向相反，乘客换乘方便。不过，岛式站台不适用于大客流或者位置较复杂的地方，大客流处设置岛式站台会导致站台过度拥挤。岛式车站一般宽度在 3～5m。

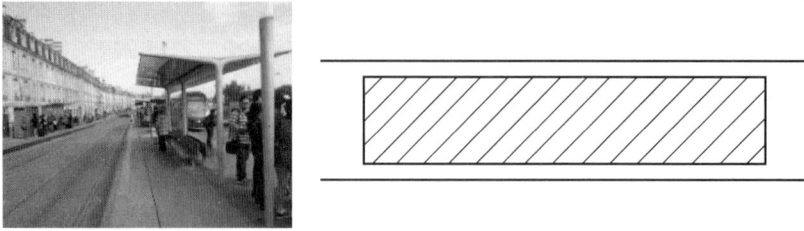

图 6.2.2-13　标准岛式车站

（2）分离岛式站台

分离岛式站台（图 6.2.2-14）也称为"长岛式车站"，常常由于特殊的设站条件造成的。长岛式车站宽度与侧式车站相同，长度则是一般侧式车站两倍，不同方向的车辆停靠在车站不同位置，有时候采用分离式，两个站台以通道相连。这种形式更有利于不同方向客流的换乘。

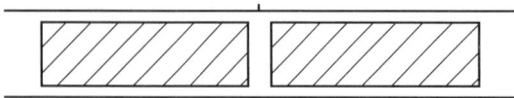

图 6.2.2-14　分离岛式车站

（3）标准侧式站台

标准侧式站台（图 6.2.2-15），站台对称位于线路的两侧，因此需要占用大量的道路宽度，主要用在路段中央设站的情况。实际应用中，这种形式一般设在有轨电车专用路，线路两侧为人行道与站台接通。若设置在道路一侧，则会对地块造成一定影响，应结合路边绿带设置而不宜单独设置。每个站台宽度一般为 2～3.5m。

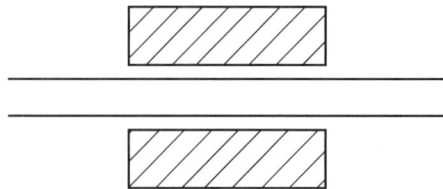

图 6.2.2-15　标准侧式车站

（4）分离侧式站台

分离侧式站台（图 6.2.2-16），即两个侧式站台组合而成的车站。一般位于交叉口处，不同方向线路的站台位于交叉口两侧。不对称的车站在交叉口处只需要多占一个进口宽度，便于交叉口的改造，也便于交叉口信号的控制。

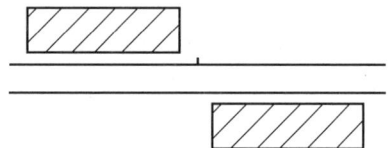

图 6.2.2-16　分离侧式车站

（5）混合式车站

混合式车站（图 6.2.2-17），结合实际情况，也可以采用岛式和侧式混合的情况，采用混合式站台形式。该站台形式上下行一边右开门，一边左开门，往往是由于在设置空间有限，同时客流来源主要在一侧的情况。

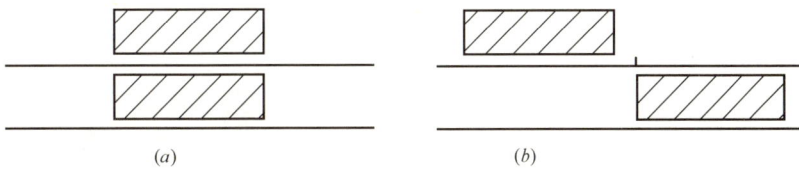

图 6.2.2-17　混合式车站

(a) 对称混合式站台示意图；(b) 错开混合式站台示意图

2. 现代有轨电车车站设计原则

现代有轨电车车站的设计应从以下几个方面来考虑：

(1) 地面交通组织

运力大、速度快和专有路权是现代有轨电车效率的保证。作为乘客的乘降区域，车站设计应与这一特点相匹配，因此客流组织是车站设计的重点。地面交通主要指乘客如何快捷、安全的到达和离开车站。譬如，首末车站应将进站客流和出站客流分隔开；设于路中的车站，当采用站台端部一侧作为乘客主要出入口时，出入口至路口或人行横道边缘应留有一定的缓冲距离等。对于不能通过地面直接到达的车站，还需要设置天桥或地道与站台连接。这些设施应兼顾过街功能，在规模计算时应予以充分考虑。

(2) 乘客安全防护

乘客的安全防护是车站最基本的要求。由于现代有轨电车速度较快，且不设站厅，与城市公共区域直接相接，因此要特别注意自身的安全防护功能。这包含三方面内容，一是自身区域的限定；二是保证乘客乘降安全；三是安全提示。少数城市在站台边缘采用安全门或设置栏杆。如图 6.2.2-18 所示。

图 6.2.2-18　安全护栏和安全提示带

(3) 车站服务设施

车站服务设施与公交站台相似，一般不在站台设置繁多的设备或管理用房。但是由于现代有轨电车自身的要求和与城市设计结合紧密的特点，有轨电车站台设施常常别具一格。车站服务设施一般分为信息设施、便利实施、安全设施、运营设施等几大类。对于信息设施，站牌往往具有自身的特色，线路图是许多城市有轨电车站台所必须配置的，电子信息系统也比较常见；便利设施则种类繁多，如候车亭、座椅、靠椅、垃圾箱、饮水机、自行车存放站、无障碍坡道等。安全设施主要指监控、照明、紧急呼叫、公共广播等设施。运营设施包含广告、售卖机、厕所和艺术品等。以上这些除了少数项目是必需的外，其他应该根据当地的要求和周边环境情况来组合设置。如图 6.2.2-19 和图 6.2.2-20 所示。

图 6.2.2-19 车站设施

图 6.2.2-20 无障碍坡道和车辆

（4）车站与公共艺术

现代有轨电车除了要满足它作为一种公共交通工具所具备的快速、安全、便宜、便捷的要求，还应发挥它在人本关怀和文化传播等城市精神文明领域建设的作用。

6.2.2.5 路基工程

路基作为轨道基础，其强度、刚度、稳定性以及在运营条件下使线路轨道参数保持在允许的标准范围之内，是确保列车安全、舒适平顺运行的前提条件。

1. 有轨电车基床结构

有轨电车基床分为基床表层和基床底层（图 6.2.2-21），把受列车动荷载作用强、又可受水和气温作用而影响土的性质的区域称为基床表层，把其以下部位称为基床底层。基床与整体道床板之间一般设置 200～300mm 支承层。其中支承层可采用素混凝土，基床表层可采用水泥稳定碎石，基床底层可采用 A、B 类填料。

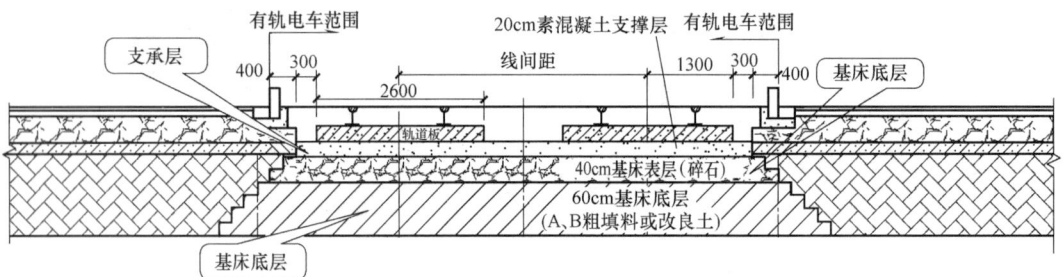

图 6.2.2-21 有轨电车路基横断面示意图

基床结构弹性模量和变形模量梯度自上而下递减，结构刚度布置形式与动荷载随深度的衰减趋势基本一致，一方面可以使轮、轨相互作用产生的高应力通过刚度很大的混凝土道床板迅速扩散、下降，使路基结构单元不至承受过大荷载以致破坏其骨架产生附加变形；另一方面，这样的结构布置使得不同高度路基材料性能和质量要求与动荷载衰减匹配，从而达到经济合理的设计目的。

2. 既有道路上修建有轨电车路基

在既有道路上修建有轨电车应对原地基换填深度进行计算。原地基土换填深度的大小直接影响到道路路面开挖和修复的范围，对工程造价产生直接影响。因此在既有道路上修建有轨电车应充分考虑利用原地基的承载性能以及其作为原状土作为基床的可行性，避免工程浪费。

换填深度设计理论采用 Vucetic 提出的临界体积应变法，分析时考虑应变状态对弹性模量的影响。该方法也是高速铁路路基基床结构分析及设计采用的方法。Vucetice 认为当动应变小于临界体积效应应变时，土介质不会发生累积效应，临界体积效应应应变平均约与模量比 0.65 对应。由于路基基床中的应变是逐渐减小的，而且路基基床允许工作在一定的强化状态，对于良好路基，平均而言，基床底层的应变平均不应超过模量比 0.65 对应的应变。

地基土、基床底层的工作模量可通过 K30 试验确定，也可通过剪切波速现场实测指标确定。如果勘察阶段无条件进行 K30 试验，可通检测剪切波速指标。

3. 软土地区修建轨电车路基工程

有轨电车采用整体道床轨道结构，对工后沉降要求严格，因此在软土地区修建有轨电车需采取相应的地基处理措施。地基处理的目的是为了提高地基承载力，减少地基沉降（或工后沉降）。当天然地基不能满足构筑物稳定或变形控制要求时，就要对天然地基进行处理。由各种地基处理方法获得的人工地基可以分为两类：一类是对天然地基土体进行土质改良，如预压（排水固结）法、强夯法、原位压实法、换填法等；另一类是形成复合地基，它可以由人工增强体与天然地基土体形成，如水泥土复合地基；也可以由扦入（包括置换）的材料与天然地基土体形成，如低强度桩复合地基法、树根桩复合地基，也可以由扦入的材料与得到的改良（挤密）的天然土体形成，如振冲挤密碎石桩复合地基，还可设置水平向增强体（铺设加筋材料）形成复合地基。近年来，国内外学者在进一步研究竖向增强体和水平向增强体特点的基础上，为充分发挥桩间土的承载能力，提出了桩网复合结构或桩网复合地基结构，建立相应的理论并应用于工程实践，取得了较好的效果。要选择符合要求且最经济的地基处理方法，必须深入研究并考虑地基性状、控制标准、对环境的影响等因素。

6.2.2.6 轨道工程

有轨电车的轨道工程设计包括钢轨、扣件、道岔、道床、柔性材料、铺装层及附属设备设计。

1. 钢轨

槽型轨（图 6.2.2-22）在钢轨上实现了轮缘槽的设置，可最大限度的实现绿化和铺面面积，取得良好景观效果；用于混行道时，轨道与行车路面有较好的衔接，改善了机动车的行车条件；在小半径地段，同时起到护轨的作用，简化了轨道结构，加快施工速度。

2. 扣件

有轨电车结构一般采用弹性扣件，轨道交通中常采用传统的有枕式扣件，但在有轨电车系统的埋入式结构中，采用无枕式扣件（图 6.2.2-23），可减少零部件，简化施工工序，降低轨道工程造价，同时减少后期维护工作。

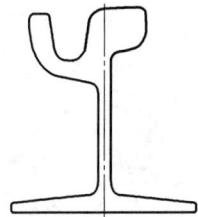

图 6.2.2-22　槽型轨断面示意图

图 6.2.2-23　无枕式扣件实物图

3. 道岔

有轨电车的道岔选型应根据车辆的运行条件、线路的折返能力、便于养护维修及节约用地的原则，尽可能选用小号码标准化产品。正线、辅助线和试车线应采用不小于 6 号的各类道岔，车场线咽喉区应采用不大于 3 号的各类道岔。

为提高有轨电车线网的运营效率，在有轨电车的线路设计中会大量采用菱形交叉（图 6.2.2-24）等线路平面相交的形式，以预留换乘条件，并节约工程用地。

(a)　　　　　　　　　　　　　　　　(b)

图 6.2.2-24　菱形交叉道岔示例图

4. 柔性材料

柔性材料的填充不仅起到传统的减振降噪的作用，还起到保护路面结构、绿化道床绝缘性及提高乘客舒适性的作用，国内外新建线路均全线铺设柔性材料。图 6.2.2-25 为国外既有线路无柔性材料外裹钢轨实景，钢轨被严重腐蚀。

针对有轨电车绝缘，与路面的整体一致性以及乘客的安全舒适性考虑，有轨电车一般会全线使用柔性材料包裹钢轨来进行绝缘、减振及与路面一体化设计。

5. 铺装

有轨电车一般会根据景观及功能的设计要求，进行绿化或砖铺面，交叉口等混行路段或预留混行路段表面需采用沥青混凝土等进行平整及硬化处理（图 6.2.2-26 和图 6.2.2-27），因此轨道结构基本采用埋入式整体道床的型式。

图 6.2.2-25　柔性材料铺设实景图

图 6.2.2-26　绿化铺装埋入式轨道结构示意图

6.2.2.7　机电工程

机电工程包括供电、牵引网、运营控制管理系统、通信、调度中心、智能交通、给排水及消防等。

图 6.2.2-27　沥青混凝土铺装断面示意图

1. 供电及牵引网

供电系统一般采用分散供电方式，电压等级为 10kV。牵引供电电压为直流 750V，牵引供电系统采用接触网、地面供电或者车载储能式系统授电。

2. 运营控制管理系统及调度中心

运营管理控制系统包括正线道岔控制设备、路口信号灯设备、车辆自动定位系统和车辆段计算机联锁系统。通常在交叉口采用与城市道路交通系统融合的信号优先。

调度中心负责车辆进出线路调度，排列列车折返进路，监视在线列车的运行位置。驾驶员按照排好的进路人工驾驶列车，尽量按照运行时刻表控制运行。道口信号和道路信号系统由交警部门控制。

3. 给排水及消防

给排水设计应贯彻综合利用，节约用水的原则；消防设计应贯彻"预防为主，防消结合"的方针。

给水、排水管道均不得穿越变电所、配电间、通信机房、信号机房、控制室等电气设备用房，并应避免在配电柜上方通过。给水、排水管道当穿越伸缩缝、沉降缝、变形缝时，应采取相应的技术措施。

给排水设备的选型应采用技术先进、安全可靠、节水节能、经济合理并经过实践运营考验的产品，规格尽可能统一，便于安装和维修，并尽可能按自动化管理设计。

6.3　城市轨道交通施工

6.3.1　地铁与轻轨的土建结构施工

6.3.1.1　车站施工

地下车站的施工方法受到工程地质、水文地质条件以及所处环境、地面建筑物、地下构筑物、河道交通、道路交通等因素的影响和制约，结构形式和施工方法的选择不仅要满足轨道交通工程本身的使用功能，同时也要满足合理开发利用地上、地下有效空间的要求，并考虑由于施工给周围环境带来的不良影响。对应不同的施工方法，结构形式往往不同。地下车站工程常用的施工方法有明挖法、盖挖法和暗挖法。

1. 明挖法

明挖法是先从地表向下开挖基坑至设计标高（必要时先做基坑围护结构或实施降水），然后在基坑内的预定位置由下向上浇筑主体与内部结构，然后回填土方并恢复路面。明挖法一般适用于地面有条件敞口开挖，且有足够施工场地的情况，施工允许暂时中断交通或有条件临时改道，使地面交通客流得以疏散时，就有可能封闭现状街道。在浅埋土体中，明挖法是推荐施工方法，应用最广泛。

2. 盖挖法

当车站位于现状道路或跨越路口，且处于比较繁华而狭窄的街道下，无明挖条件，但允许短时间中断交通或局部交通改移时，可采用盖挖法施工。盖挖法一般可分为盖挖顺筑法及盖挖逆筑法两种。盖挖逆筑法施工示意图见图 6.3.1-1。

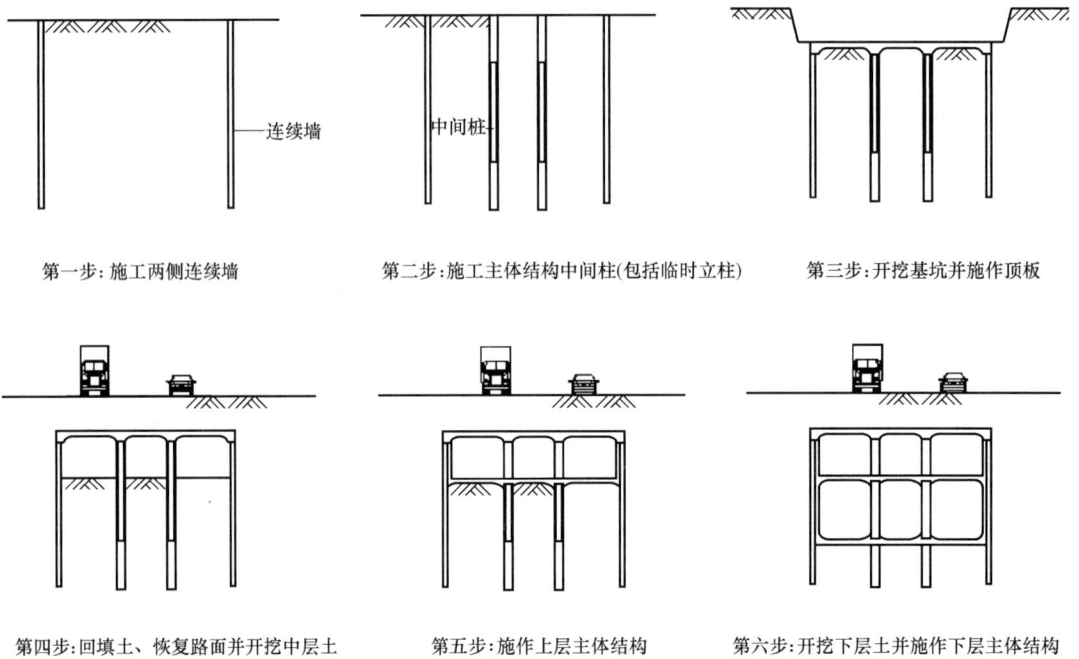

第一步：施工两侧连续墙　　第二步：施工主体结构中间柱（包括临时立柱）　　第三步：开挖基坑并施作顶板

第四步：回填土、恢复路面并开挖中层土　　第五步：施作上层主体结构　　第六步：开挖下层土并施作下层主体结构

图 6.3.1-1　盖挖逆筑法施工双层三跨车站施工示意图

3. 暗挖法

在地面无条件明挖或盖挖的情况下，可采用暗挖法。暗挖法施工全部作业均在地下进行，因此对地面交通和人员出行影响较小，但在浅埋条件下，特别是在高水位的软土地层施工难度大，工期较长，造价较高。

暗挖施工常用的开挖方法有全断面开挖法、台阶开挖法、环形开挖预留核心土法、单侧壁导坑法、双侧壁导坑法（眼镜工法）、中隔壁法（CD 工法）和交叉中隔壁法（CRD 工法）。

（1）CD 法。CD 法又叫中隔壁法，是在软弱围岩大跨度隧道中，先分步开挖隧道的一侧，并施作中隔壁，然后再分步开挖另一侧的施工方法。可适用于 Ⅳ～Ⅴ 级围岩的浅埋双线隧道。

（2）中洞 CRD 法。利用 CRD 工法由上至下分步开挖中洞，形成初期支护，在中洞内施作梁柱及二衬结构，形成竖向强支护；然后由上至下分步开挖两侧洞，形成初期支护，逐段拆除中隔壁，施作二次衬砌，完成车站主体结构。

（3）洞桩法（PBA）。PBA 工法是在暗挖小导洞中施作桩（P）、梁（B）、形成主要传力结构，暗挖形成支承在两个梁之间的拱部（A），类似于盖挖法的顶盖，在其保护下进行基坑开挖、初砌和内部结构混凝土的浇筑作业。

（4）侧洞法。先开挖两侧部分（侧洞），在侧洞内做梁、柱结构，然后再开挖中间部分（中洞），并逐渐将中洞顶部荷载通过侧洞初期支护转移到梁、柱上。

（5）柱洞法。柱洞法是在立柱位置施作一个小导洞，在导洞内做底梁、立柱和顶梁，形成一个细而高的纵向结构。

（6）管幕法施工。管幕法是利用微型顶管技术在拟建的地下建筑四周或三边顶入钢管或其他材质的管子，钢管之间采用锁口连接并注入防水材料，形成水密性地下空间，然后在管幕的保护下，对管幕内土体加固处理后，边开挖边支撑，直至管幕段开挖贯通，再浇筑主体结构；或者在两侧工作井内现浇箱涵，然后边开挖土体边牵引对拉箱涵。

6.3.1.2　地铁区间隧道施工

提供地铁行进的隧道有多种多样的施工方法，常见的有明挖法、钻爆法和盾构法等。而盾构法施工又主要可分为土压平衡盾构和泥水平衡盾构，其施工技术已在本书第 5 章中做出介绍，本章不再赘述。由于城市中修建地铁线路经常需要穿越繁华的市中心，对环境保护以及周边建构筑物保护的要求都很高。盾构法凭借其机械自动化程度高、建设速度快、地下施工控制精度高等优势被越来越多的应用于城市地铁建设中。为进一步减少盾构地铁施工时对周边环境的影响，近年来一种新的无工作井盾构法施工技术应运而生。与传统的盾构工法相比，这种新技术不需要修建工作井或者只需要一个工作井，减少工程量，节省投资，对周边的环境影响也较小，其核心理念源自于日本的 URUP 工法（即急速下穿法，Ultra Rapid Under Pass），该项技术近些年在日本得到了快速的研究和应用。上海城建借鉴该项技术核心理念首次在国内提出了地面出入式盾构法隧道新技术（GPST），并且在南京 BT 项目机场线进行无工作井盾构法示范工程应用，图 6.3.1-2 为 GPST 技术示意图。

6.3.1.3　地铁隧道联络通道施工

地铁隧道的联络通道施工是隧道施工中风险极大的环节，随着轨道交通快速发展，地铁联络通道施工中遇到各种不良地层情况越来越多，施工前应考虑周边环境、地质状况、施工工法、操作工艺、组织管理等因素，通过多方案的比较、优

图 6.3.1-2　地面出入式盾构法隧道新技术示意图

化，找到合适的施工方法及技术措施，确保施工顺利进行，满足设计及规范要求。下面介绍几种主要的联络通道施工方法：

1. 超前小导管法

超前小导管注浆应用在联络通道施工的基本原理是沿联络通道开挖面周边按一定外插

角将小导管向前打（钻、压）入地层中，借助注浆泵的压力使浆液通过小导管渗入、扩散到岩层孔隙或裂隙中，以改善岩体的物理力学性能。沿开挖面周围形成一个加固的壳——地层自承拱，有效地限制岩层松弛变形从而达到了提高开挖面岩层自稳能力和延长岩层自稳的目的。超前小导管法适用于处于无粘结、自稳能力差的砂层及砂砾（卵）石层。

2. 冻结法

冻结法加固地层的原理，是利用人工制冷的方法，将低温冷媒送入地层，把要开挖体周围的地层冻结成封闭的连续冻土墙，以抵抗土压力，并隔绝地下水与开挖体之间的联系；然后在这封闭的连续冻土墙的保护下，进行开挖和做永久支护的一种地层特殊加固方法。冻结法适用于各类地层尤其适合在城市地下管线密布施工条件困难地段的施工。

3. 地面加固法

地面加固法是指在场地地面环境允许的情况下，采用深层搅拌桩或旋喷桩从地面对联络通道周围地层进行加固。在地面对联络通道区域一定范围进行预加固处理，使得原来稳定性较差的软弱地层成为整体稳定性较好、透水性差的加固体，奠定后续盾构机通过该区域及安全开挖施工的基础，并将施工对周围地层的影响减到最小，避免因施工引起的地层扰动导致地面大范围的不均匀沉降。该法较成熟，加固效果易保证，费用也相对较低。地面加固法对施工场地要求高，需要较大的施工面积，对周边环境影响较大。

6.3.2　现代有轨电车工程施工

有轨电车工程施工主要包括路基施工和轨道施工，这里重点介绍轨道施工的主要工序。轨道施工一般包含以下工序：基底处理、钢轨运输及存放、架轨及粗调、钢筋加工及绑扎、轨道精调、道床混凝土浇筑及养生、无缝线路（应力放散、锁定）、轨道最终精调、柔性材料组装及素混凝土层浇筑以及上层铺装（沥青路面、草皮、砖等）。如图 6.3.2-1～图 6.3.2-12 所示。

图 6.3.2-1　路基面凿毛　　　　图 6.3.2-2　钢轨运输机卸轨　　　　图 6.3.2-3　架轨示意图

图 6.3.2-4　钢轨绑扎　　　　图 6.3.2-5　轨道精调　　　　图 6.3.2-6　混凝土养生

| 图 6.3.2-7 移动式闪光焊 | 图 6.3.2-8 轨道精调 | 图 6.3.2-9 组装柔性材料 |

| 图 6.3.2-10 素混凝土层浇筑 | 图 6.3.2-11 交叉口沥青铺装 | 图 6.3.2-12 车站砖铺装 |

6.4 BIM 在轨道交通建设中的应用

6.4.1 BIM 技术在轨道交通建设中应用概述

随着城市建设的发展，城市轨道交通在全国各主要城市得到大规模的发展。由于城市发展的迫切性，轨道交通的建设工期要求较紧，通常若干条线同期规划，同时建设，但建设阶段又有先后之分，对投资方管理造成巨大难度。同时，轨道交通项目具有点多、线长、面广、规模大、投资高、建设周期长的特点，各相关主要专业多达 20 余个，专业间协调工作量巨大，机电系统复杂设备繁多，建设、运营风险高、社会责任大。目前轨道交通行业设计、建设、运营的分离现状及采用传统二维设计带来的信息量限制及建设过程信息的缺失，给轨道交通项目建成后的运营维护管理带来了巨大的挑战。因此，寻找一种先进的管理体系，并依托信息化系统来提高城市轨道交通设计、建设及运营效率和管理水平，提高运营可靠性和应急处理能力，降低安全风险显得尤为必要。

为满足上述需求，BIM 技术和基于 BIM 技术的全生命周期管理开始应用于城市轨道交通建设中，并成为近年来城市基础设施建设技术发展最大的特点。BIM 技术通过在设计阶段建立项目的三维建筑模型，继而录入建设过程中项目的土建、机电设备等相关信息，打造一个融设计、建设、运营等项目全生命周期的数字化、可视化、一体化系统信息管理平台，真正实现轨道交通运营维护的信息化。BIM 技术能够在轨道交通建设中提高工程质量，极大地提高效率，并可以有效地解决信息记录与传承问题，具有广阔的应用前景。BIM 对于项目的推进具有重要作用，不仅是在设计阶段，而是体现在包括施工、运维等在内的全生命周期里。

6.4.1.1　BIM 技术在轨道交通设计中的应用内容

利用 BIM 技术，通过三维模型在设计阶段解决各专业的三维协同、管线碰撞检查，研究工程量辅助统计，提高设计质量，减少返工，控制投资与进度。主要应用内容：

1. 参数化建模技术

参数化设计是对目前新兴设计方法的抽象描述，它包括生成设计、算法几何、关联性模型等核心概念。由于目前轨道交通工程车站建筑功能、空间关系日益复杂，借助 BIM 数字化平台，可以对轨道交通工程复杂的建筑几何进行理性的分析和设定，包括从几何学的角度对建筑平面及三维空间生成进行准确的定义和呈现。

关联性模型是实现参数化设计的手段，模型由不同的模块化单元组成，其结构表述为参数输入模块、调节控制模块、逻辑计算模块以及数据输出模块。关联模型建立后，可通过残念所述输入和调节，计算机将自动完成复杂的运算，并实时输出设计成果。

在轨道交通设计中，在 BIM 平台上应用参数化建模技术获得隧道模型自动构建与修正的功能，通过单元自动装配软件，进行隧道模型建模，并与周边环境、岸上段土建结构模型整合，直观呈现新建工程全貌，可以有效提升轨道交通 BIM 设计的工作效率。

2. 工程量辅助统计

基于设计模型，利用 BIM 软件生成工程量清单（包括不同构件混凝土体积、主要管线长度、主要设备数量等），辅助工程量统计；在设计变更后，自动计算并更新工程量明细表，减少人为失误，确保统计及时准确。

3. 虚拟现实与性能分析

BIM 的可视化功能将传统的二维图纸以直观的形式表达出来，采用虚拟现实等技术，逼真地展现建成后的工程，通过场地仿真、实施场景漫游可实现与周围环境匹配协调性以便优化方案。在 BIM 模型中加入材质信息，颜色信息以及光源信息，模拟场景效果，通过云渲染技术直接生成装修设计的预期效果图，提高设计表达性和设计品质。使得专业设计师和业主等非专业人员对项目需求是否得到满足的判断更为明确和高效，使他们能够更为准确地决策。

利用各种 BIM 性能分析软件，可以根据设计需要进行模拟实验，例如：节能模拟、紧急疏散模拟、日照模拟、热能传导模拟等，进而还进行建筑物的设计性能分析，这些设计分析工作不仅能提高建成后建筑物的性能，而且也将改善建设和运营的稳定性和安全性。图 6.4.1-1 所示为轨道交通项目设计阶段 BIM 主体流程。

4. 管线碰撞检查

在设计时，往往由于各专业设计师之间的沟通不到位，而出现各种专业之间的碰撞问题。BIM 建筑信息模型可在建筑物建造前期对各专业的碰撞问题进行协调，并验证方案的可行性。BIM 将多专业、多系统的设计成果（包括中间结果与过程）置于统一、直观的三维协同设计平台上，通过三维碰撞检测等手段，检查设计中的错漏碰缺，生成碰撞检查侦错报告和建议改进方案，处理解决管线碰撞问题，优化管线排布方案；对大型设备进行安装及检修运输路径动态模拟，研究并优化安装及维护路径方案，避免了因误解或沟通不及时造成的不必要的设计错误，从而提高了设计质量和效率。

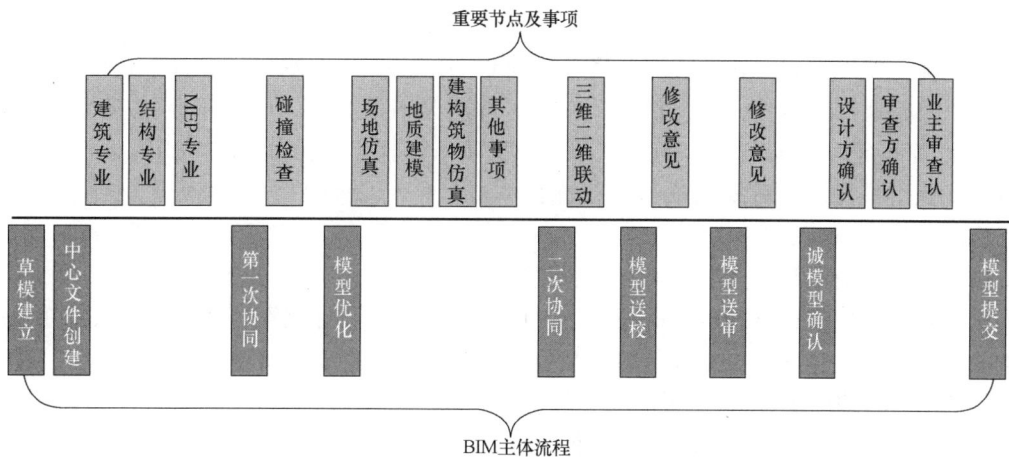

图 6.4.1-1 轨道交通项目设计阶段 BIM 主体流程

6.4.1.2 BIM 在轨道交通施工中的应用内容

在建设阶段，BIM 技术可视化，协调性，模拟性、可优化性的特点在轨道交通施工中可以发挥极大的作用。利用设计阶段 BIM 模型，加上时间属性，在虚拟环境中进行道路翻交、管线搬迁、车站施工、管片拼装等模拟，以四维的直观方式对施工重点、难点加深理解，从而优化施工方案。在项目管理平台上，协调组织项目中的各参与方、运营单位进行运营条件检查并制定竣工 BIM 模型标准；设备供应商进行产品信息录入和设备运维参数录入，以及制定设备参数数据标准、提供数据录入接口；监测单位对监测数据进行整合并且提供远程三维可视化监测数据访问平台；监理单位负责检验记录和提供检验管理平台；施工单位负责管片质量跟踪管理（RFID）和进度计划管理，此外还包括制定芯片选用标准和提供 4D 进度监控平台；设计单位负责设计变更管理和提供设计变更管理平台。项目各参与方通过组织协调，可极大地提高建设进度和建设效率。

采用 BIM 技术对轨道交通项目施工有如下好处：

（1）设计意图可行性的分析。

（2）设计图纸的复核。

（3）施工现场 4D 管理。在施工阶段利用施工模拟相关软件，根据施工组织安排进度计划安排，在已经搭建好的模拟的基础上加上时间维度，分专业制作可视化进度计划，即四维施工模拟。一方面可以知道现场施工，另一方面为建筑、管理单位提供非常直观的可视化进度控制管理、工程量计划、成本控制和资源调度等功能。在项目施工时，业主、施工单位和设计单位利用 BIM 平台组织协调会，就能有效地解决各专业管理人员之间沟通不充分的难题。

（4）主要演示手段。借助可视化特性，所见即所得。将以往的线条式的构件形成一种三维的立体实物图形展示在人们的面前，并且是一种能够与构件之间形成互动性和反馈性的可视，可视化的 BIM 模型不仅可以用来制作效果图及生成报表，更重要的是，项目建造过程中的沟通、讨论、决策都在可视化的状态下进行。

279

（5）施工现场 nD 管理。在软件的支持下，BIM 模型还可用于更好地管理成本，物流和材料消耗。

（6）优化施工方案。轨交交通项目除了建筑、结构、风、水、电之外，还涉及线路、限界、轨道、通信、信号、牵引供电、AFC、综合监控、PIS、屏蔽门等 10 多个专业的 20 多个设备系统，其施工复杂程度往往超过参与人员本身的能力极限，BIM 及与其配套的各种优化工具提供了对复杂项目进行优化的可能。利用 BIM 及与其配套的优化工具，可以实现对复杂项目的施工优化。

（7）提供给业主和物业一个可靠的、真实的竣工模型。

在全寿命周期信息管理平台的架构下，应用动态施工信息化管理系统，可以对施工过程的安全、质量、进度和成本施行综合掌控。具体应用内容如下所述：

1. 施工方案模拟研究

利用 BIM 信息化模型，通过管线搬迁、道路翻交方案模拟辅助方案协调和确定，生成最优施工方案；基于 BIM 模型，针对复杂和重点工序的模拟施工方案，以便辅助施工流程和工艺调整优化，通过虚拟仿真在施工前对施工过程的重大风险点进行全过程模拟，提前发现潜在风险，辅助验证施工方案的可行性、针对性保护措施和应急措施的有效性等。

2. 动态工程筹划

在施工阶段前期，根据施工单位提供的工程筹划，定义模型中主要构件施工状态模型外观显示标准和时间属性，形成 4D 模型，利用同一个 BIM 模型中对关键施工组织筹划进行模拟，立体地呈现所筹划的施工顺序步骤，检验筹划的合理性、可实施性，以及交叉施工的可行性，从而更精确地进行施工筹划协调、安排，减少不必要的工期浪费。

在工程建设过程中，根据现场情况对模型构建的时间属性进行调整，建立新的筹划模型，直观展示调整后筹划的施工流程，在第一时间检查调整后工筹的合理性，达到动态控制、协调工程筹划的效果。

开发基于 Web 技术的 BIM 模型数据交互式接口，建立建设信息实时管理系统，记录工程各个分项的控制性节点和工程里程碑，形成完整的工程筹划动态管理环路，管理者无论何时何地，都将第一时间掌握工地的现状，了解实际进度和计划进度的误差。

3. 施工信息管理

以 BIM 模型为载体，集成各方提供的施工与管理信息，参建各方可以通过动态工程施工信息管理系统，实现远程实时进行追溯查询，掌握工程进度、质量、安全各方面的情况。

面向周家嘴路隧道工程信息类型各异、数量多的特点，将 BIM 技术与 RFID 技术相结合，重点开展适应隧道工程环境的 RFID 硬件技术、RFID 芯片编码规则、基于物联网与 BIM 的虚实交互技术研究，选取关键段（如圆隧道最大埋深段、圆隧道穿越重要建构筑物段等）进行工程应用，分析其适用性、可靠性等性能指标。

4. 施工监测可视化预警技术

将工程施工监测数据以及周边建构筑受影响情况实时上传至模型数据库中，动态可视化地呈现有危险的区域，并将预警信息及时反馈到工程管理人员终端上，降低隧道建设管理的风险。

多源异构监测数据可视化展示，以 BIM 模型为基础，研究实现监测对象属性、监测数据和模型、图形之间的双向可视化查询，动态地显示隧道施工的整体变化情况。

监测可视化预警与自动推送，研究实现系统监测预警功能，当监测信息超标后报警事件自动产并触发监测报警功能，并可以和 BIM 模型、曲线图形、移动短信、Web 服务等相结合，使得预警、报警能够多元化形象地展示及自动推送。

5. 辅助工程动态投资控制

基于 BIM 模型，根据工程进展、方案变更的情况进行动态工程量清单统计，结合动态施工信息管理平台，对工程量进行判别、核实，实现辅助工程投资控制。

在周家嘴路隧道建设工程中，研究基于 BIM 模型的工程开挖量、混凝土方量、管线长度等精确度，使得工程量统计更加精确和快速。

在施工过程中，当出现有争议的工程量时，研究依照其工艺、流程和施工别介条件，进行模拟施工，直观地对工程量进行判别核实；同时，能够根据施工图和图纸变更、现场核定单等，反映工程量变化，结合工程筹划和投标报价信息，并按照实际工程进度和最新图纸，形成动态 5D 模型，出具分项工程的工程量清单，辅助动态施工图预算控制。

6.4.2　BIM 在轨道交通的应用案例

6.4.2.1　BIM 技术在车站设计中的应用

以上海市地铁 12 号线某车站为例。车站东北侧为在建商品房，西北侧为居住小区；南侧为某公司大楼，东南侧为待开发用地。车站跨地面道路与已建地铁车站呈十字相交。车站总长 288.4m，标准段净宽 20.5m，岛式站台宽 12.5m。高峰小时设计客流为 7062人/小时，车站总建筑面积 18776.2m^2。

基于 Autodesk Revit 系列软件及二次开发，对项目车站进行 BIM 建模和协同设计，如图 6.4.2-1～图 6.4.2-2 所示。在设计阶段 BIM 技术充分发挥了其优势，为协同设计提供底层支撑，充分发挥 Autodesk Revit 软件在协同设计方面的作用，使分布在不同地理位置的不同专业的设计人员通过网络的协同展开设计。设计人员、审核人员等在任何时间段可通过不同权限从模型上直接获得相关信息，如专业视图、设计进度、设计质量等信息。此外，借助 BIM 的技术优势，协同的范畴也从单纯的设计阶段扩展到建筑全生命周期。

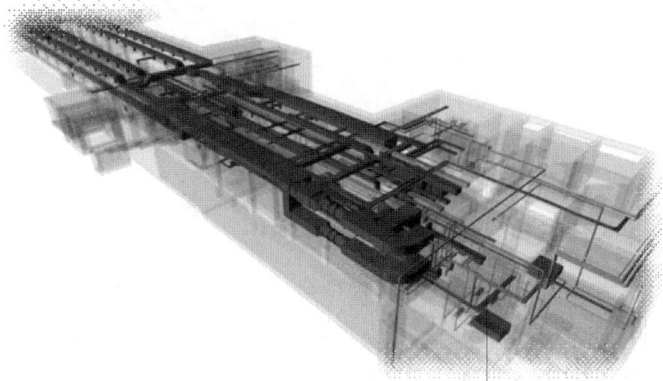

图 6.4.2-1　基于 Revit 的地铁车站 BIM 协同设计

(a)　　　　　　　　　　　　　　(b)

图 6.4.2-2　轨道交通车站的 BIM 模型

在设计阶段中后期，利用 Autodesk Navisworks 软件对模型进行管线碰撞检查、大型设备后期安装以及维护路径的设计研究，从而优化净空、优化管线排布方案、优化工程设计，减少在建筑施工阶段可能存在的错误损失和返工的可能性。在设计阶段利用 BIM 技术解决施工阶段常见问题，如消除管线碰撞，运输路径碰撞检查等（图 6.4.2-3～图 6.4.2-5），从而提高设计质量。

图像	碰撞名称	距离	网格位置	碰撞点	项目 1		项目 2	
					项目 ID	图层	项目 ID	图层
	碰撞75	-0.061	f-6-f-E：站厅层-建筑-XX	x:30.695、y:49.884、z:8.507	元素ID: 1806720	站厅层-建筑-XX	元素ID: 1806719	站厅层-建筑-XX
	碰撞211	-0.014	f-4-f-D：站厅层-建筑-XX	x:27.810、y:29.642、z:7.986	元素ID: 2442755	站厅层-建筑-XX	元素ID: 2443233	站厅层-建筑-XX
	碰撞96	-0.036	f-3-f-D：站厅层-建筑-XX	x:20.573、y:25.716、z:8.200	元素ID: 1806631	站厅层-建筑-XX	元素ID: 1806474	站厅层-建筑-XX
	碰撞74	-0.066	D-f-3：站台层--建筑-JZ	x:26.193、y:26.179、z:4.229	元素ID: 2679217	站台层--建筑-JZ	元素ID: 1778599	站台层--建筑-JZ
	碰撞32	-0.106	D-f-3：站厅层-建筑-XX	x:25.260、y:20.232、z:7.747	元素ID: 1806624	站厅层-建筑-XX	元素ID: 2127399	站厅层-建筑-XX
	碰撞36	-0.102	C-7：站厅层-建筑-XX	x:45.309、y:14.977、z:8.002	元素ID: 1807251	站厅层-建筑-XX	元素ID: 1807252	站厅层-建筑-XX

图 6.4.2-3　碰撞问题清单

6.4.2.2　BIM 技术在区间隧道设计中的应用

轨道交通区间隧道建模过程分为单环管片建模及装配要素确立、轴线模型建立和隧道自动生成。目前应用 BIM 技术自动生成模型的方法有 Revit 自适应参数化族，通过做自适应族，在体量族里面添加参数自动生成模型的解决方法。

1. 单管管片建模

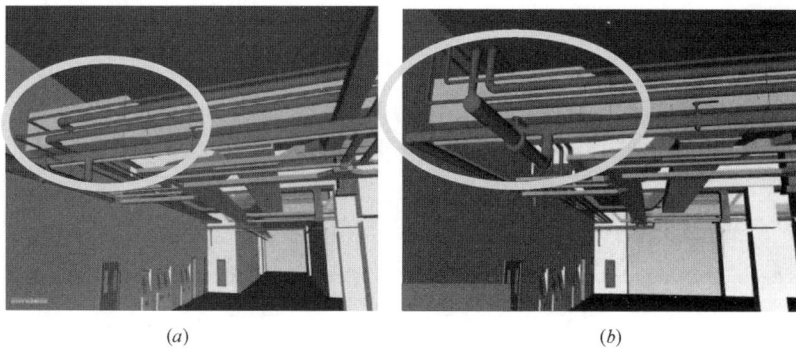

图 6.4.2-4　三维综合管线协调设计优化

(a) 优化前；(b) 优化后

管片作为隧道的最小组成单元，是隧道的基本组成部分。地铁区间隧道由 6 块不同类型的管片组成，为此，在建模初期，我们必须手工建立管片分块模型。在建完各类型管片的基础上，将管片通过添加约束的方式拼装成环，形成一个完整的隧道单环产品文件。见图 6.4.2-6。

图 6.4.2-5　运输路径碰撞检查

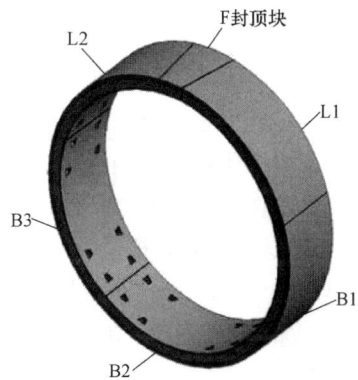

图 6.4.2-6　地铁区间隧道衬砌圆环单元

通过建立定位点，定位线，定位面这三要素，能有效控制隧道的自动装配。通过定位点的控制，确定单环在模型中所在位置；通过定位面的控制，使单环能够沿轴线法向定位；通过定位线的控制，使单环模拟在隧道中的环形姿态。

2. 三维轴线建模

利用隧道的平面图和断面图，将 dwg 格式的平曲线和竖曲线提取出来并按照 $x:y=1:1$ 的比例进行缩放，使平曲线和竖曲线的能按照里程实现一一对应，基于此，利用曲面相交的方式得出轴线的三维模型，即将两曲面的拉伸的足够大使两曲面能够完全相交，所得交线即为隧道轴线的三维模型，将轴线按照环宽来做划分，确定每一环的中心点坐标。

3. 隧道自动生成

由于在隧道建模过程具有重复特性，因此考虑采用基于 Revit 的 dynamo 二次开发工具，编写程序来实现隧道全过程的程序自动拼装。通过程序调用不同的模型文件和 Excel 文件，实现自动拼接的目的。如图 6.4.2-7 所示。

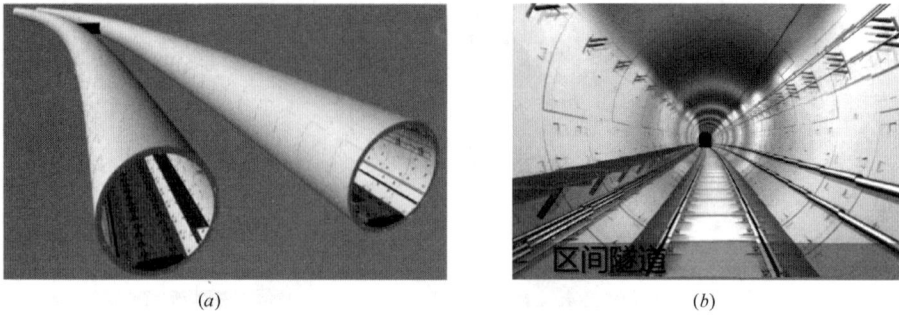

图 6.4.2-7 隧道 BIM 模型示意图

(a) 整体 BIM 模型；(b) 区间隧道 BIM 模型

6.4.2.3 BIM 在轨道交通施工总体筹划中的应用

轨道交通施工阶段是建设期关键过程，周期长、变化多，诸多施工过程中的问题有待解决，其中，工程建设前期以工程总体筹划、交通组织方案、管线搬迁等内容尤为重要。下面以工程总体筹划为例介绍 BIM 技术在施工阶段的应用。

上海某盾构区间隧道全长约 4450m，西起城市主干道路交叉口，沿线向东连续下穿高架桥及地面建筑物，穿越黄浦江江后下穿某公司大楼，终于浦东某主干道路交叉口。基于该工程项目，建立了三维信息模型，建立涵盖隧道主体结构、内部设施、周边道路、建构筑物、管线、地质条件等内容，集成隧道设计施工参数和管理信息的 BIM 数字化模型。

在本案例中，根据施工单位提供的工程筹划方案，定义模型数据层次结构及构件命名规则，在工程建设过程中，根据现场情况对模型构建的时间属性的调整，建立新的筹划模型，形成 4D-BIM 模型，输出与工程筹划相适应的动画，立体地呈现所筹划的施工顺序步骤。直观展示调整后筹划的施工流程，在第一时间检查调整后工筹的合理性，流程图见图 6.4.2-8。

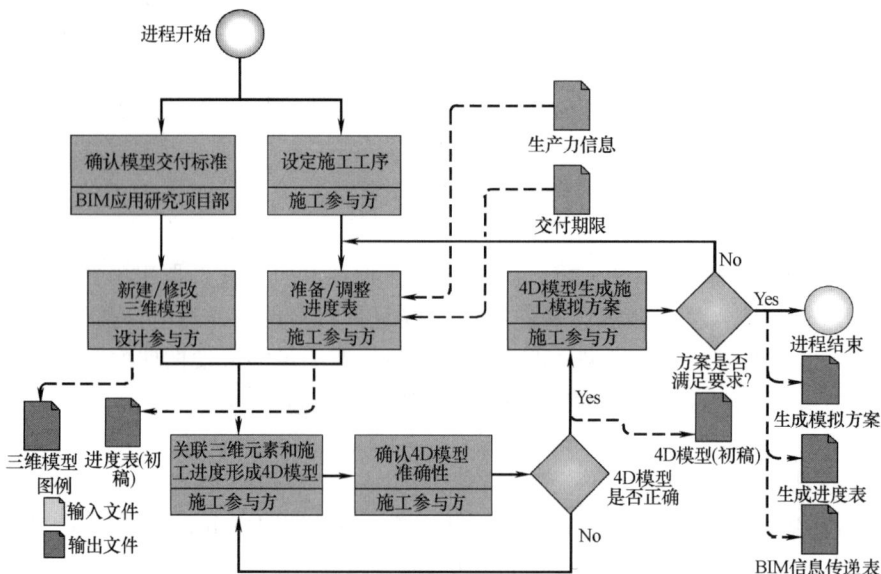

图 6.4.2-8 工程筹划流程图

根据施工方的总体工程进度计划，绑定模型，生成总体筹划方案模拟成果；形象动态的反映施工关键节点及相关信息，为业主方、施工方提供直观便利的沟通交流方式，辅助优化筹划及决策。通过浦东前期施工方案的总体筹划模拟，为施工方对箱涵施工方案比选、道路路口管线搬迁筹划确定提供了辅助决策参考。图 6.4.2-9～图 6.4.2-10 所示为 BIM 在该项目施工方案阶段的总体筹划模拟。

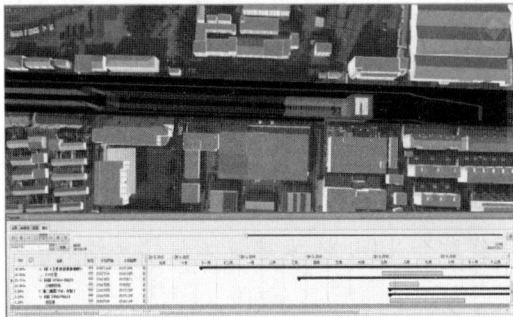

图 6.4.2-9 浦西岸上段施工总体筹划模拟   图 6.4.2-10 浦东岸上段施工总体筹划模拟

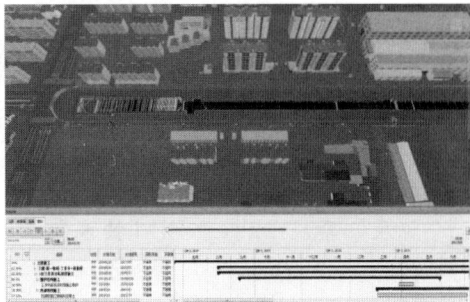

思考题

1. 城市轨道交通系统包含主要内容有哪些？哪些组成了城市的快速轨道交通骨干网络？
2. 简述地铁和轻轨的基本概念及其区别。
3. 我国轨道交通系统的建设程序是什么？
4. 现代有轨电车与早期有轨电车的主要区别是什么？现代有轨电车的设计要点有哪些？
5. 城市轨道交通的站台形式主要有哪些？不同站台形式的选型依据是什么？
6. 地铁、轻轨和有轨电车的机电工程主要包括哪些内容？
7. 什么是 GPST 技术？该技术一般在何种情况下适用？
8. BIM 技术在轨道交通工程中应用的优势主要体现在哪些方面？

参考文献

[1] 城市轨道交通技术规范 GB 50490—2009. 北京：中国建筑工业出版社，2009
[2] 城市公共交通分类标准 CJJ/T 114—2007，P3-6
[3] 中国城市轨道交通航协协会快报：2014 年我国城轨交通线路概况. http://www.camet.org.cn/hyxw/201501/t20150127_343670.htm
[4] 浅析城市轨道交通高架型式设计探讨. 建设工程教育网，2013.9
[5] 地铁设计规范 GB 50157—2003. 北京：中国计划出版社，2003.
[6] 习心宏，李明华. 城市轨道交通概论. 北京：中国铁道出版社，2014
[7] 城市轨道交通工程项目建设标准. 建标 104—2008. 北京：中国计划出版社，2008.
[8] 孙章，蒲琪. 城市轨道交通概论. 北京：人民交通出版社，2010
[9] 王丽英. 我国城市基础设施建设与运营管理研究 [D]. 天津财经大学，2008

[10] 余平.现代有轨电车发展浅谈［J］.黑龙江科技信息，2010（28）：268-269

[11] 薛美，根杨立，峰程杰、现代有轨电车主要特征与国内外发展研究.城市交通，2008，11-5（6）

[12] 孟存喜.大数据、云计算在轨道交通工程中的应用需求［J］.土木工程信息技术.2015.5

[13] 《中国建筑施工行业信息化发展报告（2014）：BIM 应用与发展》编委会.中国建筑施工行业信息化发展报告［M］.北京：中国城市出版社，2014

[14] 刘平.从业主角度探讨轨道交通工程建设信息化［J］.中国建设信息，2010（24）：68-71

[15] 冀程.BIM 技术在轨道交通工程设计中的应用［J］.地下空间与工程学报，2014.S1：1663-1668

[16] 陈辰，李庆平.基于 BIM 技术的三维管线综合［J］.土木建筑工程信息技术，2012（03）：83-86

[17] 何清华，钱丽丽，段运峰，李永奎.BIM 在国内外应用的现状及障碍研究［J］.工程管理学报，2012，26（01）：12-16

[18] 薛晓娟，赵昕，丁洁民.建筑信息模型在建筑结构一体化协同设计中的应用［J］.结构工程师，2011，27（01）：14-18

[19] 陈宇军，刘玉龙.BIM 协同设计的现状及未来［J］.中国建设信息，2010（04）：26-29

[20] 范喆.基于 BIM 技术的施工阶段 4D 资源动态管理［D］.清华大学，2010

第7章 城市给排水建设

　　水是人类赖以生存的资源，如果没有了水，也就意味着人类没有了血液，也将无法生存。地球上的水圈是一个永不停息的动态系统，而水循环是联系地球各圈和各种水体的"纽带"和"调节器"，它调节了地球各圈层之间的能量。水的循环包括自然循环和社会循环，水的循环过程详见图7.0-1。

　　水的自然循环是海洋、河流、湖泊的水，蒸发成水蒸气，进入云层中，后又通过雨、雪等降落至海洋、河流、湖泊的过程。城市从天然水体取水，经净化达标后供人类生活和工业使用，用过的水经处理达标后又排回自然水体，这就是水的社会循环。城市给排水是连接水的社会循环领域各个环节的通道和枢纽，是实现良性社会循环的关键，是城市基础设施的重要组成部分。

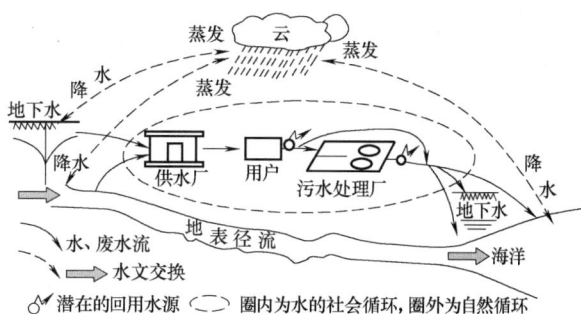

图 7.0-1　水的自然循环和社会循环

　　将天然水体净化达标后供人类和企业使用的设施为给水处理厂，将人类和企业用过的水处理达标的设施为污水处理厂，连接给水处理厂、人类和企业、污水处理厂三者之间的设施为给排水管网。城市给排水主要包括给水处理厂、污水处理厂和给排水管网三个部分。给水处理厂和给水管网等组成城市给水系统；污水处理厂和排水管网等组成城市污水系统。

7.1　城市给排水系统组成和主要工艺

7.1.1　城市给水处理系统的组成

　　城市给水工程系统是包括水的取集、处理和输配的一个大系统。具体包括取水构筑物、水处理构筑物、泵站、输水管网和配水管网、调节构筑物等。根据不同的供水水源、供水对象及地形等，给水系统的组成也有所不同。如图7.1.1-1和图7.1.1-2所示。

7.1.1.1　给水处理技术

　　由于工业废水的大量排放，水体受到了不同程度的污染，水中污染物的种类较多，性

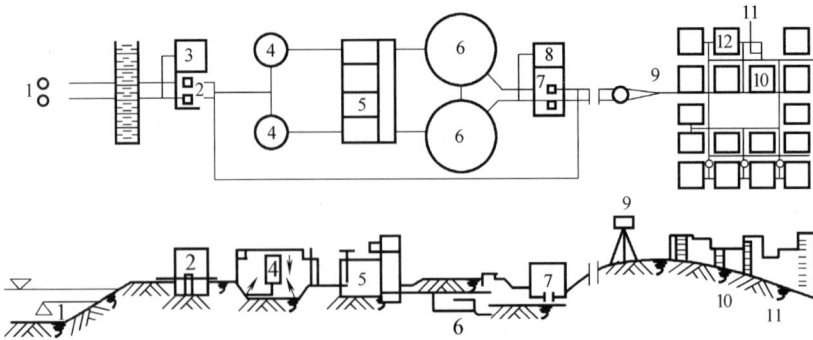

图 7.1.1-1　城市地表水源给水工程系统示意图

1—吸水管；2—一级泵站；3—加氯间；4—澄清池；5—滤池；6—清水池；7—二级泵站；8—水塔；

9—输水管；10—配管间；11—进户管；12—室外消火栓

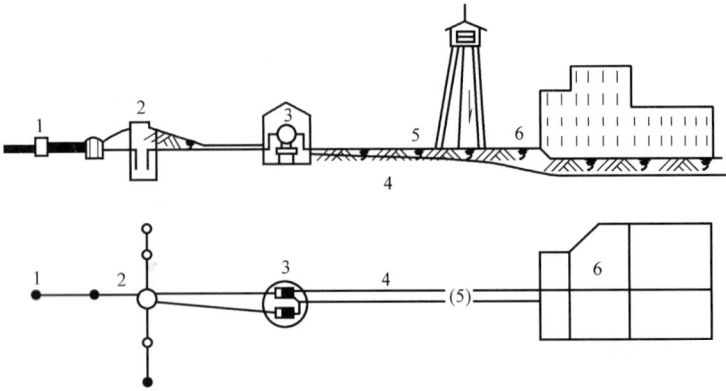

图 7.1.1-2　城市地下水源给水工程系统示意图

1—水井；2—集水井；3—泵站；4—输水管；5—水塔；6—管网

质较复杂。污染物含量比较低微的水源，常称为微污染水源。微污染水作为饮用水源时，靠常规处理流程很难去除掉这些有机污染物，因此在常规处理的基础上，必须增加预处理或深度处理。预处理技术包括生物氧化法（生物接触氧化池、生物流化床、塔式生物滤池、淹没式生物粒状滤料滤池等）、化学氧化剂法（臭氧、高锰酸钾等）、吸附剂吸附法（粉末活性炭、活化黏土等）等。深度处理技术包括粒状活性炭吸附法、臭氧—活性炭法（即生物活性炭法）、光化学氧化法（包括光激发氧化法和光催化氧化法）、膜过滤法、活性炭-硅藻土过滤法等。图 7.1.1-3 所示为微污染饮用水源水的处理流程，图中虚框部分表示可以采用的预处理技术或深度处理技术。

如果水源为铁、锰、氟等超标的地下水，去除的方法是将其氧化为三价铁和四价锰的沉淀物。具体办法可以采用曝气充氧→氧化反应→滤池过滤，也可采用药剂氧化或离子交换法等。

我国地域辽阔，水源水质差异较大。黄河水的含沙量高，有的河段最大平均含沙量超过 100m^3/km。对黄河为水源的给水厂处理工艺，要充分考虑泥沙的影响，应在混凝工艺前段设置预处理工艺，以去除高浊度水中的泥沙。

混凝剂　氧化剂　活性炭　　　　　　　　臭氧

河水 → 生物预处理 → 混合 → 絮凝反应 → 沉淀 → 过滤

消毒剂

出水 ← 清水池 ← 颗粒活性炭过滤

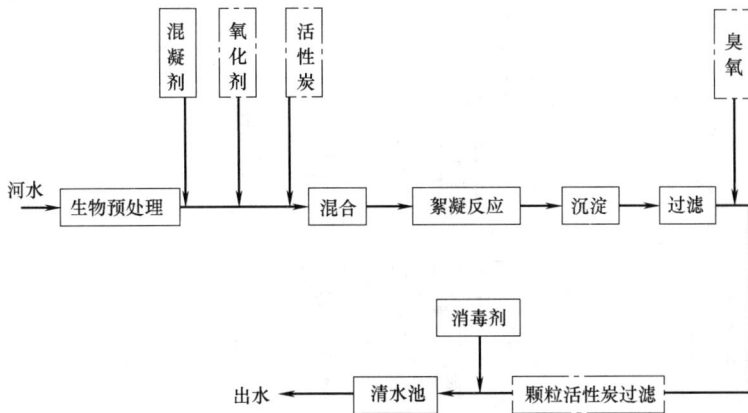

图 7.1.1-3　微污染饮用水源水的处理流程

我国的湖泊及水库的蓄水量占全国淡水资源的 23%。所以，以湖泊水库作为水源的城市占全国城市供水量的 25% 左右。由于湖泊、水库的水文特征，加上含氮、磷污水大量排入，使水体富营养化现象严重，藻类大量繁殖。目前水处理中含藻水的处理方法主要有化学药剂法、微滤机过滤法、气浮法、直接过滤和生物处理等。

7.1.1.2　给水输送方式

给水输送方式根据河流、高地等有多种形式，分为压力输水和重力输水；根据用户分布及用户对用水的安全可靠性分为树状网和环状网。

7.1.2　城市污水系统的组成

城市污水工程系统包括污水的收集、处理、排放和回用的一个大系统。具体包括污水收集支管、干管、污水处理构筑物、中间提升泵站等。根据不同的污水水质，污水处理技术也有所不同；根据不同的地形及经济发展水平，污水处理方式也不尽相同。

7.1.2.1　污水处理技术

城市污水处理技术，按处理程度划分，可分为一级处理、二级处理和三级处理。一级处理采用物理方法，主要通过格栅拦截、沉淀等手段去除废水中大块悬浮物和砂粒等物质，这一工艺已很成熟，差别不大。二级处理则采用生化方法，主要通过微生物的生命运动等手段来去除废水中的悬浮性、溶解性有机物以及氮、磷等营养盐。二级处理是城市污水处理的主要工艺，应用非常广泛，典型的工艺流程见图 7.1.2-1。城市污水三级处理是在一级、二级处理后，进一步处理难降解的有机物以及磷、氮等能够导致水体富营养化的可溶性无机物等。三级处理是深度处理的同义语，但两者又不完全相同，三级处理常用于二级处理之后。而深度处理则以污水回收、再用为目的，在一级或二级处理后增加的处理工艺。三级处理的方法是多种多样的，化学处理法和生物处理法的许多处理单元都可以用于三级处理。图 7.1.2-2 为城市污水三级处理流程。

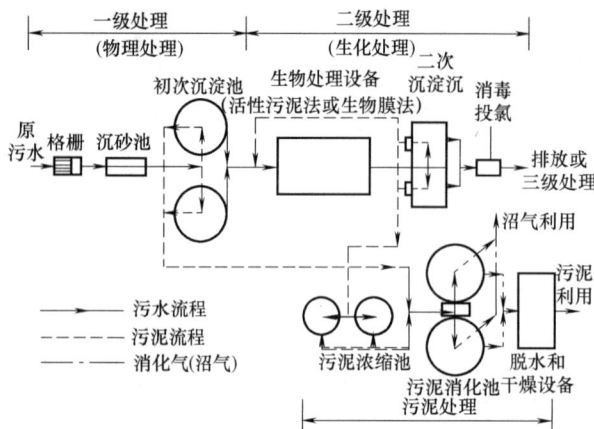

图 7.1.2-1 城市污水二级处理的典型工艺流程图

我国城市污水大都采用一级处理和二级处理。无论是二级处理还是三级处理，其中的一级处理工艺基本都是一样的，即格栅→沉砂池→沉淀池。二级处理有多种方法，归结起来主要有以下的几种工艺，即 A/O、A²/O、传统活性污泥及氧化沟等工艺。A²O 工艺流程见图 7.1.2-3、图 7.1.2-4，氧化沟工艺流程见图 7.1.2-5。

目前，国外较为流行的将 A²O 与 MBR 技术相结合的污水处理工艺流程，具体如图 7.1.2-6 所示。该技术在传统的脱氮除磷的技术上进一步深度处理，提高出水水质。

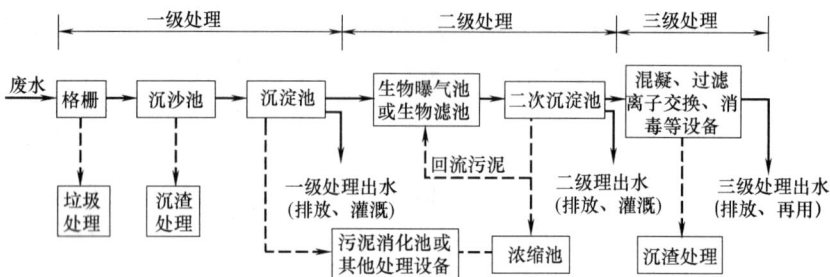

图 7.1.2-2 城市污水三级处理流程图

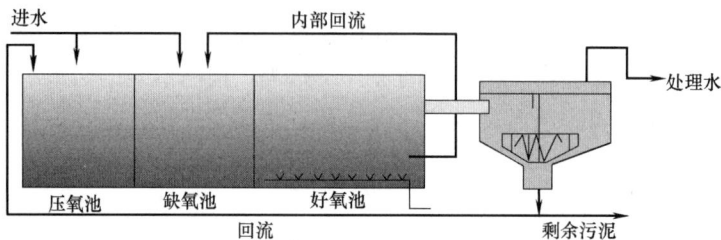

图 7.1.2-3 A²O 工艺流程图

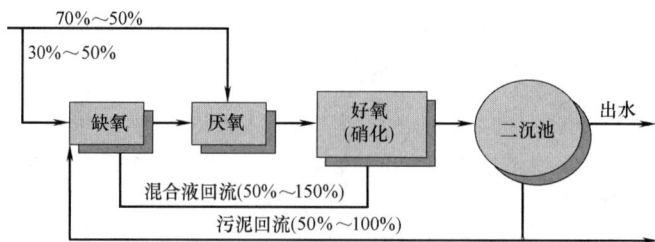

图 7.1.2-4 倒置 A²O 工艺流程图

290

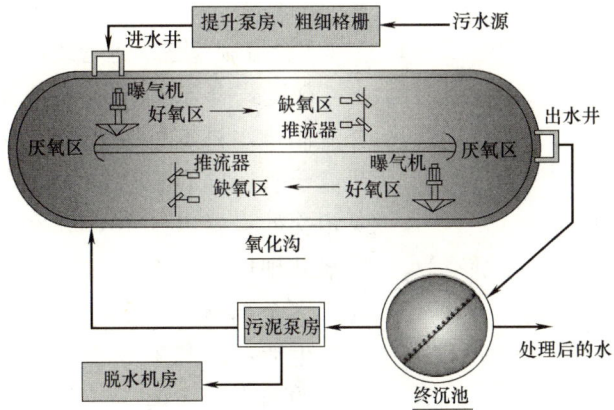

图 7.1.2-5　氧化沟工艺流程图

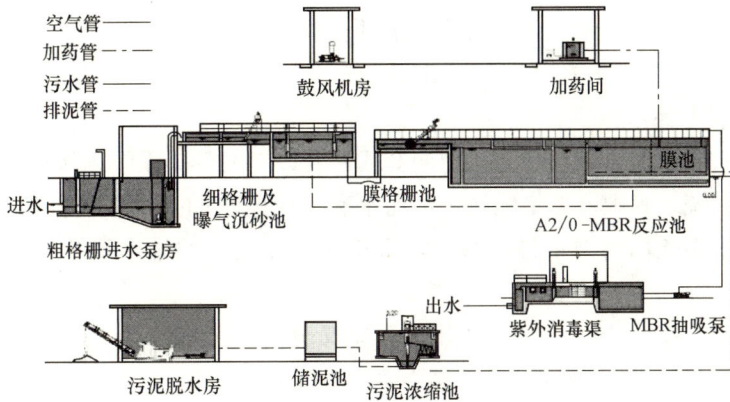

图 7.1.2-6　A²O-MBR 处理工艺

7.1.2.2　污水收集方式

生活污水、工业废水和降水径流的收集与排除方式称为排水体制。城市排水体制一般可分为分流制和合流制两种基本类型。

1. 合流制排水系统

合流制排水系统是将生活污水、工业废水和雨水用同一套管渠排除的系统。可分为直排式合流制、截流式合流制与完全式合流制。排水管渠系统的布置就近坡向水体，分若干个排出口，混合的污水未经处理直接排入水体，称为直排式合流制（图 7.1.2-7）。采用这种体

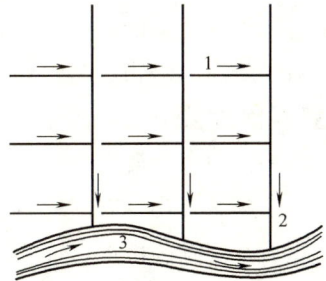

图 7.1.2-7　直排式合流制排水系统

1—合流支管；2—合流
干管；3—河流

制时，污水未经处理就排入水体，会使受纳水体遭受严重污染。随着现代城市与工业的发展，污水量不断增加，污水水质日趋复杂，造成的污染危害很大，因此，这种直排式合流制排水系统目前一般不宜采用。原有的直排式合流制应逐步进行改造。

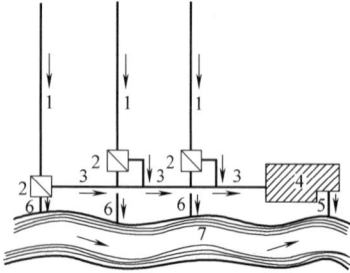

图 7.1.2-8　截流式合流制排水系统
1—合流干管；2—溢流井；3—截流主干管；
4—污水处理厂；5—出水；6—溢流出水管；
7—河流

截流式合流制排水系统是在早期的直排式合流制排水系统的基础上，临河岸边建造一条截流干管，同时在合流干管与截流干管相交前或相交处设置溢流井，并在截流干管下游设置污水处理厂（图 7.1.2-8）。晴天和初雨时，混合污水全部输送至污水处理厂；雨天时，当雨水、生活污水和工业废水的混合水量超过截流干管的输水能力时，其超出部分通过溢流井直接排入水体。截流式排水系统虽然较直排式排水系统有了较大改进，但由于雨天时有一部分混合污水直接泄入水体，对水体仍会造成一定程度的污染，因此不建议推广使用该排水体制。

近年来，世界各国都在致力于探求有效的控制合流制溢流污水污染的途径与方法。截流式合流制一般常用于老城区的排水系统改造。

2. 分流制排水系统

将生活污水、工业废水、雨水采用两套或两套以上的管渠系统内排放的排水系统，称为分流制排水系统。其中，汇集输送生活污水和工业废水的排水系统称为污水排水系统；排除雨水的排水系统称为雨水排水系统；只排除工业废水的排水系统称为工业废水排水系统。

按雨水不同的排除方式，分流制排水系统又分为完全分流制（图 7.1.2-9）和不完全分流制两种基本排水系统。完全分流制排水系统具有污水排水系统和完善的雨水排除系统。不完全分流制排水系统是指暂时不设置雨水管渠系统，雨水沿着地面、道路边沟和明渠等方式泄入天然水体，因而投资比较节省，该排水体制适用于有合适的地形条件，雨水能顺利排放的地区。对于新建的城市或地区，在建设初期，往往也采用这种雨水排除方式，待今后配合道路工程的不断完善，再增设雨水管渠系统。

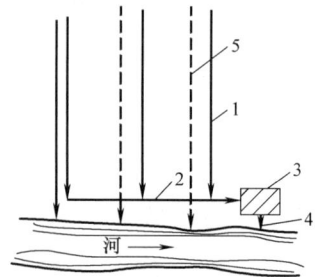

图 7.1.2-9　完全分流制排水系统
1—污水干管；2—污水主干管；
3—污水处理厂；4—出水口；
5—雨水干管

在一座城市中，有时是混合制排水系统，即有分流制也有合流制的排水系统。混合制排水系统一般是在具有合流制的城市需要扩建排水系统时出现的。在大城市中，因各区域的自然条件以及修建情况可能相差较大，因地制宜地在备区域采用不同的排水体制也是合理的。如美国的纽约以及我国的上海等城市便是这样形成的混合制排水系统。

7.2 城市给排水现状

7.2.1 城市给水处理行业的现状

7.2.1.1 国外给水处理行业的现状

1810年，第一个城市供水净化系统在苏格兰佩斯利完成，集中供水是人类文明的重要标志之一，而集中供水的一个重要因素就是集中生产干净饮用水的给水处理厂。给水处理厂是控制水质、净化水质的主要环节，国外给水处理过程如图7.2.1-1所示，通常由预处理、常规处理和深度处理组成。

预处理最主要的去除对象是氨氮，正常气温下，氨氮去除率在70%以上，即使水温在5℃左右，去除率通常也在30%左右，对有机物、铁、锰等也有一定去除率，但效果一般。预处理的缺点是去除率受气温影响较大，且构筑物占地较大。

常规处理工艺最主要的去除对象是水的浊度、病毒、微生物与部分有机物，国外给水厂尤其重视混凝条件的优化，合理确定投加混凝剂和助凝剂的类型与数量，调节pH，严格控制沉淀池出水浑浊度在2NTU以下。

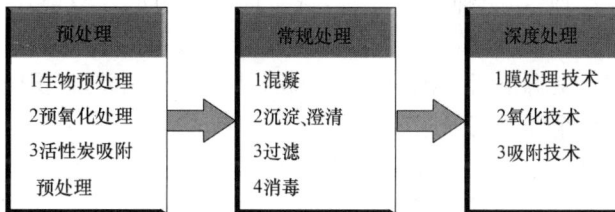

图 7.2.1-1 国外给水工艺处理过程

深度处理最主要的去除对象是原水中的有机物，即 COD_{Mn}，一般包括氧化技术（臭氧、高锰酸钾、光氧化等）、吸附技术（GAC、PAC和BAC）、膜技术（超滤、纳滤、反渗透）以及离子交换技术等。其中，臭氧氧化、活性炭吸附技术在发达国家已经成熟运用，而膜技术是20世纪80年代后开始普及的新兴的深度处理技术，净水效果是非常显著的。

现在国外给水工程较以往的任何时候都更加注意原水的预处理工作和在常规处理工艺后面的深度处理，这是当前发展最快的方面，也是我国和国外给水工艺水平主要差距所在。

7.2.1.2 国内给水处理行业的现状

1879年，旅顺口引泉供水，开创了中国引泉供水的历史。1949年，全国有72个城市约900万人用上自来水，日供水量为240万 m^3/d，但多数水厂由外国设计和管理。到新中国成立后，在各级党和政府的高度重视下，我国供水行业开始蓬勃发展。我国自来水厂技术工艺经过长期的发展，截止到 1995 年底，我国有 640 座城市，96 年《城市供水统计年鉴》对 528 座城市统计，有自来水厂 1329 座（地表水厂 783 座，地下水厂 546 座），但仍满足不了城市发展的需求，据统计全国 2/3 城市常年处于供水不足的状态。这主要是由以下几点原因所造成：

（1）我国水资源总量居世界第六，但人均量居世界第 88 位，是世界平均水平的 1/4，且时空分布不均匀。

（2）水污染严重，水源污染严重。我国 7 大水系和内陆河流 110 个重点河段符合水环境质量标准 I 类和 II 类占 32%，III 类占 29%，IV 类和 V 类占 39%。水利部对全国条大河流近 10 万公里河长的检测表明，现有河流近 1/2 河长受到污染，1/10 河长严重污染。全国城市 90% 水域受到污染，大河干流占 13%，支流 55% 被污染。

（3）饮用水标准提高，过去执行的国家水质标准（GB 5749—85）是 1985 年前制定的，当时只规定了 35 项水质项目。卫生部 2001 年的《生活饮用水卫生规范》颁布了水质检验项目，其中常规检验项目为 34 项，非常规检验项目为 62 项，并在 96 项水质项目中规定了大量的有机污染物限制浓度。2006 年卫生部颁布的《生活饮用水卫生标准》（GB 5749—2006）将浊度"特殊情况下不超过 5NTU"改成不超过 3NTU，对耗氧量"特殊情况下不超过 5mg/L"注明为当原水耗氧量＞6mg/L 时不超过 5mg/L，这就明确规定凡水源水耗氧量≤6mg/L 时必须达到 3mg/L。标准中常规检验项目为 42 项，非常规检验项目为 64 项。

2007 年底，国家发改委、卫生部、建设部、环保总局等多部委联合印发《全国城市饮用水卫生安全保障规划》，明确称："全国近年抽检饮用水合格率 83.4%。数据所依据水样 2000 多份，仅是国内重点城市或少数城市水样，甚至不包括地级市水厂，无法代表全国情况。针对上述水资源危机，国家"十二五"期间对供水设施积极改造，对出厂水水质不能稳定达标的水厂全面进行升级改造。

目前，我国大部分给水厂的处理工艺仍然是以常规处理工艺为主，即混凝、沉淀、过滤和消毒，只有少数的给水厂采用了深度处理，未来加强预处理预深度处理是我国给水行业的发展方向。

图 7.2.1-2　崇海水厂效果图

近年来，采用深度处理和创新工艺的水厂在我国也开始不断涌现。隶属于南通市自来水公司的南通崇海水厂就是一个采用深度处理的给水厂（图 7.2.1-2）。该水厂设计总规模 80 万 m^3/d，采用常规处理及深度处理组合工艺流程（图 7.2.1-3），将深度处理工艺组合于常规处理工艺之中，大大降低了传统的深度处理置于常规处理之后所带来的生物泄露风险。该水厂深度处理采用上向流活性炭滤池，而不是传统的下向流活性炭滤池，可将水厂的水少提升 0.6m，每年可节约 70.08 万度电。另外，该工程通过适当抬高平流沉淀池的标高并降低清水池的标高，取消了传统的深度处理置于常规处理之后，需要在常规处理与深度处理之间设置的提升泵房，节约了工程总投资并降低了日后的运行费用。

从目前情况来看，我国的给水系统管理体系薄弱，自动化程度低，未来我国的给水处

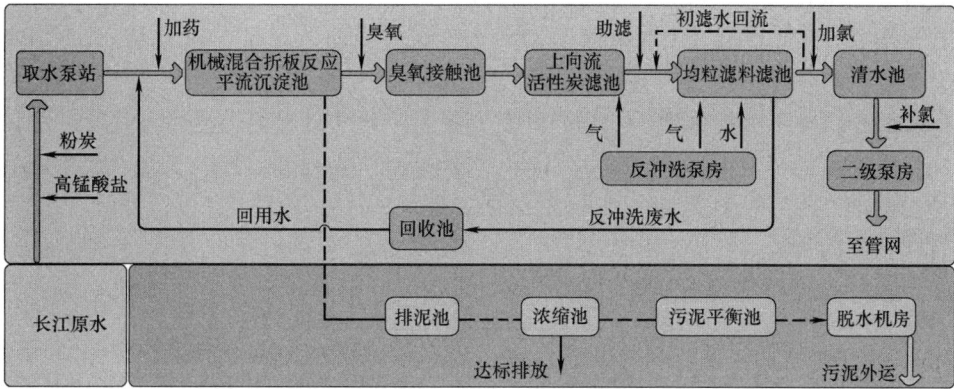

图 7.2.1-3 崇海水厂工艺流程图

理行业应该向高自动化、快速监测、实时反应方向发展。

7.2.2 城市污水处理行业现状

7.2.2.1 国外污水处理行业现状

为把环境污染降到最低，污水处理厂工艺应分为三级（图 7.2.2-1）：一级处理，应用物理处理法去除污水中不溶解的污染物和寄生虫卵；二级处理，应用生物处理法将污水中各种复杂的有机物氧化降解为简单的物质；三级处理，应用化学沉淀法、生物化学法、物理化学法等，去除污水中的磷、氮、难降解的有机物、无机盐等。

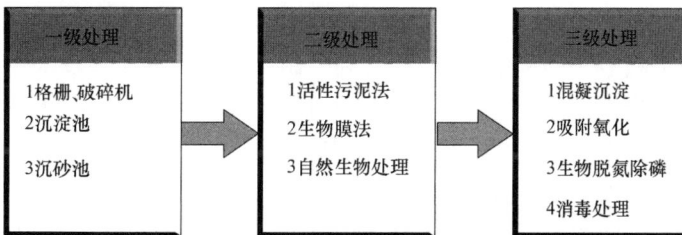

图 7.2.2-1 国外排水工艺处理过程

国外城市污水处理厂的发展趋势，除了数量上不断增加外，一是二级处理厂所占比重逐渐增大，并开始建设三级处理厂。美国和德意志联邦共和国，二级处理厂占 70％以上；英国则全部为二级处理厂；日本二级处理厂占 90％以上。

另一个趋势是向大型发展，几个甚至十几个城镇共同建设统一的污水处理厂，如法国的阿谢尔污水处理厂就接受巴黎地区一个市和三个省的污水，日本也在发展接受几个城镇污水的"流域下水道"。美国芝加哥市的 Stickney 污水处理厂（图 7.2.2-2）是世界最大的污水处理厂之一，服务人口为 260 万，面积 15 万公顷，日处理水量 340 万 m^3，采用传统活性污泥工艺。其进水泵站是世界最大的地下式污水提升泵站，污水从地下 90m 深的隧道中提升至污水处理厂。该厂如此之大以致于专门为其建设了铁路运输系统。

上海市浦东新区外高桥高东镇现有两座城镇污水处理厂——竹园第一污水处理厂、竹园第二污水处理厂，如图7.2.2-3所示。

竹园第一污水处理厂处理规模170万 m^3/d，旱季高峰流量25.04m^3/s，雨季高峰流量49.32m^3/s，主要承担普陀、长宁、静安、闸北以及部分宝山、黄浦、虹口、杨浦、浦东外高桥等地区的旱流污水和合流污水，污水经二级生物处理后排放长江，出水现状执行二级排放标准。

竹园第二污水处理厂处理规模50万 m^3/d，主要接纳由虹口港、杨浦港地区的旱流截流污水，服务面积为37.33km^2，污水经二级生物处理后排放长江，出水现状执行二级排放标准。

图7.2.2-2　芝加哥市的Stickney污水处理厂

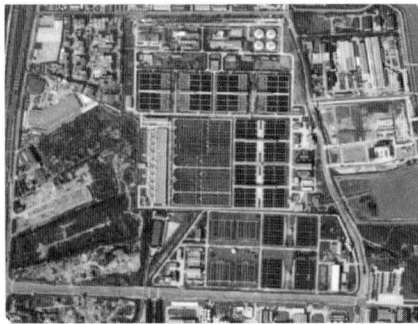

图7.2.2-3　上海的竹园第一、第二污水处理厂

7.2.2.2　国内污水处理行业现状

20世纪70~80年代正值发达国家水环境污染比较突出的一段时间，当时这些国家都加大了环境治理力度，一般排水工程投资均能达到GDP的0.50%以上，最高达0.88%。因此，这些国家的水污染能在较短时间内得到控制，水质有所改善，水生生态向良性循环转化。我国污水处理行业起步较晚，并且早期对此行业重视不够。我国历年投资强度与国外相比相差了20~40倍。据1983年统计，中国城市污水经过处理的只有1.6%，其中78%只是一级处理。

污水是造成环境污染的来源之一。近年来，我国的污水处理厂建设也越来越受到重视，污水处理厂的建设步伐也在加快。从1998~2006年，我国城市污水处理厂由266座增加到937座；污水日处理能力由1136万t增加到6360万t；实际污水日处理量也从29亿t增加到163亿t。这在一定程度上改善了我国的地表水环境。2008年9月经升级改造后全部建成投产的白龙港污水处理厂项目总投资22.22亿元，建成后所处理污水占到上海中心城区污水处理总量的1/3。该污水处理厂是中国规模最大的污水处理厂，也是亚洲规模最大的污水处理厂。白龙港污水处理厂改造升级采用A^2O生物处理工艺，污水由日处理120万 m^3 的一级加强处理提升到日处理200万 m^3 的二级生化处理，出水水质达国家二级排放标准后，经深水排放系统排入长江口。

目前，我国现有的城市污水处理厂90%以上采用的是活性污泥法，其余的采用一级处理、强化一级处理、生物膜法、稳定塘及土地处理法等。

目前我国污水处理行业存在的问题有：

（1）无法准确把握进出水质的设计，在我国污水处理厂中，实际进水 COD 浓度与设计进水 COD 浓度比值低于 1.0 的占 65.8%，实际进水 BOD_5 浓度与设计进水 BOD_5 浓度比值低于 1.0 的占 83%，实际进水 SS 浓度与设计进水 SS 浓度比值低于 1.0 的占 61.6%；

（2）缺少相应的水质水量模型、数据库等，无法通过水质水量特性分析以及动态工艺的研究来确定水质参数；

（3）污泥的处理费用占工程投资和运行费用的 25%～45%，如何解决污水厂的湿污泥也是我国排水处理行业需要探讨的问题之一。

2006 年，国家已将城镇污水处理厂出水排入国家和省级重点流域、湖泊、水库等水域时所执行的一级 B 标准提高为一级 A 标准（见表 7.2.2-1 对比数值），若仍采用现有的处理工艺，即便增加运行能耗和处理费用也可能难以使出水水质稳定地达到一级 A 标准。近年来，我国已开始重视三级处理工艺的开发和研究，目前利用较多的是在生物处理之后增加混凝、过滤、消毒等常规处理过程，此外还有膜生物反应器技术（如 MBR 技术）。在当前水环境污染加剧、淡水资源日益减少的状况下，三级处理工艺的研究与应用在将会越来越受到重视。

基本控制项目最高允许排放浓度（日均值）（单位：mg/L）　　表 7.2.2-1

序号	基本控制项目		一级标准		二级标准	三级标准
			A 标准	B 标准		
1	化学需氧量（COD）		50	60	100	120①
2	生化需氧量（BOD_5）		10	20	30	60①
3	悬浮物（SS）		10	20	30	50
4	动植物油		1	3	5	20
5	石油类		1	3	5	15
6	阴离子表面活性剂		0.5	1	2	5
7	总氮（以 N 计）		15	20	—	—
8	氨氮（以 N 计）②		5(8)	8(15)	20(30)	—
9	总磷（以 P 计）	2005 年 12 月 31 日以前建设的	1	1.5	3	5
		2006 年 1 月 1 日起建设的	0.5	1	3	5
10	色度（稀释倍数）		30	30	40	50
11	pH		6～9			
12	粪大肠杆菌倍数（个/L）		1,000	10,000	10,000	—

① 下列情况下按去除率指标执行：当进水 COD 大于 350mg/L 时，去除率应大于 60%；BOD 大于 160mg/L 时，去除率应大于 50%。

② 括号外数值为水温＞12℃时的控制指标，括号内数值为水温≤12℃时的控制指标。

7.2.3　城市给排水管网现状

7.2.3.1　国外给排水管网现状

西方城市给排水管网的发展最早起始于 19 世纪中期，其发展过程大致可分为三个相对独立又相互交错的阶段。第一阶段是早期阶段，这一阶段发展缓慢，只是建造能将污水和雨水直接排入水体的管渠工程，并且污水入网率较低；第二阶段是发展阶段，20 世纪 60、70 年代开始，西方国家投入大量的人力财力来铺设管网以及提高收集率，人均污水管可达 4m，但排水管网依旧是以合流制为主；第三阶段是暴雨雨水管理阶段，这一阶段主要是解决合流制管网带来的污染问题并且加强对暴雨雨水的管理问题，建立起一套更加完善的管网系统。

西方国家的实践表明，在改善受纳水体水质的各种可选方案中，将合流制改造为分流制费用高昂且效果有限，而在合流制系统中建造上"控制"设施则较为经济且有效。目前国外的给排水系统各有特点，并与本国基本国情有一定联系。日本是个台风多发国家，东京地区的地下排水系统主要是为避免受到台风雨水灾害的侵袭而建的。这一系统于 1992 年开工，2006 年竣工，堪称世界上最先进的下水道排水系统，其排水标准是"五至十年一遇"，由一连串混凝土立坑构成，地下管道最深可达 60m。西方发达国家的排水工程的

规模之大有时是惊人的。1859 年，伦敦地下排水系统改造工程正式动工。该工程计划将所有的污水直接引到泰晤士河口，全部排入大海。工程规模扩大到全长 1700km 以上，下水道在伦敦地下纵横交错，基本上是把伦敦地下挖成蜂窝状，图 7.2.3-1 是现代伦敦的下水道内景。正是这一将污水与地下水隔开的庞大工程结束了伦敦瘟疫肆虐的局面。

图 7.2.3-1　伦敦的下水道内景

除此之外，随着计算机信息技术的发展，西方发达国家在完善给排水管网的硬件基础上深入研究管网的管理系统。例如国际都市巴黎早在 20 世纪 80 年代就达到 2350km，同时巴黎市 CEP 供水公司已经对全市 12300 个阀门，66000 个连接点以及 25000 组公共设施进行过全面统计，在此基础上，一个初始的 CAD 系统很快建立起来，并在 1985 年年底在公司的主要工程部门开始运作。目前，国外供水行业管线管理技术已经从日常的资料管理逐步向更深层次的应用发展，并逐渐呈现如下两个特点：

（1）实时有效的动态检测与分析，为供排水管理提供必要的支持。

（2）将地理信息系统（Geographic Information System，GIS）与其他系统广泛集成。

7.2.3.2　国内给排水管网现状

我国给排水管网起源较早，甚至可以追溯到距今 4300 年的河南淮阳平粮台古城，但是，在近代发展相对缓慢。20 世纪初期随着经济建设的快速发展，城市建设也得到了长足的进步，各项基础设施建设也大量得以推进。作为市政基础工程的重要组成部分，城市给排水管网也在城市及市郊不断密集与延伸。即使在现阶段，我国大多数城市的给排水系统还很不完善，甚至较多的城市还在沿用 20 世纪甚至新中国成立前的给排水管道，在使用效率与效果方面存在着较多的问题。因此，对于城市给排水管网的优化配置新建，包括对现有设施的改建扩建及完善的要求已日益迫切。

目前，国内城市的给排水管网主要存在才以下问题：

1. 城市给排水管网布置不合理

在城市化进程加快发展的背景下，给排水管网的覆盖密度也逐年增加，建设速度也尽量加快。在此情况下，必然出现新的给排水系统与既有管网系统的对接配合问题、新系统的设计与配置本身也存在着是否合理的问题，主要体现在：①主要基础设施的规划设计与管理

工作明显滞后；②设计院在工程管线设计中也往往缺乏资料或长远考虑，没有结合现场实际的综合管线设计；③在设计方法上，大多数工程技术人员一般是采用图集传统计算等模式进行，工作思路上历史惯性较大，工作效率也较低，优化的切入点也存在一些困难。

2. 环境变化及材质优化不足导致存在漏失现象

由于城市建设的特殊性，现有管网系统都是基于历史存在的管网系统新改扩建而来。我国大多数城市使用的城市主管网基本上都可以追溯到 20 世纪甚至更早，这样必然出现管材老化、超期服役、废弃管线没有最终废弃或仅仅是功能上的废弃、管线附属设施管理不善、漏水、随排水管流失、管线内水压力过大等，最终造成供水管网漏失，造成了供水浪费。

3. 当前配置尚不能完全满足突发事件的要求，给排水系统面临的突发事件主要有三大类，即爆管、污染、排涝。主要原因为：①工程资料数据不全提高了爆管的可能性。譬如，由于不明确地下管线情况，工程施工道路碾压等导致给排水的爆管。爆管后，大多数管道系统还仅仅是根据排水量的急剧变化才得以知晓，而此时，外界的反馈往往更先于企业得知爆管情况，既浪费了水资源，也妨碍了正常的生产生活；②对于管网的污染问题，很多水厂特别是南方的水厂，在排涝期间水源附近被污染，水源水质极度恶化，水质指标比平时高出几倍，需要暂停供水时，目前还只能大面积停水，管网子系统功能还不发达；③排涝问题在我国也必须得到重视。由于近年来极端天气的出现，夏天突然降水，而排水系统不畅使得一些城市街道大范围积水，严重的危及人民生命财产安全。

7.3 城市给排水设计

7.3.1 城市给水系统的设计

7.3.1.1 水源的选择

用水水源的选择是给水工程的关键。在选择时应注意以下原则：

（1）水源选择必须在对各种水源进行全面分析研究，掌握其基本特征的基础上，综合考虑各方面因素，并经过技术经济比较后确定。确保水源水量可靠和水质符合要求是水源选择的首要条件。

（2）符合卫生要求的地下水可优先作为生活饮用水源考虑，但取水量应小于允许开采量。

（3）全面考虑，统筹安排，正确处理给水工程同有关部门，如工业、农业、航运、水电、环境保护等方面的关系，以求合理地综合利用和开发水资源。

（4）应考虑取水构筑物本身建设施工、运行管理时的安全，注意各种具体条件，如水文、水文地质、工程地质、地形、人防卫生等。

选择城市给水水源应以水资源勘察或分析研究报告和区域、流域水资源规划及城市供水水源开发利用规划为依据，并应满足各规划区城市用水量和水质等方面的要求。

在规划阶段确定水源地时应注意以下几点：

（1）水源地应设在水量、水质有保证和易于实施水源环境保护的地段。

（2）选用地表水为水源时，水源地应位于水体功能区划规定的取水段或水质符合相应标准的河段。饮用水水源地应位于城镇和工业区的上游。饮用水水源地一级保护区应符合现行国家标准《地表水环境质量标准》GB 3838—2002 规定的Ⅱ类标准。

（3）选用地下水水源时，水源地应设在不易受污染的富水地段。

（4）当水源为高浊度江河时，水源地区应选在浊度相对较低的河段或有条件设置避砂峰调蓄设施的河段，并应符合国家现行标准《高浊度水给水设计规范》CJJ 40—2011 的规定。

（5）当水源为感潮江河时，水源地区应选在氯离子含量符合有关标准规定的河段或有条件设置避咸潮调蓄设施的河段。

（6）当水源为湖泊或水库时，水源地应选在藻类含量较低、水位较深和水域开阔的位置，并应符合国家现行标准《含藻水给水处理设计规范》CJJ 32—2011 的规定。

7.3.1.2　取水构筑物的设计

取水构筑物的设计要点包括：

（1）取水构筑物保证在枯水季节仍能取水，并满足在设计枯水保证率时取得所需的水量，用地表水作为城市供水水源时，其设计枯水流量的保证率，在根据城市规模和工业大用户的重要来选定，一般可采用 90%～97%。

（2）对于河道条件复杂，或取水量占河道的最枯流量比例较大的大型取水构筑物应进行水工模型试验。

（3）当自然状态下河流不能取得所需设计水量时，应修拦河坝或其他确保可取水量的措施。

（4）取水构筑物位置的选择应全面掌握河流的特性，根据取水河段的水文、地形、地质、卫生防护、河流规划和综合利用等条件进行综合考虑。

（5）在取水构筑物进水口处，一般要求不小于 2.5～3.0m 的水深；对小型取水口，水深可降低到 1.5～2.0m。当河道最低水位的水深较浅时，应选用合适的取水构筑物形式和设计数据。

（6）水源、取水地点和取水量等的确定，应取得有关部门同意。水源应按《生活饮用水卫生标准》采取相应的卫生防护措施。

7.3.1.3　给水处理厂的设计

给水处理厂设计内容包括设计规模的确定，厂址的选择，水处理工艺选择，处理构筑物的选择与计算，药剂的选择与用量确定，二级泵站设计与计算，水厂平面和高程布置等。

（1）厂址应选择在工程地质好、不受洪水威胁、交通便利的地方，应少占农田。

（2）水厂的规模应与规划相一致，远期与近期相结合。水处理构筑物的生产能力，以最高日供水量加水厂自用水量进行设计，并按原水水质最不利情况进行校核。

（3）给水处理的方法与工艺流程的选择，应根据生产能力和水质等因素，由于水源不同，水质各异，水处理系统的组成和工艺流程多种多样。

7.3.1.4 输配水管网设计

1. 管材的选择

给水管材的选择是给水工程质量和运行安全保障的关键，近年来，随着给水工程材料技术的发展，已有众多种类的管材在给水工程中得以广泛应用，其中应用较多的球墨铸铁管、钢丝网骨架塑料复合管、钢管和预应力钢筒混凝土管四种管材。如表 7.3.1-1 和图 7.3.1-1 所示。

给水管材与特点　　　　　　　　　　　　　　　　表 7.3.1-1

管材	优点	缺点
球墨铸铁管	具有优良的抗冲击能力,使用年限长,管道承压能力高,防腐能力强	重量较钢管重,强度和整体性较钢管小
钢管	重量相对较轻、强度高、管道接口精度高、供水安全性好等特点	价格较高,耐锈蚀性差
预应力钢筒混凝土管	承受较高的内压和外压,抗渗性能基本不漏水、使用寿命长达 60 年以上,流体阻力小	管道和管件自重大,运输费用较高
钢丝网骨架塑料复合管	重量轻,耐压强度好,输送阻力小,耐腐蚀性强	抗紫外线能力差,适合埋地,管径最大为 600mm,综合造价高于球墨铸铁管

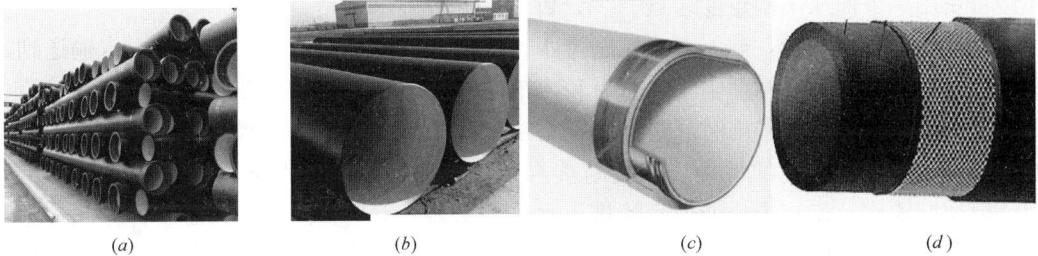

图 7.3.1-1　给水管管材
(a) 球墨铸铁管；(b) 钢管；(c) 预应力钢筒混凝土管；(d) 钢丝网骨架塑料复合管

2. 管径的确定

合理经济的确定管径，不仅能保证管网的水压，减少损耗，还能节省工程造价，是市政管网设计的重点。设计供水量包括以下几种用水量：综合生活用水；工业用水；浇洒道路和绿地用水；未预见水量和管网漏水损失。

3. 管网的布置

输水管一般距离长，因此与河流、高地、交通路线的交叉较多。输水管线有多种形式，分压力输水和无压输水两类。应根据具体情况确定，一般采用加压和重力相结合的输水方式。配水管网根据城市规划、用户分布以及用户对用水的安全可靠性的要求程度等，分为树状网和环状网两种形式。树状网一般适用于小城市和小型工矿企业，这类管网从水厂泵站或水塔到用户的管线布置成树枝状。显而易见，树状网的供水可靠性较差，因为管网中任一段管线损坏时，在该管段以后的所有管线就会断水。环状管网中，管线连接成环状，这类管网当任一段管线损坏时，可以关闭附近的阀门使和其余管线隔开，然后进行检修，供水可靠性增加。如图 7.3.1-2 所示。

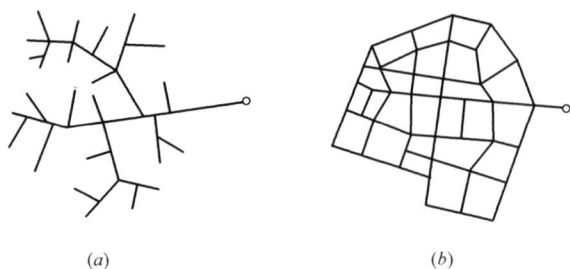

图 7.3.1-2 给水管网布置形式
(a) 树状网；(b) 环状网

4. 管道的埋深

以相关的规范为依据，对于管道的埋深，应结合实际情况，如冰冻情况、管材的性能、抗浮要求等来设计埋深。

5. 管道的附属构筑物

主要就是一些阀门井、支墩等，其中阀门井包括检修阀门井、排泥井、排气井等。在设计时应根据当地的实际情况选择合适的构筑物。

7.3.2 城市排水系统的设计

7.3.2.1 排水系统的体制选择

合理选择排水体制，是城市和工业企业排水系统规划和设计的重要的问题。它关系到排水系统是否经济实用，能否满足环境保护要求，同时也影响排水工程总投资、初期投资和经营费用。下面从不同角度来进一步分析对比各种排水体制。

从环境保护方面看，截流式合流制排水系统同时汇集了全部污水和部分雨水输送到污水处理厂处理，特别是初期雨水，带有较多的悬浮物，其污染程度有时接近于生活污水，这对保护水体有利。但暴雨时通过溢流井将部分生活污水、工业废水泄入水体，会周期性的给水体带来一定程度的污染。分流制排水系统，是将城市污水全部送到污水处理厂处理，但初期雨水径流却未经处理直接排入水体。从环境卫生方面分析，哪一种体制较为有利，要根据当地具体条件分析比较才能确定。一般情况下，截流式合流制排水系统对保护环境卫生、防治水体污染而言不如分流制排水系统。分流制排水系统比较灵活，较易适应发展需要，通常能符合城市卫生要求，因此有着广泛的应用前景。

从基建投资方面看，合流制排水体制只有一套管渠系统，管渠总长度要比分流制减少 $30\% \sim 40\%$，而断面尺寸和分流制雨水管渠基本相同，因此合流制排水管渠造价一般要比分流制低 $20\% \sim 40\%$。虽然合流制泵站和污水处理厂的造价通常比分流制高，但由于管渠造价在排水系统总造价中占 $70\% \sim 80\%$，所以分流制的总造价要比合流制高。从节省初期投资考虑，初期只建污水排除系统而缓建雨水排除系统，可以节省初期投资费用；同时，施工期限短，发挥效益快，可随着城市的发展，再行建造雨水管渠。

从维护管理方面看，合流制排水管渠可利用雨天剧增的径流量来冲刷管渠中的沉积物，维护管理较简单，可降低管渠的维护管理费用。但泵站与污水处理厂设备容量大，晴天和雨天流入污水处理厂的水量、水质变化剧烈，从而使泵站与污水处理厂的运行管理复杂，增加运行费用。而分流制流入污水处理厂的水量、水质变化比合流制小，利于污水处理、利用和运行管理。

从建设施工方面看，合流制管线单一，与其他地下管线、构筑物的交叉少，施工较简单，对于人口稠密、街道狭窄、地下设施较多的市区，有一定的优越性，但也存在合流制本身的诸多问题。

总之，排水体制的选择是一个较为复杂的问题，应根据城市总体规划、环境保护、当地自然社会经济条件、水体条件、城市污水量和水质情况、城市原有排水设施等情况综合考虑，通过技术经济比较决定。一般新建城市或地区的排水系统，应采用分流制；旧城区排水系统的改造，可采用截流式合流制。同一城市的不同地区，可视具体条件，采用不同的排水体制。

7.3.2.2 排水管网系统的设计

1. 管材的选择

目前，国内污雨水管道广泛使用的几种主要管材有：钢筋混凝土管、HDPE管、UPVC管、PE管、玻璃钢夹砂管等，其中，非金属管材如HDPE管、增强型PE管、玻璃钢夹砂管等在排水管道中的应用日益普遍。见表7.3.2-1和图7.3.2-1。

排水管材与特点 表7.3.2-1

管材	优点	缺点
钢筋混凝土管	节省钢材,价格低廉,防腐性能佳	重量大,质地脆弱
硬聚氯乙烯(UPVC)加筋管	价格低廉,质地较硬	脆性大,适合敷设于小区道路
HDPE双壁波纹管	耐酸碱、耐腐蚀,水利条件好	价格高
钢带增强聚乙烯(PE)螺旋波纹管	节约用材,较轻,韧性好、抗老化	生产工艺复杂

(a)　　　　　　　　(b)　　　　　　　　(c)　　　　　　　　(d)

图7.3.2-1　排水管管材

(a) 钢筋混凝土管；(b) HDPE双壁波纹管；(c) 钢带增强聚乙烯（PE）螺旋波纹管；(d) 硬聚氯乙烯（UPVC）加筋管

2. 排水管道的布置

排水管道的管线布置包括：确定排水区域，划分排水流域的。布置排水管道时应遵循以下原则：

（1）按照城市总体规划，结合当地实际情况布置排水管网，要进行多方案技术经济比较。

（2）先确定排水区域和排水体制，然后布置排水管网，应按由干管到支管的顺序进行布置。

（3）充分利用地形，采用重力流排除污水和雨水，并使管线最短和埋深最小。

（4）协调好与其他管道、电缆和道路等工程的关系，考虑好与企业内部管网的衔接。

（5）规划时要考虑到使管渠的施工、运行和维护方便。

（6）远、近期规划相结合，考虑发展，尽可能安排分期实施。

排水管道一般布置成树状管网，根据地形、竖向规划、污水处理厂的位置、土壤条件、河流情况以及污水种类和污染程度等分为多种形式。在一定条件下，地形是影响管道定线的主要原因，定线时应充分利用地形，使管道的走向符合地形趋势，一般应顺坡排水。

3. 排水管道的设计参数

排水管道的设计参数包括设计充满度、设计流速、最小管径、最小设计坡度和管道埋深等。

7.3.2.3 污水处理厂的设计要点

1. 厂址的选择

厂址应选择在地质条件好的地方，必须位于集中给水水源的下游；与纳污水体相近；应位于城镇夏季主导风向的下风侧；不受洪涝灾害的影响；有方便的交通、电力和运输条件。

2. 污水处理工艺的选择

污水处理工艺选择时应考虑的因素有：污水的处理程度；处理规模和水质特点，如当水质水量变化很大时，可以考虑设置调节池或者选择承受冲击负荷能力较强的处理工艺；工程造价与费用；当地的自然条件，如太冷或太热的地区不宜采用生物转盘和普通生物滤池工艺。

3. 污水处理厂的平面布置

（1）厂区功能明确；

（2）顺流排列、流程简洁；

（3）充分利用地形，降低能耗和工程费用；

（4）考虑分期建设的可能性，留有适当扩建的余地。

4. 高程布置

（1）考虑远期发展，水量增加的预留水头；

（2）避免构筑物之间跌水等浪费水头的现象，充分利用地形，实现自流；

（3）在计算并留有余量的前提下，力求缩小全程水头损失以及提升泵站的扬程降低运行费用。

以天津市纪庄子污水处理厂的设计为例。该厂是我国目前已建成、运行规模较大的污水处理厂之一，处理污水量 $26 \times 10^4 \mathrm{m^3/d}$。该厂位于天津市区西南部，占地 $350000 \mathrm{m^2}$（525 亩），当量人口 127 万，单位 4412 个。

该厂的水质指标：进水 BOD_5 200mg/L；SS250mg/L；处理水 BOD_5 25mg/L；SS60mg/L。

纪庄子污水处理厂采用渐减曝气式活性污泥法处理工艺。污泥采用中温厌氧二级消化处理，消化后污泥通过机械脱水后，运往农村充作肥料。消化过程产生的消化气则用于本厂发电和生活区生活用气。发电产生的余热用于污泥消化的加热。污水与污泥处理工艺流程图 7.3.2-2 所示，反映了污泥处理的详细工艺；总平面布置如图 7.3.2-3 所示，反映了功能明确、顺流排列、流程简洁的设计原则。

该厂曝气池采用的是五廊道推流式渐减曝气，空气扩散装置引进了英国霍克，西德利公司生产的微孔曝气装置和与其配套的鼓风机组和仪表。提高了氧的转移率，降低了电耗。收到了良好的效果。

该厂初次沉淀池和二次沉淀池都采用辐流式，二次沉淀池采用自动吸刮泥方式排泥。

在一些单位的积极支持下，该厂还开展污水回用工作，二级处理水现已应用于某煤厂制煤、道路喷洒、厂区绿化和农田灌溉。为了扩大二级处理水的回用范围，厂内建设面积达 7700m² 的稳定溏，出水效果良好，除磷、脱氮也有一定效果。

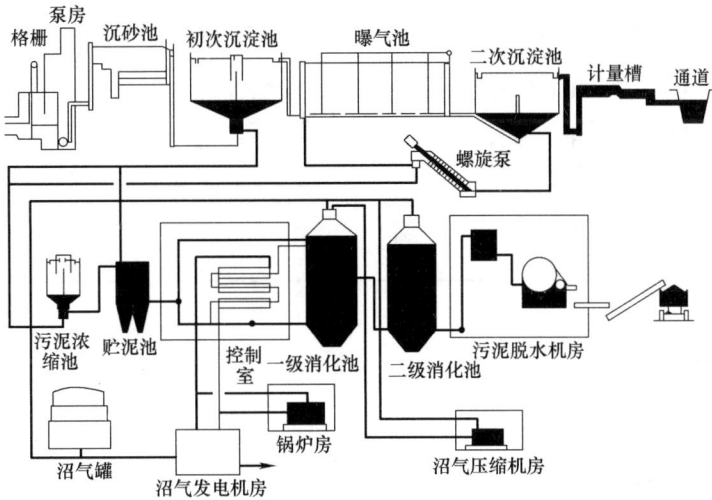

图 7.3.2-2 天津市纪庄子污水处理厂污泥处理工艺流程

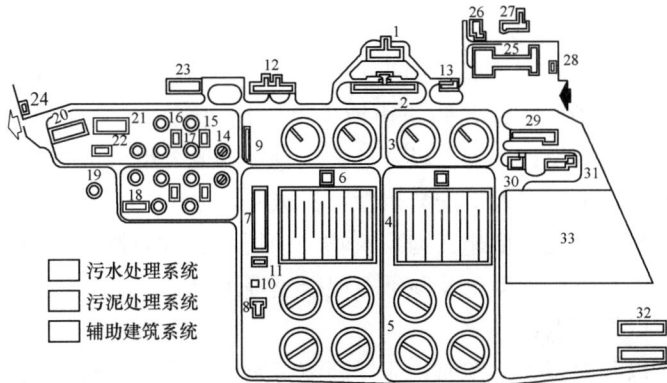

图 7.3.2-3 天津市纪庄子污水处理厂平面布置图

7.4 城市给排水管网施工

城市给排水工程施工涉及的内容较多。给水处理厂、污水处理厂施工的土建部分，更多地属于基坑工程，这部分内容已经在前面有较多叙述；其余均为安装工程内容，限于篇幅，本书对此部分内容不再展开。下面重点叙述一下给排水管网施工技术。

给排水管网采用较多的施工方法为开槽埋管法、顶管法、盾构法以及水平定向钻施工方法。这些方法中,开槽埋管属于明挖法,其他几种方法都属于机械施工的暗挖方法。这几种机械施工方法各有优、缺点。表7.4.0-1给出了三种机械施工方法在适用范围、直径、施工精度以及速度等方面的比较。

顶管施工与其他工法的比较

表 7.4.0-1

比较 \ 工法		顶管	盾构	定向钻进
特点	优点	顶进精度高	适用于大口径隧道	施工速度快
	缺点	施工成本较高	施工成本高	由于精度限制,无法用于重力流管道施工
适用范围		通信管、排水管、煤气管、自来水管、综合管道	综合管道、地铁、隧道	通信管、煤气管、自来水管
适用管径(mm)		$\phi800 \sim \phi4000$	$\phi3000 \sim \phi15000$	$\phi100 \sim \phi1000$
施工精度		50mm 以内	50mm 以内	1000mm 以内
施工速度		15~25m/天	15~15m/天	50~100m/天

7.4.1 开槽埋管施工

7.4.1.1 工法简介

尽管在城市中由于受交通条件的制约,采用非开挖技术抢修沉管开始受到青睐,但是开槽埋管技术作为传统的铺管技术,仍然在施工中具有重要的意义,目前仍是城市管道施工最主要的施工方法。

该方法利用井点降水原理,先将地下水降至槽底以下,使开挖后的沟槽处于无水状态。再利用沟槽边坡支护的方法,防止边坡失稳和地表沉降,确保周边建(构)筑物安全。沟槽采用机械设备按设计坡度分段开挖,大直径管道采用吊机起吊下管,小直径管道采用人员配合小型机具下管,人工安装接管,机械回填碾压。

该工法要求场地两侧无大型建(构)筑物,地层可用井点降低地下水,适用于黏土、硬塑的轻亚黏土、碎石土、砂类土及砂砾石混合土等土层。

开槽埋管具有以下特点:

(1)施工时可以开展多个工作面,能提高施工速度,压缩工期。与顶管施工相比,开槽埋管施工只要场地允许,可在沿线全面展开施工,施工不受工作面的限制,机械及人员可以大面积展开,机械利用率及施工效率高,可以有效地降低因工期压力而造成的各项费用的支出。尤其在现在,业主要求工期都非常紧的情况下,开槽埋管施工方法是一种既快速,又节约成本的施工方法,被广泛应用于城市管道施工中。

(2)由于城市地形限制,沟槽开挖宽度小,坡度大,为防止边坡坍塌及地表变形,影响周围建筑物,沟槽边坡往往要进行支护。管道铺设好后,要及时进行管沟回填作业,确保沟槽受力平衡,防止因沟槽暴露时间过长而产生地表开裂变形。

(3)大多城市地下水丰富,在开挖前要进行井点降水。

(4)与其他地下管道施工相比,因为开槽埋管施工为开挖后明铺管道,可完全保证管道施工质量。开槽埋管施工中，由于管道沟槽采用明挖方法，管道基础、管道铺设及连接等工序均由人工施做，每道工序必须经过检查验收后才能进入下道工序，有效地防止了管道渗、漏、堵等病害缺陷及不良地质处管道下沉、断裂等现象，能很好地确保管道施工质量。

（5）开槽埋管法施工工艺简单，在施工过程中可采取机动灵活的方式，可操作性强。

7.4.1.2　工艺流程

开槽埋管法的具体施工流程如图 7.4.1-1 所示。

7.4.1.3　施工要点

1. 管沟土方工程

在地下管道施工中，土方工程量很大，其中路面破碎、土方开挖回填以及施工中沟槽支撑等约占总工程量的 80% 以上。土方工程施工质量直接影响管道的基础、坡度和接口的质量，所以应认真对待。

（1）路面分类和开掘

根据路面的种类与结构采用不同的开掘方法，参见表 7.4.1-1。

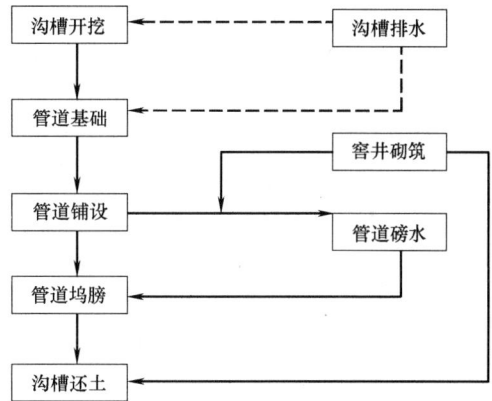

图 7.4.1-1　开槽埋管施工流程图

城市道路的分类及开掘方式　　　　表 7.4.1-1

种类	结构	开掘方式
刚性路面	钢筋混凝土路面,俗称白色路面	先用路面破碎机击碎,后用铁棒撬松
柔性路面	沥青、细砂路面,俗称黑色路面	风镐开掘,铁棒配合
半柔性路面	三渣路基、柏油罩面层	风镐开掘,铁棒配合
简易路面	黄泥碎石、煤渣、石块等	小型风镐或直接用铁棒、铁镐

（2）土壤的开挖

土壤按其结构密实程度和开挖难易程度采用不同的开掘方法。

目前管道沟槽的开挖普遍采用机械挖掘机代替人工开挖，工作效率提高数十倍以上，并明显降低劳动强度。国内生产挖掘机规格日趋齐备，施工中可根据沟槽宽度选择各种类型挖掘机。

（3）沟槽的形式和支撑

1）沟槽的形式

沟槽的形式，城市中一般采用直沟；在接口镶接或其他超深部位可采用梯形沟或混合沟；在郊区越野地带多采用混合沟，也可采用梯形沟。

2）接口工作坑

接口工作坑是施工人员在沟槽中进行接口操作的场所，其几何形状大于原沟槽。由于操作时间较长，往往需要设聚水坑并加以支撑。

3）沟槽支撑

已开掘成型的沟槽在管道尚未敷设之前，由于土壤受地下水的浸泡和沟边地面荷载的影响，往往会造成塌方。这不但使工程遭受损失，而且对施工人员的安全造成威胁。所以沟槽支撑是避免塌方，确保安全的有效措施，是地下管施工安全操作规程的主要内容之一。其规定如下：

根据实测，黄土、黏土在常温下，当地下水位较低时，沟深1.5m以上时容易塌方。因此一般规定沟深1.5m以上必须支撑板桩后方可下沟施工。遇到砂土或沟边有电杆、建筑物的黏土、黄土的沟槽深度超过1m，须采取支撑措施后才可敷设管道。沟槽支撑的工具和方法见图7.4.1-2。

支撑工具由板桩（铁板、槽钢、木板）和螺杆横撑组成。支撑方法可视土质情况分别采用水平支撑、垂直支撑、长板桩支撑和密板桩支撑等方法。在沟深1.5～2.5m地下水位低的黏土、黄土地带可选用水平支撑和垂直支撑。在沟深2.5m以上则采用长板桩和密板桩。为防止重载荷对板桩造成压力，必须把板桩（立板桩）压至沟底0.50～1.00m的深度。

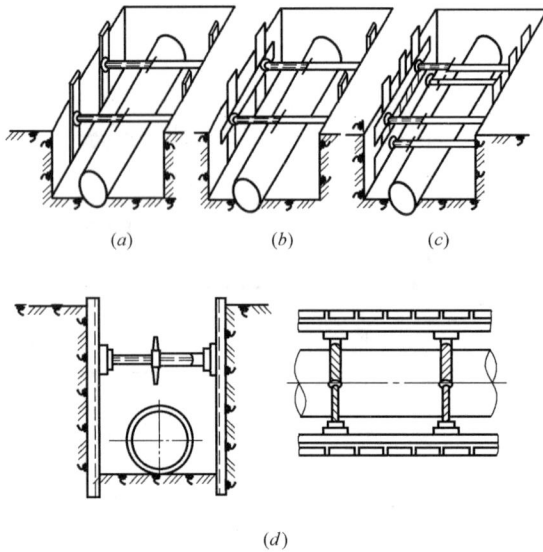

图7.4.1-2　沟槽支撑示意图
(a) 直板桩；(b) 横板桩；(c) 花板桩；(d) 密板桩

2. 管道敷设

（1）地下管道敷设的水平和垂直位置，一般不允许随意变动，管位的偏移将影响其他管线的埋设或给其他管线的检修造成困难。

（2）埋管的深度是指路面至管顶的垂直距离。埋管深度决定于管道顶面承受的压力及冰冻线深度而确定，敷设于农田的管道深度还应考虑不影响耕种时翻土深度的需要。

3. 沟槽回填

回填土的质量直接关系到已敷设管道的稳固性和荷载能力，同时又涉及竣工后道路修复的质量。回填土操作要求如下：

（1）在回填土前应先将沟槽里积水排除，检查管基（特别是设垫块的部位）是否牢固，然后选用无腐蚀性、无石块硬物、较干燥的小块土壤覆盖于管道的两侧与上方。覆盖管道表面的土层厚度不应小于30cm。

（2）回填土时应将管道两侧回填土捣实，稳固管道，防止地下水流动使管基周围土层流失。捣实操作要注意防止损伤铸铁管、管件和损坏钢管防腐层。

（3）为减少修路机械振动的影响，保持已敷设管道稳定，回填土应分层夯实。一般在回填土覆盖高于管顶50cm开始夯实，之后每30cm夯实一次。回填土应高于原路面5～10cm，成弧形，以防土层沉陷使沟槽部分低凹，地面通行车辆等产生的动荷载引起的冲击力损伤管道。当发现沟槽出现凹槽必须及时加垫土壤，直至路面稳定为止。

7.4.2 顶管法施工

7.4.2.1 工法简介

目前，在城市给排水管网施工中，广泛使用顶管法。顶管技术是在不开挖地表的情况下，利用液压油缸从顶管工作井将顶管机和待铺设的管节在地下逐节顶进，直到顶管接收井的非开挖地下管道敷设施工工艺。由于顶管施工无需进行地面开挖，因此不会阻碍交通，不会产生过大的噪音和振动，对周围环境影响也很小。顶管法广泛应用于给排水管道施工。顶管法施工过程如下：在事先准备好的工作坑内，用液压油缸将顶管机和管节压入土层中，同时排出和运走挖出的泥土。当第一节管节完全压入土层后，再把第二节管节接在后面继续顶进。同时将第一节管节内挖出的泥土运走，直到第二节管节也全部压入土层。然后再把第三节管节接上顶进，如此循环重复。从理论上说，只要液压油缸的顶力足以克服顶管时产生的阻力，这个过程便可一直往复进行下去。图 7.4.2-1 为顶管施工示意图。

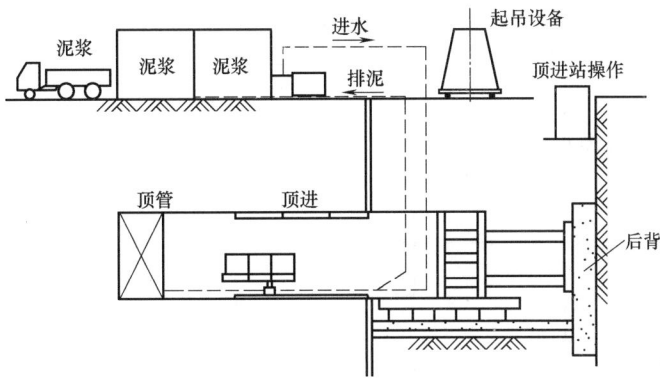

图 7.4.2-1　顶管施工示意图

顶管法施工首先是要根据不同的地层进行顶管掘进机的选型。比如针对软黏土和粉质黏土可以选择泥水平衡和土压平衡顶管掘进机。对小直径的顶管，可以选择泥水平衡顶管掘进机方便管内出土。对大直径的顶管，既可以选择泥水平衡，也可以选择土压平衡顶管掘进机。对于砂性地层，可以采用加泥式土压平衡顶管掘进机施工。如果是小直径顶管，目前广泛使用二次破碎泥水式顶管掘进机，可以较好地稳定开挖面的土体。对于复杂地层的顶管，应根据具体的地质条件确定顶管机的结构，包括驱动扭矩、刀盘和刀具的设计、辅助工法等。图 7.4.2-2～图 7.4.2-4 是上述顶管掘进机的照片。

7.4.2.2 工艺流程

顶管法的具体施工流程如图 7.4.2-5 所示。

7.4.2.3 施工要点

顶管施工技术大体包括以下 16 部分。

1. 工作坑和接收坑

工作坑也称基坑。工作坑是安放所有顶进设备的场所，也是顶管掘进机的始发场所，工作坑还是承受主顶油缸推力的反作用力的构筑物。接收坑是接收掘进机或工具管的场所。

图 7.4.2-2　泥水平衡
顶管掘进机图

图 7.4.2-3　二次破碎泥
水平衡顶管掘进机

图 7.4.2-4 土压平衡
顶管掘进机

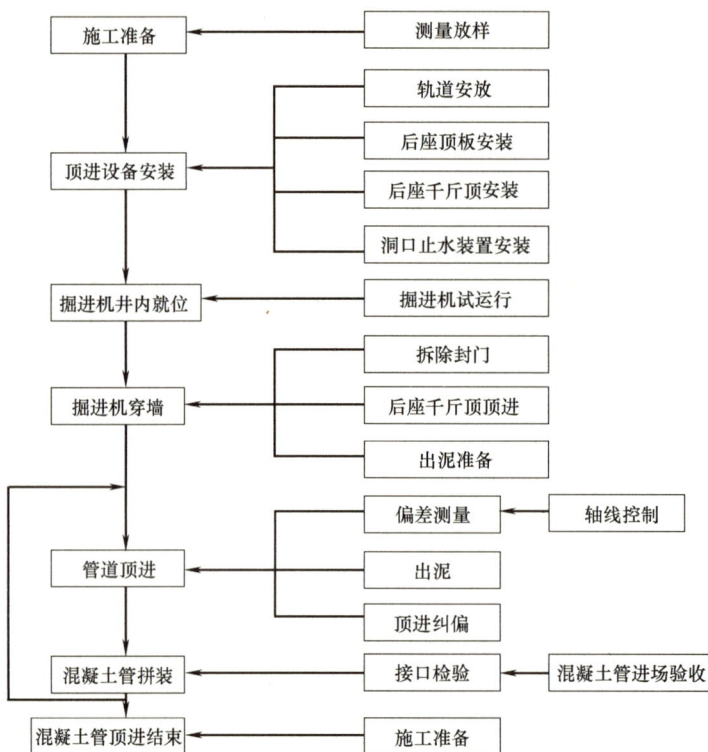

图 7.4.2-5　顶管施工流程图

有时在多段连续顶管的情况下，工作坑也可当接收坑用，但反过来则不行，因为一般情况下接收坑比工作坑小许多，顶管设备是无法安放的。

2. 洞口止水圈

洞口止水圈是安装在工作坑的始发洞口和接收坑的到达洞口，具有制止地下水和泥砂流到工作坑和接收坑的功能。

3. 掘进机

掘进机是顶管用的机器，它总是安放在所顶管道的最前端，它有各种型式，是决定顶管成败的关键所在。在手掘式顶管施工中是不用掘进机而只用一只工具管。不管哪种形式，掘进机的功能都是取土和确保管道顶进方向的正确性。

310

4. 主顶装置

主顶装置由主顶油缸、主顶油泵和操纵台及油管等四部分构成。主顶油缸是管子推进的动力，它多呈对称状布置在管壁周边，在大多数情况下都成双数，且左右对称。

主顶油缸的压力油由主顶油泵通过高压油管供给。常用的压力在 32~42MPa 之间，高的可达 50MPa。

主顶油缸的推进和回缩是通过操纵台控制的。操纵方式有电动和手动两种，前者使用电磁阀或电液阀，后者使用手动换向阀。

5. 顶铁

顶铁有环形顶铁和弧形或马蹄形顶铁之分。环形顶铁的主要作用是把主顶油缸的推力较均匀地分布在所顶管子的端面上。

弧形或马蹄形顶铁是为了弥补主顶油缸行程与嗜节长度之间的不足。弧形顶铁用于手掘式、土压平衡式等许多方式的顶管中，它的开口是向上的，便于管道内出土。而马蹄形顶铁则是倒扣在基坑导轨上的，开口方向与弧形顶铁相反。它只用于泥水平衡式顶管中。

6. 基坑导轨

基坑导轨是在两根平行的箱形钢结构上焊接在钢轨而制成的。它的作用主要有两点：一是使推进管在工作坑中有一个稳定的导向，并使推进管沿该导向进入土中；二是让环形、弧形顶铁工作时能有一个可靠的托架。

基坑导轨有的用重轨制成，但重轨较脆，容易折断。重轨制成的基坑导轨的优点是耐磨性好。现已不常使用。

7. 后座墙

后座墙是把主顶油缸推力的反力传递到工作坑后部土体中去的墙体。目的是使推力的反力能够比较均匀的作用到土体中去，尽可能的使主顶油缸的总推力的作用面积大些。

由于主顶油缸较细，对于后座墙的混凝土结构来讲只相当于几个点，如果把主顶油缸直接抵在座墙上，则后座墙极容易损坏．为了防止此类事情发生，在后座墙与主顶油缸之间加垫一块厚度在 200~300mm 之间的钢结构件，称之为后靠背。通过它把油缸的反力较均匀地传递到后座墙上，这样后座墙也就不容易损坏。

8. 推进用管及接口

推进用管分为多管节和单一管节两大类。多管节的推进管大多为钢筋混凝土管，管节长度有 2~3m 不等。这类管都必须采用可靠的管接口，该接口必须在施工时和施工完成以后的使用过程中都不渗漏。这种管接口形式有企口形、T 形和 F 形等多种形式。

单一管节的是钢管，它的接口都是焊接成的，施工完工以后变成一根刚性较大的管子。它的优点是焊接接口不易渗漏，缺点是只能用于直线顶管，而不能用于曲线顶管。除此之外，也有些 PVC 管可用于顶管，但一般顶距都比较短。铸铁管在经过改造后也可用于顶管。

9. 输土装置

输土装置会因不同的推进方式而不同。在手掘式顶管中，大多采用人力劳动车出土；在土压平衡式顶管中，有蓄电池拖车、土砂泵等方式出土；在泥水平衡式顶管中，都采用泥浆泵和管道输送泥水。

10. 地面起吊设备

地面起吊设备最常用的是门式行车，它操作简便、工作可靠，不同口径的管子应配不同吨位的行车。它的缺点是转移过程拆装比较困难。

汽车式起重机和履带式起重机也是常用的地面起吊设备。它们的优点是转移方便、灵活。

11. 测量装置

通常用得最普遍的测量装置就是置于基坑后部的经纬仪和水准仪。使用经纬仪来测量管子的左右偏差，使用水准仪来测量管子的高低偏差。

在机械式顶管中，大多使用激光经纬仪。它是在普通的经纬仪上加装一个激光发射器而构成的。激光束打在掘进机的光靶上，观察光靶上光点的位置就可判断管子顶进的高低和左右偏差。

12. 注浆系统

注浆系统由拌浆、注浆和管道三部分组成。拌浆是把注浆材料兑水以后再搅拌成所需的浆液。注浆是通过注浆泵来进行的，它可以控制注浆的压力和注浆量。管道分为总管和支管，总管安装在管道内的一侧。支管则把总管内压送过来的浆液输送到每个注浆孔去。

13. 中继站

中继站亦称中继间，它是长距离顶管中不可缺少的设备。中继站内均匀地安装有许多台油缸，这些油缸把它们前面的一段管子推进一定长度以后，如300mm，然后再让它后面的中继站或主顶油缸把该中继站油缸缩回。这样一只连一只，一次连一次就可以把很长的一段管子分几段顶。最终依次把由前到后的中继站油缸拆除，一个个中继站合拢即可。

14. 辅助施工

顶管施工有时离不开一些辅助的施工方法，如手掘式顶管中常用的井点降水、注浆等，又如始发、到达洞口加固时常用的高压旋喷施工和搅拌桩施工等。

不同的顶管方式以及不同的土质条件应采用不同的辅助施工方法。顶管常用的辅助施工方法有井点降水、高压旋喷、注浆、搅拌桩、冻结法等多种，都要因地制宜地使用才能达到事半功倍的效果。

15. 供电及照明

顶管施工中常用的供电方式有两种：在距离较短和口径较小的顶管中以及在用电量不大的手掘式顶管中，都采用直接供电。如动力电用380V，则由电缆直接把380V电输送到掘进机的电源箱中。另一种是在口径比较大而且顶进距离又比较长的情况下，都是把高压电如1000V的高压电输送到掘进机后的管子中，然后由管子中的变压器进行降压，降至380V再把380V的电送到掘进机的电源箱中去。

高压供电的好处是损耗少而且所用电缆可细些，但高压供电危险性大，要慎重，更要做好用电安全工作和采取各种有效的防触电、漏电措施。照明通常也有低压和高压两种：手掘式顶管施工中的行灯应选用12～24V低压电源．若管径大的，照明灯固定的则可采用220V电源，同时，也必须采取安全用电措施来加以保护。

16. 通风与换气

通风与换气是长距离顶管中不可缺少的一环，不然的话，则可能发生缺氧或气体中毒现象，千万不能大意。

顶管中的换气应采用专用的抽风机或者采用鼓风机。通风管道一直通到掘进机内，把混浊的空气抽离工作井，然后让新鲜空气自然地补充。或者使用鼓风机，使工作井内的空气强制流通。

7.4.2.4 信息化技术用于顶管法施工的案例

顶管法施工中存在一定风险，这些风险主要包括：①机头姿态失控，管道轴线不符合设计和规范要求。②地表变形大，破坏周边环境。③顶进阻力大，无法正常完成顶进。采取智能化控制措施可有效减小上述风险。顶管法施工的智能化控制技术可以有效控制顶管施工中的风险，在工程实践中被重视和推广。顶管法施工的智能化控制技术包括以内容：

1. 触摸屏操作系统

建立一套触摸屏操作系统对实现顶管智能化控制是很必要的。如图7.4.2-6所示，监控主界面上设有各种控制按钮代替传统机械式按钮，提高了顶管的控制和管理水平。

2. 动态施工数据采集及监控系统

系统采用研华 TPC-1570H 工业控制计算机（带触摸功能）作为上位机，下位机选用 OMRON 的 C 系列 PLC，其带有 RS-232 接口，可以直接和工控机的串口相连接。工控机和 PLC 之间采用 RS-232 协议通信，PLC 主站和从站之间采用 RS-485 协议通信。各种传感器把顶管机各机构

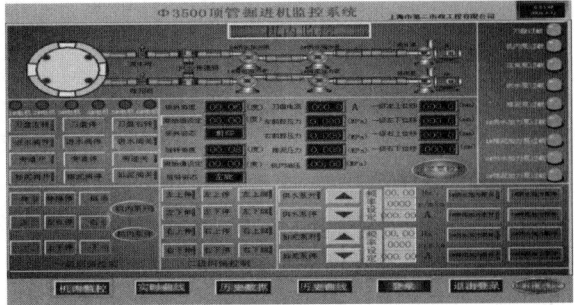

图 7.4.2-6 触摸屏监控系统界面图

的实时状态通过 PLC 传输到工控机上的监控系统中。整个系统结构如图 7.4.2-7 所示。

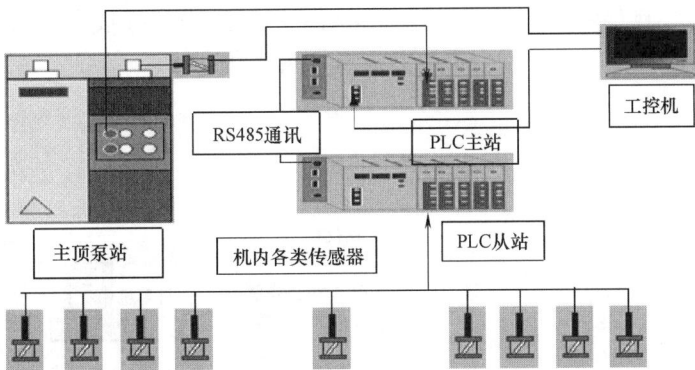

图 7.4.2-7 顶管施工参数采集与监控系统结构图

工控机主要作用是通过采用组态软件开发的监控系统与 PLC、主顶泵站进行通讯，获取现场各种数据并显示、自动生成各种实时及历史曲线、故障报警、动画模拟工业流程、数据打印、控制指令下发等一系列功能。图 3.1-6 的两台 OMRON 的 C 系列 PLC 分为主站和从站，两者之间采用 RS485 通信，并作为下位机实现和工控机的数据交换。系统中设有前腔压力、排泥压力、机内泵系统压力、四组纠偏油缸行程、倾斜旋转角度、刀盘电流、主顶泵站系统压力等数据，传感器输出 4～20mA 信号接到 PLC 的 A/D 模块中进行模拟数字转换，然后再采集到工控机中显示。如图 7.4.2-8 所示。

3. 机头姿态智能控制系统

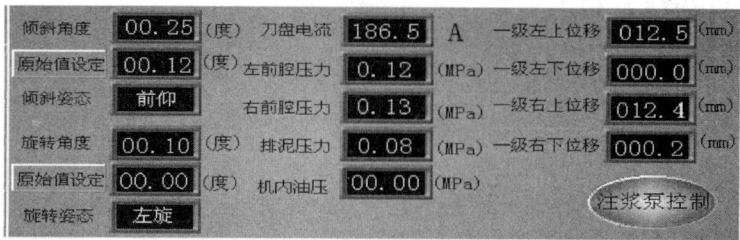

图 7.4.2-8　顶管施工参数实时显示

机头姿态控制包括两个方面：一是测量要及时准确，二是纠偏应勤纠微纠。目前在测量方面，已经开发出顶管自动引导测量系统。下面对顶管自动引导测量系统作简单介绍。

（1）顶管自动引导测量系统特点

该系统采用常规测量仪器（计算机和全站仪），能够高精度快速地自动连续测量，直接给出机头姿态的全部要素。具有实时性、快速性、简单性、精确性、稳定性的特点。

（2）顶管自动引导测量系统的组成

图 7.4.2-9 为顶管自动引导测量系统的双（多）机运行模式的管道测站布置图。T_1 是固定于井下仪器墩上的井下测站，为地下导线测量的起始点。长距离的曲线顶管受管道弯曲限制，T_1 站的仪器无法直接测量机头位置 P_0，而必须用导线测量的方法，在管道内设 T_2 站、T_3 站……，逐站测量至机头 P_0。P_L、P_R 为固定于井壁上的后视点，它们的起始坐标和方位角由地面的控制点通过定向测量联测，在顶管过程中，并是不动的。由于机头中心无法安置棱镜，通过测定 P_1、P_2 棱镜归算得到 P_0 的坐标。每一次测量除起始点 T_1 外，其他各导线点都随管道向前推进而移动，即管道内的导线点 T_2、T_3……是移动的，因此每一次测量 P_0，都必须全程由井下至机头逐站进行。

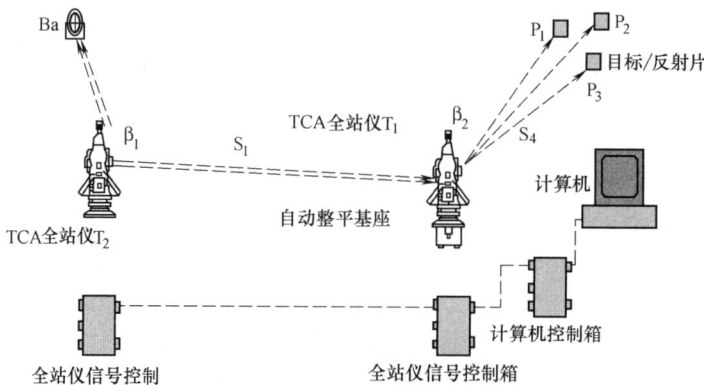

图 7.4.2-9　顶管自动引导测量系统示意图

4. 地表变形的智能控制

顶管的地表变形控制与工程水文地质、开挖面的稳定、管外壁泥浆润滑套等因素有关。其中最主要的是开挖面的水土压力平衡。泥水平衡顶管掘进时，刀盘切削下来的土体经刀盘后的搅拌翼搅拌后，经排泥泵送往地面的泥水处理装置，经过一系列的处理，并对可利用泥浆加入一定比例的膨润土泥浆，再经调整槽调整到适合开挖面的土质条件的比重

314

和黏度后，又经送泥泵加压后再次送到泥水舱。如此循环使泥水舱中的压力与土层压力达到一个平衡的状态，使顶管掘进机在开挖面土层稳定的条件下向前掘进。

地表变形的智能化控制有以下几种：

（1）采用机尾中继站油缸间接反馈控制

为提高系统响应速度，反馈信号不直接从泥水仓中测取，而是从机尾中继站油缸测取。因为该组油缸内压力大小直接反映泥水仓中的压力。系统采用压力传感器和电磁比例溢流阀，实现开挖面水土压力的自动平衡（图7.4.2-10）。

（2）通过进排泥流量调节直接控制泥水仓压力

这是泥水平衡式顶管机常规的平衡方式。挖掘面土压力一般用机械方式（大刀盘）平衡，挖掘面地下水压力一般用经过试验、专门配制的泥浆水来平衡。为了控制地面沉降，挖掘面地下水压力的控制往往是关键的因素之一。当挖掘开始后，泥水仓内泥水压力与挖掘面地下水压力间始终处于一种平衡状态，根据经验，一般控制泥水仓内压力始终高于地下水压力10～20kPa为最佳，调节闸阀开度大小即调节进泥流量大小即可调节泥水仓内压力高低（图7.4.2-11）。

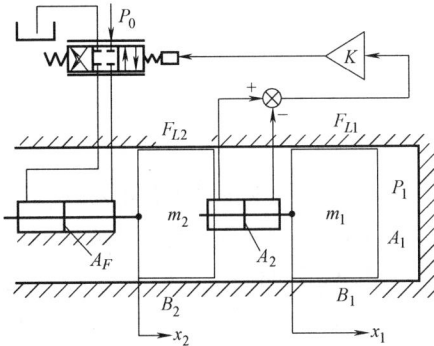

图 7.4.2-10　中继站油缸间接
反馈控制示意图

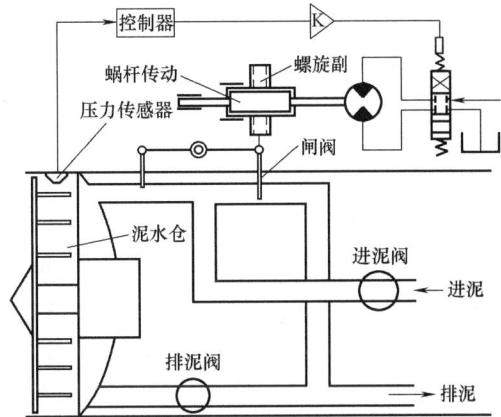

图 7.4.2-11　控制进排泥量直接调
节泥水仓压力示意图

（3）基于模糊控制的泥水仓压力控制系统

由于泥水仓压力影响因素很多，难以用精确的数学模型建立影响因素，因此使用模糊控制方法来设计控制系统。采用 Matlab/simulink 及 Fuzzy Logic Toolbox 建立泥水仓压力控制系统的计算机仿真模型（图7.4.2-12）。

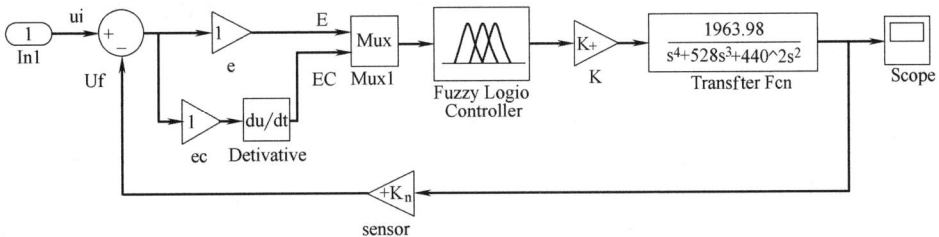

图 7.4.2-12　泥水仓压力控制系统仿真模型

图 7.4.2-13 实线为模糊控制系统仿真曲线，虚线为传统 PID 控制系统仿真曲线。从图中可以看出，模糊控制系统的超调量明显减小，对抑制泥水仓压力变化效果很好；调节时间及振荡频率也大大减小，快速响应性较好，对于改善泥水仓压力的动态特性具有很好的作用。

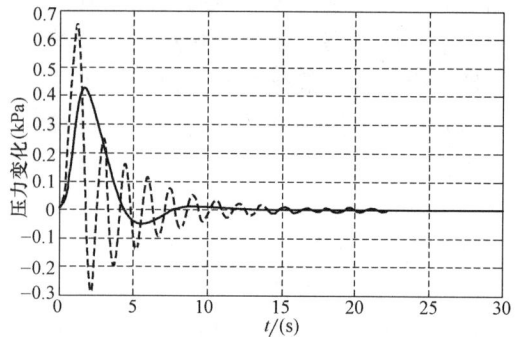

图 7.4.2-13　对比仿真曲线

7.4.3　盾构法施工

7.4.3.1　工法简介

盾构法隧道广泛应用于地铁工程和越江公路隧道的建设中，在第 5 章和第 6 章已经对该工法及其在城市地下交通隧道和城市地铁隧道建设中的重要作用进行了详细介绍。近年来，在国内的给排水工程中盾构法也有应用。比较有代表性的工程有云南掌鸠河引水供水工程、辽宁大伙房输水隧洞以及南水北调穿越黄河工程等。给排水隧道的盾构法施工与地铁与公路隧道相似，但也有区别，下面以青草沙越江输水隧道工程为例介绍盾构法在城市给水隧道工程中的应用。

7.4.3.2　工程概况

青草沙越江输水隧道工程又名长江原水过江管工程，包括东线和西线 2 条隧道。东线隧道全长 7175.524m，共 4784 环；西线隧道全长 7172.978m，共 4782 环。隧道采用两台切削直径 7085mm 的泥水气压平衡式盾构掘进机施工。隧道平面位置见图 7.4.3-1。越江隧道施工时盾构主要穿越的土层包括⑤₁灰色黏土、⑤₂灰色黏质粉土、⑤₃灰色粉质黏土、⑦₁₋₁灰色砂质粉土，局部区域穿越⑤₃ₜ灰色黏质粉土，隧道与地层的关系见图 7.4.3-2。

隧道衬砌采用通用环楔形管片单层衬砌，每环由 6 块构成。管片外径 6800mm，内径 5840mm，环宽 1500mm，楔形量为 13.6mm。每环管片包括 24 个环向拼装手孔和 32 个纵向手孔，每个环向手孔内设置并排的双螺栓。管片混凝土强度等级为 C55，抗渗等级为 P12。隧道管片的衬砌构造如图 7.4.3-3 和图 7.4.3-4 所示。该隧道是我国第一条采用盾构法建成的单层衬砌通水的原水管道工程。管片接缝防水采用内、外两道三元乙丙弹性橡胶密封条与海绵止水条组成的防水线，通过挤压使橡胶密封条达到止水效果。

7.4.3.3　工艺流程

该隧道工程的具体施工流程如图 7.4.3-5 所示。

7.4.3.4　施工要点

本工程属于中等直径的超长盾构法隧道，施工距离长、无法使用大直径隧道的运输车辆等成为制约过江管隧道工程高效施工的主要因素。针对这些因素，通过优化施工机械性

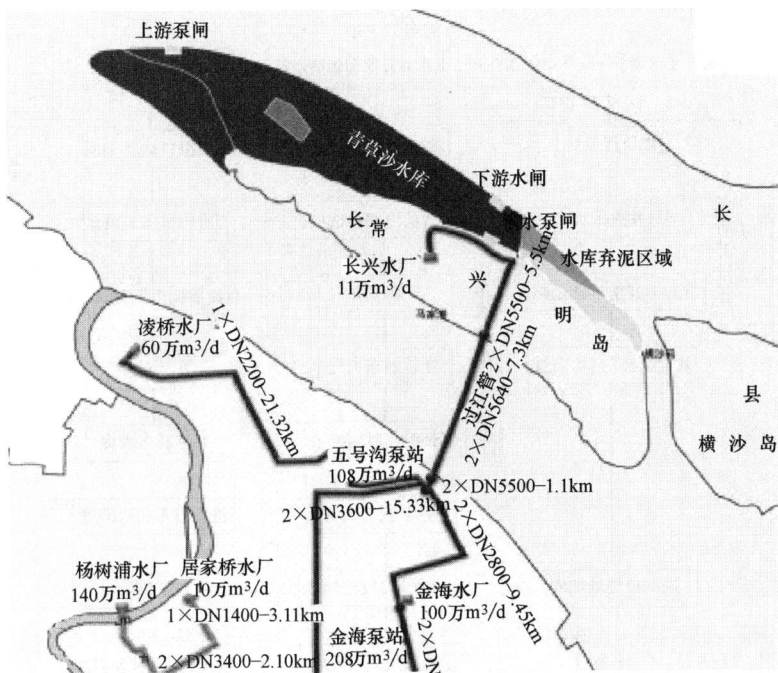

图 7.4.3-1　越江输水隧道平面位置

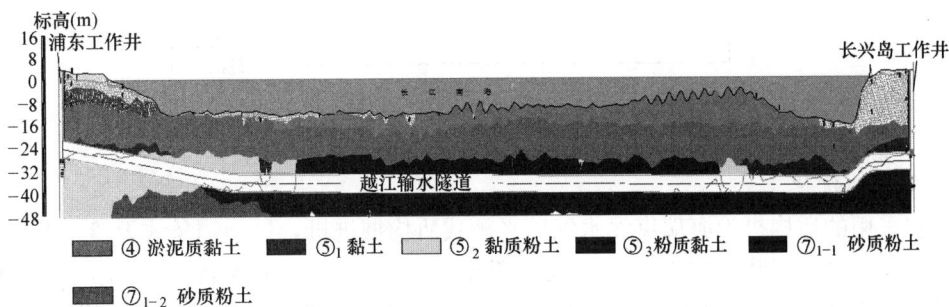

图 7.4.3-2　隧道地质剖面图

能，使得盾构推进、管片拼装、施工材料运输达到最佳配置，减少了各施工环节因工序交叉、停顿等造成的时间浪费，从而有效地节约人力物力资源，充分发挥现有设备的效能，保证超长距离越江盾构高效施工。为解决上述难题，采取如下举措：

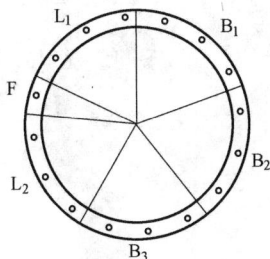

图 7.4.3-3　管片衬砌构造示意图

图 7.4.3-4　越江输水隧道管片

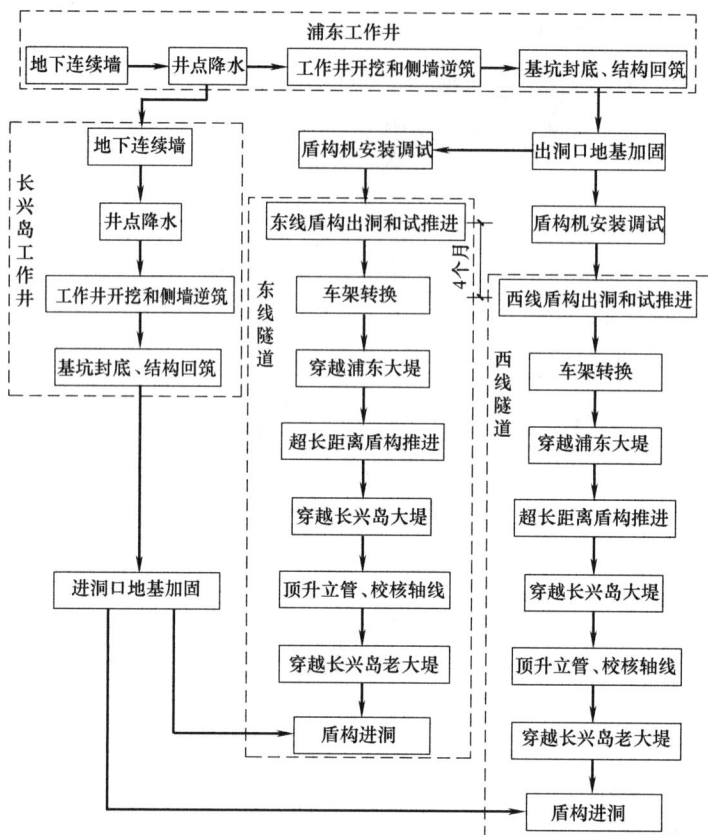

图 7.4.3-5 越江输水隧道施工流程图

1. 盾构机优化

工程采用的盾构机为海瑞克泥水气压平衡式盾构掘进机，星型辐条式刀盘，开口率为30%，刀盘的中心安装鱼尾刀，刀盘最大扭矩4733kN·m，最大转速2.7rpm。采取16对千斤顶组合为推进驱动设备，分为4个大区，图7.4.3-6所示。千斤顶组最大推力42575kN。拼装设备主要包括拼装机和喂片机，在地铁隧道施工中，管片运送至车架后，采用双轨梁将管片运送至拼装面，此方法运输效率较低，影响管片拼装速度。

本项目在桥架段安装喂片机，如图7.4.3-7所示，此装置可放置三块管片，可有效提高管片拼装速度。

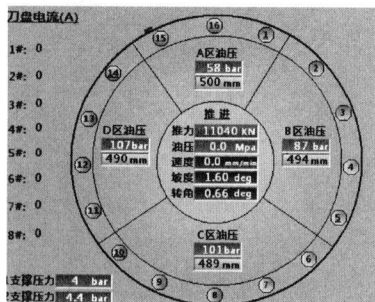

图 7.4.3-6 推进千斤顶分区

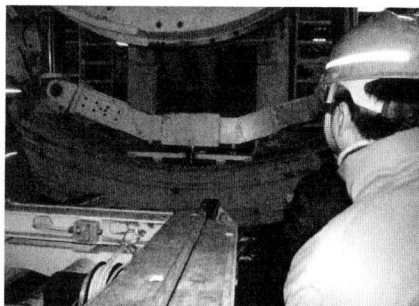

图 7.4.3-7 喂片机外观

2. 车架优化

盾构每推进 5 环后需要接水管、气管。为节省接水管、气管的时间，在安装泥水管路接管系统的 5 号车架后部再安装一节车架，即 6 号车架，如图 7.4.3-8 所示。此节车架安装有电动葫芦，可在此节车架上储存两套各类管路。这样可有效的提高安装水、气管路的效率，减少运送管路的时间，为快速施工提供保障。

图 7.4.3-8 增设的 6 号车架

3. 水平运输系统优化

考虑到隧道直径中等，通风效果不佳，为避免柴油机车产生废气影响施工人员健康，减少火灾发生隐患，选用蓄电池电机车作为水平运输设备。在盾构工作井内设置双线路移动式平台，并在隧道中段设置道岔，使电机车在工作井和隧道内具有 2 个交汇点，形成了 3 套电机车同时运作于单线路隧道的施工体系，提高了运输效率。工作井内的移动平台和隧道内的道岔分别见图 7.4.3-9 和图 7.4.3-10。

图 7.4.3-9 工作井内移动平台

图 7.4.3-10 隧道内道岔

4. 长距离隧道测量精度控制

确保隧道轴线和盾构机准确进洞是长距离隧道施工测量的主要目的。长距离隧道内施工测量的精度受各种条件影响，仅用全站仪建立控制网不能满足施工精度需要；经计算，用高精度全站仪（测角 0.5″、测距 1＋1ppm·D）按常规工程测量方法的情况下导致累计施工误差达到±22cm，不能满足隧道轴线和安全进洞的±10cm 精度要求。

为了确保隧道顺利贯通，施工技术人员创新采取了陀螺仪优化导线、基于垂直顶升联系测量消除累积误差、自主研发盾构掘进自动导向系统等测量技术。

高精度陀螺仪技术大大提高隧道内导线精度，指导贯通的导线精度得到很好的修正，修正误差为 5～6s；垂直顶升联系测量技术有效地消除了累计误差，在隧道 7km 处，纵向误差得到很好地消除，消除累计误差 10cm，使得贯通有了很好的保证；盾构掘进自动导向系统和管片选型系统很好地保证了盾构姿态和管片整圆度，隧道轴线质量得到很好的控制。通过引进三种创新的测量手段，实际工程贯通及轴线误差＜30mm，竣工后的隧道的轴线偏离差值情况完全符合设计要求。

5. 长距离隧道通风

采用轴流通风机将地面空气导入盾构工作面，依靠低漏风率的风管系统，实现隧道内不设接力风机，长距离一次送风。经检测，工作面和隧道内空气质量达到职工健康保护的环境要求。隧道施工采用的通风设备见图 7.4.3-11、图 7.4.3-12。

采取上述一系列措施后，青草沙过江管隧道工程东线隧道日最高推进量为 28.5m，月最高推进量为634.5m；西线隧道日最高推进量为27m，月最高推进量为660m。实现了中等直径的超长盾构法隧道的高效施工，达到并超过了预期目标。

图7.4.3-11 安装于地面的轴流通风机

图7.4.3-12 隧道内的通风管道

7.4.4 水平定向钻施工

7.4.4.1 工法简介

水平定向钻属于非开挖技术。非开挖施工技术主要有水平定向钻进施工和气动锤施工两种方法，两种施工方法又有相结合的趋势。本节主要介绍水平定钻施工技术。

水平定向钻进铺管施工时，首先，采用水平定向钻机，钻进一个较小的导向孔；然后，卸下导向钻头，换上扩孔钻头进行反向扩孔，同时将待铺设管线拉入钻孔中。根据钻机的能力和待铺设管线直径大小，有时需要进行二次或多次扩孔后再铺设管线，其施工方法如图7.4.4-1所示。图左边为水平定向钻进行导向孔钻进示意图，而图右边为扩孔和铺设管线示意图。

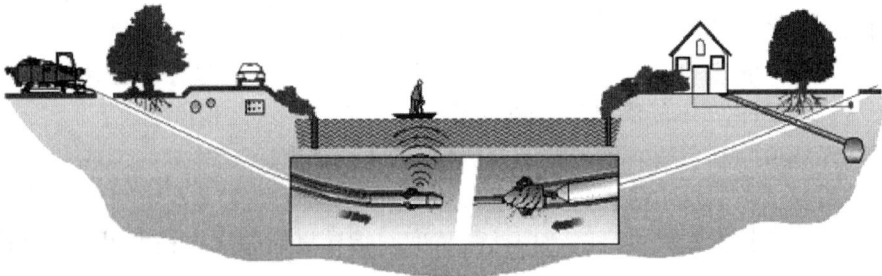

图7.4.4-1 水平定钻施工方法

水平定向钻具有可控制的钻进系统，能进行导向钻进。通过钻杆的旋转和一个特殊设计的楔形钻头，导向钻进过程能进行三维控制。其原理为：当钻进过程如果需要改变方向，钻杆停止旋转，将楔形钻头的楔面固定在相应的位置，将钻杆向前推进即可改变钻进方向。对于钻头的位置、钻头与地面的倾斜度、楔面角度等重要数据是通过一个电磁探测仪传送到地面上的接收仪器中。到达目的点的楔形钻头将被换成一个锥形扩孔器，在回拉钻杆时将钻孔扩大到所需直径，同时将管线带入，其扩孔钻头见图7.4.4-2，可实现岩石和土质地层扩孔。

定向钻机按照不同的推拉力分为6.5t、10t、12t、20t、20t、150t，可用于直径达

图 7.4.4-2　水平定钻扩孔钻头

(a) 岩石钻头；(b) 扩孔头

600mm，一次管线铺设长度长达数公里的管线铺设。

定向钻机适用于均质地层的施工。当遇到卵砾石地层钻进时，一般钻机难以施工，为了解决上述施工难题，德国的 TRACTO-TECHNIK 公司开发了一种具有冲击功能的钻机，可以击碎钻进中的卵砾石，而对回扩时遇到大块卵砾石时，可采用岩石扩孔钻头（图 7.4.4-2 (b)）。

目前在岩石中的钻进已有多种较为成熟的方法，其中，中联重科研究出的 KSD25 型干湿两用水平定向钻机，采用气动冲击锤钻进技术，能完成硬岩导向孔钻进。但在岩石中扩孔至今仍无新的方法出现，仍然采用传统的牙轮钻具，其效率低、磨损严重、费用高。

随着产品的升级，水平定向钻机向智能化方向发展，能实现智能钻进纠偏、智能故障诊断、自动装卸钻杆、自动锚固、自动清泥和自动钻进等功能。

7.4.4.2　工艺流程

水平定向钻的施工流程见图 7.4.4-3。

7.4.4.3　施工要点

1. 前期踏勘、地下管线探测

该阶段主要对工地现场进行踏勘，了解施工现场的周边环境，确定定向穿越施工时钻机位置、欲敷设管道的布管位置，同时运用各种物探方法，了解相邻、相交地下管线的类别、管径、埋深、所处位置。对地质条件进行必要的了解。

2. 场地布置

入土点是定向钻施工的主要场所，钻机就布置在该侧，所以施工

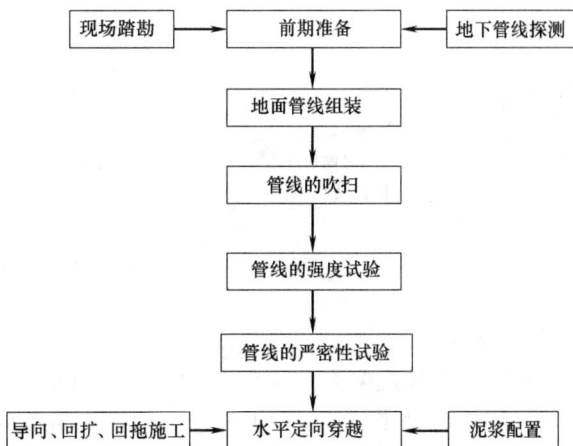

图 7.4.4-3　水平定向钻施工流程

占地比较大，DD330 钻机的最小占地为 $30 \times 30 m^2$，当然也可以根据现场的实际情况作相应调整，DD60、DD-5 的占地相应要小得多。入土点现场布置如图 7.4.4-4 所示。

出土点一侧主要作为管道焊接场地，在出土点应有一块 $20 \times 20m^2$ 的场地作为预扩孔、回拖时接钻杆和安装其他设备时使用；在出土点之后有一条长度与穿越长度相等的管线焊接作业带。出土点现场布置如图 7.4.4-5 所示。

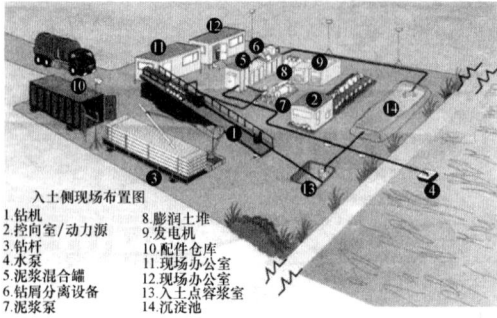

| 图 7.4.4-4 水平定向钻入土点场地布置示意图 | 图 7.4.4-5 水平定向钻出土点场地布置示意图 |

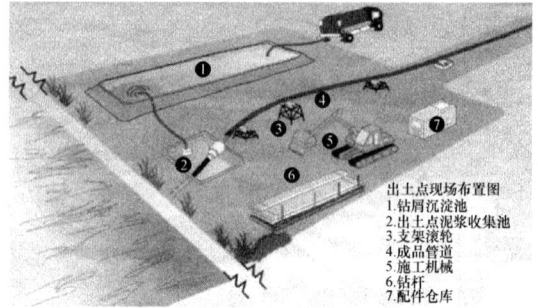

3. 导向轨迹设计

穿越曲线设计即寻找最理想的钻进路径，它是水平定向钻拖拉法轨迹设计的核心。拖拉管的穿越曲线由造斜段与水平段组成，如图 7.4.4-6 所示。

水平定向钻拖拉法导向钻杆穿越曲线的设计过程如下：

（1）对管道进行技术经济比较与论证，对工程特点进行分析，选择最适宜的管材。

（2）根据流量及管道埋设深度，确定管道的环刚度和管道外径 D。

（3）确定拖拉管水平段的埋深 H 及长度 L，一般按排水管道养护要求及穿越障碍物的实际需要确定管道长度。

（4）确定拖拉管的曲率半径。穿越曲线轨迹的曲率半径包括第 1 造斜段 L_1 中间曲线段曲率半径 R_1 及第 2 造斜段 L_2 中间曲线段曲率半径 R_2。R_1、R_2 的数值不得小于钻杆的曲率半径与管材的曲率半径。

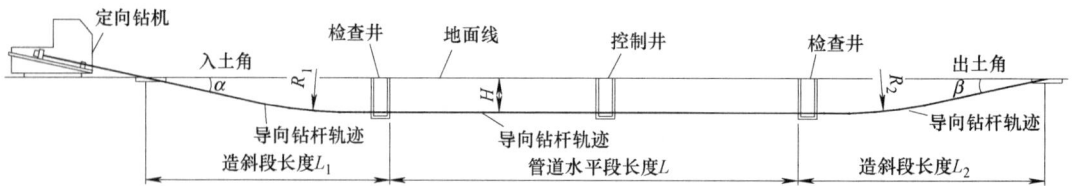

图 7.4.4-6 水平定向钻拖拉法管道穿越曲线轨迹设计

4. 地面管线组装

PE 管：穿越规格为 OD160、OD200、OD250 等。

PE 管热熔对接：中压以上管道现均已采用全自动热熔焊机施工。

钢管：采用的钢管有无缝管、直缝管、螺旋缝钢管，无缝管一般采用较多，防腐均采用加强级 3PE 或者加强级环氧粉末。

钢管焊接、焊口检测、防腐、补口、管道吹扫及压力试验均与直埋要求类似，根据图纸按照规范进行，此处就不赘述。

5. 水平定向穿越

测量放线：应根据施工图纸要求的入土点和出土点坐标放出管线中心轴线，在入土段测量并确定钻机安装位置和泥浆池的占地边界线。在出土点一端，应根据管线中心轴线和占地宽度（20m）和长度（为穿越管段长度加50m），放出管线组装场地边界线和泥浆池占地边界线，布置好场地，必要时平整场地便于施工车辆进出。

钻机安装和调试：钻机应安装在入土点和出土点的连线上，钻机导轨与水平面的夹角一般比设计的入土角大1°（经验值）。钻机应安装牢固、平稳、经检验合格后进行试运转。同时对控向系统进行仔细调校。

泥浆配制：根据地质情况和管径大小配制泥浆。泥浆由膨润土、泥浆添加剂和水搅拌而成。水应采用清洁的淡水，pH值控制在8～9。硬质水或盐水不利于膨润土和聚合物的使用。不同的膨润土和处理剂，只有在其所处水质环境的pH值大于7的条件下（最好是在8～9之间），才能充分发挥作用。所以，施工所用水质对施工中的成孔极为重要。

钻导向孔：导向孔的钻进是整个定向钻施工的关键，在导向孔施工过程中，要严格按照设计要求进行钻进，使导向孔曲线尽量平滑，以利预扩孔施工和管线回拖。

导向时，钻机从入土点，沿着设计轨迹钻进直到出土点。司钻根据导向仪传递的有关钻头参数，调整实际钻进轨迹与设计轨迹的偏差，确保钻孔的正确钻进；为保证左右方向，在出入钻点之间每隔6m设一明显标记；钻进一根钻杆，方向至少探测二次；对探测点作好标记；严格记录钻进过程中的扭矩、推力、泥浆流量、泥浆压力、方向改变量；导向孔完成后，根据钻孔轨迹和数据记录，确定此导向孔是否可用。图7.4.4-7是钻导向孔的示意图。

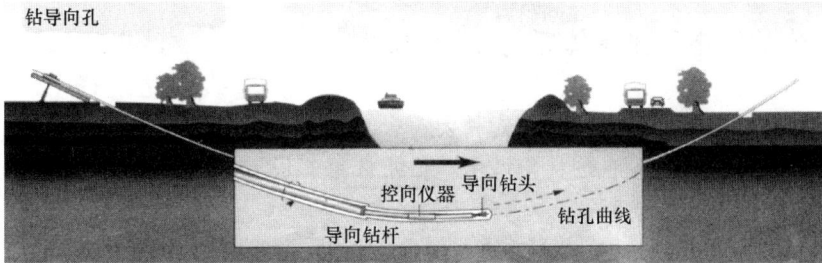

图7.4.4-7　导向孔钻进示意图

预扩孔：一般情况下，要根据钻机的能力、欲铺设管线的直径和土质条件决定预扩孔的大小及次数。预扩孔就是在实际铺设管线之前，经过一次或多次的扩孔来扩大钻孔的直径，每次预扩孔的直径和次数，视具体的钻机型号和地质情况来定。最后一次预扩孔直径一般为欲拖管线直径的1.3～1.5倍。图7.4.4-8是预扩孔的示意图。

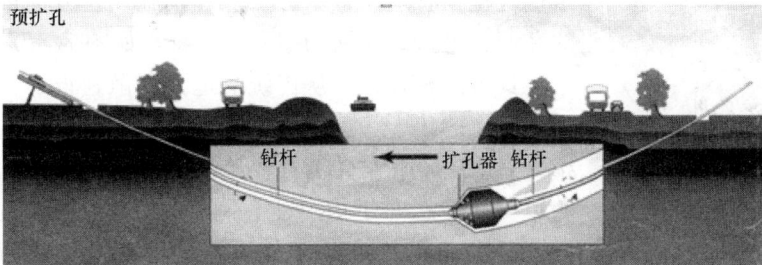

图7.4.4-8　预扩孔示意图

管线回拖：经过预扩孔后，才可以进行管线的回拖工作，回拖管线时管线在扩好孔的孔中是处于悬浮状态，管壁四周与孔洞之间由泥浆润滑，这样即减少了回拖阻力，又保护了管线防腐层。要根据钻机的能力，地质情况，管道的参数等条件，决定回拖时的工艺参数，确保回拖顺利成功。图 7.4.4-9 是管线回拖的示意图。

撤场：穿越完成后，拆除钻机设备，清除施工留下的各种废弃物，泥浆妥善处理，按照进场路线撤离。

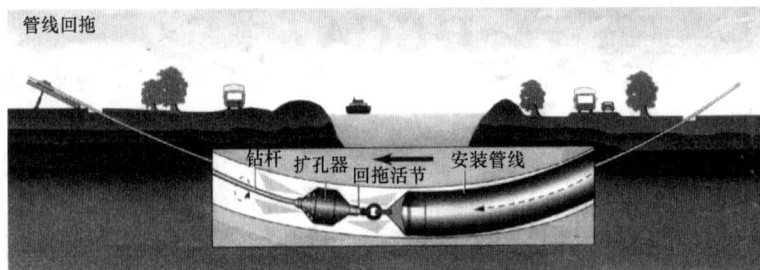

图 7.4.4-9　管线回拖示意图

7.5　城市给排水系统智慧化管理的发展趋势

7.5.1　现代化城市给排水体系的设计理念

现代化城市给排水体系的设计首先需要符合管理理念，没有现代化的城市给排水体系管理理念、管理要求，就没有现代化城市给排水体系的设计；其次，应适度超前，为未来的发展预留一定的可拓展空间。

7.5.1.1　现代化城市给排水系统的管理理念及构成

现代化的城市给排水系统管理理念注重城市中人与生态环境的融入、和谐及相互影响。在水资源利用合理化的同时，也强调流域生态环境及水资源的改善、保护，其终极目标是实现城市的可持续发展，这是与我国的发展方针相符的、正确的发展方向。城市给排水现代化在管理、技术、工艺和设施设备方面都以人与自然的和谐、可持续发展为中心，其特点如图 7.5.1-1 所示。

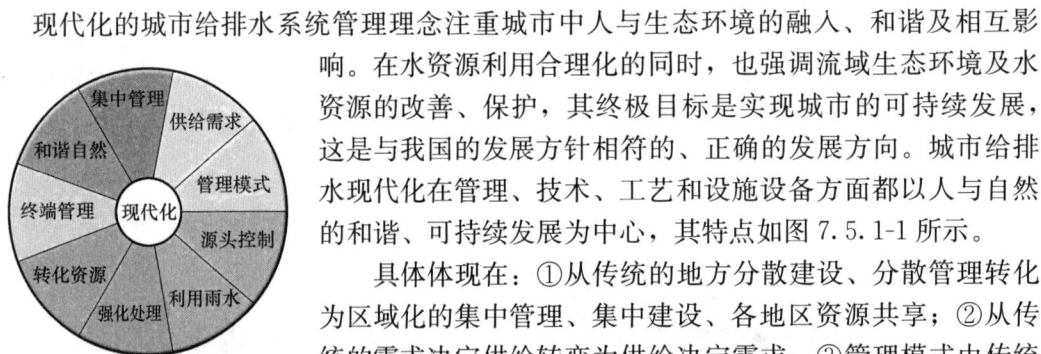

图 7.5.1-1　现代化给排水
系统管理理念

具体体现在：①从传统的地方分散建设、分散管理转化为区域化的集中管理、集中建设、各地区资源共享；②从传统的需求决定供给转变为供给决定需求；③管理模式由传统的单一管理趋向于信息化、网络化、多元化的管理和监控；④管理重心由传统的末端重点管理转变为源头重点管理；⑤对雨水的处理方式有原先的防洪排涝转变成防洪排涝与雨水资源有效转化、利用相结合的方式；⑥水资源的处理方式由传统的单一处理模式转变为现代化的多重强化处理模式；⑦现代化的污水处理由传统的污水达标再排放转变为污水有效转化利用；对污泥的处理方式由原先的填埋和焚烧处理转变为资源转化和再利用；⑧水质管理模式由传统的水质出厂管理转变为用户终端水质管理；⑨给排水系统的建设与发展由传统的人与自然对立转变成人与流域生态环境的和谐共处、可持续发展。

7.5.1.2 城市给水、污水处理厂现代化管理系统设计

城市给水、污水处理厂现代化管理系统要求为：运用现代信息化和自动化技术，对整个给水、污水处理厂运营管理的全生命周期进行信息化管理。现代化给水、污水处理厂真正实现了给水、污水处理厂管控一体化，融合了控制和管理二个重要环节。把给水、污水处理厂生产过程自动化、智能化与管理信息化结合在一起，提高了给水、污水处理厂管理的精细化水平，极大地优化了给水、污水处理厂的运营和管理，降低给水、污水处理厂生产运营成本，如上海市北自来水公司下辖的杨树浦水厂，总处理规模为 148 万 m^3/d，在处理规模不变的前提下，未实现信息化和自动化改造前，共有 400 多名工作人员，进行信息化和自动化改造后，目前工作人员不到 80 人，且信息化和自动化精细控制使得出水水质更加优良，极大地降低了杨树浦水厂的生产运营成本。

现代化的给水、污水处理厂管理系统需要现代化的给水、污水处理厂管理系统设计，目前最为先进，运行最为稳定可靠的现代化的给水、污水处理厂管理系统设计如下：

现代化的给水、污水处理厂运行控制系统设计以系统智能化运行为主，辅以少量人工干预，即在给水、污水处理厂中央控制室即可控制全厂的正常运行，再辅以少量的人工应急操作。

现代化的给水、污水处理厂运行控制系统设计时通常采用具有世界领先的集成架构技术（Integrated Architecture），形成基于管理和控制技术相结合多级的、开放的、模块化的、实时多任务的集散型、可扩展自动化集成系统。通常全厂自控系统分为 3 层结构：信息层，控制层，设备层，三层结构示意图见图 7.5.1-2。

各层组成如下：

（1）信息层：由给水、污水处理厂监控中心的工程师站、历史数据服务器，WEB 服务器，千兆以太网交换机大屏幕显示屏等监控操作设备及局域网组成；通常会对该层留有一定的余量，当给水、污水处理厂需要扩建或者增加后续处理工艺时，只需要在新建主要构筑物内增设现场 PLC 主站，接至信息层即可，从而实现给水、污水处理厂信息化和自动化管理系统的扩展。

（2）控制层：由分散在各主要构筑物内的现场 PLC 主站，子站及运行数据采集服务器，工业以太环网交换机及全厂环形 100Mbps 快速光纤以太网、控制子网等组成。

（3）设备层：由现场运行设备、检测仪表、高低压电气柜上智能单元、专用工艺设备附带的智能控制器以及现场总线网络等组成。

现代化的给水、污水处理厂运行控制系统设计要点为：

（1）充分利用现场总线技术，关键设备考虑冗余结构，确保系统的高可靠性，以及流程的正常运作。

（2）根据工艺流程的需要及调度管理的需要全面设置相应检测仪表。仪表的选型遵循

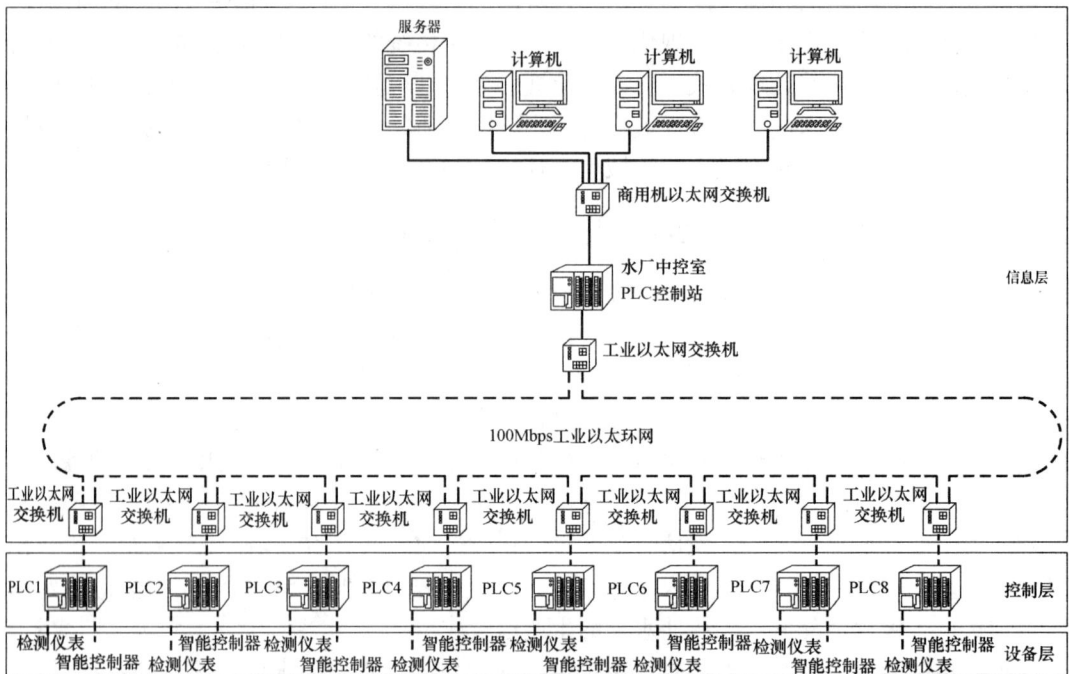

图 7.5.1-2　三层结构示意图

质量可靠，技术先进，价格合理、维护简便等原则。

（3）根据给水、污水处理厂的管理需要，设置 CCTV 监视系统。CCTV 监视按照全厂平面全覆盖，重点设备及处理环节着重监控为原则。

（4）为加强给水、污水处理厂运行安全，全厂处理构筑物、监控中心、主要通道大门设置门禁控制。在厂区围墙设置电子围栏等安防措施。

7.5.1.3　城市给排水管网现代化管理系统设计

城市给排水管网现代化管理系统一般是由专业软件、硬件、基础数据和智力投入构建的系统集成产品，可以直接服务于政府管理、规划设计、工程设计与施工管理和城市给水排水管网系统运行管理等部门，是数字化城市的重要组成部分。信息化技术的发展和城市化进程的加快，为我国推广城市给排水管网现代化管理系统，提高城市管理水平奠定了良好的基础。为了促进和规范城市给水排水管网现代化管理系统建设，国家"十一五"科技支撑项目已列专项进行科技攻关。城市给水排水管网管网现代化管理系统建设是高科技的系统工程，必须全盘考虑、统一规划、分步实施，否则就会导致重复建设、重复投资，不仅整个系统的精度难以保证，而且会造成极大的浪费。

城市给排水管网现代化管理系统要求以一定范围内的地理空间数据库为基础，在计算机软硬件的支持下，对给排水管网相关数据进行采集、管理、操作、分析、模拟和显示，并采用地理模型分析方法，适时提供多种空间和动态的给排水管网信息，为给排水管网管理决策提供支持，如给水管网哪里压力不够，需要哪个水厂开启增压水泵；如雨污水管网哪里出现管道堵塞，需要立即派遣工人去疏通管道，否则雨污水会溢出路面导致道路积水等。

城市给排水管网现代化管理系统建设的关键有两点：一点是静态与动态信息化数据的采集与管理，通常由政府或管理部门完成；二是软件平台开发，需要进行优化设计，以更好地满足城市给排水管网现代化管理系统的要求。

设计开发的现代化给排水管网管理系统软件，通常体系架构如表 7.5.1-1 所示。

现代化给排水管网管理系统软件架构 表 7.5.1-1

体系构造	服务层	查询服务、客户服务、工程服务
	运算层	模型运算、管理运算、优化运算、
	数据层	水厂管线数据库、地形数据库、监测数据库、参数数据库
	传输层	有限网络、无线网络、物联网
	感应层	射频传感器、流量计、液位计
	物理层	新型管材、先进工艺

该体系架构各层的作用如下：

（1）物理层：物理层是整个体系构造的基础，在整体设计规划是，应积极采用新型管材，先进的工艺等技术为现代化给排水系统打下基础。

（2）感应层：感应层是现代化给排水管网系统中的关键内容，其中智能传感器是感应层的核心所在，它是现代化给排水管网的触角器官，是现代化给排水管网收集信息可以进行自身安全运行监控的重要手段。在给排水管网系统中，感应设备可以实时获得给排水管网系统运行中的各类信息：尺寸规格、传输流速、是否堵塞、水质波动、系统稳定程度等一系列给排水管网系统自身健康状况的信息。

（3）传输层：传输层是现代化给排水管网系统中的血液，它主要提供人与管线设备、管线设备之间的相互连接。传输层通过有线和无线网络将感应层获得信息传输到更高层进行数据库的建立与应用分析。传输层的基础设施包括互联网、物联网、有线电视网、无线网络等多种技术。

（4）数据层：数据层是现代化给排水管网系统的核心所在。数据层根据传输层获得的数据建立相应的数据库。管网数据库存储水厂管网的信息数据，包括其空间和属性数据；地形数据库储存相关的背景地理信息，监测数据库储存实时监测的各项数据，参数数据库储存各类状况下，各管网运行的最佳参数。

（5）运算层：运算层包括模型运算、管理运算以及优化运算。其中管理运算进行各种数据库、设备之间统筹分配的运算；模型运算可以利用各种数据信息开发更合理更真实的模型；优化运算利用数据库的各类信息进行给排水管网系统的自动优化与调整。

（6）服务层：服务层是现代化给排水管网系统的最直接体现形式。它主要是以应用功能的方式来提供服务，其服务类型可以根据不同的需要、权限、功能等进行合理的配置。

7.5.2 数字管线与智慧管线

城市地下管线信息化工作是一个持续发展的过程，随着新技术不断出现，社会各行业以及公众对地下管线的信息服务不再仅仅满足于对数据的查询、浏览与分析，而且具有了与其工作和生活更密切的需求，即城市地下管线智能化。这是城市地下管线信息化工作未来面临的机遇和挑战，也是地下管线信息化工作未来发展的趋势和方向。

7.5.2.1 数字管线

数字管线（digital pipeline）是城市地下管线信息化的成果，是包括了空间坐标位置和属性信息的地下管线数据，是完成了数字化和地理信息化后的管线，因此数字管线即信息化的管线。

数字管线是地下管线信息化建设的目标，是地下管线能够以数字的方式推广应用的基础。国内目前城市地下管线信息化建设工作均围绕地下管线数字化开展，即实现地下管线的空间和属性信息采集并建设数据库进行管理，并以推广应用为主要目的，最终完成地下管线由图纸化向信息化的转变。

和城市地理信息发展进程一样，数字管线的发展经历了两个不同的阶段，即空间位置获取阶段和空间位置与属性信息同步获取阶段。早期的地下管线数字化目的是为了获得可以提交打印的、图形化的电子地图，如 CAD 数据，仅是对地下管线信息进行图形化描述，并进行文件方式的存储。后期的数字管线以 GIS 空间数据生产规程进行严格的规范，生产出来的数据直接能够提供城市综合管线信息系统和专业管线信息系统使用，是目前各城市地下管线信息化工作中数据生产的主流方向。

数字管线是数字城市建设的重要组成部分，由于其反映了城市系统中不可见的一面，因此在数字城市中占有重要的地位。随着人们对城市人居环境提升的迫切需求，数字管线发挥的作用日渐突显。

7.5.2.2 智慧管线

智慧管线（smart pipeline）即智能化地下管线（图 7.5.2-1），是数字管线发展中对具有介入式、交互功能的智能化数字管线的管理应用。智慧管线是地下管线信息化高度发展条件下的产物。在该环境下，城市地下管线的管理充分借助先进的传感技术和信息共享的政策，体现出更加智能化、智慧化的特征，实现人类社会生活与地下管线信息更加紧密的结合。

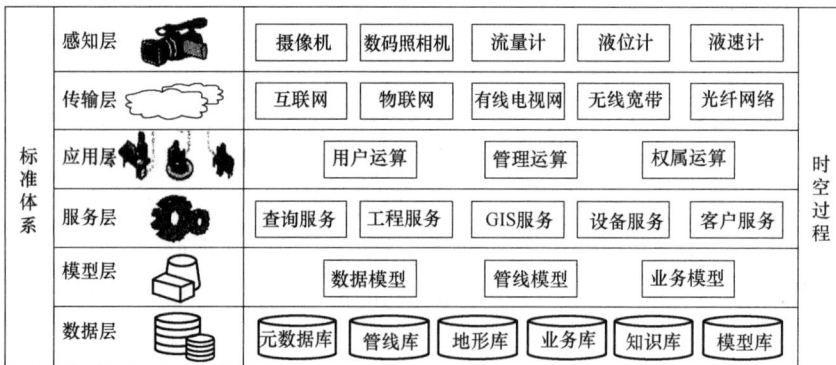

图 7.5.2-1 智慧管线研究内容及其构成

智慧管线是智慧城市的重要组成部分，智慧城市是指利用新一代信息和通信技术，包括智慧信息通信，智能感知和自动语义识别，影像压缩和传输，多媒体，虚拟现实，目标识别和自动跟踪等技术，结合已有的有线与无线网络组网和传输、地理信息技术等，为政府决策提供智能可视管理的基础信息平台，并服务于民生，形成一种针对海量信息智能过滤处理的新的社会管理、生活，以及产业模式，即一种面向未来构建的全新城市信息形态。因此，智慧管线是一种具有感知与传输能力的，能够将其运行状态通过网络和图像的方式进行动态传输发布，使管线管理者和应用人员能够对其进行远程管理与操控的地下管线智能化运行系统。

智慧管线的基本特征体现在四个方面。第一，智能感知与识别，即地下管线的智能传感器能够获取管线运行温度、压力、流量、流速、液位等工况参数，并通过图像识别等技术，将地下管线运行工况通过实时信息输入和输出。第二，人物网互联，智慧管线以物联网为基础，应用新一代移动宽带互联网、云计算等新兴信息技术，实现地下管线设施与设施、设施与人、人与人的互联互通并相互感知。第三，信息共享与集成，智慧管线通过统一的平台实现不同类型的管线数据服务、业务服务和调度服务的集成，并实现信息的共享，以支持对地下管线运行状态保持专业级别的监控与管理。第四，智能评价与决策，针对获得的传感数据，智慧管线系统动态地调用地下管线信息数据，并使用业务服务链、管线运行模型库和专家知识库，通过云计算和演绎推理，对地下管线运行状况进行客观真实的模拟，并通过智能分析，做出准确的决策支持。如当阀门、泵站等智能设备发现工况异常并判断能够自我恢复时，启动自我调节程序，实现故障自愈，以增强管线应对复杂环境的免疫能力，如发现其不能自我恢复时，系统即刻通知专业技术人员进行现场修复，避免更大的损失。

因此，在一个智慧管线系统中，地下管线能够随时感知自身的运行状况，并将现有工作状况通过信息设备发送给授权的管理人员系统，使之进行及时的监控和维护，并作出准确的反应。同样在智慧管线系统中，地下管线地理信息、工作状态信息能够在管线管理和管线权属单位之间实现高度的互联互通，而地下管线公开发布信息则在政府、管线单位、社会公众之间形成了广泛的协同共享，以此实现城市级别的地下管线的运营和维护。

综上所述，智慧管线运行的基础主要包括"一个核心"、"一个背景"以及"四个基础"。"一个核心"是支撑地下管线运行的资源数据，包括地理信息数据和专业知识数据，离开数据，任何服务都不可能实现。"一个背景"是地下管线运行的时空背景，即管线本身和其承载的物质都是处于运动状态的、具有不断变化的空间和时间属性特征，因此，智慧管线是空间变换过程而不是节点。"四个基础"是智慧管线运行的基本要件，即支持其运行的基础设施和基本条件：第一是传感器，是智慧管线信息采集的要件；第二是数学模型，是智慧管线运行过程的重要评价系统；第三是物联网，是智慧管线进行信息传递与交互的纽带；第四是云计算，是智慧管线进行决策分析的重要计算方式。

7.6 海绵城市理念的发展与实践

2012年7月21日至22日，中国大部分地区遭遇暴雨，其中北京及其周边地区遭遇61年来最强暴雨及洪涝灾害。除了北京，武汉、上海、长沙、深圳这几个城市也因暴雨而陷入大瘫痪。网络上随处可见的"到某某市来看海"的帖子，不仅代表了广大网民的无奈，更是对近年来中国城市建设大发展的反思和忧虑。

2014 年住房和城乡建设部出台了"海绵城市建设技术指南——低影响开发雨水系统构建",提出建设具有自然积存、自然渗透、自然净化功能的海绵城市,这不仅是生态文明建设的重要内容和实现城镇化和环境资源协调发展的重要体现,也是今后我国城市建设的重大任务。

7.6.1 海绵城市的本质

海绵城市的本质——城市与环境的和谐共处。传统城市建设理念,是人类"战胜自然、超越自然、改造自然",其结果却是造成严重的"城市病"和生态危机;而海绵城市遵循的是顺应自然、与自然和谐共处的低影响发展模式,其本质是改变实现与资源环境的协调发展,实现人与自然、土地利用、水环境、水循环的和谐共处。

传统城市开发方式改变了原有的水生态,海绵城市则保护原有的水生态;传统城市的建设模式是粗放式的,海绵城市对周边水生态环境则是低影响的;传统城市建成后,地表径流量大幅增加,海绵城市建成后地表径流量能保持不变。

海绵城市主要是通过对雨水的渗透、储存、调节、传输、截污净化等功能(渗、滞、蓄、净、用、排)有效地控制径流总量、径流峰值和径流污染,并实现对雨水的有效利用。

具体措施:使用一系列景观与工程手法使城市的排水能模拟自然对雨水的吸收、储存、蒸发,使城市的排水系统遵循雨水循环规律。

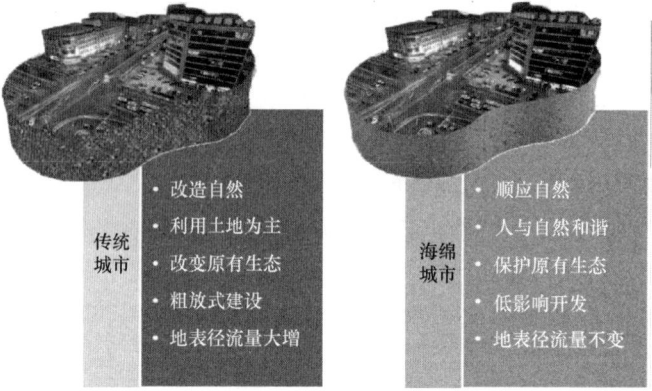

图 7.6.1-1 海绵城市的本质

海绵城市建设首先需要科学的规划,而科学的规划不能泛泛而论,必须建立在对城市多维地理空间结构和地表自然(水、污染)和人文过程的科学认知,这需要借助于空间信息技术、现场调研分析和模拟预测手段综合运用,在此基础上进行科学的空间分区;其次是在空间分区的基础上,根据每个分区的特点和目标要求,通过示范工程,优化筛选适宜的海绵技术或组合。

7.6.2 海绵城市的目标

海绵城市的目标——让城市"弹性适应"环境变化与自然灾害(图 7.6.2-1)。保护原有水生态系统,最大限度地保护原有河流、湖泊、湿地、坑塘、沟渠、树林、公园草地等生态体系,维持城市开发前的自然水文特征。运用物理、生物和生态等的技术手段,恢复被破坏的水生态,逐步修复受到破坏的城市绿地、水体、湿地等,使其水文循环特征和生态功能得以恢复。治理水污染,改善水生态,维持一定比例的城市生态空间,提升城市生态多样性。

推行低影响开发,合理控制城市开发建设开发强度,减少对城市原有水生态环境的破坏。留足生态用地,适当开挖河湖沟渠,增加水域面积。采用屋顶绿化、可渗透的路面、人工湿地等促进雨水积存净化。通过种种低影响措施及其系统组合,有效减少地表水径流量,减轻暴雨对城市运行的影响。

2013 年的中央城镇化工作会议上明确指出:解决城市缺水问题,必须顺应自然,要优先考虑把有限的雨水留下来,优先考虑更多利用自然力量排水,建设自然积存、自然渗透、自然净化的海绵城市。因此,海绵城市建设已经上升到国家战略层面。通过海绵城市的建设,可以实现开发前后径流量总量和峰值流量保持不变,

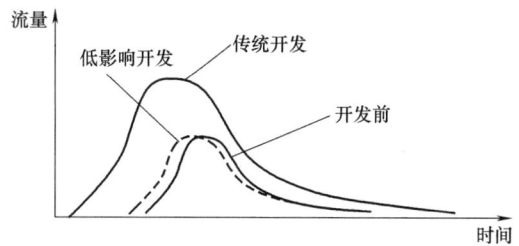

图 7.6.2-1　低影响开发水文原理示意图

在渗透、调节、储存等诸方面的作用下,径流峰值的出现时间也可以基本保持不变。通过对源头削减、过程控制和末端处理来实现实现开发前后的水文特征基本不变,如图7.6.2-1 所示。

7.6.3　海绵城市建设的意义和创新点

1. 海绵城市建设的意义

海绵城市建设就是通过建立尊重自然、顺应自然的低影响开发模式,系统地解决城市水安全、水资源、水环境问题。通过"自然积存",来实现削峰调蓄,控制径流量;通过"自然渗透",来恢复水生态,修复水的自然循环;通过"自然净化",来减少污染,实现水质的改善,为水的循环利用奠定坚实的基础。

2. 海绵城市建设的创新点

海绵城市规划建设不是简单的行政命令和具体的治理工程,而是建立在扎实的科学研究的基础上的一项复杂的系统工程,要综合运用地理、生态、规划、设计等多学科理论和方法。城市是一个多维的空间实体,城市洪涝和径流污染是城市内外不同驱动力的驱动下,在这一空间中孕育和产生的。因此利用地理空间信息技术分析城市空间特征和地表过程,不仅为解决城市复杂问题提供了新的思路和手段,也可以分析阐明城市洪涝、地表径流污染产生的过程、原因,为采取针对性的治理措施提供了可能。

7.6.4　海绵城市建设的主要内容

海绵城市建设主要内容包括:保护和修复区域水生态系统识别生态板块、构建生态廊

道、划定全规划区的蓝线与绿线、水生态环境的修复、建设人工湿地等。要确定城市年径流总量控制率等控制目标，明确城市低影响开发的实施策略、原则和重点实施区域，并将有关要求和内容纳入城市水系、排水防涝、绿地系统、道路交通等相关专项或专业规划。

（1）城市水系统规划涉及到供水、节水、污水（再生利用）、排水（防涝）、蓝线等要素；

（2）把绿色建筑的实施纳入到海绵城市建设中。

（3）城市绿地系统应在满足绿地生态、景观、游憩等基本功能的前提下，合理地预留空间，并为丰富生物种类创造条件，对绿地自身及周边硬化区域的雨水径流进行渗透、调蓄、净化，并与城市雨水管渠系统、超标雨水径流排放系统相衔接。

（4）道路交通系统要协调道路红线内外用地空间布局与竖向，利用不同等级道路的绿化带、车行道、人行道和停车场建设雨水滞留渗设施，实现道路低影响开发控制目标。

（5）结合城市水系、道路、广场、居住区和商业区、园林绿地等空间载体，建设低影响开发的雨水控制与利用系统。

（6）推广普及绿色屋顶、透水停车场、雨水收集利用设施，以及建筑中水的回用。大幅提高建筑用水节约和循环利用，体现低影响开发的内涵。通过铺设再生水专用管道，实现再生水的有效利用，从而能大幅降低对水资源的需求。

7.6.5 海绵城市建设中的"渗、滞、蓄、净、用、排"六大工程

根据海绵城市建设区及其影响区海绵城市建设雨水系统典型流程，结合城市建设分区及雨水径流控制方向等，将海绵城市建设的主要工程着落在"渗、滞、蓄、净、用、排"六大工程措施上。

1. 雨水促渗工程

促进建成区雨水渗流的措施一般有绿色屋顶、透水道路及广场铺装、砂石地面、自然地面、渗透塘、渗管等。

其中，绿色屋顶是一种通过在符合屋顶荷载、防水等条件的建筑屋顶上种植植物的雨水径流控制措施，可截留 60%～70% 的雨水径流，有效减少屋面径流总量和径流污染负荷。绿色屋顶又分为简单式和花园式，基质深度根据植物需求及屋顶荷载确定。在建成区内，在建及待建的建筑屋顶结构满足相关要求的情况下（符合屋顶荷载、防水等条件的平屋顶建筑和坡度≤15°的坡屋顶建筑），可新建或改造为绿色屋顶。

透水铺装指对主城区内新建道路及广场，按照低影响开发理念采用透水性材料，如透水性沥青、透水性水泥混凝土及透水性路面砖等，进行开发建设。透水铺装对道路路基强度和稳定性的潜在风险较大时，可采用半透水铺装方式。土地透水能力有限时，应在透水铺装的透水基层内设置排水管或排水板。

渗透塘是一种用于雨水下渗补充地下水的洼地，具有一定的净化雨水和削减峰值流量的作用。渗透塘前设置沉砂池、前置塘等预处理设施，可去除大颗粒的污染物并减缓流速，塘底至溢流水位一般不小于 0.6m，底部构造一般为 200～300m 的种植土、透水土工布及过滤介质层。渗透塘排空时间不应大于 24h。

如图 7.6.5-1 为海绵城市雨水促渗工程。

图 7.6.5-1　海绵城市雨水促渗工程

（a）绿色屋顶；（b）透水地面；（c）透水停车场；（d）透水停车场；（e）透水道路；（f）雨水花园

2. 雨水滞留工程

通过构建地势较低的生物滞留措施，充分消纳周边硬质地面产生的径流雨水，达到有效控制地表径流排放量的效果，同时通过植物、土壤和微生物系统蓄渗、净化径流雨水。生物滞留设施分为简易型生物滞留设施和复杂型生物滞留设施，具体形式有雨水花园、生态树池、下沉式绿地或广场、植草沟等。其中下沉式绿地、植草沟具有适用范围广、造价及维护费用低等特点，适合结合道路两侧绿化带、广场等区域建设，达到转输、滞留雨水的作用。雨水花园、生态树池等控制径流雨水的能力相对较小，可结合建筑布置作为景观要求较高区域的局部点缀。

下沉式绿地具有狭义和广义之分，狭义的下沉式绿地指低于周边铺砌地面或道路在200mm以内的绿地；广义的下沉式绿地泛指具有一定的调蓄容积，且可用于调蓄和净化径流雨水的绿地，包括渗透塘、湿塘、植草沟、调节塘等。下沉式绿地的下凹深度应根据植物耐淹性能和土壤渗透性能确定，一般为100～200mm。下沉式绿地内一般应设置溢流口（如雨水口），保证暴雨时径流的溢流排放，溢流口顶部标高一般应高于绿地50～100mm。

如图 7.6.5-2 为海绵城市雨水滞留工程。

3. 雨水调蓄工程

对示范区范围内的雨水进行调蓄，应首先做到保护和改造城市建成区内河湖水域、湿地并加以利用，并因地制宜建设蓄水池、雨水罐等雨水收集调蓄设施。可采取雨落管断接或设置集水井等方式将屋面雨水断接并引入周边绿地内小型、分散的雨水调蓄设施，或通过植草沟、雨水管渠将雨水引入场地内的集中调蓄设施。

应按照城市总体规划及水利专项规划的要求逐步开拓、修整水系，与低影响开发雨水系统的控制目标相协调，保证区域内河湖水面率达到规划要求。另外，对于已建、新建的河湖其岸线设计为生态驳岸，并充分利用根据调蓄水位变化选择适宜的水生及湿生植物，

333

图 7.6.5-2 海绵城市雨水滞留工程
(a) 滞留塘；(b) 下凹式绿地；(c) 雨水景观滞水；(d) 延时滞留地；
(e) 下沉式绿地广场；(f) 下凹式绿地与植草沟

充分达到雨水径流拦截和调蓄的目的。

另外，充分利用现状区域内设计的分散景观水体区域设计湿塘、雨水湿地等具有雨水调蓄与净化功能的低影响开发设施，湿塘、雨水湿地的规模、布局、调蓄水位等与周边汇流区域雨水管渠系统、初期雨水径流排放系统及下游水系相衔接，并根据降雨规律、水面蒸发量、雨水回用量确定。

如图 7.6.5-3 为海绵城市雨水调蓄工程。

图 7.6.5-3 海绵城市雨水调蓄工程
(a) 模块式雨水调蓄设施；(b) 地下雨水调蓄池；(c) 下沉式雨水调蓄广场；
(d) 发挥自然水体作用；(e) 利用天然水系调蓄；(f) 水景观与雨水调蓄相结合

4. 雨水净化工程

通过建设污水处理设施及管网、初期雨水处理设施等，可达到彻底隔绝生活点面源污染，减少城市径流污染的效果。针对区域内核心景观水体的调水通道来水水质不佳的现状，建设生态水循环及处理系统，满足充分截留利用区域内雨水径流的需要。

在满足防洪和排水防涝安全的前提下，通过建设人工湿地，改造不透水的硬质铺砌河道、建设沿岸生态缓坡，可在末端对陆域径流污染实施拦截净化，并通过调蓄设施的溢流排放系统与城市雨水管渠系统和超标雨水径流排放系统相衔接，进一步利用湿地的集中调蓄容积，消纳自身及周边区域汇集的径流雨水。

如图 7.6.5-4 为海绵城市雨水净化工程。

图 7.6.5-4　海绵城市雨水净化工程

5. 雨水利用工程

雨水利用的方向主要为绿化浇灌、路面浇洒及水景营造等领域。蓄水池、雨水罐等具有雨水储存功能和削减径流峰值流量的作用，适用于有雨水回用需求的建筑、小区等，可根据绿化、道路喷洒及冲厕等雨水回用需要配置相应的雨水净化设施。在已建的、有条件的小区、学校、企业等增建雨水调蓄池或雨水罐，同时配备连通管道及提升水泵用于区域内绿化、道路喷洒、冲厕等，充分利用调蓄雨水、节约水资源，同时也达到较好的经济效益。

设于公共区域的雨水湿地，可强化净化汇流雨水后，直接用于补充地表水系和景观生态用水，并可用于日常市政道路的冲洗和公共绿化浇灌等。

6. 雨水排放工程

雨水经管道收集就近自排入河道；局部地区采用城市小区强排水模式，雨水经传统管道或深层调蓄隧道收集后由泵站提升排入河道。

作为新建地区，在严格实施雨污分流管网建设基础上，优化布置雨水排放系统布置，将未建地区建筑、道路等雨水管道与雨水滞流、蓄积设施顺序连接，结合布置。已建地区有条件的区域也可通过与周边建设的雨水湿地等改造。建筑、道路、绿地等竖向设计应有利于径流汇入低影响开发设施。

7.6.6 上海建设海绵城市的必要性

上海属三角洲、河口滨海型平原河网地区，自然地理要素特殊，人类开发强度大，城市建设密度高，长期以来城市发展面临严峻的水环境问题：①尽管区域河网发达，但由于地势低平、地下水位高、土壤渗透性差，城市建设密度大，不透水面比例高，容易形成地表径流锋值；再加上台风与风暴潮的叠加作用，城市排水宣泄不畅，易发洪涝灾害，对上海社会经济影响严重。②由于降水对硬质地表污染物的冲刷作用，上海城市地面径流污染十分严重，是导致城市地表水质不佳的重要因素。③老城区由于用地紧张，蓄、渗和净化雨水的空间不足，采用合流制的雨水排放方式，降水高峰期，受处理能力的限制，必然溢流出污水，进入河道，污染地表水体；一些新城（如临港新城）建设采用分流制方式，尽管用地空间较为充足，但仍然将未经净化的雨水直接排放到地表水体中，导致地表水体的污染。因此，上海开展海绵城市建设，对城市防洪和地表水污染净化和水质提升具有重要的现实意义。

7.7 城市排水系统生态化改造案例

7.7.1 韩国清溪川生态修复改造历程项目概况

清溪川发源于韩国首尔西北部的山脉，清溪川由西向东贯穿首尔市中心并与中浪川汇合后流往韩国最大的河流汉江。穿过首尔城部分被复兴改造的长度为5.84km。从1950年开始到清溪川复兴改造工程启动之前，清溪川一直被日通车量达16万辆左右的城市主干道（清溪川路和清溪高架桥）覆盖。

1. 清溪川生态修复改造前（图7.7.1-1）

| (*a*) | (*b*) |

图 7.7.1-1　清溪川改造前
（*a*）最早作为自然排水河道；（*b*）1950 年改造成高架道路后

2001 年，清溪高架桥因老化而引起的安全问题必须拆除。同时，伴随韩国经济的腾飞，为提升首尔作为国际大都会的品位和吸引力，在时任首尔市长李明博的大力推动下，首尔市政府开始实施清溪川内河的生态恢复以及周边环境的改造工程

2. 清溪川生态修复改造后

整个工程历时两年多，拆除了 5.8km 的清溪川路和高架桥，修建了滨水生态景观及休闲游憩空间，耗资 3800 亿韩元（折合约 3.6 亿美元），于 2005 年 10 月竣工。工程细分为拆除建筑物、复兴改造河流、保障用水供应、维修下水道、建设两侧及附近道路等，包括了排水供水、桥梁建设、照明、景观、历史文化遗迹复原等 22 个小工程。

清溪川重建工程于 2003 年 7 月 1 日正式开工。工程首先从拆除高架路和考古开始。拆除工程队先将双向四车道的桥面切割成块，变成拖板车可以运载的大小；在桥面完全清除之后，再利用钻石切割机械把一条条 T 形立柱切割成小块。而考古工程队的工作则更为艰辛，工作人员要进入被覆盖超过 40 年、恶臭不堪的清溪川河床，挖掘出埋藏在河床底下的文物，诸如旧时的堤防、石桥等遗迹，整理编号，尽可能搜集能够复原其原有风貌的材料。

正式河道重建在完成高架路拆除与考古工程之后，考虑到河道水流太快会侵蚀河岸，水流太慢则容易产生污染，为此建设方首先建立了一个水文模型，模拟水流的最佳速度，通过模拟结果，最后确定了河道上游与下游落差控制在 15～20 公尺，此时水流的速度较为适宜。

根据规划，在河道重建的同时把污水管线和行洪渠道分开，以确保清溪川的洁净。在上游较窄陡的河段，即两座桥之间采用多道跌水；在下游较平缓的河段，每两座桥之间设一道或二道跌水，形成既有涓涓流水、又有小小激流的自然河道景观。

清溪川的复原，并非简单的恢复原貌，而是既考虑了河流本身的自然特点，又结合了首尔的历史文化和现代商业的开发再造。

复原后的清溪川两岸成为生态公园，不仅为市民提供了休闲空间，还为恢复踏桥、燃灯等传统民俗活动，展现古都的历史文化提供了良好的平台。这个以人和自然为中心的城市绿色空间，成为了首尔的新景点，复原后的清溪川已经成为韩国最受欢迎的旅游景点之一，也因此成为世界范围生态化改造城市排水系统的经典案例。

7.7.2 韩国清溪川改造的成功经验

1. 功能优先，分段规划

充分考虑清溪川所属区位的特点，根据各河段所处区域的经济社会状况和功能需求，结合自然形态，在不同的河段上采取不同的规划方式。

第一段为位于市中心、毗邻国家政府机关的上游区间，规划主题为"自然中的河流"，最大限度地恢复河流的原有面貌。该段河道蓝线（指城市规划确定的江河，湖，水库，渠和湿地等城市地表水体保护和控制的地域界线）条件较好，因此设计明渠底宽 20.83m，边坡比为 1∶1，两侧二层台各宽 21.83m 和 22.92m，二层台下及两侧铺设市政管线走廊。

第二段为位于城市中心的中游区间，规划主题是"文化中的河流"，强调滨水空间的休闲特性和文化特质。该段河道蓝线用地非常紧张，同时要留出两侧各两条车道并考虑人

的亲水活动需求。为保证河道行洪断面，将规划路架设在河道两侧过水断面上。明渠底宽11.74m，边坡比为1:1~1:2。二层台下设市政管线走廊。这种在城市密集区河道与车道相结合的做法值得借鉴。

第三段位于生态环境良好的下游区间，规划主题是"生态中的河流"，限制人工开发，积极保留自然河滩沙洲，取消设置边坡护岸，使其形成自然草地。该段河道蓝线用地较第二段缓和，也要留出两侧各两条车道，但人的亲水活动减少，断面相对整齐。为保证河道行洪断面，将规划路架设在河道两侧过水断面上，明渠底宽11.74m，边坡1:1~1:2，二层台下设市政管线走廊。

2. 生态整治，景观设计

（1）修复水体：一是解决水源。由于难以恢复历史上的天然水系，为保证清溪川不断流，最终利用经处理的汉江水、地下水和雨水、中水向清溪川河道提供水源。二是设置独立的污水系统。清溪川被覆盖在地下时承载着排污的功能，为防止复原的水体重新被污染，建设了新的独立的污水系统，对流入清溪川的生活污水进行隔离处理。

（2）重建生物栖息地：一是重建鸟类栖息地。保护自然退化地、沙石地、植物群落等现有的生态环境，建造人工湿地、铺设观测道路。二是重建鱼类栖息地。修建鱼类通道、多孔质植被护岸、浅滩和水潭、多段式跌水设施、护栏。

（3）运用多元化的景观设计手段，满足不同地段服务人群需求（图7.7.2-1）。一是水体设计多元化。除了自然化和人工化的溪流以外，清溪川复兴改造工程中还运用了跌水、喷泉、涌泉、瀑布、壁泉等多种水体表现形式。二是地面绿化与立体绿化相结合，运用乡土植物进行植物造景。从芦苇、野蔷薇、水葱等水生植物到一般草本植物、爬藤植物，采用不同种类和不同花色的植物分片种植，在对清溪川原有的自然环境系统进行生态恢复。

(a) (b) (c)

图7.7.2-1 不同水体表现形式

3. 政府主导，公众参与

一是运用调查问卷进行民意摸底。清溪川在改造的前后，政府对周边的居民进行了问卷调查，在一定程度上让公众参与项目的指导设计，尊重居民的意见，利于改造的顺利实施。二是成立多种民间机构协调推进。清溪川复兴改造项目推进中，在政府的推动下，成立了复兴改造研究团体、市民委员会等由市民和各方面专家组成的民间机构，保障了项目的高效、科学实施。

复原的清溪川保持了清溪川原有的朴实风格，宽仅20~40m左右的小河川，两岸缀着些闲散的野花、芦苇，并不见什么名贵花草。人行道贴近水面，走在河川旁，脚下流水淙淙，河水清澈见底，水草摇曳，鱼儿嬉戏，间或还有野鸭子轻轻盈盈地游弋而过，令人倍感惬意悠闲。清溪川复归后，成群的飞鸟也来这里落户了，两岸随处可见悠游栖息的鸟类。如图 7.7.2-2 所示。

(a) (b)

图 7.7.2-2　复原的清溪川保持了清溪川原有的朴实风格

思考题

1. 城市排水系统的体制有哪几类？各有哪些优缺点？
2. 国内外给排水行业的主要区别有哪些？
3. 简述污水处理厂的设计要求。
4. 给排水管网常用的管材有哪些？各种管材的优缺点有哪些？
5. 哪些情况下适用于顶管法施工？简述顶管法的施工流程。
6. 水平定向钻导向轨迹设计需考虑哪些因素？
7. 现代化的给水、污水处理厂管理系统分哪三层，各层又由哪些部分组成？
8. 什么是智慧管线？智慧管线对现代城市有何作用？

参考文献

[1]　李亚峰，马学文，王培等著. 城市基础设施规划. 北京：机械工业出版社，2014
[2]　严煦世，范瑾初主编. 给水工程（第四版）. 北京：中国建筑工业出版社，1999
[3]　孙慧修主编. 排水工程·上册（第四版）. 北京：中国建筑工业出版社，1999
[4]　张自杰主编. 排水工程·下册（第四版）. 北京：中国建筑工业出版社，2000
[5]　周玉文. 城市给水排水管网系统信息化建设面临的挑战与机遇. 给水排水，2008. 8
[6]　上海市污水治理白龙港片区南线输送干线完善工程（东段输送干管）SST2. 4 标段总体方案
[7]　青草沙越江输水隧道工程施工技术总结
[8]　葛金科，沈水龙，许烨霜. 现代顶管施工技术及工程实例 [M]. 北京：中国建筑工业出版社，2009
[9]　解智强，王贵武著. 城市地下管线信息化方法与实践. 北京：测绘出版社，2012

第8章　城市燃气建设

8.1　城市燃气的发展概况

8.1.1　国外城市燃气的发展概况

美国是世界上天然气行业发展最成熟的国家之一，天然气市场从20世纪30年代开始发展，至70年代趋于成熟。美国天然气资源丰富，拥有先进的技术、完善的管网体系、比较健全的市场经济基础和完备的监管体系。美国天然气行业发展呈现明显的阶段性特点，其中快速发展阶段持续了30多年。1938年以前为美国天然气发展初期阶段，市场规模小，天然气逐步替代煤气。1938~1972年为快速发展期，消费量年均增长8%左右，在此期间，美国天然气管网建设加速，完善的管网体系逐渐成形。1973年以来进入成熟期，美国天然气消费量保持平稳增长，年均增长0.2%，管网和地下储气库配套完善，政府逐渐放宽管制，实行市场化。如图8.1.1-1所示。

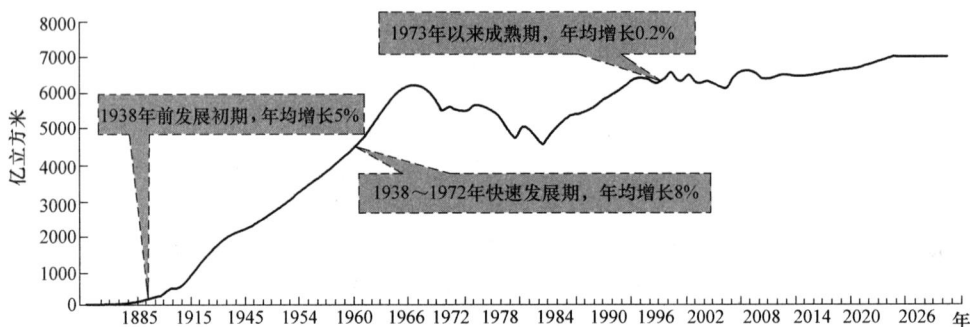

注：2009~2030年为预测数。

图8.1.1-1　1885~2030年美国天然气消费量变化情况

欧洲国家天然气发展从20世纪50年代开始，至90年代趋于成熟。欧洲天然气市场是世界三大天然气市场之一，管网发达，市场成熟。2008年天然气在大伦敦地区一次能源消费结构中所占比例为34%，而煤炭在一次能源中的比例仅占7%。而在天然气应用中，家庭用天然气所占比例维持在66%左右，工业和商业用气所占比例维持在33%左右，用气结构基本稳定。

日本能源极度匮乏，对外依存度高达 90%，而天然气则几乎全部依赖进口。日本从 1968 年开始进口液化天然气（简称 LNG），之后天然气在日本得到了较充分的发展，其用途有发电、民用、商业、工业及其他。2009 年天然气在日本一次能源消费结构中的比例达到 17%。东京作为全球第二大经济中心及日本的首都，天然气发展水平较高。东京燃气主要供应商为东京燃气公司，成立于 1885 年，至今已有 120 多年的历史。东京燃气公司负责东京市及部分关东地区的天然气供应（不包含电力）。

韩国城市燃气发展初期与我国有类似之处。韩国燃气行业大致经历了人工煤气、液化石油气（简称 LPG）和引入 LNG 三个阶段。20 世纪 30 年代到 70 年代，属于韩国的人工煤气阶段。鉴于空气污染和冬季缺煤等问题，韩国政府于 1972 年开始在部分地区使用液化石油气和甲烷气代替人工煤气，之后采取一系列措施促进液化石油气在城市燃气、交通等行业的发展，形成了液化石油气占主导地位的局面。1973 年和 1979 年世界石油危机后，为了把燃料供应从单纯依靠中东石油分流，韩国开始引入 LNG，并于 1986 年在汉城建成第一座规模为 200 万 t 的 LNG 接收站，现该接收站规模已扩大至 600 万 t。1987 年开始将人工煤气置换为天然气。1996 年，第二座规模为 300 万 t 的 LNG 接收站在仁川建成，现该接收站规模已扩大至 600 万 t。

8.1.2 国内城市燃气的发展概况

我国城市燃气和发达国家相比，起步较晚。至"十一五"期末，我国城镇燃气种类主要包括：天然气、人工煤气、液化石油气等，形成了多种气源并存的格局。"十一五"期末，城镇燃气年供气总量达到 836 亿 m^3，较"十五"期末增长 62%。城镇燃气气源结构中，天然气供气量为 527 亿 m^3，占供气总量的 63%，液化石油气、人工煤气供气量分别为 192 亿 m^3 和 117 亿 m^3，分别占供气总量的 23% 和 14%。全国城镇燃气用气总人口达到 4.53 亿。燃气的市场需求快速扩大，已广泛用于居民、工商业、发电、交通运输、分布式能源等多个领域，居民用气量占比为 27%，工商业用气量占比为 66%，交通运输业用气量占比为 7%。"十一五"期末，城市燃气普及率为 92.04%。"十一五"期末，我国城镇燃气管网总长度由"十五"期末的 17.7 万 km 提高至 35.5 万 km。城镇燃气行业固定资产投资总额由"十五"期末的 164.3 亿元提高至 358 亿元，实现翻番。

2014 年，全国天然气消费量 1786 亿 m^3，其中城镇燃气消费量约 732 亿 m^3，约占 41%，发电 321 亿 m^3，约占 18%，工业燃料 500 亿 m^3，约占 28%，化工 233 亿 m^3，约占 13%。城市燃气普及率 94%，我国城镇燃气管网总长度 60 万 km。

上海是我国较早使用燃气的城市之一，1865 年英商在现西藏路桥南建造煤气厂，并同年实现正式供气，至今已有近 150 年的历史。1999 年东海平湖油气田开始向上海供应天然气，从此拉开了上海使用天然气的序幕。2004 年西气东输天然气大规模供应上海，人工煤气用户开始逐步转换为天然气用户，天然气市场得到迅速发展。

目前，上海市已初步形成了东海天然气、西气东输一线、川气东送、进口 LNG 和西气东输二线等由国内、国际资源组成的五大气源供应体系，已建成天然气主干管道约 600km。2013 年天然气年供应量达 68 亿 m^3，其发展速度和市场规模远远超过人工煤气。2010 年天然气占上海一次能源比例达到 6.3%，在国民经济中的地位和作用日益提高，天然气安全稳定供应对上海市社会稳定和经济发展的影响日益凸显。

8.1.3　燃气的分类

城镇燃气是以可燃组分为主的混合气体，可燃组分一般有碳氢化合物、氢和一氧化碳，不可燃组分有二氧化碳、氮和氧等。

燃气的种类有很多，可以作为城镇燃气气源供应的主要是天然气和液化石油气，人工煤气将逐步被以上两种燃气所取代，生物气可以在农村或乡镇作为以村或户为单位的能源。

1. 天然气

分为常规天然气和非常规天然气，一般可分为气田气、石油伴生气、凝析气田气、煤层气、页岩气；按形态分管道天然气、压缩天然气（简称CNG）和液化天然气。

天然气既是制取合成氨、炭黑、乙炔等化工产品的原料气，又是优质燃料气，是理想的城镇燃气气源。有效利用天然气对于促进低碳化、实现节能减排、提高能源利用率和实现能源的可持续发展具有重要的意义。天然气的开采、储运和使用既经济又方便。例如液态天然气的体积仅为气态时的1/600，有利于运输和储存。有些天然气资源匮乏的国家通过进口天然气或液化天然气以发展城镇燃气事业，天然气工业在世界范围内发展迅速。21世纪，天然气将会取代石油成为全球的主导能源。

我国有较为丰富的天然气资源，常规天然气远景资源量约为56万亿 m^3，地质资源量约35万亿 m^3，可采资源量约22万亿 m^3。其中陆上约占78.6%，海上约占21.4%。陆上天然气资源主要分布在中西部和近海地区，约80%的天然气分布在塔里木盆地、四川盆地、鄂尔多斯盆地、渤海湾盆地、准噶尔盆地和东南海域等地区。

我国的天然气资源地理分布不均衡，为实现资源的合理调配利用，20世纪90年代以来，我国天然气管道向大型化、网络化方向发展，多条天然气长输管线进行建设并投入使用，包括陕京输气一线和二线、西气东输一线和二线、涩宁兰输气管道、忠武输气管道、川气东送管道、南海崖13-1气田至香港输气管道和东海平湖至上海输气管道等。

天然气有多种分类方式，按照勘探、开采技术可分为常规天然气和非常规天然气两大类。

（1）常规天然气

常规天然气按照矿藏特点可分为气田气、石油伴生气和凝析气田气等。

1）气田气：气田气指产自天然气气藏的纯天然气。气田气的组分以甲烷为主，还含有少量的非烃类组分如二氧化碳、硫化氢、氮、氧和氢等，微量组分有氦和氩。

2）石油伴生气：石油伴生气指与石油共生的、伴随石油一起开采出来的天然气。石油伴生气的主要成分是甲烷、乙烷、丙烷和丁烷，还有少量的戊烷和重烃。

3）凝析气田气：凝析气田气是指从深层气田开采的含石油轻质馏分的天然气。凝析气田气除含有大量甲烷外，还含有2%～5%戊烷及戊烷以上的碳氢化合物。

（2）非常规天然气

非常规天然气是指由于目前技术经济条件的限制尚未投入工业开采的天然气资源，包括天然气水合物、煤层气、页岩气、水溶气、浅层生物气及致密砂岩气等，其中煤层气已经象常规天然气一样得到开采利用。我国非常规天然气资源量丰富，在未来将具有巨大的应用前景。

1) 天然气水合物

天然气水合物（Gas Hydrates）俗称"可燃冰"，是天然气与水在一定条件下形成的类冰固态化合物。形成天然气水合物的主要气体为甲烷，在标准状态下，1单位体积的甲烷水合物最多可结合164单位体积的甲烷。在天然气水合物的开采过程中，最大限度地减少对环境和气候的影响等技术难题是目前需要解决的问题。

2) 煤层气

煤层气又称煤层甲烷气，是煤层形成过程中经过生物化学和变质作用以吸附或游离状态存在于煤层及固岩中的自储式天然气。煤层气的成分以甲烷为主，含有少量的二氧化碳、氮、氢以及烃类化合物。煤层气的开发利用可以防范煤矿瓦斯事故、有效减排温室气体，并可作为一种高效、洁净的城镇燃气气源。我国鼓励煤层气的开发利用，目前已初步形成煤层气的产业化发展模式。

3) 页岩气

页岩气是以吸附或游离状态存在于暗色泥页岩或高碳泥页岩中的天然气。页岩气的开发具有开采寿命长和生产周期长等优点，但由于页岩气储层的渗透率低，使页岩气的开采难度较大。美国是世界上页岩气勘探开发利用技术较成熟的国家，已经实现了页岩气商业性开发。我国页岩气资源广泛分布于海相、陆相盆地，资源丰富。

2. 人工煤气

人工煤气是以煤或石油系产品为原料转化制得的可燃气体。按照生产方法和工艺的不同，一般可分为干馏煤气、气化煤气和油制气和高炉煤气等。

目前，作为城市气源的人工煤气主要有：焦炉炼焦副产的高温干馏煤气、以纯氧和水蒸气作气化剂的高压气化煤气和以石脑油为原料的油制气。

3. 液化石油气

液化石油气是在天然气及石油开采或炼制石油过程中，作为副产品而获得的一部分碳氢化合物，分为天然石油气和炼厂石油气。

目前我国城市供应的液化石油气主要来自炼油厂，其主要组分是丙烷（C_3H_8）、丙烯（C_3H_6）、丁烷（C_4H_{10}）和丁烯（C_4H_8），习惯上称 C_3、C_4，即只用烃的碳原子（C）数表示。这些碳氢化合物在常温、常压下呈气态，当压力升高或温度降低时，很容易转变为液态，液化后体积约缩小为原体积的1/250。

近年来，国内外不少城市以液化石油气作为汽车燃料，另外，液化石油气也是管输天然气很好的补充气源。

4. 生物气

各种有机物质，如蛋白质、纤维素、脂肪、淀粉等，在隔绝空气的条件下发酵，在微生物的作用下产生的可燃气体，叫做生物气（沼气）。发酵的原料来源广泛，农作物的秸秆、人畜粪便、垃圾、杂草和落叶等有机物质都可以作为生物气的原料，因此生物气属于可再生能源。生物气的组分中甲烷的含量约为60%，二氧化碳约为35%，此外，还含有少量的氢、一氧化碳等气体。工业化生产的人工沼气，可在小范围内供应城镇居民及工业用户使用。

8.2 城市燃气管网的设计

8.2.1 燃气管道的分类

燃气管道可根据用途、敷设方式和输气压力分类。

1. 根据用途分类

（1）长距离输气管线：干管及支管的末端连接城市或大型工业企业，作为该供应区的气源点。

（2）城镇燃气管道：①输气管道：城镇燃气门站至城镇配气管道之间的联系管道；②配气管道：在供气地区将燃气分配给居民用户、商业用户和工业企业用户。配气管道包括街区的和庭院的分配管道；③用户引入管：室外配气支管与用户室内燃气进口管总阀门之间的管道；④室内燃气管道：从用户引入管总阀门到各用户燃具或用气设备之间的燃气管道。

（3）工业企业燃气管道：①工厂引入管和厂区燃气管道：将燃气从城镇燃气管道引入工厂，分送到各用气车间的管道；②车间燃气管道：从车间的管道引入口将燃气送到车间内各个用气设备（如窑炉）的管道。车间燃气管道包括干管和支管；③炉前燃气管道：从支管将燃气分送给炉上各个燃烧设备的管道。

2. 根据敷设方式分类

（1）地下燃气管道：一般在城镇中常采用地下敷设的管道。

（2）架空燃气管道：在管道越过障碍时，或在工厂区为了管理维修方便，采用架空敷设的管道。

3. 根据输气压力分类

燃气管道的气密性与其他管道相比，有特别严格的要求，漏气可能导致火灾、爆炸、中毒或其他事故。燃气管道中的压力越高，管道接头脱开或管道本身出现裂缝的可能性和危险性也越大。当管道内燃气的压力不同时，对管道材质、安装质量、检验标准和运行管理的要求也不同。

我国城镇燃气管道根据输气压力一般分为：①高压 A 燃气管道：$2.5\text{MPa}<P\leqslant4.0\text{MPa}$；②高压 B 燃气管道：$1.6\text{MPa}<P\leqslant2.5\text{MPa}$；③次高压 A 燃气管道：$0.8\text{MPa}<P\leqslant1.6\text{MPa}$；④次高压 B 燃气管道：$0.4\text{MPa}<P\leqslant0.8\text{MPa}$；⑤中压 A 燃气管道：$0.2\text{MPa}<P\leqslant0.4\text{MPa}$；⑥中压 B 燃气管道：$0.01\text{MPa}\leqslant P\leqslant0.2\text{MPa}$；⑦低压燃气管道：$P<0.01\text{MPa}$。

居民用户和小型商业用户一般直接由低压管道供气。采用低压燃气管道输送天然气时，压力不大于 3.5kPa；输送气态液化石油气时，压力不大于 5kPa；输送人工煤气时，压力不大于 2kPa。

8.2.2 燃气管网的分类

8.2.2.1 城镇燃气输配系统的构成

现代化的城镇燃气输配系统是复杂的综合设施，通常由门站、燃气管网、储气设施、调压设施、管理设施和监控系统等构成。

输配系统应保证不间断地、可靠地给用户供气，在运行管理方面应是安全的，在维修检测方面应是简便的。还应考虑在检修或发生故障时，可关断某些部分管段而不致影响全系统的工作。

在一个输配系统中，宜采用标准化和系列化的站室、构筑物和设备。采用的系统方案应具有最大的经济效益，并能分阶段地建造和投入运行。

8.2.2.2 城镇燃气管网系统

城镇燃气输配系统的主要部分是燃气管网，根据所采用的管网压力级制不同可分为以下几种形式：

（1）一级系统：仅用一种压力级制的管网来分配和供给燃气的系统，通常为低压或中压管道系统。一级系统一般适用于小城镇的供气，当供气范围较大时，输送单位体积燃气的管材用量将急剧增加。

（2）二级系统：由两种压力级制的管网来分配和供给燃气的系统。设计压力一般为中压 B-低压或中压 A-低压等。

（3）三级系统：由三种压力级制的管网来分配和供给燃气的系统。设计压力一般为高压-中压-低压或次高压-中压-低压等。

（4）多级系统：由三种以上压力级制的管网来分配和供给燃气的系统。

燃气输配系统中各种压力级制的管道之间应通过调压装置连接。

8.2.2.3 采用不同压力级制的必要性

城镇燃气输配系统中管网采用不同的压力级制，其原因如下：

（1）管网采用不同压力级制的经济性较好。当大部分燃气由较高压力的管道输送时，管道的管径可以选得小一些，管道单位长度的压力损失可以允许大一些，这样可以节省管材。如果将大量的燃气从城镇的某一地区输送到另一地区，采用较高的输气压力比较经济合理。有时对城镇里的大型工业企业用户，可敷设压力较高的专用输气管线。

（2）各类用户需要的燃气压力不同。例如，居民用户和小型商业用户需要低压燃气，而大型工业企业则需要中压或更高压力的燃气。

（3）消防安全要求。在城市未改建的老区，建筑物比较密集，街道和人行道都比较狭窄，不宜敷设较高压力的管道。此外，由于人口密度较大，从安全运行和方便管理的方面看，也不宜敷设高压或次高压管道，而只能敷设中压或低压管道。另外，大城市燃气输配系统的建造、扩建和改建过程历时较长，所以在城市的老区原有燃气管道的设计压力，大都比近期建造的管道压力低。

8.2.2.4 燃气管网系统的选择

无论是旧有城市，还是新建城镇，在选择燃气输配管网系统时，应考虑许多因素，其中主要因素有：

（1）气源情况：燃气的种类和性质、供气量和供气压力、气源的发展或更换气源的规划；

（2）城镇规模、远景规划情况、街区和道路的现状和规划、建筑特点、人口密度及居民用户的分布情况；

（3）原有的城镇燃气供应设施情况；

（4）储气设备的类型；

（5）城镇地理地形条件，敷设燃气管道时遇到天然和人工障碍物（如河流、湖泊、铁路等）的情况；

（6）城镇地下管线和地下建筑物、构筑物的现状和改建、扩建规划。

设计城镇燃气管网系统时，应全面综合考虑上述诸因素，从而提出数个方案进行技术经济比较，选用经济合理的最佳方案。方案比较必须在技术指标和工作可靠性相同的基础上进行。

8.2.3 燃气管道的布线

8.2.3.1 城镇燃气管道的布线依据

地下燃气管道宜沿城镇道路、人行便道敷设，或敷设在绿化带内。在决定不同压力燃气管道的布线问题时，必须考虑到下列基本情况：①管道中燃气的压力；②街道及其他地下管道的密集程度与布置情况；③街道交通量和路面结构情况，以及运输干线的分布情况；④所输送燃气的含湿量，必要的管道坡度，街道地形变化情况；⑤与该管道相连接的用户数量及用气情况；⑥线路上所遇到的障碍物情况；⑦土壤性质、腐蚀性能和冰冻线深度；⑧该管道在施工、运行和万一发生故障时，对交通和人民生活的影响。

在布线时，要确定燃气管道沿城镇街道的平面与纵断面位置。

由于输配系统各级管网的输气压力不同，其设施和防火安全的要求也不同，而且各自的功能也有所区别，故应按各自的特点进行布置。

8.2.3.2 高压燃气管道的布线

高压管道的主要功能是输气，并通过调压站向压力较低的各环网配气。一般按以下原则布线：①城镇燃气管道通过的地区，应按沿线建筑物的密集程度划分为四个管道地区等级，并依据管道地区等级作出相应的管道设计。不同等级地区地下燃气管道与建筑物之间的水平和垂直净距应符合现行国家标准《城镇燃气设计规范》GB 50028 的相应规定。②高压燃气管道宜采用埋地方式敷设，当个别地段需要采用架空敷设时，必须采取安全防护措施。③高压燃气管道不应通过军事设施、易燃易爆仓库、国家重点文物保护单位的安全保护区、飞机场、火车站、海（河）港码头。当受条件限制管道必须通过上述区域时，必须采取安全防护措施。

8.2.3.3　次高压、中压及低压燃气管道的布线

（1）地下燃气管道不得从建筑物和大型建构筑物的下面穿越。为了保证在施工和检修时互不影响，也为了避免由于漏出的燃气影响相邻管道的正常运行，甚至逸入建筑物内，地下燃气管道与建筑物、构筑物以及其他各种管道之间应保持必要的水平和垂直净距，符合现行国家标准《城镇燃气设计规范》GB 50028 的相应规定。

（2）低压管道的输气压力低，沿程压力降的允许值也较低，故低压管网的每环边长一般宜控制在 300~600m 之间。

低压管道直接与用户相连，而用户数量随着城镇建设发展而逐步增加，故低压管道除以环状管网为主体布置外，也允许存在枝状管道。

（3）有条件时低压管道宜尽可能布置在街区内兼作庭院管道，以节省投资。

（4）低压管道应按规划道路布线，并应与道路轴线或建筑物的前沿相平行，尽可能避免在高级路面下敷设。

（5）地下燃气管道埋设的最小覆土厚度应满足下列要求：埋设在机动车道下时，不得小于 0.9m；埋设在非机动车道下时，不得小于 0.6m；埋设在机动车不可能到达的地方时，不得小于 0.3m。

（6）输送湿燃气的管道，应埋设在土壤冰冻线以下，燃气管道向凝水井的坡度不宜小于 0.3%。布线时，最好能使管道的坡度和地形相适应。在管道的最低点应设排水装置。

（7）在一般情况下，燃气管道不得穿过其他管（沟），如因特殊情况要穿过其他大断面的排水管（沟）、热力管沟、隧道及其他用途沟槽等，需征得有关方面同意，同时燃气管道必须安装于套管内，如图 8.2.3-1 所示，套管两端应采用柔性的防腐、防水材料密封。套管伸出建构筑物外壁的距离应符合现行国家标准《城镇燃气设计规范》中的相关规定。

（8）燃气管道穿越铁路、高速公路、电车轨道或城镇主要干道时宜与上述道路垂直敷设。燃气管道穿越铁路或高速公路的燃气管道应加套管。穿越铁路的燃气管道的套管宜采用钢管或钢筋混凝土管，套管内径应比燃气管道外径大 100mm 以上，套管两端与燃气管的间隙应密

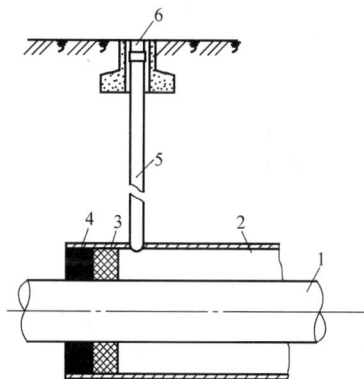

图 8.2.3-1　敷设在套管内的燃气管道

1—燃气管道；2—套管；3—油麻填料；
4—沥青密封层；5—检漏管；6—防护罩

封。套管顶部距铁路轨底不应小于 1.2m，并应符合铁路管理部门的要求。套管端部距路堤坡脚外的距离不应小于 2m。图 8.2.3-2 所示。

燃气管道穿越电车轨道或城镇主要干道时宜敷设在套管或管沟内，套管或管沟两端应密封，在重要地段的套管或管沟端部宜安装检漏管。检漏管上端伸入防护罩内，由管口取气样检查套管中的燃气含量，以判明有无漏气及漏气的程度。套管或管沟端部距电车轨道不应小于 2m，距道路边缘不应小于 1m。对于穿过城镇非主要干道，并位于地下水位以上

的燃气管道，可敷设在过街沟里，如图 8.2.3-3 所示。

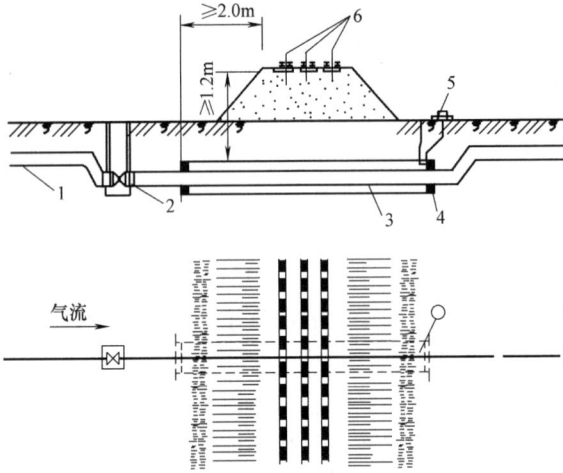

图 8.2.3-2　燃气管道穿越铁路
1—燃气管道；2—阀门；3—套管；
4—密封层；5—检漏管；6—铁路

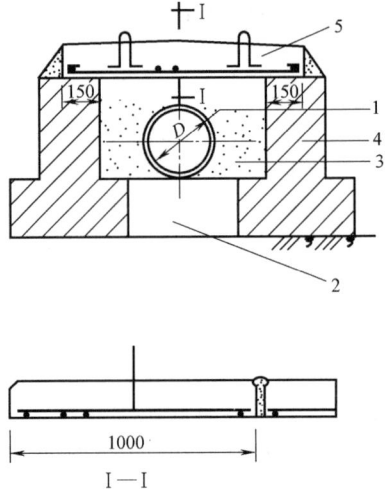

图 8.2.3-3　燃气管道的单管过街沟
1—燃气管道；2—原土夯实；3—填砂；
4—砖墙沟壁；5—盖板

（9）燃气管道通过河流时，可以采用穿越河底或采用管桥跨越的形式。当条件许可时，可以利用道路桥梁跨越河流。穿越或跨越重要河流的管道，在河流两岸均应设置阀门。

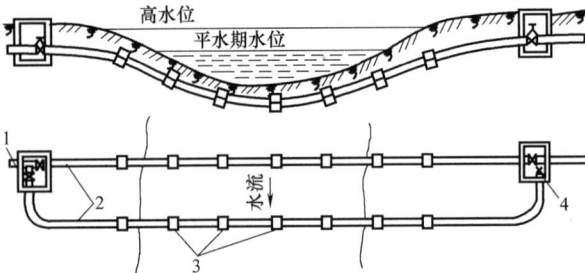

图 8.2.3-4　燃气管道穿越河流
1—燃气管道；2—过河管；3—稳管重块；4—阀门井

燃气管道采用穿越河底的敷设方式时，宜采用钢管，并应尽可能从直线河段，与水流轴向垂直，从河床两岸有缓坡而又未受冲刷、河滩宽度最小的地方穿越。燃气管道从水下穿越时，一般宜用双管敷设，如图 8.2.3-4 所示。每条管道的通过能力是设计流量的 75%，但对于环形管网可由另一侧保证供气，或以枝状管道供气的工业企业

在过河管检修期间，可用其他燃料代替的情况下，允许采用单管敷设。在不通航河流和不受冲刷的河流下双管允许敷设在同一沟槽内。两管的水平净距不应小于 0.5m。当双管分别敷设时，平行管道的间距，应根据水文地质条件和水下挖沟施工的条件确定，按规定不得小于 30～40m。燃气管道至河床的覆土厚度应根据水流冲刷条件及规划河床确定。对于不通航河流不应小于 0.5m，通航河流不应小于 1m，另外还应考虑疏浚和投锚深度。水下燃气管道的稳管重块，应根据计算确定。一般采用钢筋混凝土重块，也允许用铸铁重块。水下燃气管道的每个焊口均应进行物理方法检查，规定采用特加强绝缘层。在加上稳管重块之前，应在管道周围绑扎 20mm×60mm 的木条，以保护绝缘层不受损坏。敷设在河流底的输送湿燃气的管道，应有不小于 0.3% 的坡度，坡向河岸一侧，并在最低点处设排水器。

当燃气管道随桥梁敷设或采用管桥跨越河流时，必须采取安全防护措施。跨越可采用

348

桁架式、拱式、悬索式及栈桥式，最好采用单跨结构。架空敷设时，管道支架应采用不燃材料制成，并在任何可能的荷载情况下，能保证管道稳定和不受破坏。燃气管道应做较高级别的防腐保护，并应设置必要的补偿和减振措施。燃气管道悬索式跨越铁道如图8.2.3-5所示。

输气压力不大于0.4MPa的燃气管道，在得到有关部门同意时，也可利用已建的道路桥梁。敷设于桥梁上的燃气管道应采用加厚的无缝钢管或焊接钢管，尽量减少焊缝，并对焊缝进行100%无损探伤。燃气管道与随桥敷设的其他管道之间的间距应符合支架覆管的相关规定。燃气管道沿桥敷设如图8.2.3-6所示。

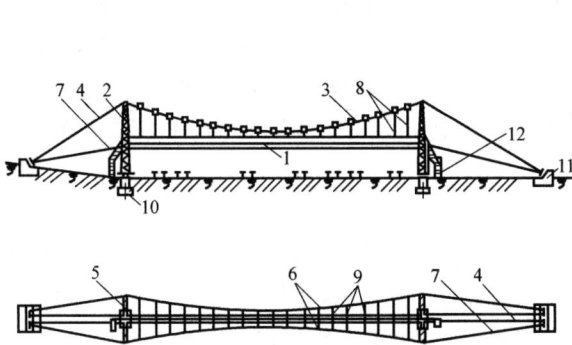

图 8.2.3-5　燃气管道的悬索式跨越铁道
1—燃气管道；2—桥柱；3—钢索；4—牵索；
5—平面桁架；6—抗风索；7—抗风牵索；8—吊杆；
9—抗风连杆；10—桥支座；11—地锚基础；12—工作梯

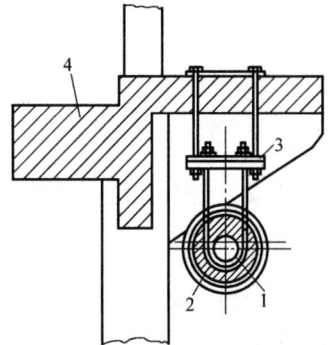

图 8.2.3-6　燃气管道沿桥敷设
1—燃气管道；2—隔热层；3—吊卡；
4—钢筋混凝土桥面

8.3　城市燃气管网的施工

城市地下燃气管道的施工通常采用开挖沟槽进行管道铺设的施工工艺。但由于城市区域场地条件的制约等因素，城市燃气管网施工不再局限在传统的开挖沟槽铺设管道的方法，顶管法和水平定向穿越管道等作为绿色环保的技术工艺得到广泛的运用。

8.3.1　开挖沟槽铺设燃气管道施工

开挖沟槽敷设燃气管道系城市燃气管网施工普遍采用的施工方法。城市燃气管道开槽埋管施工与给排水管道开槽埋管施工流程和施工方法基本相同，详细的施工方法具体可参见有关章节的相关内容，这里仅就燃气管道铺设中一些较为特殊的方面予以介绍。

8.3.1.1　燃气管道的定线放样

1. 管道定位

燃气地下管道敷设位置必须按照城市规划部门批准的管位进行定位。敷设在市区道路上的管道，一般以道路侧石线至管道轴心线的水平距离为定位尺寸，其他地形地物距离均为辅助尺寸。敷设于小区街坊、里弄或厂区内非道路地区的管线，一般以住宅、厂房等建筑物至拟埋管线的轴心线的水平距离为定位尺寸。

考虑到城市地下管网等设施众多，包括燃气管道在内的各类管道必须各就其位，不得随意更改设计管位。

2. 定线放样

燃气管道敷设遇弯曲道路、障碍或镶接需要盘弯时，可根据现场测量角度来定出待敷设管道的样线。由于铸铁管采用定型弯管，常用弯管为 $90°$、$45°$、$22\frac{1}{2}°$、$11\frac{1}{4}°$，因此盘弯角度应根据上述四种定型弯管的角度近似地选用。

定角放样方法可用经纬仪或预先制作的样板，但都比较麻烦。一般施工现场根据三角形边长的函数关系来放样，该方法简便实用，在施工中被广泛采用。在敷设钢管时，可采用"以线定角放样法"，丈量出管道定位轴线交角边的长度，计算出角度，用同口径钢管放样制作所需要弯管。由于钢管焊接接口的拼接无调整余地，故钢板弯管角度放样必须准确。

8.3.1.2 燃气管道的管沟施工

燃气管道管沟施工中，土方工程量很大，其中路面破碎、土方开挖回填以及施工中沟槽支撑等约占总工程量的 80% 以上。土方工程施工质量直接影响管道的基础、坡度和接口的质量，因此沟槽开挖是燃气管道开槽埋管施工关键的一道工序。

1. 沟槽的形式

城市燃气管道施工沟槽的形式一般采用直沟；在接口镶接或其他超深部位可采用梯形沟或混合沟；在郊区越野地带多数采用混合沟，也可采用梯形沟。

接口工作坑是施工人员在沟槽中进行接口操作的场所，其几何形状大于原沟槽。由于操作时间较长，往往需要设聚水坑并加以支撑。

2. 管基处理

埋设于土层的地下管道受土压力和地面荷载的作用是随着管基和回填土的状况，管道的埋设深度和口径等的不同而异，其中管基处理的好坏是主要因素。

如无坚固的土基，或管道不是平稳均匀地置于土基上，那么已敷设的管道很容易产生不均匀沉陷，导致接口松动或管道断裂，因此管基处理在地下管施工中显得十分重要。

（1）严格控制沟槽深度、防止超深挖掘。地下土层的原始状态一般较为紧密，能承受一定的载荷，所以一般情况下燃气管道敷设均以原状土为管基，效果较理想而不必另作处理。因此开掘沟槽中要防止超深，以确保管基土壤的原始状态。但是，在开挖管道接口、镶接管段或穿越障碍等的工作坑时，往往出现超深，使管基失去原始土层，此时必须作基础处理。对于 $\geqslant \phi 400mm$ 的阀门、$\geqslant \phi 200mm$ 的竖向弯管以及荷重较大的配件，由于压强的增大，原始土层将无法承受其压力时也需要作特殊基础处理。

（2）若遇酸性土壤以及含有炉灰、煤渣、垃圾和受化工厂污水浸泡的土壤时，这类土对敷设管道均有腐蚀作用，清除管道周围（至少 20cm）的腐蚀性土壤随即调换成无腐蚀性土壤十分必要。如果没有换土条件的，则要对腐蚀性土壤进行处理：一般可采用石灰石中和酸性土壤并断绝化工厂的污染水源，同时应加强对管道的防腐或采用混凝土保护层等其他防腐措施，换土处的管基必须夯实或垫混凝土预制板。

3. 管基坡度

地下人工煤气管道运行中将产生大量冷凝水，因此，敷设的管道必须保持一定的坡度，使管内出现的冷凝水能汇集于聚水井内排放。地下人工煤气管道坡度规定为：中压管不少于3‰，低压管不少于5‰，引入管不少于10‰。

为使敷设管道符合规定的坡度要求，必须预先对管道基础（原始土层）进行测量。目前采用木制平尺板和水平尺或水平仪测量两种方法。由于用木制平尺板和水平尺的测量方法简便、工具简单，现场运用比较广泛。

8.3.1.3 管道敷设

地下管道敷设的水平和垂直位置，一般不允许随意变动，管位的偏移将影响其他管线的埋设或给其他管线的检修造成困难。地下燃气管线与其他管线相遇时应遵守下列规定：

（1）当与其他地下管线平行时的水平位置：当管径≥φ300时净距不得小于40cm；当管径＜φ300时净距不得小于20cm。

（2）当与其他地下管线相互交叉时，其垂直净距一般应为10cm以上，在特殊情况下经质监部门同意不得小于5cm。交叉管道的间距中不得垫硬块，位于上方的管道两端应砌筑支座（小于φ300管径可设预制垫块）以防沉陷，互相损坏。

（3）在邻近建筑物敷设地下燃气管道时应按照设计图纸要求的管位敷设，不得随意更改，防止管道泄漏直接渗入房屋内。在无管线和建筑物条件下施工时，管位容易偏移，应预先按设计图纸要求在拟埋管道的轴线上设桩点定位，使敷设的管位保持在允许偏差内。

埋管的深度是指路面至管顶的垂直距离。埋管深度决定于管道顶面承受的压力及冰冻线深度而确定。

以上海为例，地下燃气管道的最小埋设深度为车行道80cm；人行道60cm；街坊或居民小区内泥土路面40cm。车行道上深度不能达到上述要求时需加砌钢筋混凝土盖板或改为局部钢管，但深度最浅不得小于40cm。

8.3.1.4 燃气管道的接口施工

燃气管道的接口形式较多，根据管材、施工要求不同而选定。金属管道连接接口常见的为承插式、法兰、螺纹、焊接、滑入式和机械接口等六种形式。聚乙烯管材、管件的连接应采用热熔对接或电熔连接。

1. 承插式接口

承插式接口主要用于铸铁管的连接，由铸铁管、件的承口和插口配合组成，并保持一定的配合间隙。根据设计要求在环形间隙中填入所需填料。承口内壁有环型凹槽使填料起到良好的密封作用。

2. 法兰接口

法兰接口主要运用于架空管道，地下管施工中用于管件及附属设备的连接，如阀门、调压器、波形补偿器及大流量燃气表等安装连接。根据管材不同分为钢制法兰和铸铁法兰两种类型。

（1）钢制法兰

有螺纹连接法兰和焊接法兰两种。高、中压管道和低压管中口径在φ150以上时，均选用焊接法兰，接合面多为凸面。低压管中φ150以下时，小口径管道一般选用螺纹法兰，接合面为平面。钢制法兰见图 8.3.1-1。

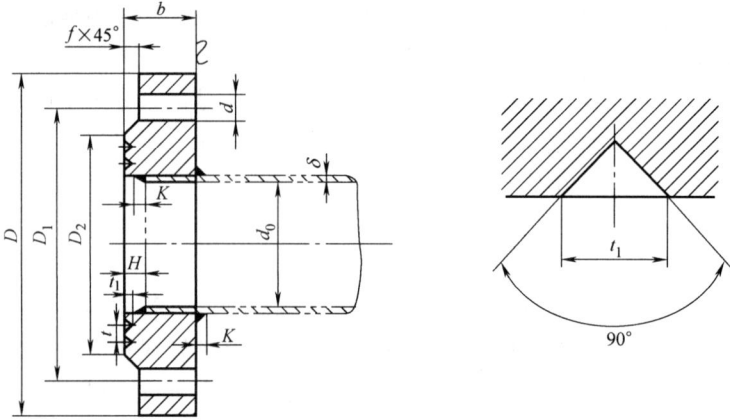

图 8.3.1-1　钢制法兰

（2）铸铁法兰

法兰片是铸铁，预先和铸铁管、件铸造为一体。法兰接合面一般为凸面，几何尺寸和技术要求与钢制法兰相同，相互直径可配合连接，为钢管与铸铁管连接的过渡接口。

3. 焊接接口

地下燃气管道中的钢管，其焊接接口不仅承受管内燃气压力，同时又受到地下土层和行驶车辆的载荷，因此接口的焊接应按受压容器要求操作，并采用各种检测手段鉴定焊接接口的可靠性。

4. 机械接口

铸铁管机械接口以橡胶圈为填料，采用螺栓、压盖、压轮等零件，挤压橡胶圈使它紧密充填于承插口缝隙，达到气密目的。机械接口形式很多，常见的有压盖式接口、改良型柔性接口、n 形柔性抗震接口、一字形柔性接口、人字形柔性接口等。

机械接口操作简便，气密性好，适用于高、低压管道，是一种较为理想的柔性接口。它具有补偿管道因温差而产生应力，以及适应接口折挠、振动而不发生漏气的特性。

5. 螺纹接口

热镀锌钢管应采用管螺纹连接，管螺纹应规整，断丝或缺丝不得大于螺纹全部牙数的10％。螺纹接口填料应采用聚四氟乙烯带，装紧后不得倒回。钢管与法兰的连接应采用焊接，镀锌钢管与法兰的连接应采用螺纹法兰。

6. 聚乙烯管的接口

聚乙烯管材、管件的连接应采用热熔对接连接或电熔连接（电熔承插连接、电熔鞍形连接）；聚乙烯管道与金属管道或金属附件连接，应采用法兰连接或钢塑转换接头连接；采用法兰连接时宜设置检查井。

8.3.2　燃气管道的特殊施工方法

8.3.2.1　燃气管道的顶管施工

顶管施工技术运用于燃气管道施工，一般通过先顶进套管，然后将燃气管道安装在套管内，从而实现燃气管道铺设施工。

顶管施工技术不需挖槽或开挖土方，只需在管道的一端挖掘工作井，另一端挖掘接收井，用顶管机将管道穿越土层从工作井顶向接收井。与此同时，把紧随顶管机后的管道埋设在两坑之间，是非开挖敷设地下管道的施工方法之一。

作为相对比较成熟的施工工艺，顶管施工在各类管道施工中已普遍采用，具体的施工程序和方法可参见前述有关章节内的相关内容。这里仅就后续穿芯管的安装作简要介绍。

穿管作业前，根据顶管工作井的尺寸，将待安装的钢管截为合适的长度，并对截断处进行坡口打磨，此后将选好的一根钢管在穿管工作坑内下管。

钢管下井前，在钢管两端各安装一个环形滑轮，待钢管下井后，在吊车悬吊下人工将钢管放置于焊接作业位置。同时在钢管的穿管方向安装一个环形滑轮，并在钢管的前段焊接一个"牵牛"用以连接接收井处卷扬机的钢丝绳，并对钢管安装滑块（每2m安装一个滑块）。然后继续悬吊第二根钢管，并与第一根钢管进行组对、焊接和安装滑块的工作。待焊接质量检查拍片合格、防腐合格后，在接收井卷扬机的拉动下进入套管内，如此反复直至完成顶管内的穿管工作。

8.3.2.2 燃气管道的水平定向穿越

水平定向穿越是最具活力的一种非开挖技术，它能不开挖地面，顺利地穿越地表构筑物或地下设施等障碍铺设管线。

水平定向穿越技术应用于城镇燃气管道施工，主要穿越城镇河流、道路等不便于开挖施工的区域。与大型穿越施工相比较，水平定向穿越工艺具有灵活简便、施工周期短、占地面积小、对周边环境影响小等特点，更适合城镇中小型燃气工程的施工；本工法在合理配置泥浆的前提下可适用于各种地质条件；能穿越PE管、钢管等管材；穿越长度能从几十米到上千米；穿越深度可从几米到几十米。目前在国内外已越来越多地应用于石油、天然气、电力、上水、通信等多个领域。

非开挖水平定向钻施工技术，相对于传统的城市道路开挖作业施工方法，可以大量减少了传统工艺所需开挖的路面，即大大节约了修复路面的费用，又对其他管线、交通、绿化等公共设施的影响大量减少，同时加快了施工进度和效率，缩短了施工周期，降低了施工成本，减少对附近商业和居民的影响；相对于传统的城市河道围堰开挖作业施工方法而言，则很好地避免了对河道的占用，实现环境污染最小化。

8.4 城市燃气新技术展望

8.4.1 城市燃气利用新技术

8.4.1.1 分布式能源（CHP）

分布式能源是相对于传统的集中式供能方式而言的，是指将供能系统以小规模、分散式的方式布置在用户附近，可独立地输出电、热或（和）冷能的系统。这个概念是从1978年美国公共事业管理政策法公布后正式先在美国推广，然后被其他先进国家接受的。当今的分布式供能方式主要是指用液体或气体燃料的内燃机、微型燃气轮机和各种工程用的燃料电池。分布式能源综合能源利用效率在70%以上，并可实现负荷中心就近供应，具有节能、减排、经济、安全、削峰填谷、促进循环经济发展等多种优势。

燃气分布式能源是指以天然气为燃料，应用燃气轮机、燃气内燃、微燃机等各种热动力发电机组和余热利用机组的能量转化设备，提供用户冷、热、电、各种负荷需求的分布式供能系统。燃气分布式能源是分布式能源体系中的核心技术，是我国当前为了实现节能减排和清洁能源高效利用迫切需要发展的重点。我国正在加速转变经济发展方式和进行能源结构的调整，通过大力开采国内油气资源和扩大油气资源进口，天然气供应和能源比重正逐年增长，高效利用天然气珍贵资源的问题迫在眉睫。

国内外燃气分布式能源的潜在市场十分广阔，包括居民建筑和公用建筑节能、老电厂与供热厂的设备更新和扩容改造、具有高负荷密度的数据中心、区域供热供冷、工业园与经济开发区的能源中心等，应用范围向小型化和规模化的两极发展，以发挥更大的全社会的效益。我国正处于工业化和城镇化的发展进程中，有利于同步进行区域总体规划和分布式能源规划，建设更多的区域型或产业型的中、大规模的燃气分布式能源系统，发挥分布式能源的规模效益，为实现节能减排目标提供了更有利条件。以丹麦为例，丹麦在20世纪70年代以前，全国能源消费曾经99%依赖进口。丹麦政府积极发展天然气分布式能源技术，通过提高能源利用效率支持国民经济的发展，1980～2005年，丹麦的GDP增长了56%，但能源消耗只增长了3%，全国二氧化碳、氮氧化物和废气排放量降低了30%。

与发达国家相比，我国的燃气分布式能源发展相对滞后，尚处于起步阶段。20世纪90年代，分布式能源系统在我国开始得到应用，但由于我国尚未出台有关发展分布式能源的指导性文件，加之相关的配套政策、设施不健全，技术力量不足，核心设备依赖进口，电力并网和备用电力保障等问题约束了燃气分布式能源的推广。

随着我国能源结构的调整，天然气在能源利用中的比重不断增加，以风能、太阳能、生物质能为能源的发电系统也在不断兴起，分布式能源在我国广泛引起重视。目前，燃气分布式能源在我国已经进入了实质性开发实施阶段，北京、上海、广州、河南、四川、浙江等省市的居民小区、商城楼宇、大学城都有一些示范工程投运，取得明显的经济、环境和社会效益，其中以上海、北京取得的成绩较为突出。

8.4.1.2 天然气交通

天然气作为一种含能体，理论上可以作为任何动力设备的燃料。天然气在发动机中燃烧充分，废气排放污染低，因而天然气汽车在世界迅猛发展，世界各国天然气汽车1995年就已超过120万辆。

压缩天然气（CNG）是一种最理想的车用替代能源，它具有成本低、效益高、无污染、使用安全便捷等特点，正日益显示出强大的发展潜力。CNG汽车主要是指天然气在25MPa左右的压力下储存在车内的气瓶中，用作汽车燃料。CNG汽车优点有：理论上1立方米的CNG相当于1.1～1.3L的汽油。CNG比燃油的安全性高，CNG自燃温度为732℃，汽油的自燃温度为232～482℃。同时天然气相对空气密度为0.6～0.7，一旦泄漏，在空气中易于迅速扩散，不易在户外发生爆炸，同时 CNG 是非致癌、无毒、无腐蚀性的，天然气汽车比燃油汽车更安全。CNG 汽车具有良好的环保效果，使用 CNG 替代汽油作为汽车燃料，可使 CO 排放减少 97%，CH 化合物减少 72%，NO 化合物减少 39%，CO_2 减少 24%，SO_2 减少 90%，且 CNG 不含铅、苯等致癌的有毒物质，所以 CNG 是汽车运输行业解决环保问题的首选材料。2013 年底上海拥有 CNG 加气站 8 座，CNG 公交加气站 2 座。

液化天然气（LNG）作为一种清洁、高效、方便、安全的能源，以其热值高、污染少、储运方便。液化天然气经过深度冷冻后成为液体，这种气体是最干净的，因为在液化过程中杂质变成固体被排出了，最后剩下可燃气体。纯净的 LNG 是无色、无味、无毒和透明的气体，比水轻，不溶于水。LNG 蒸汽温度在 −110℃时，比空气轻，泄漏时易于扩散，因此较为安全。LNG 化学性质稳定，不活泼。与空气、水及其他液化气货品在化学功能相容，不会引起化学反应。LNG 是非腐蚀性货品，在材料结构方面，只要求能耐低温的金属材料即可。因此，LNG 也是一种理想的车用燃料。

液化天然气汽车的优点：①安全性：储供系统气压力大大低于 CNG，具有更高的安全性能；②动力性：发动机怠速稳定，具有良好的起步、加速和爬坡性能，与原柴油机相当；③经济性：100%替代了柴油，经济效益明显；④环保性：发动机噪音低，尾气排放可达到欧 III 环保标准以上；⑤气瓶自重轻，在同等装载能力下，重量只有 CNG 气瓶的四分之一。

天然气专用发动机通过良好的控制，可以比同等的汽油机和柴油机具有更低的排放，有利于解决日益严重的大气污染。同时天然气是一种相对廉价的燃料且分布广泛，具有良好的资源可配制性，可以有效降低我国对进口石油的依赖，因此天然气是一种很好的汽车动力能源的代用燃料。

天然气汽车的推广也有良好的政策基础。《中国的能源政策（2012）》白皮书中提出推进交通节能。全面推行公交优先发展战略，积极推进城际轨道交通建设，合理引导绿色出行。实施世界先进水平的汽车燃料油耗量标准，推广应用节能环保型交通工具。加速淘汰老旧汽车、机车、船舶。优化交通运输结构，大力发展绿色物流。积极推进新能源汽车研发与应用，科学规划和建设加气、充电等配套设施。在 2012 年 12 月 1 日实施的《天然气利用政策》中"天然气汽车（尤其是双燃料及液化天然气汽车），包括城市公交车、出租车、物流配送车、载客汽车、环卫车和载货汽车等以天然气为燃料的运输车辆。"更是被列入了优先类。上海市交通运输节能减排"十二五"规划中提出"继续推进区域天然气公交车和出租车的试点营运"。

8.4.1.3 天然气燃料电池

燃料电池是一种将存在于燃料与氧化剂中的化学能直接转化为电能的发电装置。天然气燃料电池有许多的优点。首先，天然气燃料电池的发电效率高。常规电厂一般通过三级能量转换才能得到电能，在能量的转换过程中每级都有损失，所以电能的转换效率低。燃料电池只有一级能量转换，损失低，其发电效率可达 40%，另外能有 40%热能回收利用，其综合效率可达 80%。其次，环境污染小。由于燃料电池本身是以电化学反应代替燃烧，所以几乎不产生 NOx；同时，由于天然气不会产生二氧化硫和其他污染物质，其排出的

CO_2 的量也较低，对环境的污染较小。

天然气燃料电池由于具有高效、环保等优点，能够广泛应用于能源发电、家用电源、汽车工业、航空航天、建筑级移动通讯等领域。燃料电池发电系统是未来最具有吸引力的发电方法之一。燃料电池发电是直接将燃料的化学能通过电化学反应转换成电能，与传统的火力发电比，具有效率高、污染小、占地小的突出特点。燃料电池在民用方面具有重要的经济效益和环境效益，有着广阔的应用前景。作为家庭使用的分散电源的同时，天然气燃料电池还可以提供家庭用热水和供暖，从而将天然气的能源利用率提高到 70%～90%。作为 21 世纪汽车动力源的最佳选择，车用燃料电池具有效率高、环保性能好、启动速度快、无电解液流失、寿命长等优点。便携式电源对野外活动有着重要的意义，燃料电池安全、可靠、输出功率高，使用燃料电池代替现有的一次性化学电池和充电电池对野外活动、战地通信有着重要的作用。

8.4.1.4 液化天然气冷能利用

液化天然气（LNG）是气态天然气在脱硫、脱水处理后，经低温工艺冷冻液化而成的低温液体混合物。每生产 1 吨 LNG 的耗电量约为 850kW·h，而在 LNG 接收站一般又需要 LNG 通过汽化器气化后使用，气化时将吸收大量的环境热量（即释放出很大的冷量），其最大值约为 830kJ/kg，这一部分冷能通常在天然气气化器中随海水或空气被废弃掉了，造成了能源的极度浪费。

LNG 的冷能利用过程可分为直接利用和间接利用两种。直接利用包括冷能发电、深冷空气分离、冷冻仓库、制造干冰、汽车冷藏、汽车空调、海水淡化、空调制冷等；间接利用包括低温粉碎、水和污染物处理等。

LNG 冷能在空气分离、深冷粉碎、冷能发电和深度冷冻等方面已经达到实用化程度，经济效益和社会效益明显；小型冷能发电在日本的 LNG 接收站有着一定的运用，可以供应一部分 LNG 接收站部分用电的需求。

用 LNG 冷能发电是以电能的形式回收 LNG 冷能，主要利用 LNG 的低温冷能使工质液化，然后工质加热气化在汽轮机中膨胀做功带动发电机发电，依靠动力循环进行发电。冷能发电的优势主要有：节约能源，提高能源的利用率；对 LNG 接收站点自身的进行供电，减轻电网输电和电网建设的压力；利用冷能发电污染较低，有利于环境保护。

LNG 可用于空气分离。通常的低温环境是由电力驱动的机械制冷产生的，由电力驱动的机械制冷产生的，随着温度的降低，其耗费的电能将急剧增加。利用 LNG 高品质的低温冷能是有效降低空气分离耗电的方法。LNG 冷能用于液化空气可以有效的降低空气分离的成本，具有可观的经济效益。它的节能率高，且很少受到地点条件的限制，而且 LNG 冷量利用还可以减少一些气化站原来所需的气化器的数量，降低投资。在 LNG 产业链中，就目前情况看，利用 LNG 冷能来生产空气分离产品是 LNG 项目冷能利用的一个很好的方向之一。

LNG 接收站一般建设在港口附近，一方面方便船运，另一方面通常的气化都是靠与海水的热交换实现的。大型的冷库基本设在港口附近，这样方便远洋捕获鱼类的冷冻加工。回收 LNG 的冷能供给冷库是一种很好的冷能利用方式。将 LNG 与冷媒在低温换热器中进行热交换，冷却后的冷媒经管道进入冷冻、冷藏库，通过冷却盘管释放冷量实现对物品的冷冻冷藏，达到天然气冷能的有效利用。

8.4.2 城市燃气材料新技术

8.4.2.1 高压输气管道新技术

高压输气管道是指运行压力在 10～15MPa 之间的陆上天然气管道。根据专家研究成果，年输量在 10 亿立方米以上时，采用高压输气可节省运输成本。当运输距离为 5000 公里，年输量在 15～30 亿立方米之间时，采用高压输气比传统运输方式可节约运输成本 20％～35％。采用高压输气可减小管径，通过高钢级管材的开发和应用可减小钢管壁厚，进而减轻钢管的重量，并减少焊接时间，从而降低建设成本。例如采用管材 X100 比采用 X65 和 X70 节约费用约 30％，节约管道建设成本 10％～12％。

目前 X100 管道钢管已由日本 NKK、新日铁、住友金属、欧洲钢管等公司开发出来。

另外，复合材料增强管道钢管正在开发，即在高钢级管材外部包敷一层玻璃钢和合成树脂。采用这种管材，可进一步提高输送压力，降低建设成本，同时可增加管输量，增加管道抵抗各种破坏的能力和安全性。当管材钢级超过 X120 及 X125 时，单纯依靠提高钢级来减少成本已十分困难，必须采用复合材料增强管道钢管。

8.4.2.2 智能燃气表新技术

智能燃气表是利用电子技术和传感技术，对传统燃气表加以改进，即能直观显示相关能耗计量数据，又能输出信号或数据，并利用 GPRS、3G、CDMA 等现代通信通信技术，实现人工集中抄表或远程自动抄表的功能。随着人们生活水平和生活质量的提高，现代化家庭所需要的智能化产品需求，将促使智能燃气表朝着安全性、可靠性、智能方便性方向发展。

智能燃气表有脉冲表和直读表两种。脉冲式无线表是在表计数盘上加装磁铁，如磁铁安装在计数盘，在其附近安装干簧管，当转盘每转一圈，磁铁经过干簧管一次即产生一个开关信号—脉冲，由外部的采集器提供电源并采集累计脉冲个数，计算用气量；直读线表是在皮膜式燃气表的机械计数盘上，即字轮 0～9 位置的边缘印刷特定标记；在外围固定光电传感器及相关电路，工作时由集中器或手操器供电，通过光电传感器判断字轮各种集位置的"有"和"无"的状态，通过组合判断获得字轮的读数（表计的窗口值），并传送到集中器或手操器。根据通讯模块和组网模式的不同，智能燃气表又分为无线远传 IC 卡燃气表和物联网燃气表，均可实现远程自动抄表功能。

1. 无线远传 IC 卡燃气表组网模式

无线远传 IC 卡燃气表与数据采集器、数据集中器组成网络应用时，以短距微功率无线方式结合 GPRS 方式传递数据，实现数据网络自动采集与控制。图 8.4.2-1 是无限远传 IC 卡燃气表组网模式，采集器支持交流电供电及锂电池供电两种方式。集中器支持交流电及太阳能供电两种方式。

2. 物联网燃气表组网模式

物联网燃气表与无线远传 IC 卡燃气表不同的是，该表采用的是手机芯片，不用构建

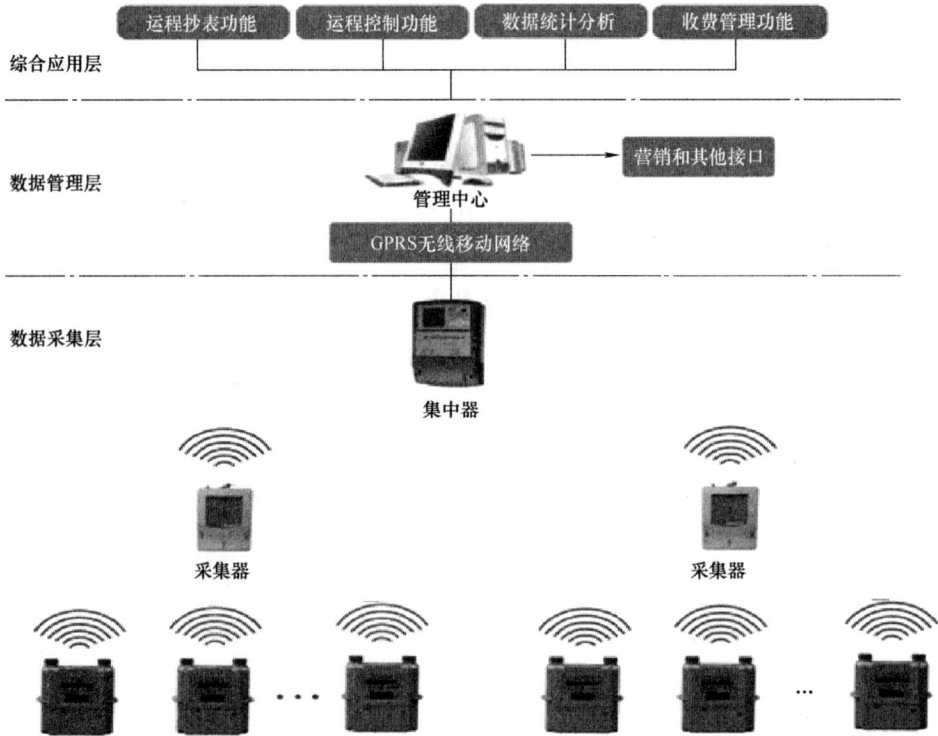

图 8.4.2-1　无线远传 IC 卡燃气表组网模式

网络，无需网点建设；不受距离限制，在公众 GPRS/CDMA 网络覆盖范围内均可有效抄表、充值，网络稳定；数据传输安全，响应及时。如图 8.4.2-2 所示，是物联网燃气表的组网模式。

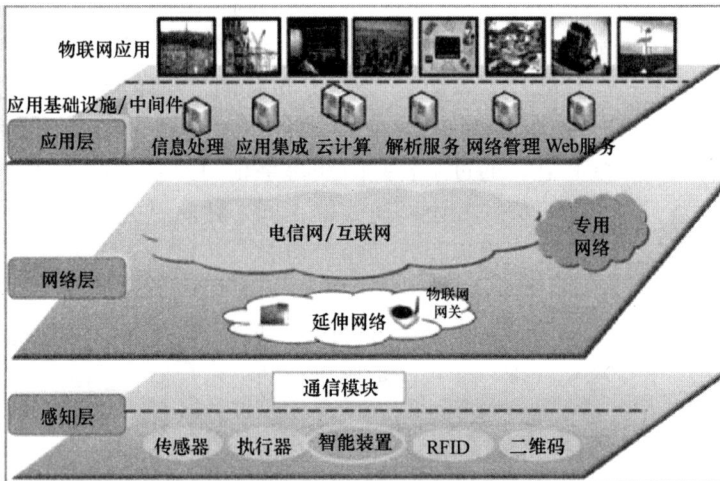

图 8.4.2-2　物联网燃气表组网模式

思考题

1. 简述城镇燃气输配管网系统的组成。
2. 如何科学合理的进行城镇燃气输配管网系统选择？

参考文献

[1] 邓渊. 煤气规划设计手册. 北京：中国建筑工业出版社，1997.

[2] 段常贵. 燃气输配（第四版）. 北京：中国建筑工业出版社，2011.

[3] 李猷嘉. 燃气输配系统的设计与实践. 北京：中国建筑工业出版社，2007.

[4] 姜正侯. 燃气工程技术手册. 上海：同济大学出版社，1997.

[5] 江孝禔. 城镇燃气与热能供应. 北京：中国石化出版社，2006.

[6] 王遇冬. 天然气开发与利用. 北京：中国石化出版社，2011.

第三篇　设施管理篇

第9章 城市市政基础设施运维管理概述

城市基础设施主要由交通、给水、排水、燃气、环卫、供电、通信等各类专项系统构成。城市基础设施的有效运作不仅是城市居民正常生活的基础，也是一个城市管理水平和文明程度的真实写照，更是保障城市安全和经济可持续发展的关键。提高城市基础设施服务品质是政府、行业主管部门和运维管理单位的共同责任。

城市市政基础设施的运维管理事关人民群众的切身利益，是重要的民生工程。随着信息技术的不断发展，城市市政基础设施运行维护也逐步进入信息化时代，互联网、云计算、大数据、物联网等信息技术在城市市政基础设施运行维护中得到了越来越广泛的应用，已成为智慧城市建设的重要基础工作。

9.1 城市市政基础设施运维管理基础

随着社会经济的迅速发展和人们生活水平的显著增长，我国大城市人口数量、机动车数量及全年工作日拥堵天数均出现持续增长的趋势，导致道路、桥梁、隧道、轨道交通等城市交通设施所承受的交通压力远远超过设计要求，不断出现的超载运输等额外负荷也造成了很多道路、桥梁结构受损，导致了安全隐患甚至重大事故，从而给运营维护管理工作带来了严峻的挑战，也引起了各级政府、行业主管部门乃至全社会的关注。此外，随着城市人口的增加而带来的城市供水、排水、燃气等需求持续上升，也对城市市政基础设施提出了更高的要求。

我国的城市市政基础设施运行维护管理大致经历了"重建轻管"、"建管并重"、"管理为先"这三个阶段。可以说，随着社会经济的发展以及城市建设管理水平的提升，各级政府和广大市民对城市市政基础设施运维管理工作已经越来越重视。

9.1.1 城市生命线——道路网的畅通与安全

9.1.1.1 城市生命线系统内涵及构成

1. 城市生命线系统内涵

城市生命线系统是指维持城市功能正常运转、城市居民日常生活不可缺少的基础设施系统。城市生命线系统应包括：供水、供电、供气、交通、通信、消防、医疗应急救援、防灾救灾应急救援等系统。这个系统抵御灾害破坏的能力直接决定着一个城市能否保持其正常功能。城市生命线系统作为城市赖以生存和发展的基础条件，具有以下几个特点：

（1）公益性。城市的公共设施和它提供的服务具有不可分割性，即一般不为特定的对象、特定的群体服务，涵盖的对象是整个城市的社会生产和居民生活。

（2）关联性。城市生命线系统是一个有机的综合系统，其内部各子系统形成一个相对独立的有机整体，而且各个子系统之间联系密切。城市生命线系统要想正常地运行，就需要其内部之间以及内部同外界环境之间协调一致。

（3）复杂性。生命线系统包括多种多样的结合模型，情况复杂难以统一处理。况且，生命线系统一般由若干个部分组成，任何一个部分被破坏都可能会影响到整个系统的安全，轻则影响城市正常功能的发挥，破坏正常的生产和生活秩序，重则使整个城市的运行机制瘫痪。

2. 城市生命线系统构成

城市生命线系统可分为以下六个子系统：

（1）道路交通子系统，包括城市对内交通运输（道路、桥梁、公共交通场站设施）和城市对外交通运输（航空、水运、公路、铁路设施等）两部分；

（2）能源供应子系统，包括城市电力生产和输变电设施，煤气、天然气、液化石油气的供应设施，城市供热生产和供应设施等；

（3）给水排水子系统，包括城市水资源开发利用设施，自来水的生产和供应设施，雨水排放设施，污水排放和处理设施等；

（4）信息传播子系统，包括邮政设施、电信设施和网络安全设施等；

（5）生态环境子系统，包括环境卫生和保护设施，园林绿化设施，垃圾清运处理设施、环境监测保护等设施；

（6）医疗卫生子系统，包括医疗保障设施，医疗服务设施，预防和防治疾病卫生设施，医疗机构技术人员、医疗器械和床位等软硬件设施。

城市生命线系统下的子系统各成一体、相对独立，又紧密配合、协调运转，这些子系统的正常发挥和抵御灾害的能力将直接决定城市生产和生活的顺利进行。

9.1.1.2 道路生命线子系统-道路网的畅通与安全

1. 道路生命线子系统的内涵

道路生命线系统是城市生命线系统的一个重要组成部分，包括道路以及道路附属设施两个部分，在城市功能的正常发挥中起着重要的作用。城市基础功能包括居住、工作、游憩和交通，而交通是联系其他三项功能的重要纽带，也是支撑并影响城市空间布局和城市功能发挥的重要因素之一。城市中物资与信息的传递，遭遇自然灾害以及灾后的重建等都依赖于道路交通运输系统正常运转。在灾后的应急救援工作当中，畅通有效的道路生命线系统是救灾减灾工作的前提条件和基础性条件，并且能为人员的救助与疏散、物资与信息的沟通提供强有力的保障。

2. 道路生命线子系统的脆弱性表现

城市交通系统一旦脆弱，就会引发系统内部以及外部各种现代城市病，影响城市正常的经济、生活和工作秩序，带来经济、财产、生命损失。城市交通生命线系统的脆弱性后果可用图 9.1.1-1 表示。

（1）引发交通拥堵

364

引发城市交通拥堵是城市交通生命线系统脆弱的最主要、最直接的后果表现，拥堵后的疏通效率是衡量脆弱性的重要指标。城市交通拥堵通常是由于城市交通供给不足、城市交通规划不合理、城市交通系统突发事件（如基础设施的破坏或发生故障、发生交通事故）或其他城市系统突发事件（如城市电力、燃气、水利等生命线系统发生故障导致）以及其他突发事件（如突然降大雪或大雨等天气变化、发生地震、洪水灾害等引起的）。一个强健的城市交通系统应能抵抗外界干扰，并具有很强的

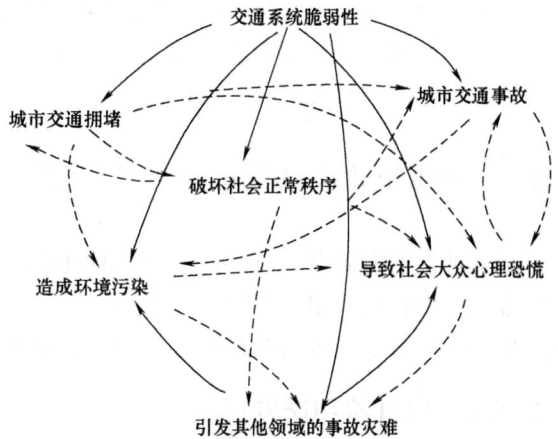

图 9.1.1-1　道路交通生命线系统的脆弱性表现

恢复能力；而一个脆弱的城市交通系统往往由于上述突发事件引起大面积的交通拥堵，甚至导致交通瘫痪。

（2）导致事故频发

我国城市交通事故始终居高不下，交通事故频发会导致社会秩序混乱、城市环境污染、社会大众心理恐慌等多种社会问题，从而使城市交通成为其他事故灾害的根源。

（3）交通污染加剧

城市交通的发展，易造成环境污染和生态破坏，主要表现在以下方面：①运输活动引起的大气污染和固体废弃物污染，包括汽车尾气排放、铅污染以及运输生活垃圾的丢弃等；②交通基础设施建设对土地和植被的破坏；③运输活动产生的噪声污染；④运输活动引起的水体污染，如运输中的泄漏、生活垃圾抛洒等均会造成水污染。

（4）破坏社会正常秩序

交通拥堵、交通事故会增加人们的出行时间，影响和破坏社会正常的生活、工作秩序，破坏城市生活环境，增加城市管理成本，不利于城市可持续发展。

（5）导致社会大众心理恐慌

城市交通系统发生故障，会产生社会和心理问题。英国的一项调查显示，超过34％的人认为堵车是造成心情郁闷、紧张的主要因素之一，而人在情绪紧张、郁闷状态下，则会增加交通事故发生的可能性。

（6）引发其他领域事故灾害

城市交通系统的脆弱性可能引发其他生产领域安全事故灾害、公共卫生事故、群体性突发事件和社会公共安全事故等。城市交通系统的脆弱性可能是此类事故的灾害源，也可能引发次生事故灾害。

3. 道路生命线子系统安全性评价

道路生命线子系统主要是由道路设施、客运、货运以及交通管理设施四个功能模块组成，通过各功能模块构成一个多层次、多因素、复杂的动态体系。

道路生命线子系统可通过人均道路面积、旅客运输周转量、货物运输周转量和公共交通等指标进行评价。其中，人均道路面积是平均每人拥有的道路面积，是衡量居民出行空

间的一个重要指标；公共交通是人均占道路面积最少的交通方式，发达地区在小汽车进入家庭后，依然实施"公交优先"的交通管理模式，公共交通为缓解交通拥堵、节省出行时间和降低行车成本具有积极作用。

9.1.2 城市市政基础设施运维管理新理念

随着社会的发展以及科学技术的不断进步，越来越多的新技术和新理念在城市基础设施运维管理中得以应用与尝试。海绵城市、智慧城市、智能交通、地下综合管廊、城市市政基础设施的节能减排与低碳化发展等新的理念已经越来越成为共识。

9.1.2.1 与自然和谐发展

随着科学技术的迅猛发展，人类认识自然、改造自然的能力不断提高，在征服自然、利用自然为人类服务方面取得了巨大成果。与此同时，人类对自然的破坏也达到了相当严重的程度，资源问题、环境问题、生态问题已经成为人类无法回避的突出问题，环境污染、生态失衡已成为世界性公害。因此建立人与自然的和谐共处、协调发展关系，实现人类与自然界关系的全面、协调发展是人类生存与发展的必由之路。

如："海绵城市"这一近期十分热门的话题就是城市与环境、水资源的和谐相处的典型案例。海绵城市（LID）是遵循"渗、滞、蓄、净、用、排"的六字方针，把雨水的渗透、滞留、集蓄、净化、循环使用和排水密切结合，统筹考虑内涝防治、径流污染控制、雨水资源化利用和水生态修复等多个目标，遵循的是顺应自然、与自然和谐共处的低影响发展模式，保护原有的水生态，对周边水生态环境则是低影响的，实现人与自然、土地利用、水环境、水循环的和谐共处。如图 9.1.2-1 所示为东京外围排水系统示意图。

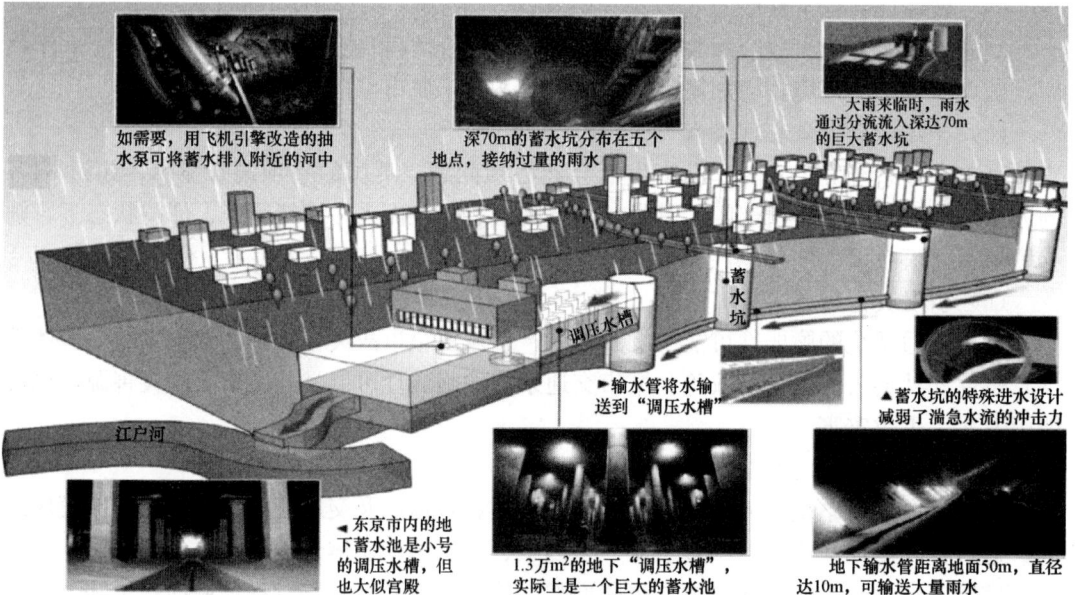

图 9.1.2-1 东京外围排水系统示意图

其具体措施为：使用一系列景观与工程手法使城市的排水能模拟自然对雨水的吸收、储存、蒸发，通过渗透、储存、调节、传输、截污净化等功能有效地控制径流总量、径流峰值和径流污染，实现对雨水的有效利用，使城市的排水系统遵循雨水循环规律。

9.1.2.2 以人为本的管理理念

1. 智慧基础设施——"互联网＋"与基础设施的结合

智慧基础设施是支撑智慧城市可持续发展的基石，其建设水平直接决定智慧城市的发展前景。智慧基础设施指的是城市地上、地下的各类市政设施如：道路、桥梁、隧道、给排水管网、燃气管网等市政设施能够充分利用信息化和网络手段，以实现城市市政基础设施的智慧化管理。例如：燃气管网能够探测压力等参数，出现异常时自动关闭并通知维修，以防爆裂等。

随着科学技术的不断发展，以"大云平移"（大数据、云计算、平台、移动互联）等信息技术为代表的新技术已经与我们的工作、生活密不可分，智慧城市建设已经由概念探索期进入了建设实践期。随着与"互联网＋"时代的到来，无线通信、光纤传感、物联网、数据挖掘、数据分析等全新的信息技术正逐步成为城市市政基础设施管理和服务的重要手段，智慧基础设施正成为智慧城市建设的重要标志。智慧市政基础设施生成的大数据可以为市民生活出行提供诸多信息服务，如：智慧交通为市民的交通出行提供指引，提醒市民避开拥堵路段等。

2. 地下综合管廊建设——为了城市血管的畅通与安全

城市的地下星罗棋布地分布着供水、排水、燃气、通信、电力等各种管线，这些覆盖全城的地下管网，就如同城市的"血管"，是城市运行和发展不可缺少的基础。无论哪条管线出现问题，都需要挖开道路进行维修，给市民出行带来不便，如果一段路频繁出现问题，还会形成"拉链马路"。而建设地下综合管廊，正是解决这一症结的良方：不仅能够确保管线的布设与调整，而且便于管线的维护与安全，大幅度降低了对市民生活的影响。

作为新兴的市政管线配套设施，地下综合管廊起源于法国，成熟于日本，已有一百多年的发展历史。1993年上海市政府为了将浦东建设成为现代化国际大都市，规划建设了我国第一条现代综合管沟——浦东新区张杨路共同沟。由于综合管沟具有节约使用地下空间资源，避免道路重复开挖，便于管线日常作业，保护管线不受损害，提升土地价值，改善投资环境等诸多优点已被国内普遍接受，北京、深圳、济南、杭州、广州、佛山、沈阳、南京、天津、郑州、青岛等一、二线城市均已建造或开始规划建设综合管沟。

9.1.2.3 城市综合防灾减灾体系建设

人类与威胁人类的灾害始终相随相伴，各种频繁发生的灾害威胁着人类的生存和人类社会的发展与进步，并且随着科学技术的发展，人类在不断地抵御着原有灾害的同时，也在制造着新的灾害。灾害的形式层出不穷，对人类生命财产造成的危害也在日渐加剧。

灾害往往具有两重性，即灾害的自然属性和社会属性。灾害的自然属性是指：灾害产生于自然界，物质运动过程中的一种或几种具有破坏性的自然力通过非正常的方式释放而给人类造成危害。而灾害的社会属性是指：灾害产生于人类社会本身，由于人的主客观原因和社会行为的失调、失控而给人类自身带来危害。基于灾害的两重属性，通常可以根据致灾的主导因素把灾害分为自然灾害和人为灾害两大类。

1. 城市综合防灾减灾

图 9.1.2-2　美国旧金山市大地震

由于城市的地理位置不同，聚集程度和发达程度也不相同，对各个城市构成主要威胁的灾害类型并不一样，因此必须从本城市的具体情况出发来研究城市的防灾问题。

第一，对于高度集约化的城市，不论是发生严重的自然灾害还是人为灾害，都会造成巨大的生命和财产的损失，例如 1906 年美国旧金山市大地震（图 9.1.2-2），破坏范围达 240 平方公里，市区 500 个街区和 2.5 万幢房屋全毁；

1923 年的日本关东大地震使 14.3 万人死亡，东京市几乎全被烧毁，见图 9.1.2-3；

(a)

(b)

图 9.1.2-3　日本关东大地震

1976 年中国的唐山地震，24 万人顷刻丧生，整个唐山市毁于一旦，从地球上消失，见图 9.1.2-4。

如果一个城市针对可能发生的灾害具有较强抗御能力，则对于同样严重程度的灾害，其后果是完全不同的。因此可以认为：

首先，灾害对城市的破坏程度与城市对灾害的抗御能力成反比。灾害虽有巨大的破坏力，但人类面对灾害威胁并不是无能为力的，更不应无

图 9.1.2-4　中国唐山市大地震

所作为。从这里也可以看到建立完善的城市防灾体系的必要性与重要性。

其次，城市灾害的发生，往往不是孤立的，在原生灾害与次生灾害之间，自然灾害与

人为灾害之间，都存在着某种内在的联系。当地震之后引起城市大火时，次生灾害的破坏程度甚至可能大于原生灾害。

再次，多数城市灾害都有很强的突发性，给城市防灾造成很大困难。如地震、爆炸等灾害，都是突然发生，在几秒钟内就会造成巨大破坏。因此城市防灾必须对这种突发性的灾害做好准备，要做到这一点，就必须建立先进的城市灾害预测、预警系统。

城市防灾（urban disaster prevention）是复杂的系统工程，城市防灾不能仅针对一种或几种主要灾害，而应针对灾害的复合作用和全面后果，进行综合的防治。要提高城市的总体抗灾抗毁能力，就必须建立完善的城市综合防灾系统，这个系统既是城市基础设施的主要组成部分，也是城市规划、城市建设和城市战备的重要关注点。如图 9.1.2-5 为城市地下空间开发示意图。

在建立城市综合防灾体系的过程中，地下空间以其对多种灾害所具有的较强防护能力而受到

图 9.1.2-5　城市地下空间开发

普遍的重视，越是城市聚集程度高的地区，这种优势就表现得越为明显。

发达国家的城市防灾正在从孤立地设置消防、救护等系统向综合化发展。大体上包括：对可能发生的主要灾害及其破坏程度进行预测；把工作的重点从"救灾"转向"防灾"，建立各种综合的防灾系统；加强各类建筑物和城市基础设施的抗灾抗毁能力；提高全社会的组织程度，使防灾救灾系统覆盖到城市每一个居民等。同时，发达国家中的许多城市，正在越来越多地使用信息化技术促进城市防灾系统的现代化。如图 9.1.2-6 所示为日本地震预警系统示意图。

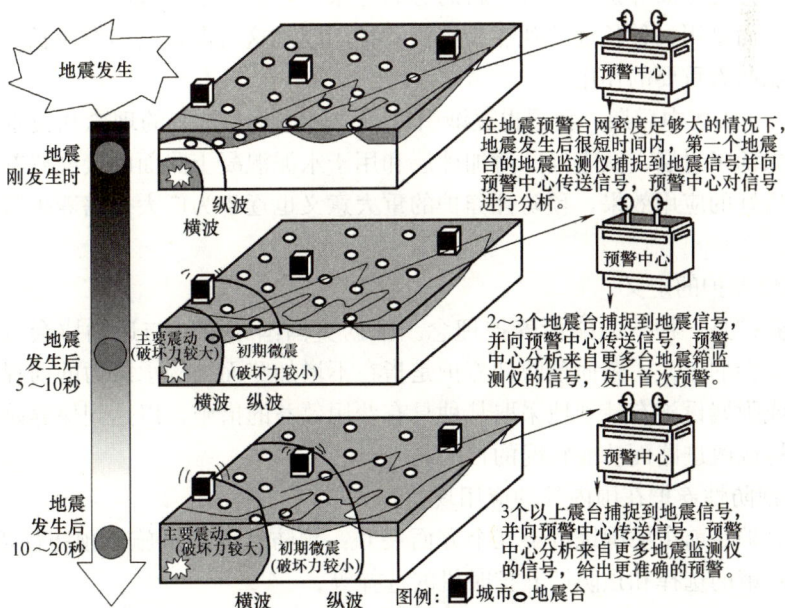

图 9.1.2-6　日本地震预警系统

2. 城市防灾减灾体系建设

随着我国城镇化速度日趋加快，城市规模急剧扩张，城市自身功能显出了种种老态、疲态、病态，城市"看海"等事件屡见报端。加强城市基础设施建设，完善城市防灾减灾体系建设，使之成为城市经济社会发展的重要保障，已成为全社会的普遍共识。

（1）重视以城市安全为目标的基础设施建设

近年来在我国各地屡屡发生的城市内涝即暴露了城市基础设施建设中的不足，一些城市"重面子、轻里子"，热衷于建设高楼大厦，对相应的城市排水系统的建设却投入不足，直接导致了城市防灾减灾能力的低下。

（2）提高城市基础设施运行维护管理水平

城市基础设施的运营维护管理与建设同等重要，投入的不足以及管理水平的低下，同样会影响城市防灾减灾能力。

（3）完善城市基础设施安全预警与应急机制

城市（尤其是大城市、特大城市）的运行离不开突发事件的处置与应对，因此城市基础设施的安全预警与应急机制尤为重要。如：道路塌陷、桥梁垮塌、隧道火灾等城市骨干路网事故灾害应急处置；地铁停运、地铁火灾等城市轨交网络化运营的应急管理；燃气管道泄漏、城市供水管道爆裂、排水管道阻塞等城市地下综合管网灾害应急处置等，都是城市安全运行的重要保障。

9.1.2.4　基于全生命周期理念的道路预养护技术

全生命周期管理（Productlifecyclemanagement，PLM）是指工程设施从需求、规划、设计、生产、经销、运行、使用、维修保养、直到回收再用处置的全生命周期中的信息与过程。PLM 既是一门技术，又是一种管理理念。

预防性养护是路面养护的一种全新的思想体系，它摒弃了传统的"损坏在前，修补在后"的思想，而是用一种长远的观点来看待养护问题。这对保证路面在较长时间内保持良好的服务性能起着重要的作用。

20 世纪 90 年代中后期，我国也逐渐引进了"预防性养护"的理念和技术，部分预防性养护措施如稀浆封层、微表处、薄加铺层和用于水泥混凝土路面的接缝修补、板底灌浆等均取得了良好的应用效果，预防性养护的重大意义也逐步为广大公路养护管理部门所认识和重视。

1. 预防性养护的定义

预防性养护是一种新的路面养护理念。根据美国国家公路与运输协会（AASHTO）公路标准委员会的定义，路面预防性养护是指在不增加路面结构承载力的前提下，对结构完好的路面或附属设施有计划地采取某种具有费用效益的措施，以达到保养路面系统、延缓损坏、保持或改进路面功能状况的目的。

2. 道路预防性养护在国内外的应用现状

道路预养护目前主要围绕以下几个方面展开：预防性养护措施、预防性养护的效益、预防性养护对策的选择和预防性养护时机的选择等。

在预防性养护措施方面，国外经过多年的应用实践已形成了十余种比较成熟的预防性养护措施。1999 年美国联邦公路管理局在一份关于预防性养护的报告中详细介绍 11 种沥青路面预防性养护措施，其中包括稀浆封层、微表处、碎石封层、砂封层、复合封层、薄热拌沥青混凝土加辅层、超薄磨耗层、刷入封层、灌入封层、雾状封层和沥青再生剂。

在预防性养护效益研究方面，国外研究已经证明预防性养护相对于传统的反应性养护其效益是非常突出的。美国加利福尼亚、密歇根和纽约三个州实施了路面预防性养护计划后认为，路面预防性养护是获得长寿路面费用效益比最好的措施。密歇根州通过一些具体的长期性试验表明，每车道/英里的改建或重建项目的造价大约是预防性养护项目的 14 倍，该州从 1992～1998 年通过实施预防性养护计划已经节约了大约七亿多美元；加利福尼亚运输部门的报告还指出：预防性养护措施能恢复路表功能，延长其服务寿命 5～7 年。美国 SHRP 计划的重要成果之一也指出预防性养护在延缓路面使用性能恶化速率，延长其使用寿命和节约寿命周期费用方面的重要意义。正确实施预防性养护措施可保持良好的路面使用性能，延长路面的使用周期，减少道路生命周期费用和节约养护维修资金。

在预防性养护对策选择研究方面，美国各州、南非和澳大利亚等都针对当地实际情况制定了适用于本地区的预防性养护对策矩阵或决策树。1990 年，美国 SHRP 计划中的SPS-3 项目研究了沥青混凝土路面在 HMA、石屑封层、稀浆封层和灌缝各种预防性养护措施下的效益，研究发现 HMA 和石屑封层的效益非常优越。2000 年，安．约翰逊提出在预防性养护对策选择中需要考虑路面类型、裂缝情况、路面损坏类型及范围、交通荷载、措施费用等因素。

在预防性养护时机选择研究方面，目前，预防性养护的时机选择问题仍然没有得到满意解决。预防性养护的经济性和有效性在很大程度上取决于采取预防性养护措施的时机，应用预防性养护太晚会导致差的路面性能，太早应用预防性养护又会引起别的路面问题和资金浪费。目前路面预防性养护时机的选取方法主要有行使质量指数法、基于各措施实施周期的方法、路面状况触发法、费用效益评估法、排序法、生命周期费用评估法等。

3. 预防性养护决策时需遵循以下理念：

（1）全寿命周期养护成本理论

全寿命周期成本管理是一种谋求生命周期内最低成本和最佳养护效果的有效方法，在路面养护中应用全寿命周期成本理论，不仅可以有效降低养护成本，延长公路大修周期，而且可以提高养护工作的主动性和科学性，减少路面病害，降低大中修工程对交通的影响，保障道路安全畅通。美国的一项研究表明，一条质量合格的道路在使用寿命 75% 的时间内性能下降 40%，这一阶段称为预防性养护阶段，如不能及时养护，在之后 12% 的使用寿命期内，性能再次下降 40%，养护成本却要增加 3～10 倍。

（2）被动矫正为主的传统养护转变为预防性养护为主的科学养护

全面推广预防性养护，引导各级道路管理、养护单位牢固树立全寿命周期成本理念，科学把握使用寿命周期内的路面性能衰变规律，重视养护计划的周密性、预防性和前瞻性，逐渐由以被动矫正为主的传统养护方式向预防性养护为主的科学养护方式转变。

（3）全方位、多层次的预防性养护

以道路全寿命周期成本为指导，不断拓展预防性养护的外延，丰富其内涵，构建涵盖路基、路面、桥涵、隧道以及防护工程在内的全方位，以及事前、事中和事后多层次控制的预防性养护体系。

（4）精细的检测预警

在道路状况良好时，通过加强检测提前发现道路隐藏的病害，并在合理的时间内采用基于最佳成本效益的养护措施，进行有计划的强制预防性养护，使道路性能维持在较好状态，达到延续道路使用功能，减缓路面性能衰变，节约养护成本的目的。

（5）科学的养护决策

利用现有道路管理系统和桥梁管理系统资源，建立路面、桥梁管理和评价信息平台，综合评价检测结果，研究对比技术性能指标，并结合地域、气候和路段交通组成等特点，科学分析设施技术状况衰变规律，实现病害预警，进而结合道路等级、运营年限、路况质量、交通流量和重要程度等，分别确定不同的养护时机、养护重点和养护措施。

9.1.2.5　基于大数据技术的市政基础设施运维管理信息化新模式

随着信息技术的不断发展，基于大数据的城市市政基础设施全生命周期运维管理已经从设想走向现实。不断发展的计算机硬件和信息化技术也使得城市市政基础设施运维管理中的互联网、大数据、云计算、云平台、传感器、物联网等新技术应用得以尝试和发展。

1. "大云平移"技术在市政基础设施管理中的应用与发展

"大云平移"是当前最热门的"大数据、云计算、平台、移动互联"四项信息技术的简称，已成为信息技术的代名词。在中国全面进入"互联网＋"之际，相对传统的城市市政基础设施运维管理行业也面临着如何应用"大云平移"等信息技术，全面提升管理效率与管理水平的挑战。

在道路、桥梁、隧道等交通基础设施和轨道交通、地下综合管网的运维管理中，以大数据、云计算为技术支撑的运维管理平台已经开始建设。移动互联技术更是在设备设施巡点检、技术资料与数据传输及远程查询中得到应用。

2. GIS技术在市政基础设施管理中的应用

地理信息系统（GIS）除了在城市规划、工程设计与施工等领域得到广泛应用外，在城市市政基础设施运维管理中同样发挥了重要的作用。GIS技术作为市政基础设施管理信息化的基础工具，已经得到了政府行业主管部门和运营维护单位的广泛认同。全国各地纷纷开展市政基础设施GIS数据库的建设，GIS技术在市政基础设施巡检、精确定位等工作中发挥了重要的作用。

3. BIM技术在市政基础设施运维管理的应用

BIM技术（Building Information Modeling，建筑信息模型）自1975年诞生以来，已得到了工程界广泛的认同，在工程的规划、设计、施工、运维各个阶段均得到了运用。在市政基础设施运维管理中，BIM技术可以在信息共享与传递方面发挥重要作用，使运维管理人员能够精确地掌握设施全生命周期各个环节的工程信息，从而作出正确理解与高效应对，提升市政基础设施运维管理的水平与效率。

9.1.2.6　节能减排与城市市政基础设施低碳化发展

随着经济的持续发展，我国已成为全球第二大经济体，但与此同时也成为世界上第二大碳排放国，应对全球气候变化的任务迫在眉睫。在2009年12月丹麦哥本哈根会议，2015年12月的巴黎气候大会上，我国均对节能减排做出了郑重承诺。

城市的建设和运行都会产生大量的排放尤其是城市市政基础设施的运行与维护管理，

需要消耗大量的能源，无论是智能交通系统中监控、诱导系统，城市道路、桥梁的夜间照明，还是地铁、隧道、地下综合管廊等不间断的照明、通风、防灾系统，城市供水、排水系统以及污水处理系统等都需要消耗大量的能源。可以说城市市政基础设施的运行和维护已经成为全社会能耗的重要组成部分，节能减排技术的在市政基础设施运维管理中的研究与应用已经得到了行业主管部门以及行业内专家、学者的广泛关注。可以说市政基础设施的低碳化发展，是实现城市可持续发展的关键。

1. 节能减排技术在市政交通基础设施的应用

实现市政基础设施的节能减排，必须运用低碳化的建设和运营模式，在设施、施工、运维各个环节应用节能减排的新理念和新技术：

（1）路面新材料和新技术

随着材料技术的发展，温拌沥青技术、橡胶沥青、沥青再生等路面新材料新技术，在节能减排中发挥了重要的作用。如：温拌沥青技术使沥青能在相对较低的温度下进行拌和及施工，同时保持其不低于 HMA 的使用性能的沥青混合料技术；橡胶沥青将废旧轮胎原质加工成为橡胶粉粒，具有高温稳定性、低温柔韧性、抗老化性、抗疲劳性、抗水损坏性等性能，应用于道路结构中的应力吸收层和表面层中，是一种低碳环保的路面新材料；沥青再生技术能够对老旧的沥青路面再生利用，节约大量的沥青、砂石等原材料，同时有利于处理废料、保护环境。

（2）半导体照明技术

随着社会经济的发展和城市化进程的加速，我国的城市照明得到了迅猛的发展。以城市交通基础设施运维中的道路（桥梁）夜间照明为例，在为市民夜间出行提供便利的同时，消耗了大量的能源。此外，地铁、隧道照明在运营期不间断的照明同样需要消耗电能。随着光效更高的半导体照明（LED）技术的迅猛发展，城市道路照明、隧道照明以及地铁等照明已经全面进入 LED 智能照明时代。上海市已经发布了《隧道 LED 照明应用技术规范》（2014 年 8 月实施）和《道路 LED 照明应用技术规范》（2016 年 1 月实施），在道路交通基础设施中全面推广应用 LED 技术，取得了良好的成效。在上海长江隧道在全球首次大规模应用 LED 照明技术后，大连路隧道结合《隧道 LED 照明应用技术规范》的编制完成了 LED 照明改造。上海新建的虹梅南路隧道、长江路隧道和大修的延安东路隧道都按照《隧道 LED 照明应用技术规范》要求应用了 LED 照明，在取得了良好照明效果的同时践行了节能减排，如图 9.1.2-7 所示。

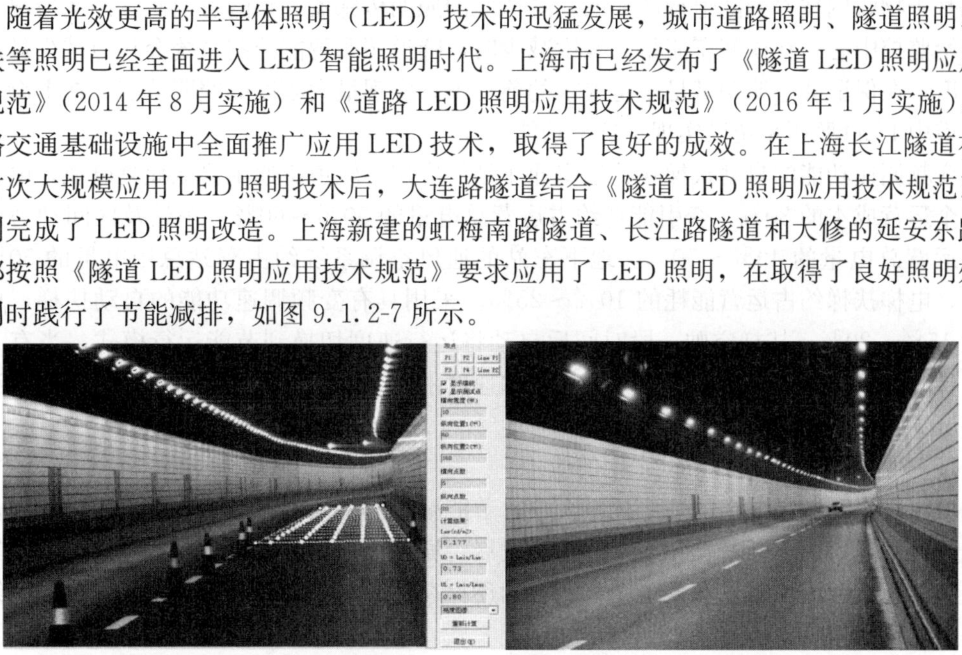

(a)　　　　　　　　　　　　　　　(b)

图 9.1.2-7　大连路隧道 LED 照明改造

此外，2016 年开始的南京长江隧道 LED 照明改造也采用上海《隧道 LED 照明应用技术规范》；港珠澳大桥在 LED 照明灯具招标中，也参照了上海《隧道 LED 照明应用技术规范》和《道路 LED 照明应用技术规范》的技术要求。此外，深圳地铁、杭州地铁、上海地铁、郑州地铁、无锡地铁、南昌地铁等均已开始应用 LED 照明。

（3）光导照明技术

光导照明一种无电照明系统，其基本原理是，通过采光罩高效采集室外自然光线并导入系统内重新分配，再经过特殊制作的导光管传输后由底部的漫射装置把自然光均匀高效的照射到任何需要光线的地方，从黎明到黄昏，甚至阴天，导光管日光照明系统导入室内的光线仍然很充足。光导照明装置主要由采光装置（采光帽）、导光装置（导光管）、漫射装置（漫射器）三部分组成，目前已在上海长江路隧道匝道处的加强照明中尝试应用。

（4）传感器与智能控制技术

传感器是一种能感受到被测量的信息，并能将感受到的信息，按一定规律变换成为电信号或其他所需形式的信息输出，以满足信息的传输、处理、存储、显示、记录和控制等要求的检测装置；智能控制技术是控制理论发展的新阶段，主要用来解决那些用传统方法难以解决的复杂系统的控制问题。基础设施运维中传统的机电设备与传感器、智能控制技术结合，在节能减排方面取得很好的成效。如：

基于物联网技术的隧道智能通风，隧道内的空气质量传感器，将隧道内一氧化碳浓度等空气质量情况实施传递给监控中心，一旦空气质量超标，则启动隧道通风系统，确保空气质量满足规范要求。当风机启动一段时间后，传感器将实时监测隧道内空气质量，确保通风系统能够及时关闭，以保证隧道在空气质量满足规范要求的前提下实现最大幅度的节能。在上海大连路隧道，智能通风系统已实现了这一功能。

基于物联网技术的隧道智能照明，隧道内的照明传感器，将隧道内实际照明情况实时传递给监控中心。在夜间车流量大幅度减少时，隧道照明智能控制系统会相应减少隧道灯的亮度，在保证隧道照明满足规范要求的前提下，实现最大幅度的照明节能。在上海大连路隧道中 LED 照明系统已实现了这一功能。

变频调速功能的自动扶梯在轨道交通车站的应用。轨道交通主要能耗是电能，电费约占整个运营成本的 30%。牵引能耗约占运营总电量的 50%～60%，车站及区间动力照明约占运营总电量的 40%～50%。地下车站的通风空调系统约占车站总用电量的 50%～60%，电梯扶梯约占运营能耗的 10%～25%。采用具有变频调速功能的自动扶梯，可以节能 15%～20%；扶梯空驶一段时间后自动将运行速度切换到节能运行模式，当有人乘坐扶梯时，传感器感知后内部变频器将扶梯速度由 0.13m/s（节能运行速度）平稳过渡到 0.65m/s 的正常运行速度。

2. 节能减排技术在城市供水中的应用

城市供水系统是城市的一个耗电大户，节能减排的潜力巨大且意义重大。近年来，随着我国城市人口的不断增长和经济的快速发展，城市供水需求大幅增加。然而与美国等发达国家相比，我国城市供水系统在节能方面还存在较大的差距。尤其是在供水控制系统方面差距尤为突出。

城市供水系统的节能控制主要包括：泵的选取、水泵运行方法、城市管网节能优化等方面。国外自 20 世纪 60、70 年代就开始了供水系统自动化方面的研究与应用工作。自

80年代微控制器、微处理器等技术的高速发展，工业控制系统的可靠性不断提高和成本逐渐下降，水工业专用的检测仪表装备也在不断发展完善，变频技术和计算机技术已经广泛而成熟地应用到了供水系统当中，大大提高了系统的自动化程度，信息采集和监控设备已普遍应用，大大提高了供水效率和管理水平。与国际先进水平相比，我国无论是在供水泵站还是城市管网的布局方面都比较落后，自动化程度较低，供水效率低而且稳定性也差很多。随着技术的发展，变频器等节能技术以其投入产出比高，易于控制而在供水行业迅速推广。随着国家对节能减排工作日趋重视，和供水行业竞争强度加大，有大批的水厂开始利用变频技术开展水厂的自动化升级和节能改造工作。

3. 节能减排技术在城市污水处理的应用

我国的人均水资源仅为世界平均水平的1/4，是全球人均水资源最匮乏的国家之一，属于轻度缺水国家。此外，我国南北方水资源总量和用水总量极不平衡，北方水资源总量仅占全国的21.1％，但用水量却达到45.3％（南水北调工程的主要原因）。在华北地区是资源型缺水，而在南方地区则是水质型缺水（水资源充裕但水污染严重），城市污水系统处理尤为重要。

图9.1.2-8 微孔曝气器
用于城市污水处理

作为一个高耗能行业，城市污水处理行业节能潜力很大。除了水泵、鼓风机等机电设备的节能技术方外，微孔曝气（图9.1.2-8）、MBR（膜生物反应器）等技术也能够较好地节约能源。

4. 中水回用技术

"中水"起名于日本，其水质介于自来水（上水）与排入管道内污水（下水）之间。"中水"的定义有多种解释，在污水工程方面称为"再生水"，在工厂方面则称为"回用水"，一般以水质作为区分的标志。其主要是指城市污水或生活污水经处理后达到一定的水质标准，可在一定范围内重复使用的非饮用水。

城市污水经处理设施深度净化处理后的水（包括污水处理厂经二级处理再进行深化处理后的水和大型建筑物、生活社区的洗浴水、洗菜水等集中经处理后的水）均可统称"中水"。近年来，中水开发和回用技术得到了迅速发展，在美国、以色列、日本得到了广泛的应用，厕所冲洗、园林和农田灌溉、道路保洁、洗车、城市喷泉、冷却设备补充用水等，都大量的使用中水。以色列在中水回用方面也颇具特色：占全国污水处理总量46％的出水直接回用于灌溉，其余33.3％和约20％分别回灌于地下或排入河道，其中水回用程度之高堪称世界第一。

我国水资源利用率水平低、浪费严重，与国外还有很大差距，中水开发和回用在节能减排中具有重要意义。

9.2 城市市政基础设施的防灾减灾

城市是社会经济发展的主要载体，为城市经济、社会活动和居民生活提供普遍服务的市政基础设施系统则是城市的生命线。由于城市人口密集，风险集中，防灾基础设施薄弱，城市承灾体脆弱，灾害对城市的破坏性越来越大。

9.2.1 我国城市防灾面临的严峻形势

上海社会科学院及社会科学文献出版社 2015 年 1 月 28 日共同发布的《国际城市蓝皮书：国际城市发展报告（2015）——国际创新中心城市的崛起》指出，世界上最容易遭受自然风险侵袭的地区主要位于亚洲，根据瑞士信贷再保险的数据，中国是自然风险系数异常高的国家之一。

中国处在世界两大灾害地带之中，是世界上多灾、灾害强度大、灾情严重的少数几个国家之一。中国 70% 以上的人口、80% 以上的城市受到气象、海洋、洪水和地震等灾害的严重威胁；74% 的省会城市，62% 的地级以上城市位于地震烈度 7 级以上的地区；70% 的大城市、半数以上的人口、75% 的 GDP 分布在气象、海洋、洪水、地震等灾害严重的沿海地区；在 670 座城市中，有 639 座城市有防洪任务，而达到国家规定防洪标准的城市仅占 27%。

9.2.1.1 城市地质灾害与环境污染灾害

1. 地震

地震是城市面临的第一大天灾，强烈的地震不仅会造成大面积房屋倒塌、市政基础设施破坏、交通阻断人员伤亡，而且时常生成山崩地陷，诱发火山、海啸、泥石流以及火灾等一系列次生灾害。在各类对城市造成破坏的自然灾害中，地震造成的城市人员、建筑等生命财产损失尤为严重。尤其对处于地震带上的城市，更是极有可能导致其毁灭。

2. 泥石流灾害

崩塌、滑坡、泥石流灾害是世界上对城市危害比较严重的地质灾害之一，它仅次于地震灾害。城市泥石流灾害对人类具有多种危害，主要包括：导致人员伤亡，破坏城镇、矿山、企业、学校、铁路、公路、航道、水库等各种基础设施，破坏土地资源和生态环境。中国中西部地区大部分城市处于崩滑流的包围之中。

2010 年 8 月 7 日，甘肃省舟曲县出现局地突发性强降雨，1 小时最大降水量达 77.3mm，超过舟曲县 8 月平均降水量，舟曲县发生特大山洪泥石流灾害，造成县城区 1850 多间商户被掩埋或遭受水淹，总面积超过 4.7 万 m^2，经济损失达 2.12 亿元人民币。

3. 地面沉降

地面沉降主要原因是人为过量开采地下水。随着城市人口增多，水资源短缺现象突出。在中国 655 个城市中，有 400 多个是以地面水为饮用水源的，北方城市对地下水的依赖更重，北方城市 65% 的生活用水、50% 的工业用水和 33% 的农业灌溉都主要依靠地下水。

全国地面沉降量超过 200mm 的地区达到 7.9 万 km^2。地面沉降的区域主要有三大片区，一个是长江三角洲地区，包括浙江、江苏和上海，一个是华北地区，另外就是山西-陕西的汾渭地区。

上海地面沉降的历史较长，幅度较大，地面沉降累计达 2.63m，上海市地质调查研究院的数据显示，从 1921 年到 1965 年上海市区总共沉降了 1.69m，而过度抽取地下水，是造成上海地面沉降的主要原因。上海的地面沉降导致黄浦江、苏州河防汛墙降低，码头、仓库被毁，桥下净空减少，建筑物出现裂缝，城市基础设施功能下降。地面沉降的结果使城市在地形上成为漏斗状洼地，不利于降水排泄。近十几年来，上海市因地面变形灾害造成的经济损失达 50 亿元人民币。

4. 城市环境污染灾害

城市环境污染灾害主要体现为城市水体污染、大气污染、城市垃圾污染和沙尘暴等。

9.2.1.2 城市洪灾与海平面上升

1. 城市洪灾

近年来，中国城市洪灾有加剧趋势，这种趋势表现为城市不透水面积的扩大和排水管道工程基本控制了城市排水量。这使城市一旦遭遇暴雨袭击，便极易受灾。

人们记忆犹新的是，2012 年 7 月的一场暴雨，就让北京的排水系统变得千疮百孔。这场据称是"61 年来最大的降雨"，暴露出了包括北京在内的中国城市在规划设计、基础设施建设运维、公共应急反应能力、信息传播效率等诸多方面的软肋，值得人们深刻反思。

2. 海平面上升

随着全球气候变暖，海洋中冰雪的加速融化，导致海平面上升，给沿海城市带来了一系列灾害。

9.2.2 市政基础设施运维中的事故类型及原因

作为城市生命线系统，交通、能源、通信、给排水等市政基础设施与城市防灾减灾密切相关。市政基础设施运维中发生的各类事故，不仅会给人民生活带来很大的影响，更会给城市运行带来直接的灾难。因此，提高市政基础设施运维管理水平和应急处置能力，避免各类城市市政基础设施事故，快速处置修复因故障而无法使用的市政基础设施，是提升城市生命线系统的防灾抗灾能力的重要基础。

9.2.2.1 道路塌陷事故的应急处置模式

1. 近年来我国道路塌陷事故频发

2012 年 8 月 9 日到 8 月 29 日，在短短 20 天的时间里，哈尔滨市连发 9 起路面塌陷事故，造成 2 死 2 伤，2 车坠坑。其中，8 月 9 日至 17 日短短 8 天的时间里，就发生了 7 次路面塌陷事件。

路面塌陷吞噬生命的事件，还不只发生在哈尔滨。2012 年 4 月，北京北礼士路上一处路面突然塌陷，一行人落入塌陷形成的热水坑中，全身 99% 烫伤，最终不治身亡。

据不完全统计，北京"7·21"特大暴雨过后（指 2012 年），北京集中出现多起地面塌陷事件。从 7 月底至 8 月初，出现地面塌陷的地方包括长安街木樨地、扣钟胡同、双井、花家地北里、望京、崇文门、西单、三元桥、亚运村等至少 17 处之多。除了北京和哈尔滨，上海、石家庄、大连、郑州、南昌等大城市，也接连出现了多处路面塌陷。

发生强降雨后，城市路面塌陷频频发生，是天灾还是人祸？地质学家告诉我们，路面塌陷频发，除了与人类工程活动有关外，更与城市地质条件息息相关。其中管线的渗漏与侵蚀、地铁施工保护不当、地下水的过度开采、人工振动等都是引发城市路面塌陷的人为因素，而降雨过大使得松散沉积物孔隙处于饱和状态，砂砾石间的摩擦力相对减小，以至于容易产生塌陷，则是引发路面塌陷的自然因素。

由于地质灾害、地铁、隧道以及其他给排水系统等影响导致的道路塌陷事故在城市中时有发生，给城市交通及人民生活带来极大影响。道路的运维管理单位不仅需要及时掌握地下施工及管线的情况，更要求做好各类应急措施，把影响降到最低。

2. 道路塌陷事故的应急处置——"先处置，后追责"的郑州模式

自2014年以来，郑州市发生多起道路塌陷事故，道路质量成为民众关心热点问题。2015年5月郑州市委、市政府成立了由主管副市长任组长的领导小组，明确了道路塌陷事故的应急处置方案：即今后再出现道路塌陷情况，严禁各部门相互推诿，要先处置，后追责。

郑州市城市管理局组织市、区道路管理单位及专家分析后发现，造成道路塌陷的主要原因有四个：一是管网老化锈蚀严重，冲刷路基引起道路塌陷。二是深基坑施工发生自然沉降引起的道路塌陷。三是超载车辆通行引起道路塌陷。四是电力及通信预埋管封闭措施不到位易形成过水通道，引起路基水土流失，形成塌陷。

针对这些塌陷诱因，郑州市要求市、区道路管理单位迅速行动，对已移交的93条市管道路、634条区管道路立即进行排查。管理部门积极申请配备道路、管道扫描检测设备，对城区老旧污水管道及年久失修道路进行深度"体检"，实现道路隐患第一时间发现、第一时间处置。

郑州市领导明确表示：如果再塌方，要求主管部门的一把手和主管领导第一时间到场，谁的范围谁必须赶到，先处置后追责。如果是失职渎职交给检察院；如果是违纪交给纪委；如果是客观的我们客观分析。各方都要重视减少塌方发生的可能性。

9.2.2.2　国内外桥梁运营中的重大垮塌事故

近年来，处于通车状况下的桥梁垮塌事故在国内外媒体中时有报道，桥梁垮塌事故的发生，不仅造成了巨大的经济和人员损失，更造成了巨大的社会影响。桥梁安全事故不仅成为城市灾害的一个典型案例，更成为全社会普遍关心的热点问题。

桥梁垮塌事故的原因有很多种，除了地震、泥石流等自然灾害，维护不到位、长期超负荷运行导致结构提前衰老等原因也是重要原因。随着信息技术、物联网技术的不断发展，桥梁健康监测系统已经得到了越来越多的应用。近几十年来国内外典型的重大桥梁垮塌事故有：

1. 美国明尼苏达州I-35W密西西比河大桥坍塌

I-35W密西西比河大桥（图9.2.2-1）是由明尼苏达州运输部于1967年建成的。1990年，美国联邦政府以I-35W密西西比河大桥支座有严重腐蚀，将该桥评为有"结构缺陷"（structurally deficient），当时全美总共有超过七万多座桥梁被评为此类等级。2001年，明尼苏达大学土木系的一份报告指出I-35W大桥纵梁已扭曲变形，还发现该桥桁架疲劳

(a) $\qquad\qquad\qquad\qquad\qquad\qquad\qquad$ (b)

图 9.2.2-1　美国密西西比河大桥崩塌

的证据。该报告同时指出：一旦桁架承受不了庞大车流，I-35W 大桥恐将崩塌。但桥梁养护不足这一问题并未被政府主管部门所重视。

2007 年 8 月 1 日下午 6 时，正值交通高峰时段，该桥突然坍塌，造成至少 8 人死亡，79 人受伤。据估计事故发生时桥上有 50～100 辆机动车辆，是美国自 1983 年以来最严重的非天灾或外力因素所造成的桥梁垮塌事故。

事故原因：桥梁养护不足。

2. 塔科马海峡大桥

塔科马海峡大桥位于美国华盛顿州的塔科马海峡。1940 年 11 月 7 日大桥在远低于设计风速的情况下（约 19m/s，相当于八级大风）发生强烈的风致振动，桥面经历了长达 70 分钟且振幅不断增大的反对称扭转振动，最终导致桥面折断坠落到峡谷中。如图 9.2.2-2 所示。

(a) $\qquad\qquad\qquad\qquad\qquad\qquad\qquad$ (b)

图 9.2.2-2　美国塔科马海峡大桥风致振颤破坏

在大桥建造完成但尚未开放交通时，人们就发现大桥在微风的吹拂下会出现晃动甚至扭曲变形的情况，司机在桥上驾车时可以见到另一端的汽车随着桥面的扭动一会儿消失一会儿又出现的奇观。受限于当时工程实践的局限，人类并未完全认识到风的动载作用，且设计师过分信赖桥梁刚度理论，最终导致悲剧的发生，而此时大桥仅通车刚过 4 个月。

事故原因：理论认知有限，风致振颤破坏。

3. 宜宾小南门桥

宜宾小南门桥主桥系中承式钢筋混凝土肋拱桥，矢跨比 1/5，是建桥当时国内跨径最大的钢筋混凝土拱桥，中部 180m 范围为钢筋混凝土连续桥面。

(a)　　　　　　　　　　　　　　　　　(b)

图 9.2.2-3　宜宾小南门拱桥桥面垮塌

2001 年 11 月 7 日凌晨 4 点，从四川南部宜宾进入云南的咽喉要道宜宾南门大桥发生悬索及桥面断裂事故，拱桥的两端拱脚区域桥面先后塌陷，造成交通及市外通讯中断。

事故现象是连接拱体和桥面预制板的 4 对 8 根钢缆吊杆断裂，北端长约 10m、南端长 20 余米的桥面预制板发生坍塌，两边的断裂处都是在主桥与引桥的结合位置也即是拱桥的拱脚区段范围。此处因受力不均，一边垮塌后，使桥面的支撑力发生波浪形摆动，造成另一边也垮塌。如图 9.2.2-3 所示。

事故原因：拱脚区域吊杆短，故发生振动时的振动频率较高，吊杆在长期较高频率振动情况下加上金属防腐措施不到位，加速了金属锈蚀进程而致断裂，从而引发了桥面垮塌。

4. 广东佛山九江大桥 6·15 船撞桥断事故

广东九江大桥为 2×160m 的独塔双索面预应力混凝土斜拉桥，1988 年 6 月正式建成通车。2007 年 6 月 15 日凌晨 5 时 10 分，一艘佛山籍运沙船偏离主航道航行撞击佛山九江大桥，导致桥面坍塌约 200m，导致 9 人死亡。这就是闻名中外的"九江大桥 6·15 船撞桥断事故"，也称为"九江大桥事件"，如图 9.2.2-4 所示。

(a)　　　　　　　　　　　　　　　　　(b)

图 9.2.2-4　广东佛山九江大桥船撞事故

事故原因：船只撞击。

5. 哈尔滨阳明滩跨江大桥事故

2012 年 8 月 24 日早晨，通车时间一年不到的哈尔滨阳明滩跨江大桥发生了断裂，致使四辆大货车坠桥。目前这次事故已经造成 3 人死亡，6 人受伤。

根据专家组分析意见、检测检验机构检验结论和调查组调查取证认定，事故直接原因是一辆超载货车和三辆擅自改变机动车外形和技术数据的严重超载车辆，在一联（121.96m）的长梁体范围内同时集中靠右侧行驶，造成匝道钢混连续叠合梁一侧偏载受力并严重超载荷，而导致匝道倾覆。事故直接原因认定为"车辆超载造成匝道坍塌"，如图9.2.2-5所示。

(a)　　　　　　　　　　　(b)

图9.2.2-5　哈尔滨阳明滩跨江大桥引桥垮塌

6. 重庆綦江彩虹桥垮塌

彩虹桥竣工于1996年2月16日，垮塌于1999年1月4日，建设工期1年零102天，使用寿命仅两年零222天。如图9.2.2-6所示。

(a)　　　　　　　　　　　(b)

图9.2.2-6　重庆綦江彩虹桥垮塌

经事故调查组调查，彩虹桥突然垮塌是由两方面的原因造成的。一是工程质量问题：彩虹桥的主要受力拱架钢管焊接质量不合格，存在严重缺陷，个别焊缝并有陈旧性裂痕；钢管内混凝土抗压强度不足，低于设计标号的三分之一；连接桥面和拱肋的吊索的锚具和夹片严重锈蚀。二是工程承发包不合法：到8日止，事故调查组找不到工程设计专用章，设计手续不全，实际上是私人设计。施工承包者是一个挂靠国有的个体业主，其组织的施工队伍不具备进行市政工程建设的技术力量和设备，不具有合法的市政工程施工资质。

9.2.2.3　城市道路隧道与地铁火灾事故

国际隧道与地下空间协会指出，21世纪是人类走向地下空间的世纪。科学技术的飞速发展以及城市人口的迅猛增长，导致了城市可利用土地资源紧缺、交通拥堵等诸多影响城市可持续发展的问题。地下空间是城市十分巨大而丰富的空间资源，如：地铁和地下道路隧道不仅能够缓解城市交通拥挤和减少城市污染，而且能够更好地实现与自然的和谐。

由于隧道、地铁区间隧道及车站为封闭性的地下空间环境，排烟散热与逃生救援困难，一旦发生火灾，会很快产生并积聚高温、高浓度的有毒烟雾，将造成重大的人员伤亡和财产损失，产生巨大的社会影响。近年来，国内外道路隧道和地铁的火灾事故多有发生：

1. 近年来道路隧道重大火灾案例见表 9.2.2-1。

近几年国内外道路隧道重大火灾案例 表 9.2.2-1

序号	隧道名称	长度(m)	火灾时间	火灾原因及概况	火灾持续时间(h)	人员伤亡、结构和设备损失情况
1	法国—意大利间的勃朗峰隧道	11600	1999 年	1 辆满载面粉和人造黄油的卡车发动机起火，引燃相邻卡车	55	38 人死亡；23 辆卡车、10 辆小汽车、1 辆摩托车、2 辆消防车烧毁；对 900m 范围的衬砌结构造成了严重损坏；隧道拱顶局部沙化；隧道关闭 3 年
2	奥地利托恩隧道	6401	1999 年	运送涂料的卡车追尾	15	13 人死亡；16 辆重型卡车、24 辆汽车烧毁；对 600m 范围的衬砌结构造成了严重损坏；隧道关闭 3 个月
3	瑞士圣哥达隧道	16918	2001 年	2 辆重型卡车相撞起火	48	20 人死亡，128 人失踪；13 辆重型卡车、6 货车、6 辆小汽车烧毁；对衬砌结构造成了严重损坏；隧道圆拱顶部坍塌；隧道内部分路段被烧毁；隧道关闭 2 个月
4	法国—意大利间 Frejus 隧道	12868	2005 年	1 辆满载轮胎的重型卡车由于燃油泄漏起火，火焰蔓延到附近的其他车辆	6	2 人死亡；4 辆重型卡车烧毁；10KM 范围隧道设备损坏；隧道关闭
5	中国秦岭终南山隧道	18020	2009 年	一辆装载棉被的小货车失火	—	感温光纤火灾自动报警系统及时报警，扑救及时，无人员伤亡及车辆、隧道设施损坏
6	中国台湾雪峰山隧道	—	2012 年	车辆爆胎相撞起火	—	2 人死亡，31 人受伤；隧道全面封闭 6 小时
7	山西晋济高速岩后隧道	787	2014 年	2 辆危化品运输罐车追尾相撞，引燃泄漏的甲醇	73	31 人死亡，9 人失踪，42 辆汽车、1500 多吨煤炭燃烧，并引发液态天然气车辆爆炸

2. 道路隧道火灾的原因及危害

道路隧道火灾的原因很多，主要有：①车辆自身机电设备故障引发的火灾；②车辆撞击等交通事故引发的火灾；③纵火等人为因素引发的火灾；④隧道内设备老化故障引发的火灾；⑤车辆装载货物起火；⑥隧道附属设施火灾、隧道维修操作不慎以及其他不可抗力也会引发火灾。

必须引起重视的是，几种导致火灾的因素在很多案例中不是独立的，而是相互关联的。实际发生的隧道火灾往往是一种因素造成起火，另一种因素起催化作用而导致火灾。

3. 近年来地铁重大火灾案例见表 9.2.2-2。

近年来地铁重大火灾案例 表 9.2.2-2

序号	地铁名称	火灾时间	火灾原因及概况	人员伤亡、结构和设备损失情况
1	韩国大邱市地铁 1 号线中央路车站火灾	2003 年	人为纵火引起火灾	192 人死亡，147 人受伤

序号	地铁名称	火灾时间	火灾原因及概况	人员伤亡、结构和设备损失情况
2	法国巴黎地铁 13 号线新普朗车站火灾	2005 年	一辆地铁列车起火,随即波及相对驶来的另一列地铁	12 人受伤,地铁部分关闭
3	美国芝加哥地铁火灾	2006 年	地铁在隧道中发生脱轨事故,车厢起火,数百人被疏散	152 人受伤
4	莫斯科地铁 1 号线区间隧道火灾	2013 年	供电电缆起火,导致部分地铁线路瘫痪	15 人受伤,约 4500 名乘客被紧急疏散

4. 地铁火灾的原因及危害

火灾对地铁系统的安全运营构成了极大的威胁。由于地铁的封闭性和大客流,一旦发生火灾往往很难及时有效处置,容易导致巨大的人员和财产损失,并造成不良的社会影响。

地铁火灾的原因主要有:①车辆自身机电设备故障;②纵火等人为原因(如:2003 年韩国大邱市地铁火灾);③区间隧道内机电设备老化及故障;④列车撞击、误操作等原因。

由于地铁内人员密集,空间相对狭小,疏散救援困难,其火灾特点主要有:①排烟散热困难、温度高;②高温烟气危害严重;③人员疏散困难;④火灾扑救困难。

9.2.2.4 城市供水事故

城市供水事故,是指水源地污染、自来水厂出现运行故障、输配水管道发生爆裂、不可预测的外力破坏等因素造成的停水事故,其中水源地污染或原水污染对城市安全运行的危害尤其重大。

1. 城市供水管道爆管、渗漏事故

城市供水管网系统庞大、受外部干扰因素多,且管道自身材料质量和安装质量差异较大。由于管道易损、易裂、易爆、抗腐蚀和抗冲击能力弱等原因,因输配水管道发生爆裂、渗漏等事故屡见不鲜,大量的漏水不仅影响人民生活和城市运行,而且各种事故的发生也使城市蒙受了严重的经济损失。

2. 城市供水水源地污染案例

2005 年 11 月 13 日,中国石油吉林石化公司双苯厂一车间发生爆炸,共造成 5 人死亡、1 人失踪,近 70 人受伤。爆炸发生后,约 100 吨苯类物质(苯、硝基苯等)流入松花江,造成了江水严重污染,沿岸数百万居民的生活受到影响。

11 月 22 日,哈尔滨市政府连续发布 2 个公告,证实上游化工厂爆炸导致了松花江水污染,动员居民储水。

11 月 23 日,国家环保总局向媒体通报,受中国石油吉林石化公司双苯厂爆炸事故影响,松花江发生重大水污染事件。

3. 城市供水原水污染案例

2014 年 4 月 10 日 17 时,兰州市威立雅水务集团公司出厂的自来水发现苯含量严重超标,高达 118 微克/升,22 时自流沟苯含量为 170 微克/升,11 日 2 时检测值为 200 微克/升,均远超出国家限值的 10 微克/升。

2014年4月12日13：13原因已经查明：兰州自来水苯超标系兰州石化管道泄漏所致。

4. 城市供水事故的应急处置

城市供水事故发生后的应急处置工作，对于确保人民生活、生产，社会稳定有着重要的意义。政府相关部门及供水企业应在事故发生后立即启动应急预案，及时做好水质监测，采取紧急供应居民生活饮用水等保障措施，并及时做好信息发布工作。

（1）城市供水事件基本情况和分级

1）城市供水事件基本情况主要有：

供水水源或供水设施遭受生物、化学、毒剂、病毒、油污、放射性物质等污染；

2）原水管渠、供水主要输配管、污水输送干线、内环线主要道路排水管道的爆管、损毁等事故；

3）电厂、变电站发生停电事故等原因导致供水企业停产。

根据城市突发事件的性质、可控性、危害程度和影响范围，对城市供水突发事件分为四级：Ⅰ级（特别重大）、Ⅱ级（重大）、Ⅲ级（较大）和Ⅳ级（一般）。

（2）城市供水安全预警预防机制

1）信息监测

建立城市供水突发事件监测、预警体系与资料数据库，形成覆盖城市供水突发事件监测网络。主管部门组织开展水务行业突发事件调查，进行常规数据监测分析，及时收集、汇总有关信息并进行研判。

监测内容主要有：原水各主要取水口定时监测水质；主要水源地水质、水情监测；供水管网流量、水压实时监测。

2）预警级别与发布

根据城市供水突发事件可能造成的危害性、紧急程度和影响范围，预警级别分为四级，依次用红色、橙色、黄色和蓝色表示。

（3）应急处置

1）信息报告与通报

建立健全城市供水突发事件信息报告系统。一旦发生突发事件，有关单位、社区和市民要及时通过"110"或供水热线电话，向应急联动中心或有关部门报告。发生饮用水污染，可能危及人体健康的，应一并向事发地政府卫生行政部门报告。

应急联动中心、供水管理部门、事发地政府或其他有关机构在接到水务行业突发事件报警后，要在第一时间做好处置准备，迅速汇总和掌握相关事件信息，并根据应急处置需要，及时通报、联系和协调。

2）先期处置

突发事件发生后，有关责任单位要首先按本单位制定的预案，采取以下措施实施即时处置：派出有关人员迅速赶赴现场，维护现场秩序，采取有效措施组织抢险救援，防止事态扩大；了解并掌握事件情况，及时报告事态发展趋势与处置情况。

3）分级响应

各类水务行业突发事件的实际级别与响应等级密切相关，但也有所不同，根据实际情况确定。响应等级一般由低（Ⅳ级）向高（Ⅰ级）递升，出现急迫情况和严重态势时，可越级提高响应等级。

4）水源地、水厂污染（主要指油污染、有毒有害物质污染、咸潮等）响应措施

① 发生水源地、水厂污染事件，原水厂、自来水厂要立即启动本企业应急处置规程，加强原水取水口、水厂水质情况监测，及时将污染情况报告供水管理部门。

② 供水管理部门配合环保等部门做好水源地、取水口污染物的应急处置。

③ 启动相关应急预案：确定水源地重大污染物的性质、污染范围、污染物的质量、污染物在水体适时运动方向，并提出处置建议；调水稀释取水口污染物或关闭相关水闸阻截污染物，防止污染取水口，并进行现场处置；根据污染物在水体适时运动方向和时间，紧急调度各水厂应急备用取水口补充原水供应。

④ 原水厂、自来水厂内水体遭受污染，要立即启动相关应急预案，确定重大污染物的性质、污染范围、污染物的质量，并针对污染状况提出处置方案，指导、协助企业紧急调整生产工艺，采取稀释、中和、截流等措施防止不合格的水进入供水管网。

⑤ 组织专家拟定应急处置方案，解决处置难题。

5）供水企业突发事件影响自来水正常供水服务响应措施

① 优先保证市民饮用水供应，再解决一般用水。

② 一旦发生供水企业突发事件影响自来水正常供水，责任单位要针对不同突发事件种类，启动相应的应急处置规程实施处置。

③ 根据突发事件发展态势，组织专家拟定应急方案，协调行业技术力量，紧急组织应急救援队伍、各种抢险物资和设备，配合相关企业开展应急抢险。依托所在城市应急联动中心平台，组织、指挥、协调相关联动单位协助实施应急处置。

④ 启动相关预案，全市实现统一调度，确保供水安全；提取深井水填补供水缺口，保障市民用水。

⑤ 组织水务行业各单位送水车辆，集中向停水或低水压地区市民供水，或开启消防栓向低水压地区市民供水。

⑥ 发生大面积停水或低水压地区市民用水困难，调用消防车辆、环卫系统洒水车辆等组织集中运水。

⑦ 组织征调生产企业、商店的桶装水、瓶装水，由事发地政府组织向停水地区市民供应饮用水。

⑧ 相关政府负责做好所辖地区市民稳定与解释工作。

（4）应急结束：自来水供应服务恢复正常

（5）后期处置：现场清理、善后工作、调查和总结、信息发布等。

（6）应急保障：信息保障、通信保障、应急队伍保障、物资装备保障、医疗卫生保障、治安保障、交通运输保障、经费保障等。

（7）监督管理：宣传、培训、演练、监督检查与奖励等。

9.2.2.5 城市燃气安全事故

1. 城市燃气安全事故的特点

城市燃气事故一般会形成燃烧、爆炸、人员疏散和停气，影响面较大。特别是爆炸事故，往往会成为社会关注的热点。

随着社会经济的发展，城市燃气已经改变了传统的以煤为主的能源结构。然而燃气事故也随着燃气用户和燃气消耗的增长同比例增加。城市燃气已经成为仅次于交通、火灾、建筑事故之后的主要城市事故高发点。

2. 城市燃气安全事故案例

2014年3月12日美国纽约曼哈顿哈雷姆地区发生燃气爆炸事件，导致建筑物坍塌，8人遇难，超过60人受伤，5人失踪，引起了社会极大的关注。

3. 城市燃气安全事故的应急处置

（1）信息报告与通报

建立健全信息报告体系。有关单位、所在社区和市民一旦掌握和发现燃气隐患和燃气事故，应及时通过"110"或燃气应急电话报警。相关部门和城市应急联动中心接到燃气事故报警后，应及时汇总相关信息并通报有关部门和单位。

（2）先期处置

燃气事故发生后，燃气事故单位和所在社区应立即组织有关应急力量开展自救互救，在第一时间实施即时处置，采取相关应急措施及时排除故障，防止事态扩大。相关部门和城市应急联动中心通过组织、指挥、调度、协调各方面应急力量和资源，采取必要的措施，对燃气事故实施先期处置，并确定事故等级，同时按程序规定，通知相关责任部门。事发地政府及有关部门在燃气事故发生后，应根据职责和规定权限启动相应应急预案，控制事态并向上级报告。

（3）应急响应

各类燃气事故的实际级别与响应等级密切相关，但可能有所不同，应根据实际情况确定。响应等级一般由低向高递升，出现紧急情况和严重态势时可直接提高响应等级。当燃气事故发生在重要地段、重大节假日、重大活动和重要会议期间，其应急处置响应等级视情况相应提高。

（4）现场指挥与协调

按照"分级负责"和"条块结合"原则，由事发地区县政府等单位和有关专家组成现场指挥部，设在燃气事故现场周边适当的位置，必要时部署相应警力，保证现场指挥有序进行。有关部门和单位按照各自职责，参与救援和提供保障。应急队伍在现场指挥部的统一领导下，密切配合，协同应对，共同实施应急处置行动。

（5）安全防护

燃气企业应建立健全有关应急抢修的规章制度和操作规程，配备现场抢修所必须的器材设备。备品备件设施必须定期维护，保证完好状态。燃气企业或其他有关部门和单位实施现场处置时，应首先掌握事故发生的地点、部位、原因或影响范围，按照预案要求，落实抢修和控制事态发展的安全措施，杜绝违章指挥、违章作业，防止应急处置人员伤亡和事态扩大。一旦突发燃气事故超出燃气企业处置能力时，应立即报告上级机构请求支援。

公安部门应针对燃气事故可能造成的损害和发展态势，采取封闭、隔离或限制使用有关场所等措施，以防次生、衍生事故的发生。

（6）信息共享和处理

建立和完善燃气事故应急处置信息系统，明确相关要求，保证应急处置需要。实施燃气事故应急处置时，由燃气企业负责收集、汇总信息，及时报告事故现场进展情况；各联动单位负责应急处置信息收集和汇总，及时向市应急联动中心报告；事发地区县政府、民政等部门负责人员伤亡、物损情况等信息的收集和汇总，并及时向有关部门报告。

（7）信息发布：燃气事故的信息发布应及时、准确、客观、全面，并根据事故处置情况，搞好后续信息发布。

（8）应急结束：燃气事故应急处置结束，或者相关危险因素消除后，由负责决定、发布或执行的相应机构宣布解除应急状态，转入常态管理。

思考题

1. 简述"互联网＋"时代的"智慧基础设施"的内容与意义。
2. 我国城市市政基础设施运维管理经历了哪三个阶段？
3. 简述基于全生命周期理念的预养护技术的内容与意义。
4. 城市基础设施运维中的节能减排技术有哪些？
5. 城市市政基础设施的低碳化发展的途径有哪些？

参考文献

[1] 马化腾.互联网＋国家战略行动路线图.北京:中信出版社,2015
[2] 阿里研究院.互联网＋从IT到DT.北京:机械工业出版社,2015
[3] 乌尔里希.森德勒[德].工业4.0.北京:机械工业出版社,2015
[4] 许正.工业互联网.北京:机械工业出版社,2015
[5] 上海市工程建设规范.隧道LED照明应用技术规范.DG/TJ08-2141-2014.上海:同济大学出版社,2015
[6] 金玉泉.桥梁的病害及灾害[D].上海:同济大学,2006
[7] 朱合华,闫治国.城市地下空间防火与安全.上海:同济大学出版社,2014

第10章 城市交通基础设施的运维管理

城市交通基础设施是满足广大市民出行的重要保障，更是城市高效运行的基础。如果城市交通基础设施无法得到及时有效的运行维护，人们的正常生产和生活都将会受到严重影响。因此，良好的城市交通基础设施管理维护工作，是城市设施系统运行正常的保证，对城市居住环境的优化以及正常秩序的维护也具有重大意义。

10.1 我国城市骨干路网运行管理的现状和展望

10.1.1 我国城市骨干路网运行管理的现状

城市道路交通网络是城市的基本骨架，其作用是保障城市各项基本功能的正常运转，促进城市社会经济的进步。但是，伴随着城市化进程的不断加快以及经济的快速发展，机动车保有量不断增多，使得交通拥堵日益严重。

城市道路交通拥堵不仅导致交通状况的恶化，而且还导致交通事故的增多，带来经济上的巨大损失。城区道路交通拥堵问题不仅导致延误，降低出行效率，而且增多了耗油量和废气排放，导致环境的恶化。

此外，早期修建的大量道路、桥梁等城市交通设施所承受的交通流量远远超过设计要求，不断出现超载运输以及超重的交通工具等额外负荷也造成很多道路、桥梁损伤加速，给城市交通基础设施的运维管理工作带来了严峻的挑战，也引起各级政府、行业主管部门乃至全社会的关注。由此，我国的城市交通基础设施管理理念也逐渐从"重建轻养"的传统阶段向"管养并重"和"管理为先"等方面转变，越来越多的新技术在城市基础设施运维管理中得以应用。

目前，在我国大城市骨干路网建设已基本完成的背景下，政府交通管理部门正在大力推进交通管理的信息化和智能化。智能交通系统（Intelligent Transportation System，ITS）的推广应用，有效集成了先进的信息技术、传感技术、通信技术以及计算机技术等，是一种可适用于大范围、实时、高效的综合运输和管理控制系统。智能交通系统从系统的角度出发，从管理和控制角度入手，以信息的收集、处理、分析、发布、交换、利用为主线，一方面着眼于交通信息的广泛应用与服务，另一方面着眼于提高既有交通设施的运行效率，因而可以有效地缓解交通拥堵、提高运行效率，同时减少环境污染、保障出行安全，是交通系统的发展方向，日益受到世界各国的重视。

城市基础设施可持续运营是构建以人为本、优质高效、生态环境可持续的城市基础设施，从而实现城市基础设施的正常运营、提高经济效益、延长使用生命周期，节约维护成本。从城市基础设施可持续运营的理念来看，现阶段我国城市基础设施建设的重点主要放在了满足人们日常生活需求方面，而对环境、资源等有关生态平衡要素的关注相对较少。

10.1.2　智能交通在城市路网运行管理中的实践与展望

1. 智能交通在城市路网运行管理中的实践

目前，世界 ITS 研究领域的三大基地为美国、欧洲、日本。另外，亚洲的韩国、新加坡和我国的香港 ITS 发展水平也较高。全球正在形成一个新的 ITS 产业，以"保障安全、改善环境、节约能源、提高效率"为目标的 ITS 概念正在逐步形成。

（1）美国 ITS 的实践

美国交通系统的智能化研究始于 20 世纪 60 年代末的电子路径导向系统（Electronic Route Guidance System，简称 ERGS)，暂停 10 多年后到 80 年代中期，以加州交通部门研究的驾驶员寻路系统获得成功为契机，美国全国展开了智能化车辆－道路系统（Intelligent Vehicle Highway System，简称 IVHS）的研究。1991 年，美国成立了智能交通系统协会（Intelligent Transportation Society of America)，主要宗旨是帮助并加速智能交通系统在政府和民间企业的发展，协会成员来自民间企业、学术单位、环保团体及各级政府相关单位，参与面十分广泛，从而有力地促进了美国智能交通系统研究的发展。同年，美国总统签署了综合提高陆上交通效率法案（即 ISTEA，又称"茶法案")，以联邦法案的形式推动着 ITS 的研发应用。1994 年美国将 IVHS 改为 ITS，以表明这方面的研究开发不仅限于车辆和道路，还可以推广到一切交通工具和交通中所组成的智能化系统。

此外，自 1997 年加州自动公路 AHS 演示（DEMO97）项目后，相关部门组织实施了 IVI（Intelligent Vehicle Initiative）计划，促进了基于车-路协同的避碰系统的研发与实际应用。近几年又分别开展了 VII、CVHAS 和 Intelli Drive 等国家项目。

Intelli Drive 计划是美国交通部组织开展的为交通系统运行提供全新解决方案的大型 ITS 研发计划，是在车路一体化（VII）项目的基础上深化研究车路协同控制。该项目旨在建立车辆与车辆、车辆与基础设施之间的无线通信网络，并在此基础上实现增强交通安全、提升交通运行效率以及改善交通环境等方面的应用。该研究计划从 2009 年开始启动，第一阶段确定为 2009～2014 年的 5 年时间，确立的主要研究方向包括：车-车通信、车-基础设施通信、人因要素研究、交通机动性、环境影响及相关政策和制度研究。项目远期规划中，将与互联网连为一体，扩展进一步的应用功能。

（2）日本 ITS 的实践

ITS 在日本的发展始于 20 世纪 70 年代。从 1973 年到 1978 年，日本成功地开展了一个叫动态路径诱导系统的实验，在这个实验中，车上的驾驶员可以根据装在车上的显示器上所显示的道路交通堵塞状况及诱导方向，选择自己到达目的地的最佳路线。从 20 世纪 80 年代中期到 90 年代中期的 10 年间，日本相继完成了道路与车辆之间通信系统、交通信息通信系统、宽区域旅行信息系统、超智能车辆系统、安全车辆系统以及新交通管理系统等方面的研究。在此基础上，1994 年 1 月，由日本警察厅、通产省、运输省、邮电省和建设省等 5 个部门联合成立了日本道路交通车辆智能化促进协会（Vehicle Road and Traffic Intelligent Society，简称 VERTIS），用以推动 ITS 在日本的发展。1998 年，日本建成了车辆信息通信系统 VICS，包括了先进的交通信息中心和车载交通信息接收显示器。交通信息中心负责收集实时的道路交通信息，经分析、处理后，将实时路况信息和交通诱导信息通过广播、无线电信标、红外信标三种方式及时发送到车载交通信息接收器显示。

目前，日本政府以及相关产业正着手研发并普及下一代的智能交通系统 Smartway。2005～2010 年期间围绕 5 个重点展开研究，其中包括车-路间协调系统、智能汽车系统等；2010 年后重点加强了利用无线通信技术的车-车、车-路间协调系统实用化技术的研发，构筑人-车-路一体化的高度紧密的信息网络，研发交通对象协同式安全控制技术。

（3）欧洲 ITS 的实践

欧洲先后经历了 20 世纪 70 年代的道路交通通信技术（Road Transport Informatics，简称 RTI）、80 年代中后期的欧洲车辆安全道路结构 DRIVE 计划和欧洲高效安全交通系统 PROMETHEUS 计划，1991 年成立了欧洲道路交通通信技术应用促进组织 ERTICO，目前的 ERTICO 是欧盟与道路交通通信技术企业界之间用于推动 ITS 在欧洲发展的一个联盟组织。

在第 10 届 ITS 世界大会上，ERTICO 最先提出 eSafety 基本概念，得到欧盟委员会认可并列入欧盟的计划。eSafety 包括 70 余项研发项目，这些项目大部分都建立在车载通信的基础上，都将车-路通信与协同控制作为研究重点之一，其中代表性项目有为驾驶者提供安全辅助信息的 SAFESPOT、解决车-路间多种方式混合通讯的 CVIS、关注驾驶安全技术集成的 PReVENT、关注道路监测设备网络信息提供的 COOPER、关注无线自组网信息安全问题的 SeVeCom 等项目。

（4）我国 ITS 的实践

自 20 世纪 80 年代以来，智能交通技术开始受到国内学者的关注和重视，并逐步开展 ITS 方面的理论技术研究与工程试验。我国政府十分重视和支持智能交通技术的发展和应用，为加快高新技术在传统行业的应用，科技部自 1996 年开始组织了一系列智能交通技术国际交流和合作，支持和推进国内智能交通技术的研究和开发，政府的高度重视是我国顺利推进智能交通系统建设的重要前提。智能交通是一个复杂的系统工程，它不仅涉及新技术推广应用，还涉及体制管理理念等多方面的创新和改革，因此政府的引导是必要的保证。为了便于协调，科技部于 2001 年联合交通部、铁道部、公安部、建设部、国家技术监督局等部门成立了全国智能交通系统协调领导小组及办公室，总体规划道路、铁路、水运、民航等行业智能交通发展战略，标准制定和共性技术的研发和示范应用，同时相继批复成立了国家智能交通系统工程研究中心、国家铁路智能运输系统工程中心、国家道路交通管理工程技术研究中心。许多大学和研究机构先后组建了智能交通系统研究中心，如东南大学、武汉理工大学、吉林大学、同济大学、北京交通大学、华南理工大学等，纷纷投入到从事智能交通的基础理论研究及核心技术研发领域，并取得了一系列科研成果。

"十五"期间，科技部实施了"智能交通系统关键技术开发和示范工程"、"现代中心城市交通运输与管理关键技术研究"等国家科技攻关计划项目，率先在北京、上海、广州等城市，以城市、城间道路运输为主要实施对象，开展了智能化交通指挥、调度与管理系统，智能公交调度，综合交通信息平台为主要内容的示范工程建设，取得了一定成效。在科技项目的推动下，我国的智能交通系统从概念研究进入了实质性地开发和应用试验阶段。在改善城市交通状况、解决城市交通拥堵问题、提高城市间道路管理水平等方面，以道路运输为主的智能交通系统研究和建设应用成果发挥了很好的作用，智能交通技术已经成为解决交通问题的重要技术手段之一。

"十一五"期间，国家高技术研究发展计划（863计划）设立了"现代交通技术领域"，并针对智能交通系统技术部署了一批前沿和前瞻性项目，以提高原始性创新能力和获取自主知识产权为目标，突破产品和系统的关键核心技术，实现重点目标的技术集成。在863计划专题课题的支持下，综合交通运输和服务的网络优化与配置技术，智能化交通控制技术，综合交通信息采集、处理及协同服务技术，交通安全新技术等各项技术得到进一步的突破，在智能化交通管控、汽车安全辅助驾驶、车辆运行系统状态监控与安全预警等一批核心关键技术上取得了实质性的进展。结合2008北京奥运、2010上海世博、2010广州亚运等重大活动举办的需求，科技部于2006年启动实施了"国家综合智能交通技术集成应用示范"科技计划项目，项目设立了"北京奥运智能交通管理与服务综合系统"、"上海世博智能交通技术综合集成系统"、"广州亚运智能交通综合信息平台系统"、"国家高速公路联网不停车收费和服务系统"等支撑计划课题，重点突破了交通智能化管理与动态诱导技术、跨区域网络化不停车收费技术、远洋船舶及货物运输在线监控等关键技术，构建我国智能交通技术支撑体系，改善交通状况和交通环境，缓解交通拥堵，提高路网通行能力和行车速度，提升为百姓出行和政府管理的服务水平，同时为办好北京奥运会、上海世博会和广州亚运会提供技术支撑，促进人才队伍和研发基地、智能交通创新体系和产业的形成。

2008年2月，科技部、公安部、交通部共同启动了"国家道路交通安全科技行动计划"，行动计划打破了行业壁垒，组织公安部交通管理科学研究所、交通运输部公路科学研究院、中国智能交通协会等20多家单位共同开展道路交通安全领域技术的研发，设立了"交通安全信息集成、分析及平台构建技术开发与示范应用"、"山区公路网安全保障技术体系研究与示范工程"、"国家高速公路安全和服务技术开发与工程应用示范"、"营运车辆与客运安全保障技术开发及大范围集成应用"、"全民交通行为安全性提升综合技术及示范"、"区域公路网交通安全态势监测、评估及应急指挥"、"道路交通安全执法技术及大范围应用"等7个课题，形成的系列科技成果在全国14个省、自治区、直辖市实施应用示范，并取得了良好的效果。

"十二五"期间，交通领域"863计划"瞄准国家智能交通技术发展热点问题，对智能车路协同、区域交通协同联动控制等技术进行了部署。国家科技项目的实施推动和提升了我国智能交通行业的总体水平，培养形成了我国智能交通专业研究队伍和基地。

近年来，国内智能交通领域在科学研究和学术交流上也注重加强相互间沟通与协作，越来越多的地方政府、科研院所、企事业单位及专家学者都加入到这股ITS浪潮中，中国在世界ITS领域的影响已经逐渐扩大。

2. 智能交通在城市路网运行管理中的展望

随着我国物联网重大专项、国家道路交通安全科技行动计划以及交通运输部的智能交通规划等重大项目的推出，都促使智能交通技术从单个交通要素的智能化向交通要素一体化的方向发展，指导未来中国智能交通向更高层次发展，主要体现在：运用车-路协同提升交通安全水平；运用信息技术提升交通管理水平；基于信息共享实现多种运输方式协同和效能提升。

（1）车-路协同提升交通安全水平

车-路协同系统是基于无线通信、传感探测等技术进行车-路信息获取，通过车-车、车-路信息交互和共享，实现车辆和基础设施之间智能协同与配合，达到优化利用系统资源、提高道路交通安全、缓解交通拥堵的目标。车-路协同是对传统智能交通技术的一次整合与提升，是当前智能交通领域研究的技术热点和前沿。

（2）运用信息技术提升交通管理水平

新型检测传感技术、高清视频技术、移动通信技术的发展，使大范围进行交通动态信息获取和交互成为可能。物联网、云计算、智慧地球等新的信息理念和技术进步，将进一步提升交通信息的处理和服务水平。低成本、高可靠性的基础交通信息获取和交互、更为先进的网络化交通信息系统的建设和服务，将是未来的发展方向。

（3）基于信息共享实现多种运输方式协同和效能提升

基于信息共享实现多种运输方式协同和效能提升，是智能交通科技发展的重要趋势。以往国际上智能交通技术比较侧重于道路交通管理和服务，随着交通运输的发展和信息技术的广泛使用，建立综合交通信息的共享机制和平台，促进综合交通系统的协同服务，利用综合交通信息平台进行多种运输方式间的有效协同已经成为综合信息数据处理与集成技术的一个发展趋势。

10.1.3 "互联网＋"时代智慧交通的探索与展望

1. 智慧交通在"互联网＋"时代的探索

智慧交通是智能交通在"互联网＋"时代，融入新一代互联网思维和人的智慧，实施及时、便捷、安全、高效的交通控制。智慧交通的核心在智慧，即给交通安装思考的大脑，使之能及时看到、听到有关的交通信息，并及时做出反应，从根本上解决城市交通拥堵、资源浪费、安全事故频发、难以实时控制交通事态等难题，使城市交通发展走上良性发展的轨道。可以说，智慧交通系统是将电子、信息、通信、控制、车辆以及机械等技术融于一体，应用于交通领域，并迅速、灵活、正确地理解和提出解决方案，以改善交通状况，使交通发挥最大效能的系统。

智慧交通系统是一个开放的复杂的巨型系统，由许多关系密切的不同领域、不同功能的子系统综合集成，具有多主体、跨部门、跨领域、复杂性、系统性的特点。图10.1.3-1形象地显示了智慧交通系统的概貌。

人、车、路和环境是交通的四大基本要素，其中，管理者、行人与驾驶者构成交通中人的要素；公交车、地铁、出租车、私家车、特种车辆等构成交通工具要素；城市道路、高速公路、轨道、公交站、停车场、综合交通枢纽等构成交通基础设施要素；自然灾害、

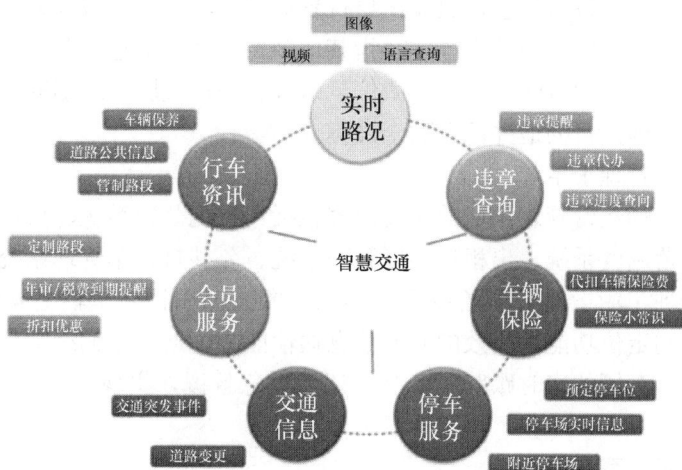

图 10.1.3-1　智慧交通系统概貌

天气状况等构成交通中的环境要素。这几者之间依靠互联网、物联网、移动互联网等的互联构成以车联网为中心的交通信息广泛采集、即时传输的网络，将交通流信息和气象信息等输送到城市交通云中心，利用云计算等新兴技术手段对交通信息进行存储处理、并进一步利用大数据、人工智能等手段对交通数据进行深度处理，将结果输出给公众，向管理者、出行者提供随需而变的服务，最终形成集节能环保、绿色低碳、智能高效于一体的智慧交通体系，涵盖交通管理系统、出行者信息服务系统、车辆运营管理系统、电子收费系统、智能车辆、综合运输、自动公路、紧急事件与安全及车联网等子系统等。

（1）交通管理与规划子系统

智慧交通在交通管理与规划领域的建设包括三方面：先进的交通管理系统、交通基础设施智能监控系统、交通运输规划决策支持系统。其中，先进的交通管理系统包括：多手段、全方位的交通信息采集与路网状态监控系统、自动化的卡口监测系统、各类先进的电子警察监测系统、智能化的交通信号控制系统以及各种交通执法系统等；交通基础设施智能监控系统，通过在海量的交通基础设施上部署各类先进的传感设备，实时获取其状态信息，这些信息为交通基础设施的维护和相关信息服务提供决策支持；交通运输规划决策支持系统是基于智能交通系统和物联网的基础设施建设中获得海量历史与实时交通信息，利用各种先进的交通规划理论模型挖掘有价值的交通需求、供给以及运营效果层面的信息，并将这些信息资源提供给交通运输规划人员，实现路网交通运输规划计算、评估以及仿真的各种实用功能，从而提高交通运输规划工作的高效性、科学性和智能性。

（2）出行者信息服务子系统

出行者信息服务领域包含的内容非常丰富，服务的分类方法多种多样。从系统建设独立性的角度分析，智慧交通在该领域的建设内容包括三方面：智能车流诱导系统、智能车载导航系统和多渠道信息服务系统。

智能车辆诱导系统是指交通管理部门利用实时采集到的路网状态信息和交通需求信息，以路网上分布式部署的可变情报板、可变交通标志、交叉口信号控制器等为信息发布载体，向在途机动车辆出行者发布实时路况、交通管制、路径诱导等信息。智能车载导航系统是指以车载终端设备为信息接收端向出行者提供实时路况、最优路径以及动态路径引导服务的系统。多渠道信息服务系统，泛指其他多种多样的信息服务，信息发布渠道包括Web/移动Web、广播、WAP、短信、微信、语音、触摸式服务终端等，服务终端覆盖出行前、出行中乃至到达目的地并停车的全过程。

（3）车辆运营管理子系统

智慧交通在车辆运营管理领域的建设内容包括：智能公交系统、快速公交运营管理系统、轨道交通运营调度系统、出租车调度管理系统、公共自行车管理系统、智能商用车辆管理系统以及特种车辆运输智能监控系统等。主要通过在目标车辆上安装必要的终端设备，实现高精度的定位功能和高效的双向信息通信能力。通过车辆终端与中心系统的实时信息交互，实现对车辆的实时跟踪、安全保证、应急救援，实现对运营业务的优化调度、效率提升。

（4）电子收费子系统

智能交通在电子收费领域的建设主要体现在不停车收费系统（ETC）和智能停车系统。不停车收费系统是智能交通系统中起步较早、发展较成熟的建设内容。在物联网的全新技术背景下，随着传感技术和短程物物通信技术的起步，现有的不停车收费系统在技术先进性、通行高效性和服务可靠性等方面都将得到全面改进。此外，还将衍生出多种其他基于便携终端的自动收费系统。

（5）智能车辆子系统

智慧交通在智能车辆领域的建设内容包括：智能防撞系统和智能辅助驾驶系统。通过先进的车载电子系统、车载传感系统以及车路无线短程通信系统，实现全方位的车辆避撞功能，还可以提供视野拓展等辅助驾驶功能。

（6）紧急事件与安全子系统

智慧交通在紧急事件与安全领域的建设内容包括：事件应急管理系统和紧急救援系统。

事件应急管理系统包括事件的预防、事件的检测与确认、事件的鉴别、事件的响应、事后管理、事件的记录等功能。该系统通过基于实时数据的智能事件检测算法以及各种人工反馈渠道获取各类交通事件，利用先进的交通事件影响分析模型对其影响进行分析，根据分析结果实时制定或调用预存的处理方案，实现快速高效的事件响应和处理，以将各种突发事件对通行能力的影响限制在尽可能小的时空范围内。

紧急救援系统的主要服务对象包括机动车驾驶员、行人、摩托车驾驶员以及非机动车驾驶员等。该系统全天候地接收各类用户在车辆被盗、发生意外交通事故、车辆抛锚或者人身安全受到威胁等紧急情况下发出的遇险救援请求的信息或信号。系统受到该信号后启动救援计划，根据请求发出的地点、请求救援的类型、距离最近的救援资源分布以及领域路网范围内的实时路况，确定最快的救援路径，以最快的速度实施救援。

（7）综合运输子系统

智慧交通在综合运输领域的建设内容主要体现为智能客货综合联运系统。该系统利用部署在货物、车辆上的各种传感与识别技术以及旅客的便携智能终端的能力，综合运输路径所在范围内的实时路况信息，实现客货运信息资源的交换，大幅提升旅客联运服务和货物联运服务中的运输效率和服务质量；此外，近年来迅速发展的综合交通枢纽也构成综合运输的一部分。

（8）自动公路子系统

自动公路系统的基本理念是：在公路系统上铺设路面磁钉车道，控制中心可直接对每辆智能汽车发出指令，调整其行驶工况。自动公路系统是智慧交通中最先进的应用领域之一。为了实现车辆的自动驾驶，需要在车辆上安装先进的车辆控制系统，该系统利用车载传感器、车载计算机、电子控制装置以及安装在路侧的电子设备，实现车与路之间和车与车之间的信息交换来检测周围行驶环境的变化情况，进行部分或完全的自动驾驶控制，以达到行车安全和增强道路通行能力的目的。

（9）汽车移动物联网子系统

汽车移动物联网，简称车联网，是物联网在交通领域的具体应用。在物联网的技术背景下，交通系统中的人、车、路等组成要素的泛在感知能力将逐渐实现，这相当于提供了覆盖率极高的海量信息采集终端和信息发布终端。在物联网的环境中，以汽车移动计算平台为核心，利用泛在感知能力可以对现有的几乎所有智能交通系统进行升级强化，建设基于物联网的路网车辆状态监控系统、基于物联网的交通控制系统以及基于物联网的信息服务系统等。

2. 智慧交通的发展与展望

人们的多样化需求和技术的不断进步是智慧交通发展的双重推力，需求是交通系统升级的源动力，而技术提供了交通系统进化的无限可能性。智慧交通的实现依赖于技术与理念的进步，技术的进步使交通朝纵深、智能的方向发展；技术和理念的提升给交通领域带来了前所未有的延伸拓展空间，不但联通了各种交通方式和交通参与主体，使交通更加高效，而且将交通系统的末端渗透到智慧城市的其他领域，通过便捷的交通吸引大量客流、物流、资金流，给城市医疗、旅游、教育、安防、商业等领域带来巨大活力，极大地开拓城市发展潜力，而城市的发展反过来又会带来交通领域更大的繁荣，激发出交通领域更多的创新模式。

10.1.4 城市路网运行管理新理念

1. 新一代智能交通系统

智能交通系统（Intelligent Transportation System，简称ITS），是在较完善的道路设施基础上，将先进的电子技术、信息技术、传感器技术和系统工程技术集成运用于地面交通管理所建立的一种实时、准确、高效、大范围、全方位发挥作用的交通运输管理系统。它具有充分发挥现有交通基础设施的潜力，能够提高运输效率，保障交通安全，缓解交通拥挤，改善环境保护的作用。智能交通系统实质上就是利用高新技术对传统的运输系统进行改造，而形成的一种信息化、智能化、社会化的新型运输系统，它能显著提高服务质量，使交通基础设施发挥更大效能。

新一代智能交通系统是智能交通在物联网等新技术环境下的升级延伸。新一代智能交通将建立以车为节点的信息系统，将现代通信技术、网络传感技术、云端与移动计算技术、智能终端和车路协同技术、智能时空网络控制技术等高新技术应用于整个交通管理体系，实现人车路更加全面的感知、更深度和更灵活的信息共享，对交通流实施动态监管和网络化智能控制，从而建立起一种和谐、平安、高效的节能环境，实现不堵车、不撞车的新一代智能交通系统。新一代智能交通系统通过感知装置和传感网络实现互联互通，可以实时收集和反馈车辆状况信息，对交通运行状态进行掌控，通过云计算对路口路段监管信息、管理信息、交通状况、车速等数据进行分析，形成对车流动态和网络交通流实施科学监控策略的决策。

智能交通系统与新一代智能交通系统是同一事物发展的不同时期。新一代智能交通系统的关键是车载终端的智能和移动计算的高效，在移动互联、云技术的支持下实现高效移动宽带网络，将汽车传感网和道路传感网互联，通过中央控制平台和汽车计算平台，实现对车、交通流量的精确调节和车辆自动控制调度，达到畅通安全。

新一代智能交通体系包括了交通信息的采集、传输、处理、控制、应用等过程。主要分解为交通信息采集技术、交通信息网络传输技术、交通信息处理技术、基于动态信息的交通控制技术、交通地理信息系统等方面的核心技术。

（1）交通信息采集技术

新一代智能交通体系中信息采集包括路网交通动态信息采集、汽车位置与速度信息采集、交通气象环境信息采集和交通管制信息采集，通过先进的采集技术，共同实现车辆/道路/环境状态的全面交通感知，以此为基础开展更有针对性、更有效的交通网络诱导、控制和紧急救援等智慧交通应用服务。

（2）交通网络传输技术

网络传输是连接道路设备、车载设备、警用设备和应用系统的桥梁。在新一代智能交通体系中，主要存在四个网络：无线传感网络、智能交通专用网、移动/联通/电信等运营商组建的 4G 网络以及互联网。

（3）交通信息处理技术

信息处理是新一代智能交通的核心内容之一，海量信息处理技术支撑着交通各系统间的协同运作，其技术水平决定了智慧交通的系统服务水平。动态交通信息数据具有不同内容、结构和格式的特点，所以需要对数据进行有效化处理。而随着交通数据获取源的增加，对交通信息精度、质量和有效性的要求不断提高，迫切需要能够处理海量、复杂、多元的动态交通信息处理系统。新一代智能交通信息处理主要包括交通信息容错、信息融合、信息分析、海量信息存储、大规模信息计算等内容。

（4）交通动态控制技术

建设城市交通信号控制系统的最基本目标是合理有效地解决当地的交通问题，切实改善城市交通的秩序和效率并安全疏导交通。新一代城市交通控制系统采用人工智能技术、针对传统交通控制系统的缺点，把人工智能的专家系统、人工神经网络、模糊逻辑以及遗传算法等先进技术应用到交通工程领域。

新一代交通控制技术中，当前主流的发展方向是基于动态信息的交通网络控制技术。基于动态信息的信号控制系统与区域实时动态交通分配理论和交通诱导理论紧密相关。与传统的动态交通分配模型不同，动态信号系统实现的目标并不是以路网内的道路行程时间最小或其他费用最小为目标，而是通过对区域内的道路交通状态进行监测，通过实时的监控和分配，保证各个路段的流量都低于饱和交通流量，即以区域内的道路都不堵为目标，努力将区域内的道路拥堵消灭在萌芽状态。当区域内的道路都已经达到饱和或过饱和状态时，此方法将一边接收来自上级控制单元的控制指令，努力把拥堵路段的新增交通流量想办法疏散到周边路网上；另一方面通过加大主要交通流向的通行能力，使整个区域内的交通堵而不死，保证主要流向的道路通行。

（5）交通地理信息系统

交通地理信息系统（Geographic Information System for Transportation，简称 GIS-T）是对城市交通信息进行采集、分析、融合、存储、传输以及提供可视化交通信息服务和交通指挥决策的统一平台，是 GIS 技术在交通领域的延伸，是 GIS 与多种交通信息分析和处理技术的集成，为交通各部门提供一个功能强大的空间信息服务和管理工具。在交通运输领域的应用包括：电子地图的应用、公路网规划、道路设计和维护、运输企业运营管理、为智能运输系统提供数字化平台。

GIS-T 是交通管理的基础信息数据库，它由静态的道路网、道路宽度、道路等级、道路名称、地形地貌、重要场所等信息和动态的交通组织方案、等时图、交通拥堵、交通事故多时段、路段、警力配置等信息共同组成。可以利用多媒体技术把一张地图分层展开，并按需要配合相应的数据、图形、图像和声音信息。GIS-T 有以下几个主要功能：

① 地图浏览操作功能：可以提供灵活方便的地图浏览功能，并能够进行地图的放大、缩小、平移、标识等操作。

② 系统显示与查询功能：分层显示电子地图，显示不同目标的属性数据，提供对图形信息和属性信息的双向查询功能，查询内容包括车辆位置信息、停车场信息、交通设施、警力分布、道路信息等。

③ 路径计算功能：根据道路网的拓扑结构，计算两点间最短或最佳路径，通过不同的发布方式（互联网查询、运营车辆中的导航仪查询或是手机用户的短信查询等）提供给不同的用户。

④ 交通管理设施的管理：对各种交通管理设施统一在地图上进行管理，显示设备运行状况。

⑤ 各路段交通状况表示：根据各路段的拥堵情况、道路施工情况，自动用色彩标注在相应的路段上，如绿色表示畅通、橙色表示较拥堵、红色表示拥堵等。

2. "大云平移"等信息技术

（1）大数据技术

当前，各种交通信息采集技术（如微波、视频、环形感应线圈等）已被广泛应用于城市、高速等交通路段或卡口，并且这些交通信息采集系统每天都会产生海量的实时交通数据。实时交通数据以数据流的形式记录着随时间变化的空间（位置、区域等）信息，具有大量、连续、不断变化和要求即时响应的特点。交通领域的海量数据主要包括各类交通运行监控、服务和应用数据，如城市道路、轨道、客运场站和港口等视频监控数据，城市和高速公路、干线公路的各类流量、气象检测数据，城市公交、出租车和客运车辆卫星定位数据，以及公路和航道收费数据等，这些交通数据类型繁多，而且体积巨大。

随着信息技术的发展，交通部门迫切需要一种更先进智能的数据分析手段对交通行业的海量数据进行高效、实时的分析，为出行者提供实时准确的交通信息服务，为交通管理部位快速处置突发事故以及违法交通行为提供参考。大数据技术具有以下优势：能促进提高交通运营效率、道路网通行能力和设施效率，调控交通需求；大数据技术的实时性和可预测性有助于提高交通安全系统的数据处理能力；在减轻道路交通堵塞、降低汽车运输对环境的影响等方面有重要作用。

（2）云计算技术

面对不断增长的海量数据信息，传统计算模式很高的维护费用与很低的可用性难以为继。随着分布式存储、多核处理器、高速网络、无线网络、移动互联网等技术的快速发展与成熟，Web2.0、MVC（Model View Controller）、虚拟化等概念的推广，云计算应运而生。

一般而言，云计算是网格计算、分布式计算、并行计算、效用计算、网络存储、虚拟化、负载均衡等计算机技术和网络技术发展、融合的产物。云计算通过网络把多个成本相对较低的计算实体整合成一个具有强大计算能力的系统，借助先进的商业模式将强大的计算能力分布到终端用户手中。云计算技术通过不断提高云端的处理能力，减少用户终端的处理负担，最终把终端简化成一个单纯的输入、输出设备，按需享受"云端"的强大计算处理能力。一般认为云计算能够把资源利用率从目前的5%～15%提高到60%～80%。

当前，城市路网交通领域存在严重的信息孤岛，系统之间信息共享困难、信息传递延缓。这些都将制约城市路网交通领域信息传递的可达性与准确度，影响决策支持、管理调度的效率，而云计算技术特有的超强计算能力、动态资源调度、按需提供服务以及海量信息集成化管理机制等方案都将成为解决这一问题的重要手段。基于云计算的智慧交通系统还可以实现开放效应。目前的城市智能交通系统较多采用专用的设备，构筑在专用的系统上，信息的发布多采用单向传播，缺乏互动性，采用云计算以后，系统可以通过互联网提供云计算在城市路网交通中的应用服务。

（3）移动互联网技术

互联网改变了人类生活，已成为现代生活必不可少的一部分。移动通信与互联网结合产生的移动互联网，因其网络属性和移动属性，与生活实现了无缝对接。智能手机的大量普及，移动通信经历从2G网络到3G、4G网络的升级，形成的广大用户群与高速无线网络使移动互联网成为可能。

移动互联网在城市路网交通应用的核心是建立在"人机合一"的基础上，以智能手机为代表的移动终端迅速普及，悄然改变用户行为方式并与个体用户建立起愈发紧密的关联度。这为动态交通感知和实时监测信息获取提供了新的实现手段，同时为出行者提供无处不在和随需而动的交通信息服务，并且随着移动支付技术的快速发展和日趋成熟，基于移动互联网的城市智慧交通将拥有更加广阔的市场应用前景。像这样通过移动互联网，将通信技术、网络传感技术、云计算、智能终端和车路协同技术等高新技术应用于整个城市交通运营管理服务体系，实现人车路更加全面的感知、更深度和更灵活的信息共享，对交通流实施动态监管和网络化智能控制，从而建立起一种平安、高效的现代交通服务体系，必将成为未来智慧城市的重要组成部分。

（4）物联网技术

物联网是指利用射频识别技术、传感器、全球定位系统（GPS）、激光扫描器等信息传感设备，按照约定的协议，实现物与物、物与人在任何时间、任何地点的泛在连接，从而进行信息交换和通信，以实现对物品和过程的智能化识别、定位、跟踪、监控和管理的庞大网络系统。物联网采用智能计算技术对信息进行分析处理，从而提升对物质世界的感知能力，实现智能化的决策与控制。

物联网具有全面感知、可靠传输、智能处理等特征。全面感知是指物联网随时随地获取物体的信息。物联网利用 RFID、传感器、二维码等能够随时随地采集物体的动态信息。可靠传输是指通过物联网对无线网络和互联网的融合，将信息实时准确地传递给用户。智能处理是指利用计算机技术，及时地将收集起来的海量数据进行处理运算，然后做出相应的决策，来指导系统进行相应的改变，真正达到人与物、物与物的沟通，它是物联网应用实施的核心。

3. 城市交通综合管控平台

城市交通管理与控制维持城市交通正常运行，是城市路网交通智能建设的核心领域。智能化的城市路网交通综合管理与控制平台是城市智能交通的先行建设领域，以城市交通管理实践和研究为基础，对整个交通资源进行整合，可以提高城市智能交通整体水平，改善城市交通服务质量。

城市路网交通综合管控平台的运行由完善的管理体系支撑，主要包括集成管理、交通控制、道路监控、车辆监控、警务管理、信息服务和支撑管理七大子系统。

（1）集成管理子系统

集成管理子系统以 GIS 为基础，集成交通流采集、交通信号控制、交通电视监视、公路车辆监测记录等各种技术分系统，实现各技术分系统的功能集成和信息集成，满足组织协调、应急指挥调度、决策支持和执行监督的需要。集成指挥体系实现交通信息采集、分析处理、控制执行、科学决策的"集成化、可视化、网络化和桌面化"。

（2）交通控制子系统

交通控制子系统包括交通信号控制系统、匝道控制系统、潮汐车道控制系统、可变车道控制系统、交通仿真系统等，根据城市路网交通状态自动协调控制区域内各个路口、路段交通信号配时方案，均衡路网内交通流运行，使机动车停车次数、延误时间及环境污染减至最小，充分发挥道路系统交通效益。

（3）道路监控子系统

道路监控子系统包括交通流检测系统、道路视频监控系统等，实现交通流、路况和交通事件的检测、采集，对城市交通路况历史、现状、发展趋势的及时、准确、全面掌控，并从多角度进行交通状态、趋势的统计分析，为交通疏导、交通管理服务。

（4）车辆监控子系统

车辆监控子系统包括闯红灯自动记录系统、车辆智能监测记录系统、动态违法抓拍系统等违法行为监测记录系统，实现违法未处理车辆盗抢、事故逃逸、假牌套牌等涉案车辆信息交换和共享，建立统一、快速的稽查布控报警，打击机动车犯罪，提高技术保障。

（5）警务管理子系统

警务管理子系统以车驾管信息、事故信息、交通管制信息、勤务考核等业务管理工作为主，服务于集成指挥平台、其他业务体系和交通管理工作。

（6）信息服务子系统

信息服务子系统包括交通信息采集系统、交通诱导发布系统、停车诱导管理系统、车载系统等采集发布系统，依托交通管理的各类交通信息资源，数据采集融合，通过诱导屏、互联网、手机、交通广播等显示装置，为出行者提供路况、突发事件、施工、沿途、气象、环境等较为完善的出行信息服务。

系统可与铁路、地铁、民航、旅游、气象等相关的各类信息进行整合，与广播、电视结合，提供更全面、更多方式的服务。出行者可提前安排出行计划，变更出行路线，让公众切身感受交通信息服务的便利。

(7) 支撑管理子系统

支撑管理子系统包括交通地理信息系统、信息交互平台、运维管理中心、系统管理中心，管理和兼容不同厂家、不同时期建设的系统，避免信息孤岛和信息沟通不畅。

10.2　城市骨干路网的养护维修

10.2.1　城市道路设施养护维修

1. 城市道路养护管理概述

道路养护：就是对道路设施的养护，包括车行道、非机动车道、人行道、广场、中小型桥梁、涵洞、人行天桥、人行地道和道路附属设施，以及按城市道路规划红线划定的道路用地等。城市道路附属设施包括路铭牌、人行护栏、车行隔离栏、导向岛、安全岛、检查井及雨水口等。

道路设施养护工作主要包括检测评定、养护工程和档案管理三项内容。城市道路养护应按照"预防为主、防治结合、保证重点、养好一般"的养护工作方针，快速处理缺陷、减少对交通的影响；积极采用四新技术，提高机械化作业程度，减少养护工人的劳动强度；降低养护成本，确保道路功能的正常发挥和养护质量，全面提升养护管理水平。养护责任单位应经常巡查，加强小修保养，及时处理道路破损，提高道路设施完好率，使道路各部位技术状况常年处于良好状态。

根据城市道路分类及其在城市中不同位置及其重要性，《城市道路养护技术规范》把城市道路养护分为三个养护等级：

Ⅰ等养护等级的城市道路：城市快速路、主干路和次干路中的广场、商业繁华街道、重要生产区、外事活动及游览线路。

Ⅱ等养护等级的城市道路：次干路及支路中的商业街道、步行街、区间联络线、重点地区或重点企事业单位所在地。

Ⅲ等养护等级的城市道路：支路、社区及工业区的连接主次干路的支路。

城市道路养护工程根据规定，按其工程性质、技术状况、工程规模、工程量等内容分为：保养小修、中修工程、大修工程、重点养护工程及改扩建工程等五类。

2. 城市道路检测评定

城市道路的检测一般分为经常性检查、定期检测和特殊检测，应根据检测结果进行评价，在有条件的情况下，采用专用的道路状况评价软件进行评价。检测评定对象包括沥青路面、水泥混凝土路面和块石类路面等类型的机动车道、非机动车道以及沥青类、水泥类和石材类等铺装类型的人行道。

经常性检查包括日常巡视和日常检查，应由专职巡查人员或养护技术人员负责，检查内容主要包括：①路面及附属设施外观完好情况；②路基沉陷、变形、破损等；③检查道路设施范围内的施工作业对道路设施的影响；④其他损坏及异常现象。

定期检测可分为常规定期检测和结构定期检测。常规定期检测每年一次，结构定期检测按照道路等级进行，快速路、主干路宜2～3年一次，次干路、支路宜3～5年一次。

特殊检测由专业单位承担，当道路出现下列情况之一时，应进行特殊检测：①道路将进行大修、改扩建时；②道路发生不明原因的沉陷、开裂、冒水；③在道路周边进行管涵顶进、降水作业、隧道开挖、沉桩、深基坑等工程施工期间；④道路超过使用年限时。

3. 城市道路的养护维修重点

道路路基养护包括路基结构、路肩、边坡、挡土墙、边沟、排水明沟、截水沟等，路基应保持稳定、密实、排水性能良好。

沥青路面必须进行经常性和预防性养护。当沥青路面出现裂缝、松散、坑塘、壅包、边坑、潭水积水等损坏时，必须进行及时修理。由于基层损坏而引起的沥青面层损坏，应先修复基层，再修复沥青混凝土面层。当路面出现裂缝、坑槽、沉陷、路况差等损坏时，应及时进行维修。

沥青路面的常用养护维修方法主要包括：裂缝封闭、坑塘（面层损坏）修补、烂塘（基层损坏）挖补、沉塘（基层沉陷）填衬、平石翻修、车辙拥包劈削铣刨、井座升降、面层铣刨加罩等。质量要求包括：路面平整、无坑塘、无松散、井座稳固无翘头、无车辙、平面无潭水和阻水现象；养护施工应安全文明，工完场清、无余料、无遗物。

路面预防性养护是道路养护的一种新的理念，是指在不增加路面结构承载力的前提下，对路面结构尚好时有计划地采取某种技术措施，以达到保养路面、延缓损坏、保持或改进路面功能状况的目的。通常是在道路路面结构良好或是路面损坏发生初期，即对其进行养护，阻止损坏进一步向更深层次发展，从而达到延长路面使用寿命、保持道路完好率和平整度、提高道路行驶质量、延长大中修年限的目的，与传统道路养护方式相比，更具合理性、经济性和有效性。

水泥混凝土路面养护包括下列内容：①日常巡查、小修、养护；②周期性灌缝；③及时维修路面损坏；④按周期视路况有计划地安排中修、大修、改扩建项目，提高道路的技术状况。水泥混凝土路面必须进行经常性和预防性养护，当出现接缝填缝料失效、板块及伸缩缝处裂缝、破碎、坑洞、错台、拱起、填缝料散失、路况差等损坏时，应及时养护与维修，水泥混凝土的常用养护维修方法有：灌缝、裂缝封闭、挖补、注浆、换新板块等。此外，接缝是水泥混凝土路面重要构造，也是水泥混凝土路面最容易损害的部位，接缝的养护应重点预防填缝料失效。为延缓水泥混凝土路面损坏，维持路面较好的使用性能，延长路面使用寿命，应及时进行水泥混凝土路面预养护，水泥混凝土路面的预养护措施主要有：接缝填封、裂缝填封、压浆、金刚石研磨等。

10.2.2 城市高架道路养护维修

1. 高架道路的养护维修概述

高架道路设施包括高架桥面的主车道、立交、匝道、引道、防撞墙、中央隔离墩、伸缩装置，梁体主结构、支座、盖梁、立柱、墩台、基础、挡土墙，排水设施等。附属设施包括声屏障、防眩屏、照明设施（路灯、景观灯）、监控、交通、绿化设施。高架道路养护管理主要包括五大内容：运行管理、设施保洁、检测评估、养护工程和信息、档案管理。高架道路养护工程按性质分为：一般养护、重点养护、中修工程、大修工程四类。

2. 高架道路的养护维修重点

（1）桥面系

高架道路桥面系包括：高架道路的沥青混凝土面层、混凝土铺装层、梁间上部接缝、防撞墙、隔离墩、伸缩装置等。高架道路的桥面系发现的各类损坏应及时养护维修，并尽可能按照设计标准维修，使用的材料和施工质量须符合养护要求，使桥面系经常保持结构完好无损坏、整洁、美观。

① 沥青混凝土面层及混凝土铺装层常见损坏及养护

沥青混凝土面层的损坏一般有坑塘、龟裂、起砂、松散、车辙和纵横向裂缝。对于因水泥混凝土铺装层破碎而引起的沥青面层损坏，应先修复水泥混凝土铺装层，再修复沥青混凝土面层。

② 防撞墙、隔离墩常见损坏及养护

防撞墙、隔离墩常见损坏有擦痕、麻面、裂缝、露筋、破损、断裂及伸缩缝损坏等，都应及时进行维修。由车辆事故引起。小块碎裂可采取混凝土修补方法，发生两处缺角或断裂的要立即更换。

③ 伸缩装置的养护

高架道路的伸缩装置主要有橡胶板式伸缩缝、型钢伸缩缝和梳齿型伸缩缝三种。

整形、橡胶止水板更换。发现防伸缩缝内嵌入的硬块或金属物应及时清除。覆板被振裂、振断或脱落，应补焊、修理或更换新板。

由于伸缩装置直接承受车辆的荷载和冲击碾压，损坏蔓延、扩大的发展速度很快，因此发现伸缩装置的各类损坏，都应及时进行修理。保证伸缩装置外观应平整顺直、牢固完整、无破损、无漏水、伸缩功能正常，过渡段混凝土应完好不破损。伸缩缝的改建必须通过设计并按图纸施工，其过渡段混凝土强度应达到设计要求。

（2）排水设施

高架道路的排水设施主要有雨水口、过水口、排水立管组成。上部排水设施应经常冲疏、清捞养护，一般每月为2～3次。地面排水管道应每季度进行一次疏通，汛期前、汛期中要增加频率。

高架道路雨水口宜采用平侧联合式的L形雨水口。盖板一面与防撞墙齐顺，一面应与桥面、混凝土边线相平齐，并应略低于桥面及混凝土边线。雨水口盖板发生破裂、缺角，结构发生沉陷、崩坏，应及时更换，并按原设计标准及时修复。高架道路排水立管除定期进行疏通外，还应进行周期性的牢固度检查，发现松动、堵塞，应立即进行加固和更换。

（3）引道

引道是指高架道路匝道中填土部分的道路。引道与地面交通衔接的高填土处，经常会产生不均匀沉降，致使路面沉陷，产生"桥头跳车"现象，应及时处置。引道与挡土墙出现表面开裂、外倾或局部鼓胀、路面沉陷、坑塘、引道出现沉降、车辙等损坏，应及时维修。沉降缝、变形缝产生破坏时，应判明成因再确定维修方案，沉降严重时应对基础进行加固。如图 10.2.2-1 所示为桥头接坡引道示意图。

图 10.2.2-1　桥头接坡引道

（4）附属设施养护

高架道路附属设施较多，包括声屏障、绿化、防眩屏、交通标志、诱导器、防撞水箱、龙门架、照明灯、景观灯、电气箱等。如图 10.2.2-2 所示为上海市高架道路上的交通诱导屏。

图 10.2.2-2　上海高架道路上的交通诱导屏

附属设施应保持设施整洁，每日进行巡视检查，发现损坏、缺损应及时修复，对影响交通安全的损坏必须在 24 小时内修复，对一时难以及时处理的应进行简易处置，确保交通安全和畅通。附属设施应每年进行一次全面的安全检查，确保汛期和台风季节安全。

10.2.3　城市路网养护维修的信息化管理-路面管理系统

路面管理系统（Pavement Management System，简称 PMS）是一个与道路规划、设计、施工、养护、评价和研究各种活动相关的、协调的、综合统一的集合。路面管理系统的目的是使道路管理部门通过信息化管理平台能有效地使用资源（资金、劳力、机械设备、材料、能源等），以最低的资源消耗，提供并维持在预定使用期限内具有足够服务水平的路面。

路面管理系统是为适应大规模、高效率和高质量的道路养护管理要求而发展起来的现代综合管理技术，它改变了传统落后的路面管理模式，使路面管理决策更加客观化、信息化和科学化。各国路面管理系统应用的实践表明，建立和实施路面管理系统是未来道路管理的必然趋势。

1. 路面管理系统在国内外的应用现状

系统化的道路管理起源于北美，起初是用于路面设计，系统建立的主要目的是扩展路网，消除公路路面、线形以及道路容量等路网技术缺陷。20 世纪 70 年代，公路出行需求激增而公路维护资源投入有限，对道路维护工程项目进行资源优化配置的需求逐渐受到重视，系统也逐渐转入路面维护管理的应用。1971 年首次出现了路面管理系统（Pavement Management System，PMS）的术语。而后，许多研究人员开始致力于路面管理系统的建立，至 20 世纪 70 年代末期，一些简单的路面管理系统开始投入试用。20 世纪 80 年代，国际上掀起了开发路面管理系统的热潮，美国和加拿大的许多州和省、欧洲一些国家都相继建立和实施了路面管理系统，到 80 年代中期，约有 35 个州和省已经建成或基本建成路面管理系统。代表性的有：

美国加利福尼亚路面管理系统，该系统能够提供路段损坏信息及确定养护和改建对策，使用了基于路面使用性能参数（交通量、平整度、路面破损）的项目排序方法，但就网级系统而言，这种排序方法过于简单。

美国陆军建筑工程研究所开发的 PAVER 系统，该系统能够进行路况评价、预测，选择可使资金得到最佳配置的养护改建项目和对策方案等，是服务于路面管理的较好的系统。

美国亚利桑那州的路面管理系统首次成功地将马尔可夫决策过程引入网级路面管理系统，依据路面使用性能参数（如平整度、开裂量等），把路网内的路面划分为不同的路况状态，将不同时期路网内处于各种状态的路面的比例定义为路网使用性能，该系统的主要目标是以最低的费用支持满足性能需求的路网养护、改建对策。

此外，加拿大的阿尔伯塔省在考虑最佳费效比的基础上增加了边际费效比；而美国加州、俄亥俄州和华盛顿都以最平整为优化目标。上述路面管理系统多数采用优先排序方法确定养护对策，也有少部分采用了数学规划方法；数据调查均考虑了平整度和路面损坏，部分考虑了弯沉，而评价指标则多以 PCI 为主，部分兼顾了抗滑和强度指标。

我国的路面管理系统的研究开始于 20 世纪 80 年代。1984 年，北京市公路部门率先与石油部电子技术研究所合作建立了公路基础数据的数据库。1985 年，交通部公路研究所与英国合作在辽宁省营口地区进行了地区级路面管理系统移植的尝试。1986 年，北京市公路部门与同济大学道路与交通工程系共同研发的 BJNPMS-I 系统是我国第一个自主研发并投入使用的路面管理系统。据不完全统计，至 20 世纪 90 年代，诸多科研单位与许多省、市、地区各级公路和市政管理部门合作，相继开发了 20 余种路面管理系统，有 50 余家单位拥有路面管理系统。

随着科技的发展，城市道路路面管理系统也在朝着更加实用、适用、人性化的方向发展。国外路面管理系统已成为最新科学研究成果的集合体。软计算方法、互联网技术、地理信息系统（GIS）等技术的应用使得新路面管理系统的分析结果更加准确，使用更加方便。

2. 路面数据采集技术

路面管理的基础是道路动态使用现状数据的采集，研制新的数据采集仪器设备和相关软件技术的研究一直是国际与国内道路工程界比较前沿的方向。其中，比较具有代表意义的有利用模式识别技术进行路面损坏状况自动或半自动检测和交通数据采集，以及采用无破损检验技术进行路面结构探测和道路结构承载能力检测（代表有落锤式弯沉仪 FWD）以及相应的模量反算研究，同时还有道路平整度检测仪器（代表有澳大利亚 ARRB 五激光平整度仪）。对于各种检测设备在某一地的适用性需要通过研究进行标定才能进行应用，同时这类仪器的数据与路面管理系统的数据通信研究也始终是路面管理研究者需要解决的问题。

3. 路面管理系统的组成及功能

（1）系统构成

路面管理系统一般由以下四部分构成：

1）数据采集系统。通常情况下，需要采集的数据包括：平整度、路面损坏程度、结构承载力和抗滑能力四个方面，它们是道路养护和改建计划编制的依据。

2）数据库管理系统。数据库管理系统由路网参照系统、数据文件和数据管理 3 部分组成。

3）网级管理系统。网级路面管理系统的范围，包括一个地区（省、市）的公路网或一大批工程项目。它的主要任务是为管理部门在进行关键性的行政决策时提供对策。其内容主要包括路况分析、路网规划、计划安排、预算编制以及资源分配。

4）项目级管理系统。项目级路面管理系统仅针对一个工程项目，它的主要任务是为管理部门对某一工程进行技术决策时提供对策，以选择费用—效果最佳的方案。

各个路面管理系统大体上具有类似的组成结构，它们的差别主要在于使用性能参数的指标和测定方法的选用、各项决策标准、分析的方法和输出的报表。路面管理系统的建立和实施，不是短时间内就能完成的，需要耗费大量的人力和物力，应该是一个逐步补充和完善的过程。

（2）系统功能

路面管理系统的功能主要体现在以下几方面：

1）利用路面使用性能评价模型，通过对路网使用性能评价，分析现有路网内路面状况及今后路面状况变化，了解路网的基本状况。

2）利用速度预测模型，针对路网中不同的道路和交通条件，分析预测各路段的道路通行能力及车流速度，进行路网内需养护、新建、改建项目的规划。

3）规定路网各级道路的养护标准，估计路网的养护需求，并对新建、改建项目进行优先排序。

4）分析年度内路网达到不同预定服务水平时所需的最小投资额；

5）利用优化决策模型对各行政区域或不同等级道路或养护、新建、改建项目的资金进行优化分配，分析不同投资水平对路网使用性能的影响，确定最佳和合理的投资水平；

6）敏感性及风险性分析。

7）在新建或改建可选方案间进行分析比较，确定技术可行及经济效益最好的新建、改建方案。

4. 基于 GIS 的路面管理系统在我国的应用

近年来，由于地理信息系统（Geographic Information System，简称 GIS）的广泛应用，研究者逐渐认识到 GIS 在路面管理系统中的广阔应用前景。

地理信息系统是一项在计算机软硬件支持下对对象的空间和属性信息进行分析和管理的直观信息工具，是城市规划和管理的国际性流行趋势。与公路工程相比、城市道路管理的难点之一是城市道路上没有像公路里程桩那样的统一的线性参照系统，因此采用传统的路编码加线性参照系描述城市桥梁存在较多困难。为此，需要采用一种直观方便的计算机管理工具系统——地理信息系统（GIS）。通过系统软件把桥梁的空间位置及有关的属性信息存入数据库中，建立起相互联系，提供查询分析工具，并以专题图的方式表达出来，是该系统 GIS 技术的核心。

我国路面管理系统在 GIS 应用方面也做了些有益的探索，但其进一步应用还有待深入研究。上海市道路辅助决策系统是基于 GIS 的路面管理系统，最主要的功能是通过激光平整度仪、路况摄像仪、落锤式弯沉仪、路面结构层厚度探测仪等设备检测的数据以及交通量的数据评价道路目前技术状况，分析道路路况的变化趋势，并作为道路大中修的决策依据。系统还可以根据不同的指标生成各种专题图，从宏观及微观对全市及各个区的道路状况有更加直接的了解。图 10.2.3-1 显示的是基于 GIS 的城市道路辅助决策系统。

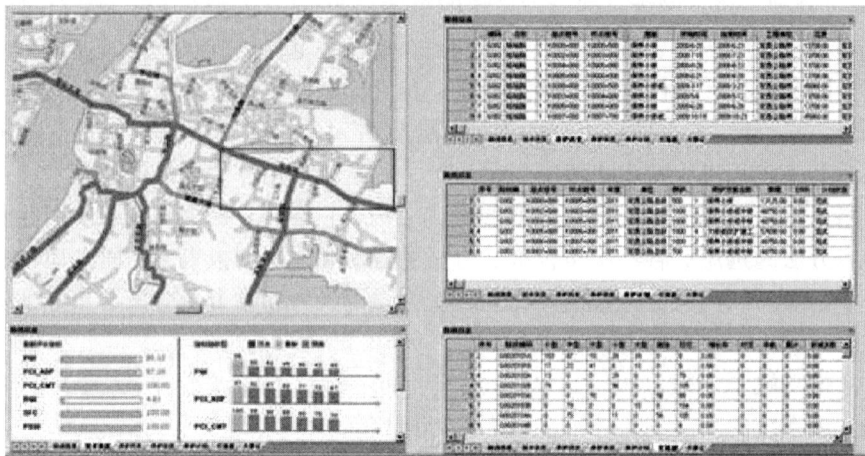

图 10.2.3-1　基于 GIS 的城市道路辅助决策系统界面

10.2.4　城市路网养护作业安全管理

为了保证城市路网的正常运行和设施整洁，需要进行大量的保洁、养护维修工作，并且要尽可能减少对交通的影响，因此养护作业的安全风险很大。必须加强养护维修安全作业的管理，上路作业时人员必须穿着带有反光标志的工作装，并且接受安全技术教育，遵守各项安全技术操作规程。按养护作业的方式分类，可分为移动作业、临时定点作业和定点作业。

移动作业是工作区持续变动的养护维修作业。通常指清扫车、牵引车、洒水车、冲水车、绿化养护车等施工车辆，在移动过程中同时进行养护作业的作业方式。移动作业的车辆宜配置强光箭指灯牌。

临时定点作业一般指工期在 5 小时以内的固定地点的养护维修作业。如坑塘修补、声屏障保洁、交通事故处置、设施抢险等。临时定点宜采用防撞保护车进行压道作业，防撞保护车应与作业点保持 50～100m 的安全缓冲距离。

短期定点作业一般指工期在 5 小时以上及 24 小时以内的固定地点的养护维修作业。如铰缝修理、声屏障更换等。短期定点作业宜采用防撞保护车进行压道作业，防撞保护车应与作业点保持 50～100m 的安全缓冲距离。

长期定点作业一般指工期在 24 小时以内的固定地点的养护维修作业。如道路大修、新增交通设施、监控设施或附属设施等。

养护维修作业控制区布置应考虑养护维修作业的内容与要求、时间和周期、交通量、经济效益等因素，控制区内交通标志的设置必须合理、前后协调，起到引导车流平稳变化的作用。

为城市道路机动车养护维修作业所设置的交通管理区域，分为警告、上游过渡、缓冲、工作、下游过渡和终止等六个区域。

常规安全维护设施包括导向牌、施工护栏、标志牌、警示灯、交通路锥、隔离墩等。

为了充分体现"以人为本，安全第一"的养护安全理念，减少各类养护事故，西方发达国家在 20 世纪末，推出了具有缓冲防撞功能的养护作业保护车辆。如美国的蝎子式防撞车（图 10.2.4-1），比利时平板式防撞车（如图 10.2.4-2），以及上海的养护工程车辆上设置的被追尾防撞装置，大大降低了恶性事故发生率，使用效果良好。

图 10.2.4-1　蝎子式防撞车（C 型）

图 10.2.4-2　比利时平板式防撞车

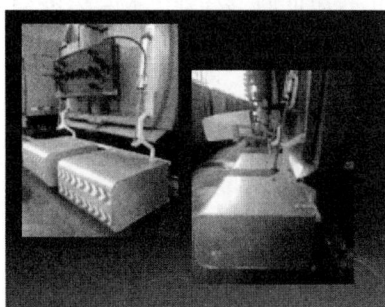

图 10.2.4-3　保洁车被追尾防撞装置

图 10.2.4-4　移动式应急示警防撞缓冲装置

在高速公路的养护维修中，很多养护维修项目需要临时封闭道路，如道路补坑、附属设施修理、伸缩缝维护等。而临时封闭道路的过程是一个很大的作业危险源，封闭道路时端部采用标志标牌，车道分隔设施采用交通安全锥，原来长距离连续布设、收回交通安全锥都靠人工在地面行走操作，效率低、危险性大，如图 10.2.4-3 和图 10.2.4-4 所示的为防撞装置。20 世纪末荷兰、法国等国家研制了以机械手作业方式的车辆；2013 年上海养护企业研发了道路交通路锥机动布设装置和撤除装置，如图 10.2.4-5 和图 10.2.4-6 所示。

图 10.2.4-5　交通路锥机械收回装置

图 10.2.4-6　道路交通路锥机动布设装置

10.2.5　城市路网养护新技术

10.2.5.1　微表处技术

图 10.2.5-1　微表处施工现场

微表处是采用专用机械设备将聚合物改性乳化沥青、粗细集料、填料、水和添加剂等按照设计配比拌和成稀浆混合料摊铺到原路面上，并很快开放交通的具有高抗滑性和耐久性能的薄层，如图 10.2.5-1 所示为微表处施工现场。微表处开放交通的时间依工程所处环境的不同而变化，通常在气温为 24℃，湿度为 50％（或更小）的状况下可以在 1h 内开放交通，按照矿料级配的不同，微表处可以分为Ⅱ型和Ⅲ型，分别以 MS-2 和 MS-3 表示。

(a) 路段清扫　　(b) 纤维微表处摊铺　　(c) 碾压　　(d) 纤维微表处养生　　(e) 开放交通

图 10.2.5-2　纤维微表处施工流程图

微表处技术是一种功能完善的道路养护方法，它不仅可以迅速恢复和改善原路面的磨损、老化、松散和坑槽等病害，提高路面抗滑性能，改善路面平整度和行车舒适性，还可以有效防止路面水损害的发生和发展，保护路面和路基结构，对降低路面的透水性，治理和改善路面网裂、松散等功能性破坏也有良好的效果。与其他路面施工养护措施相比，它具有施工快捷方便，大大缩短开放交通事件、节约能源、降低成本等优点。图 10.2.5-2 所示为纤维微表处施工流程图。

微表处养护技术的应用主要有如下两个方面：

1. 作封水处理，处置路面水损害

水损害是高速公路路基路面破坏的主要类型之一，据有关部门调查显示，使用一年以上的公路及城市快速路，都不同程度地存在水损害现象。沥青路面出现水损坏的原因是多方面的，防治方法也多种多样，但从根本上讲总体思路就是"封水、排水"。微表处密不透水，有非常好的路面封水效果，对路面进行封水处理也是目前微表处在我国的主要用途之一，采用微表处技术作防渗水处置后，可延缓和阻止病害的继续发展，防止路面病害进一步恶化，有效延长路面使用寿命。

2. 当出现表面功能衰减、轻微车辙和不平整时，恢复路面服务功能

无论在高速公路、城市道路或交通量较大的交叉路口，微表处技术都能以其特有的方式在一次摊铺中解决提高道路的抗滑能力、路面性能或封填网状裂缝等问题。微表处技术可以在路面上形成比较密实、坚固的路面磨耗层，治疗路面早期病害，延长路面使用寿命，节约沥青材料和资金，提高养护质量。而且这项技术不同于以往的热沥青摊铺，路面能够在较短时间内达到正常使用功能，特别适用于城市一般道路、城市快速路和高速公路路面磨损后的修复。

我国从 2000 年开始进行微表处技术研究和初步应用以来，微表处技术的优越性已经逐步得到我国广大公路工作者的认可，目前该技术逐步在全国 30 多个省区道路养护工程中得到推广，取得了很好的使用效果。微表处技术在我国之所以在较短时间内得到大面积推广，主要是其在应用过程中表现出造价低廉、施工速度快以及处理路面典型病害的效果比较理想等技术优越性。

但是，微表处技术也有其自身的技术缺点：一是噪声问题，现场噪声测试发现，新铺筑的微表处路面上的车内噪声比常规热拌沥青混凝土路面高出 2~3dB，这也成为目前微表处技术急需解决的关键问题；二是外观质量问题，微表处的外观质量受施工水平的影响较大，如果施工控制不佳，容易造成外观质量缺陷。

10.2.5.2 雾封层技术

雾封层技术是将乳化沥青、改性乳化沥青稀释液或其他一些特殊保护剂通过雾封层喷洒车以雾状喷洒在沥青路面上，起到封闭路面空隙，修复路面老化，改善路面外观作用的养护技术。如图 10.2.5-3 所示为雾封层施工现场。

雾封层通常用于没有发生结构性损坏或只有轻微缺陷和病害迹象的路面，没有路面补强的功能。雾封层养护技术的功能和应用主要有如下几个方面：

图 10.2.5-3　雾封层施工现场

（1）修补表面集料沥青剥落，密封路面出现的早期微裂缝，防止路面雨水下渗而引起的水损坏。

（2）对路表面的沥青具有再生功能，恢复表面沥青的流变性，减少沥青老化引起的脆裂。

路表的沥青在气候条件下逐渐老化，沥青组分发生芳香酚－胶质－沥青质方向的转化，如图 10.2.5-4 所示，使沥青的黏度、软化点增大，针入度、延度降低，弹性恢复能力和粘韧性能也降低，最终导致沥青路面使用性能的迅速恶化。雾封层材料中含有再生剂成分，在长期的使用过程中，通过渗透和扩散作用，与老化的沥青融合，补充其中芳香酚和胶质成分；同时再生成分在经过自然条件的老化后，仍具有一定的再生性能，并能减少

空气和紫外线进入路面空隙，延缓其对沥青的老化速率。

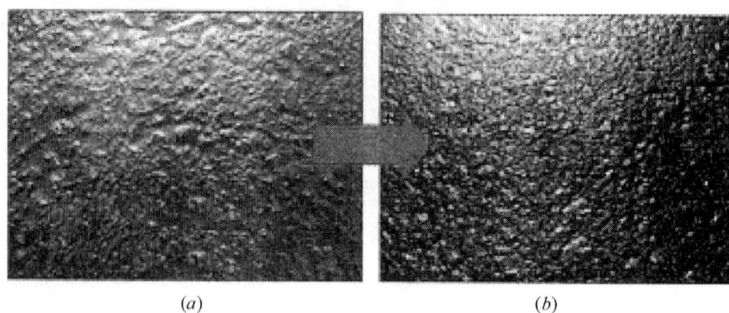

图 10.2.5-4　喷洒后路面外观变化
(a) 刚喷洒；(b) 喷洒 30min 后

（3）改善路面外观和通行者的视觉舒适感。

对于颜色较浅的路面粗集料，沥青膜剥落后，晴天路面会出现眩光；另一方面，路面的小面积修补甚至整车道的翻修，造成路面颜色不均匀，影响路容路貌，对司乘人员的视觉舒适性造成很大影响，施工一层均匀雾封层，路面即可恢复原有颜色，使路面颜色均匀一致。

（4）及时固结路面的轻微松散，阻止粒料大面积松散。

由于沥青的老化，路表面集料黏结力降低，加之行车的泵唧作用，一些集料容易从表面松散脱落。雾封层属于常温结合材料，既能和原有路面很好结合，也能和脱落的集料结合，从而达到固结路面的功能。

（5）能快速开放交通。雾封层施工简便便捷，施工时一般封闭交通时间在 8 小时以内，当气温较高的夏季晴天施工时，封闭交通时间在 4 小时以内，因此雾封层施工对交通的影响相对较小。

雾封层的技术优点是：施工速度快、价格较便宜以及可以起到封闭路面空隙，修复路面老化沥青，改善路面外观的作用。

但是，雾封层也有其自身的技术缺点：一是养护作用较为单一，适用范围较窄；二是对路面抗滑性能可能存在一定的负面影响。

10.2.5.3　薄层罩面与超薄罩面技术

薄层罩面与超薄罩面是路面预防性养护的重要措施之一。如图 10.2.5-5 所示为超薄磨耗层减少雨后水雾的效果。薄层罩面与超薄罩面是相对于传统罩面而言，顾名思义就是厚度很薄的罩面，一般情况下，薄层罩面按沥青混凝土面层的厚度，可分为三种：厚度在 25～30mm 之间的罩面为薄沥青混凝土面层；厚度在 20～25mm 之间的罩面为很薄沥青混凝土面层；厚度在 15～20mm 之间的罩面为超薄沥青混凝土面层。薄层罩面按施工工艺可以分为冷拌沥青混合料薄层罩面、温拌沥青混合料薄层罩面和热拌沥青混合料薄层罩面。

为满足薄层与超薄层罩面施工及工后路用性能的要求，薄层罩面和超薄罩面技术具备以下技术特点：

（1）易密实。为适应薄层或超薄层罩面施工密实的要求，在施工设备方面，近年来出现了专门为压实薄层路面设计的高频低幅振动压路机；在材料方面，近年来出现了沥青温拌技术，该技术可以使沥青混合料在不降低路用性能的前提下降低施工温度 30℃ 以上，且可碾压温度范围较广，从而显著改善混合料的压实特性。

（2）黏结牢固。为了增强罩面层与原路面的黏结，在施工工艺方面，薄层罩面与超薄罩面的施工往往要喷洒粘层油。国外的 Novachip 技术则更是将黏层油喷洒装置集成到沥青混合料摊铺车上，在几乎与黏层油喷洒的同时摊铺沥青混合料，十分利于改善层间黏结。在施工设备方面，国外开发了双层摊铺机，实现两层沥青混合料同时摊铺、同时碾压，实现两层之间的热黏结。此外，为增加石料与结合料之间的牢固黏结，薄层罩面或超薄罩面经常使用聚合物改性沥青，或添加其他添加剂，以提高混合料黏结性能。

（3）表面抗滑性能良好。薄层罩面与超薄罩面是表面功能层，直接与车轮接触，要求有良好的抗滑性能，如图 10.2.5-6 所示，集料选择严格要求石料磨光值、压碎值、磨耗值、针片状含量等指标；级配设计则适用间断级配，以提高罩面层的宏观构造深度。

图 10.2.5-5　超薄磨耗层减少雨后水雾的效果

图 10.2.5-6　超薄磨耗层的表面纹理

薄层罩面与超薄罩面技术早在 20 世纪 80 年代就在欧、美、日等发达国家开始应用。我国也于 2001 年提出了超薄罩面沥青混合料设计指标、方法以及施工指南，《公路沥青路面设计规范》JTGD 50—2006 中指出，当沥青路面较平整、车辙深度小于 10mm，且路面无结构性破坏（如纵、横向裂缝、网裂）时可以使用薄层罩面。

超薄罩面是一种构造深度较大、抗滑性能较好的薄层结构，厚度一般为 20～25mm，混合料可以选用断级配，如 SMA-10、UTAC-10 等。Novachip 是目前使用较多的超薄磨耗层类型之一。该技术形成于 20 世纪 80 年代末，由法国 Screg Routes Group 和德国福格勒（VOGELE）公司联合开发。20 世纪 90 年代初，美国科氏公司取得了 Novachip 技术在美国的使用权限，并引进了专用设备（图 10.2.5-7），于 1992 年在阿拉巴马州、密西西比州、德克萨斯州铺筑了试验段与实体工程。到 2002 年，美国的使用面积已超过 2300 万 m^2。南非、俄罗斯、瑞典、西班牙也不同程度地使用过该技术。2003 年，我国引进 Novachip 施工专用设备，在广韶高速公路的车辙

(a)　　　　　　　　(b)

图 10.2.5-7　Novachip 专用的摊铺车

病害维修中铺筑了2km的试验路。

薄层（超薄）罩面的主要技术优点：一是高性能的防水黏结层，可以有效防止路表水下渗；二是独特的断级配混合料能更有效地降低路面噪声；三是独特的断级配混合料，具有高抗滑性能，并可减少雨天水雾；四是施工效率高，开放交通时间快。

薄层（超薄）罩面的主要技术不足：有的属于专利技术，推广应用存在技术壁垒；工程造价较高。

10.2.5.4 碎石封层技术

碎石封层技术是一种在喷洒沥青类结合料后立即撒布一定粒径的粗集料（图 10.2.5-8），经碾压而形成的薄层封层（图 10.2.5-9）。按照施工层次的多少，碎石封层可以分为单层碎石封层、双层碎石封层和多层碎石封层等类型。根据材料和工艺的不同，碎石封层还衍生出多种类型。例如，澳大利亚广泛采用的土工布增强碎石封层，它首先在原路面上洒布一层黏层油，铺设土工布并碾压牢固，然后再在上面铺筑碎石封层。美国、南非等地采用橡胶沥青碎石封层、纤维碎石封层等，以提高碎石封层的路用性能。法国等地则对施工设备进行改进，将碎石撒布与沥青洒布予以集成，形成同步碎石封层技术。

图 10.2.5-8　乳化沥青与碎石同步撒布作业　　　　　图 10.2.5-9　碎石封层的碾压

碎石封层有其独特的结构特点，碎石封层中，沥青是连续相，碎石呈紧密排列状卡嵌进沥青膜中。正是由于碎石封层这种结构特点，使得其具有特殊的技术优越性。

（1）卓越的抗滑性能。碎石封层中，粗集料颗粒紧密排列，"镶嵌"表面，形成很大的宏观构造深度，雨水可以通过表面连通的构造空隙迅速排走，因此具有卓越的抗滑性能。

（2）有良好的封水效果。可以有效防止路表水下渗，减少路面水损害。碎石封层中的沥青是连续相，它像一层雨衣罩在路面表面，形成密不透水的封水层。

（3）对原路面要求低，使用寿命长。由于沥青在碎石封层底面形成连续相，使得碎石封层随从原路面变形的能力较强，且具有有效阻止原路面病害向上反射的作用，因此碎石封层对原路面技术状况要求不高，使用寿命较长。国外碎石封层的使用寿命一般在5～15年。

（4）碎石封层属于层铺法施工，施工设备简单，施工工艺简便，施工速度快，无需拌合厂站。

碎石封层在法国、澳大利亚、美国等发达国家被广泛应用于新建道路的磨耗层，新建轻交通量道路的面层和路面的预防性养护。法国是世界上应用碎石封层技术最多的国家之一，法国路网中有 130 万 km 左右（占法国公路总里程的 75％ 左右）的双车道和乡村道路，这些道路大量采用了以碎石封层为主，包括冷拌沥青混合料、稀浆封层和微表处等多种薄层照面技术进行铺装。据统计，法国每年的碎石封层施工面积约为 3.5 亿 m^2。美国 LTPP 在 1999 年对 40 个州的调查结果显示，碎石封层在 33 个州的沥青路面预防性养护中得到应用，普及程度在各养护措施中排第四位。澳大利亚公路网总长度约 80 万 km，其中约有 25 万 km 的公路采用碎石封层作为表面磨耗层，占到公路网总长度的 1/3。

近年来，我国也开始尝试使用碎石封层技术。例如，辽宁省引进了 2 台同步碎石封层设备，于 2002～2004 年先后在新蔡线、沈环线、十大线等省道上铺筑了 30 多万 m^2 的碎石封层。陕西省使用进口的同步碎石封层设备在 G310 国道铺筑了近 50km 的碎石封层。安徽省在 S103 使用国产的同步碎石封层设备铺筑了用乳化沥青作结合料的碎石封层试验路，这些碎石封层工程取得了较好的使用效果。

正是由于碎石封层具有上述技术优势，其在我国最适合用于沥青路面的预防性养护以及沥青路面的表面磨耗层。

碎石封层的缺点主要表现在：一是需要一定的养生时间；二是如养护时间不足，开放交通初期可能会出现碎石飞溅现象，对汽车玻璃造成安全隐患；三是碎石封层上的行车噪声较大；四是碎石封层表面粗糙，对行车舒适性没有改善作用。

10.2.5.5　道路养护四新技术

1. 沥青路面再生技术

（1）沥青路面再生技术的定义和内涵

沥青路面的再生技术，是将旧沥青路面经过翻挖、回收、破碎、筛分后，与再生剂、新沥青材料、新集料等按一定比例重新拌和混合料，使之能够满足一定的路用性能并用其重新铺筑路面的一套工艺技术。

沥青路面再生技术之所以能得到广泛的推广应用，主要是其在应用过程中表现出以下技术优越性。

1）对旧沥青路面进行再生利用，具有较大的经济效益。国外经验证明，当沥青路面进行厂拌热再生利用时，节约费用约 30％；进行现场热再生利用时，节约费用约 50％；进行就地冷再生利用时，节约费用约 60％。我国经验证明：与铺筑新沥青路面比较，铺筑再生沥青路面，其材料费平均节约 50％；考虑翻挖路面、破碎、过筛、添加再生剂等增加的费用时，工程造价降低 25％ 左右。由此可知，对旧沥青路面进行再生利用，具有较大的经济效益，有利于解决公路建设资金不足问题，有利于交通行业建设可持续发展。

2）沥青路面再生技术能有效改善旧路面使用性能。研究表明：再生沥青路面的温度敏感性不高，回收的旧路面材料可大大提高路面的抗变形能力，改善道路结构性能。因此，如果根据项目所在地的气候状况、交通特性、荷载等条件，充分利用旧路面材料特性（如旧沥青较好的高温稳定性能、温度敏感性能等），改善沥青路面材料某方面的性能，使其更加适应特定地区的使用需求。

3）沥青再生技术能最大限度利用废旧沥青混合料，可直接节约大量的砂石料和沥青，有效地节约因开采砂石和废弃旧料而占用的大量土地资源。

4）沥青路面再生技术重复利用旧沥青混合料，既减少了废弃沥青混凝土对弃置场所及其周边环境的污染，又减少了石料的开采对周边环境的破坏，有效保护了生态环境。

5）沥青再生路面可提高公路网整体服务质量。不同老化程度的沥青路面旧料，掺加合适的再生剂和骨料，既可做再生基层材料，也可做再生沥青面层材料，还可铺筑邻近中低级道路面层和基层，有利于充分利用资源，节省资金，改善相邻路网中低级路面的路况，提高公路网络整体服务质量。因此，沥青路面再生技术被称为"绿色"施工技术，应该大力应用推广。

（2）沥青路面再生技术的国内外发展现状

沥青路面再生技术很早就在国外工业发达国家应用。在20世纪80年代之前，沥青路面的再生基本采用厂拌再生工艺。80年代后，随着路面加热设备和现场材料试验检测技术的逐步完善，路面就地再生技术开始受到各国的重视。这种工艺是将旧路面的加热、铣刨、新材料的定量掺配、拌合、铺筑和碾压等作业就地完成。目前，许多工业发达国家已逐步采用这种工艺方法。应当指出，就地再生工艺虽具有施工速度较快的特点，但较厂拌再生工艺而言，其再生混合料的拌制质量控制难度较大，再生设备价格也比较昂贵，因而厂拌再生仍是目前路面再生的主要方法。总之，国外沥青路面再生技术已日趋成熟，不同的再生工艺形成了不同的再生机械设备，实现了全套机械化作业。今后的发展方向是机械的大功率、高效率、低成本和综合功能，并随着机械设备的不断创新而提高再生路面的使用性能。

我国的沥青路面再生起步于80年代初期，随着国民经济的迅速发展，道路路面再生机械也逐步发展起来。长期以来，我国沥青路面的设计和施工标准较低，路面养护工程和翻修工作量倍增，工程材料的需求量大大提高，而且价格提高很快，尤其是沥青的价格成倍提高。同时，大量废弃路面也给自然环境造成越来越大的影响。经过多年的努力，我国的沥青路面再生技术已逐步形成了自己特有的再生工艺，发展了一批适用的再生机械。随着道路交通事业的发展，道路维修量将迅速增加，采用就地再生技术进行大面积道路维修是必然发展趋势。

（3）沥青路面再生技术的类型

沥青路面再生技术按再生地点的不同可分为厂拌再生和就地再生；按加热方式的不同可分为热拌再生和冷拌再生。在工程中采用何种工艺，主要应考虑旧路面基层损坏情况和沥青路面面层的厚度。

1）厂拌再生

所谓厂拌再生，是将旧的沥青路面混合料切削回收，集中到再生拌合厂，再根据旧混合料技术性能的变化，掺入不同的添加材料，然后拌合成符合路面技术性能要求的再生混合料，运入施工现场，摊铺并碾压成新的沥青路面。厂拌再生技术在国内外应用非常普遍，其施工机械为多台功能单一的再生设备，如路面铣削机（或冲击镐）、再生拌和机、路面摊铺机及压路机等共同配合，完成全部再生作业。厂拌再生通常均采用热拌再生技术，再生混合料的级配、新旧料的掺配比例、温度及拌合均匀程度等均由再生拌合设备进行控制。厂拌沥青混合料再生设备组成及工艺流程如图10.2.5-10所示。

2）就地热再生

沥青路面就地热再生工艺是对旧沥青路面就地加热、翻松、拌合、摊铺、压实，一次性将旧沥青路面翻新成型的施工方法。

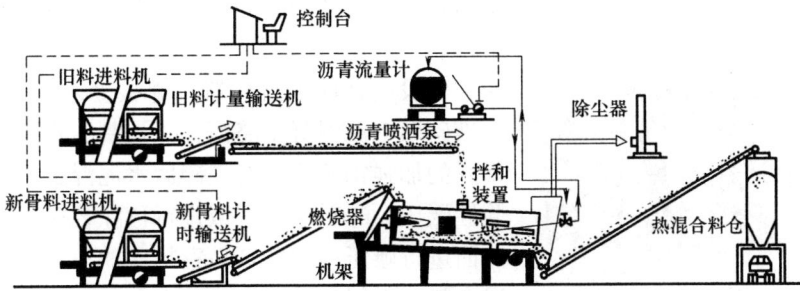

图 10.2.5-10　厂拌沥青混合料再生设备组成及工艺流程

3）就地冷再生

就地冷再生工艺是把路面现有旧铺层的材料进行铣刨、破碎，必要时加入一定比例的新骨料与再生添加剂，再进行充分、均匀地拌合，使之成为一种全新的材料重新铺筑在路面上，经压实成型后，即变成具有所需承载力的新路面基层。

2. 水泥混凝土路面碎石化再生技术

旧水泥混凝土路面再生利用主要方式有：原位利用和移除粉碎利用。原位利用的方式很多，主要方式是：一是压浆稳固后作为中下基层，加铺基层后再重新铺筑路面；二是压浆稳固后作为基层，加铺防止反射裂缝的土工材料后再重新铺筑路面；三是破碎再生后作为中下基层，加铺基层后再重新铺筑路面；四是破碎再生后作为基层，直接加铺路面。旧水泥混凝土路面的破碎处治技术，主要包括打裂压稳、打碎压稳和碎石化，碎石化是破碎后颗粒粒径最小的一种破碎方式，因破碎后其颗粒粒径小，力学模式更趋向于级配碎石，而将其命名为碎石化。

美国早在 20 世纪 80 年代初就开始了破碎稳固及碎石化技术的研究和应用，目前，美国已有 35 个州开始大规模使用碎石化技术，改造里程达到 900 多公里，改造面积达 1300 余万平方米。美国碎石化后的水泥混凝土路面一般直接加铺沥青混凝土面层，根据交通量、旧路承载力的不同情况，加铺厚度一般不小于 15cm，在配合采用较厚的沥青加铺层时，甚至预期使用寿命可达到 30 年，是一种先进的旧水泥混凝土路面处治工艺，美国沥青协会以及很多州均将该项技术列入规范，并将其作为水泥混凝土路面改造的推荐方法。

我国山东省碎石化技术在水泥混凝土路面的改造上应用较早；自 2003 年起，浙江、上海、安徽等省也开始应用该技术。

水泥混凝土碎石化技术的基本原理是：通过利用专用设备对旧水泥混凝土路面进行均匀地冲击、破碎、压实，在损失一部分结构强度和整体性的情况下，把混凝土路面在温度、湿度变化和荷载作用下的位移降低到新铺路面可以允许的范围内，能够有效防止或限制反射裂缝发生、发展，为加铺路面提供坚实、安全的基础。

为完成水泥混凝土板的彻底破碎，需要专门的破碎设备，目前用于水泥路面碎石化处理的主要设备有 MHB（Multiple-Head Breaker）类设备和共振式设备两种类型，这两种设备相比，共振式碎石化设备破碎程度较高，破碎后颗粒粒径更小，从而板块强度损失程度也较大，需要加铺的路面结构要求更高，不够经济，MHB 是碎石化的主要设备（图10.2.5-11）。

水泥混凝土路面破碎后可加铺沥青路面或水泥路面，从国内外工程情况看，加铺沥青

图 10.2.5-11　MHB碎石化设备

路面是主流。使用MHB设备进行碎石化并加铺路面结构的一般过程如下：①移除现有的罩面层；②在与非破碎段或其他重要构造物邻接处须进行适当处治；③破碎旧水泥混凝土路面；④切割移除旧混凝土路面暴露的加强钢筋；⑤对破碎后水泥混凝土路面进行检验性碾压；⑥对软弱区域进行移除替换；⑦对破碎后路面进行碾压；⑧撒布沥青粘层油；⑨摊铺热拌沥青混合料调平层和面层。

3. 无损钻切技术和高压水射流技术

（1）无损钻切技术

无损钻切技术是指在建筑物拆除过程中，通过金刚石薄壁钻钻头、锯片、绳索等系列金刚石工具在设备驱动下对钢筋混凝土进行磨削切割，最终达到静态分割的分离方法（图 10.2.5-12）。该技术的优点是在拆除的过程中对需要保留的钢筋混凝土结构不会产生扰动及损伤，既达到了拆除分离的目的，又满足了保持原有结构的质量要求。

采用无损钻切分离下来的钢筋混凝土块体不需再进行破碎，可以直接大块体运输清运或现场重复利用，大大节约了人力、物力资源。此外，采用循环水作为冷却冲洗润滑介质，把钻切施工过程中的混凝土粉屑带走，避免粉尘污染；而且施工的机械

图 10.2.5-12　金刚石钻切施工现场

设备全部为液压驱动，施工中无振动、无噪声，和传统的人工、机械、爆破等方法相比，在节能减排与环保方面其特点和优势十分突出。

无损钻切技术可以有效地实施对钢筋混凝土结构的拆除、修复和改造，在以下领域得到了广泛应用：①交通领域铁路、公路及桥梁、市政道路及桥梁、地铁、港口、码头等；②城市建筑领域宾馆、饭店、商场、医院、学校、宅、办公楼、体育场馆等；③工业领域钢铁、矿山、水泥、建材、医药、汽车、机械制造等；④能源领域石油、化工、电厂、煤矿、水库大坝、核电等基础设施等。

（2）高压水射流技术

高压水射流技术也称高压水力破除技术，属于静力铣刨方式，是指用高速水流来清除混凝土建筑物与构筑物的破损混凝土，以利于后期修复这些建筑结构，使之得到改造与补强。如图 10.2.5-13 所示。

高压水射流是近几年发展起来的一项新技术，它以水为主要工作介质，通过增压设备和特定形状的喷头产生高速射流束，具有极高的能量级密度。高压水射流可用于清洗、清理、切割、注水钻孔、喷雾、破碎、研磨等作业，具有易清洁、无热效应、能量集中、易于控制、效率高、操作安全方便等优越性。目前，该技术已逐渐在混凝土结构的破碎维修、道路路面清洗、喷泉等工程中得到了推广应用。

高压水射流技术的基本原理是：通过高压泵加压，产生 100～280MPa 的高压水射流射入混凝土表面，高压水在混凝土孔隙中产生一个超压，当其压力超过混凝土的抗拉强度

时，混凝土发生破碎。高压泵喷出的高压水可以击破非均质的多孔混凝土表面，但对均质的钢筋表面不会产生损伤作用。

建筑物与构筑物在水力破除过程中，可以可控且有效地清除破损的混凝土，同时对需要保留的混凝土结构不产生任何外界破坏作用力。既达到了清除破损混凝土的目的，又不损害混凝土中原有的钢筋，并且能够对原有钢筋进行有效除锈，大大提升了后续修复补强作业的施工质量，施工效率高，安全可靠性好。

(a)　　　　　　　　　　　　　　　(b)

图 10.2.5-13　高压水射流技术施工现场

高压水射流技术在应用过程中表现出如下技术优越性：①可以选择性破除钢筋混凝土，通过调节高压水射流的压力及流量可以对钢筋混凝土任意深度及宽度进行破除。②多角度作业通过执行机构自身的设定可以破除任意角度和高度的钢筋混凝土，而不需要搭设操作架。③无损性施工无振动，对原结构及需要保留构件无扰动及损伤，钢筋原样保留（铁锈除掉）。④高质量。破除后的界面呈现洁净、坚硬的凹凸齿状，有利于新旧界面的紧密结合，无需再进行结合面凿毛处理，破除深度可控制在 ±3mm。⑤高环保。采用水作为工作介质，无粉尘污染。⑥更安全。机械化、自动化远距离遥控作业，安全性能高。

4. 液压同步顶升技术

液压同步顶（提）升技术的基本原理是：采用刚性立柱（柔性钢绞线）承重、顶（提）升器集群、计算机控制、液压同步顶（提）升原理，结合现代化施工方法，将成千上万吨的构件整体地顶（提）升到预定高度安装就位。在顶（提）升过程中，不但可以控制构件的运动姿态和应力分布，还可以让结构构件在空中长期滞留和进行微动调节，实现倒装施工和空中拼接，完成人力和常规设备难以完成的施工任务，使大型构件的起重安装过程既简便快捷，又安全可靠。

我国在 20 世纪 80 年代末开始了液压同步顶升技术的推广应用。曾先后应用于上海石洞口第二电厂和外高桥电厂六座 240m 钢内筒烟囱倒装施工、上海东方明珠广播电视塔钢天线桅杆整体提升、北京西客站主站房钢门楼整体提升、北京首都机场四机位机库网架屋面提升以及 2003 年 4 月上海音乐厅的顶升平移等一系列重大建设工程中，取得了显著的经济效益和社会效益。

同时，顶升技术在桥梁工程中的应用也得到迅速推广。2003 年，天津狮子林桥应用此项技术实现了顶升，这是该项技术在我国第一个应用于桥梁顶升的工程实例。截至目前，我国已经运用桥梁顶升技术完成了一百多座桥梁的改造工程。2011 年，上海横潦泾大桥主桥的整体改造顶升工程（图 10.2.5-14），是目前国内工程技术难度最大的项目，这项技术的成功应用，将它推向了一个新的技术高度。

图 10.2.5-14　桥梁同步顶升现场照片

国外，2002 年美国 Balfour Betty 建筑公司和美国实用动力集团公司利用液压控制同步顶升系统在不中断交通的情况下对美国最高的大桥一金门大桥进行了抗震改造；在法国，2004 年，世界最高大桥-法国米洛大桥也利用桥梁顶升改造技术达到了完美的应用，这个项目中，美国实用动力集团公司采用了超高压液压动力系统和计算机控制同步顶升系统实现了顶升过程的智能控制。

液压同步控制系统是由 PLC 液压控制系统按照预先编制的控制程序输入液压、位移指令传输给液压泵站和位移监控系统，液压泵站接受指令后，输送相应的液压至液压千斤顶，液压千斤顶根据液压值和顶力会产生相应的位移；同时，位移监控系统根据各液压千斤顶的位移情况，及时反馈给 PLC 液压控制室，控制软件程序将根据位移反馈信息及时修整液压、位移指令，通过反复调控形成力与位移的闭环，使各个千斤顶的位移在每个循环内的系统误差控制在允许值以内，从而确保结构顶升过程中的安全、稳定。

目前，同步顶升技术的主要应用范围包括：①航道运行标准提高引起的改造；②由于铁路运输功能的增强导致桥梁改造；③原有桥梁的损坏而导致的改造；④地基基础加固与基础的顶升纠偏与复位；⑤桥梁支座更换；⑥需要跨越高速公路而导致的桥梁顶升；⑦连续曲线梁桥的纠偏复位；⑧施工或者其他工程而造成桥梁下沉的改造；⑨原有立交桥无法满足新的交通负荷的改造等。

液压同步顶升技术在应用过程中表现出如下技术优越性：①施工前进行结构检算，针对位移可能对桥梁造成影响的部分模拟位移、顶升状态进行了补强，可确保桥梁结构的安全。②整个顶升过程是在 PLC 液压整体同步控制系统的位移、顶力双控状态下完成的，做到了结构位移、受力均处于受控状态，进而确保了桥梁在安全、稳定的状态下完成位移。③施工工期短。在准备阶段可以在不影响正常使用的条件下进行，顶升改造过程中单（多）跨分幅进行顶升改造，可不中断交通。④经济效益、社会效益显著：一般所需费用约为重建费用的 1/3。由于施工工期短，对周边环境的影响小，最大限度地节约了社会资源。

10.3　城市桥梁与隧道的运维管理

10.3.1　城市桥梁养护与维修

城市桥梁及其附属设施的养护管理应包括下列工作：日常养护、检测评估、维修与加固、交通控制、信息管理等工作。

根据城市桥梁在道路系统中的地位，桥梁养护等级宜分为以下五级：①Ⅰ类养护的城市桥梁—特大桥梁及特殊结构的桥梁。②Ⅱ类养护的城市桥梁—城市快速路网上的桥梁。③Ⅲ类养护的城市桥梁—城市主干路上的桥梁。④Ⅳ类养护的城市桥梁—城市次干路上的桥梁。⑤Ⅴ类养护的城市桥梁—城市支路和街坊路上的桥梁。

城市桥梁养护工程分为保养、小修；中修工程；大修工程；加固工程。

城市桥梁的检测评估即对运行中的城市桥梁必须按照规定进行检测评估，及时掌握桥梁的基本状况，并采取相应的养护措施，随着技术进步，城市特大型桥梁技术状况可采用自动化监测系统辅助人工检查与检测。

根据建设部《城市桥梁养护技术规范》的规定，城市桥梁的检测评估根据其内容、周期、评估要求共划分为经常性检查、定期检查（检测）、特殊检测三类。

城市桥梁技术状况的评估包括：桥面系、上部结构、下部结构和全桥评估。应采用先分部分再综合的方法，Ⅰ类养护的城市桥梁应按影响安全状况的程度进行评估；Ⅱ～Ⅴ类养护的城市桥梁应按《城市桥梁养护技术规范》中的BCI评分办法评定。

城市桥梁养护及维修重点主要包括：①桥面系；②桥梁上部结构养护及维修，涵盖钢筋混凝土及预应力混凝土桥梁、钢结构桥梁、钢—混凝土组合梁桥以及斜拉桥；③桥梁下部结构养护及维修，涵盖桥梁支座、墩台及桥梁基础；④桥梁附属设施养护及维修，涵盖排水设施、防护设施、挡墙和护坡、声屏障和灯光装饰。

10.3.2 桥梁运维的信息化管理

1. 桥梁管理系统

（1）桥梁管理系统的概念及内涵

桥梁管理系统（Bridge Management System，简称BMS）是协助桥梁管理部门制订适合于本部门政策、长期规划和可用资金的最优维护策略的工具。

具体来讲，桥梁管理系统是关于桥梁基本信息、桥梁检测、状态评估、结构退化预测、维护对策和计划以及经济分析的计算机信息系统。桥梁数据库中存储主要来自桥梁检测的桥梁信息，管理系统通过系统分析的方法，对检测结果进行评估，得出桥梁的当前状况，并对结构的将来状况、维修对策及相关费用进行预测分析，同时考虑个别桥梁和整体路网的需求，提出相应的维护计划方案供决策者参考。它涉及系统科学、管理科学、统计科学、计算机科学等多种学科，是跨学科、跨领域的系统工程。

桥梁管理系统有网络级和项目级两类。网络级管理系统主要针对特定的地区或国家、特定路线、某桥龄范围或某种类型桥梁群体的管理，如针对一个国家公路网或一个管理单位所管辖的道路网内的所有桥梁的检测、维修与决策管理，其主要目的是确定网络上各桥梁状态、合理分配预算维护资金以及确保桥梁网络交通处在一个可接受的服务水平。项目级管理系统着重于重要性高或长度很长的桥梁（如城市网状高架桥梁），对其中某座桥梁或桥梁的组成部分，进行更详细、更深入的检测和维护管理，其主要目的是更确切和详细的获取所管理桥梁的实际状况，以制定合理详细的维护计划。项目级管理系统可作为网络级管理系统的基础和依据。

（2）桥梁管理系统的国内外研究现状

随着计算机技术的飞速发展，桥梁管理系统在桥梁工程运维管理中得到了迅速的推广应用，并逐渐与 CAD、GIS 等集成，成为管理部门办公自动化的一部分，能辅助决策，参与管理，为设计施工等其他部门提供必要的数据支持。

桥梁管理系统（BMS）发展共经历了三个阶段：第一代 BMS，用简单的电子数据库来代替繁杂的既有桥梁资料；第二代 BMS，包括桥梁数据库、桥梁检测与养护、维修信息，其中不仅包含了桥梁的一些物理信息，而且还涵盖了各桥梁构件的检测细节和详细等级划分，以及维修历史等；第三代 BMS，主要在第二代基础上添加了决策功能，并运用一些算法来制定维护策略、维护优化等。

桥梁管理系统起源于美国，1968 年，美国联邦公路局（Federal Highway Administration，FHWA）研究开发了世界上第一个桥梁管理系统——国家桥梁档案系统（National Bridge Inventory System，NBIS）。其软件基本上是一些数据文件形式，功能也很简单，只能完成一些数据保存、基本统计查询和简单报表输出等档案管理工作。在 NBIS 的基础上，美国的宾夕法尼亚、明尼苏达、佛罗里达、堪萨斯等几十个州结合实际情况，先后开发了各自的桥梁管理系统，这些系统在随后的运行过程中不断得到充实、改进和提高，逐步实现了记录、储存、更新、统计、性能评定和辅助决策优化等功能。1991 年，美国 AASHTO 协会与加利福尼亚、华盛顿等州交通部门协作共同开发了 Pontis 桥梁管理系统。Pontis 运用基于构件的评价模型、动态整数规划、概率型预测模型等方法，实现了桥梁现状分析、桥梁未来状态预测、制定养护计划等功能，并逐步进行完善，至 2002 年，美国已有 46 家管理机构使用 Pontis，其中包括 39 个州的交通厅和 7 个其他的管理机构，且国外有 7 个管理机构也引进 Pontis 用于桥梁管理。

在美国开发桥梁管理系统的同时，世界各国也都相继开发了一些有影响力的桥梁管理系统，如日本道路公团桥梁管理系统、丹麦桥梁管理系统、加拿大阿尔伯塔省桥梁管理系统等，其功能与 Pontis 基本相似。

我国从 80 年代以来，四川省公路研究所、广东省桥梁研究所、交通部公路研究所、北京市公路管理局和上海市市政工程管理处等单位在借鉴国外经验的基础上，先后开发了四川省桥梁数据库管理系统、广东省桥梁管理系统、北京市公路桥梁管理系统、河南省桥梁管理系统、上海市城市基础设施管理系统（SHCIMS）等多个桥梁管理系统。其中，上海市和重庆市建立的桥梁管理系统有一个共同的特点，就是将地理信息系统（GIS）的技术融合到桥梁管理系统中来。

（3）桥梁管理系统的构成

随着人工智能、模式识别、地理信息系统（GIS）、计算机辅助设计等相关新技术的发展，桥梁管理系统的组成和功能在不断的丰富和完善中。作为桥梁管理者的决策依据，典型的桥梁管理系统包括桥梁档案库、桥梁状态等级评估、桥梁承载力评估、桥梁维护对策分析、退化预测、桥梁维护优化与优先级、地理信息系统（GIS）、数据统计分析等主要功能。桥梁管理系统（BMS）功能模块和基本组成框图如图 10.3.2-1 所示。

1）地理信息系统

由于地理信息管理系统（简称 GIS）具有强大的数据管理和空间分析能力，新一代的桥梁管理系统开始采用 GIS 管理界面，以桥梁地理空间数据为基础，对空间相关数据进行采集、管理、操作、分析、模拟和显示，并采用地理模型方法并发挥了其空间分析和决策功能。基于 GIS 的桥梁管理系统具有较好的发展前景。

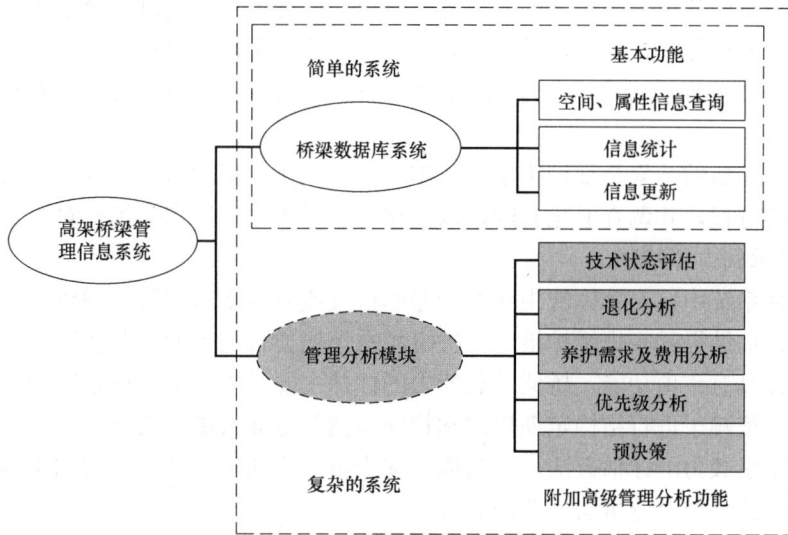

图 10.3.2-1　桥梁管理系统（BMS）功能模块和基本组成框图

GIS 是用于采集（更新）、存储、管理、分析和表达空间信息（地理信息）和数据（属性数据）的特殊的空间信息系统。与传统意义上的地图或数字地图不同，它具有数字地图之外的许多功能，如空间分析、数据库功能、专业程序接口、作为其他程序外挂等；它同时也具有更大的数据信息容量，比如地理信息、环境信息、交通信息、经济信息、资源信息等。

桥梁管理系统可综合运用多种程序集成开发完成。如地图信息可以分别放在道路层、桥梁层和高架层等三个图层上，用圆点代表一座桥梁的位置，并与数据库相连接。当鼠标点击此圆点时，系统从数据库中找出该桥的有关信息并显示出来。如要查找某座桥梁的具体方位，只要输入桥名，该桥所在处的圆点即会闪亮；如果要显示桥梁的技术状况，可以通过圆点显示的不同的颜色来代表不同的技术状况等级：绿色代表优良，黄色代表较好，红色代表较差，而黑色则代表危险，由此可从整体上非常直观地了解桥梁技术状况等级。

2）桥梁档案库

桥梁档案库是管理系统的最基本组成，也是 BMS 的核心模块，主要存储管理系统内各桥梁的基本信息：桥梁属性、结构信息、检测信息、维修历史、交通信息、评估标准、维修对策及费用等。

根据桥梁信息的变化特性，档案库信息可分为静态信息和动态信息。静态信息是指桥梁施工完成后基本不变的信息，如桥梁属性、结构信息、桥梁附属信息、设计图纸等；动态信息是反映桥梁自建成后的技术状况发展变化的信息，是评估桥梁技术状况、维护决策的重要依据，包括交通量信息、检测信息、桥梁维修历史、外业检查信息、评估标准、维修对策及费率等。

3）技术状态等级评估

通常所指的桥梁状态等级评估属于网络级的评估，也称为桥梁技术状况评价，它包括安全性、适用性和耐久性评估三个方面。状态评估建立在对桥梁各部件检测的基础上，一般都是有经验的桥梁技术人员对桥梁进行全面检测，根据规范规定用文字描述的定性和定量检测表格对桥梁各个不同构件的质量进行分类、评分，然后通过专家系统的计算模型给出桥梁各部件的得分，并根据构件的不同影响程度即权重计算总体得分，并由此划分桥梁的等级。对评估输出较差等级的桥梁需要进一步进行承载能力分析，即进入项目级的管理。

桥梁状态评估的结果是维护决策、费用分析和优化模型的依据，其主要目的是发现桥梁早期退化的过程，并调查退化起因，以便在合适时机采取适当的维修对策。

4）桥梁承载力评估

桥梁管理系统中，对总体缺损状况较差的桥梁或要改变运营等级的桥梁进行实际承载力的评估。评估结果是安排维护措施、决定超重车辆通行与否的重要依据。并不是每个桥梁管理系统都具有该项功能，桥梁承载能力的评估主要是项目级管理系统的功能，而且承载能力的评估依赖于进行结构定期检测和特殊检测的专业人员的素质。

对于桥梁承载力的评估方法，目前概括起来可分为四类：基于病害调查的经验评定方法，分析计算法、综合分析法、荷载试验法。

① 基于病害调查的经验评定方法

此方法是在桥梁检查的基础上，通过对桥梁的技术状况及缺陷和损伤的性质、部位、严重程度及发展趋势的调查，弄清楚缺陷的主要原因，分析和评价既存缺陷和损伤对桥梁质量和使用承载能力的影响，并为桥梁维修和加固设计提供可靠的技术数据和依据。

② 分析计算法

此方法主要依据实测的材料性能、结构几何尺寸、支撑条件、外观缺陷及通行荷载，按照桥梁结构的计算理论来评定承载力，是一种定量了解旧桥承载力的方法。目前主要通过有限元计算程序模拟桥梁结构参数和环境条件来计算桥梁的承载力。

③ 综合分析法

此方法是在桥梁检查的基础上，采用无破损方式测定混凝土强度、混凝土碳化深度、混凝土氯离子含量、混凝土电阻率、混凝土钢筋保护层厚度和结构混凝土中钢筋锈蚀状况，进行折减后的结构承载力验算，综合分析计算结果和结构裂缝等外观条件，评定结构材料状况。

④ 荷载试验法

荷载试验方法是对桥梁进行了外观调查和粗略评定后，施加试验性荷载，从而对桥梁结构进行评定的方法，是桥梁结构鉴定中应用历史最长的方法。

根据试验荷载的作用性质，通常分为静载试验和动载试验，前者反映桥梁在静载作用下的结构工作性能，后者反映桥梁结构的动力性能。

5）数据统计分析

统计分析是利用桥梁的基本资料进行统计分析工作。一般具体有以下功能：桥梁结构形式的数量统计、维修数量统计、维修经费统计、技术状况统计、桥梁的技术评分、状况、排列统计等，并能以报表的形式打印。为了直观，也可以把统计数据以饼图、折线图形式表现出来，使得管理人员能快速获得某座桥梁的技术发展状况、维修经费的变化趋势等信息。

6）桥梁维护对策分析

桥梁维护对策分析是指根据桥梁检测和状态评估分析的结果，综合考虑技术、经济、社会等综合因素，选择技术可行、经济合理的维护方案，包括养护、维修、加固、重建等，维护对策分析包括维护策略、维护程度和维护时机三方面内容。

7）退化预测

桥梁退化预测是通过桥梁的工作状态的变化趋势，预测处于某种状态下的桥梁将来的退化情况，其描述可以是确定性的或是概率性的。通过掌握桥梁工作状态的变化趋势，提醒桥梁管理者及时制定养护维修计划，以降低维护成本和出现重大事故的概率。

8）桥梁维护的优化与优先级

桥梁维护的优化与优先级是新一代桥梁管理系统的主要特色和精髓所在。桥梁维护优化与优先级是为了保证网络上的道路桥梁处于一定服务水准，对有限的资金合理安排，对需要养护、维修、加固的桥梁进行排序，以期达到服务/资金的最佳性价比。

2. 桥梁管理系统的应用案例——上海市城市桥梁管理系统（SHCIMS）

（1）工程背景

上海市城市桥梁管理部门结合上海市城市桥梁和桥梁管理所具有的特点，从1998年起就开始探索真正适合我国桥梁管理现状的桥梁管理系统发展之路。经过多年的研究积累，已形成一整套高效合理的桥梁管理模式，研发了一个较成功的应用于实际桥梁管理的，且基于地理信息系统GIS的桥梁管理系统，该系统与《城市桥梁养护技术规范》配合紧密。

（2）上海市城市桥梁管理系统构成

与传统的桥梁管理系统相比，基于GIS的桥梁管理系统及其软件结构可分为地图管理和信息管理两大功能模块组。上海市桥梁信息管理系统的系统结构如图10.3.2-2所示。

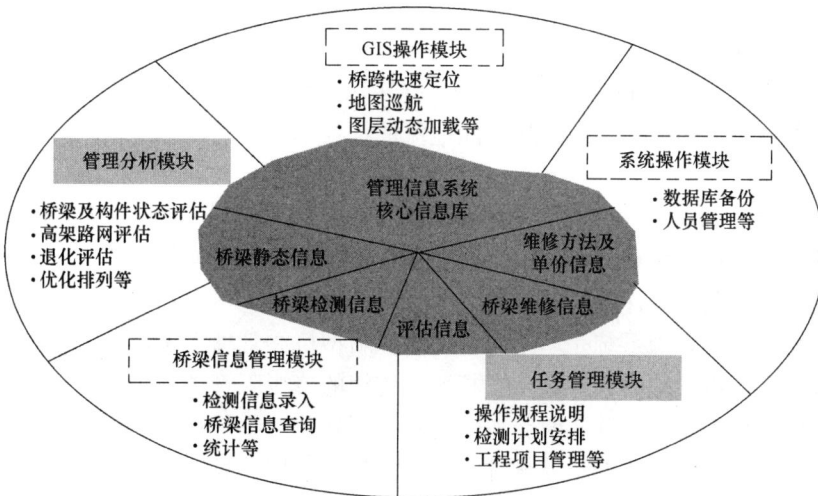

图 10.3.2-2　上海市桥梁管理系统构成

1）地图管理主要针对空间数据进行操作，在地图管理功能模块组中，又分为图幅控制和图层控制两类模块。图幅控制主要是一些对GIS地图进行图幅大小变化的功能模块，包括全屏显示整幅地图、全屏显示某一图层、固定大小放大和缩小、任意放大和缩小选定区域以及整幅地图任意拖动漫游等功能。图层控制是对GIS地图进行各图层操作的功能模块，包括对各图层的显示、关闭和字体变换等功能。

2）信息管理则对空间和属性数据同时进行操作，实现空间数据和属性数据的沟通和结合。信息管理模块组分为信息系统和决策支持系统两类模块。信息系统对桥梁基础信息进行日常的查询统计等管理，包括信息维护、信息浏览、信息查询、信息统计和报表输出五大功能模块。

3）决策支持系统主要对桥梁的损坏状况进行评价分析，为决策者提供辅助决策建议，包括性能评价、性能预测、费用估算、养护对策、重车过桥五大功能模块。

① 性能评价：包括损坏状况评价、功能适应性评价和构件承载力评价等部分。对于每个部分，系统设计时都给出相应的评价指标、计算方法和评价标准。最终通过综合评价得出结论为决策系统服务；

② 性能预测：通过对桥梁检测和评估数据的积累，建立科学合理的桥梁性能退化模型，根据桥梁现在的状态预测桥梁在未来的性能变化趋势，为短期和长期的桥梁养护维修行为提供综合优化建议。

③ 费用估计：包括养护维修费用估计和用户费用估计。养护维修费用估计中对构件和全桥养护维修费用的计算是桥梁管理系统的一个重要内容，费用的计算方法应根据历史数据进行。而桥梁由于结构和功能上的缺陷将导致交通事故、行车时间和车辆运营费用的增加。所以系统还能计算与承载能力、桥面净宽和竖向净空有关的用户费用。另外，在考虑包括财政预算和其他关键的约束因素的情况下，系统对于主要构件和全桥，可给出费用最小化的养护方案。

④ 决策支持：桥梁管理系统的决策系统分为三个层次：构件级、部位级和全桥级。在每个不同的层次下，决策又分为几种典型类型：日常养护、小修、中修、大修和改建。决策系统通过评价系统得出的结论，根据系统设计人员制定的决策标准，为用户提供合理的决策建议，辅助用户开展桥梁管理工作。

⑤ 重车过桥：在重车过桥历史数据和现有桥梁状况数据的基础上，为需要限制路线的特殊车辆推荐合理的行车路线，尽可能地保证特殊车辆顺利通过所辖区域并尽量减少特殊车辆对桥梁的破坏；

⑥ 其他功能：在决策支持系统部分也包括一些技术支持报表和经济分析报表的输出功能。另外，还包括系统与其他相关系统的信息连接或信息交换等功能。

（3）系统特点及应用评价

上海市城市桥梁管理系统是基于网络访问的新型桥梁管理系统，尤为适应桥梁数量较多，且分区、分层级管理的大中城市。相比于传统的单机版管理系统，该系统能够显著降低用户的操作和维护难度，并实时获取数据，与现代化的桥梁数据采集手段也更加匹配。

该系统覆盖至桥梁结构的具体构件，既包括静态属性信息的管理，也包括动态检测数据的管理，如图10.3.2-3所示。该系统根据桥梁属性自动生成桥梁动态数据的采集页面，且数据选项主要为选择模式，最大限度地避免了用户的操作错误。用户只需参照系统引导，即可录入桥梁的损坏数据。

桥梁的损坏数据录入后，系统可进行在线计算和评价，获取桥梁状况指数（BCI）并判定其等级。BCI分析详细至桥梁的每一构件，如图10.3.2-4所示。

在BCI计算和评价的基础上，系统可对上海全市桥梁技术状况进行各类分析，并在线生成相关图示和报表，为桥梁养护决策提供数据支撑，如图10.3.2-5和图10.3.2-6所示。

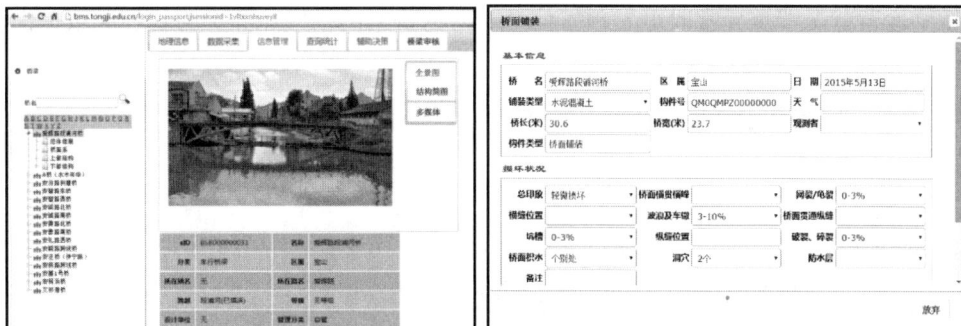

图 10.3.2-3　桥梁检测属性信息界面

图 10.3.2-4　详细至构件级的 BCI 分析

图 10.3.2-5　系统在线统计报表

系统的 GIS 模块可以动态指示各区的桥梁技术状况，如图 10.3.2-7 所示。

同时，系统也提供各类桥梁信息的查询和相关统计报表、图示的生成和导出，基本覆盖桥梁日常管理所需的各类报文需求，如图 10.3.2-8 所示。

3. 桥梁健康监测系统

桥梁健康监测系统是运用现代化传感设备与光电通信及计算机技术，实时监测桥梁运营阶段在各种环境条件下的结构响应和行为，获取反映结构状况和环境因素的信息，对桥梁的服役情况、可靠性、耐久性和承载能力进行智能评估，为大桥在特殊气候、交通条件下或桥梁运营状况严重异常时触发预警信号，并为桥梁的维修、养护与管理决策提供科学指导。

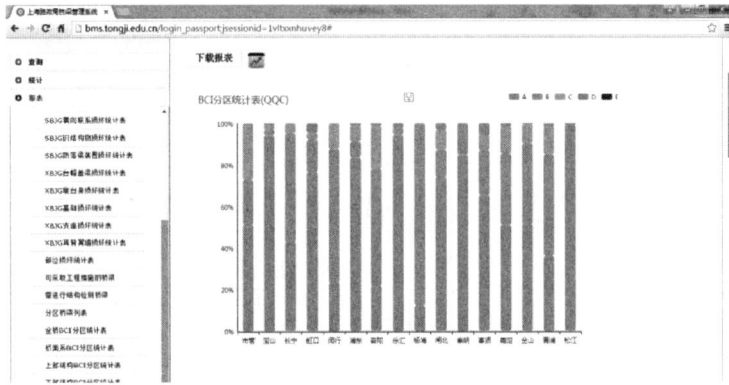

图 10.3.2-6　系统在线统计图示

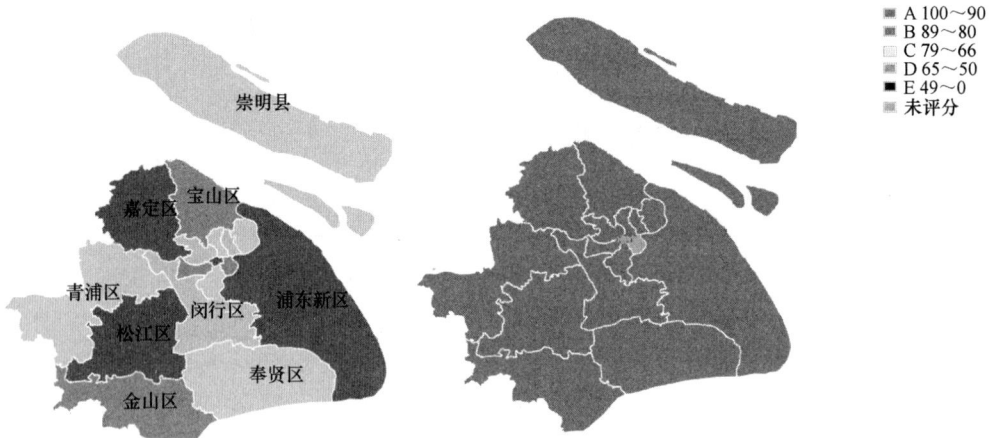

图 10.3.2-7　基于 GIS 模块的 BCI 评分专题图

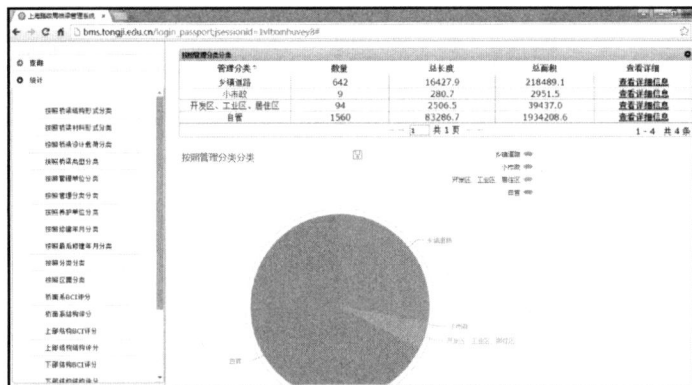

图 10.3.2-8　桥梁总体信息统计图表

随着测试手段和分析技术的提高，许多国家都开始在一些已建和在建的大跨桥梁和复杂结构中设置结构健康监测系统，在健康监测和结构安全评定方面进行了卓有成效的研究。近年来，国内的一些重要工程结构也开始安装健康监测系统，并开展了这方面的研究。

（1）桥梁健康监测系统在国内外的应用现状

美国在20世纪80年代中后期开始在多座桥梁上布设传感器，监测环境荷载、结构振动和局部应力状态，用以验证设计假定、监视施工质量和实时评定服役安全状态。例如，佛罗里达州的Sunshine Skyway Bridge上安装了500多个传感器，可以通过近距离及远距离两种方式，采集桥梁各阶段的位移、应变、温度信息，并通过这些信息分析结构及材料随时间变化的规律。丹麦对总长1726m的Great Belt跨海斜拉桥进行了施工阶段及通车首年的监测，目的是通过监测数据来分析关键的设计参数，掌握施工阶段结构最不利的受力状态以及获取运营后对结构进行维修所需的桥梁健康记录。加拿大Confederation联合大桥上实施了一套综合的监测系统，对桥梁在冰荷载作用下的性能、长短期变形、温度应力以及在车辆荷载、风和地震荷载作用下的动力响应和环境对桥梁的侵蚀及短期、长期变形等进行监测研究。挪威在主跨530m的Skamsundet斜拉桥上安装了全自动的数据采集系统，该系统能对风速以及结构的加速度、倾角、应变、温度场、位移等进行自动监测，以实现对全桥结构状态实时了解的目的，并能检验设计和施工是否完善。泰国曼谷的Ramal X斜拉桥与韩国的Namhae悬索桥分别于1994年和1996年安装了结构整体性安全在线警报系统（On-line Alerting of Structural Integrity and Safety System），该系统能对结构进行远程监测。

我国自20世纪90年代起也在一些大型重要桥梁上安装了不同规模的健康监测系统。如在香港的青马桥、汲水门桥和汀九桥上安装的保证桥梁运营阶段安全的"风和结构健康监测系统（WASHMS）"，监测作用在桥梁上的外部荷载（包括环境荷载、车辆荷载等）与桥梁的响应；在上海徐浦大桥上安装的带有研究性质的结构状态监测系统，其监测内容包括车辆荷载、中跨主梁的标高和自振特性，以及跨中截面的温度和应变、斜拉索的索力和振动水平；在江阴长江公路大桥上安装的健康监测系统，主要监测加劲梁的位移、吊索索力、锚跨主缆索股索力以及主缆、加劲梁、吊索的振动加速度等；南京长江大桥上安装的健康监测系统，主要进行温度、风速风向、地震及船舶撞击、墩位沉降，以及恒载几何线形、结构振动、主桁杆件应力、支座位移等方面的监测；此外，如广州的虎门大桥、上海的东海大桥、闵浦大桥、上海长江大桥等均安装有桥梁健康监测系统对桥梁运营期间的健康状况进行实时监测。

另外，一些国内外的高层建筑、场馆结构和石油平台等也开始安装结构安全监测系统。总的来讲，越来越多的重大工程中开始采用一定的实时监测手段和损伤识别技术来诊断和评估结构的服役状态。

（2）桥梁健康监测的内容

桥梁健康监测的内容包括如下方面：

1）荷载。包括风、地震、温度、交通荷载等。所使用的传感器有：风速仪—记录风向、风速进程历史，连接数据处理系统后可得风功率谱；温度计—记录温度、温度差时程历史；动态地秤—记录交通荷载流时程历史，连接数据处理后可得交通荷载谱；强震仪—记录地震作用；摄像机—记录车流情况和交通事故。

2）几何监测。监测桥梁各部位的静态位置、动态位置、沉降、倾斜、线形变化、位移等。所使用的传感器有：位移计、倾角仪、GPS、电子测距器（EDM）、数字像机等。

3）结构的静动力反应。监测桥梁的位移、转角、应变应力、索力、动力反应（频率模态）等。所使用的传感器有：应变仪—记录桥梁静动力应变应力，连接数字处理后可得构件疲劳应力循环谱；测力计（力环、磁弹性仪、剪力销）—记录主缆、锚杆、吊杆的张拉历史；加速度计—记录结构各部位的反应加速度、连接数据处理后可得结构的模态参数。

4）非结构部件及辅助设施。支座、振动控制设施等。

（3）桥梁健康监测系统的构成

桥梁健康监测系统是集结构监测、系统识别及结构评估于一体的综合监测系统，其内容包括荷载监测，即桥梁承受的各类荷载如风荷载、交通荷载、温度与地震荷载等；几何变位监测，如悬索桥索塔和高层建筑的水平变位与倾斜度，桥面和大跨屋面的变形，结构支撑部位及伸缩缝的相对位移等；结构响应监测，即结构各部位在环境振动和强震下的动力响应时程，结构构件的局部内力变化等。从系统构成来看，结构健康监测系统一般可划分为：

1）数据采集子系统。主要包括各类信号采集、存储和传送的硬件系统。信号采集的主要硬件是传感器，根据不同的监测内容主要有应变片、倾角仪、位移计、速计、加速度传感器、风速仪、温度计、动态地秤、强震仪和摄像机等。信号传输的方式分直接电缆连接和无线传输两种。

2）数据信号处理子系统。主要包括各类数字信号的处理，如 A/D 转换及数字滤波去噪等，以便为系统识别和损伤识别准备充分的数据信息。这个过程一般在计算机的工作站上随着数据采集同步完成。

3）系统识别子系统。通过计算机模拟仿真计算，结合有限元模型分析，识别出结构系统的静、动力特性参数，即系统特征识别。

4）损伤识别子系统。即通过一定的分析技术，对已获得的数据进行处理，与结构系统特征联合，应用各种有效的手段识别结构损伤，完成损伤预警、损伤定位、损伤定量工作。

5）结构状态评估子系统。把损伤识别的结果与专家经验相结合，对结构的健康状态作出评价，分析结构的强度储备，预测结构服役时间，评价结构的可靠度，计算分析结构投资-寿命关系，提出结构健康维护策略。

6）数据管理子系统。完成大量的现场采集数据和后续分析数据的存储，并实现结构相关信息的可视化和决策数据库的智能化，以完成结构健康状态的实时跟踪，为决策管理人员提供信息支持。

整个结构健康监测系统就像一个医生，对结构健康状态进行诊断。首先，对结构系统输入荷载能量，激励结构体系产生反应，并通过各种测试仪器对结构反应进行监测；其次，得到测试数据后，先完成数据处理，再结合数值模型的先验知识对结构进行诊断，分析结构可能发生的损伤；最后，对结构的健康状态进行评估，确定维修、养护对策。

一个完善的结构健康监测系统如图 10.3.2-9 所示。

4. 大型桥梁健康监测系统的应用案例

（1）工程概况

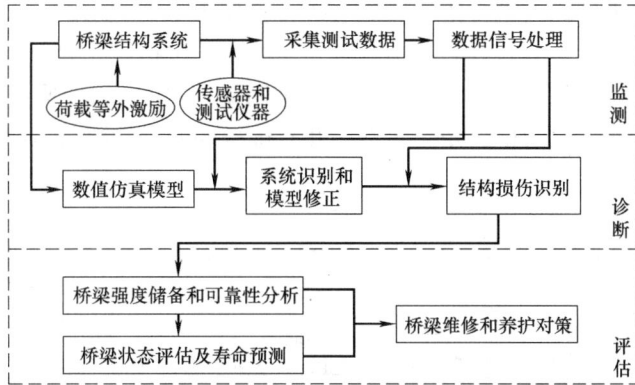

图 10.3.2-9　结构健康监测系统构成

20 世纪末以来，我国的大型桥梁建设从江河时代开始走向海洋时代。21 世纪的前十年，随着东海大桥、杭州湾大桥、舟山大陆连岛工程跨海大桥以及青岛海湾大桥等跨海大桥的陆续建成，我国的跨海大桥建设水平已跃居世界前列。这里以舟山大陆连岛工程跨海大桥为例介绍大型桥梁健康监测系统。舟山大陆连岛工程连接舟山、宁波两市，全长 49.96km，总投资约 130 亿元。工程包括 5 座跨海大桥，分别为岑港大桥、响礁门大桥、桃夭门大桥、西堠门大桥、金塘大桥。其中：西堠门大桥（见图 10.3.2-10）采用主跨为 1650m＋578m 的两跨连续钢箱梁悬索桥，跨径为世界第二，仅次于日本的明石海峡大桥（钢桁梁悬索桥）；金塘大桥（见图 10.3.2-11）全长 26.54km，其中的主通航孔为主跨 620m 的双塔双索面钢箱梁斜拉桥，东通航孔桥和西通航孔桥分别为主跨 216m 的连续刚构桥和主跨 156m 的连续梁桥。

图 10.3.2-10　西堠门大桥

图 10.3.2-11　金塘大桥

（2）舟山大陆连岛工程健康监测系统

为确保在大桥运营期对结构进行全方位的结构状态监测，2009 年建成通车的舟山连岛工程中安装了目前世界上最大规模的结构健康监测系统，覆盖金塘和西堠门两座大桥。这个监测系统在西堠门大桥中安装了 350 多个传感器，在金塘大桥全桥安装了 600 多个传感器，这些传感器包括风速仪、温湿仪、温度计、加速度传感器、GPS、倾斜仪、压力变送器、位移传感器、电阻应变片、索力传感器、支座反力计等。同时，系统中集成了传感测试、信号分析、智能控制、人工智能等目前最新的技术和设备。采用工业以太网和分布式信息融合技术为大桥管养提供智能支持，实现了全方位的结构监测。

以西堠门大桥为例，大型桥梁的监测系统布置如图 10.3.2-12 所示。西堠门大桥结构监测系统的监测内容主要有荷载和结构响应。荷载主要包括风、温湿度、车辆和地震。结构响应主要包括大桥空间变位（主缆、索塔和钢箱梁）、应变和加速度。该结构监测系统的功能是实时监测西堠门大桥的受力状态，并对该桥的安全状况进行综合评估。

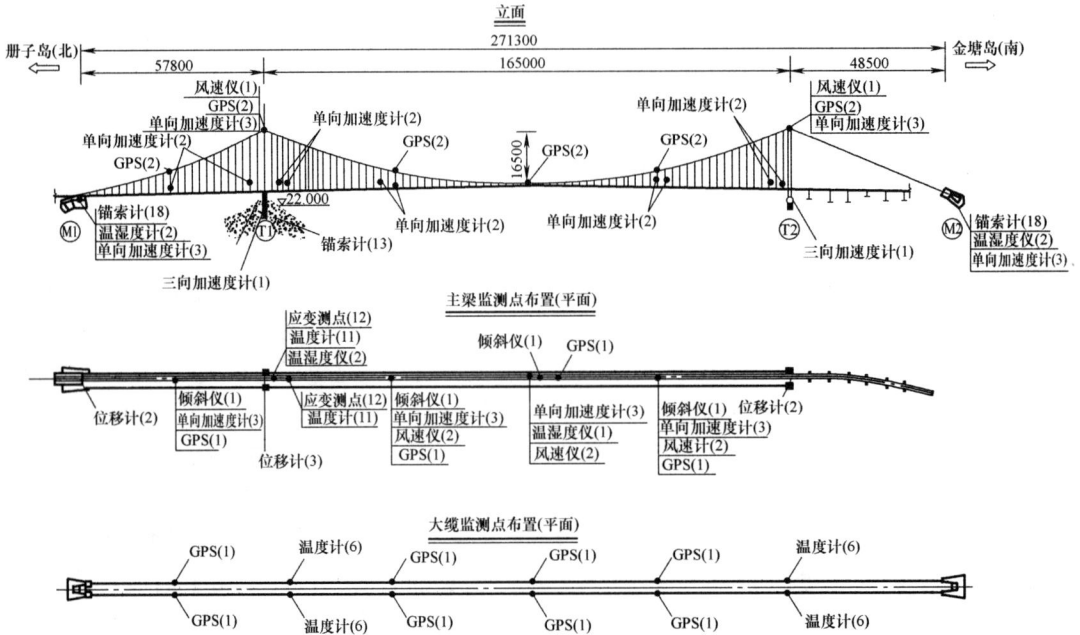

图 10.3.2-12　西堠门大桥传感器布设（尺寸单位：mm）

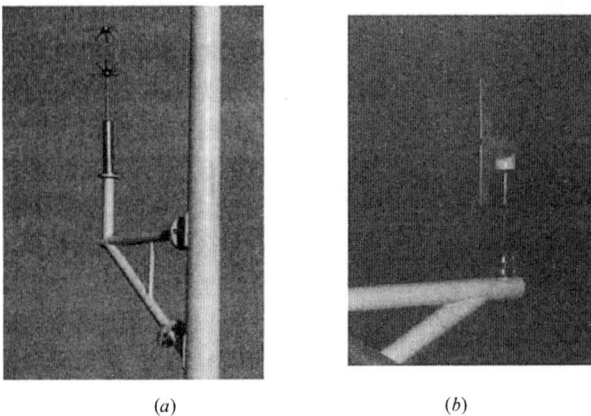

图 10.3.2-13　风速仪
(a) 三向超声风速仪；(b) 螺旋桨式风速仪

1）安装的主要传感器及参数特征

风荷载采用螺旋式风速仪和三向超声风速仪监测，分别安装在索塔顶部和桥面上，图 10.3.2-13 所示。三向超声风速仪可监测三维风速，可用于计算风谱，里程 0～65m/s，最高采样频率为 32Hz，精度为 1.5% RMS，工作温度为 −40～+70℃，工作湿度为 5%～100%，当降雨量到 300mm/h 时仍可正常工作。螺旋桨式风速仪可监测风速和风向，量程高达 0～100m/s。南北塔顶各布设一台螺旋桨式风速仪，钢箱梁主跨中和四分点的左右两侧各布设一台三向超声风速仪。

环境温湿度采用温湿度仪监测，安装在桥面上、钢箱梁和锚室内。温湿度仪可监测所处环境的温度和湿度，温度的测量范围为 −40～+85℃，精度为 ±0.3℃；湿度的测量范围为 0～100%RH，精度为 ±1.5%RH。主跨中桥面上安装有一台温湿度仪，南北锚碇的左右两个锚室各一台温湿度仪，钢箱梁内两台温湿度仪。

车辆荷载采用动态称重系统监测，安装在西堠门大桥南侧的引桥上，图 10.3.2-14 所示。动态称重系统的速度测量范围为 5~200km/h，总重误差范围小于±6%，速度误差为±2km/h，流量统计误差小于 1%，单轴承重能力为 30t，过载能力（单轴）达 200%。

地震信息采用强震仪进行记录，西堠门大桥南北塔底各布设一台，南北锚碇内各布设一台，共计 4 台。大桥空间变位主要采用 GPS 系统、倾斜仪和位移计监测，如图 10.3.2-15 所示。采用 16 台 GPS 监测站和 1 台 GPS 基准站监测主缆、钢箱梁和索塔的空间变位，其中主缆布设 8 台 GPS 监测站，钢箱梁布设 4 台 GPS 监测站，索塔布设 4 台 GPS 监测站，GPS 基准站布设在离大桥不远的监控中心楼顶。采用 4 个倾斜仪监测钢箱梁的扭转情况，4 个位移计监测钢箱梁顺桥向伸缩情况。

图 10.3.2-14　动态称重系统

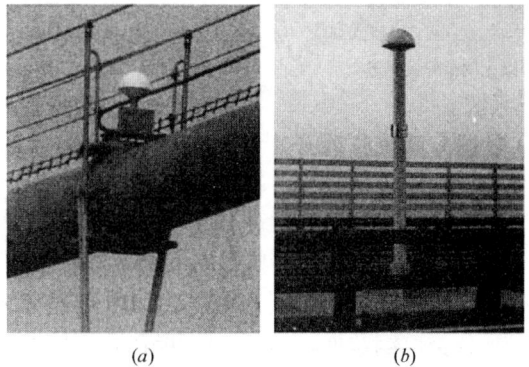

(a) (b)

图 10.3.2-15　GPS 系统

应变采用电阻应变计监测，精度为±1E，精度高、动态性能好、耐久性好、在北塔附近布设两个截面，共计 24 个测点。根据大桥的自振特性，分别选用伺服式加速度计和电容加速度计。在钢箱梁和索塔的振动分别采用 12 个和 6 个伺服式加速度计。选取 20 根吊索，采用电容加速度计监测其振动情况。

2）基于工业以太网分布式数据采集与传输子系统

根据舟山大陆连岛工程跨海大桥结构监测系统的传感器及其输出信号类型，研发了加速度信号调理器、应变信号调理器、温度信号调理器和通用信号调理器。信号调理器的主要特点包括：高精度 24 位 A/D；支持标准 MODBUS TCP 和 UDP 协议，可作为 POE 插入器的受电端，同时向传感器提供 12V、24V 和±12V 的直流电源；内嵌实时时钟，支持 IEEE1588 精确时间同步协议；工作温度范围为−20℃~75℃，相对湿度范围为 5%~100%，耐海洋盐雾等；可抵御雷电瞬间过电压为 3000V，如图 10.3.2-16 所示。

采用工业级管理型以太网交换机构建光纤冗余环网，实现大桥外场各信号调理器与监测中心上位机的实时通信。在局域网内设置拥有精确时钟（GPS 时钟）的服务器用以去校正各信号调理器的时钟，实现微秒级的时钟同步精度，完全满足桥梁结构监测系统对时钟同步精度的要求。

工业级交换机 POE 插入器以及电力监控模块、空开、交流接触器、电源和防雷器等安装在大桥外场的机柜内，整套装置称之为"数据采集站"。数据采集站可方便、灵活、甚至"随心所欲"地布置在大桥的各个部位，满足了桥梁空间范围大的特点，体现了分布式数据采集与传输系统的优势。

典型数据采集站的集成如图 10.3.2-17 所示。

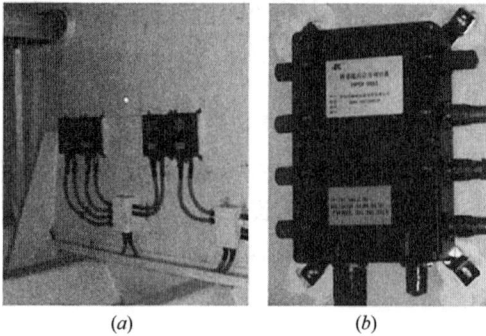

(a)   (b)

图 10.3.2-16   以太网信号调理器

图 10.3.2-17   数据采集站的集成

3）数据管理子系统

选用 SQL Server2000 数据库系统作为开发平台，它具有独立于硬件平台、对称的多处理器结构、抢占式多任务管理、完善的安全系统和容错功能，并具有易管理、易维护、使用方便的特点，而且有非常高的开发效率、丰富的 XML 支持特性、可伸缩性好等特性。数据库利用现有关系型数据库提供的开发和管理工具进行开发，利用 ODBC、ADO、OLE DB 等技术对数据库进行访问，涵盖的信息范围包括：桥梁结构信息，传感器和数据采集设备信息，各类监测数据，状态识别和综合评估的分析结果，其他异构数据库的信息等。

用户界面模块采用 VC++6.0 作为开发工具，使用 MFC 应用程序框架进行设计，综合适用 COM、数据库、网络、多线程、动态链接库、插件等技术。用户界面模块中主要包括一个界面框架和三个扩展模块，分别是静态资料管理扩展模块、实时数据处理扩展模块和巡检管理扩展模块。以用户界面框架为中心，以插件的形式加载其他扩展模块，并通过界面框架提供的接口进行协调以及相互的功能调用，还可以根据功能需求随时定义和增加新的扩展模块。实现的主要功能包括：

① 使桥梁管养人员可利用该界面进行数据库维护、修改数据采集频率及时间参数等操作，也可进行常规的数据录入；

② 向用户提供桥梁结构及结构监测系统的各种资料和信息；

③ 向用户展示监测数据和识别分析结果，并且接收用户的交互式查询请求；

④ 可自动生成相关统计和分析报告。

系统部分界面如图 10.3.2-18 所示。

（3）桥梁结构监测结果

舟山连岛工程跨海大桥结构监测系统随大桥通车投入运行，系统初始监测到的部分结构相关数据如下：

1）动态称重系统

动态称重系统对西堠门大桥过桥车辆进行统计，2010 年 1 月试通车某一天的车辆统计结果如图 10.3.2-19 所示。

2）风速

用风速仪测得了大桥普通一天的某一段时间的风速，如图 10.3.2-20 所示。从测得的

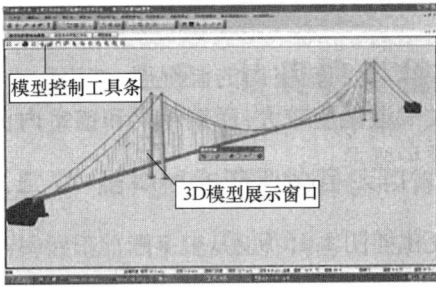

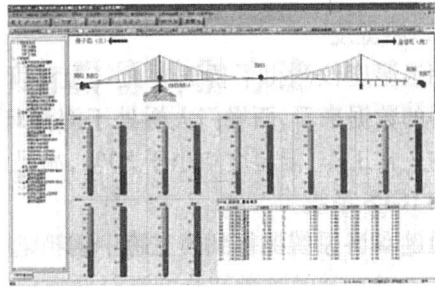

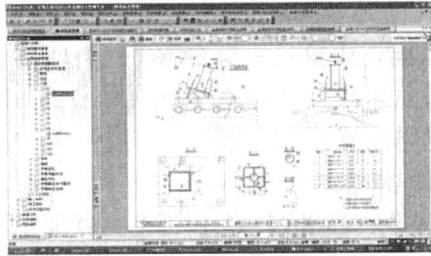

图 10.3.2-18　系统界面

（a）系统主界面；（b）实时数据展示界面；（c）静态信息查询界面

数据来看，西堠门大桥建设地点的风速较大，风速超过 15m/s 的情况经常出现，风及其引起的桥梁相关结构响应需加以重视。

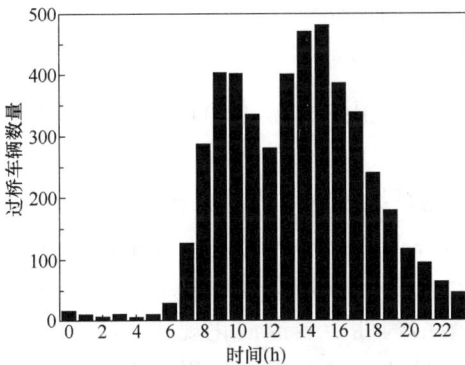

图 10.3.2-19　某 1 天内的过桥车辆统计

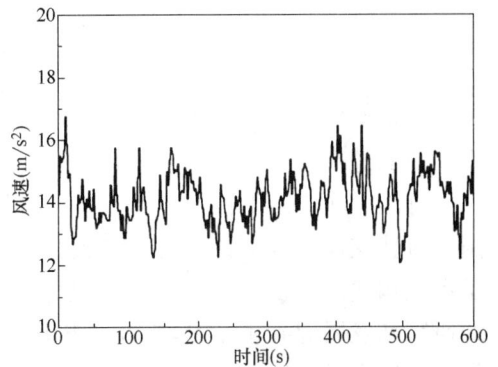

图 10.3.2-20　2010 年 1 月 13 日实测风速

3）温湿度

用温湿度仪测得了桥面上大气温湿度以及钢箱梁和锚室内的温湿度，从测得的数据来看，西堠门大桥处于海洋环境，大气温湿度较大，而钢箱梁和锚室内由于抽湿机的正常工作，湿度均小于 50%，满足大桥养护要求。

4）GPS 系统

通过 GPS 系统测得到的主跨中钢箱梁挠度变化如图 10.3.2-21 所示。

5）加速度响应

钢箱梁和长吊索在环境激励下的振动时程曲线如图 10.3.2-22 所示。通过傅里叶变换

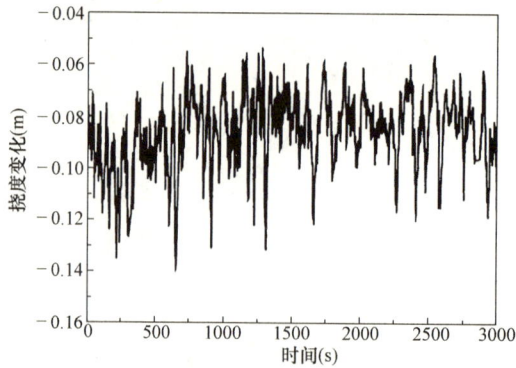

图 10.3.2-21　GPS 测试结果

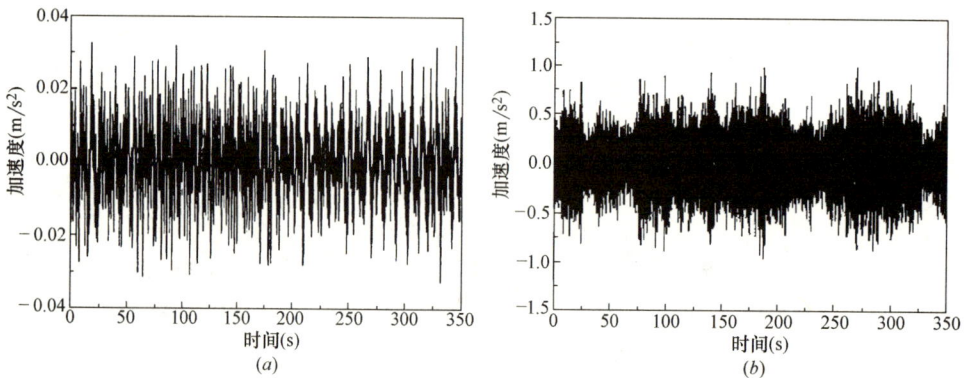

图 10.3.2-22　环境激励下的加速度响应
(a) 钢箱梁竖向振动；(b) 吊索振动

识别钢箱梁竖向前三阶振动频率分别为 0.097Hz、0.109Hz 和 0.134Hz，吊索的基频为 1.29Hz。

舟山大陆连岛工程安装的大型跨海桥梁结构监测系统投资巨大，并依托"十一五"国家科技支撑计划项目"跨海特大跨径钢箱梁悬索桥关键技术研究及工程示范"开展了系统构建的研发，取得了一些技术成果，系统运行良好，为我国桥梁结构监测系统的研究和发展起到了示范和推动作用，为大型桥梁结构性能衰退演化规律、状态识别和综合安全评估以及养护管理决策的研究提供了大量的宝贵数据，积累了宝贵的监测系统开发实践经验。

10.3.3　城市隧道运维管理

城市隧道指的是城市内为提供机动车专用的车行隧道。隧道主要有土建设施、机电设施和附属设施三部分。其中：土建设施包括隧道主结构、路面、侧墙、横截沟等。机电设施包括供配电、照明、通风、给排水、通信、火灾自动报警和消防等系统及综合监控设施等。附属设施包括风塔、光过渡段遮阳棚、装饰层、声屏障、排水设施、交通、绿化设施等。隧道运行、养护管理主要包括五大内容：运行管理、设施保洁、养护维修、检测评估和信息、档案管理。如图 10.3.3-1 所示为工作人员在进行隧道设施检查。

图 10.3.3-1　隧道设施检查

城市隧道按照长度分类如表 10.3.3-1 所示。

城市隧道分类表　　　　　　　　　　　　　　　　　表 10.3.3-1

隧道封闭段长度梁 L(m)				
超长隧道	特长隧道	长隧道	中隧道	短隧道
$L>5000$	$5000{\geqslant}L>3000$	$3000{\geqslant}L>1000$	$1000{\geqslant}L>500$	$L{\leqslant}500$

城市隧道安全保护区域应根据施工作业行为的类别与隧道分类进行划分，包括基坑工程、桩基工程、疏浚工程、爆破工程、堆载或卸载工程安全保护区域等。

城市隧道安全保护区域见表 10.3.3-2 和表 10.3.3-3：①对于爆破作业，安全保护区域应为隧道上方、上方中心线两侧和隧道洞口外 100m 范围。在安全保护区域内实施爆破作业时，应制定专项方案，并经评审通过后方可实施。②对于堆载（或卸载）作业，安全保护区域应为隧道边线两侧及隧道边线上方各 70m 范围。

城市隧道安全保护区域表一　　　　　　　　　　　表 10.3.3-2

隧道类型	隧道安全保护区域(m)		
	支护结构作为主体结构或基坑开挖深度 $H{\geqslant}12$	基坑开挖深度 $12>H{\geqslant}7$	基坑开挖深度 $H<7$
一级基坑	二级基坑	三级基坑	
超长、特长、长隧道	60	55	50
中隧道	55	50	45
短隧道	50	45	40

城市隧道安全保护区域表二　　　　　　　　　　　表 10.3.3-3

隧道类型	隧道安全保护区域(m)	
	按桩基工程划分的桥梁安全保护区域(m)	
	挤土桩	非挤土桩
超长、特长、长隧道	70	35
中隧道	60	30
短隧道	50	25

1. 隧道运行、养护管理要求

隧道运行管理应贯彻"安全第一、预防为主"的方针，全方位地对隧道运行管理的过程进行监视控制，及时消除隐患，杜绝事故发生，保证隧道安全畅通。

隧道应常年保持结构安全、设施完好、设备功能正常、行车环境舒适的良好状况。

隧道运行、养护管理应加强隧道的养护技术管理工作，确立"早期发现，及时维修"养护管理原则，及时发现病缺陷；通过制定科学的养护维修计划，指导养护维修工作，确保隧道设备设施的完好率、延长设施、设备使用寿命。

隧道运行养护责任单位应按照规定的检测周期实施检测，全面、系统地掌握隧道设施、设备的技术状况、运行状况，针对损坏形成的原因及后果，采取经济有效的针对性措施。

隧道运营养护责任单位应执行相关规定、规程的具体规定，落实定期检查工作，编制年度《定期检查报告》；并综合隧道年度运营状况，编制《隧道年度安全运营技术综合报告》，按时上报行业管理部门。

2. 隧道日常运行管理工作

隧道设立中央监控管理室，运行管理岗位人员实行24小时不间断的值班工作制度，通过轮班工作，监视、控制隧道的运行状况，通过对设施的监控、道口维护、施救作业、设备综合巡检等四个控制点的控制，全面保障隧道的正常运行，并确保服务的质量。

自然环境灾害和人为事故（事件）引发的各类突发事件，是影响和威胁隧道安全运行和设施安全的主要不利因素（危险来源）。隧道运行养护单位应全面贯彻和执行《上海市城市道路应急预案》，结合隧道的特点，制定各类事件应急预案，采取有效的措施控制危险来源，防止甚至杜绝突发事件的发生，通力合作、减灾救难，确保隧道设施安全和交通畅通。图10.3.3-2所示为工作人员在夜间进行隧道防汛防台应急演练工作。

(a)　　　　　　　　　　　　(b)

图10.3.3-2　隧道防汛防台应急演练

3. 隧道检查和结构检测

日常检查是养护维修工作的基础，以目测为主，配以简单工具、量具和仪器。通过日常检查，及时发现隧道设施、设备早期缺陷、显著损坏或其他异常情况，为科学、合理安排养护维修工作计划目标做准备。检查记录应将损坏发生的部位、损坏程度描述详尽，以便及时根据损坏的程度作出相应的处理。检查范围包括：隧道路面、结构和附属设施。检查周期根据行业要求及隧道运行情况按需而定。

定期检查是按规定周期对隧道设施、设备及其附属构造物进行全面检查，系统掌握基本技术状况，评定隧道设施、设备及其附属构造物状态，为制订下一阶段养护维修工作计划提供依据。

特殊检查主要是主要针对隧道结构，分为应急检查和专门检查。应急检查是指隧道遭遇自然灾害、发生交通事故或隧道保护区域大型施工等外力作用后，对遭受影响的隧道结构立即进行详细勘察、检查，及时掌握结构受损情况，为下一步采取针对性对策提供依据。专门检查是对难以判别的损坏原因，缺损的程度和需要，确保承载能力的结构，针对损坏专门的现场试验检测、验算与分析等鉴定工作。

隧道的结构检测可委托具有资质的检测单位进行，养护责任单位的检测人员须受过专业培训，检测所用仪器设备应按国家计量有关规定定期进行计量检验认证，主要包括：

（1）沉降检测：对隧道结构的高程进行检测，检测其结构的沉降层度。

（2）变形（收敛）检测：对隧道管片区进行横向、竖向形变检测，检测其横向、竖向变形量。发现变形量过大和数据明显异常的情况，应加强观测，复测后根据检测结果上报有关部门，必要时对检测结果进行专家评审。

（3）沉管隧道管段接头压缩量的检测：对沉管隧道管段接头压缩量，与历史测量值进行比较，当测量值达到或超过设计最大压缩量值的时候，要报告业主及行业有关部门，并密切予以关注。

（4）沉管隧道水平方向位移检测：对沉管隧道水平方向位移进行检测。可参照沉降检测的相关要求执行，测点可以和沉降测点共用或根据要求独立布设，如图 10.3.3-3 所示。

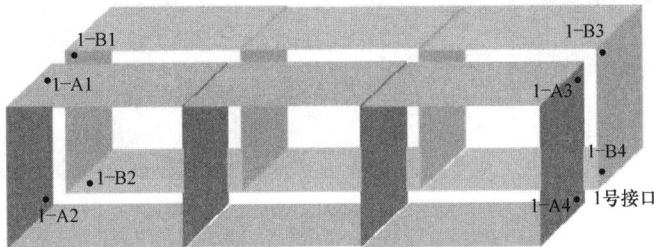

图 10.3.3-3　隧道水平方向位移检测点布置

（5）沉管隧道剪力键相对位移检测：对沉管隧道剪力键相对位移进行检测，采用三相位移计法测定，其工作流程图如图 10.3.3-4 所示，三相位移计构造如图 10.3.3-5 所示。

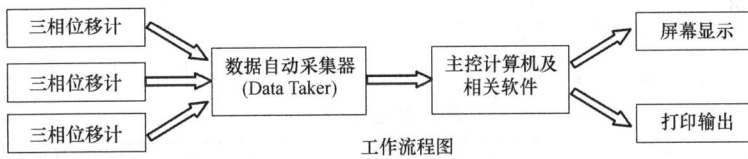

图 10.3.3-4　隧道剪力键相对位移检测工作流程图

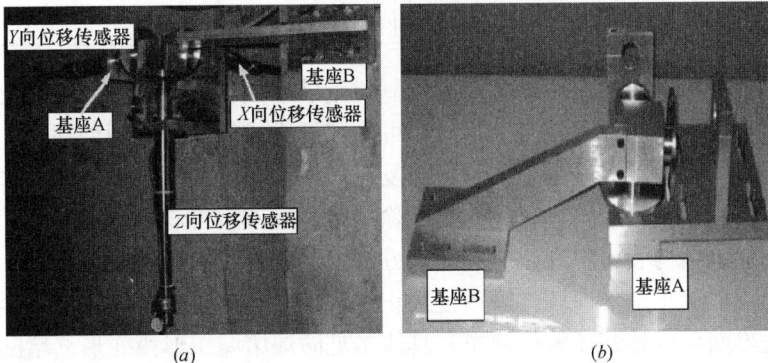

图 10.3.3-5　三相位移计

437

（6）沉管隧道江中段河床断面水深测量：对沉管隧道江中段河床冲刷情况进行检测，给出一个沉管隧道管段所处河床区域发生淤积和冲深的初步分析。

（7）渗漏水检测：对集水井积水量进行监测，一般须停止一切隧道用水作业后 5 小时后进行测量。

（8）混凝土土强度检测：对混凝土结构强度进行检测。根据检测部位、混凝土的龄期及测试精度的要求选择不同的检测方法。

（9）混凝土土碳化检测：检测混凝土碳化 pH 值、钢筋锈蚀记录和混凝土保护层情况记录。

（10）沉管管段裂缝检测：对隧道结构进行周期性检查，检查结构上是否有裂缝。

4. 城市隧道的养护维修

隧道土建结构指的是隧道主体结构和附属设施的钢筋混凝土结构。包括管片、沉井管段、矩形沉井、暗埋段、引道段、竖井、应急通道等钢筋混凝土结构。如图 10.3.3-6 所示为隧道结构断面示意图。

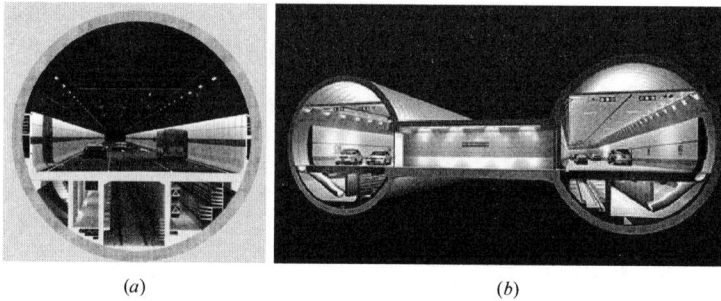

（a）　　　　　　　　　　　　　（b）

图 10.3.3-6　隧道结构断面示意图

根据《上海市隧道养护技术规程》规定，隧道土建结构的常见损坏与维修对策如下：

（1）管片露筋：对于裸露钢筋，若有锈蚀，应先用钢丝刷刷去钢筋表面堆积的疏松的锈蚀，再涂刷防锈漆。钢筋除锈防锈完成后，再使用环氧树脂砂浆或高标号水泥砂浆或聚合物水泥砂浆对裸露钢筋进行包裹处理。

（2）管片表面出现细微裂缝：管片表面出现细微裂缝处理方法见表 10.3.3-4。

管片裂缝处理表　　　　　　　　　　　　　表 10.3.3-4

序号	裂缝宽度（mm）	处理方法
1	≤0.2mm 的细微裂缝	可不作处理
2	>0.2mm 的细微裂缝	注浆封闭
3	已渗水的	注浆封闭

（3）管片上牛腿结构的裂缝：可采用环氧树脂砂浆或环氧树脂注浆补强处理。修复完成后进行混凝土强度检测，在强度不足时，可作碳纤维或粘钢等加固处理。

（4）混凝土结构缺：混凝土结构缺损修复可采用环氧树脂砂浆或高标号水泥砂浆或聚合物水泥砂浆修复，若出现露筋时应先进行除锈防锈处理后再修复。

（5）矩形隧道结构表面出现裂缝：处理方法可参见管片裂缝的处理方法。

（6）结构变形缝止水带损坏：采用注浆止水后填嵌柔性密封材料，抹快凝微膨胀水泥砂浆层，擦界界面后再外贴环氧玻璃布。具体参见防渗堵漏矩形段变形缝堵漏作业。

（7）矩形结构混凝土壁面的渗漏：可采用结晶渗透防水剂涂抹处理。具体参见防渗堵漏矩形段墙面堵漏作业。

（8）应急通道结构表面出现裂缝：应急通道结构表面裂缝处理方法见表10.3.3-5。

应急通道结构表面裂缝处理 表 10.3.3-5

序号	裂缝宽度(mm)	处理方法
1	≤0.2mm 的细微裂缝	可不作处理
2	＞0.2mm 的细微裂缝	注浆或扩缝后封缝处理

（9）管片螺栓：管片中暴露在外部的螺栓、螺帽应定期（五年一次）做防腐处理，也可用水泥砂浆将暴露部分的螺栓、螺帽密封。

（10）防渗堵漏：渗漏水治理应以满足隧道结构防水基本要求为目标，遵循"堵排结合、因地制宜、刚柔相济、综合治理"的原则，根据具体渗漏情况，确定堵漏止水材料和堵漏方案加以处理。

隧道机电设施包括供配电、照明、通风、给排水、通信、火灾自动报警和消防等系统及综合监控设施等。机电设备的养护维修对策如下：

（1）通风系统设备

通风系统是指城市越江隧道运营过程中，满足车行道、应急通道、管廊（如管道、电缆通道等）等结构在各自工况下通风需求的工程设施。一般根据车行道、应急通道、管廊结构通风的特点，采用轴流、射流、混流等三种类型的风机。并按通风、消音的需要，选配有风阀、导风及消音等装置。

通风系统的设备应处于良好的技术状态，确保隧道结构内的空气质量，保证隧道内及隧道峒口 CO 排放量和排放浓度达到国家大气环境质量标准，以及发生隧道火灾时能阻止烟雾向后续车辆扩散及时排除烟雾。

（2）给排水及消防系统设备

给排水及消防系统是指满足隧道内及其附属的各类管理用房内部的消防用水和冲洗用水，及时排除事故消防水、冲洗废水、结构渗漏水以及隧道敞开段部分雨水，保证隧道运行安全的废雨水排放设施的总称，主要包括"管道、阀门、水泵、泵用电机、水位仪、消火栓、自动灭火系统等"。

（3）电力系统

隧道电力系统自供电合同附件标注的分界点起经高压配电，降压及低压配电再反馈至各用电负载。为此定义供、配、变输电的几个环节如下：电站取得电源环节称之为供电，将电源分配至用电负载称之为配电。电站内电压的变换及站内设备用电或应急供电等称其为变电，从取得电源到用电负载之间的线路称为输电，由上述各部分加上控制及保护装置，即组成隧道电力系统。主要包括：变电站内设备（高压柜、电力变压器、交流稳压器、直流电源柜、UPS、EPS、低压柜、电容柜等），电缆与线路（电缆，桥架，穿管导线等），照明设备及开关箱，风机、水泵控制设备，防雷接地装置等。

为保证电力系统的安全可靠稳定地运行，按照《电力设备预防性试验规程》《电业安全工作规程》和《用户高压电气装置规范》等文件的要求，需定期对隧道电力系统内的设备和用具进行试验与检测。

（4）监控系统

隧道监控系统（图10.3.3-7）主要包括：中央计算机系统（交通监控工作站、设备监控

图 10.3.3-7　隧道监控室及监控系统
(a) 网络管理工作站；(b) 交通监控工作站图；(c) 电力监控工作站；
(d) 消防、火灾报警工作站；(e) 火灾报警主机

工作站、电力监控工作站、消防与火灾报警工作站、闭路电视工作站与监视墙屏、程控电话工作站、工程师工作站、网管工作站等）；交通监控系统（交通信号灯（箭头灯、显示屏）、车辆流量检测、车辆超高检测、可变情报板和限速板等）；电力监控系统；消防、火灾报警系统（消防/火灾报警工作站、智能火灾报警控制器、消防水喷雾控制、红外双波长火焰探测器或线型定温（缆式）探测器、智能光电式感烟探测器、输入模块、控制模块（带反馈功能）、手动报警按钮、警铃等）；闭路电视系统（闭路电视多媒体工作站、视频矩阵控制器、视频分配器、硬盘录像机、摄像机、监视器、专用操作键盘、供电电源、光端机及光缆等）；通信、广播系统（无线通信系统、有线广播系统、应急电话系统）等多个子系统组成，是隧道安全运行的核心。应根据《市政道路机电系统维护技术规程》的规定，对监控系统进行定期维护，确保系统的设备处于良好的技术状态，稳定而可靠地运行。

（5）信息技术在城市隧道运维管理的应用与展望

传统的城市隧道运维管理，信息化程度并不高。隧道设备设施的管理往往依赖人工巡检、复核的传统手段。这种传统方式不仅效率低下，而且容易出现漏检情况。此外，传统运维管理方式对隧道运维人员的自身素质有较高的要求，运维工作的质量完全取决于运维人员的责任心、技术水平和工作经验。

近年来，随着计算机处理能力的提升和软件更新换代，利用 BIM 等信息技术升级传统基础设施建、运、管、养的管理技术手段已逐渐成为潮流与趋势，同时也是构建"智慧市政基础设施"乃至"智慧城市"的重要手段。

5. 大连路隧道 BIM 运维决策平台案例

上海大连路隧道是穿越黄浦江连接陆家嘴和北外滩的重要通道，由上海隧道工程股份有限公司采用 BOT 的模式建设。隧道外径 11.22m，全长 2.5km，采用当时世界最大最

先进的泥水平衡盾构法施工。2015年，上海隧道工程有限公司、上海大学—上海城建（集团）公司建筑产业化研究中心和上海市地下空间设计研究总院，在行业内率先研发了隧道BIM运维辅助决策平台；该平台由"数据中心"、"模型中心"、"监控中心"、"决策中心"四个板块组成，首次把隧道BIM模型与"设计、施工、运维、结构设施与设备的检测监测维修"等信息有效地整合在一起，以隧道设施设备编码规则为基础，建立了完整的"健康档案"；基于平台实现了虚拟巡检、故障诊断和报警、病害追溯、危险源提示和运营养护方案比选等功能，为隧道管理者提供了可视化和智能化的辅助决策服务，为实现"智慧隧道"、"安全隧道"、"绿色隧道"探索了一条可行之路。

（1）大连路隧道BIM模型

结合大连路隧道的实际情况，根据大连路隧道的设计图纸与施工资料，建立了大连路隧道的BIM模型，建模深度达到LOD400，建模范围不仅包括隧道主体结构（明挖断、工作井、圆隧道段、附属结构）和内部的机电设备，还针对隧道沿线保护区的建筑物、道路、市政基础设施以及黄浦江等建立了精细模型，最大程度地还原了大连路及其周边环境的原貌，见图10.3.3-8。在模型的应用上，还开发了专用的模型轻量化技术，确保模型能在浏览器上快速加载和交互操作。如图10.3.3-9和图10.3.3-10分别为隧道内部机电设备以及隧道内部结构模型。

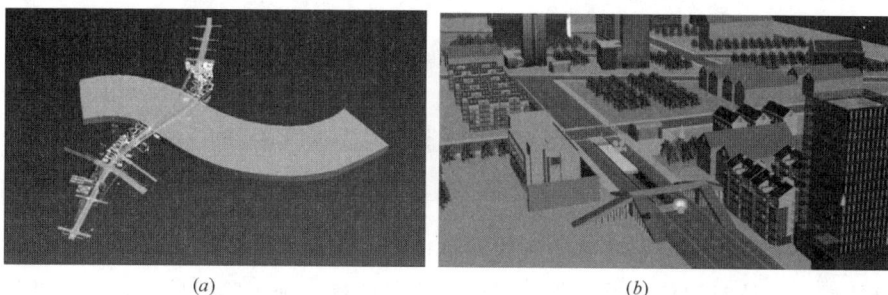

(a)　　　　　　　　　　　(b)

图10.3.3-8　隧道整体模型与隧道周边环境模型

图10.3.3-9　机电设备模型

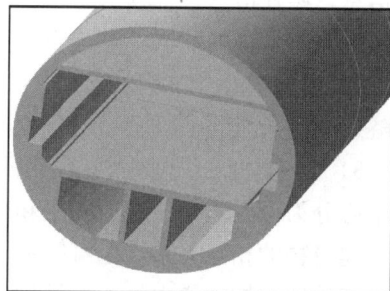

图10.3.3-10　隧道结构模型

（2）核心——大连路隧道全寿命周期多元异构信息

为了最大化地体现BIM模型的核心价值，课题组将大连路隧道设计、施工以及运维至今的所有数据（包括报表、图纸、图片、照片等）全部进行了电子化处理，结合隧道规划、设计、建设与运营数据集的特点，研究元数据描述规则，建立了22位的编码体系，构建元数据模型及标准体系。通过对隧道全生命期数据的类型及特征进行分析，研究隧道全生命周期数据仓库的构建方法及关键模型，提出数据仓库的体系结构，构建了多源异构数据仓库。

（3）应用——大连路隧道 BIM 运维辅助决策平台

大连路隧道 BIM 运维辅助决策平台（图 10.3.3-11），围绕"智慧隧道"、"安全隧道"和"绿色隧道"的先进理念展开设计，以隧道设施设备编码规则为基础，建立隧道"健康档案"，将其设计基础信息、周边环境信息、建设施工信息、运维管理信息、结构与设备的检测及监测信息、设施设备维修记录与隧道 BIM 模型整合在一起，在此基础上实现虚拟巡检、故障诊断和报警、病害追溯、危险源提示和养护方案比较等诸多功能，为隧道管理者提供可视化和智能化的辅助决策服务。平台分为"数据中心"、"模型中心"、"监控中心"和"决策中心"四大版块。

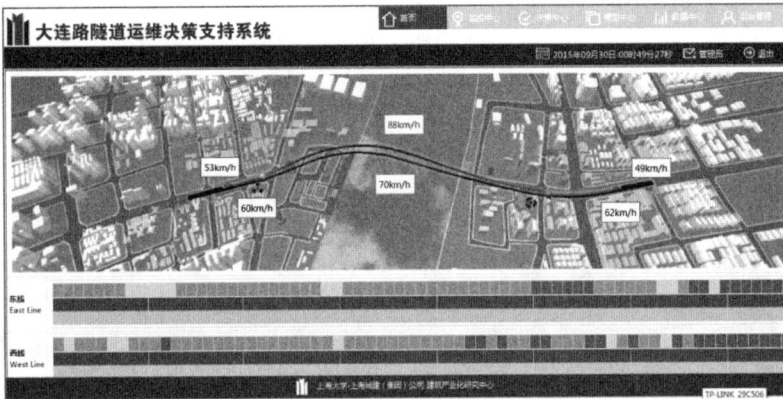

图 10.3.3-11　大连路隧道 BIM 运维辅助决策平台

1）数据中心："数据中心"围绕大连路隧道的全生命周期管理，全方位、多维度地进行了信息的融合。从时间角度看，既包括设计阶段信息、施工阶段信息，也包括运维阶段信息，目前积累数据跨度达十几年，覆盖了建设运维的全过程；从信息类别看，包括：文件信息、照片信息、视频信息、声音信息、图纸和数据库信息等；从信息来源看，既有各个实时监测系统的数据，电子版的数据，也有纸质数据（扫描件）等。

2）模型中心："模型中心"为决策分析提供了核心的算法、参数方案和运行策略。包括隧道结构安全评估模型、设备故障诊断模型、交通趋势预测模型和火灾预警模型等。

3）监控中心："监控中心"以可视化交互的方式为用户提供身临其境的决策服务。监控中心分为全景监控、隧道实景和变电所三个情境。全景情境下，用户可以观察隧道与周边构建筑物的相互关系，了解隧道周边活动，实现隧道全面监控；隧道实景下，用户可以更为细致地监控隧道中每一个结构件的健康状况，风机和水泵等主要设备的运行状况，快速发现异常情况，利用内在的关联关系，通过图表、动画等各种形式为用户提供多角度的信息，实现可视化决策；变电所情境下，用户可以在浦东浦西两个变电所之间自由穿梭，实现虚拟巡检和故障处理。

4）决策中心："决策中心"包括运营分析、结构分析、设备分析和综合分析四大功能。运营分析包括交通状况、环境状况和能源状况。交通状况主要是对及时交通情况进行判断、对下一时段交通趋势进行判断，和对交通事故进行分析，为管理者进行交通诱导和应急措施的安排提供帮助。环境状况主要是从温度、湿度、PM2.5、一氧化碳浓度、照度和亮度等多个指标对隧道环境进行全面评估，并结合其他运营信息，对风机和照明控制台的控制调整给出建议，确保隧道环境健康和舒适。能源状况主要是监测隧道用电情况，并在出现低功率因素时给予报警，确保能源的利用率。结构分析包括断面收敛、裂缝宽度、联络通道相对位移、纵向沉降和接缝张开多个关键指标项的历史和实时监测数据进行分析，对异常波动或超标现象进行分析，给出建议。结构分析部分还包括结构评估，结构评估在对病害进行细致统计分析和逐一评价的基础，对于出现劣化等问题的结构段，给出针对性的维养建议，提升了隧道整体结构健康程度。设备分析根据射流风机、集排风机和水泵的实时监测数据对设备异常及时予以报警并根据设备历史故障情况和设备特性，对设备维修和保养给出意见。综合分析则为用户提供全面的隧道监控、运营和安全的全面分析，并根据经费预算要求，给出不同策略下的养护方案，从而延长隧道寿命，降低隧道长期维护费用。

（4）系统特色

首次实现了城市越江隧道全生命周期设施、设备和环境的全方位的信息采集和融合，并通过 BIM 模型以时空互联的信息透视方式为决策者提供可视化的决策支持，实现了快速问题发现和隐患捕捉。

首次利用大数据分析技术，实现了隧道设备、结构和环境的评估和病害追溯性分析，并以此为基础，通过优化算法，实现了隧道年度养护方案的优化。

首次实现了"互联网＋"与市政基础设施运维管理的有效融合，云平台、物联网技术、无线通信等技术得到很好地应用，为建立覆盖重要市政基础设施的城市级安全预警平台打下了良好的基础。

（5）取得成效

"大连路隧道运维辅助决策平台"的研发，不仅为大连路隧道运行安全提供了保障，为城市运行安全拓展了新的思路，并积累了极有价值的经验，而且标志着隧道运营养护已经进入了"大数据"和"互联网＋"时代。

10.4　城市轨道交通网络的运维管理

10.4.1　城市轨道交通系统运营维护管理基本内容

城市轨道交通是一个庞大而复杂的技术系统，其专业涵盖了土建、机械、电机电器、自动控制、运输组织等技术范畴，主要分为列车运行、客运服务和检修保障三大系统，其中：

列车运行系统包括线路、车辆、牵引供电、通信信号、控制中心等；客运服务系统包括车站、自动售检票、导向标识、消防环控、火灾报警、给排水等；检修保障系统包括为保障轨道交通设备性能良好，应具备的检修手段及检修能力等。

城市轨道交通运营维护管理主要指的是城市轨道交通运行组织管理和设备、设施维护管理，即在一定的设备条件下，设计出良好的运输计划，满足乘客在出行安全、距离、速度、舒适性和准点性等方面的要求，并在运行过程中通过对设备、设施的养护维修确保运行安全。

10.4.2　网络化运营——城市轨道交通运营的发展趋势

自从 1863 年伦敦开通第一条城市地铁后，轨道交通开始涉及城市交通服务领域。自 1965 年北京市开始建设第一条地铁以来，到 2014 年末，我国轨道交通运营里程已达 3173 公里，年客送送总量达到 131 亿人次。根据规划，我国 2020 年规划线路里程将超过 1 万公里。

随着城市轨道交通线路的不断增多，运营组织管理随之由单线运营进入网络运营，城市轨道交通网络化运营通过车站与线路的有效衔接，形成规模大、功能强的客运网络，线路之间和车站之间实现互联、互通、互动、资源共享，从而满足城市公共交通和乘客出行的需求。

1. 网络化运营及其挑战

城市轨道交通网络化运营是指在由多线路组成的城市轨道交通线网上建立的、旨在有效满足出行者需要的安全、可持续的运输组织方法与经营行为的总称。随着我国城市轨道交通运营线网规模的不断扩展，城市轨道交通系统已经从简单的单线系统逐步形成网络化系统，由单线运营模式迈入网络化运营时代。北京、上海、广州等大城市轨道交通大客流的冲击，使得轨道交通网络化效应愈发明显，运营管理所承受的压力也在加速积聚，面临着严峻的挑战。

网络化运营的不断加强，使车站与车站之间、线路与线路之间、系统与系统之间的关联性不断加深。比如换乘便捷了，线路的客流结构就会明显变化。网络线路和系统的相互关联度和影响度的增强，对网络管理的统筹组织提出新的要求，尤其对运能组织调度、系统运行的联动和网络资源的共享等提出更高要求。

可以说与单线路运行相比，网络运行的安全性和可靠性对城市活动的影响是全局性的。因此，一要通过严格的操作制度和科学的维护方法，来确保设施设备的运行可靠性；二要建立适应网络化运营的应急处置和抢修体系，充分应对各类运营故障以及突发事件，力争用最短时间、最有效的手段，使其最快地恢复正常运营，把对网络影响控制到最小程度。

2. 我国轨道交通设施养护管理现状及挑战

随着网络化运营时代的来临，轨道交通设施养护工作量大大增加，对设施的养护管理也提出了新的更高的要求。从行业管理角度，目前我国轨道设施养护管理主要存在以下四方面问题。

（1）运行监测手段落后

目前轨道交通设施养护管理不具备监测设施运行状况的技术手段，难以满足网络化运营条件下，设施安全、应急和维修养护管理的需要。目前对设施的状态主要采取例行巡查、检查方式，而且以人工检查为主，缺乏信息化、实时、动态的监测手段，难以掌握设施的实时状态，对于设施的运行状况以及设施病害的发生发展缺少连续性监测。

（2）标准规范体系缺失

我国轨道交通无论规划设计、建设管理、施工安装等各个环节，均缺乏考虑养护维修作业需求的科学的、系统的、完整的、统一所标准规范体系。尤其是在保证设施安全，提高养护质量方面，急需轨道设施养护技术规程、评价设施健康状况和养护工作质量的方法和指标体系等标准或规范。

（3）法律法规不健全

各城市的设施养护管理的法规、政策有待细化，管理机制、标准、规范有待健全。

（4）数据资源缺乏整合

目前，我国城市轨道交通设施设备信息化程度较低，各条线路建成年代差异较大，虽然开发了一些信息化管理系统，但资料储存状态不一致，大量的图纸等资料堆积，不便查询，整体上基础数据不完整，缺乏统一数据标准，存在信息孤岛现象，信息缺乏整合、分析，数据利用率低，有数据无信息。

10.4.3　城市地铁和轻轨系统运维管理

1. 城市地铁和轻轨运营管理

（1）轨道交通行车组织管理基本概念要点

1）行车组织的基本原则

① 讲安全与功能：把握高峰小时最大运能。必须满足客流预测需求，并应留有余量与储备量；必须满足一定行车运行的安全间隔和服务水平；必须讲运营功能和运营经济。

② 讲节能与效益：把握全日客流运能与效益的平衡。高峰与平峰的效益平衡；服务水平与效益的平衡；满载率与舒适度的平衡；最高速度与节能的平衡。

2）正常运行的组织模式

① 交路运行（大小交路选择、运行经济性与灵活性）；

② 长短列车运行；

③ 快线运行（超长线路，大站距运行，越站运行）；

④ 支线运行（Y形，支线独立运行，贯通正线混合运行）；

⑤ 共线运行（双Y形，两条正线局部共线运行）；

⑥ 跨线运行（两条线路之间，采用不同制式车辆跨线互通运行）。

3）行车闭塞法

列车在区间内运行的特点是：列车速度快、质量重、制动距离长，又不能避让。因此，为了安全、准确、迅速、协调地完成运输生产任务，列车由车站向区间发车时，必须确认区间（分区）内，或在最小运行间隔内没有列车，并需遵循一定的规律组织行车，用来控制轨道车辆与轨道车辆之间按照空间间隔方法保持一定安全距离运行，以免发生列车正面冲突或追尾事故。这种按照一定规律组织列车在区间内行车，以保证轨道车辆安全运行的方法，叫做行车闭塞法，简称闭塞。

行车闭塞法可分为站间闭塞和自动闭塞。站间闭塞就是两站间只能运行一辆列车，其列车的空间间隔为一个站间；自动闭塞就是根据列车运行及有关闭塞分区状态自动变换信号显示，而司机凭信号行车的闭塞方法。自动闭塞是国内轨道交通普遍采用的方法，自动闭塞系统装置能为轨道交通行车提供一个最低的防护。当列车在某一区间因停电、熄火等原因，主动或被动停车，其轨道区间就会向后续列车发出信号，后续列车就会及时降速停下来。从闭塞制式的角度来看，自动闭塞有三种形式：固定闭塞、准移动闭塞（含虚拟闭塞）和移动闭塞。

4）行车指挥方式

根据采用的调度指挥设备类型，轨道交通行车指挥的方式主要有行车指挥自动化、调度集中和调度监督三种。

① 行车指挥自动化。在采用行车指挥自动化的情况下，列车运行控制功能通常是通过 ATC（Automatic Train Control，列车自动控制）系统实现。ATS 作为 ATC 的子系统，主要实现对列车运行的监督和控制，包括：列车运行情况的集中监视、自动排列进路、自动列车运行调整、自动生成时刻表、自动记录列车运行实迹、自动进行运行数据统计及自动生成报表、自动监测设备运行状态等，辅助调度人员对全线列车进行管理。

② 调度集中。采用调度集中设备的轨道交通线路，行车指挥实行调度集中控制。调度集中设备是指挥列车运行的一种远程遥控设备，由控制中心的调度集中总机、进路控制终端、显示盘和列车运行记录仪、闭塞设备、调度集中分机和数据传输设备以及联锁设备等组成。调度集中的主要功能有：行车调度员可直接控制车站的信号机、道岔，排列列车进路；控制中心能实时显示车站信号机、道岔的状态、进路占用情况、列车车次和列车运行状态等。

③ 调度监督。采用调度监督设备的轨道交通线路，行车指挥实行调度监督控制。调度监督设备是指挥列车运行的一种远程监控设备，由控制中心的调度监督设备、显示盘，闭塞设备、车站终端和数据传输设备以及联锁设备等组成。调度监督与调度集中的区别是只能监督、间接控制，不能直接控制。调度监督的主要功能有：控制中心能实时显示车站信号机、道岔的状态、进路占用情况、列车车次和列车运行状态等。

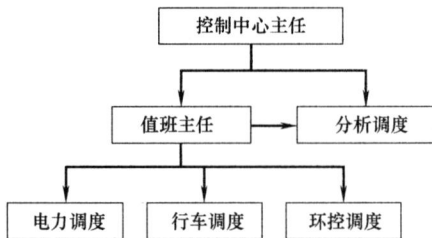

图 10.4.3-1　轨道交通控制中心的组织结构

5）行车调度管理。轨道交通是一个复杂的、技术密集型的城市公共交通系统，具有各项作业环节紧密联系和各部门、各工种协同工作的特点，为对运输生产活动进行集中领导、单一指挥和实行有效监控，轨道交通必须设立调度机构及控制中心。轨道交通控制中心的组织系统见图10.4.3-1。

调度机构是轨道交通日常运输工作的指挥中枢，凡与列车运行有关的各部门、各工种都必须在调度机构的统一指挥下进行日常运输生产活动。调度机构的基本任务是合理运用技术设备，组织指挥与列车运行有关的各部门、各工种协同作业，确保实现列车运行图、完成运输生产任务，保证行车安全和乘客安全，提高运输效率和经济效益。

2. 城市地铁和轻轨设施养护维修管理

（1）城市地铁和轻轨系统设施及其维修的内容

城市轨道交通系统设施，是指轨道交通的轨道、隧道、高架、车站（含出入口、通道）、车辆、机电设备、通信信号系统和其他附属设施，以及为保障轨道交通系统正常运营而设置的相关设施。轨道交通养护维修包括车辆和土建、机电设备等的养护维修。

（2）地铁和轻轨设备和车辆维修管理

轨道交通设备和车辆维护管理主要包括：车辆段、车站、列车车辆、线路、隧道、信号设备、通信设备、机电设备、供电设备、自动化设备、售检票设备、监视和测量设备、消防设备和环控、环保设施等。维修管理时应对这些设备设施应进行日常维护和定期维护，通过恰当的检查检测、维护保养、维修手段，用合理的维修成本，保证设备以良好的运行状态持续运行，为乘客提供良好的服务。维修管理应遵循"一切为了运营"的原则，采用全寿命周期管理，即以企业生产经营目标为依据，运用技术、经济和组织措施，对设备从规划、设计、制造、购置、安装、使用、维护、修理、改造、更新直至报废的整个寿命周期全过程的管理。

1）维修管理工作具体内容

设备管理主要包括：车站机电设备（风、水、电、扶梯、屏蔽门、自动化、消防等）；供电设备（交流高中压系统、牵引供电、接触网、接触轨等）；工务建筑（轨道线路、房屋建筑、桥梁、隧道、感应板等设施）；通信设备（通信、信号系统软硬件设备）；自动化设备（火灾监控系统、车站设备监控系统、AFC 系统、门禁系统、乘客信息显示系统、电力监控系统、主控集成系统等）等。

车辆维修主要包括：对车辆各自系统进行检测、检修和维护，保证车辆质量，实现列车的安全、可靠、高品质运行。国内轨道交通车辆维修策略具有下述特点：车辆的低级修程维修在停车场、定修段进行；车辆的高级修程趋向专业化集中修，多在车辆段进行；维修方法多为互换修，更换下来的部件实行集中修。

2）维修方式和维修管理

设备维修方式一般分为：计划修、状态修和故障修三种。维修管理模式一般分为：自主维修和委外维修。

（3）地铁与轻轨系统设施养护管理

1）养护内容

轨道基础设施主要包括轨道线路、区间隧道和路基、车站、车辆段及区间附属设施等，其中除了轨道线路设施外的其他设施均为土建设施。

① 线路设施包括钢轨、轨枕、扣件、道床、道岔、接触轨系统、感应板系统、防爬设备、轨道加强设备、道口及其他附属设备等；

② 桥梁设施包括梁、墩台、支座、栏杆、步行道、声屏障等；

③ 区间隧道和路基包括洞体结构、道床、涵洞、路基、护网、排水沟等；

④ 车站设施包括站厅、站台及附属用房、出入口、风道、风亭等设施；

⑤ 车辆段和停车场包括停车列检库、洗车库、架修库、定修库、月修库及其他生产辅助用房等。

2）检查与检测

由于地铁和轻轨系统的高架段结构与桥梁相似，地下空间结构大部分采用盾构法施工，故结构的检查检测内容可分别参照桥梁与隧道的结构检测相似。隧道运营管理单位应成立专门的巡检工作部门，制定定期与不定期相结合的检查方案。

① 检查分类。轨道交通地下空间结构检查可分为周检、半月检、季度检查、年度检查和特殊检查五类。周检：重点区段（大程度沉降、长距离变形区段）；每半检：常规区段检查；季度检查：对结构耐久性或设施功能存在影响，但并不直接影响到结构及运营安全的损坏，进行季度检查。年度检查：一般在每年秋季对隧道设备定期进行全面、全方位检查的工作称为年检（即秋检）。年检是对本年度设备进行全面鉴定、评估并为编制次年

设备维修计划提供依据。特殊检查：对结构耐久性或设施功能存在严重影响，直接影响到结构及运营安全的损坏，或设施遭遇自然灾害、交通事故严重撞击或保护区域大型施工等外力作用后，应立即组织特殊检查。

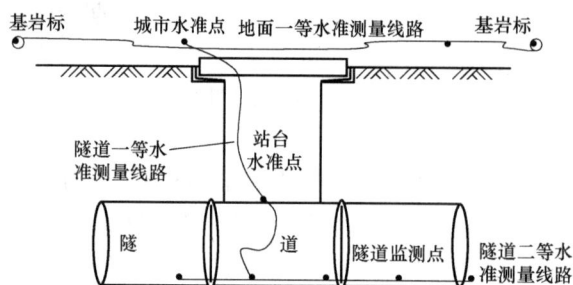

图 10.4.3-2　轨道交通地下空间控制网布置示意图

② 控制网布置。长期沉降测量地面基准网由基岩标、深层水准点组成，沉降测量基准网应起算于基岩标。长期沉降控制网的布设原则为：分级控制、整体平差计算。如图10.4.3-2所示为轨道交通地下空间控制网布置示意图。

基岩标→城市水准点（车站深标或浅标）→车站控制点→线路控制点→沉降监测点。

③ 沉降监测。隧道段及地下车站每年 2 次，高架桥梁段每年一次，对局部大变形区段、事故抢险段加密测量，根据实际情况而定。

④ 收敛监测。隧道段收敛测量可采用固定测线法，全站仪全断面扫描法及满足要求的其他收敛测量方法。普查隧道状况，一般每年一次。用于工程监测，一般一年多次。

3）常见病害

近年来在轨道设施、设备及土建结构中常见的病害主要包括钢轨波磨、桥梁支座变形超标、车站及隧道区间渗漏等诸多病害，既影响了运营服务质量，也给运营安全带来隐患。

① 钢轨波磨：波磨地段振动噪声增大，影响乘客乘车舒适性，并引起车辆部件损坏，且在波磨严重地段易发生扣件失效情况，影响行车安全。

② 高架桥梁支座变形：出现支座位移、变形超标、开裂等现象，造成局部支承面积减小，支座受力不均匀，影响桥梁受力。轨道桥梁病害包括：主梁和墩台裂缝、混凝土剥落、伸缩缝、泄水管、声屏障等附属结构缺损，抗震设施的销棒倾斜、螺栓孔混凝土剥落等。

③ 结构渗漏：结构渗漏问题是城市轨道交通结构比较普遍的主要病害，尤以地下结构为重。地下结构防水层因常年使用出现局部老化、破损而使得周边土体内的水渗入结构，隧道结构也因裂缝、变形缝止水带破损而形成了渗漏水通道。渗漏问题在车站和车辆段设备用房也有所出现。

④ 地面线路排水不畅：雨季路基排水不畅，长时间浸泡轨道基础设施，对设施健康造成危害。

⑤ 地基不均匀沉降。

10.4.4　现代有轨电车工程的运营管理和维护保障

1. 有轨电车的运营管理

（1）网络化运营

现代有轨电车由于是行走在城市道路路面上，车辆依靠司机瞭望运行。因此，运营组织更加灵活多样，运营组织应根据网络客流量和线路特征，制定合理的运营方案，提高服务水平，降低运营成本，提高运营效益。

（2）专用路权为主

现代有轨电车的路权形式通常为专用路权和混合路权（图10.4.4-1）。专用路权是指沿着其通路拥有与其他交通方式的物理隔离措施，如路缘石或栅栏等，但与其他交通方式（机动车、行人）有平面交叉，包括常规的街道交叉口。这种路权形式的现代有轨电车在与其他道路相交时是使用平交形式的，在交叉口内路缘石是断开的，以允许机动车穿越，而在交叉口范围外，有轨电车通路继续被路缘石与机动车道隔离。混合路权指各种交通模式混行的街面，公共交通车辆可以拥有保留的车道（非物理隔离），也可能是在普通车道上运营。从目前国内外有轨电车运营情况来看，一般以路权专用为主，能有效提高运行速度。

（a）   （b）

图 10.4.4-1   不同路权形式的现代有轨电车

（a）专用路权；（b）混合路权

（3）信号优先的路口控制交叉口协调控制

现代有轨电车的车辆走行于道路路面，因此和交叉口的关系尤为重要，交叉口的处理形式将直接影响到有轨电车运营效率的一个重要因素。在交叉口，有轨电车可以与其他交通方式使用相同的信号控制，也可以享有信号优先通行权利。一般采用动态信号控制即信号优先，具有与道路信号系统协调运行优先通行权。如图10.4.4-2所示。

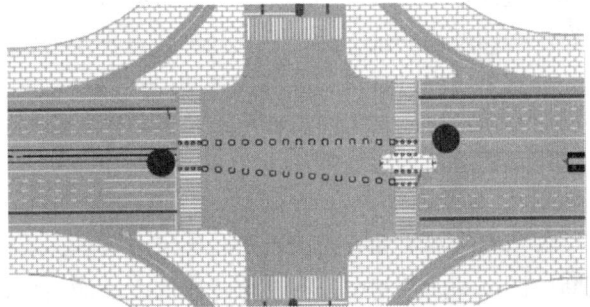

图 10.4.4-2   交叉口信号控制设计

路口控制是实现区域协调控制的基础。区域协调控制可以解决相邻道路交叉口的信号协调问题，提高道路交通的安全有序和有轨电车的运行效率。除了对沿线交叉口的信号控制系统进行改造外，需要同步考虑相邻交叉口的信号控制系统改造。

（4）运营调度及车辆驾驶

由公司级运营部门按照客流要求编制时刻表，在全线首、末站、车辆段设置人工调度，尽量按照运行时刻表控制列车的出发时间及出退勤作业。控制中心调度员根据车辆实时定位，并根据系统传回的信息进行运营调度；通过设在站台上的电子站牌和设在车上的车载终端设备，向乘客发布实时运营信息和公共信息。道口信号和道路信号系统由交警部门控制。

司机瞭望运行，除在平面交叉口设置道路公共交通信号灯控制，其余正线路段按可视距离间隔运行，在起终点折返时采用人工驾驶模式。车站折返进路的办理由控制中心控制完成，车辆段采用计算机连锁系统。

（5）售检票系统

根据不同的售票和检票位置，售检票方式分为三类：车上售检票、车外售检票和车外售票/车上检票。售票装置如图 10.4.4-3 所示。

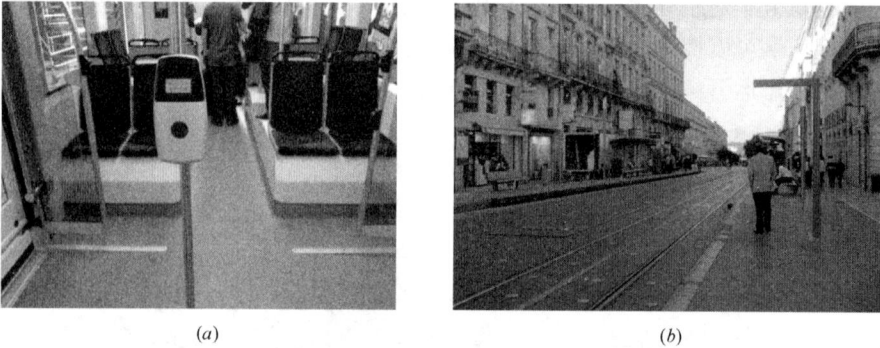

(a)　　　　　　　　　　　　　(b)

图 10.4.4-3　售检票系统

(a) 车上售票；(b) 站台自动售票机

（6）有轨电车故障情况下的运营

1）非正常状态运营模式

包括线路故障和车辆故障。当有轨电车线路上某个区间发生故障，都将直接导致有轨电车运行受阻。在正线区间因各种原因发生故障时，应根据控制中心调度员的指令，尽可能在就近前方车站或区间停车，并疏散乘客，当有轨电车被迫停在区间中无法开动时，可以在中心调度员的统一指挥下，让乘客有秩序地就地疏散。

有轨电车因自身发生故障在区间停站时，先进行清客，由调度人员，在查清电车可以移动后，命令后续列车在后方车站清客，然后运行到故障列车尾部，将故障列车顶推或牵引至停车线及车辆段处理。

2）紧急状态运营模式

包括发生火灾和有轨电车出轨等紧急事件。有轨电车在运行中发生火灾，司机应立即切断电源，并向控制中心报警，听候调度员的指挥，并就地疏散乘客。

列车在运行中脱轨停在区间时，司机应及时向控制中心行车调度员报告，行车调度员应立即下令封锁该区间，禁止其他列车驶入；命令司机打开车门，及时疏散乘客；通知抢险队救复列车。

2. 有轨电车维护保养管理

有轨电车维护保养管理的主要目的是保证有轨电车设施、设备处于受控状态，维持正常运行，主要的工作包括日常的管理及维修，消除各种运行隐患，保证设施设备性能得以稳定发挥。

（1）有轨电车维护管理理念

有轨电车工程作为现代化交通运输工具，对其进行科学化运行、管理是不可或缺的。有轨电车工程设施设备类型多、数量大、系统结构复杂、专业化程度高。应对不同层级类型的设施养护管理进行层次化管理，对专业化系统实施专业分包管理，实现对有轨电车工程的集中维护和一体化管理。

（2）养护评价标准

建立有效的系统养护评价标准，系统评价标准要由若干个单项评价指标组成，能正确反映各方面和各环节的设施及设备设施的实际情况，指标体系的设立要符合有轨电车工程的功能和特点。其目标是要提高有轨电车的安全性和运行效率，保证工程的高可靠性、高实用性以及实时性。在年度考核中利用量化指标对系统维护工作进行评价，落实责任到人，贯彻管养到位，使机电系统管养工作有章可循，有据可评。

（3）有轨电车的维护保养一般规定

有轨电车工程维护工作内容包括车辆、机电、工务、土建附属设施、机电附属设备的维护保养。设施及设备的养护维修可分为日常检查、经常性检修、定期检修检测、应急抢修等不同类别的工作。

3. 有轨电车的养护维修

（1）运营控制系统及其维护保障

运营控制系统（简称运控系统）包括：正线信号系统（含中心运营调度管理子系统、正线道岔控制子系统、平交路口信号控制子系统、车载子系统）、车辆段信号系统（含车辆段联锁子系统、试车线设备、培训中心设备、信号电源设备）、信号维护监测系统、时钟对时设备、综合显示屏、控制中心工艺等，如图10.4.4-4所示。实现对有轨电车的行车指挥、列车运行监督和管理，确保行车安全、提高运输效率、促进管理的现代化。

图 10.4.4-4　有轨电车运控系统

（2）智能交通系统维护保障

智能交通系统包括平交道口信号优先控制系统和道路交叉口视频监控系统：

信号优先控制是通过对交叉路口交通信号控制策略的优化设计，对有轨电车车辆进行倾斜性的信号分配，提高车辆在交叉口的通行效率，确保车辆的优先通行权。按照技术规程对路口轨旁信号优先控制箱、电车信息采集器、车载机柜、司机操作按钮等设施设备进行巡视与维护，确保列车安全运行。

视频监控系统由沿线安装的摄像机、机架、云台，以及监控中心的控制设备和光纤传输设备组成。视频监控系统维护内容主要包括：摄像机立柱、爬梯、机架和维修工作台的检查与防锈；摄像机杆顶的避雷针和接地电阻测量；定期检查摄像机防护罩与控制箱的防尘、防雨、防振动、防干扰的功能；定期检查摄像机、云台功能；定期检查外场摄像机雨刷、除霜和自动加温的功能；检查摄像机限位装置和风扇的工作是否正常；检查电源线、视频线接头有无松动、脱落、线路外皮有无破损、老化等情况；检测系统传输质量。

（3）其他设备维护保障

设施设备管理范围还包括通信系统、通风空调与采暖系统、消防及给排水系统、火灾自动报警系统、售检票系统、电梯及自动扶梯等。都应按照相关规范要求做好维保工作。

（4）车辆管理维护

车辆的技术水平对车辆检修制度的确定有着重要的影响，主要体现在车辆的修程设置和检修周期上。

1）车辆检修修程作业内容包括：厂修、架修、定修、三月检、周检、临修。

2）车辆检修作业方式一般分为：现车修和换件修两种方式。

3）车辆日常检修作业内容主要包括车辆外皮清洗，内部清扫与定期消毒等。

（5）机电设施设备维护

1）机电设施设备维护内容

机电设施设备维护包括供电系统、运控系统、智能交通系统、通风空调与采暖系统、消防及给排水系统、火灾自动报警系统、环境与设备监控系统、自动售检票系统、电梯及自动扶梯等。

机电设备管理工作中应对有轨电车运营线路沿线控制保护区域内设施设备进行日常巡查、测试和维修，保障设施设备技术状况良好和运行正常。线路成网运营后，运营单位可建立集中式的综合运营维修基地，也可将线网划分成不同区域，实行区域化维修管理。

2）设备维修方式：一般分为计划修、状态修和故障修三种。

设备维修管理模式一般分为自主维修和委外维修两种，除特种设备、高电压等级的电力设备应采取直接委外维修保养外，其他设备的维修宜采取自主维修方式。

3）设施设备运营指标

年度统计数据应满足以下要求：

① 列车服务可靠度：全部列车总行车里程与发生 5 分钟以上延误次数之比不应低于 8/次万列公里；

② 列车退出正线运营故障率：不应高于 0.4 次/万列公里；

③ 车辆系统故障率：因车辆故障造成 2 分钟以上晚点事件次数应低于 4 次/万列公里；

④ 信号系统故障率：不应高于 0.8 次/万列公里；供电系统故障率：不应高于 0.16 次/万列公里。

4）供电系统设施维护

有轨电车供电系统主要包括 10kV 中心配电室、中压供电网络、牵引降压变电所、电力监控系统、充电架、杂散电流腐蚀防护系统、供电车间等。

维护保障主要内容：

① 按照技术规程对主变电所、降压变电所、接触网（轨）、电力监控系统等设施设备进行巡视与维护，确保列车不间断运行。

② 各变电所均应有两路独立可靠的电源供电。

③ 通过巡视、检测等手段，对接触网（轨）进行状态检测。

④ 供电系统维修班组应根据供电设备沿线分布特点合理设置，发生故障时快速反应、

及时处置。

5）建立供电系统的基础资料档案管理制度。

（6）土建设施养护维修

土建设施养护维修管理范围包括轨道工程、路基工程、线路附属工程、隧道、桥梁、车站建筑、车辆基地、运控中心及变电所房屋建筑等。

1）轨道

轨道系统包括钢轨、扣件、轨枕、道床、道岔和附属。轨道结构应有较强的整体性能，具有牢固、稳定、耐久、绝缘、均衡等特性，以确保行车安全、平稳和乘坐舒适。维护保障主要内容如下：

① 定期对轨道工程进行检测和维护，轨道的标高、轨距应保持在允许误差范围内；定期对正线和辅助线钢轨伤损情况进行无损检测，发现钢轨伤裂应及时更换。

② 定期对轨道结构进行检测与维护。

③ 定期对道岔进行检测与维护。

④ 定期对车挡进行检测与维护。

⑤ 定期对道床排水沟进行维护。

2）路基及铺装

路基工程应保障车辆行驶的安全性和舒适性。路基直接承受轨道和车辆荷载，其强度应能承受车辆荷载的长期作用；其厚度应使扩散到其底层面上的动应力不超过基床底层土的长期承载能力；其刚度应使车辆运行时产生的弹性变形满足列车运行平顺性的要求。

维护保障主要内容：

① 定期对投入运营的路基工程进行检测与维护，路基结构强度及变形应满足承载轨道和列车运行的要求。

② 定期对路基的防水、排水设施进行检查，确保防水、排水设施完好通畅，防止路基不均匀沉降和边坡塌陷。

3）车站

定期对车站建筑工程进行检查和检测，确保结构的强度、刚度和耐久性处于设计指标范围内，地下结构的水渗透量不应超标，必要时应对结构进行修补；地面结构防水、排水系统应保持畅通。

4）附属设施及绿化

主要是绿化景观工程和交通安全设施。维护保障主要内容：

① 定期对线路附属工程进行检查，确保线路附属工程完好。

② 定期对线路标志进行检查，确保线路工程的基标、线路及信号标识等附属设施的完整性、完好性、可视性和清晰度，安装位置不应该影响列车驾驶员瞭望。

10.4.5 城市轨道交通列车自动控制系统的应用与发展

1. ATC 系统的概念和组成

自城市轨道交通问世以来，人们不断地为提高其安全程度和通过能力而努力，其中一项重要的技术措施就是采用列车运行自动控制系统（ATC，AutomaticTrainControl）。

ATC 系统是目前国内既有与新建轨道交通线路的首选列车运行控制技术，它由列车自动监控系统 ATS（Automatic TrainSupervision）、列车自动保护系统 ATP（Automatic TrainProtection）、列车自动运行系统 ATO（Automatic Train Operation）3 个主要的子系统组成，简称"3A"系统。

ATP 子系统：是 ATC 系统最重要的部分。因城市轨道交通列车运行速度高，在高峰期列车密度大，而且运输对象为乘客，发生行车事故后果严重，依靠运行人员防止运行事故远不能满足运行安全要求，因此必须使用列车自动保护系统 ATP。ATP 系统根据故障-安全原则，执行列车间安全间距的监控、列车的超速防护、安全开关门的监督和进路的安全监控等功能，确保列车和乘客的安全。

ATS 子系统：城市轨道交通的另一要求是必须实行统一指挥调度，才能充分发挥其运输快捷、准时的特点，在列车运行发生偏差时也容易通过集中调度使之恢复正常。ATS 子系统便是实现这一目的的系统。它的主要作用是实现对列车运行的监督和控制，辅助行车调度人员对全线列车进行管理。它给行车调度人员显示出全线列车的运行状态，监督和记录运行图的执行情况，在列车偏离运行图时及时做出反应（提出调整建议或自动修整运行图），从而保证列车按时刻表正点运行。

ATO 子系统：是以列车自动保护系统为基础、配置车载计算机系统及必要的辅助设备，主要执行站间自动运行、列车在车站的定点停车、在终点的自动折返等功能。它对于列车运行规范化、减少人为影响，在高密度、高速度运行条件下保证运行秩序有很大好处，在节约列车能耗方面也有一定作用，同时还可以减轻司乘人员的劳动强度。

2. ATC 系统在国外的发展状况

从城市轨道交通的发展历史来看，20 世纪 30 年代出现了基于轨道电路的自动闭塞装置，将原来站间的一个闭塞区间划分为若干个与列车制动距离有关的较短的闭塞分区，从而使站间区间可以开行多列车，大大提高了线路的通过能力。与自动闭塞装置伴随而生的是机车信号和自动停车装置。60 年代以前的城市轨道交通大多采用这类自动闭塞装置。

随着工业化程度的提高，世界城市人口急剧膨胀，从而对城市轨道交通的载客能力提出了越来越高的要求。为了提高载客能力，措施之一增加每列车的车辆数目及车辆的空间容量；措施之二便是缩短行车间隔。这就为发展更先进的列车运行控制系统提供了需求。与此同时，计算机技术的飞速发展也为发展列车速度自动控制提供了良好的硬件和软件环境。自 70 年代起，世界上一些著名的信号公司，如法国的阿尔斯通（ALSTOM）、德国的西门子（SIEMENS）、英国的西屋（WestingHouse）轨道系统公司、瑞典的 ADTranz、美国的 US&S 等相继推出基于数字轨道电路的准移动闭塞 ATC 系统，使城市轨道交通的通过能力大大提高，运行的安全性和可控性也得到改善。

基于准移动闭塞的 ATC 系统已在世界各国得到广泛应用。以日本为例，从 20 世纪 90 年代起，为进一步缩短列车运行间隔、减少系统的安装和维护费用，日本铁路开始研究新一代以数字传为基础的数字 ATC。数字 ATC 系统用轨道电路探测列车并传递数字信号，车载设备根据前方目标位置和列车自身位置，从车载数据库中检出列车制动模式并按此模式控制列车运行。数字 ATC 的采用缩短了列车运行间隔时间，改善了乘车的舒适度并易于采用改进性能的机车车辆。目前作为准移动闭塞 ATC 系统基础的数字轨道电路正朝着双向信息传输和更高的传输速率、更多的信息量方向发展。

移动闭塞是城市轨道交通 ATC 系统的发展方向。20 世纪 90 年代以来，随着计算机、通信技术特别是移动通信的快速发展，基于通信的列车速度控制系统 CBTC 受到了日益广泛的重视。目前基于交叉感应电缆方式的移动闭塞式 ATC 系统已处于较为实用的状态，利用无线通信技术的 ATC 系统则多处于研究开发或试用阶段。在美国旧金山城市快捷运输系统中，安装了基于无线扩频定位的 AATC 系统，该系统采用了先进的无线扩频通信、伪码测距和计算机信息处理技术，实现了对复杂环境中列车的实时准确定位、跟踪。

3. ATC 系统在国内的应用和研究状况

我国城市轨道交通信号系统的研究随北京地铁的兴建而起步。在 20 世纪 70 年代北京地铁的建设中，应用了我国自行研制的轨道电路、电气集中、机车信号及自动停车等系统，并在实践中证明了其适用性和可靠性。针对地铁的特点，北京地铁还采用了移频自动闭塞改为无选频、集中设置的方案：电气集中增加了自动折返进路等，并进行了列车自动驾驶的研究和试验。这些应用和研究为我国城市轨道交通信号系统的发展积累了技术和经验随着我国铁路建设的飞速发展，特别是 1996 年京九铁路的开通运行，大量以微处理器为核心的高技术含量的新设备和新系统如：移频自动闭塞、计算机联锁以及通用机车信号设备相继在我国铁路系统广泛应用。另外还进行了列车超速防护的试验和测试。这些应用于干线铁路信号系统的科研成果为研制先进的基于计算机、通信的城轨交通 ATC 系统打下了良好的基础。随着近年来地铁建设的逐渐升温，国内城市轨道交通系统中信号设备的研制工作逐步展开，信号设备从传统的有绝缘轨道电路、继电联锁、机车信号、自动停车、调度监督、调度集中逐步向无绝缘轨道电路、微机联锁、列车超速防护、列车自动监控等现代信号设备系统发展。

从目前我国 ATC 系统的研究情况来看，最有基础的是 ATS 系统。我国现有的 CTC 调度集中系统与 ATS 系统具有非常相似的功能和作用，能够实现自动列车进路、列车运行自动追踪、信号设备状态显示等。我国从 70 年代开始，由铁道部科学研究院、通信信号总公司等单位研制的各型 CTC 调度集中系统/DSS 调度监督系统在铁路线路上的运用里程已达数千公里，具备了成熟的研制、生产和使用经验。由铁道部科学研究院研制的 D6—CTC 是按地铁和轻轨的要求研制的调度集中系统，已成功运用于伊朗德黑兰轻轨铁路。该套系统包括：控制分机、前置通信、运行表示、进路控制、运行图调整、时刻表编辑、维护管理、中央数据管理、车次跟踪、在线培训等子系统，具备了 ATS 的一些基本功能。由中国铁路通信信号集团公司和法国阿尔斯通集团公司合资成立的卡斯柯信号有限公司近年来在上海地铁一号线、三号线的信号系统中承担了大量的国产化工作，已初步具有提供完整的 ATS 系统的能力。

从 ATP/ATO 的研究情况来看，铁道科学研究院、中国铁路通信信号集团公司、北方交通大学、同济大学等科研院所在 ATP/ATO 系统的系统设计、可靠性、安全性及仿真系统开发方面都进行了多年的研究，已有许多实践成果。1999 年国家计委和铁道部为《城市轨道交通 ATP 系统国产化开发及产业化》立项，并由中国铁路通信信号总公司和电子科技集团第 14 研究所总承，已取得阶段性进展。在实践方面，国内京九线采用的带超速防护的 18 信息、集中移频自动闭塞设备，由自动闭塞、通用式机车信号、超速防护等 3 部分组成，移频信息共 18 个，除满足通用式机车信号显示的需要外，还用作列车超速防护装置的连续信息，是国内较为先进的 ATP 设备，但和城市轨道交通自动运行控制的需求的还有一定差距。此外，我国在 1965 年就曾在北京地铁建设期间进行过 ATO 设备的研制，70 年代还进行了进一步的研究和试验，但由于成熟度和可靠性方面的原因没有机会付诸实用。

国内进行 ATC 系统研究的有南京电子技术研究所，他们已经建成了一套以南京地铁南北线和重庆轻轨为背景的列车运行演示系统和自行研制的一套双机热备微机联锁实验系统，并引进了阿尔斯通公司的信号仿真工具，目前正在进行基于通信的移动闭塞 ATC 系统的预先研究。

我国对城市轨道交通的 ATC 系统的研究和应用存在的差距主要表现在对 ATC 系统中的数字轨道电路、车-地信息、传输和列车自动驾驶等关键技术尚不能全面掌握，国产化水平较低。在自动保护系统 ATP 中，国内外设备的主要差距在于列车的速度监督上，而速度监督的最主要设备是数字轨道电路，包括其地面发送设备和车上的接收设备。

10.4.6 城市轨道交通运营突发事件管理

轨道交通运营中的突发事件大致包括因列车撞击、脱轨，设施设备故障、损毁，或因大客流等情况以及其他因素影响造成人员伤亡、行车中断、财产损失。还有因地震、洪涝、气象灾害等自然灾害和恐怖袭击、刑事案件等社会安全事件，引发的运营突发事件。近年来，随着我国城市轨道交通运营线网规模的不断扩展和轨道交通大客流的冲击，网络化效应愈发明显，城市轨道交通安全运营形势日益严峻。为适应行业发展和管理的新形势以及应急处置的实际需要，为适应我国城市轨道交通行业快速发展的新形势和应对突发事件的实际需要，做好运营突发事件的应对工作，2015 年 4 月 30 日国务院办公厅印发修订后的《国家城市轨道交通运营突发事件应急预案》。本节从突发事件分级、应急救援管理等几方面对轨道交通运营突发事件的管理进行介绍。

1. 突发事件分级

根据国务院办公厅以国办函〔2015〕32 号印发《国家城市轨道交通运营突发事件应急预案》，按照事件严重性和受影响程度，运营突发事件分为特别重大、重大、较大和一般四级。事件分级标准如下：

（1）特别重大运营突发事件：造成 30 人以上死亡，或者 100 人以上重伤，或者直接经济损失 1 亿元以上的（"以上"含本数，下同）。

（2）重大运营突发事件：造成 10 人以上 30 人以下死亡，或者 50 人以上 100 人以下重伤，或者直接经济损失 5000 万元以上 1 亿元以下，或者连续中断行车 24 小时以上的。

（3）较大运营突发事件：造成 3 人以上 10 人以下死亡，或者 10 人以上 50 人以下重伤，或者直接经济损失 1000 万元以上 5000 万元以下，或者连续中断行车 6 小时以上 24 小时以下的（"以下"不含本数，下同）。

（4）一般运营突发事件：造成 3 人以下死亡，或者 10 人以下重伤，或者直接经济损失 50 万元以上 1000 万元以下，或者连续中断行车 2 小时以上 6 小时以下的。

2. 监测与预警

加大对设施设备和环境状态以及客流情况等的监测力度，对各类风险信息进行分析研判；细化了预警信息发布和预警行动措施，从预警信息发布、预警行动和预警解除三方面进行了系统规定，并对日常监测、风险分析和信息报告等提出了明确要求。

3. 城市地铁与轻轨系统应急救援

当轨道交通出现严重的设备故障、线路故障或由于不可预见的突发事件，如认为破坏、火灾、爆炸、毒气、大面积停电等导致行车组织、运营服务紊乱，相关设备设施在短时间内无法修复时，应合理控制客流或进行疏散，及时启动公交信息通告和公交接驳预案。

（1）轨道交通运营管理单位应建立完整的急救援体系，包括事故预防、应急预案、应急救援系统、应急培训与演习、应急救援行动、事故的恢复与善后等工作。定期与公安、消防等部门组织联合演练，提高应急处理能力。

（2）城市轨道交通运营主管部门加强对运营安全的日常监测和各类风险信息的分析研判，并与其他部门建立定期会商和信息共享机制。

（3）轨道交通运营管理单位应建立严谨的事故（事件）报告、处理制度，主要包括：事故（事件）的记录要素、事故（事件）的分类、报告流程、信息发布、调查和处理、统计分析和总结报告等。

（4）轨道交通运营管理单位应创新应急抢险保障体系。打破以往"按线路布局资源、各专业独立运作、内部封闭管理"的应急抢险模式，根据网络特点，探索区域组团、综合维护、开放协作的应急保障模式。配备应急所需要的专业器材，设备、并精心经常性维护保养，保证设备完好。

（5）组织开展故障处理技能培训、演练，提高故障处理的能力；宜与公安、消防等部门联合演练，提高对常见故障及事故的应急处理能力。

4. 有轨电车故障抢修工作流程

维修调度和各专业班组、实行 24 小时值班，设施及设备发生故障后各级人员立即执行本专业应急抢修预案，抢修流程如图 10.4.6-1 所示。

5. 网络化时代轨道交通应急救援

与单线路运行相比，网络运行的安全性和可靠性对城市活动的影响是全局性的。因此，一要通过严格的操作制度和科学的维护方法，来确保设施设备的运行可靠性；二要建立适应网络化运营的应急处置和抢修体系，充分应对各类运营故障以及突发事件，力争用最短时间、最有效的手段，使其最快地恢复正常运营，把对网络影响控制到最小程度。可以说，地铁网络的维护保障能力和应急处置能力是网络化运营必须高度关注的焦点问题。

10.4.7 轨道交通运维管理新技术展望

1. 自动售检票系统（AFC 系统）

AFC 系统的全称是 Automatic Fare Collection System，是一种由计算机集中控制的自动售票（包括半自动售票）、自动检票以及自动收费和统计的封闭式自动化网络系统。随着轨道交通的快速发展和相应技术的进步，AFC 系统正朝着标准化、网络化、集成化、人性化方向发展。线路之间以及与城市公共交通的联乘优惠、跨系统结算等对系统提出了更高的要求，建立统一、标准、跨平台、跨系统的应用平台是未来 AFC 系统发展的必然

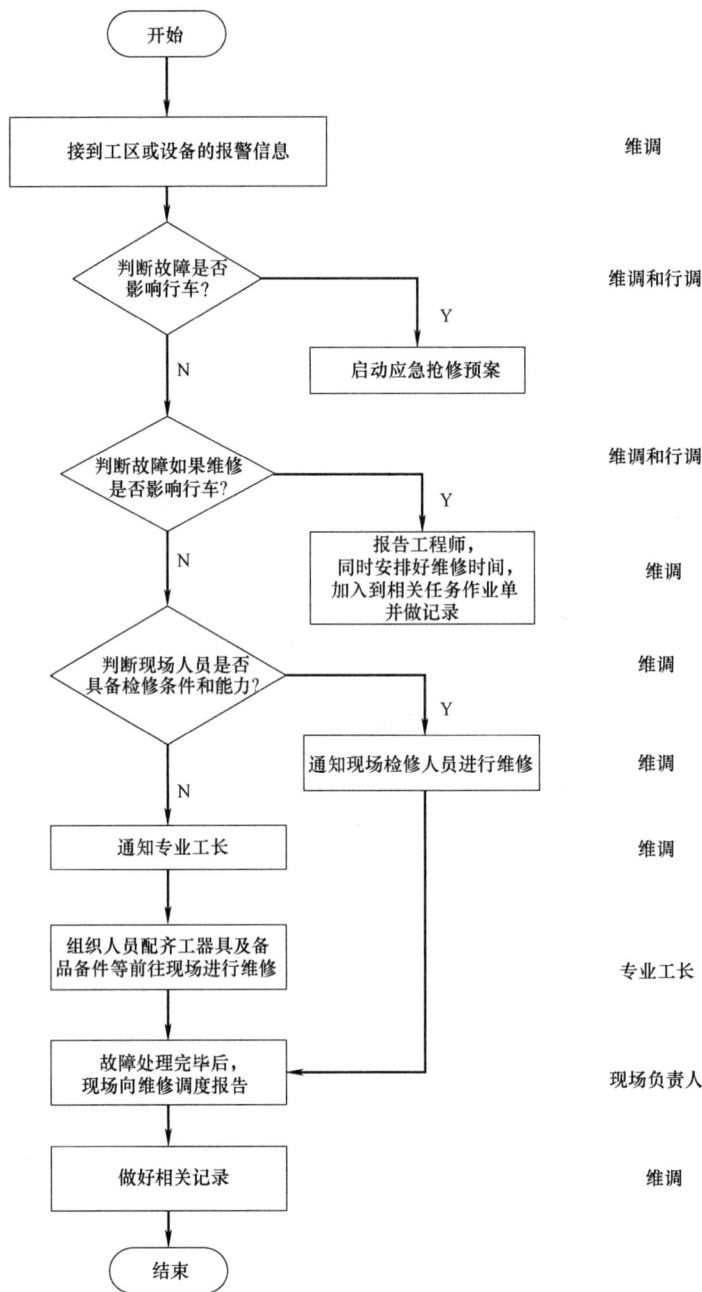

图 10.4.6-1 有轨电车故障抢修流程

方向。线路之间以及与城市公共交通的联乘优惠、跨系统结算等对系统提出了更高的要求，建立统一、标准、跨平台、跨系统的应用平台是未来 AFC 系统发展的必然方向。

2. 全自动无人驾驶系统技术和模式

全自动无人驾驶系统是一种全新理念的轨道交通模式，可以实现列车的小编组、高密度运行，可改善运营服务水平，降低轨道交通系统在全生命周期内的运营成本。无人驾驶地铁虽未广泛应用，但它的出现可带动轨道交通安防、监控等相关技术的发展和融合，实现轨道交通全自动智能化，是未来轨道交通的发展趋势。

1998 年 10 月 15 日巴黎地铁 14 号线正式运营，这是世界上第一条无人驾驶全自动化的线路。近 20 年来，在国际上全自动无人驾驶系统已经广泛应用于城市轨道交通系统中，包括哥本哈根、纽伦堡、新加坡在内的 10 多个城市不断将无人驾驶的地铁系统投入运营。马赛、柏林、汉堡等城市也在将原有地铁系统改为无人驾驶系统。其中哥本哈根的无人驾驶地铁交通系统还曾获得"世界最佳地铁"、"世界最佳无人驾驶地铁"等称号。

在国内无人驾驶地铁系统也已投入运营，上海轨道交通 10 号线采用全自动无人驾驶技术已投入运行；广州珠江新城线的地铁系统已正式运行。我国现已完全掌握了无人驾驶地铁列车系统的核心技术，并由中国北车研制出了首列无人驾驶地铁列车，亮相于 2014 中国国际轨道交通展览会。

地铁无人驾驶系统是一项成熟的科技，在设计、施工、车厢与机电设备以及系统集成等方面均已取得丰富的经验。无人驾驶系统具有高度的安全性和可靠性，但这种可靠性都必须建立在严格完善的系统工程之上。

全自动无人驾驶系统运用现代设计理念，采用硬件和软件的冗余措施，利用高可靠性和安全性的信号系统（ATC），高可靠性、大容量的具有实时传输功能的通信系统，以及具有高度的牵引刷动控制精度、快速准确的故障诊断分析与排除功能和应急疏散声光电报警指示的车辆等，结合智能化和数字化的综合监控系统（ISCS）、运营控制中心（OCC），依靠人工监视与干预机制来确保高安全性和可靠性。有按客流自动调整运营策略和列车开行密度的功能，能灵活地适应高峰大客流和低峰客流的运营需要，提高列车满载率。

高度集成的综合监控系统（ISCS）对于全自动无人驾驶系统是至关重要。全自动无人驾驶系统的列车运行完全依靠信号控制，因此信号系统必须采用高可靠、高安全和冗余设计，需要更高的列车定位精度，以及实时的列车运行控制命令和设备状况报告，要求 ATC 车载与轨旁设备之间双向的高容量通信，所用信号系统必须采用基于无线通信技术的移动闭塞系统。

3. 基于全寿命周期成本理论的车辆维修体制

轨道交通车辆需要贯彻"以可靠性和舒适性为中心，实现部件寿命管理、单元部件互换修和主要部件专业化集中修相结合"的"互换修、均衡修"维修理念，提高车辆运用效率。

首先，车辆总体设计方案，应在高质量、安全性和可靠性要求的基础上，实现主要部件、设备的标准化和技术通用性，实现设备良好的可用性和可维修性。

其次，根据主要部件的大修期和寿命期确定合理的车辆检修制度；降低全寿命周期费用，包括牵引能耗、预防性维护成本和大修成本。

采用部件互换修为主的车辆检修方式的优点：①大大缩短车辆检修停运时间，提高车辆的利用率。②为合理组织生产创造条件，从而有效提高劳动生产率。③有利于部件专业化、规模化修理，提高车辆检修质量，提升车辆运行的可靠性。

思考题

1. 简述智慧交通的内容与意义。
2. 简述路面管理系统的功能与作用。

3. 简述桥梁健康监测系统的功能与作用。

4. 简述大连路隧道 BIM 运维决策平台的主要内容与功能。

5. 简述城市轨道交通网络化运营与单线路运营的区别。

6. 简述城市轨道交通系统运营维护管理基本内容

7. 简述城市有轨电车运营管理的主要内容。

8. 请举一个城市轨道交通运营突发事件管理的案例。

参考文献

[1] 城市道路养护维修作业安全技术规程 SZ-51-2006

[2] 海市城市高架道路养护技术手册．上海市市政工程管理处，2007.1

[3] 上海市城市桥梁养护技术手册．上海市市政工程管理处，同济大学，2006.3

[4] 卢浦大桥养护技术规程，上海市城乡建设和交通委员会．2009，12

[5] 上海隧道养护技术规程 SZ-43-2005

[6] 隧道养护技术手册（运营管理）．上海市路政局

[7] 隧道运营养护管理手册（维修养护）．上海市路政局

[8] 吴金洪，宛岩，韦强，黄先锋．城市轨道交通运营管理．北京：国防工业出版社，2012.

[9] 习心宏、李明华．城市轨道交通概论．北京：中国铁道出版社．2014

[10] 薛美，根杨立，峰程杰，现代有轨电车主要特征与国内外发展研究[J]，城市交通，2008，11-5（6）

[11] 陈才君，柳展，钱小鸿，等．智慧交通[M]．北京：清华大学出版社，2015.

[12] 郭健．大型桥梁健康监测系统及损伤识别理论[M]．北京：人民交通出版社，2013.

[13] 刘文峰．检测技术及仪器在桥梁健康监测系统中的应用[M]．天津：天津大学出版社，2013.

[14] 王中平．公路沥青路面预防性养护新技术[M]．江苏：中国矿业大学出版社，2015.

[15] 徐剑，黄颂昌．沥青路面预防性养护理念与技术[M]．北京：人民交通出版社，2011.

[16] 李远富，樊敏，侯景亮，等．大型复杂桥梁工程养护管理智能辅助决策支持系统研究[M]．四川：西南交通大学出版社，2011.

第 11 章　城市地下综合管网的运维管理

城市地下综合管网主要包括：城市供水、排水、燃气、供热、电力、通信等各类管线，是城市基础设施的重要组成部分，也是城市运行的基本保障。本节将介绍城市地下管网中的"城市供水、排水、燃气管网"运行维护管理。

11.1　城市地下综合管网的现状与未来

11.1.1　城市地下综合管网运维的现状与存在问题

1. 城市地下综合管网运维的现状

近年来，随着我国城市规模的快速发展，各类地下管线总量已经十分庞大，并且还在快速增加，运维管理的压力越来越大。此外，随着使用年限的增加，由于内部和外部的各种原因，各类管线均存在不同程度的损伤，如：腐蚀、变形、泄露、爆管等，给城市工业生产和人民生活带来极大的损失，如：因自来水管爆管而导致的"水漫金山"、地下排水管道损坏导致的道路塌陷、施工中对燃气管线保护不当而引发燃气管道破裂并引起燃气外泄及燃烧等等。可以说近几年来，因各类地下管网事故引发的社会问题和损失呈现持续增长的趋势，城市地下管线安全管理越来越受到重视。

2. 当前城市地下综合管网运维的存在问题

（1）相关资料缺失。我国各地普遍存在着地下管线分布不清的情况，其原因是地方政府在过在去相当长一段时期普遍存在着"重建轻管"的现象，对地下管线的管理不够重视，一些地方行业管理部门不仅缺乏对原有的地下管线的普查、建档，对一些新增地下管线的竣工资料也管理松懈，直接导致了很多地下管线没有系统性和准确的档案资料。在施工中挖断、损坏地下管线的现象时有发生，造成了极大的经济损失和社会影响。

（2）缺乏统一管理。城市地下管线权属复杂，有些属于自来水公司、排水公司、燃气公司、电力公司、电信公司等单位；有些则属于部队等特殊单位。由此也造成了地下管线缺乏统一规划和管理，各自为政、缺少沟通，从而出现了乱挖乱建、重复建设等问题，造成了城市地下空间的浪费和大量的经济财产损失，并且给城市运行和人民生活带来了很大影响。可以说我国在城市地下管线缺乏统一管理，在规划、建设、运行维护和档案信息管理等环节均存在着一定的问题。

（3）缺乏信息共享，管理手段落后。城市地下管线的产权分散，各行业间、企业间的地下管线工程资料各自保存互不共享的现象十分普遍。此外，地下管线信息的管理手段大多采取传统的图纸保存方式，信息化程度还较低，无法实现快速的查询与共享。

（4）缺乏有效的养护维修。在我国城市建设中，长期存在着"重建设、轻养护"的问题。地下管线埋设竣工后，相关养护维修工作未引起有关部门的足够重视，导致管道因养护不到位而引发的腐蚀、损坏、渗漏等现象普遍存在。此外，国内从事地下管线的监测、检测工作的专业技术人员也严重不足。

11.1.2 城市地下综合管网运维管理的新技术

随着信息技术的不断发展，互联网、物联网、传感器、大数据、移动通信、GIS（地理信息系统）、BIM（建筑信息模型）等新技术已经被应用。智慧水务、智慧燃气等新理念得到了广泛的认同。

11.2 城市供水系统及管网的运行维护

11.2.1 城镇给水厂运行维护管理

1. 城镇给水厂运营管理概述

（1）水质监测

城镇给水厂的运营管理即是保障自来水在输送及使用的过程中水质、水量及水压等各项指标。由于自来水厂是市政设施中唯一的直接影响到人民群众的身体健康的项目，饮用水的水质达标是城镇给水厂首要保障的内容。

1）化验监测。为确保给水厂的出水水质指标满足使用要求，对给水厂的处理情况进行全过程的控制及监测。根据《城镇供水厂运行、维护及安全技术规程》CJJ 58—2007中的规定，城镇供水厂应在每一个净化工序设置水质检测点。当生产需要、工艺调整或者水质异常变化，可酌情增加工序水质检测点。

2）在线监测。在保证日常化验水平的同时，为应对瞬时出水可能出现的超标极端情况，城镇供水厂应设置一定数量的在线监测仪表实施连续监测，基本设备包括浑浊度、余氯、pH 等水质的在线监测设备，经济条件允许应配置其他水质在线仪表。水质在线监测数据应及时传递到控制中心进行监控和处理。

在线监测仪器设备应达到所需的灵敏度和准确度，并符合相应检验方法标准或技术规范的要求，并有专人定期进行校准及维护，当仪表读数波动较大时，应增加校对次数。

图 11.2.1-1 自来水厂进水处理池

3）净水药剂及原材料选用。城镇供水厂在选用各类涉水产品（净水原材料、输配水设备、防护材料、水处理材料）时，应选用具有生产许可证和卫生许可证企业的产品，并执行索证（生产许可证、卫生许可证、产品合格证及化验报告）及验收制度。如图 11.2.1-1 所示为自来水厂进水处理池。

城镇供水厂采用的水化学处理剂、输配水设备及防护材料在首次使用前应分别按照《生活饮用水化学处理剂卫生安全性评价》GB/T 17218 和《生活饮用水输配水设备及防护材料的安全性评价标准》GB/T 17219 进行卫生安全评价，评价合格方可投入使用。

（2）制水生产

1）一般要求。制水生产工艺应保证连续地向城市供水管网供水，符合当地政府制定的相关规定，保证管网末梢压力不应低于 0.14MPa。各地自来水厂还应服从城市规划对供水压力的要求。根据制水生产工艺要求，投入运行的设施与设备应符合工艺系统运行整体上安全、优质、高效、低耗的要求。对制水生产工艺中的主要工序必须进行工序参数检测和动态控制并应符合下列规定：

① 净水各工序的水质检测应严格按照规范实施。根据工序质量检测点的需要，可对浊度、余氯、氨氮、pH 值、碱度等主要水质项目，配置在线连续测定仪，并根据检测结果进行工序质量控制。

② 对制水生产工艺中各工序的水位、压力等主要运行参数应配置在线连续测定仪，并根据检测结果进行工序质量控制，对检测仪表应定期进行校准，以保证检测数据的准确。

③ 进厂原水和出厂水流量必须计量。流量计检测率达 95% 以上。制水工艺过程应根据需要配置流量计。流量计应按其等级要求，定期进行校准。

④ 净水药剂必须计量投加，制水工艺系统优先选择计量泵便于进行自动控制，根据计量泵或计量装置的特性定期进行校准，以保证水处理效果。

⑤ 制水生产过程的电量消耗，应按工序分别进行计量。进、送水泵组应按单机组分别配置电量表，并应依据当地计量部门量值传递的要求，定期对其进行检测，以保证计量的准确。

⑥ 必须对制水生产中的主要设施、设备的运行情况及其运行中的动态技术参数，制定和实施点检制度，并对其主要技术参数进行控制。

2）质量控制。自来水厂质量控制是贯穿整个生产工艺流程的，如图 11.2.1-2 是自来水厂生产工艺流程，包括：预处理工序（预加药）、常规处理工序（絮凝、沉淀及过滤）、深度处理工序（后加药、除铁、除锰、除氟、软化等）、污泥处理工序。

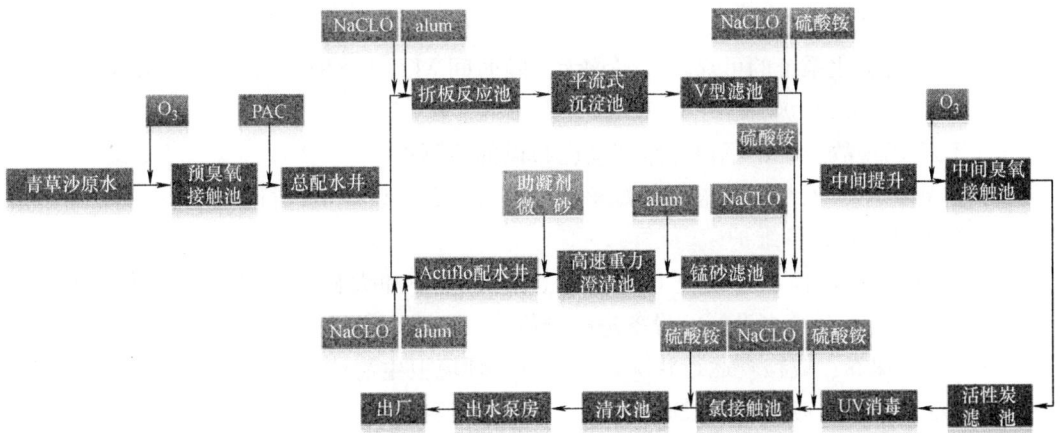

图 11.2.1-2　自来水厂生产工艺流程

（3）设备自动化控制管理

水厂自动化运行应建立如图 11.2.1-3 的自动化控制系统，并应符合下列规定：

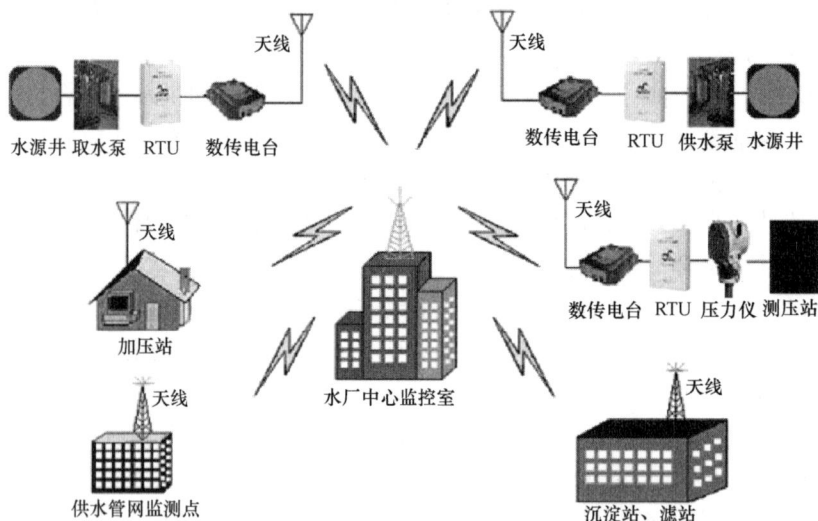

图 11.2.1-3　自动化控制系统示意图

1）建立厂级集散型计算机辅助调度系统（SCADA 系统），实现对进、净、送制水生产全过程的工艺与水质的检测与数据采集。

2）建立厂级集散型控制系统（DCS 系统），至少实现药剂制备与加药混凝、消毒剂制备与消毒、过滤与反冲洗等控制水质的工艺过程自动化控制。有条件可以建立送水泵站调压、调流自动化控制、污泥处理自动化控制。

3）建立厂级制水工艺全过程的运行管理系统（MIS 系统），包括源水、制水过程、出厂水水质信息管理系统（LIMS 系统）。

4）宜建立加药混凝＼消毒＼过滤等关键工艺部位的厂级工业电视系统（CATV 系统），包括安全保护防范系统。

5）上述系统应整合到一个计算机网络平台、数据信息共享，按等级按权限使用，使用率要求达到 99.8％。

6）水厂自动化系统的可靠性，平均无故障时间 MTBF＞8760 小时。现场自动化设备平均无故障 MTBF＞5000h。

7）仪表出现故障时，不得随意变动已布设的检测点。

8）应根据生产工艺的要求及时对相关的运行参数的设定值进行调整。

2. 给水设施及设备维护

供水设施维护检修，应建立日常保养、定期维护和大修理三级维护检修制度。图 11.2.1-4 为工人在对给水设施的设备进行维修。

（1）日常保养：应检查运行状况，使设备、环境卫生清洁，传动部件按规定润滑。

（2）定期维护：应定期对设施进行检查（包括巡检），对异常情况及时检修或安排计划检修。对设施进行全面强制性的检修，宜列入年度计划。

（3）大修理（恢复性修理）：有计划地对设施进行全面检修及对重要部件进行修复或

更换，使设施恢复到良好的技术状态。

图11.2.1-4 设备维修

3. 安全工作及应急预案

自来水厂在日常的运营管理过程中，存在一定的安全隐患，主要的危险源包括：氯气、氨气、氧气及臭氧使用安全，二氧化氯及次氯酸钠使用安全，电气安全及巡视安全等。

城镇供水厂必须制定水源和供水突发事件应急预案并定期进行演练，当出现突发事件时，水厂应当尽快预警并迅速采取有效的处理措施。当发生突发性水质污染事故，尤其是有毒有害化学品泄漏事故时，检验人员必须携带必要的检验仪器及安全防护装备尽快赶赴现场，立即利用快速检验手段鉴别、鉴定污染物的种类，给出定量或半定量的检验结果。现场无法鉴定或测定的项目应立即将样品送回实验室分析。根据监测结果，确定污染程度和可能污染的范围，并按要求及时上报水质有关情况。

水质突发事件应急预案应当包括以下内容：①突发事件的应急管理工作机制；②突发事件的监测与预警；③突发事件信息的收集、分析、报告、通报制度；④突发事件应急处理技术和监测机构及其任务；⑤突发事件的分级和应急处理工作方案；⑥突发事件预防与处理措施；⑦应急供水设施、设备及其他物资和技术的储备与调度；⑧突发事件应急处理专业队伍的建设和培训。

11.2.2 城镇给水厂管网运营维护管理

1. 给水厂管网运营维护管理概述

给水管网承担了自来水厂将生产好的自来水输送到用户的过程。给水管网根据服务区域的大小，可分为枝状结构及环状结构，把枝状管网的末端用水管接通，就转变为环状管网。环状管网的供水条件好，但造价较高。小城镇和小型工业企业一般采用枝状管网。大中型城市、大工业区和供水要求高的工业企业内部，多采用环状管网布置。环状结构便于水量的调度，可以有效的降低网内某用户用水量过大影响其他用户在水量及水压的问题，同时很大程度上避免的末端用户的概念，有效地满足了用户的水质需求。

2. 给水管网的管理制度

根据国家现行有关标准的规定，应对管网实行规范化管理，并应制定下列制度：①管道并网运行管理制度；②运行调度管理制度；③管网水质管理制度；④管网、阀门和管网附属设施的日常运行操作和维护管理制度；⑤管道、阀门和管网附属设施的资产管理和更新改造制度；⑥管道维修工程质量管理与安全监控制度；⑦管网信息与档案管理制度。

3. 给水管网运行调度

管网运行调度工作范围为整个输配水管网和管道附属设施、管网系统内的增压泵站、清水库及水厂出水泵房等。通过对管网压力的测试，进行水量、水压的分配及调配。管网压力监测点应根据管网供水服务面积设置，每10平方公里不应少于一个测压点，管网系统测压点总数不应少于3个，在管网末梢位置上应适当增加设置点数。

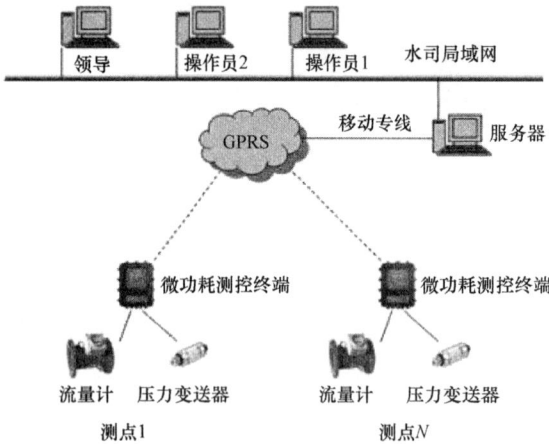

图 11.2.2-1　给水管网调度

管网调度管理工作应包括编制调度计划，发布调度指令，协调水厂、泵站和管网等管理部门处理管网运行突发事件，编写突发事件处理报告等。调度计划应包括月调度计划和日调度计划。管网运行调度人员应根据实际情况调整日调度计划，发布日调度指令，合理控制管网供水压力，对当天启闭的干管阀门进行操作管理。图11.2.2-1表述的是给水管网的调度示意图。

在满足日常运行管理的同时，需进一步从降低能耗提升服务质量的角度来实施优化调度。优化调度主要有水量预测系统、管网数学模型、调度指令系统、调度预案库和调度辅助决策系统组成。优化调度工作应包括下列内容：

（1）建立水量预测系统，采用多种不同的算法，综合气象、社会等诸多外部因素产生的影响，确定最适合本供水区域的水量预测方法和修正值；

（2）建立调度指令系统，对调度过程中所有调度指令的发送、接收和执行过程进行管理，同时对所有时段的数据进行存档，用于查询和分析；

（3）建立管网数学模型，作为优化调度的技术基础；

（4）建立调度预案库，包括日常调度预案，节假日调度预案，突发事件调度预案和计划调度预案；

（5）建立调度辅助决策系统，包括在线调度和离线调度两部分。

4. 给水管网维护

供水单位应制定管网巡查、维护、报修等管理制度及操作规程。管理制度的制定应和单位职能部门的设置有关，如供水单位-管理所-管理站的三级管理和单位-管理所的二级管理，管理制度的内容是不一的。管网维修养护的管理制度包括巡查、检漏、维护、报修、阀门、修理现场、领退料等方面的管理制度及操作规程。制定的管理制度应明确工作内容、范围、责任人，建立岗位责任制及工作流程。

供水单位应对管网运行参数进行检测与分析，做好管网维护记录，对运行工况不良的管道提出修复、改造计划。供水单位应对管网运行中的节点压力、管段流量、漏水噪声、管段阻力系数、大用户用水流量等动态数据的检测，做好管网维护检修的记录，从而对管网运行工况进行分析，逐年对运行工况不良的管道提出修复、改造计划。

管网的巡检工作是管网维护的最基本的工作，巡检宜采用周期性分区巡检的方式。

巡检周期应以管道本身的质量、管道的重要程度及周边干扰状况等来确定。周期不宜大于5～7天；对于高危管段、管线周边出现施工工地或其他影响管道安全运行的建设活动时，巡检周期应缩短，必要时巡检任务转交专职部门，对该管段现场进行24小时监管。巡检应包括以下内容：

（1）查明管道沿线有无自来水明漏或地面严重塌陷现象；

（2）查明井盖、标志装置、牺牲阳极测试桩等管网附件有无丢失或损坏现象；

（3）查看各类阀门、消火栓及设施井等有无被损坏、被埋压的情况，管道上堆压物体应符合管道承受的安全要求；

（4）查看明装管道、架空管的支座、吊环等是否正常；

（5）查看管线周围的地理环境有无明显变化，管道安全保护距离内不应有根深植物、正在建造的建筑物或构筑物、开沟挖渠、挖坑取土、堆压重物、顶进作业、打桩、爆破、排放生活污水和工业废水、排放或堆放有毒有害物质等危害城镇供水设施安全的活动；

（6）查明管线上是否有偷盗水等违章用水的现象。

管网的维护工作同样应建立日常保养、一般检修和大修三级维护检修制度。

（1）日常保养：对设施、设备进行经常性的保养和除尘。供水单位可根据实际情况制定日常保养周期；

（2）一般检修：停水对设施、设备部件进行维修更换。设施、设备安装操作维护说明书有明示的，按照说明书要求的周期进行检修。否则应根据设施、设备具体情况制定周期；

（3）大修：设施、设备整体或主要部件的更换。各类管网附属设施、设备一旦发生故障，无法发挥其正常功能，应立即安排大修或更换。

5. 给水管网漏损控制

给水管网的漏损是自来水厂产销差产生的重要原因之一，可造成约20％～30％的流量损失。因此做好管网的计量及定期的检测管网漏损情况是管网日常管理的重要工作。根据现有行业规范要求，供水单位应对区域内的供水管线开展检漏普查工作，检漏周期每年不应少于1次，重点区域每年不应少于2次，另外宜委托专业检漏队伍进行系统检漏每3年1次。有条件的供水单位检漏周期每年不应少于2次，重点区域应缩短检漏周期。如图11.2.2-2所示为给水管网漏损的检测作业示意图。管道检漏的方式主要有：

（1）音听法：利用声波原理，采用音听设备（如检漏仪、相关仪、听音棒等）寻找管道暗漏点的检漏方法；

（2）区域检漏法：在一定条件下，通过启闭进出小区的供水阀门，测定小区的夜间最小流量，并通过进一步控制阀门的启闭，判断漏水管段的检漏方法。目前，也有选用新型检漏设备（如噪声记录仪），通过对区域内的供水管道进行连续监测，利用相关分析的手段确定漏水管段的检漏方法；

（3）区域装表法：在检测区域内的进（出）水管上安装流量计，以进水总量和用水总量差来判别区域内管道是否漏水的检漏方法；

（4）示踪气体检漏法：在管道内注入溶解于水且对人体无害的易测定气体（如一氧化二氮），然后通过专用仪器在地面上寻找泄漏气体，以确定管道漏水点的检漏方法；

（5）管内摄像法：利用管壁开口点或管道预留位置，将摄像仪器放入管道中，仪器随着水流的移动，通过影像寻找漏水点的检漏方法。

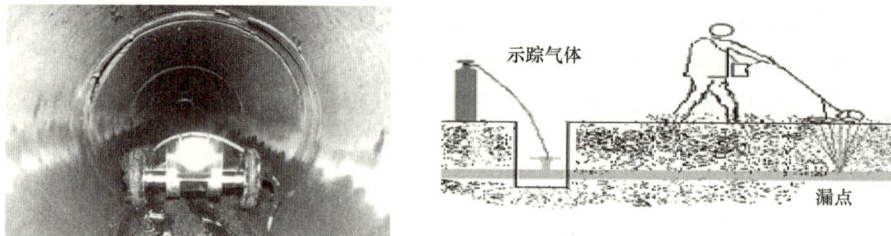

图 11.2.2-2　给水管网漏损检测

6. 给水管网安全控制

供水单位应依据《中华人民共和国突发事件应对法办法》和《国家突发公共事件总体应急预案》的要求，建立给水管网的突发事件应急管理体系，并应依据有关法律、法规、规定等编制本单位的管网安全预警和突发事件应急处置预案，明确不同类别的管网安全和突发事件处置办法及对应的处置流程和责任部门，并将此纳入供水企业的总体应急处置预案。

管网突发事件主要应分为：管网水质方面的突发事件；管网破损、爆管的突发事件；管网水压下降的突发事件；其他严重影响供水安全的管网突发事件等四类。按照管网突发事件的性质、影响范围、事件的严重程度和可控性，将事件分为特别重大（Ⅰ级）、重大（Ⅱ级）、较大（Ⅲ级）和一般（Ⅳ级）四个级别。

出现管网突发事件之后，供水公司应立即启动应急预案，对事件进行快速、有效的处理，根据突发事件的性质，决定是否停止自来水的供应，并应及时向政府主管部门报告情况，政府主管部门协助供水单位应做好善后处置工作。此外，各类重大管网突发事件处置完成后，供水单位应组织有关人员和专家，对事件的发生和处置进行善后评估，并提出评估报告。

11.3　城市排水系统及管网的运行维护

11.3.1　下水道—"城市的良心"

2012 年 7 月 21 日，北京遭遇了"61 年不遇"的大暴雨，全城多处汪洋，多个路段、区域积水达数米，造成数十人丧生。但是，让这个"彼时高楼林立、车水马龙，此刻汪洋一片、积水成河"的现代化大都市汗颜的是，面对大暴雨，已经修建了 600 多年的北京故宫，排水系统工作良好，并未出现大面积积水，如图 11.3.1-1 所示为北京故宫排水系统设施图。

100 多年前，法国作家维克多·雨果在《悲惨世界》中写道：下水道是"城市的良心"。从中国的北京故宫、江西赣州、山东青岛，到日本东京、法国巴黎、德国慕尼黑等排水系统来看，对于日益扩张的城市而言，优良的排、蓄水系统如同健康的心脏和血管，保证城市正常的循环、代谢和安全。图 11.3.1-2 就是巴黎城市的下水道。

世界城市的标志不仅仅是要拥有多少高楼大厦，更需要拥有可靠的城市排水系统。说到先进的城市排水系统，很多人会想到法国巴黎针对下水道排水能力建立了完善的实时监控体系，会想到日本早就制定的《下水道法》，会想到德国人 100 年前在中国青岛修建的、至今仍运转良好的现代排水系统。但实际上中国人早就创造了成功的古例。

图 11.3.1-1　北京故宫排水系统

图 11.3.1-2　巴黎下水道

赣州是一座依水而建的城市，自唐代建城以来，洪涝连年不断，北宋熙宁年间（公元1068～1077年），以治水闻名于世的官员刘彝任虔州（即赣州）郡守，完成了赣州市的城市排水系统建设。有专家表示：赣州旧城，即使再增加三四倍雨水、污水流量，也不会发生内涝。全长12.6公里的福寿沟仍承载着赣州近10万旧城区居民的排污功能，至今赣州市民还在享受着这位宋代官员的余荫。

11.3.2　我国城市排水系统及管网的现状

1. 我国的排水系统现状

由于历史等原因，我国的排水系统设计要求都不是很高，部分城市的排水系统也很难大幅度地升级。新中国建设初期，城市排水多采用了苏联的设计理念和思路，那就是想尽办法省钱，只满足于现状就好。除了设计标准的问题，许多城市的排水系统老化也导致了排水不畅。

2. 我国城镇污水处理行业现状

（1）水资源匮乏和水污染形势严峻并存，水污染治理任重道远。

随着我国城市化、工业化进程的加速，全国废水的排放量也逐年增加，导致自然水体不断恶化，水资源污染形势仍十分严峻。根据我国环境保护部公布的《2013年中国环境状况公报》显示，2013年全国地表水总体为轻度污染。而根据2014年4月我国国土资源部公布的《2013年中国国土资源公报》，地下水质为较差和极差的占比合计约60%。

我国水资源紧张、水污染治理形势严峻与国民经济持续增长、人民生活水平逐渐提高之间的矛盾日益凸显，水体污染、水资源短缺已经成为我国经济社会实现可持续发展的严重制约因素。国家和政府也先后出台了多项措施和政策鼓励环境保护产业的发展，党的十八大提出了"生态文明"、"美丽中国"的环保新概念。国家对环保行业的重视程度和支持力度不断提升，污水处理行业也得到了快速发展。

（2）废水排放总量持续较快增长，废水处理率仍较低

从量上看，2006～2012年我国的污水排放总量持续增长。其中工业废水排放总量已逐渐趋于稳定甚至出现下降趋势，而城镇生活污水排放量仍持续增长并有加快的趋势。2006年，我国生活污水排放量为296.6亿吨，而到2012年生活污水排放量已达462.7亿吨，年均复合增长达7.69%。同时，截至2012年我国的废水整体处理率仍不足70%，与国外发达国家相比仍有较大的差距。

（3）城镇污水处理设施建设发展迅速，污水处理能力得到大幅提升

为防治水污染、缓解水资源短缺，近年来国家大力实施节能减排政策，中央和各级地方政府不断加大对城镇污水处理设施建设的投资力度，同时积极引入市场机制，建立健全政策法规和标准体系，城镇污水处理行业发展迅速。2006年末，我国城市污水处理厂日处理能力仅有6122万吨，而到2012年末，我国城市污水处理厂日处理能力已达11858万吨，年均复合增长达11.65%；同时，城市污水处理率也从2006年的56%增长至2012年的84.9%，城市污水处理能力获得大幅提升。

（4）污水处理行业地区间发展仍不平衡

我国污水处理设施建设地区间发展仍不平衡。一方面，由于我国东部沿海等经济发达地区，地方政府的财政实力相对较强，人民群众收入水平较高，对环境保护和清洁环境的需求较大；另一方面，经济发达地区的人口集聚功能强，人口较为密集，城镇化水平较高，也更适宜于规模化污水处理设施的建设和运营。因此，总体看来，我国东部沿海等经济发达地区的污水处理设施建设较为健全，污水处理行业发展相对较快；而中西部经济较为落后的地区及农村地区，由于财政综合实力有限、人口较为分散等原因，污水处理设施建设仍十分落后。

11.3.3 城镇污水处理厂运行维护管理

污水处理是处理水污染的重要过程。采用物理、生物、及化学的方法对工业废水和生活污水进行处理以分离水中的固体污染物并降低水中的有机污染物和富营养物（主要为氮、磷化合物），从而减轻污水对环境的污染。

1. 城镇污水处理厂运行管理概述

城市污水厂的运行管理，指从接纳原污水至净化处理排出"达标"污水的全过程的管理。主要包括污水处理、水质监测、运行记录和设备维护管理。

基本要求：一是按需生产，首先应满足城市与水环境对污水厂运行的基本要求，保证干处理量使处理后污水达标；二是经济生产以最低的成本处理好污水，使其"达标"；三是文明生产要求具有全新素质的操作管理人员，以先进的技术文明的方式，安全的搞好生产运行。

2. 污水处理

污水处理厂的处理工艺流程以及处理构筑物和设备型式的选定是污水处理厂设计的重要环节。确定污水处理工艺流程的主要依据是污水所需要达到的处理程度，而处理程度则取决于处理后出水的去向。处理后的出水如果排入水体，则污水的处理程度既要能够充分利用水体自净能力，又要防止水体遭到污染。不考虑水体自净能力，而任意采用高级处理方法是不经济的，但也不宜将水体自净能力耗尽，要留有余地。处理后污水如用于灌溉农田，污水水质应达到所要求的标准。处理后的出水如果回用于工业企业或城市建设，要考虑两种情况：直接回用；作某些补充处理后再行回用。污水处理厂一般是以去除BOD（生化需氧量）物质作为主要目标。在大型污水处理厂中多采用以沉淀为中心的污水一级处理和以生物处理为中心的污水二级处理。有时为了去除氮、磷等物质，还在生物处理后，进行污水三级处理。

污水处理的产物—初级沉淀池产生的污泥，由污泥处理系统处理。污泥处理系统是污水处理厂的组成部分，污泥采用需氧消化和厌氧消化两种方法处理。需氧消化多用于服务人口在5万以下的小型污水处理厂；而厌氧消化则普遍用于大中型污水处理厂。污泥处理的程序是：污泥浓缩、污泥厌氧消化、污泥干化、焚烧。工业废水处理工艺流程的确定较为复杂，应综合考虑各方面的因素，如去除的主要对象，对处理出水水质的要求，废水的水量、水质的变化等。对各种污染物可以采用的处理单元如表：处理工艺流程的排列顺序，是先简单后复杂；从去除对象考虑，则先去除悬浮的污染物，然后去除胶体物质和溶解性物质。

3. 水质监测

城镇污水处理厂日常化验检测项目和周期应符合现行国家标准《城镇污水处理厂污染物排放标准》GB 18918的规定，并应满足工艺运行管理需要。

在保证日常手动监测的同时，为应对突发情况而造成的水质超标现象，城镇污水处理厂应在进出口段建立在线监测系统进行24小时连续监控，其中要求在进水仪表间安装pH值、NH3-N、COD的监测数据，在出水仪表间安装COD、NH3-N、TP、TN、pH值等在线监测设备，并根据环保局要求将进水、出水仪表间的在线监测数据接入中控室，以便于监督检查。

在线监测设备应由专业人员进行操作，并对在线监测设备的使用情况进行定期检查，保证在线监测系统正常、稳定的运行，获取最多的有效数据和信息。

4. 设备管理与维护

污水处理厂的所有设备都有它的运行、操作、保养、维修规律，只有按照规定的工况和运转规律，正确地操作和维修保养，才能使设备处于良好的技术状态。同时，机械设备在长时期运行过程中，因摩擦、高温、潮湿和各种化学效应的作用，不可避免地造成零部件的磨损、配合失调、技术状态逐渐恶化、作业效果逐渐下降，因此还必须准确、及时、快速、高质量地拆修，以使设备恢复性能，处于良好的工作状态。

5. 运行记录

（1）生产运行记录：生产运行记录应如实反映全厂设备、设施、工艺及生产运行情况，并应包括下列内容：①化验结果报告和原始记录；②各类设备、仪器、仪表运行记录；③运行工艺控制参数记录；④生产运行计量及材料消耗记录；⑤库存材料、备品、备件等库存记录。

（2）计划、统计报表：城镇污水处理厂应执行计划、统计报表和报告制度，计划报表应根据城镇污水处理厂正常运行的需要，全面反映进出水水量、进出水水质、污泥处理量、沼气产量、再生水利用量、能源材料消耗量、维护维修项目和资金预算等运营指标；并符合城镇污水处理管理信息报送的要求。统计报表应依据生产运行及维护、维修记录，全面反映城镇污水处理厂运行情况。

（3）维护、维修记录：运行管理中应建立健全电气、仪表、机械设备的台账，包括：①电气、仪表、机械设备累计运行台时记录；②电气、仪表、机械设备维修及保养记录；③设施维护、维修记录。

（4）交接班记录：交班人员应做好巡视维护、工艺及机组运行、责任区卫生及随班各种工具使用情况等记录；接班人员应对交班情况做接班意见记录；交、接双方必须对规定内容逐项交接，应在双方均确认无误后方可签字。当遇有事故处理或正在工艺、电气、设备操作过程中，暂不进行交接班时，接班人员应协助交班人员处理后方可交接；并应由交班人员整理工作记录，接班人员确认。当遇到异常情况时，应在交接班记录中详细记录。

6. 应急管理

城镇污水处理厂应建立健全应急体系，并应制定相应的安全生产、职业卫生、环境保护、自然灾害等应急预案。制定应急预案应符合下列规定：

（1）应明确说明编制预案的目的、原则、编制依据和适用范围等；

（2）应建立应急组织机构并明确其职责、权利和义务；

（3）应根据城镇污水处理厂实际特点制定各种应急技术措施，包括：触电、中毒、防汛、关键性生产设备紧急抢修、重大水质污染、严重超负荷运行、压力容器故障、氯气泄漏、沼气泄漏、硫化氢等有毒有害气体泄漏、防火防爆、防自然灾害、防溺水、防高空坠落和化验室事故等应急措施；

（4）应有应急装备物资保障、技术保障、安全防护保障和通信信息保障等；

（5）城市污水处理厂的员工应定期接受应急救援方面的教育、培训、演练和考核；

（6）各种应急预案应每年进行 1 次补充、修改和完善，并做好其档案的管理与评审工作；

（7）每年应至少进行 1 次应急预案的演练。演练形式可以采取下列形式：桌面演练；功能演练；全面演练。

11.3.4 市政排水管网运行管理

1. 市政排水管网运行管理概述

排水管网运行工作主要有验收排水管渠；监督排水管渠使用规则的执行，发放排水许可证；经常检查、冲洗或清通排水管渠，以维护其通水能力，防止污水倒灌；修理管渠及其构筑物，处理意外事故等。

整个城市排水系统的管理养护组织一般可分为管渠系统、排水泵站和污水厂三部分。在实际工作中，管渠系统的管理养护应实行岗位责任制，分片包干。同时，可根据管渠中沉积污物可能性的大小，划分成若干养护等级，以便对其中水力条件较差，管渠中脏物较多，易于淤塞的管渠区段给予重点养护。实践证明，这样可大大提高养护工作的效率，是保证排水管渠系统全线正常运行的行之有效的方法。

2. 市政排水管网的巡视检查与检测

在日常工作中对市政排水管网的检查，应该加以重视。专门成立巡查小组，对于巡查人员，应该进行专业的技术培训，让他们能够掌握管道检查的基本技术能力，熟知必要的专业知识。平时更应该加强对巡检人员的管理和培养。发现问题及时与有关部门联系、汇报并及时处理。以下几点可做为巡视重点：

（1）检查井和雨水口坍塌及井盖丢失

检查井和雨水口坍塌及井盖丢失不仅易造成排水不畅，更容易影响交通和行人安全，所以应做为日常巡视的重点，发现问题及时更换和维修。

（2）防止污水接入雨水口

施工废水的排放是巡视重点。由于施工废水往往含有泥土、砂石、水泥浆等易凝集、沉降的物质，淤积后清疏困难，将造成管道逐步堵塞，影响整条管线。临街商业店铺排水情况也是巡视重点之一，道路沿线的房屋改建成商业店铺时，特别是餐饮业或小店铺时，为了减少对住户的影响，通常会将其废水单独排放。雨水口由于其分布广、接近建筑，往往成为零星排水的接入点，为防止雨水口的堵塞，应加强管理，禁止油脂含量高、杂物多的污水接入雨水口。

（3）防垃圾进入雨水口

雨水口设置低于地面且有一定面积的孔洞，有效收集雨水的同时杂物也容易进入。道路清扫人员往往将一些灰、土、树叶等杂物扫入雨水口中，严重时甚至使整个雨水口及井身堵塞。这不仅降低了雨水口的泄流能力，也增加了雨水口乃至排水管道的维护工作量，对此需要有一定的制度进行约束，有效地减少了人为造成的雨水口的堵塞。

（4）排水管道渗漏检测

排水管道的渗漏检测是一项重要的日常管理工作，容易受到忽视，如果管道渗漏严重，将不能发挥应有的排水能力。为了保证新管道的施工质量和运行管道的完好状态，应进行新建管道的防渗漏检测和运行管道的日常检测。

排水管道渗漏的主要检测方法主要是直接观察法，就是从地面上观察管道的漏水迹象，如地面或沟内有污水渗出，检查井中有水流出，局部地面下沉，局部地面积雪融化，某处花、草、木特别茂盛，晴天地面潮湿较重等情况，可以直接确定漏水的地点。

渗漏检测也可以采用低压空气检测方法。将低压空气通入一段排水管道，记录管道中空气压力降低的速率，检测管道的渗漏情况。如果空气压力下降速率超过规定的标准，则表示管道施工质量不合格，需要进行修复。

3. 排水管网养护维修

（1）排水管道及渠道的维护

排水管道的通病为管道堵塞、变形、沉陷、断裂、脱节等。

1）管道堵塞：坡度偏小、流速偏低以及增设交叉井的原因造成的管道堵塞。

管道改造工程施工时，当现建的污水管与原来已建的地下管线常发生冲突时，并且相差不大时，我们常会采用降低坡度的方法使新建污水管通过原建管线，从而导致了坡度偏小，产生了流速偏低的现象，当降低坡度还无法通过时，我们常采用增设交叉井法。以上方法虽保证了管道施工的正常进行，但却破坏管中污水重力流的水力条件，使流速小于了设计流速，从而使污水中的杂质下沉，产生淤积，堵塞。

对于局部坡度偏小、流速偏低的情况，可采取在上游部位增加坡度，加快流速的方法，从而使坡度偏小部位的流速得到增大，并解决了由于流速偏低产生淤积的现象。也可在坡度偏小的管线的上游井内设自动阀门，当上游井水位到了一定位置时，阀门自动打开，从而对下游管线进行一次冲洗，使管中的淤积物得到冲刷，便达到自我清通的效果。

管理不到位因素引发的管道堵塞：①管道施工时不按标准施工，管道承接不严或清理不净，接口处有砂浆或土石挤入下水道，造成下水道的沉淀与淤积，久而久之，就会发生堵塞。而有些施工单位随意将泥浆水、水泥等直接排入了污水管道中，造成管道堵塞。②建筑垃圾和生活垃圾等进入下水道，卡死管道而造成堵塞。市民对排水系统的不加爱护，各种食物残渣、油脂凝结成块堵塞管道，有的甚至污水没有沉淀处理直接排入城市排水主干管道中，造成淤泥堵塞管道，每年由于这些原因造成的管道堵塞不计其数。③管道使用年限较长，一些树木的须根伸入管道缠绕管道壁造成淤堵，一些菌类植物在管道中大量繁殖，久之形成了堵塞。

针对这些原因主要采取以下清理和养护的方法：①水力清通，水力清通方法使用水力冲洗车或高压射水车对管道进行冲洗，将上游管道中的污泥排入下游检查井，然后用吸泥车抽吸运走。这种方法操作简单，功效较高，各种人员操作条件较好，目前已得到广泛采用。②机械清理，当管道淤堵严重时，淤泥以粘结密实，水力清通的效果不好时，需要采用机械清通方法。③采用气动式通沟机与钻杆通沟机清通管道。气动式通沟机借压缩空气把清泥器从一个检查井送到另一个检查井，然后用绞车通过该机尾部的钢丝绳向后拉，清泥器的翼片即行张开，把管内淤泥刮到检查井底部。钻杆通沟机是通过汽油机或汽车引擎带动一机头旋转，把带有钻头的钻杆通过机头中心由检查井通入管道内，机头带动钻杆转动，使钻头向前钻进，同时将管内的淤泥物清扫到另一个检查井内。

2）管道变形、沉陷

管道变形、沉陷主要原因是管道施工基础受到扰动或回填密实度不够，造成局部变形或沉陷，这样会破坏坡度，因此一经发现必须积极采用措施，对变形管线的基础可采用全面注水灌砂加强管基法或对局部严重变形的部位进行开挖，然后加固。

3）管道脱节、断裂

管道脱节、断裂轻则会导致污水大量渗漏，污染环境，严重时则会隔断污水的排放路径，使上游污水外溢，因此对管道脱节现象的处理必须要及时，应对上游井进行堵闭，采用污水泵将上游污水抽入下游井或临时引入到雨水井系统，进行开挖并检查其破坏的严重程度，可采用内衬法修补，即用 HDPE 内衬与脱节或断裂的管道中，进行加热内衬。此种方法会减少管径，因此采用前必须对流量进行计算，在保证大流量的能干排放的前提下采用。或者采用加检查井的方法，就是在断裂处或脱节处增加一个检查井。而对于排水量较大，无法断水或破坏的管线在建筑物内时，可采用修建跨越井段的办法，待跨越井段竣工后放水，再将原井段堵死，废弃。这种方法，往往涉及管位的变动，所以事先要对附近管线进行详细调查，提出施工方案。

（2）雨水口与检查井的维护

1）检查井沉陷。检查井沉陷是城市排水系统普遍存在的问题。在以往的工作中，我们也采用了很多种办法，其中较有效的方法有：先是在井筒砌筑时颈脖处安装防沉陷的盖板，后来改为直接在颈脖处采用现场浇筑混凝土，同时增加钢筋用量，盖板厚度也加大到 30cm，大大增加井口周围的承压能力，防止井盖沉陷。而目前更好的办法则是伴随道路结构层施工进行检查井调整，采用现浇混凝土，道路每施工一层，就浇筑一层混凝土，使检查井井筒更加牢固，有效防止井盖沉降，虽然增加了工程造价及施工难度，但从长远的角度来讲是值得的。

2）更换井盖及井座。改造雨水口、更换雨算时，有时采用当地产品，形式与《给水排水标准图集》中的构件不同，这时需进行雨算的泄水能力计算。当雨水口不能满足泄水要求而增设雨算时，不能仅关注雨算的泄水能力，还应该核算连接管的输水能力，避免盲目增加雨算。

雨水口的进水算可采用多种材料，常用的是铸铁和混凝土制品。由于防盗、造价等原因，混凝土雨算在宜昌市被广泛采用。雨水口施工中常见的问题是雨算安装错误。由于采用钢模具制作雨算，雨算的下底面很光滑。特别当雨算上表面收浆不光滑或雨算脱模后置于不

474

光滑的场地上时，雨箅的下底面比上表面显得光滑很多。而光滑的一面往往被当作是上表面，所以常常有雨箅装反的现象。这样，在使用过程中，会有杂物卡在泄水孔口中，并逐渐被细小的砂、土等填实，造成雨箅的堵塞，并且不易清理，使雨箅丧失泄水功能。另一方面，装反的雨箅的受力情况与原设计不符，实际的受拉区没有受拉钢筋，雨箅的承载能力大幅度降低，极易断裂，更换不及时，则逐渐被杂物堆积、堵塞，影响其正常使用。

4. 排水管网维护作业安全

养护人员下井应注意安全。排水管渠中的污水通常会析出硫化氢、甲烷、二氧化碳等气体，某些生产污水能析出石油、汽油或苯等气体，这些气体与空气中的氮混合后能形成爆炸性气体。煤气管道失修、渗漏可能导致煤气逸入管渠中造成危险。如果养护人员要下井，除应有必要的劳保用具外，下井前必须先将安全灯放入井内，如有有害气体，由于缺氧，安全灯将熄灭。如有爆炸性气体，灯在熄灭前会发出闪光。在发现管渠中存在有害气体时，必须采取有效措施排除，例如将相邻两检查井的井盖打开一段时间，或者用抽风机吸出气体。排气后要进行复查。即使确认有害气体已被排除干净，养护人员下井时仍应有适当的预防措施，例如在井内不得携带有明火的灯，不得点火或抽烟，必要时可戴上附有气袋的防毒面具，穿上系有绳子的防护腰带，井外必须留人，以备随时给予井下人员以必要的援助。

11.3.5　城市管道维护新技术与应用

1. 现代排水管道检测技术

地下管道所处环境复杂，种类繁多，专业性强，而且分属不同的管理部门。因此要做好地下管道的探测工作，首先要弄清楚各种专业管道的种类、规格、材质及其设计施工要求等，以便于选择合适的探测仪器和方法，保证探测的质量和效率。在具体测量时要求探测仪器具有连续追踪、快速定位和定深的功能，并保证有足够的测量深度。

基于地下管道的探测原理可知管道与周围介质存在不同的物理特性，因此人们可以利用导电率、导磁率、介电常数和密度等物理参数来选择不同的方法进行地下管道探测。在不损坏地表的情况下常用的方法有电磁法，探地雷达（GPR）、红外线辐射法、声学探测、直流电法、地震波法等。

随着社会和科技的进步，管道检测技术也由传统的量泥斗、潜水员手摸管道内壁等方法，逐步为现代排水管道检测技术所取代。现代检测技术根据其工作原理和采用的检测设备，可分为管道外检测技术和管道内窥检测技术。

（1）管道外检测技术

1）红外温度记录仪法

其原理是排水管道渗漏点与周边土壤形成温度差，使用红外温度记录仪进行测量记录，测定温度的极小变化并产生自动温度图像。此方法可探测管壁表面和周围土壤层中的孔隙和渗漏情况，但不能查明孔隙尺寸。

2）透地雷达法

根据电磁波在地下传播过程中遇到不同的物体界面会发生反射的原理进行的。它是以地下不同介质的介电常数差异为基础的物探方法，它通过发射天线向地下发射高频电磁脉冲，此脉冲在向地下传播过程中遇到地层的变化界面会产生反射波，反射波传播回地表后被接收

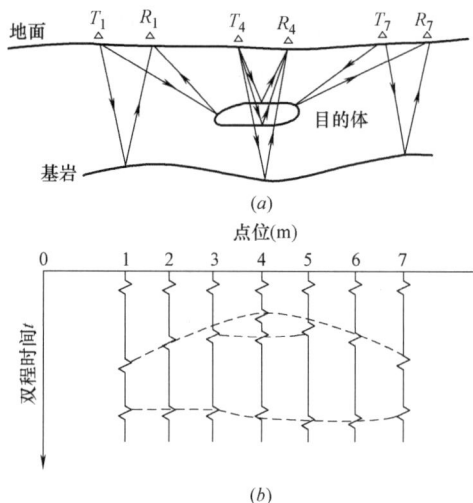

图 11.3.5-1 透地雷达
(a) 工作原理示意图；(b) 纪录的回波曲线

天线所接收（图 11.3.5-1），并将其波形传入主机进行记录和显示，经过对雷达图像上异常信息的分析和数据处理，进行反演可得到目标体的位置分布、埋深等信息。

该法用于测量土壤层的孔隙深度和尺寸、混凝土管的层理和饱和水渗出的范围，以及管道下的基础。但其输出图像比较复杂，需要有丰富的经验才能进行准确的判断。

3）撞击回声法

当重物或重锤撞击管壁后会产生应力波，应力波通过管道传播，由地下传音器可探测到在管道内部裂痕和外表面产生的反射波。当波以不同速度传播，通过不同的路径散射到管外的土壤中去时，用表面波特殊分析仪将波分成不同频率的成分，便可得出管道结构和外部土壤的相关信息。这种方法通常用于检测大口径的排空的混凝土管道和砖砌管道。

4）表面波光谱分析法

该方法使用辅助传感器和用于分析表面波的光谱分析仪，因此易于区分管壁和周围土壤引起的问题，同时可以检测管壁和土壤情况。

上述几种管道外检测技术，均是通过仪器对排水管道缺陷的检测，优点在于对管道无损性检测、避免了人工下井检查的危险，但存在检测内容单一、受环境影响大、采集的数据不直观，需要有丰富的经验才能准确判断等缺点。

（2）管道内窥检测技术

管道内窥检测技术是采用闭路电视、声呐等先进设备和技术对管道内进行探测和定位的检测方法。管道内窥检测可分为排水管道功能状况检测和排水管道结构状况检测。

1）闭路电视检测系统

闭路电视检测（Close Circuit Television Inspection 简称 CCTV）系统是采用闭路电视采集图像，通过有线传输方式，进行直观影像显示和记录的集成系统。系统由三部分组成（图 11.3.5-2）：主控制器、操纵电缆盘（架）、摄像爬行器（带摄像头和照明灯的"机器人"）。电缆盘将主控制器与管道内的摄像爬行器连接起来，操作员通过主控制

图 11.3.5-2 CCTV 装置（部分）

器的键盘来控制爬行器在管道内的前进速度和方向，控制摄像头将管道内部的摄像方向、镜头焦距、灯光亮度等管道内部影像和其他参数通过电缆传输到主控制器显示屏上，操作员可实时监测管道内部状况，同时将原始影像数据记录并存储下来，以便做进一步的评估分析。适用管径 $\phi200 \sim \phi2000mm$。

其主要优点：操作方便、图像记录、判断准确直观、避免人员进入管道可能发生的人身伤亡事故、为竣工验收、接管检查提供了科学而有效的方法。但其不足之处在于检测前需将

管道中水位临时降低，对于检测高水位运行的排水管网来说需要临时做一些辅助工作（如临时调水、封堵等），另外，为清楚地了解管道内壁的情况，必要时需要预清洗管道内壁。

2）管道声呐检测

管道声呐检测（Sonar Inspection）是采用声波反射技术对管道及其他设施内的水中物体进行探测和定位，并能够提供准确的量化数据，从而检测和鉴定管道的破损情况的一种检测方法。主要是利用管道成像声呐检测仪以水为介质对管道内壁进行扫描，声呐系统包括发射探头、连接电缆和带显示器声呐处理器。探头可安装在爬行器、牵引车或漂浮筏上，使其在管道内移动，连续采集信号。扫描结果以专业计算机进行处理得出管道内壁的过水状况。这类检测用于了解管道内部纵断面的过水面积，从而检测管道功能性病态。其优势在于无需排干排水管道并可以对管道内部结构成像、可不断流进行检测。不足之处在于其仅能检测液面以下的管道状况，但不能检测管道一般的结构性问题。声呐检测可与闭路电视检测系统、各种环境传感器相结合，对管道结构进行全面的检查。

3）潜望镜

管道潜望镜（Quickview）是管道快速检测设备，配备了强力光源，它通过可调节长度的手柄将高放大倍数的摄像头（图 11.3.5-3）放入窨井或管道中，通过控制盒来调节摄像头和照明以获取清晰的录像或图像。图像可以从随身配备的显示屏浏览，实时记录和判断管道内的裂纹、堵塞等状况，检测纵深可达 80m，适用于管径为 150～2000mm 的管道检测。优点是便携式设计、操作简便、直观，不足之处在于不能探测水面下的结构情况、不能进行连续性探测、一次性探测距离较短。

图 11.3.5-3　潜望镜摄像头

4）激光检测

采用专用激光发生器、影像测量评估软件和闭路电视系统进行管道内窥定量检测的一种方法。激光检测系统一般与闭路电视系统同步使用，激光发生器与电视检测系统完全兼容，可快速、牢固地安装在电视检测系统摄像头的前方，方便拆卸。通过激光扫描数据和图像记录，利用软件对管道截面积 δ 分析，变形 q 值分析，X、Y 轴 δ 分析，以及管道内壁腐蚀磨损度计算，进而对管道内部结构状况进行精确评估。

目前，上述几种管道内窥检测技术在国内一些大城市排水管道检测、污水综合改造、数字市政的建设等方面得到了应用，并取得了良好效果。近年来，国外管道内窥检测技术在不断更新和发展，其中管道检测机器人技术、管道扫描与评价技术（SSET）、多重传感器（SAM）在日本、澳大利亚、德国相继问世和运用，这几项新技术都是上述多项技术的集成，比如多重传感器（SAM）技术就包括 CCTV 系统和各种传感器技术，新的检测技术在自动操作、数据处理、信号识别与评估技术方面都有显著的更新，不过，设备价格和检测费用比较高，这几项技术在国内尚无引进和应用先例。

利用现代排水管道检测技术进行检测在国内尚处于起步阶段，但其在自动操作、数据处理、信号识别、评估技术等方面的先进性，以及安全、高效、高质量的优点已得到验证和认可。

随着国家对数字市政以及环保工作的重视和投入，排水管道检测新技术和设备正在实践中不断引进和创新，发展趋势也由单一的检测方法向多种方法结合使用演变。展望未来，管道检测新技术在城镇建设、水资源环境治理和保护等方面具有广阔的应用前景。

2. 管道修复技术

(1) 基于开挖的管道修复技术

Clock Spring 复合修复套筒技术是近几年在世界上发展比较迅速且应用较为广泛的修复技术，该产品可应用于缺陷程度小于 80% 的管道缺陷补强修复。其优点有：修复期间不需要停输，不影响生产运行；与传统方法相比节约成本 40%～50%；恢复管道的运行能力可以达到 100%；易于安装，不需要专门的设备也不需要专门的技术工人；整个安装作业时间少于 2 小时。

环氧填充套筒技术由英国天然气公司（BG）、美国 Battelle 公司和荷兰的 Gasunie 公司等各自独立开发。它可以实现钢质管道缺陷的永久性修复，可使管道腐蚀得到彻底抑制。修复施工时无需减压或停输操作，施工灵活性强，无热操作风险，可修复各种管道外观缺陷。从 1992 年起，WIUbots 公司用英国天然气公司制造的环氧套管为阿曼国有石油公司修复各种管道数百万米，实现了不停输在线修复，使用效果良好。

(2) 基于非开挖的管道修复技术

非开挖技术一般是指管径小于 1m 的管线，利用不开挖或少开挖方法进行安装、修复与更换的技术。该技术是对传统地下管线修复的一次革命，在西方发达国家成为一项政府支持、社会提倡和企业参与的新技术产业。

Amex-10 型修复技术是英国的管道修复 PMP 公司推出的，它是一种适用于管道接头及管道周边裂纹的非开挖管道修复系统。这套装置的密封对防止渗入和渗出都同样有效，而且可适用于任何材料的管道。虽然 Amex-10 型装置的压紧力可达 20bar(2MPa)，但只需 2～3bar(0.2～0.3MPa) 的液压就可以使它膨胀，所以它不会对低强度或是易碎的管材产生过大的压力。

CIPP 修复技术（Cured-in-Place-Pipe，CIPP），称为原位固化法或软衬法，是在现有的旧管内壁上衬一层液态的热固性树脂，通过加热利用热水、热汽或紫外线等使其固化，形成与旧管紧密配合的薄层管，管道的过流断面没有损失，但流动性能大大改善了。

法国 BaRiquand 公司研制了 "Photo liner" 系统，它也是基于 CIPP 法，用装载在机械人上的一些紫外线灯光来聚合聚酯树脂。美国的 Ultraline 公司最近引入了一种新的全长度衬管系统 PVCAlloy Pipe liner，它可通过急拐的弯头、移位的接头和管道变径部分，也可耐受大多数酸碱盐燃料和腐蚀性介质。

对于那些穿越河流、湖泊、铁路以及繁华地段的含缺陷管段的修复作业而言，非开挖技术更具有明显优势。通常管道埋置越深，采用非开挖修复技术的经济效益越可观。

3. 管道修复技术在国内的应用及效果

(1) 塑膜管内衬修复技术应用

穿插衬塑修复管道技术是在不开挖情况下，将具有形状记忆特性的热缩性聚合物材料制成特定形状的管材，该技术对环境有利，费用可节约管线重建费用 40% 以上且可靠性高，其使用寿命长达 50 年以上。

塔里木轮南油田注水干线应用塑料软管内衬管道修复技术十分成功。自 1992 年 12 月投产后至 2000 年间出现过多次腐蚀穿孔现象，严重影响正常注水工作。2000 年 8 月应用塑料软管内衬管道修复技术对其进行了修复，仅 25 天完成修复工作，自 2000 年 10 月运行至今管线运行正常，没有再出现腐蚀穿孔现象。

（2）玻璃钢内衬修复技术应用

预成型软管内衬玻璃钢技术是以防护膜、无纺布、浸渍树脂组成的复合软管，用水压或压缩空气压力将其翻转内衬在待修复管内，经加温固化，与旧管内壁紧密粘接在一起，属管中管修复，防腐、防渗漏整体效果好。

胜利油田胜利采油厂坨三站至坨十三队 φ219×7 钢质输油管道，管道多处穿孔，采取"打卡子"和"补丁"的临时措施维持运行。采用预成型软管内衬玻璃钢技术修复管道后，管道无穿孔渗漏现象，至今运行正常。该方法不污染环境且工程费用低，仅为新建管道总造价的 50%，具有明显的经济效益和良好的社会效益。

（3）聚合物水泥砂浆涂敷内衬修复技术应用

聚合物水泥砂浆涂敷内衬修复技术是用风送挤涂法（即管道内挤涂）将聚合物水泥砂浆—环氧胶泥—环氧钢鳞片复合涂层涂敷于无油、无垢清洁的钢管内壁，形成厚约 4～6mm 的复合衬层，三层之间粘结强度高，结构一体化程度好，具有防腐、防渗透、改善表面状态、降低摩阻和扩大使用范围的特点，能提高耐酸、耐碱等各种介质的腐蚀能力。

胜利油田东辛采油厂永一站至辛三站输油管道内腐蚀非常严重，频繁穿孔，于 1998 年被迫停用。1999 年采用该技术对该管道进行修复，经验收质量合格，试压一次成功，使待报废管道重新有了使用价值，经过近几年的运行取得了较好效果。

（4）土体注浆修补法

注浆法是一种常用的局部修复工法，通过向接口部位或管外土体注浆来堵塞渗漏。注浆材料可分为水泥浆和化学浆两种；按注浆管的设置位置又可分为地面向下注浆和管内向外注浆两种。

土体注浆的主要作用是提高管道基础承载力，填充因渗漏造成的地下空洞，同时也具有一定的隔水效果。土体注浆的质量稳定性较差，理论注浆厚度通常是管壁两侧和管顶各 1m，管底 1.5m，但实际情况很难达到此要求，往往是该注浆的地方无法全部注足，不该注浆的地方却注过头，造成很大浪费。管内向外注浆只适用于 DN1000 以上的大型管道，通常在接口附近，时钟 12 点、3 点、6 点和 9 点位置钻四个孔，然后向外注浆。由于注浆法的可靠性比较差，因而不宜作为一种独立的堵漏方法使用，美国和日本还规定，严重渗漏的管道不宜采用注浆法，注浆后每隔半年还要进行回访。

（5）嵌补法

嵌补是指对管道接口或裂缝用嵌补或压浆的方式进行堵漏修理的一种方法。根据嵌补材料不同分为刚性嵌补法和柔性嵌补法。局部修复工法中，嵌补法是最早应用于排水管道修复的非开挖修理方法，早期的嵌补材料为石棉水泥，属刚性材料，抗变形能力差。近年来，嵌补法使用的化学材料种类越来越多，如环氧焦油砂浆、聚硫密封胶、聚氨酯等。这些化学材料属于柔性材料，抗变形能力强，密封效果好。如图 11.3.5-4 所示为

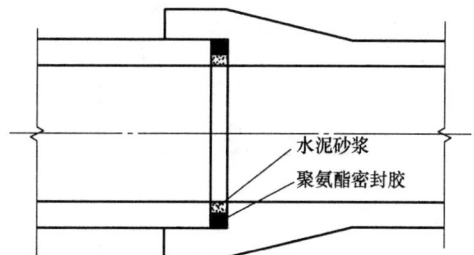

图 11.3.5-4　聚氨酯、双 A 嵌缝示意图

聚氨酯嵌缝示意图。

（6）钢套环法

采用在接口部位安装止水套环来阻止渗漏的做法称为套环法。凡采用工厂预制的套环在现场安装的技术都属于套环法。套环与母管之间的止水材料有两种，一种是橡胶圈，另一种是密封胶。套环法的优点：一是施工速度快，大量前期制作已在工厂里完成；二是对管道表面处理的要求不高，有的甚至可以略微带水安装；三是可靠性强，人为影响质量的因素比较少。四是使用寿命较长，即使出现问题，修理和更换都很方便。套环法的缺点主要是套环安装后对水流有一定影响，容易造成垃圾沉淀，对管道疏通特别是绞车疏通有妨碍，且价格较高，另外一些套环法的安装过程比较复杂。

（7）局部树脂固化（FRP）修复法

局部树脂固化法又称毡筒气囊局部成型法，是将涂抹有树脂混合液的玻璃纤维毡布用气囊紧压于管道内壁，通过常温、加热或紫外线照射等方法实现固化，在修复点管内形成新内衬管的一种非开挖修复方法。根据国外经验，该方法可应用于混凝土、钢筋混凝土、陶瓷黏土、石棉水泥等下水道的局部修复，能够修复具备自身结构支撑强度的管道裂缝（径向或纵向裂缝）、机械磨损、腐蚀、破裂等缺陷。

局部树脂固化法的材料主要是毡筒、树脂和固化剂。毡筒由一层或多层柔性无纺布或等效织物、或其混合物组成。毡筒材质应与所选用的树脂相容，以确保毡筒对树脂的传输性，且应具有足够的拉伸、弯曲性能，以确保能承受安装压力。

除根据不同的气候条件选择适当的树脂和固化剂外，局部树脂固化法的最重要设计参数便是内衬厚度，对修复地下水渗入的管道缺陷这点尤应注意。局部树脂固化法一般仅适合修复损坏程度较轻的管道。

（8）螺旋管内衬法

螺旋管内衬法，是带状有肋型材螺旋缠绕形成一个连续的管子，在缠绕形成管子的过程中同时插入现有的管道内部，通过注入水泥浆体将内衬与现有管道紧密结合在一起。具有施工周期长、造价低、保持原管道通水等特点。

螺旋内衬又可分为贴合原有管壁和非贴合原有管壁两种工艺，如图 11.3.5-5 所示，前者称为可扩充螺旋管，安装在井内的制管机先将带状型材绕制成比原有管道略小的螺旋管，推送到终端后继续旋转使其膨胀，直到和原有管壁贴合；后者则需要向管壁之间的环

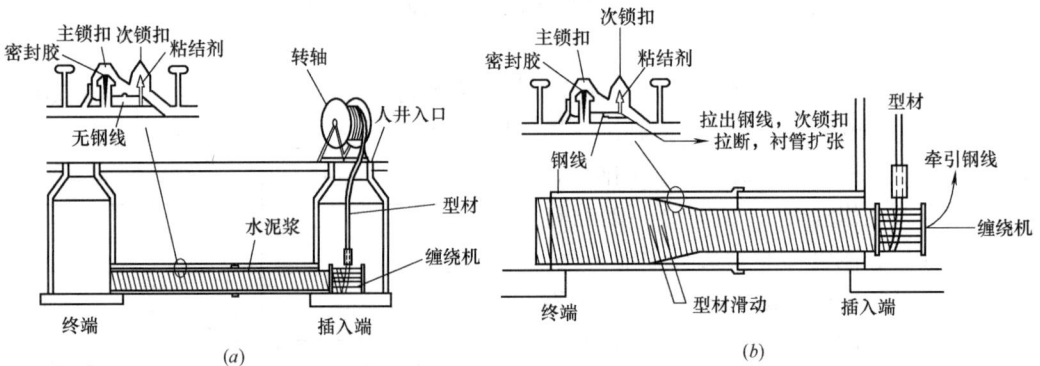

图 11.3.5-5 旋缠绕工艺示意图

（a）固定直径螺旋缠绕工艺；（b）可扩张螺旋缠绕工艺

480

状空隙注入水泥浆使新原有管道结合成整体。

按照缠绕机的工作状态可分为固定设备内衬和移动设备内衬。固定设备内衬过程中螺旋缠绕机在工作井内施工，缠绕管沿管道推进；移动设备内衬过程中螺旋缠绕机随着螺旋缠绕管的形成沿管道移动。

缠绕法适用于压力流管道和重力流管道的结构性损坏及非结构性损坏的修复。修复管道的长度受扩张扭矩的限制，目前最长更新长度超过 200m，且中间无任何接口。另外，由于带状型材是连续不断的被卷入原有管道，因此管道修复长度还受到运输条件的限制。

（9）原位固化法

原位固化法（Cured-in-Place Pipe-CIPP）最早由英国工程师 Eric Wood 在 1971 年发明，以拉丁文"In situs form"的缩写"Insituform"命名。CIPP 有根据软管进入原有管道的方法可分为翻转式和牵拉式两种方法。固化工艺包括：热水固化法、蒸汽固化法和紫外光固化法，所用树脂包括热固性树脂和光固化树脂。该技术目前已在世界 40 多个国家和地区得到广泛应用，尤其在日、法、英、德等国家应用较为普及，是当前使用最广泛非开挖管道修复方法。

（10）管片内衬法

管片内衬法采用的主要材料为 PVC 材质的管片和灌浆料，通过使用连接件将管片在管内连接拼装，然后在原有管道和拼装成的内衬管之间，填充灌浆料，使新内衬管和原有管道连成一体，达到修复破损管道的目的，如图 11.3.5-6 所示。管片内衬法的定义为将片状型材在原有管道内拼接成一条新管道，并对新管道与原有管道之间的间隙进行填充的管道修复方法。

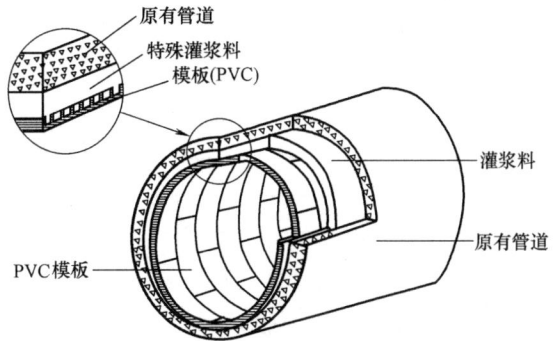

图 11.3.5-6　管片内衬法示意图

11.4　城市燃气管网的运行维护

11.4.1　城市燃气管网运营管理概述

1. 燃气设施保护

城镇燃气具有易燃、易爆和有毒等特点，一旦供气设施发生泄漏，极易发生火灾、爆炸及中毒事故，造成国家和人民生命财产的损失。1984 年墨西哥首都墨西哥城郊的一所液化石油气供应中心一管道产生裂纹，液化石油气外泄，遇明火引起连锁爆炸，爆炸冲击波将 10 公里外的住宅玻璃震碎，事故造成约 490 人死亡。为避免这类惨痛事故，必须确保燃气安全供应和安全使用。

（1）在燃气设施保护范围内，禁止从事下列危及燃气设施安全的活动：

① 建设占压地下燃气管线的建筑物、构筑物或者其他设施；

② 进行爆破、取土等作业或者动用明火；

③ 倾倒、排放腐蚀性物质；

④ 放置易燃易爆危险物品或者种植深根植物；

⑤ 其他危及燃气设施安全的活动。

（2）在燃气设施保护范围内，有关单位需要敷设管道、打桩、顶进、挖掘、钻探等可能影响燃气设施安全活动的，应当与燃气经营者共同制定燃气设施保护方案，并采取相应的安全保护措施。

（3）新建、扩建、改建建设工程，不得影响燃气设施安全。

2. 城镇燃气管道分类（压力）

由于城镇燃气管理直接敷设于城镇地下，管道漏气可引发火灾、爆炸、中毒等严重后果。并且燃气管道中的压力越高，管道接头脱开后或管道本身出现裂缝等的危险性也越大。因此，根据人口密度、道路、地下管线等状况对城镇燃气管道按输气压力及进行分级是十分必要的。对不同压力燃气的管道的材质、安全质量、检验标准和运行管理要求也各不同。详见表 11.4.1-1。

城镇燃气管道设计压力（表压）分级　　　　表 11.4.1-1

名称		压力（MPa）
高压燃气管道	A	$2.5 < P \leqslant 4.0$
	B	$1.6 < P \leqslant 2.5$
次高压燃气管道	A	$0.8 < P \leqslant 1.6$
	B	$0.4 < P \leqslant 1.6$
中压燃气管道	A	$0.2 < P \leqslant 1.6$
	B	$0.01 < P \leqslant 1.6$
低压燃气管道		$P \leqslant 0.01$

3. 城市燃气管理及使用要求

（1）燃气管理部门以及其他有关部门和单位应当根据各自职责，对燃气经营、燃气使用的安全状况等进行监督检查，发现燃气安全事故隐患的，应当通知燃气经营者、燃气用户及时采取措施消除隐患。不及时消除隐患可能严重威胁公共安全的，燃气管理部门以及其他有关部门和单位应当依法采取措施，及时组织消除隐患，有关单位和个人应当予以配合。

（2）燃气经营者应当向燃气用户持续、稳定、安全供应符合国家质量标准的燃气，指导燃气用户安全用气、节约用气，并对燃气设施定期进行安全检查。

（3）燃气经营者应当建立健全燃气质量检测制度，确保所供应的燃气质量符合国家标准。对供气范围内的市政燃气设施、建筑区划内业主专有部分以外的燃气设施，承担运行、维护、抢修和更新改造的责任。

（4）燃气经营者应当依法经营，诚实守信，接受社会公众的监督。燃气行业协会应当加强行业自律管理，促进燃气经营者提高服务质量和技术水平。

（5）燃气经营者应当对其从事瓶装燃气送气服务的人员和车辆加强管理，并承担相应的责任。

（6）燃气用户应当遵守安全用气规则，使用合格的燃气燃烧器具和气瓶，及时更换国家明令淘汰或者使用年限已届满的燃气燃烧器具、连接管等，并按照约定期限支付燃气费用。

（7）单位燃气用户还应当建立健全安全管理制度，加强对操作维护人员燃气安全知识和操作技能的培训。

（8）燃气单位操作人员应熟悉本岗位燃气管道的技术特性、系统结构、工艺流程、工艺指标、可能发生的事故和应采取的措施。必须经过安全技术和岗位操作法的学习培训，经考试合格后才能上岗独立进行操作。操作人员要掌握"四懂三会"，即懂原理、懂性能、懂结构、懂用途；会使用、会维护保养、会排除故障。在运行过程中，操作人员应严格控制工艺指标，正确操作，严禁超压、超温运行；加载和卸载速度都不能过快；高温或低温（−20℃以下）条件下工作的管道，加热或冷却应缓慢进行；管道运行时应尽量避免压力和温度的大幅度波动，尽量减少管道的开停次数。

11.4.2 燃气管道维护

1. 燃气设备检查与检测

城镇燃气管养单位应根据城镇燃气工艺流程和管网分布情况，做好管道的检查与检测工作。建立燃气管道巡回检查制度。明确检查人员、检查时间、检查部门、应检查的项目，操作人员和维修人员均要按照各自的责任和要求定期按巡回检查路线完成每个部位、每个项目的检查，并作好巡回检查记录。检查中发现的异常情况应及时汇报和处理。巡回检查内容：

（1）在燃气管道设施的安全保护范围内，不应有土壤塌陷、滑坡、下沉、人工取土、堆积垃圾或重物、管道裸露、种植深根植物及搭设建（构）筑物等；

（2）管道沿线不应有燃气异味、水面冒泡、树草枯萎和积雪表面有黄斑等异常现象或燃气泄出声响等；

（3）对穿越跨越处、斜坡等特殊地段的管道，在暴雨、大风或其他恶劣天气过后应及时巡查；

（4）在燃气管道安全保护范围内的施工，其施工单位在开工前应向城镇燃气管养单位申请现场安全监护。对有可能影响燃气管线安全运行的施工现场，应加强燃气管线的巡查与现场监护，可设立临时警示标志；施工过程中造成燃气管道损坏、管道悬空等，应及时采取有效的保护措施。

埋地燃气钢质管道检测分为外检测与内检测。外检测即是通过非开挖与开挖相结合的方式对管道性能状况进行的检测，外检测包括管道腐蚀环境调查、腐蚀防护状况检测、管体安全状况检测。内检测即是通过管道智能爬行器对管道性能状况进行的检测。检测内容：主要有埋地管道防腐绝缘层检测，管体腐蚀状况检测和埋地管道内壁腐蚀检测。

2. 定期维护保养

维护保养工作是延长燃气管道使用寿命的基础。维护保养的主要内容如下：

（1）经常检查燃气管道的防腐措施，避免管道表面不必要的碰撞，保持管道表面完整，减少各种电离、化学腐蚀；

（2）阀门的操作机构要经常除锈上油，并定期进行操动，保证其开关灵活；

（3）安全阀、压力表要经常擦拭，确保其灵活，准确，并按时进行检查和校验；

（4）定期检查紧固螺栓完好状况，做到齐全、不锈蚀、螺扣完整，连接可靠；

（5）燃气管道因外界因素产生较大振动时，应采取隔断振源、加强支撑等措施。发现磨损等情况应及时采取措施；

（6）静电跨接、接地装置要保持良好完整，及时消除缺陷，防止故障的发生；

（7）停用的燃气管道应排除管内燃气，并进行置换，必要时作惰性气体保护，外表面应涂刷油漆，防止环境因素腐蚀；

（8）禁止将管道及支架作电焊的零线和起重工具的锚点、撬抬重物的支撑点；

（9）及时消除跑、冒、滴、漏现象；

（10）加强对管道底部和弯曲处等易发生腐蚀和磨损的部位检查，发现损坏时，应及时采取修理措施；

（11）对高温管道，在开工升温过程中需对管道法兰连接螺栓进行热紧；对低温管道在降温过程中需进行冷紧。

11.4.3　燃气管道的维抢修施工

根据燃气管道受损和腐蚀或泄漏量大小的情况，应该采取相应的技术措施。燃气管道抢修技术可以分为两大类：管道修复类技术和管道更换类技术。

1. 管道修复类技术

该类管道抢修技术包括：焊接技术、卡箍技术和复合材料带缠绕技术、固化密封剂修补技术等。

（1）焊接修复技术

对于防腐处理前的管道，如其表面存在受损情况，但受损比较轻微（如小而浅的凹痕等），可以对受损处进行打磨以减小应力集中效应。也可以进一步在受损处填焊，以弥补缺损的管壁厚度。对于角度小于90°的弯管，由于难以采用卡箍，很适合填焊修复技术的使用。

图 11.4.3-1　对开式卡箍

（2）卡箍修复技术

卡箍常用于管道表面具有大面积腐蚀的场合，也可以用来修复管道泄漏，并有利于加强管道因腐蚀产生的破损处强度，25分钟后安装完成，两小时后可以施加覆盖层回填土完工。如图 11.4.3-1 为对开式卡箍示意图。

（3）合成材料修复技术

目前国外对于受到外力伤损或腐蚀的高压管道，越来越多地使用各种不同的合成材料进行管道修复，如合成材料套管修复技术、合成材料缠绕修复技术等。合成材料修复技术与卡箍修复技术一样，对管道起到了修复与加强的双重效果，其中合成材料缠绕修复技术应用更广，如美国的 Clock Spring 合成材料管道修复补强技术和 Power Sleeve 合成材料管道补强技术等。

Clock Spring 合成材料管道修复补强技术是一种目前在国外应用比较广泛的管道修复技术。该技术采用多层复合材料带缠绕在管道损坏处，是一种快速而经济的永久性或临时性的管道修复技术。它具有容易安装、安全可靠、成本低廉等特点。

（4）固化密封剂修补技术

固化密封剂修补技术属于管道不停输带压维修的一种方法，其基本原理是以热固性高分子材料作为密封剂，用强力将它压入新建立的密封空腔，在动态下形成一个新的密封结构，以堵住管道的泄漏孔。故又称为不停输带压密封技术，当管道泄漏时，先将卡箍状的中空夹具装在泄漏管段上，利用管子外壁与专用夹具的内腔在泄漏处周围形成一个封闭的空间，然后用一高压注射枪（与夹具用螺纹连接），把热固性密封剂强力压入并充满整个空间，在保持挤压力与泄漏介质压力互相平衡的条件下，给予一定温度，使密封剂迅速固化，从而堵塞泄漏通道，在原泄漏部位建立起一个牢固的、可拆的新密封结构。

2. 管道更换类技术

该类管道抢修技术主要是不停输管道维修、更换技术。当燃气管道的管壁厚度严重减薄，或燃气管道泄漏尽管被堵住，但管道仍需尽快更换，在这种情况下，为了使管道更换尽量不影响燃气用户，特别是一些重要用户，可以采用不停输管道技术，如图 11.4.3-2 所示。另外，对于因高压管道破裂而一时又无法修复时，也可以采用不停输管道技术。不停输封堵操作步骤如下：

（1）将对开三通永久性焊接在待维修管段的上下游管道上；

（2）在对开三通加装加板阀，并带压完成开孔；

（3）完成旁通管连接后，在待维修管段的上下游管道上进行封堵操作（图 11.4.3-3），完成后，燃气便完全从旁通管向下游输气。对被隔离的待维修或更换管段进行燃气排放，并用空气吹扫。维修或更换后，用燃气吹扫。关闭吹扫孔，使经过维修或更换的管段内压力与上游燃气平衡。然后，收回堵头；

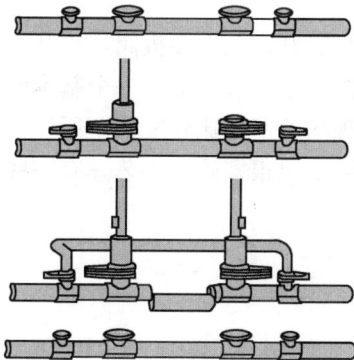

图 11.4.3-2　不停输封堵操作步骤

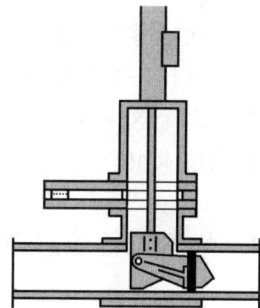

图 11.4.3-3　封堵操作

（4）拆除旁通管，利用封堵机在对开三通内安装塞堵。然后取下所有设备，包括加板阀。最后在法兰支座上加装盲板，从而完成在不停输情况下管段维修或更换的工作。

3. 燃气管道的封堵技术

通常封堵技术被认为是不停输施工，其实不然。从专业的角度讲，封堵分为不停输封堵和停输带压封堵两种，区别就是在施工区域内是否有气可供，直观地说，就是有没有临时管道的搭建。在此基础上，我们的封堵工艺又可以分为：停输带压单侧单堵、停输带压双侧单堵、不停输带压双侧双堵等。

这些工艺可以应用于各类不同工况下的管道搬迁，更换阀门，管道废除等各种工程，由于结构紧凑，工艺简便，安全性能高，因此针对城市管网的改造十分适用。当然，如果要对高压长输管线进行施工，也会使用到盘式封堵技术，目前在燃气管线的应用中会用于设计压力为6.4MPa以下的燃气管线。其主要的原理：就是先在原有运行管线上焊接或者安装特殊的零件，完成后会在局部形成一个密闭空间，利用专用设备对母管进行开孔，置入封堵设备切断母管气源，完成后拆除设备即完成施工。这种施工方式主要的用途体现在两点，第一点是带压开孔，这是一种利用带压施工手段完成新老管线不停输镶接通气的方法，被广泛的运用于城市管道建设中。第二种是（不）停输带压封堵。这种方法可以在保证用户正常用气的状态下进行管道的改线，维修，更换配件等工作。

封堵的主要形式有3种：分别为筒式封堵，盘式封堵和囊式封堵。但是从严格意义上来说，囊式封堵设备只能算一种隔离措施，不能严格的认为是封堵。而主要的封堵设备有4种：江西泰达长林公司的筒式封堵设备、济南公明的阻断器设备、沈阳辽海的盘式封堵设备以及沈阳辽海的囊式封堵设备。

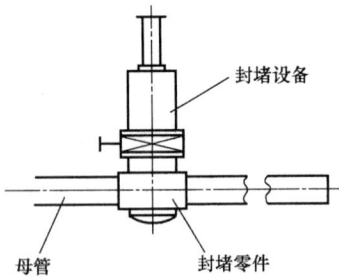

图 11.4.3-4　筒式封堵示意图

城市燃气的建设中，筒式封堵技术应用的最为广泛，因此在这里进行着重介绍，如图11.4.3-4所示。

在需要施工的管道（以下称目标管路）任意一侧，焊接一个特制的剖分式四通零件，然后在封堵零件的法兰面上安装配套的夹板阀，在夹板阀上安装对应的开孔机。当开孔机通过四通零件将母管断管，并通过膨胀筒将目标管路的气体来源阻断后，就实现了对目标管路所谓的"封堵"。

当目标管路的施工作业完成后，收缩膨胀筒并将其提升，关上夹板阀，再利用下堵器将堵塞置入四通零件的法兰内，锁紧锁销，卸下夹板阀，盖上法兰盖，一个基本的封堵作业完成了，这样一个封堵作业称之为单侧单堵。由于现场的情况比较复杂，所以常会应用到几个或者多个这样的封堵，所以在这个基础上又能演变出很多施工工艺，有一些还需要带压开孔的技术组合完成。

11.4.4　燃气工程信息自动化管理

1. 智能燃气系统

智能燃气系统是指利用先进的传感测量、信息通信、云计算和自动控制等技术，从数据采集、传输、集成、运营、评估、决策等6个层面，将上游气源、中游管网与下游燃气用户的物理属性、信息属性和业务属性连接起来，实现跨部门、跨业务的数据集成和融合，最终形成以数字管道为基础的智能管网、以运行服务和客户服务为基础的智能服务、以事故分析和评估决策为基础的智能调度系统，如图11.4.4-1所示。

图11.4.4-1　智能燃气系统技术框架图

以上海燃气调度系统为例（图11.4.4-2），上海燃气经历了自动化和工业计算机控制阶段，为智能燃气系统建设打下了良好的基础。自2004年以来，上海燃气SCADA实时监控系统、GIS地理信息系统等已逐步成熟应用，天然气主干管网更对GPS抢修车定位系统、在线模拟仿真系统、管网系统评估等领域进行了深入的探索。但这与智能燃气系统还有较大的差距，主要表现在：①现有系统缺乏系统整合，无法真正实现数据共享，更不用说数据的分析和决策；②随着人工煤气的退出，上海实现天然气化，如何建立上海燃气统一调度中心，实现全市燃气的协同调度；③同其他公共服务行业相比，用户智能表的建设还处于起步阶段，服务质量有待提升；④管网、设施测绘等原始资料的准确性有待提高；⑤管网、设施关键数据的采集与控制点有待增加等。

2. 数据采集及监测（SCADA）系统

（1）SCADA系统的概述

SCADA（Supervisory Control And Data Acquisition）系统，即数据采集与监视控制系统，是以计算机为基础的生产过程控制与调度自动化系统，可以对现场的运行设备进行监视和控制，以实现数据采集、设备控制、测量、参数调节以及各类信号报警等各项功能。该系统可以将分散的各站点的重要数据采集到调度中心，调度中心通过软件二次开发，实现报警管理、数据查询、浏览器查询、统计分析、业务报表、历史数据储存、台账生成、日常管理等功能。它增强了天然气输配管网的自动化管理水平，提高企业的经济效益和社会效益，在燃气行业已得到广泛地应用。

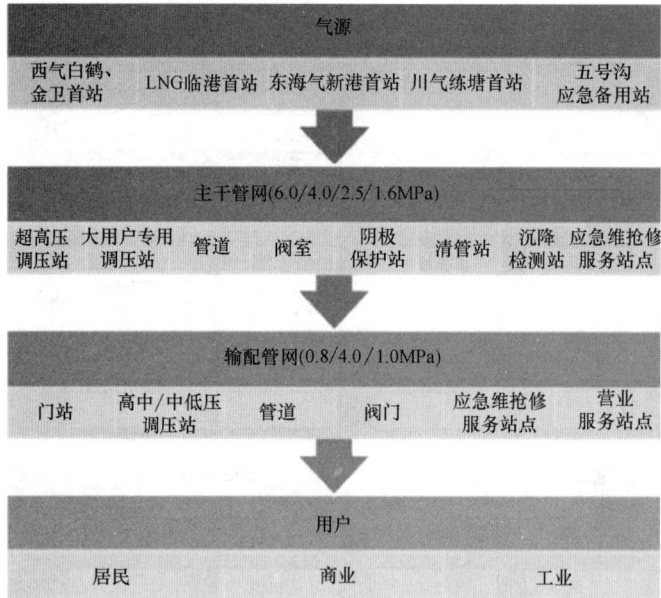

图 11.4.4-2　上海燃气调度系统图

对中低压管网、主干网输配系统数据采集和监控管理任务，将各远程站传送的数据进行处理、分析、存档，并向各远程站发送调度及控制命令。远程站主要有天然气门站、储配站、调压站、大用户站、切断阀、阴极保护站等。

（2）SCADA 系统的架构及组成

SCADA 系统是一个局域网加广域网的综合网络系统。整个网络为树型结构，公司调度中心与门站、高中压调压站等组成企业骨干网络，它们之间通过有线或无线方式实现数据及视频传输。整个系统形成以调度中心为控制管理级，本地监控站为远程监测级的分布式控制系统。SCADA 系统架构见图 11.4.4-3。

（3）SCADA 系统的主要功能：①工艺流程的动态显示；②报警显示、报警管理以及事件的查询、打印；③实时数据的采集、归档、管理以及趋势图显示；④历史数据的采集、归档、管理以及趋势图显示；⑤生产统计报表的生成和打印；⑥标准组态应用软件和用户生成的应用软件的执行；⑦通信通道故障时主备信道的自动切换；⑧系统自诊断与自恢复。

（4）SCADA 系统的通信方式

天然气 SCADA 系统通信的主要用于话音调度通信和数据传输通信。话音调度通信方面：在每个有人值守的工艺站点均应安装一部公网电话，供生产调度和行政管理使用，通过拨号与总调度中心和其他单位沟通联系。配备一定数量的 800MHz 无线集群通信机（台式机和手持机）作为管网巡检、工程配合、抢险救灾时与总调度中心的通信联络，同时也作为话音调度通信的备用手段。在数据传输方面：与浦东调度中心、门站、储配站、中继站等重要站点以及上游供气单位、上级有关部门的数据通信，可租用邮电公众数据网（DDN 或帧中继等）电路作为主传输通道，市话网络（PSTN）加调制解调器（Modem）作为数据传输的备用通道；其余的站点则可采用无线通信的方式（扩频、GPRS 等）作为数据传输的通道将数据发送到其附近的中继站，转送到调度中心，市话网络（PSTN）加调制解调器（Modem）作为数据传输的备用通道。

488

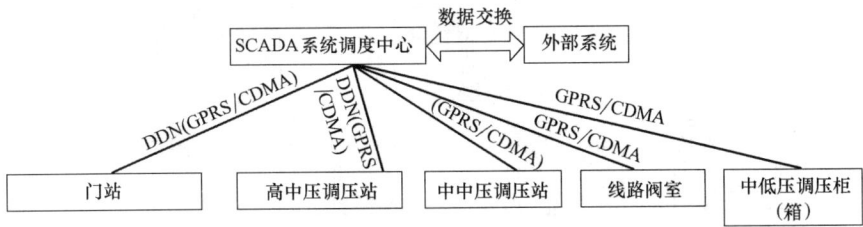

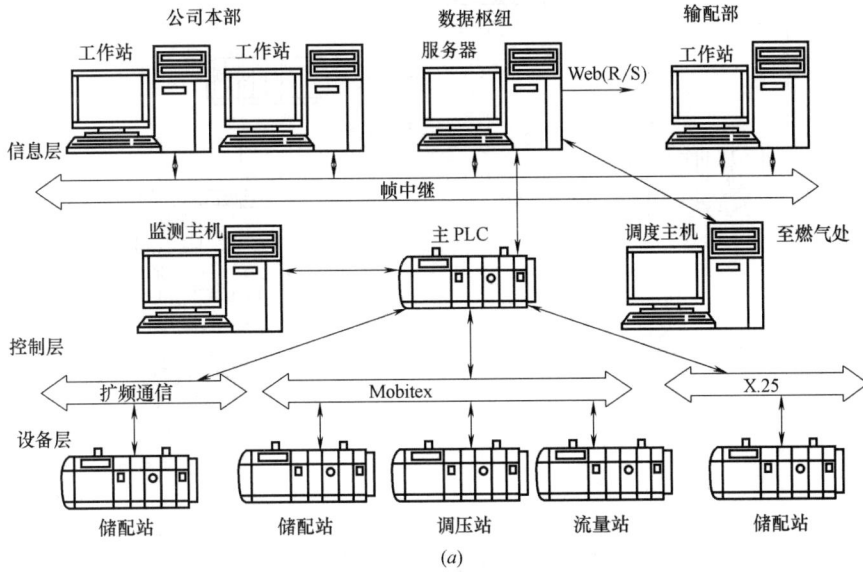

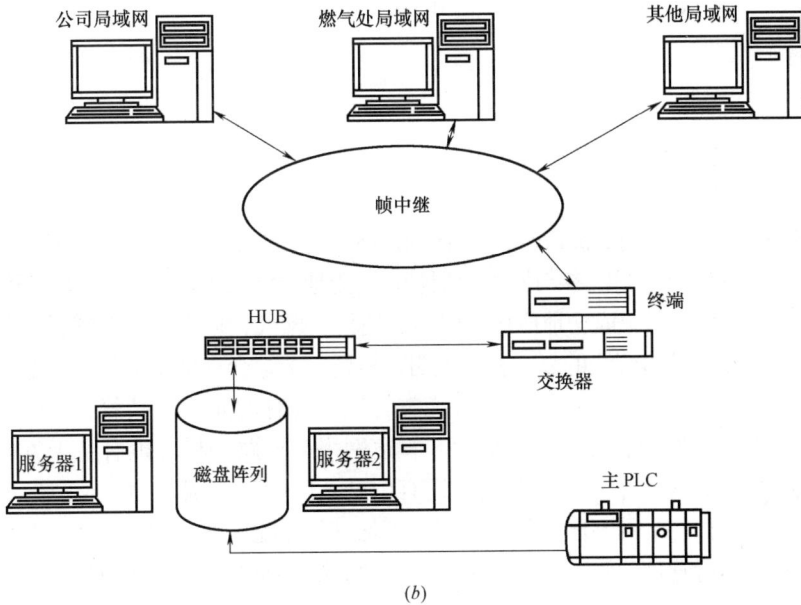

图 11.4.4-3 SCADA 系统的架构及组成

(a) 系统分层结构；(b) 系统信息层结构

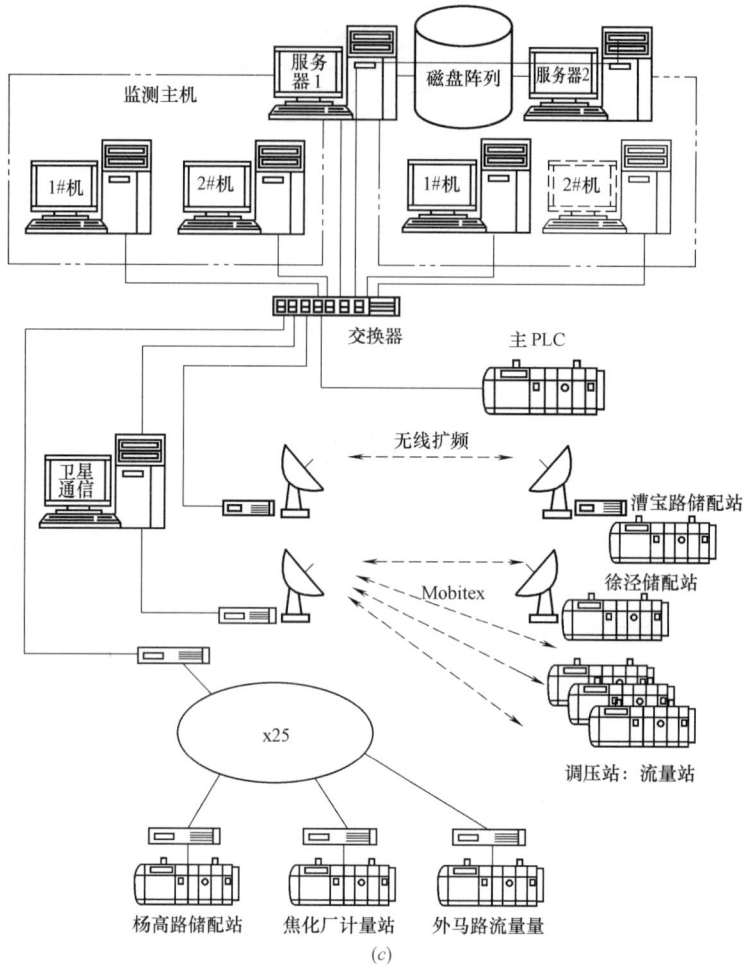

图 11.4.4-3 SCADA 系统的架构及组成（续）

(c) SCADA 系统总体结构

3. 燃气地理信息（GIS）系统

（1）GIS 系统的概述

地理信息系统 GIS（Geographical Information System）是计算机学科中发展起来的一门新兴的边缘科学，国内外应用 GIS 参与城市规划管理、土地资源管理、测绘管理、开发区管理等方面已是相当成熟，GIS 系统成功地应用于电力、通信、燃气、自来水等管线设备数据管理方面的例子也越来越多。城市管线的复杂程度说明，需要一个综合性的空间管理信息系统对各类管线信息进行统一管理。天然气管线属于管道类管线，具有的属性包括管径、管材、埋设年代、接头形式、埋深、使用状况、压力值等。管道网络与道路一样，也有主干管与支线网之分，它们形成了特有的网络体系。除管线外还有门站、储配站、调压站、阀门站等场站及设备，建立上海市天然气主干网 GIS 系统，可以为天然气的输配调度、图档管理、管网规划、管网抢修决策、日常运行管理、施工管理以及综合辅助决策等提供现代化处理手段。

（2）燃气 GIS 系统的架构及组成

建立一个实用的 GIS 应用系统，使计算机自动化管理落实到基层业务部门，大大提高业务管理水平和工作效率。将先进的技术管理手段和方法与具体业务工作紧密结合，争

490

取创造一个先进的、科学的和高效的业务工作模式，在燃气同行业的竞争中取得优势。

具体目标体有电子化图档管理、应急抢修指挥、辅助决策支持、科学的设施管理、全方位信息化管理等五个方面。

考虑到系统的实用性和先进性，GIS 系统必须实现与 SCADA 系统、GPS/AVL 车辆调度监控系统的结合以及 PDA 服务的功能。

（3）燃气 GIS 系统的主要功能

1）建立用户库

利用用户库，可查询和统计用户信息，如用气量、用户类型、用气种类；将用户与设施系统相连为一体，以便在应急事故发生和输配调度时能反映对用户的影响；能对用户属性进行修改、增加和取消用户、调整用户与调压站的连接关系等。

2）查询、统计、显示

利用用户库能根据查询管径、管龄、材质、压力级制等参数（或参数范围）对管线进行查询和统计，并以图或表的形式显示查询和统计的结果；能够根据编号、类型、尺寸、使用年限、使用状况等参数（或参数范围）对阀门进行查询和统计。还可查询和统计阀门的动态历史操作，以掌握相关的业务工作过程，并以图或表的形式显示查询和统计的结果；能够根据编号、类型、压力、性能和使用状况等参数（或参数范围）对调压器进行查询和统计，并以图或表的形式显示查询和统计的结果；能够按地址、路段和交叉路口等信息定位、查询和统计管线设施，并以图或表的形式显示查询和统计的结果，并以图或表的形式显示查询和统计的结果；能够结合空间范围条件和属性条件对设施进行查询和统计，并以图或表的形式显示查询和统计的结果。

3）定位

按管理区域、行政区域等参数定位显示画面；根据管线类型，管径等属性以专题图方式显示管线设施。如以不同的线型、粗细、颜色等进行区分；按路名、交叉路口、调压器名称、阀门编号和图板号等信息定位显示区域。

4）应急抢修

接到事故信息，马上能在系统地图上进行定位，确定事故点，并显示周围管道、设施信息，立即搜索相通的所有一级的阀门，使应急处置人员可以立即关闭相关的阀门，切断气源，隔离漏点，防止事故范围扩延；能确定事故影响范围，查询、醒目显示断气所影响到的用户，对重要的用户能闪烁显示，并打印停气/断气通知单给所有受影响的用户；根据需要，可叠加显示事故周边地区的危险源、重要单位、消防系统、医院等信息，为事故的抢修提供参考信息。

5）环通性拓扑分析

系统可检查各设施间的连通性；在图中选择一个阀门，可找出与之相连通的管线，直至遇到关闭的阀门为止；在图中选一个调压站，可找出与之相连通的管线，直至遇到关闭的阀门为止，可显示该调压站的管辖区域；在图中选择一根管线，可找出与之相连通的管线、阀门和调压器。

6）输配调度

在相关通信技术条件许可的前提下，系统可模拟接入 SCADA 实时数据，动态监控和显示各测点的压力状况，并根据经验参数和设施情况分析对用户的影响，从而为输配调度工作服务。

7）图档管理

在现有的图档管理体制基础上，针对电子化图档进行归档、调阅、借用等方面的管理。图档可按一定比例尺图幅大小进行分幅管理，也可以进行无缝拼接，以整幅方式管理。

8）修改、更新模块

系统提供便捷的操作工具，根据施工、竣工、改造工程的情况和数据，对图档进行更新维护管理，保持数据信息良好的现势性。图档更新设有一套完整的权限级别和密码控制。

9）制图输出

打印输出设施查询、统计报表和设施图。

打印事故抢修图和用户列表及各类通知单。

10）主要 WEB 浏览功能

接受客户端的用户申请；记录、响应客户端申请；对客户端申请进行分类，并启动服务进程进行图形计算和处理，同时将属性操作提交数据库系统；将处理结果反馈给客户端。

11）与 SCADA 系统的结合

天然气主干网 GIS 系统以一定的通信协议（由用户协调，GIS 开发商与 SCADA 开发商共同约定）从中心服务器数据库的指定位置获取 AI、DI 等信息。其中，压力、流量、温度等模拟量在需要显示时以棒图等方式显示在其测量位置处（精确的测量值同时显示在棒图下方）并实现越限报警。阀门等设施的运行状态、运行状况等开关量直接送入 GIS 设施属性库，这样，GIS 设施属性库所反映的永远是阀门等设施实际的最新的运行状态、运行状况，这样的结果所带来的好处是不言而喻的，当 GIS 系统进行漏点隔离分析、管网环通分析等高级智能分析时，得到的分析结果必定是正确、可靠的。

GIS 系统通过与 SCADA 系统相连接，使 GIS 系统在继续保留其形象、直观的基础上，又具备了 SCADA 系统特有的实时性、正确性，将给 GIS 系统赋予了新的生命和活力。

12）PDA 服务功能

通过灵巧的掌上电脑，实现图层信息分层控制、缩放漫游，图形信息标签使用，位置信息数据采集，设备信息台账录入、查询和统计，信息模糊检索定位，设备信息动态标注，点线面及角度测量，图形资料辅助修测，GPS 点位设备匹配和轨迹自动成图，显示区域 GPS 定位锁定等功能。

4. 车载 GPS 系统

车载 GPS 终端接受 GPS 卫星发送的定位信息（经、纬度坐标），通过无线通信链路（移动通信 GSM 信道），将天然气抢修车辆（或其他配置有车载 GPS 终端的车辆）的定位信息（经、纬度坐标）以短消息的方式发送至位于调度、监控中心的 GPS 总控计算机。经过数据处理后，GPS 总控计算机以 TCP/IP 协议将数据送至 GIS 计算机（可利用已有的 GIS 系统中的计算机，也可另设专用计算机），GIS 计算机将车辆位置信息（经、纬度坐标）转换成上海地方坐标系后，将车辆位置信息以点的形式在电子地图的相应位置上显示，GPS 总控计算机与 GIS 计算机构成 Client/Server 结构。GPS/AVL 车辆调度监控系统主要由 GIS 监控中心、GPS 数据处理中心、车载 GPS 终端、通信信道（移动通信 GSM 信道等）等主要部分组成。用户配置 GPS/AVL 车辆调度监控系统后，可实现对抢修车辆的实时定位、跟踪，为智能化的抢修调度、指挥，打下了扎实的基础。

5. 燃气输配管理信息系统 MIS

（1）燃气输配管理信息系统的功能与构成

管理信息系统 MIS 是基于计算机、数据库和管理软件的信息处理系统，信息处理包括信息收集、储存、计算、整理、传送和维护等。

企业管理信息系统的功能包括库存管理、生产管理、设备管理、销售管理、财务管理、人事管理、决策支持等方面。以下主要论及生产管理子系统和营业管理子系统的功能构成。

（2）燃气输配生产管理子系统

管理信息系统 MIS 是基于计算机、数据库和管理软件的信息处理系统，信息处理包括信息收集、储存、计算、整理、传送和维护等。

企业管理信息系统的功能包括库存管理、生产管理、设备管理、销售管理、财务管理、人事管理、决策支持等方面。以下主要论及生产管理子系统和营业管理子系统的功能构成。

（3）燃气输配营业管理子系统

燃气输配营业管理子系统面向燃气消费用户，处理的业务主要包括用户档案管理、抄表管理、收费管理等。其主要应用功能包括：用户管理、费率管理、抄表数据录入、抄表数据分析、收费结算、报表生成等方面。

6. 燃气用户安全控制管理系统

（1）燃气泄漏报警切断系统控制原理

当探测器检测到环境中可燃气体的浓度达到爆炸下限浓度的 20％（或 25％）时，探测器通过传送线路将信号传到报警控制器，报警控制器发出声光报警，持续一分钟后，紧急切断阀自动关闭，同时启动事故排风机。紧急切断阀应有两路控制，一路由报警器控制，另一路与独立正常排风机或事故排风机联锁。独立正常排风机运行后，紧急切断阀才可打开使用燃气，独立正常排风机停机时，紧急切断阀应能自动切断气源。

对于有些用户，在生产过程中，中断供气会造成很大经济损失的，当探测器检测到环境中可燃气体的浓度达到爆炸下限浓度的 20％（或 25％）时，可以只报警，不联动切断阀，由工作人员进行现场判断后，手动切断紧急切断阀。

（2）燃气泄漏报警切断系统组成及主要功能

燃气泄漏报警切断系统由可燃气体探测器、报警控制器、紧急切断阀、独立的正常及事故排风系统等组成。紧急切断阀的设置方案有两种，一种为总切断加分切断，另一种为总切断。

总切断加分切断系统：为一个燃气立管上安装一套总的紧急切断阀，燃气管道至各商铺小业主时再分别设置分切断阀，总切断阀后分切断阀前的燃气探测器报警时均切断此总切断阀门，分切断阀后的燃气探测器报警时切断分切断阀门。优点：分级控制，发生事故时，停气范围较小，便于控制管理。缺点：整个系统投资较大，燃气总管道与分管道（分切断阀前后的燃气管道）分别设置于不同空间，走向要求比较高。总切断系统：为一个燃气立管上安装一套总的紧急切断阀，切断阀后燃气探测器报警时均切断此总阀门。优点：整个系统投资较小，燃气总管道可与分管道（分切断阀前后的燃气管道）设置于同一空间，走向要求比较低，节省空间。缺点：同时切断，发生事故时，切断燃气立管上的紧急切断阀，阀后所有用户均停气，事故范围较大。

（3）燃气泄漏报警切断系统主要有如下几方面的功能：

1）探测器的功能：采用高精度传感器作为检测元件，用于探测可燃气体，当空气有可燃气体挥发时，探测器即产生与空气中被测气体浓度成正比的电信号，传送给报警控制器，报警控制器经处理后显示出被测气体的浓度。

2）控制器的功能：报警控制器接收点型可燃气体探测器及手动报警触发装置信号，当被测气体浓度达到或超过设定值时，报警控制器即发出声、光报警信号，指示报警部位，并输出控制信号启动相应控制装置。实时监视燃气管道、设备、灶具用气区域燃气泄漏浓度情况，配置液晶显示器，具有联动编程、记录及打印报警数据等功能。报警控制器在正常状态下绿色灯亮，当感应有燃气泄漏时红色灯亮。

3）切断阀的功能：当接收到控制信号时，自动切断燃气气源，能手动复位的阀门。紧急自动切断阀宜采用自动关闭、现场人工开启型；停电时紧急自动切断阀必须处于关闭状态。

4）燃气泄漏报警控制系统的形式

① 总线制

总线制是指所有可燃气体探测器（加输入模块）、紧急切断阀控制箱（加联动模块）、独立的正常及事故排风机控制箱（加联动模块）通过总线（或加联动模块与紧急切断阀控制箱连接），与报警控制器连接。

该系统优点：线路敷设方便，导线及管材用量少；安装和调试简单、兼容性好，能适应未来发展的需要；系统能提供完整的实时监控状态，有泄漏和故障报警记录功能，有远程控制电动阀门功能。

该系统应用比较广泛，不仅用于规模大、探测器点数多、需要联动的切断阀及排风机较多的燃气项目，也可用于小型燃气项目。

② 多线制

多线制是指每个可燃气体探测器、紧急切断阀控制箱通过信号线或信号线加电源线，接到报警控制器上。独立的正常及事故排风机控制箱通过信号线，与报警控制器或紧急切断阀控制箱连接。

该系统稳定性、可靠性好，操作简便，反馈信息直观；但导线及管材用量较多，灵活性较差，不能适应未来发展的需要；该系统仅适用于小型燃气项目。

（4）典型燃气用户燃气安全控制管理系统案例

上海中心位于浦东小陆家嘴金融中心区 Z3-1、Z3-2 地块。东至东泰路，南依银城南路，北靠花园石桥路，西临银城中路。它北面是 420.5m 的金茂大厦，东面是 492m 的环球金融中心，建成后的上海中心共 123 层，主体建筑结构高度为 580m，总高度 632m，超过上海环球金融中心 140m，成为中国第一高楼，与另两座超高层建筑形成"品"字形超高层建筑群，成为上海"新地标"。

由于上海中心的天然气系统极其复杂，在天然气系统中加入自动报警和自动切断系统，保证在各种原因导致天然气发生泄漏时，及时有效地切断天然气气源，防止火灾及爆炸事故的发生和扩大，确保用气安全。

上海中心的天然气应用于三个领域：燃气锅炉、冷热电三联供及厨房，主要用气项目及设备位置见表 11.4.4-1。

主要用气项目及设备位置　　　　　　　　　　　表 11.4.4-1

用气项目	设备位置	用气项目	设备位置
三联供	B2	酒店员工厨房	B4
燃气锅炉	B2	物业员工厨房	B2
物业员工厨房	B2	宴会厨房	L4，L5
美食广场	B2	酒店厨房	L101～L105，L120

上海中心紧急切断阀设置原则：在调压器后各路管道上分别设置紧急切断阀，作为总

切断系统；在管道进入各厨房前设置紧急切断阀，作为分切断系统；即厨房采用总切断加分切断系统，锅炉房、三联供分别设置紧急切断阀，采用总切断系统。

当厨房内发生天然气泄漏事故或厨房排风系统不工作时，系统自动切断厨房外的分切断系统，启动厨房事故排风，不会影响其他区域用气；当总切断系统与分切断系统之间发生天然气泄漏事故时，系统自动切断调压器后对应的紧急切断阀，开启对应区域的事故排风机。

由于锅炉房、三联供分别设置紧急切断阀，当锅炉房或三联供内发生天然气泄漏事故或排风系统不工作时，系统自动切断其相对应的紧急切断阀，启动事故排风机，也不会影响其他区域用气。

燃气报警系统图设计见图 11.4.4-4。

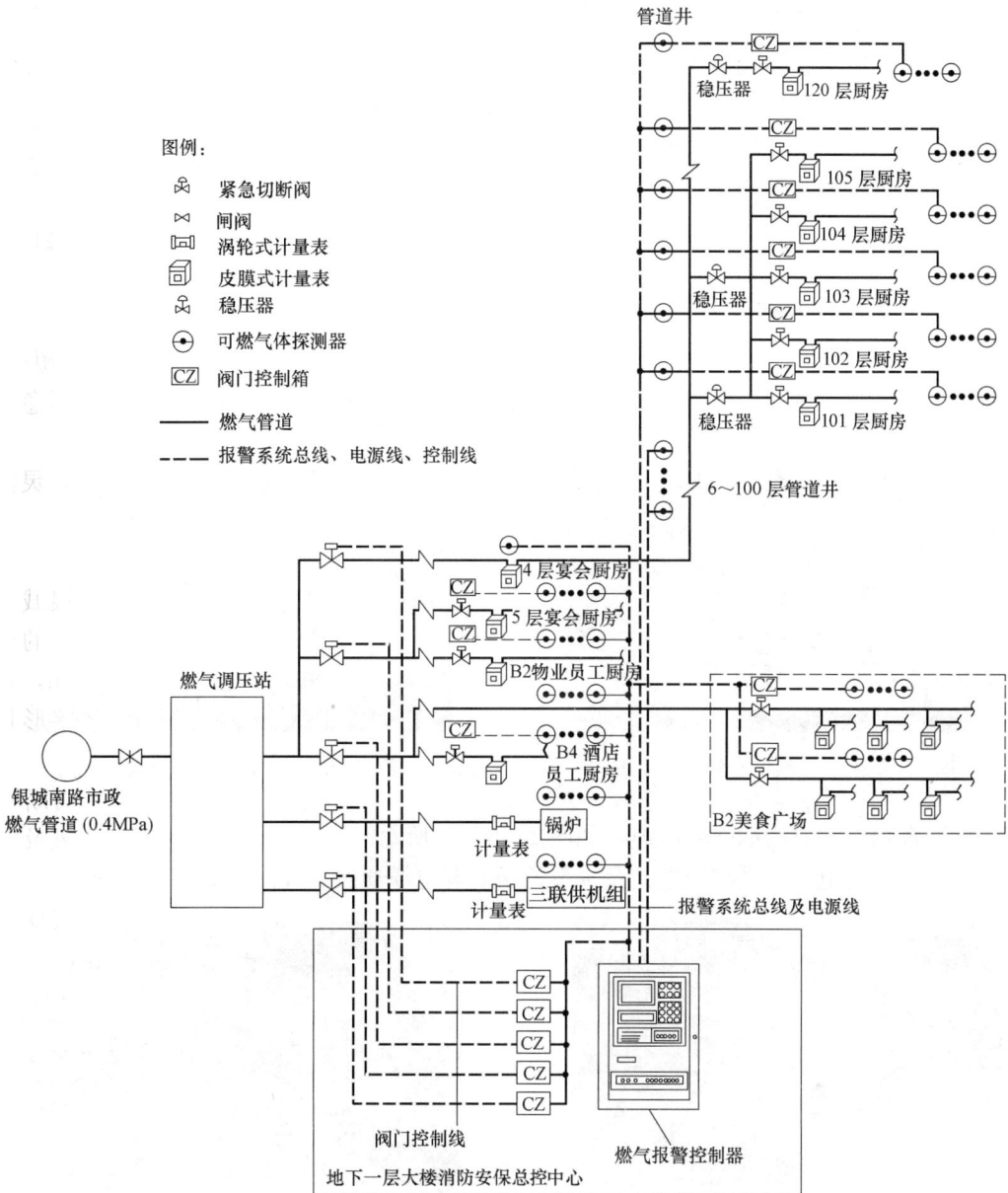

图 11.4.4-4　燃气报警系统图

495

11.5 城市地下综合管廊的运维管理

11.5.1 城市地下综合管廊概述

地下综合管廊是指在城市地下用于集中敷设电力、通信、广播电视、给水、排水、热力、燃气等市政管线的公共隧道。我国正处在城镇化快速发展时期，地下基础设施建设滞后。推进城市地下综合管廊建设，统筹各类市政管线规划、建设和管理，解决反复开挖路面、架空线网密集、管线事故频发等问题，有利于保障城市安全、完善城市功能、美化城市景观、促进城市集约高效和转型发展，有利于提高城市综合承载能力和城镇化发展质量，有利于增加公共产品有效投资、拉动社会资本投入、打造经济发展新动力。

现代地下综合管廊的含义主要包括三部分内容：管线建设集约化、投资运营市场化、运维管理智能化。

11.5.2 城市地下综合管廊分类

（1）干线综合管沟：一般容纳各类管线的输送总管，如图 11.5.2-1 所示。
（2）支线综合管沟：容纳直接供用户的各类支管及个别干管，如图 11.5.2-2 所示。

图 11.5.2-1　干线综合管沟示意图

图 11.5.2-2　支线综合管沟示意图

（3）缆线沟：只接纳强弱电缆，如图 11.5.2-3 所示。
（4）电力隧道：只供高压电缆及少量低压和弱电缆通过，如图 11.5.2-4 所示。

图 11.5.2-3　缆线沟示意图

图 11.5.2-4　电力隧道示意图

11.5.3　城市地下综合管廊在我国发展

1994 年建设的上海张杨路共同沟为我国第一条实验性地下综合管廊。如图 11.5.3-1 所示为城市综合管廊。上海张杨路共同沟全长 11.125km，断面尺寸：5.9m×2.6m，两仓布置，共收容有给水、电力、通信和煤气四种管线。

图 11.5.3-1　城市综合管廊

第一阶段（1994 年），共同沟土建结构与张杨路道路工程同步建成使用（总投资 3 亿元）。

第二阶段（1994～2001 年）共同沟内部强弱电系统设施安装基本完成，包括通风、排水、照明、供配电系统、控制中心和分控制中心的建设。

第三阶段（2012～至今）内部监控系统的优化升级改造。

2015 年 8 月，《国务院办公厅关于推进城市地下综合管廊建设的指导意见》正式下发，对城市地下管廊建设的目标和主要内容作出了部署。自去年年中以来，住建部、发改委、财政部、地方政府均积极行动，不断"加码"相关政策，持续推进地下综合管廊建设。

从 2015 年起，城市新区、各类园区、成片开发区域的新建道路要根据功能需求，同步建设地下综合管廊；老城区要结合旧城更新、道路改造、河道治理、地下空间开发等，因地制宜、统筹安排地下综合管廊建设。在交通流量较大、地下管线密集的城市道路、轨道交通、地下综合体等地段，城市高强度开发区、重要公共空间、主要道路交叉口、道路与铁路或河流的交叉处，以及道路宽度难以单独敷设多种管线的路段，要优先建设地下综合管廊。加快既有地面城市电网、通信网络等架空线入地工程。

实施主体方面，《意见》表示，鼓励由企业投资建设和运营管理地下综合管廊。创新投融资模式，推广运用政府和社会资本合作（PPP）模式，通过特许经营、投资补贴、贷款贴息等形式，鼓励社会资本组建项目公司参与城市地下综合管廊建设和运营管理，优化合同管理，确保项目合理稳定回报。优先鼓励入廊管线单位共同组建或与社会资本合作组建股份制公司，或在城市人民政府指导下组成地下综合管廊业主委员会，公开招标选择建设和运营管理单位。积极培育大型专业化地下综合管廊建设和运营管理企业，支持企业跨地区开展业务，提供系统、规范的服务。

就市场空间而言，目前地下管廊首批入选的示范城市包括包头、沈阳、哈尔滨、苏州、厦门、十堰、长沙、海口、六盘水、白银。中央财政将对地下综合管廊试点城市给予专项资金补贴，具体补助数额为直辖市每年 5 亿元、省会城市每年 4 亿元、其他城市每年

3 亿元。目前试点的 10 个城市总投资 351 亿元，其中中央财政投入 102 亿元，地方政府投入 56 亿元，拉动社会投资约 193 亿元。据专家测算，地下管廊分为廊体和管线两部分，每公里廊体投资约 8000 万元，管线大约 4000 万元，总造价每公里 1.2 亿元。

11.5.4　城市地下综合管廊运维管理

地下综合管廊的主要功能是容纳多种市政管线，对地下综合管廊进行持续高效地运营管理和维修养护，是保障其安全稳定运行的重要基础。2015 年 4 月上海城乡建设和管理委员会颁布了《城市综合管廊维护技术规程》，2015 年 10 月 1 日起实施。

1. 城市地下综合管廊运维工作的主要作用

（1）提高地下综合管廊空间的使用效率

地下综合管廊的内部空间、支架和预埋管孔主要为市政管线的长期需要所预留。因此，在各管线单位进行管线建设时就需要注重统筹管理、合理安排和有序使用。

（2）监测地下综合管廊自身和管线的运行状态

地下综合管廊自身及管廊内管线都处于 24 小时不间断运行中，通过充分运用管理手段（如巡视、检查）和技术措施（监控、检测），对管廊内外情况进行全天候监测是保证安全运行和防范危险的必要环节。

（3）维持地下综合管廊内的正常运行秩序

各管线单位需要在管廊内进行管线敷设、巡视、维修、抢修、拆除等作业，作业时需要涉及空间使用、出入口控制、成品保护、环境保护、安全管理等问题。综合管沟运营养护工作的开展不仅可以保证综合管沟的运行秩序，也能提升对入廊管线单位的管理和服务水平。

（4）保持地下综合管廊自有设施的安全运行

地下综合管廊内具有主体结构以及监控、排水、通风、消防、安防等设施设备。做好这些设施设备检查、维修、保养工作是综合管廊发挥其基本功能的物质基础。

2. 城市地下综合管廊运维工作的主要特点

（1）复杂性

由于地下综合管廊一般建于城市开发区、新区、新城等新开发地域，沿线环境复杂，施工作业多，城市管理难度高，对综合管沟运营养护实施提出了特别高的要求和标准，因此具有相当的复杂性。

（2）系统性

地下综合管廊一般需要穿越河道、地下构筑物、轨道交通等特殊地段，沟内一般设置电气、通风、排水、火灾报警、监控及通信、电话、支架等多种设备（设施）系统及水、电、通信、热力等公用管线，专业跨度大、设备设施结合度高。为保障这些设备设施的安全运行，运营养护工作必须具备土建、强电、弱电、智能、消防、安保、市政等多领域的技术力量和运行经验，具有很强的系统性。

（3）综合性

地下综合管廊运营养护单位除做好日常工作以外，尚有制度设计、流程规划、方案策划等前期工作需要组织开展，在实施过程中，还要做好与业主、用户、工程承包商、设备供应商、管线权属单位以及属地公安、消防、城管、市政、公用事业等政府主管部门的联络协调，具有很强的综合性。

3. 城市地下综合管廊的运维管理的主要内容

（1）运营管理：①日常运行：包括变电站、监控、消防值班，安全巡视，档案管理等。②管线服务：进入管廊审批、出入管理、空间分配、现场管理、施工服务等。

（2）设施维护：主要是指对主体结构、附属设施、机电系统等设备设施进行日常保洁、检查、保养、维修。

（3）专业检测：由于地下综合管廊具有地下构筑物的特殊性，还需要定期对其结构、机电等设备设施进行专业技术检测，以全面掌握其运行状况，提高安全事故和灾害的防范能力。如：沉降和位移观测、渗漏检测、消防年检、电气设备预防性测试、混凝土碳化检测等。

4. 城市地下综合管廊的保护

现阶段，国内对于地下综合管廊保护的制度建设尚未开始，保护区域、控制范围等未列入法律法规条文之中。但地下综合管廊一旦投入使用，就面临环境因素造成的安全风险。主要风险有：周边挖掘、爆破作业引起结构受损，交通事故造成路面设施损坏，偷盗行为导致设备和公用管线损害，公用管线事故造成管沟自身和其他管线受损，自然灾害导致的损害，管沟设施受损后产生对行人、车辆的次生损害等。

地下综合管廊运维管理是一项综合程度较高的系统工程，需要进行统筹组织、精心部署、严格落实和充分协调。运营管理是其他三项工作的基础和前提条件，设施维护是开展其他工作的硬件保障，专业检测的数据有的来源于运营管理资料，而地下综合管廊保护更是贯穿于其他三项内容之中。

思考题

1. 简述我国城市地下综合管网运维的存在问题如何改善。

2. 结合我国城镇污水处理行业现状，谈一下自己的体会。

3. 简述市政排水管网运行管理的内容。

4. 请根据自己的理解，谈一下对"智慧水务"的认识。

5. 请根据自己的理解，谈一下对"智慧燃气"的认识。

6. 城市地下综合管廊运维管理的主要内容有哪些？

参考文献

［1］ 严煦世、范瑾初主编. 给水工程（第四版）. 北京：中国建筑工业出版社，1999

［2］ 孙慧修主编. 排水工程上册（第四版）. 北京：中国建筑工业出版社，1999

［3］ 张自杰主编. 排水工程下册（第四版）. 北京：中国建筑工业出版社，2000

［4］ 姜正侯. 燃气工程技术手册. 上海：同济大学出版社，1997

［5］ 上海市工程建设规范. DG/TJ 08-2168—2015（J 13053—2015）城市综合管廊维护技术规程